本成果为国家社会科学基金项目
"科索沃问题的历史与现状研究"（08BSS014）；
国家社科基金重大项目
"拜占廷历史与文化研究"（14ZDB061）成果

陈志强 著

科索沃通史

The General History of Kosovo

中国社会科学出版社

图书在版编目（CIP）数据

科索沃通史/陈志强著.—北京：中国社会科学出版社，2016.6
（2017.12 重印）
ISBN 978-7-5161-8097-6

Ⅰ.①科⋯ Ⅱ.①陈⋯ Ⅲ.①巴尔干半岛—历史 Ⅳ.①K54

中国版本图书馆 CIP 数据核字（2016）第 099837 号

出 版 人	赵剑英
责任编辑	郭沂纹 安 芳
特约编辑	纪 宏
责任校对	周 昊
责任印制	李寡寡

出 版	中国社会科学出版社
社 址	北京鼓楼西大街甲 158 号
邮 编	100720
网 址	http://www.csspw.cn
发 行 部	010-84083685
门 市 部	010-84029450
经 销	新华书店及其他书店

印 刷	北京君升印刷有限公司
装 订	廊坊市广阳区广增装订厂
版 次	2016 年 6 月第 1 版
印 次	2017 年 12 月第 2 次印刷

开 本	710×1000 1/16
印 张	27.75
字 数	482 千字
定 价	89.00 元

凡购买中国社会科学出版社图书，如有质量问题请与本社营销中心联系调换
电话：010-84083683
版权所有 侵权必究

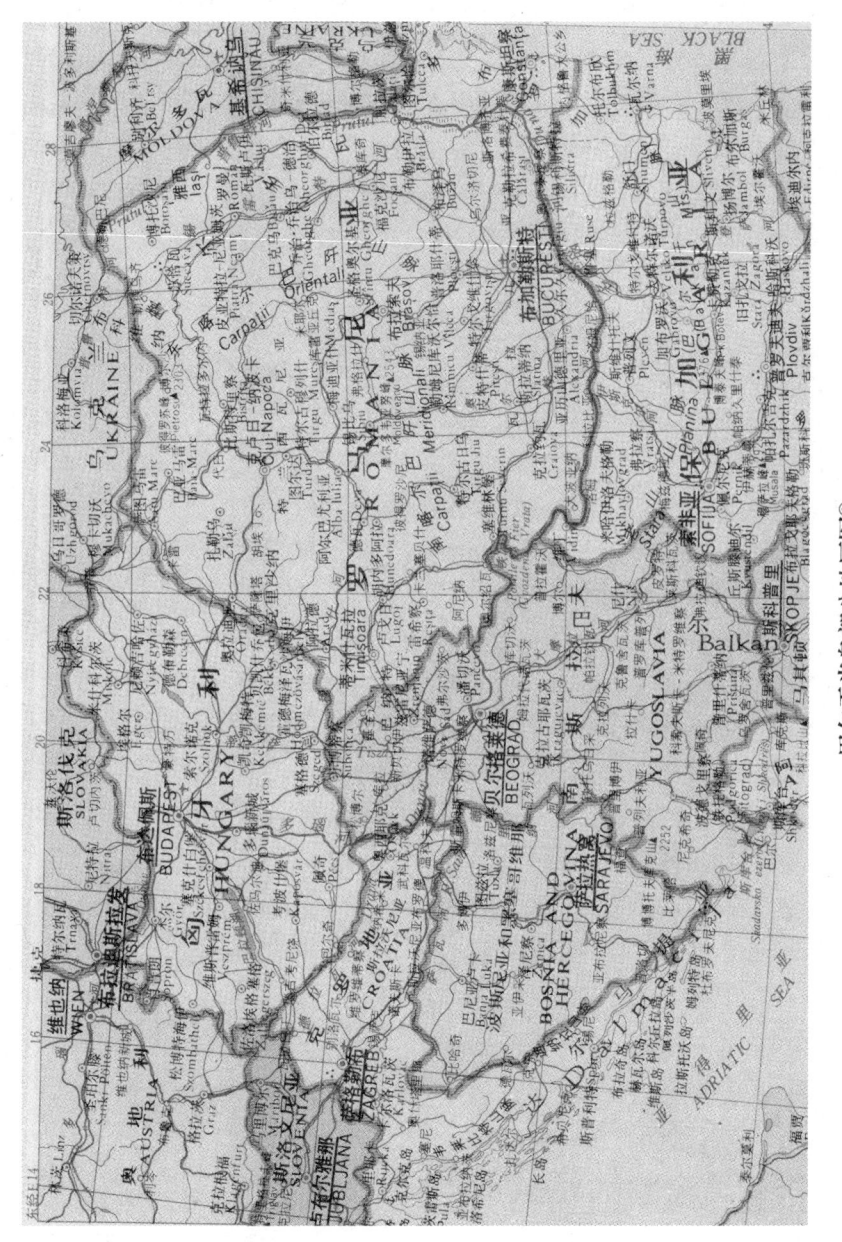

① 《世界地图集》，中国地图出版社 1995 年版。

目　录

序言 …………………………………………………………（1）

第一章　多民族融合与多元文化碰撞的平台 ……………（32）

第二章　奥斯曼帝国统治加剧民族对立 …………………（85）

第三章　列强角逐中的科索沃 ……………………………（129）

第四章　巴尔干战争时期的科索沃 ………………………（179）

第五章　世界大战中的科索沃 ……………………………（193）

第六章　铁托时代的科索沃 ………………………………（246）

第七章　后铁托时代的科索沃 ……………………………（292）

第八章　动荡不安的科索沃 ………………………………（346）

参考书目 ……………………………………………………（400）

科索沃主要中外名词对照表 ………………………………（419）

序　言

一

　　在对科索沃的历史与现状进行了多年研究和跟踪观察后，如何写好关于这个地区的历史就摆在了我的眼前。起初，我感到这个一万多一点平方公里的山区历史过于复杂，担心过多的论述会掩盖其发展的曲折性，因此采取编年史体例进行写作。然而，逐年列举的历史事件又难以反映出纷繁多变的历史发展线索，无法展现笔者希望与读者沟通的重要问题。在许多专家的建议下，我们重起炉灶，按照通史体例进行历史叙述，也将我们多年的研究成果集中到这本《科索沃通史》中。

　　可以说，"通史"更清楚地表明了我们对科索沃历史发展的看法：科索沃这个巴尔干半岛"火药桶"的起火点是长期历史发展的结果，冰冻三尺非一日之寒，科索沃问题由来已久。古代历史上的巴尔干地区是一个不同民族共同生活、多元文化相互融合的舞台，不论当地的资源环境如何恶劣，居民们都可以在共同生活中加以克服。直到拜占庭帝国衰亡时代，半岛地区历史整合的过程才被迫中断；奥斯曼土耳其帝国军事征服、暴力统治分化瓦解了多民族共生的良好环境，造成各民族间的对立，无论在宗教还是民族方面都增加了冲突的新因素。特别是在奥斯曼帝国统治衰落、各民族国家掀起民族独立解放运动的热潮中，被统治民族的特性得到强化，它们之间的区别得到凸显，民族主义者在民族解放运动中追求本民族的利益最大化，进而引发相互间的冲突。近现代欧洲列强，特别是美国和俄国等大国争夺巴尔干地区利益，插手包括科索沃在内的巴尔干内部事务，导致多场战争在此不断开打，造成了进一步的地区贫困化，种族仇恨深化，民族仇杀战争不断。如今，霸权和大国对科索沃施加的种种压力只能暂时平息突发事件的冲击波，但不能彻底消除造成冲突的深刻矛盾。目前就科索沃危机提出的解决方式又埋下了危险的隐患，该地区脆弱的相对安定和力量平衡随时有被破坏的可能，而它开创的许多先例都将给多元、多样、多变的国际格局造成负面的影响。南斯拉夫各个独立政治实体分化得越来越碎、越来越小，冲突的机会也越来越多、越来越激烈，因此局面越来越难以控制。塞尔维亚及其科索沃塞尔维亚族（简称塞族）同胞还不能接受科索沃独立的事实，也一定不甘心接受科索沃这个他们心目中的"民族精神发源地"的丧失，支持他们的广大东正教斯拉夫人也反对美欧同盟极力打造的现存秩序，他们对欧盟的让步只不过是为争取发展而采取的权宜之计，这座火山爆发的能量正在集聚，其喷发是必然的，是迟早会发生的事情。科索沃阿尔巴尼亚人（简称阿族人）的目标尚未最后完成，他们还要统一所有阿族人定居的区域，这就不仅涉及塞尔维亚还涉及马其顿、波黑、黑山、波斯尼亚等其他国家，这个暂时停歇的爆炸物还十分危险，在合适的时机特别是外部列强势力干涉的情况下，还是会爆炸的。科索沃的前途还有待观察，巴尔干半岛的未来令人担忧。这个结论在本书中得到了比较详细的阐述。

　　从"编年史"转变为"通史"，对于本书的写作而言，是个重大而艰巨的挑战。这种写作体例上的变动使我们能够在历史发展顺序的大框架内，更好地展现科索沃历史变迁的主要线索、阶段性特征和重大问题。全书共分为八章，第一章"多民族融合与多元文化碰撞的平台"、第二章"奥斯曼帝国统治加剧民族对立"、第三章"列强角逐中的科索沃"、第四章"巴尔干战争时期的科索沃"、第五章"世界大战中的科索沃"、第六章"铁托时代的科索沃"、第七章"后铁托时代的科索沃"、第八章"动荡不安的科索沃"。读者可以从这些章节的题目中初步看出，这个地区历史曲折发展的阶段性特点，同时我们对各个阶段历史发展的是非成败进行了适当分析点评。例如，在对铁托时代科索沃问题的分析中，本书认为铁托时代坚持社会主义方向、主张民族平等与自治、力图恢复科索沃各民族和谐，这个大方向是正确的。但是，他为了争取阿族人，以民族自觉自治为原则，在打压大塞尔维亚思潮的同时，大力推行扶植阿族人发展的政策，企图以发展的成果换取科索沃地区对南共联邦政府的支持，从历史长期发展的角度看，铁托的这一民族政策是失败的，是其理想主义和有限资源能力不相匹配的结果。特别是当时南斯拉夫中央政府放松民族监管推升了科索沃阿族民族主义的恶性膨胀，刺激了民族激进分子脱离南斯拉夫的野心。政策上的摇摆不定充分反映出，南斯拉夫共产党无力解决长期历史遗留且被外族统治者强化的民族矛盾。后人也许对铁托的功绩有不同的评价，但他的理想主义民族政策确实失败了。他力图借助各民族平等、独立自治的原则解决战后南斯拉夫多民族矛盾问题，企图用社会主义国家的理想取代各联邦共和国主体民族的历史与文化传统，但南斯拉夫国内外的环境都不允许他完成自己的理想，他始终没有找到平衡不同民族利益的好办法。一旦他提高了科索沃阿族的地位，就必然压制了塞尔维亚族。当他加大了对科索沃这个落后地区的投入时，不仅落入吸金纳银的无底洞，而且立即破坏了与其他共和国及其民族的利益平衡。他依靠个人的权威压制住塞族民族主义，但也刺激了阿族民族主义的恶性膨胀，并埋下了重大冲突的祸根。本书这样的评论可能还会引起争议，但我们力争做到客观合理自圆其说。

巴尔干半岛多山，农牧业资源匮乏，而科索沃更是半岛贫困的底线地区。在农耕与游牧交错混杂的漫长时期，科索沃经历了痛苦而缓慢的发展，当地古代多族群居民在艰难的生存中缓慢融合，这个古代科索沃多族群交往的过程，由于史料的缺乏，长期为学术界所忽视。本书力图增加"古代"部分的篇幅，在第一章"多民族融合与多元文化碰撞的平台"和第二章"奥斯曼帝国统治加剧民族对立"中，尽可能展示科索沃地区上古中古时期的历史。显然，科索沃地区农牧业资源贫乏，生存条件恶劣，故开发成本高，发展滞后，地区承载量和人口移动矛盾突出。这个基本的内在矛盾在史前和古代相当长时间内并没有暴露出来。外来移民不断充实该地区的人力资源，多个不同族群在和平的生活中共同面对自然环境的压力，共同克服生存危机，他们能够和平相处，呈现出多族群融合的景象，生活虽然艰苦，矛盾也在所难免，但多元文化在此碰撞，通过通婚和民俗交融，消融族群之间的隔阂，当地居民通力合作克服资源短缺的不足。这个过程需要"时间"来完成，更需要外部和谐的保障，换言之，如果没有外力干预，该地区将缓慢地完成区域内的族群和文化融合。但是，奥斯曼土耳其人的征服中断了这个长期的过程，开启了地区内的冲突。奥斯曼军事征服的后果是严重的，它没有赋予这个地区发展进步的因素，反而将专制暴政引入该地区，促使这个区域内经济联系并不紧密的区间深层次矛盾浮出水面，暴力统治终止了区域内相对和平的生活惯例，使得不断增加的人口（主动迁徙或者被动迁徙）和对更好生活的追求（开放刺激了人们的欲望）转变为暴力冲突，相对和平的交往被频繁的武装冲突所代替。为了帝国统治的需要，土耳其当局特别推行"以夷制夷"的民族政策，推崇利用一派打击另一派的做法，分化瓦解区域内不同民族的和谐关系，制造民族对立。在多种矛盾中，民族对立及其各种隔离措施都不断加剧着深层次的矛盾，科索沃阿族和塞族之间的矛盾就是突出的代表。特别是在巴尔干半岛民族解放运动中，各民族意识空前觉醒，争取各自民族利益最大化的斗争促使他们相互仇视，血腥厮杀。

毋庸讳言，巴尔干半岛古代史的资料非常少，本书可以利用的史料非常有限。尽管如此，我们还是就科索沃古代史专门查阅了荷马史诗（《奥德赛》《伊利亚特》），希罗多德的《历史》，修昔底德的《伯罗奔尼撒战争史》，阿庇安的《罗马史》，塔西佗的《编年史》《历史》，波里比阿的《罗马帝国的崛起》，斯特拉波的《地理学》，约达尼斯的《哥特史》，普罗柯比的《战争史》，等等，还注意查阅补充了国内外著名专家的相关研究成果，例如奥斯特洛格尔斯基的《拜占廷国家史》、奥柏林斯基的《拜占廷联邦帝国》、巴塔科维奇的《科索沃编年史》和疏科里乌的《科索沃历史回顾》、丕帕的《科索沃研究》、谭波利等的《塞尔维亚史》、希尔克维奇的《塞尔维亚人》等，这就使《科索沃通史》更好地展现历史发展的客观性。但是，客观地说，科索沃古代史的资料非常零散，因为古代作家并不会对这个人际罕至的贫困山区给予太多的关注，大多只是提及而已，而拜占庭时代的作家们更不会放开那些惊心动魄的宫廷斗争去描写那个穷乡僻壤。笔者只能根据现有史料重新部分地建构那段历史。如果说科索沃的古代史缺乏资料的话，那么当代科索沃危机的资料又太多太混杂，诡异多变的事态在大量媒体故意引导性的信息轰炸下，更加令人难以了解真相。我们只能力求拨开层层迷雾，在缺少多国核心机密文献的情况下，根据公开信息合理分析问题。严格地说，当代史不能称为"历史"，我们原本也没有计划涉及当下。根据现行国际惯例，历史文献中特别重要的"档案"解密期限大多在30年，中国颁布的《中华人民共和国档案法》明文规定为30年，但有些国家根据档案保密级别确定的时间更长。所以，通常意义的"当代史"研究受到这种解密期限的制约，有些重大国际关系问题研究缺乏必要的"秘密外交"资料依据，研究带有明显的表面化特征。然而，作为科索沃通史，这个部分又难以舍弃。最后，我们接受了专家的建议，改变初衷，大量补充了20世纪90年代中期以后的信息，特别是近年来科索沃战争之后的信息。这些信息表明，南斯拉夫联邦的解体成为塞尔维亚民族矛盾激化的标志，也是科索沃问题走入死胡同的开端。在国际强权支持下的科索沃独立，只是阶段性地解决了阿族人的问题，但是却没有根本化解该地区多民族共存的矛盾问题。科索沃地区仍是巴尔干强权和欧美列强角逐的战场之一，而世界强权插手该地区事务只能继续恶化半岛形势，科索沃不过是当今国际关系中大国博弈的筹码。近十年来科索沃局势的发展没有出现新的变化，独立后的科索沃并不能解决地区内深层次的矛盾，资源不足不可能通过西方国家持续的援助解决，民族矛盾还将在新的背景下爆发甚至演化为新的战争。而这一切将取决于整个国际局势特别是欧洲局势的变化，俄罗斯的重新崛起对这个地区将发挥决定性作用。科索沃仍将长期成为巴尔干"火药桶"的起火点，动荡还将长期主宰该地区，塞族人和阿族人将继续在无法化解的矛盾中厮杀，他们似乎没有光明的未来。

二

2008年2月17日，科索沃临时自治政府议会和总理萨奇宣布科索沃独立，国际社会在是否承认其独立问题上意见不一，欧盟"共同外交"为此陷于分裂，塞尔维亚共和国政府因此辞职解散。这一事件引起国际社会的高度关注。该事件引发国际社会纷争，导致欧洲各种势力对立，并加剧了巴尔干地区冲突。科索沃问题固然是当前错综复杂的国际关系和地区矛盾冲突的结果，但同时更有其深刻的历史根源。科索沃危机反映出巴尔干半岛历史发展的深刻矛盾,而其深层次矛盾为近代以来该地区交织着的国际势力围绕现实利益爆发冲突提供了根据。

科索沃的历史曲折复杂,加之它原本属于南联盟内塞尔维亚共和国的一个特殊的自治区,并没有引起史学家们的高度注意,只是由于"科索沃危机"的出现并引起欧美大国角逐较量后才成为世人关注的焦点之一。20世纪90年代前,国际学术界对此没有多少研究成果,除了该地区尚未成为大国博弈争夺的"重点"外,究其原因主要还是在于相关史料非常匮乏,特别是在古代史方面,有关科索沃的材料少之又少。学界熟悉的一些古代史料如荷马史诗(《奥德赛》《伊利亚特》)、希罗多德的《历史》、修昔底德的《伯罗奔尼撒战争史》、阿庇安的《罗马史》、波里比阿的《罗马帝国的崛起》、普罗柯比的《战争史》、塔西佗的《编年史》、约达尼斯的《哥特史》等都在我们的调查范围,但对于塞尔维亚语、阿尔巴尼亚语、克罗地亚语等南斯拉夫民族语言的资料,我们只能依据巴塔科维奇的《科索沃编年史》了。然而,塞尔维亚和阿尔巴尼亚的历史研究者往往因为民族倾向而带有一定偏见,他们大多限于各自的立场和情感,忙于争辩现实政治话题,很难平心静气地坐下来认真调查本民族的古代史,特别是难以客观地分析问题,所以也无法得出合理的结论。而他们的少量作品不是因为其强烈的民族主义情绪而被国际学术界忽略,就是很少被翻译成国际学术界通用的语言。前引巴塔科维奇的《科索沃编年史》、疏科里乌的《科索沃历史回顾》、丕帕的《科索沃研究》、谭泼利等的《塞尔维亚史》、希尔克维奇的《塞尔维亚人》等都存在上述问题,其中疏科里乌和巴塔科维奇的作品专门涉及科索沃历史,观点还比较中立客观。但是,上述史书都缺乏翔实的古代部分描述,许多史料目前尚无系统整理,包括近年来巴尔干半岛西部考古发现的材料。大部分相关书籍都重在对科索沃近现代史和当代事件的叙述上,特别是有关的研究成果大多以现实问题的对策性分析为主,有些国际政治专家在这方面的文章非常有见地,但对我们的历史研究帮助不是特别明显。无论如何,我们的历史研究还是要根据现有的材料进行下去,希望在研究中逐步克服困难,并在后续研究中加以弥补。

今天的科索沃（Kosovo）位于巴尔干半岛内陆山区，原为南斯拉夫塞尔维亚共和国自治省，北面与塞尔维亚共和国和黑山共和国接壤，南面与阿尔巴尼亚和马其顿共和国接壤，面积10887平方公里。科索沃为山谷，84公里长，大约14公里宽。该地名来自附近的科索沃湖，湖水向北流入锡特尼察河（Sitnica），向南流入伊巴尔河（Ibar）和莱佩纳茨河（Lepenac），伊巴尔河注入黑海，而莱佩纳茨河则流入瓦尔达尔河（Vardar），后者再入爱琴海。科索沃和梅托希亚（Metohija）两区并不是单一的自然地理单位，它分为北部的德雷尼察（Drenica）和南部的科尔诺杰瓦（Crnoljeva），以及马鞍状的普雷瓦拉克（Prevalacko）。构成今天科索沃的重要部分梅托希亚，其名称来自希腊语 Μετοχός，意为修道院产业，阿尔巴尼亚人称为杜卡丁（Dukadin）。该地长80公里，宽40公里。湖水下泻白德林河（Beli Drim），后者流入亚得里亚海（Adriatic Sea）。该地区西、南、北三面为群山环抱，东面陡坡朝向科索沃。科索沃和梅托希亚两地构成了巴尔干半岛中部高地，河水四面下泻入三海。今天的科索沃和梅托希亚人口200万，占塞尔维亚国家人口的12.3%，占前南斯拉夫总人口的10.6%，另有统计认为其人口占塞尔维亚人口总数的20%，占前南斯拉夫人口总数的18.8%。

科索沃自远古时代就有人类活动的痕迹，近代工业文明的发展使当地富产金银铅锌矿藏逐渐被发现，特别是煤矿。目前，在其将近200万的总人口中，约90%为阿尔巴尼亚族人。但是，科索沃目前的人口构成是近代以后逐步形成的。严格地说，科索沃地区是古代诸多民族的定居地，这里曾经是巴尔干半岛两大民族文化的摇篮，也曾留下过扎赫鲁米亚、扎塔、塞尔里斯等小国的踪迹。①

如果人们首先观察目前占科索沃人口绝大多数的民族的话，就必须了解阿尔巴尼亚人活动的历史。根据现代历史学家的研究，早在石器时代，这里就出现了人类活动的足迹。历史考古和语言学证据表明，当时生活在这个地区的游牧部落属于古代伊利里亚人，他们可能就是阿尔巴尼亚人的直系祖先。最初活动在巴尔干半岛西部地区的伊利里亚人，如

---

① A. M. Lidov, *Kosovo: Orthodox Heritage and Comtemporary Catstrophe*, Moskva: Indrik, 2007, pp. 236–240.

同半岛北部的达吉亚人一样，自石器时代就开始了开发山区小平原的活动。直到大约公元前2000年青铜器时代，他们以原始部落社会组织形式分散活动在自萨瓦河上游到伊庇鲁斯的广大山地区域。至公元前1000年以后的铁器时代，伊利里亚人原始部落开始定居生活，其中一部分定居在山区小平原的部落以农耕为主，而占据高地和山坡地的部落以畜牧业为主。① 古希腊时代，伊利里亚人定居的地区也受到希腊殖民运动的影响，希腊人在巴尔干半岛西部建立了埃比达姆斯和阿波罗尼亚等城邦。这些城邦成为希腊人与伊利里亚人贸易的据点，也是往来于亚平宁半岛和巴尔干两半岛之间的商品集散地。伊利里亚人在接受希腊文化影响的过程中，逐步发展起本民族文化，社会组织也因此发生了变化。公元前5—前2世纪期间，伊利里亚人的部落联盟逐渐演化为王国，出现了恩卡莱耶、陶兰特、埃庇洛特和阿迪安奈王朝。他们在反对马其顿王菲利浦二世及其子亚历山大一世的斗争中，王权得到强化，而后遭到东扩的罗马军队的打击。公元前229年，德乌塔（Teuta）女王领导下的伊利里亚人被罗马人击败，到公元前168年，进一步被罗马人征服。此后数百年间，罗马人建立了伊利里亚行省。由于该地区从海上连接意大利和巴尔干半岛，地理位置特殊，罗马人一直注重对这里的建设，因此伊利里亚地区的经济发展迅速。② 意大利地区成熟的农业直接带动当地农业发展，手工业、矿业和贸易水平都得到大幅度提高。

拜占庭帝国统治时期，伊利里亚地区开始从古代罗马的行省转变为拜占庭帝国的省区，但是，具有独立传统的伊利里亚人借助山区的屏障作用，长期抵抗拜占庭帝国的统治。作为巴尔干半岛最古老的土著居民之一，伊利里亚人也逐渐融入拜占庭政治文化体制内，成为拜占庭帝国多民族社会的组成部分。一些伊利里亚人作为拜占庭社会的主体族群成员，进入拜占庭帝国上层政治生活，一些人成为贵族和商人，个别军队将领甚至爬上了皇帝的高位，例如5—6世纪的皇帝阿纳斯塔修斯一世

---

① D. V. Grammenos, *Recent Research in the Prehistory of the Balkans*, Thessaloniki: Archaeological Institute of Northern Greece; Athens: Archaeological Receipts Fund, 2003, pp. 25 – 34.

② Robert Elsie, *Early Albania: a Reader of Historical Texts, 11th – 17th Centuries*, Wiesbaden: Harrassowitz, 2003, pp. 45 – 48.

（Anastasios Ⅰ，491—518年在位）、查士丁一世（Justin Ⅰ，518—527年在位）、查士丁尼一世（Justinian Ⅰ，527—565年在位）等都来自这个地区。6世纪中期斯拉夫人大举入侵巴尔干半岛以前，西哥特人、匈奴人和东哥特人先后进入包括科索沃在内的伊利里亚地区，其中一部分定居下来。6—8世纪，斯拉夫人入主巴尔干半岛，将伊利里亚人驱散到巴尔干半岛西、北部的山区，今天的斯洛文尼亚、克罗地亚、波斯尼亚、黑塞哥维纳，直到阿尔巴尼亚、南斯拉夫、马其顿的广大贫瘠的山地都是他们躲避战乱的避难所。伊利里亚南部直到马其顿地区的伊利里亚人保持了更多古代的传统。正是在此后的几个世纪里，现代阿尔巴尼亚人逐渐形成。这个原本只是用来指称一个"阿尔巴尼"部落的名字到11世纪就逐渐扩大为一个民族的名称。[①] 他们逐渐发展成为一个具有共同地域、相同语言、文化传统和祖先，以及宗教信仰的群体。阿尔巴尼亚人最早从罗马教会接受了基督教信仰，其教区也归属罗马教区。但是在7—8世纪毁坏圣像运动期间，拜占庭皇帝利奥三世（Leo Ⅲ，717—741年在位）为惩罚反对其毁坏圣像政策的罗马主教和伊利里亚主教，将该教区的管辖权收归君士坦丁堡教区，由支持毁坏圣像政策的君士坦丁堡大教长加以控制。1054年基督教东、西教会分裂后，阿尔巴尼亚教会也分为南、北两个教会，分属罗马教区和君士坦丁堡教区。拜占庭军区制在阿尔巴尼亚推行的结果是在发展小农经济的同时，使地方军事贵族势力坐大，托比亚斯、巴尔萨斯、什帕塔斯、穆扎卡斯等一批军事家族兴起，并控制了这个地区。他们之间的争斗削弱了阿尔巴尼亚人的实力，因此在拜占庭帝国衰落的同时，阿尔巴尼亚人分别遭到保加利亚人、塞尔维亚人、诺曼人和威尼斯人的奴役，在14世纪为塞尔维亚人所统治。[②]

作为目前科索沃第二大民族的塞尔维亚人，其历史也有1300年之久。

[①] Stephanie Schwandner-Sievers and Bernd J. Fischer ed., *Albanian Identities: myth and history*, Bloomingon: Indiana University Press, 2002, pp. 135-137.

[②] Paulin Kola, *The Myth of Greater Albania*, N.Y.: New York University Press 2003, pp. 259-302.

塞尔维亚民族是在公元7世纪迁徙定居巴尔干半岛过程中逐步形成的。①

在阿瓦尔人入侵巴尔干地区的混乱时期，他们与控制半岛地区的拜占庭帝国保持良好关系，特别是在皇帝伊拉克略一世（Herakleios Ⅰ，610—641年在位）统治时期，拜占庭人"利用基督教作为约束好战民族和保持其新臣民对帝国忠诚的手段"②，在相当长的时间里，维持着双方的友好关系，使塞尔维亚人定居的地区成为安定的"世外桃源"。他们长期保持其原始的基层社会组织"祖番"，分散活动在今天巴尔干半岛西部群山之间的德里纳河、利姆河、塔拉河、皮瓦河、瓦兹河和西摩拉瓦河流域，逐渐从半游牧向农耕畜牧的生产生活方式转变。后来，随着塞尔维亚人数量的增加，蒙特内格罗山脉和多瑙河之间的狭长山区蕴藏的自然资源无法满足需求，便逐渐向南部和西部扩张。9世纪初，他们征服了巴尔干半岛西北地区的诸多土著居民，向西扩张进入今天的波斯尼亚和黑塞哥维那，甚至占领了亚得里亚海沿海的姆列特岛、列沙茨岛、科尔丘拉岛、赫瓦尔岛、布拉奇岛，控制了这一带的出海口。按照当时拜占庭作家的记载，这一地区此前属于拜占庭人的势力范围，中央政府对当地土著民采取松散的管理。塞尔维亚人对这个地区原始部落居民的征服使"他们摆脱了罗马人（指拜占庭人）大帝国的控制，成为不服从任何人的自治和独立状态"。③

塞尔维亚人在扩张中强化其国家权力和官僚机构的发展，军事实力不断增强。850年，弗拉斯迪米尔（Vlastimir）统治下的塞尔维亚人击败保加利亚人。同时，他们更加积极地接受拜占庭基督教和拜占庭文化，向拜占庭皇帝瓦西里一世请求派遣传教士。据君士坦丁七世记载，塞尔维亚人"向（瓦西里一世）皇帝派遣许多使节……皇帝像宽恕其

---

① Sima M. Cirkovic, *The Serbs*, tran. By Vuk Tosic, Oxford: Blackwill Publishing Ltd., 2004, pp. 2 – 13. Nevill Forbes, Arnold J. Toynbee, D. Mitrany, D. G. Hogarth, *The Balkans, a History of Bulgaria, Serbia, Greece, Rumania, Turkey*, Oxford: The Clarendon Press, 1915, pp. 56 – 67.

② D. Obolensky, *The Byzantine Commonwealth, Eastern Europe 500 – 1453*, London, 1971, p. 60.

③ Constantine Porphrygenitos, *De Administrando Imperio*, trans. Romily Jenkins, Washington D. C., 1967, ch. 29, p. 124.

随意叛逆而心生悔改的回头浪子的慈父一样,接纳和允诺了他们,马上给他们派去教士,同去的还有外交官。当他们全都接受了神圣的洗礼,并回心转意忠实于罗马人后,皇帝就完全恢复对他们国家的权力了,而他明智地决定他们应由他们自己选出的本民族的君主进行统治"①。917年,拜占庭人因无力抵抗保加利亚人的进攻,派遣迪拉修姆军事总督前往达尔马提亚地区,说服塞尔维亚君主彼得(Peter of Serbia)出兵援助,塞尔维亚人正式卷入半岛大国间的政治角逐,政权几度更迭②,直到塞尔维亚君主查斯拉夫(Caslav, ? —950年在位)利用保加利亚君主西蒙去世之后的混乱,在拜占庭间谍的帮助下越狱返回塞尔维亚。他在位期间一直保持与拜占庭帝国的友好关系③,成为拜占庭人在巴尔干半岛西部最忠实的盟友和附属国,实际控制着巴尔干半岛西部地区。11世纪期间,塞尔维亚人实力进一步增强,在巴尔干半岛事务中发挥越来越重要的作用。他们在斯库台湖周围直到亚得里亚海滨的科托尔湾之间建立起第一塞尔维亚王国的中心地区,势力范围向南伸展到阿尔巴尼亚北部山区,向东深入蒙特内格罗山区。随着实力的增强,塞尔维亚王国开始努力摆脱拜占庭人的控制,并与拜占庭帝国发生军事对抗。1042年,在拜占庭史料上被称为戴克莱安人国家的君主斯蒂芬·沃杰斯拉夫(Stephen Vojislav)经过几番较量,最终摆脱拜占庭人的控制,自立为独立王国的国王。拜占庭朝廷闻讯,立即调兵镇压,由拜占庭帝国设立在半岛西部的迪拉修姆军区军事总督率军,但是被善于山地作战的塞尔维亚人打败。④ 从此,塞尔维亚人开始了与拜占庭人的军事斗争。

此后,塞尔维亚人在斯蒂芬·聂曼加(Stephen Nemanja, 1166—

---

① Constantine Porphrygenitos, *De Administrando Imperio*, trans. Romily Jenkins, ch. 45, pp. 291 – 292.

② George Christos Soulis, *The Serbs and Byzantium, during the Reign of Tsar Stephen Dusan (1331 – 1355) and his Successors*, Athens: Ekaoseis Banias, 1995, pp. 123 – 128; Harold W. V. Temperley, *History of Serbia*, London: G. Bell and Sons Ltd., 1919, pp. 354 – 358.

③ Sima M. Cirkovic, *The Serbs*, tran. By Vuk Tosic, Oxford: Blackwill Publishing Ltd., 2004, pp. 46 – 52.

④ Harold W. V. Temperley, *History of Serbia*, London: G. Bell and Sons Ltd., 1919, p. 360.

1196年在位)、斯蒂芬·米鲁廷 (Stephen Milutin, 1282—1321年在位)①、斯蒂芬·杜珊 (Stephen Dusan, 1331—1355年) 等君主领导下,利用半岛地区各大势力之间的矛盾迅速发展,进一步将其势力范围扩大到包括德巴尔、维莱斯和什蒂普等城市在内的马其顿北部大部分地区,相当于今天马其顿共和国中部瓦尔达尔河上游、特雷斯卡河流域和雷加尔尼察河流域一带,并在此将斯科普杰发展为新的中心,从而控制了巴尔干半岛半壁河山。斯蒂芬·杜珊建立了拜占庭——塞尔维亚帝国,自称"希腊和塞尔维亚人皇帝"。② 塞尔维亚人正是在不断发展壮大的过程中成长为独立民族的。

值得注意的是,在漫长的科索沃地区历史发展中,这个地区不仅只是上述两大民族活动的舞台,这里还存在其他小族群的活动。扎赫鲁米亚国家位于亚得里亚海港口城市杜布罗夫尼克和内雷特瓦河流域的广大沿海地区,因其位于迪拉纳山脉和戈利亚山脉之间而得名,在塞尔维亚语中"扎赫鲁米亚"意为两山之间。③ 该地区由于其特殊的民族构成,一直游离在各个巴尔干半岛强国之间,长期以来分别与拜占庭人、克罗地亚人、塞尔维亚人结盟,或被他们统治。斯蒂芬·杜珊沙皇扩张期间,该地区被并入塞尔维亚人国家。杜珊一死,该地区立即宣布独立,脱离斯蒂芬五世的统治。扎塔国家的情况也大体如同扎赫鲁米亚国家。这个地区大体相当于今天的波斯尼亚和黑塞哥维那,其名称来自中心地区流淌的河流。11世纪中期,该地区以地方部落酋长沃伊斯拉夫 (Voislav Diokletianos) 为领袖,活动范围包括达尔马提亚地区和亚得里亚海沿海岛屿。12世纪期间,扎塔国家在与拉斯卡 (Raska) 争夺塞尔维亚地区最高控制权的斗争中发展成为独立公国,后被并入塞尔维亚国家。斯蒂芬·杜珊沙皇扩张期间,该地区作为塞尔维亚人的根据地交给"小王"统治,并根据当地塞族人为主的实际情况采取与其他拜占庭被征服地区不同的制度。但是,1355年杜珊死后,该地区立即宣布独立,巴尔什奇 (Balsici) 三兄弟控制当地政权。他们一方面与附近同样宣布

---

① Harold W. V. Temperley, *History of Serbia*, pp. 366 – 370.
② George Christos Soulis, *The Serbs and Byzantium*, pp. 289 – 303.
③ Constantine Porphrygenitos, *De Administrando Imperio*, trans. Romily Jenkins, pp. 33, 12.

独立的扎赫鲁米亚国家结盟，另一方面利用塞尔维亚人忙于对抗土耳其人和匈牙利人的机会，扩大领土范围。1371年，乔治·巴尔什奇（George Balsic）的统治范围从杜布罗夫尼克直到普里兹伦。扎塔国家虽然在后来反抗土耳其征服战争中发挥了作用，但是最终屈服。①

纵观包括科索沃在内的巴尔干半岛西部地区古代史，复杂的民族关系成为其历史的主要内容。事实上，古代多民族的交往和融合是现代国家发展的必要基础，世界历史上还没有哪个国家是由纯粹的单一民族构成的。包括科索沃在内的巴尔干半岛之所以形成复杂的民族问题，其历史根源在于半岛地区特殊的生存环境造成当地缺乏必要的地区共同利益和共同点，而巴尔干历史发展进程又使其缺乏各民族融和不可或缺的强制力量，缺乏长期而稳定的融合过程。罗马帝国的军事扩张只是将巴尔干半岛强行纳入帝国统治体系中，其在半岛地区建立的以多瑙河为自然边界的罗马帝国巴尔干半岛各行省也仅仅具有军事行政意义。作为罗马帝国正统继承者的拜占庭帝国力图继续完成统一巴尔干半岛的历史任务，通过传播东正教信仰和拜占庭文化传统，努力将巴尔干各民族转换为拜占庭帝国的臣民。应该说，直到13世纪初，拜占庭人的这种努力是成功的。一种被整个东欧世界承认的拜占庭斯拉夫传统基本形成，巴尔干半岛似乎结合成为一个新的整体，这是巴尔干半岛历史上从未有过的"和谐"局面。但是1204年西欧十字军骑士对君士坦丁堡的占领将这个刚刚完成但还有待发展巩固的局面打破了，以拜占庭政治文化体系为核心的巴尔干半岛整合计划被打乱，拜占庭帝国失去了整合巴尔干半岛的主导权，原本能够使巴尔干半岛各民族继续整合并形成更加稳定的现代民族国家生存基础的进程从此中断了。地区共同利益依靠的是共同的经济基础，这个基础需要在上古中古漫长的贸易活动中加以培育。巴尔干半岛恰恰在这个关键环节上没有继续下去。拜占庭帝国朝贡体系还没有形成巴尔干半岛共同市场或商业体系，帝国的大厦就崩塌了。

---

① 14世纪期间，扎塔国家更名为蒙特内格罗（Montenegro），1444年，巴尔什奇家族统治结束，出现了克尔诺杰维奇（Crnojevici）王朝，并承认了威尼斯的保护权，不久在土耳其人的军事压力下成为后者的藩属国。陈志强：《巴尔干古代史》，中华书局2007年版，第442—444页。

三

自拜占庭帝国衰落以后，巴尔干半岛群雄逐鹿。各民族争夺半岛最高控制权的斗争不断，其重要结果是削弱了该地区共同利益的基础，减弱了半岛各民族联系的纽带，并为外部新兴势力的崛起提供了条件。科索沃复杂的民族、宗教、文化现状是巴尔干地区文化多元化的一个缩影，也是半岛各地区缺乏内在联系的反映。巴尔干半岛多种无法调和的对立因素如同火药的多种成分，使其成为国际政治的"火药桶"，而这个"火药桶"的形成应该上溯到奥斯曼帝国统治时期。

奥斯曼土耳其帝国最初于 13 世纪兴起于小亚细亚，是土耳其人建立的伊斯兰教军事封建国家。由于当时国际环境对其发展有利，该帝国迅速扩张，15 世纪前半期便征服了巴尔干半岛，16 世纪时建立起包括小亚细亚、西亚、北非和欧洲东南部的大帝国。奥斯曼帝国的迅速崛起首先是以征服拜占庭帝国小亚细亚领土和入侵巴尔干半岛为开端的。自 14 世纪中期奥斯曼土耳其军队进入巴尔干半岛开始[1]，它先后于 1371 年在梅里奇河战役中击溃巴尔干各国反土联盟，1387 年占领拜占庭帝国第二大城市塞萨洛尼基，开始逐一征服波西尼亚人、瓦兰吉亚人、罗马尼亚人、塞尔维亚人和保加利亚人，1444 年在瓦尔纳战役中击溃匈牙利、波兰和罗马尼亚等国军队组成的十字军[2]，1453 年夺取君士坦丁堡，灭亡拜占庭帝国，改拜占庭帝国首都君士坦丁堡为其都城伊斯坦布尔，从而彻底完成了对巴尔干的征服事业。此后，处于强盛时期的奥斯曼帝国继续其对东欧地区的扩张，1456 年，穆罕默德二世（Muhammed Ⅱ，1451—1481 年在位）发动了"贝尔格莱德战役"[3]，遭到罗马尼亚、匈牙利、捷克、斯洛伐克、德意志联军的英勇抵抗。不久后，巴尔干北部地区人民在摩尔达维亚的斯特凡大公（Stefan cel Mare，1457—

---

[1] Edwin Pears, *The Destruction of the Greek Empire and the Story of the Capture of Constantinople by the Turks*, London: Longmans, 1908, pp. 268 - 270.

[2] Joseph Held, *Hunyadi: Legend and Reality*, New York: Columbia University Press, 1985, pp. 34 - 56.

[3] A. Arnakys, *The Early History of the Ottomans*, Athens, 1947, pp. 262 - 264.

1504年在位）率领下顽强抗击土耳其军队，直到1476年，奥斯曼军队才勉强取胜。1499—1503年，奥斯曼土耳其人在海战中战胜威尼斯人，取得了东地中海霸权。1512年苏丹塞利姆一世（Selim Ⅰ，1512—1520年）即位，而后四面出击，东征波斯，南伐叙利亚和埃及，建立起地跨亚、欧、非三洲的大帝国。1520年，苏莱曼大帝（Suleymam Ⅰ，1520—1566年在位）继承父位，他在位46年间，取得了一系列胜绩：1521年亲统10万大军攻克贝尔格莱德，1522年征服罗德岛基督教骑士团，1526年率领10万大军征服匈牙利，1529—1537年两度发动对哈布斯堡王朝的战争，最终将双方的边界确定在匈牙利平原西部。① 但是，这个靠军事征服建立和维持的帝国很快便开始走下坡路，17世纪时，新兴的西欧列强就将它作为宰割的对象，19世纪则遭到俄罗斯和欧洲列强的瓜分，在第一次世界大战中因为参加同盟国一方，战败后于1922年在资产阶级民主革命中被推翻。

奥斯曼土耳其帝国对巴尔干半岛的征服和在东欧的扩张，使巴尔干地区民族分化更加严重，处于奥斯曼帝国统治下的塞尔维亚人、保加利亚人、马其顿人、阿尔巴尼亚人、波斯尼亚人和希腊人大体占据了多瑙河和萨瓦河以南地区，而这个地区北部则是奥匈帝国统治下的斯洛文尼亚人、克罗地亚人、黑山人和伏依伏丁那人。由于南部地区远比北部地区落后，社会生活水平明显低于北部，因此导致各民族人口在半岛范围内的大规模流动，特别是在北部的克罗地亚和伏依伏丁那地区积聚了大量的塞尔维亚人，相对贫穷的山区居民如阿尔巴尼亚人则逐渐移居到塞尔维亚人离去的地区，科索沃这个塞尔维亚人的祖居地就为越来越多的阿尔巴尼亚人所占据。而人口流动造成的民族混居现象在巴尔干各个地区普遍存在。②

奥斯曼帝国统治时期，推行特殊的宗教政策。土耳其统治者吸取了拜占庭帝国时期强制统一信仰政策失败的教训，转而采取经济手段改变

---

① Caroline Finkel, *Osman's Dream: the story of the Ottoman Empire, 1300 - 1923*, London: John Murray, 2005, pp. 165 - 166.

② L. Carl Brown ed., *Imperial Legacy: the Ottoman Imprint on the Balkans and the Middle East*, N.Y.: Columbia University Press, 1996, pp. 57 - 62.

当地居民的信仰。巴尔干半岛被征服以前,包括塞尔维亚人在内的大部分民族信仰东正教,而濒临亚得里亚海、与意大利隔海相望的阿尔巴尼亚人则信仰天主教。奥斯曼帝国当局虽然没有采取强制性措施要求当地各族民众改变信仰,并允许东正教和天主教与伊斯兰教并存,但是却立法规定非伊斯兰教信徒必须缴纳高额的人头税。① 这种沉重的税收只对东正教、天主教和犹太教教徒征收,信仰伊斯兰教的穆斯林则享有免税权。为了逃避这种变相的强制改宗税收,大量不堪重负的塞尔维亚人向北方移居,而相对贫困的山区则留给了被迫改变信仰的阿尔巴尼亚人。根据17世纪中期到18世纪初的资料,因为躲避强制改宗税收的流民人数达到高峰,其中数万塞尔维亚人移居到哈布斯堡王朝统治下的匈牙利和克罗地亚地区。放弃天主教信仰而改信伊斯兰教信仰的阿尔巴尼亚人则受到土耳其统治者的奖励,当局将逃亡的塞尔维亚人遗弃的土地房屋分配给改变宗教信仰的阿尔巴尼亚人,并鼓励邻近山区的阿尔巴尼亚人迁入科索沃。这样,被塞尔维亚人视为"发源地"的祖先之地科索沃就逐渐成为阿尔巴尼亚族占多数的地区,到1910年时,科索沃省的阿尔巴尼亚人已占当地总人口的60%以上,而塞尔维亚人只占不到30%,其余为土耳其人和保加利亚人等其他少数民族。②

16世纪中期以后,奥斯曼帝国开始衰败,中央集权制瓦解,财政经济拮据,社会动荡不安,不仅停止了对外扩张,而且在战争中屡遭失败。1683年,奥斯曼军队对维也纳的远征以失败告终,被迫签订《卡尔洛维茨和约》,开启了割地赔款的屈辱历史。19世纪前半叶,奥斯曼帝国在俄土战争和埃土战争中接连失利,相继丧失大片领土,在英、法、俄、奥、普等欧洲列强的干涉下,埃及、希腊、塞尔维亚等民族接二连三脱离奥斯曼帝国统治获得独立。正是在反抗奥斯曼帝国统治的民族解放斗争中,巴尔干半岛各民族发动广泛的武装起义,阿尔巴尼亚、塞尔维亚、波斯尼亚、黑塞哥维那、黑山、保加利亚、摩尔达维亚、瓦

---

① T. J. Tonkin, "Muhammadanism in the Western Sudan", *Journal of the Royal African Society*, 3 (1904) X, pp. 123 – 141.

② Arshi Pipa and Sami Repishti ed., *Studies on Kosovo*, N. Y.: Columbia University Press, 1984, pp. 138 – 140.

拉几亚，以及黑海沿岸地区民族独立运动此伏彼起。① 1877—1878 年的俄土战争使土耳其军队再遭重创，被迫签订《圣斯特凡诺条约》，在 1878 年柏林会议上，承认罗马尼亚、塞尔维亚、黑山独立，承认保加利亚自治，并向俄国割地赔款。1912—1913 年两次巴尔干战争中，奥斯曼军队战败，从而丧失了对马其顿、阿尔巴尼亚和色雷斯大部分地区的控制。1918 年，在第一次世界大战中惨遭失败的奥斯曼帝国被迫签订《摩德洛斯停战协定》，其在欧洲的领土仅存伊斯坦布尔和色雷斯东部一小块地区。②

奥斯曼帝国统治巴尔干半岛的历史曲折多变，为后人留下了几大历史包袱。首先，作为与基督教（包括天主教和东正教等不同教派）对立的伊斯兰教国家，奥斯曼帝国强制推行伊斯兰教，给原本就充满了宗教教派争端的巴尔干地区输入了新的宗教，进而埋下了此后多种宗教纷争的祸根。其次，奥斯曼土耳其人的统治不仅没有消除巴尔干半岛多民族之间的隔阂，相反强化了各民族间的对立。特别是在当地人民反抗奥斯曼帝国统治的民族解放斗争中，各个民族，无论强大或弱小，其民族意识空前高涨，民族特性和各民族之间的差异性得到空前强化。人民解放斗争常常以民族为单位，民族独立通常成为反抗奥斯曼土耳其人异族统治最响亮的口号，也是巴尔干半岛各地区摆脱奥斯曼帝国统治高扬的旗帜。③ 再次，奥斯曼帝国征服巴尔干半岛后实行政教合一的国家制度，推行落后的军事封建经济制度，对当地各族民众实行残酷搜刮，造成巴尔干半岛普遍的贫困化，进而加剧了半岛内各地区间的不平衡发展，这成为巴尔干地区各民族间隔阂长期难以消融的物质基础，也是该地区自近代以来经济和社会发展水平持续落后于欧洲其他地区的根本原因。另外，奥斯曼帝国推行"以夷制夷"的民族政策也加剧了当地多

---

① Barbara Jelavich, *History of the Balkans: the 18th and the 19th Century, the 20 th Century*, Cambridge University Press, 1983, pp. 345 – 400.

② A. L. Macfie, *The End of the Ottoman Empire, 1908 – 1923*, N. Y.: Addison Wesley Longman, 1998, pp. 221 – 223.

③ William W. Haddad and W. Ochsenwald ed., *Nationalism in a Non – national State: the dissolution of the Ottoman Empire*, Columbus: Ohio State University Press, 1977, pp. 265 – 268.

民族间的分化瓦解，制造了科索沃阿族与塞族的仇恨。

　　土耳其人是第一支从南向北成功侵入巴尔干半岛的异族异教力量，其成功的重要原因是拜占庭国家的衰落，奥斯曼土耳其人利用巴尔干半岛内乱分裂之机，迅速发展，控制了半岛局势。但是，作为一种新的军事强权，奥斯曼帝国企图以其伊斯兰新制度取代已经形成的拜占庭斯拉夫传统的努力一直没有成功。相反，这种新的因素加剧了半岛分裂的趋势。近代以前的巴尔干半岛原本就是欧洲经济、政治、宗教、文化、民族多样性最为突出的地区，是一个多样性因素没有经过历史合理协调融合并逐渐形成整体利益的地区，因此其地区内部差异性超过了地区共同性。当威斯特伐利亚体系开始形成近现代国家主权原则和欧洲各国国际交往规则时，巴尔干半岛从中古世界遗留下的分裂局面被强化，古代的遗产成为近现代民族国家对立的基础。巴尔干半岛的各种对立因素在其相对狭小的空间内相互碰撞。任何不适当的外部干预都导致这些对立因素演变成爆炸性的力量，巴尔干半岛"火药桶"是这种力量的外部表现形式。①

　　科索沃出现的民族问题直接来源于奥斯曼时代遗留下的难题，塞尔维亚坚持认为，科索沃是塞尔维亚民族的圣地，是其古老的民族文明的发源地，出于历史原因和民族感情，塞尔维亚永远不会放弃科索沃。但是，科索沃的居民构成现状却表明，这里的阿尔巴尼亚族居民占据了绝对优势地位，而阿尔巴尼亚族裔居民在国际势力支持下的独立运动已经势不可挡。在历史与现实的矛盾中，当事各方都能够从历史中找到借口，而任何偏袒一方的举措都将引起更为复杂的对抗，进而引发地区性的连锁反应和种族灾难。

四

　　20世纪80—90年代苏东剧变导致了冷战时代一个超级大国的衰落和东欧"社会主义阵营"经历了多米诺骨牌式的瓦解，冷战时代的结

---

① 郝时远：《帝国霸权与巴尔干"火药桶"，从南斯拉夫的历史解读科索沃的现实》，社会科学文献出版社1999年版，第230页。

束拉开了后冷战时代的序幕。后冷战时代的鲜明特征是冷战思维仍然具有强大影响,冷战时代的国际秩序和战略格局仍然主宰世界。而巴尔干地区国际政治的突出特点是,半岛原有政治格局被打破,政治势力需要重新组合,政治版图正在重新划定。在这场新的国际政治博弈中,冷战思维仍然继续主导着斗争各方,战后成长起来的一代欧美政客们仍然不能摆脱冷战行为模式,大国和国际集团在巴尔干地区角逐中起着关键作用。巴尔干地区各国如同东欧一样,其诸多中小国家的领导人已经和正在成为大国政治斗争的马前卒。可以说,科索沃问题凸显出当前国际关系矛盾不断尖锐冲突的现状。

1945 年世界人民反法西斯战争取得了伟大胜利,南斯拉夫也摆脱了纳粹德国的控制获得解放,建立起南斯拉夫联邦共和国。胜利后的南斯拉夫在铁托领导下,对内实行国有化和土地改革,开展社会主义建设,对外奉行独立自主的不结盟政策,反对大国垄断国际事务,既不像其他东欧国家听命于苏联,也不像其他西欧国家听命于美国,成为巴尔干半岛独立自主的力量,为南斯拉夫赢得了国际尊重。1948 年,为了惩罚一直违抗苏联命令的南斯拉夫和桀骜不驯的铁托,在斯大林(1924—1953 年在位)指令下,南斯拉夫共产党被开除出苏联领导的共产国际情报局,南苏关系破裂,南斯拉夫受到社会主义阵营的排斥。[1]
赫鲁晓夫(1953—1964 年在位)上台后,主动改善苏南关系,两国恢复了外交往来。独立自主的南斯拉夫始终没有加入苏联领导的"经济互助委员会"和"华沙条约组织",也没有参加美国主导的西欧军事集团"北约"和欧洲发达国家俱乐部"欧共体"。显然,正是由于冷战时代的南斯拉夫游离于两大对立国际集团,才使本国在大国政治对抗中成为双方争夺的对象,在夹缝中艰难发展,但同时也成为巴尔干地区重要的国际力量,在地区政治事务中拥有举足轻重的发言权。第二次世界大战后,正当以铁托(1945—1980 年在位)为首的南斯拉夫反法西斯力量建立南斯拉夫社会主义联邦共和国,并实行自治共和国联盟制度时,科索沃人民议会于 1945 年 7 月决定将科索沃并入塞尔维亚共和国,成

---

[1] Ivo Banac, *With Stalin against Tito: Cominformist Splits in Yugoslav Communism*, N.Y.: Cornell University Press, 1989, pp. 67–69.

为南斯拉夫共和国的一部分。由于科索沃归属于塞尔维亚共和国，因此它没有像黑山、塞尔维亚等地区获得自治共和国的地位。根据1946年南斯拉夫宪法，科索沃成为南斯拉夫塞尔维亚自治共和国所属的科索沃——梅托希亚自治省。应该说，按照《威斯特伐利亚条约》以来形成的国家主权原则，科索沃问题属于塞尔维亚的内政，而国际势力之所以能够插手科索沃事务是与铁托时代以来塞尔维亚政府采取的错误民族政策有关。①

首先，科索沃这个阿尔巴尼亚人集聚区长期存在的民族矛盾并没有因为第二次世界大战后并入南斯拉夫而得到缓解。事实上，早在第二次世界大战期间，联手反抗意大利和德国法西斯的南斯拉夫共产党和阿尔巴尼亚共产党就在科索沃地区未来归属问题上意见相悖。1943—1944年，在阿尔巴尼亚举行的科索沃人民解放委员会会议决定将科索沃并入阿尔巴尼亚，但该决定立即遭到南斯拉夫共产党的反对和否决。② 1944年11月，南斯拉夫人民解放军解放科索沃后，两派矛盾迅即上升。以阿族为主的武装力量在第二次世界大战即将结束之际，于1945年2月宣布成立科索沃军政府，并立即颁布法令禁止原科索沃的塞族人和黑山人返回科索沃，以图保持其阿族人数上的优势地位。特别值得注意的是，该法令将矛头直指南斯拉夫中央政府，称其为大塞尔维亚专制政权，同时，指责所有非阿尔巴尼亚族的少数民族为专制政权的拥护者。为了平息科索沃军政府的分裂行动，南斯拉夫调遣4万军队前往科索沃，结果，实力远逊于南斯拉夫军队的万余名科索沃军队战败，塞尔维亚人恢复了对科索沃的控制权，并将大批阿族穆斯林流放到土耳其。③为了进一步打击科索沃阿族势力，铁托政府加大了对阿族亲法西斯分子的清洗。政治是非与民族矛盾的纠缠在这里表现得特别明显。还在第二次世界大战之初，当南斯拉夫于1941年被轴心国瓜分时，科索沃即遭

---

① Ivo Banac, *The National Question in Yugoslavia: Origins, History, Politics*, London: Cornell University Press, 1984, pp. 256 – 258.

② Patrick F. R. Artisien, "A Note on Kosovo and the Future of Yugoslav – Albanian Relations: a Balkan Perspective", *Soviet Studies*, (36) 1984 Ⅱ, pp. 267 – 276.

③ Milovan Djilas, *Tito: the Story from Inside*, N. Y.: Harcourt Brace Jovanovich, 1980, pp. 164 – 166.

到墨索里尼法西斯军队的占领,并入意大利法西斯政府拼凑的"大阿尔巴尼亚"版图,迫使成千上万塞尔维亚人逃离家园。① 由于科索沃阿族和塞族矛盾甚深,因此当地阿族人支持"大阿尔巴尼亚"计划,在法西斯入侵科索沃期间,不仅不参加抵抗意大利法西斯占领者的活动,而且还热烈欢迎科索沃加入统一的"大阿尔巴尼亚"。这样,当战后南斯拉夫政府清算亲法西斯分子的罪行时,阿族人自然成为主要的清洗对象,进而激起了阿尔巴尼亚人的反抗,使民族矛盾进一步激化。②

其次,地区经济发展的差异强化了民族对立。南斯拉夫共和国强调"独立、平等和南斯拉夫各族人民的自决权"。但是,由于南斯拉夫各地区发展的不平衡,科索沃成为最贫困的地区。铁托时代,科索沃的贫困状况并没有得到改善。一方面,大量涌入的移民加重了当地本来就欠发达的经济负担,仅在20世纪60年代就有7万—30万阿族人从比科索沃更为贫困的阿尔巴尼亚进入科索沃地区,使激增的人口与相对短缺的资源矛盾进一步突出。③ 另一方面,塞尔维亚自治共和国政府坚持中央集权和联邦掌握投资基金,优先发展北方地区,使得科索沃当地经济长期落后于其他地区。根据1953年的统计,科索沃人均国民生产总值仅为南斯拉夫各地区平均水平的53%,到1957年,科索沃的人均国民生产总值更下降到全国平均水平的42%。④ 占科索沃人口大多数的阿族人的生活水平和文化水平明显落后于北方的塞尔维亚人,其居民文盲数居高不下,占总人口的40%以上,而南斯拉夫其他地区的文盲率只有19%。

随着科索沃阿族人数的增加,当地民族构成比例发生变化。1966年的统计表明,科索沃人口增长率为3.79%,远远高于1%的全国人口

---

① Joseph S. Roucek, "The Geopolitics of the Adriatic", *American Journal of Economics and Sociology*, (11) 1952 Ⅱ, pp. 171 – 178.

② *Juqoslovensko - albanski odnosi*, *Yugoslav - Albanian Relations*, Belgrade: Review of Internaional Affairs, 1984, pp. 85 – 87.

③ Derek R. Hall, *Albania and the Albanians*, London: Pinter Reference, 1994, pp. 124 – 126.

④ Milovan Radovanovic, *Kosovo and Metohija*, Belgade: Center for Protection of Natural and Cultural Heritage of Kosovo, 2005, pp. 156 – 158.

增长率，其中阿族人数增加到 100 万，超过当地总人口的 70%，到 1971 年，科索沃的阿族人占总人口的 73.7%。① 在各共和国民族主义倾向逐渐抬头、要求取消中央政府控制的同时，作为南斯拉夫最贫穷地区的科索沃也要求摆脱中央政府，独立发展地区经济，缩小与其他地区的差异。1968 年，科索沃地区阿族学生举行大规模的示威活动，提出成立科索沃自治共和国的要求。铁托总统同意科索沃实行某种程度的自治。1974 年的南斯拉夫新宪法赋予科索沃广泛的自治权，其实际权利与其他共和国相差无几。克罗地亚人出身的铁托希望在南联邦推行理想主义的民族政策，打压大塞尔维亚主义，因此一度放松了对科索沃阿族民族主义的管控。这种政策上的摇摆也为后来制造了更多的麻烦。

显然，南斯拉夫政府在第二次世界大战后相当长的时期里未能有效地解决国内民族问题，以铁托为代表的反法西斯英雄凭借其在战争中树立的权威只是暂时保持了科索沃地区阿族和塞族的稳定关系。作为战后南斯拉夫的铁腕人物，铁托面对科索沃地区复杂的民族关系，逐步采取了缓和的民族政策，允许当地的阿族人建立用本民族语言教学的学校。正是在这些学校中，培养了许多主张科索沃独立的阿族知识分子。就当地的民族构成而言，在科索沃阿族人口增长的同时，当地塞族人口持续下降，这不仅是因为科索沃地区社会、经济、文化生活落后，许多塞尔维亚人离开科索沃到其他地区寻找更好的出路，而且是因为当地的阿族人在其他地区无法找到更好的工作而被迫留在科索沃。此消彼长的人口发展趋势导致科索沃阿族人占总人口比率不断增加，阿族知识分子反对中央政府的民族独立运动获得更加广泛的民族基础。铁托在民族关系问题上采取的这种退让政策也为后来民族矛盾的激化埋下了祸根。

最后，民族主义恶性发展不仅瓦解了南斯拉夫国家，也瓦解了塞尔维亚共和国。1980 年 5 月，铁托逝世，南斯拉夫进入"后铁托时代"。20 世纪 90 年代初，东欧剧变促进了南斯拉夫执政党即南斯拉夫共产主义联盟的瓦解，也催化了松散的南斯拉夫联邦的解体，后铁托时代南斯拉夫联邦解体之势已成，不可阻挡。1991 年 6 月至 1992 年 4 月间，原

---

① Stefanaq Pollo, *History of Albania: from its Origins to the Present Day*, London: Routledge & Kegan Paul, 1981, pp. 212–216.

南斯拉夫联邦中的斯洛文尼亚、克罗地亚、马其顿、波斯尼亚——黑塞哥维那等自治共和国先后脱离联邦，宣告独立，原南斯拉夫联邦中只剩下塞尔维亚和黑山两个自治共和国。即便是这个保持了"南斯拉夫联盟共和国"称号的国家也没能真正维系住内部各民族的联盟关系。2003年2月4日，南斯拉夫联盟共和国重新确定新宪法，改国号为塞尔维亚和黑山，彻底抛弃了"南斯拉夫"这个名称。2006年6月3日和5日，黑山和塞尔维亚先后宣布独立，原南斯拉夫联邦解体的过程最终完成。

后铁托时代南斯拉夫的"联邦解体"过程激发科索沃阿族人民族主义的恶性发展，他们以阿族独立为旗号，推动南斯拉夫联邦各共和国进一步解体。一方面，第二次世界大战中树立起权威的领袖人物的去世使南斯拉夫共和国内部凝聚力丧失，经济困难加剧了政治动荡，各共和国分离主义倾向不断，深刻地影响了科索沃地区的民族独立运动。另一方面，长期受到压抑的民族矛盾迅速上升，在南斯拉夫南部邻国阿尔巴尼亚的支持下，科索沃独立运动迅速兴起。1981年3—4月，普里什蒂纳大学的阿族大学生举行游行示威，要求建立独立的科索沃共和国，遭到塞尔维亚当局的镇压。示威群众同警察发生冲突，许多学生被捕，塞尔维亚政府对科索沃实行军事管制。这就进一步激化了科索沃的塞、阿两族之间的矛盾，由塞尔维亚政府支持的少数科索沃塞族人与阿尔巴尼亚暗中支持的多数阿族人常常发生流血冲突。占人口少数的塞族人日益感到孤立和受排斥，阿族人则努力争取政治上的支配地位，民族矛盾伴随政治矛盾而不断加剧。1988年，数千名科索沃塞族人和黑山人指责阿族人对他们进行骚扰，并举行大规模的抗议活动，要求废除宪法，取消科索沃的自治地位。面临内外危机的南斯拉夫塞尔维亚共产党领导人米洛舍维奇立即利用这一机会争取群众，通过民众中不断高涨的民族主义情绪提高自身威望。因此，他大力支持科索沃塞族人，提出了"大塞尔维亚"口号。① 1989年2月27日，米洛舍维奇宣布科索沃实行紧急状态，并派军队镇压阿族矿工罢工和学生示威，同时修改1974年宪

---

① Robert Thomas, *Serbia under Milosevic: Politics in the 1990s*, London: Hurst, 1999, pp. 214–216.

法，取消了科索沃的自治省地位，阿族人学校被取消，阿族人组织机构被取缔，实行新闻封锁。这一系列镇压活动导致塞尔维亚政府与科索沃阿族人的正面冲突，在巴尔干半岛多种国际势力支持下的阿族民众与警方爆发枪战，数十人死亡，多人被捕。科索沃阿族人曾经坚持的在南斯拉夫联邦内部建立科索沃共和国的希望彻底破灭了，塞、阿两族民众间的对抗情绪越来越激烈，骚乱越来越严重。1990年1月，塞尔维亚警察用催泪弹、警棍和高压水龙头镇压阿族示威者。不久，塞尔维亚当局向科索沃派驻军队，在科索沃实行宵禁。

显然，战后南斯拉夫中央政府错误的民族政策过于软弱，已经积累了太多的民族矛盾，而后铁托时代的塞尔维亚中央政府未能因势利导缓解矛盾，反而采取武力高压政策，无异于火上浇油。当然，作为独立国家的塞尔维亚政府动用军队镇压其自治省的分裂主义活动原本是维护国家统一的政府行为，无可厚非，但是由于其中纠缠了复杂的民族因素，引发当地出现种族灾难和难民潮，国际社会因此给予高度关注。特别是地处国际地缘政治交锋地带的巴尔干地区更是国际势力角逐的战场，使科索沃问题从塞尔维亚共和国内政逐步演化为国际热点问题。可以说，科索沃问题既是前南斯拉夫国家政治激烈变动和持续错误的民族政策演化的结果，也是巴尔干地区后冷战时期大国博弈的产物。1980年铁托逝世后，多种民族主义急剧膨胀的南斯拉夫陷入四分五裂，各个独立的共和国和巴尔干各国纷纷寻求大国支持，巴尔干半岛国际政治重新洗牌。

五

作为冷战结束后国际政治中唯一的超级大国，美国不仅强化其在全球角逐中的单边主义，而且并未因为苏联"自废武功"和苏东集团势力的瓦解而放松对俄罗斯的围剿，相反充分利用前东欧集团各国的动乱，采取多种形式的攻势，其中最重要的手段就是千方百计肢解这些国家，利用"民主输出"挑起"新欧洲"各国间的矛盾，乱中取利。①

---

① 2004年乌克兰爆发的"橙色革命"是其中典型例证（新华社消息）。

事实上，美国施行的"可控混乱战略"在后冷战时代近30年里确实发挥着举足轻重的作用，并在世界各地屡试不爽，取得了预想的效果。通过这一战略，美国不仅强化了其国际宪兵的霸权地位，而且在地区紧张状态中强化了传统盟友关系，渗透进入新的战略空间，并稳固地占据了国际军火市场的主要份额。美国及其西方盟友（有时并不情愿）推行的这一政策已经取得了决定性的胜利，近年来美国在东欧和苏联前加盟共和国的一系列动作充分证明了这一点。科索沃问题长期得不到解决也充分反映出美国及其盟友"东扩战略"的真实意图，而这一问题的再度升温则表明正在恢复其超级大国国际影响力的俄罗斯积极卷入巴尔干地区事务的战略动向。

让我们分析美国的战略意图。苏东集团瓦解后，美国政治家就迫不及待地宣称"美国世纪的到来"。[①] 美、欧联盟积极干涉巴尔干事务绝不是像某些西方政客鼓吹的那样仅仅出于"防止巴尔干出现人道主义危机"，他们还有更深层的战略意图。就美国而言，其热衷于巴尔干事务是为实现其三重目的。首先，巴尔干半岛特殊的地理位置对于美国全球战略具有极为重要的意义，因为这里不仅是美国从西南方向围堵俄罗斯的重要地区，而且是其中东战略的西北前哨基地。美国支持科索沃独立将进一步稳固和加强其在巴尔干半岛的地位，使其在土耳其、希腊原有的军事存在得到半岛内陆的支撑。更为重要的是，从地缘政治的角度看，美国为首的北约由此可以大幅度挤压俄罗斯的战略空间，为其进一步拿下乌克兰做好准备。其次，美国在南斯拉夫联邦瓦解之后，并不满足南斯拉夫各自治共和国全面倒向美国及其盟友，仍然将继承南斯拉夫政治传统的塞尔维亚视为眼中钉肉中刺，希望彻底打垮这个巴尔干地区的异己力量，因此不惜动用强大武力，对这个已经分崩离析的弱小国家大打出手，大有不完全控制巴尔干半岛绝不罢手之势。通过对塞尔维亚的无情打压，美国还能在与俄罗斯的较量中占据上风，保持其"东扩"的优势，直到最终达到其瓦解俄罗斯的目的。再者，后冷战时代的欧洲特别是东欧政治局势的变动，使美国的欧洲盟友出现了离心倾向，除了

---

① 陈志强：《欧盟共同外交与安全政策的困境》，《史学集刊》2001年第4期，第71—80页。

英国这个美国传统的"铁哥们儿"外,欧洲各大国均不同程度地调整了各自的战略,"新欧洲"和"老欧洲"对美国的态度出现了反差①,美国对欧洲的指挥棒越发显得不灵。科索沃问题是美国强化对欧洲盟友控制的一个契机,美国通过"北约"在科索沃的战争行为极力促使欧洲盟友卷入科索沃冲突,一个明显的目的就是使这个问题成为分化欧洲团结的抓手。当欧盟各国在科索沃独立问题上各持己见,纷争不已时②,美国"鹰派"政客的目的就达到了。目前,欧盟成员国中塞浦路斯、希腊、罗马尼亚、西班牙强烈反对科索沃独立,而英、法、德、意支持科索沃独立,这种分歧最大的赢家是美国。美国希望欧洲盟友因此而起纷争、被削弱进而离不开美国的"保护"。③

那么俄罗斯在这场博弈中表现如何呢?我们再来客观分析一下其动向。实力起伏不定的俄罗斯在这场巴尔干地区大国角逐中影响力十分有限。巴尔干半岛历来是俄罗斯争夺的战略重点地区,后冷战时代初期,俄罗斯国家实力迅速下降,虽然它继承了传统的外交技巧,④但目睹美国在这一地区横行霸道,无可奈何,无所作为。近年来,随着俄罗斯国家实力的恢复和国际地位的提升,它开始更积极地介入科索沃问题。俄罗斯卷入科索沃问题有多种战略意图。其一,当保加利亚、罗马尼亚等原东欧伙伴国纷纷倒向美国及其西欧盟友时,塞尔维亚成为俄罗斯唯一可以信赖的巴尔干中心地区国家,俄罗斯在科索沃问题上坚决支持塞尔维亚的立场,能够使它在这个地区获得立足点。而对于具有共同民族属性和共同宗教信仰的塞尔维亚施以援手,是俄罗斯提振民心和大国形象的契机。面对美国及其欧洲盟友步步紧逼的态势和美欧势力东扩的局面,俄罗斯已经没有更大退缩的战略空间。一些分析认为,俄罗斯与塞

---

① Ivo John Lederer ed., *Western Approaches to Eastern Europe*, N. Y.: Council on Foreign Relations Press 1992, pp. 125 – 126; Dominic Boyer, "Welcome to the New Europe", *American Ethnologist*, (32) 2005 Ⅳ, pp. 521 – 523.

② 2008年2月18日欧盟外长会议在一片争吵声中闭幕,决定各成员国自行决定各自对科索沃的政策。(见新华社消息)

③ Robert J. Art, "Why Western Europe Needs the United States and Nato", *Political Science Quarterly*, (111) 1996 Ⅰ, pp. 1 – 39.

④ W. W. Kulski, "Soviet Diplomatic Techniques", *The Russian Review*, (19) 1960 Ⅲ, pp. 219 – 227.

尔维亚同样信仰东正教和同样具有斯拉夫民族起源也对俄罗斯的科索沃政策有一定影响。其二，作为实力正在恢复的昔日大国，俄罗斯希望通过科索沃问题的处理展示其与美国对抗的国际形象，以便重新树立其在欧洲的强国地位。普京似乎比戈尔巴乔夫和叶利钦更为清醒地意识到，俄罗斯"自废武功"的退让并没有换来和谐的世界秩序，后冷战时代认可的仍旧是现实主义的国际政治，所谓理想主义外交只不过是一个自欺欺人的旗号和骗术。因此他在许多国际问题上的坚定立场和针对美国及其欧洲盟友采取的军事战略行动，已经使国际社会普遍感到俄罗斯正在重新发挥超级大国的作用。塞尔维亚领导人对俄罗斯的频繁访问，以及俄罗斯在科索沃问题上措辞强硬的表态均凸显出俄罗斯的立场。其三，科索沃独立这样的事件在国际关系领域并非没有先例，如果没有国际社会的承认，这样的独立充其量也只是个地区性小问题，如塞浦路斯北部土耳其共和国的独立就是如此。俄罗斯强烈反对科索沃独立还隐含着意义深远的潜台词，因为类似于科索沃现状的问题广泛存在于后冷战时代形成的新国家中，那些地方将是俄罗斯在不远的将来施展大国实力的舞台。就在科索沃阿族单方面宣布独立的当日，俄罗斯就联合罗马尼亚等国要求联合国安理会举行特别会议，并再度重申此前俄罗斯多次表明的立场，明确指出科索沃单方面宣布独立是严重违反联合国安理会第1244号决议和现行国际法原则的非法行为。人们可以预料，俄罗斯将在巴尔干地区事务中发挥远比其10年前更重要的作用。

科索沃问题的复杂性除了大国的政治角逐外，还在于后冷战时代巴尔干地区多种势力的利益冲突。例如，作为欧洲最贫困的国家阿尔巴尼亚，一直支持科索沃阿族独立运动，其目的不仅包括重新实现"大阿尔巴尼亚"这样的长远计划，而且有转移持续不断的内政危机的意图。又如积极支持科索沃独立的德国，长期以来对巴尔干半岛强国南斯拉夫耿耿于怀，因此对推动南斯拉夫的解体表现得最为积极，是当年最早承认前南各自治共和国独立的西欧大国。其长远的战略目标就是通过蚕食前东欧集团的"碎片"，推进欧盟和北约东扩，稳固其欧洲政治地缘中心的地位。意大利过去就曾在巴尔干半岛制造了"大阿尔巴尼亚"，第二次世界大战失败使其计划烟消云散，科索沃独立使它再次看到旧梦重演的可能。而公开反对科索沃独立的塞尔维亚和巴尔干半岛其他小国，担心这个危险的先例一开,将引发本地区民族分裂主义的连锁反应,使原本动荡的地区局势更加恶化,刚刚建立起来的地区秩序再遭破坏。[①]

由于历史的原因,现代欧洲各国中没有一个纯而又纯的单一民族国家,长期的移民运动使欧洲这个狭小的空间里各民族混居杂处,所有欧洲国家都同样存在各自的民族矛盾。这种情况在巴尔干地区尤其突出。南斯拉夫如同其他邻国一样,各民族有着不同的文化传统,其宗教信仰、语言和民族习俗不尽相同。美国及其欧洲盟友利用苏东剧变的有利时机,首先积极促成了南斯拉夫联盟的瓦解,而后抓住后铁托时代塞尔维亚领导人在民族政策上的失误大做文章。他们不仅全面围攻其面积和人口仅相当于原南斯拉夫40%的塞尔维亚和黑山共和国,而且利用波黑爆发的塞尔维亚族、克罗地亚族和穆斯林族之间的战争,大肆指责南联盟和塞尔维亚共和国总统米洛舍维奇违反人权,对非塞族人进行"种族清洗"[②],并对其实行经济制裁,造成弱小的南联盟经济进一步衰退,外交上陷入困境。1995年8月,以美国为首的北约置《威斯特伐利亚条约》以来确立的国际关系准则于不顾,绕开联合国,大规模空袭波黑塞族,迫使塞尔维亚总统米洛舍维奇、克罗地亚总统图季曼和波黑总统伊泽特贝戈维奇在美国签署了《代顿和平协议》。波黑内战结束后,美国及其西方盟友并未罢手,又利用南联盟科索沃地区的阿族与塞族之间的冲突,继续对南联盟施压,1999年3月24日发动了对南联盟的大规模轰炸,一手制造了第二次世界大战以来最大的人道主义灾难。

事实上,南联盟对于科索沃境内发生的民族独立运动采取的行动是其内政,作为独立的主权国家,它不能坐视当地阿族单方面成立"科索沃共和国",不能容忍其组建的"科索沃解放军"的存在。南联盟采取的民族政策尽管存在一定偏差,但其处理内政的行动本不应该受到西方国家的指责。问题是,在科索沃阿族独立分子背后有美国及其欧洲盟友的插手。可以说,是美国及其欧洲盟友利用巴尔干内部问题一手促成

---

① Andrew Hammond, *The Balkans and the West: constructing the European other, 1945 - 2003*, Aldershot, Hants, Burlington, V.: Ashgate, 2004, pp. 89 - 92.

② James Pettifer, *Albania and Kosovo*, London: A&C Black; N.Y.: WW Norton, 2001, pp. 258 - 261.

了科索沃危机的形成，南联盟对科索沃问题的处理只不过是他们的一个借口。试想，一个巴尔干半岛的内陆贫困地区如果没有外部势力的帮助如何能成功发动武装独立运动？1998年2月28日，阿族武装分子同塞族警察发生流血冲突。从此，两族矛盾升级，武装冲突不断。以美国为首的西方联盟不支持主权国家的南联盟平息国内骚乱，相反积极支持阿族分裂势力，美国特使霍尔布鲁克公开与科索沃阿族政治领导人鲁戈瓦会谈，北约也对南联盟发出了武力威胁，美国的欧洲盟友虽然与美国的意图不完全相同，但在防止巴尔干地区动乱殃及欧洲安全问题上与美国有共同利益，他们纷纷介入科索沃危机，对南联盟施压，迫使南联盟总统米洛舍维奇宣布全面履行安理会有关决议，从科索沃撤军，同意国际社会派员监督，尽早与科索沃阿族人就自治问题开展谈判，从而一步步落入美国人设下的圈套。

但是国际社会的介入并不能真正解决科索沃问题，科索沃南部边界活跃的武器走私得到多方势力的支持，当地阿族武装力量空前壮大，科索沃解放军针对塞尔维亚当局和塞族人的攻击行动越来越猖獗，冲突不可避免地白热化。而当塞尔维亚官方采取镇压行动，于1998年3月开始大肆搜捕德雷尼察地区的科索沃解放军时，冲突进一步加剧。1999年3月，美国动用北约空军对南斯拉夫实行空袭轰炸，制造了第二次世界大战以后欧洲最大的难民潮，高峰时人数达到85万，北约秘书长索拉纳为此辩解说"这是外交失败造成的悲剧"。事实上，这正是美国希望看到的结果，一些欧洲的有识之士在当时的政治评论中就已经清楚地指明了这一点，他们抱怨美国在欧洲大肆施暴，甚至不惜动用贫铀弹，完全不顾及欧洲的利益。南联盟在北约的轰炸下被迫放弃对科索沃的控制，而科索沃阿族独立运动却在美国及其欧洲盟友的支持下更加强大。南斯拉夫接受了7个西方强国和俄罗斯等"八国集团"提出的和平计划，被迫从科索沃省撤退后，50万驻科索沃国际安全部队进入该省。此后，美国及其欧洲盟友利用在科索沃省的联合国科索沃临时行政当局特派团，悄然扶植科索沃独立国家机构的建立。正是在美国及其欧洲盟友主导的科索沃临时行政当局特派团的安排下，科索沃战争期间流亡的80余万难民重返家园，其中主要是阿族居民，非阿族居民则因担心局势恶化不断外逃，从而使科索沃人口构成更加有利于独立派。还是在临时行政当局特派团的策划下,包括警察和司法等国家机构在内的科索沃行政当局逐步形成。美国及其欧洲盟友还从2001年4月起对总统米洛舍维奇及其他南斯拉夫前领导人提出"反人类罪"的刑事指控,进一步打击塞尔维亚人的斗志,并通过经济利益诱惑塞尔维亚亲美派,引渡米洛舍维奇及其他南塞斯拉夫族前领导人,最终将这根"眼中钉"扼杀在狱中。2001年11月,科索沃建立了独立的立法大会,次年3月,选举产生了首任总统和首相。科索沃独立在美国及其盟友支持和保护下逐步完成。事实证明,美国及其欧洲盟友利用其控制的国际主流话语权,继续进行着肢解塞尔维亚国家的活动。

总之,科索沃问题的出现除了近代以来巴尔干地区多种势力较量的原因外,其复杂的民族构成、宗教信仰、文化习俗等因素也成为人们深入了解其历史根源不可忽视的方面。科索沃问题如同近代以来巴尔干半岛存在的种种问题一样,不仅是现当代国际政治中大国角逐或巴尔干国家利益冲突的结果,其深层次的原因来源于此前漫长历史的演变,是历史长期发展的必然结果。分裂的巴尔干半岛,其各国经济利益、政治关怀、民族构成、宗教信仰和文化基础的多样性是世界上其他地区很少见到的,由此产生的政治、民族、文化和宗教冲突将长期存在,而造成这些冲突的深刻原因使这里的共同联系变得十分脆弱,消解这些分裂因素的力量显得极为软弱。可以预见,科索沃单方面宣布独立不仅无助于当地民族冲突问题的解决,而且打开了巴尔干地区更大规模种族对立的"潘多拉魔盒"。如果我们从更广泛的国际秩序角度看问题,科索沃危机的处理还开启了霸权主义国家及其盟友绕开国际社会、不顾公众舆论,公然肢解一个合法国家的先例。最近发生在利比亚等地的事件就是科索沃事件中遭到践踏的国际原则进一步被破坏的明证,是联合国这个维护和平的国际组织公然被绑架,以便为某个大国或几个大国服务的丑恶表演。而举世关注的叙利亚、乌克兰问题正在步科索沃和利比亚之后尘,以曲折的方式,按照某些大国及其盟友的意志在发展。当今世界新秩序正在后冷战时代的混乱中逐渐形成,但却是按照美国及其盟友的意愿向着危险的方向发展。

科索沃的历史如同巴尔干半岛的历史一样,存在太多难解的谜题。可惜的是巴尔干半岛各国的历史学家大多不能客观地对此加以解释,而当今时代的秘密外交和媒体误导更使得真相被层层迷雾遮挡。民族主义的有色眼镜严重地影响了巴尔干地区学术界的正常思维，西方财团控制下的媒体制造了太多的谎言，使得人们难以辨识这里的是非曲直。科索沃，你这块东南欧的高地何时才能从巴尔干的迷雾中现身？为了客观地再现这段复杂的历史，本书采取通史的方式写作，请读者自己来判断呈现在你们面前的科索沃历史的是是非非。

陈志强

于南开大学龙兴里

第一章

多民族融合与多元文化碰撞的平台

本章摘要：科索沃地区资源贫乏，生存条件恶劣，故开发成本高，发展滞后，地区承载量和人口移动矛盾突出。这个基本的内在矛盾在史前和古代相当长时间内并没有暴露出来，外来移民不断充实该地区的人力资源，他们在和平的生活中共同应对自然环境的压力，能够和平相处，呈现出多民族融合的景象，生活虽然艰苦，矛盾也在所难免，但多元文化在此碰撞，通过通婚和民俗交融，消融民族之间的隔阂，当地居民通力合作克服资源短缺的不足。这个过程需要岁月和外部安定环境的保障，换言之，如果没有外力干预，该地区将缓慢地完成区域内的民族和文化融合。但是，奥斯曼土耳其人的征服中断了这个必要的历程，开启了地区内暴力冲突的过程。

科索沃位于巴尔干半岛群山内陆核心地区，原为南斯拉夫塞尔维亚共和国自治省，北面与塞尔维亚共和国和黑山共和国接壤，南面与阿尔巴尼亚接壤，东南与马其顿共和国接壤，东面与塞尔维亚接壤，总面积10887平方公里。

科索沃地区多为山谷，是迪纳拉阿尔卑斯山（Dinaric Alps）的延伸部分的制高点地区。伊巴尔河（Ibar）与锡特尼察河（Sitnica）纵贯全境，河西的罗戈兹纳山与河东的科帕奥尼克山之间形成"科索沃谷地"，长约84公里，宽约14公里。近代以前，科索沃山地虽然林木繁茂，但山区不宜农耕，资源匮乏。北方的莫克拉山（Mokra Planina）主峰高2410米，与北方自然屏障罗戈兹纳山和科帕奥尼克山遥遥相望。科帕奥尼克山主峰潘契切夫峰高2017米（其南部主峰1789米），与西部山区的莫克拉山和克拉比山脉［其高 2764 米的主峰代拉维察峰（Deravica）是全岛最高点］形成了巴尔干半岛西部山地的制高点，阿尔巴尼亚、马其顿和科索沃三地相接地区成为半岛西部最高的山地，向南与沙尔山脉连接，形成科索沃西南部的地理屏障，构成迪纳拉阿尔卑斯山在巴尔干半岛的又一处高地。沙尔山脉呈西南—东北走向，主峰为海拔 2748 米的铁托山，该山脉向东伸延至布雷佐维察附近逐渐降低，这里的山峰高 1723 米，是科索沃南部的最高点。在这些高山峻岭之间，分布着海拔 1000 米左右的山地，小块的谷地平原分布其间，而小平原大多集中在西部的白德林河流域。多山的特点使得科索沃自古便成为缺少农牧资源的地区，也提高了人类在这里开发和生存的代价。

科索沃（Kosovo）一名来自附近的科索沃湖，湖水向北流入伊巴尔河，向南流入锡特尼察河（Sitnica）和莱佩纳茨河（Lepenac）。伊巴尔河经西摩拉瓦河、大摩拉瓦河、多瑙河注入黑海，而莱佩纳茨河则流入瓦尔达尔河（Vardar），流经希腊再入爱琴海。这个主要的水道南北贯通科索沃地区，将其分为东、西两部分。科索沃并不是单一的自然地理单位，它分为北部的德雷尼察（Drenica）和南部的科尔诺杰瓦（Crnoljeva），以及马鞍状的普雷瓦拉克（Prevalacko）。但是从自然地理上看，它是由东部的科索沃谷地和西部的梅托希亚平原地区构成，后者位于海拔较低的西部核心地带。构成科索沃重要部分的梅托希亚是科索沃全境最大的平原区，其名称来自希腊语 Μετοχός，意为修道院产业，阿尔巴尼亚人称为杜卡丁（Dukadin）。该地长 80 公里，宽 40 公里。湖水下泻进入白德林河（Beli Drim），在平原上形成了丰富的水系，而后流入亚得里亚海（Adriatic Sea）。这个平原地区西、南、北三面为群山环抱，东面陡坡朝向东科索沃。科索沃谷地和梅托希亚平原两地构成了巴尔干半岛中部的高地，河水四面下泻入三海。今天的科索沃和梅托希亚两地总面积 10887 平方公里，占前南斯拉夫领土总面积超过 1/10，人口约 200 万，占塞尔维亚人口总数 2/10 左右。

科索沃多山，地理位置偏北，在北纬 43°—42°之间，相当于我国辽宁沈阳以北，因此常年气温偏低，在古代不适于人居。其境内山谷间有多条河流，自然水系发达，覆盖全境。伊巴尔河、锡特尼察河和莱佩纳茨河南北贯通全境，与西部的白德林河构成主要水系，能够满足小平原灌溉所需。伊巴尔河为科索沃北部河流，源出莫克拉山脉，向东流至科索夫斯卡—米特罗维察（Kosovska Mitrovica），转向北注入西摩拉瓦河，全长276公里，流域面积8000平方公里。其主要支流有拉什卡河（Raska）、斯图德尼察河（Studenica）和锡特尼察河（Sitnica）。河谷附近高地受持续的水气滋润，有大片茂密的森林覆盖，河谷平地也间有耕地，并不确着人口稠密、密集成群的小村庄。伊巴尔河流经河西的罗戈兹纳山与河东的科帕奥尼克山之间，从海拔2017米的潘契切夫山谷地向北直接倾泻入西摩拉瓦河谷，其南下分支至特罗维查和武契特尔恩之间与锡特尼察河相连，后者继续向南与沙尔山脉北侧的莱佩纳茨河连接，流出科索沃，经过科索沃与马其顿边界的沙尔山脉谷地进入马其顿，在斯科普里（Skopje）处流入瓦尔达尔河。伊巴尔河在科索夫斯卡—米特罗维察处连接罗戈兹纳山和莫克拉山之间流出的河水，河道在此形成了90°弯曲。在此附近，锡特尼察河连接着拉布河（Lab），这条河流是从科帕奥尼克山东侧山谷和塞尔维亚南部的拉丹山区（这里地势逐渐下降至海拔1409米）之间向南流淌最终汇入锡特尼察河。这个科索沃北部地区的水系与科索沃中部和西部的白德林河水系就为整个地区提供源源不绝的淡水，养育着山地林木和多种动植物。西南部山间平原地区主要是白德林河（White Drin）水系，是阿尔巴尼亚境内最长的河流德林河的两个主要源头之一，科索沃境内的部分称为白德林河，阿尔巴尼亚境内的部分称为白德林河。白德林河发源于莫克尔—戈尔山脉，白德林河发源于马其顿西南部的奥赫里德湖。黑、白德林河在库克斯汇合为德林河，流向亚得里亚海。靠近东南地区还有另一个南部河流为南摩拉瓦河支流比纳奇卡摩拉瓦河，自西南向东北注入南摩拉瓦河。除了这些河流外，科索沃山间分布着大大小小的湖泊，如西部的加兹沃达湖（Gazivoda Lake）、拉多尼茨湖（Radonic Lake）和东部的巴提阿瓦湖（Batiava Lake）、巴多瓦茨湖（Badovac Lake）。可见在万余平方公里的科索沃，汇集着充沛的淡水资源，只是由于缺乏平整的土地和温暖的气候，水资源得不到合理的利用。

关于科索沃地区最早的居民来源，史学界多有争议，阿尔巴尼亚史家强调科索沃和梅托希亚是古代伊利里亚人（Ilyrians）的发祥地，而阿尔巴尼亚人是伊利里亚人的后裔，至少科索沃和梅托希亚两地包括在伊利里亚人最早的活动区域内，与现代阿尔巴尼亚领土相接。① 塞尔维亚史家则认为古代的伊利里亚人与今天的阿尔巴尼亚人无关，而且最早的居民很可能是色雷斯人。② 还有些塞尔维亚族学者认为，阿族人并非伊利里亚人的后裔，而是巴尔干半岛东部地区和多瑙河下游地区达吉亚人和莫埃西亚人（Daco‐Moesian）的混血族群，是中世纪早期游牧民族和当地残存的非罗马土著人［包括伊利里亚人和达尔达尼亚人（Dardanians）］杂居混血的结果。他们也从来不把科索沃并入达吉亚人（Dacian）和莫埃西亚人（Daco‐Moesian）的活动范围。1973年，著名的塞族考古学家加拉珊宁（M. Garasanin）公开提出，依据人名、地名调查，达尔达尼亚人在某种程度上可以被视为伊利里亚人，而色雷斯人和达吉亚人多活动在他们以东地区。③ 就分布而言，色雷斯姓氏主要集中在达尔达尼亚东部，自斯库比（Skupi）［即今斯科普里（Skopje）］到奈苏斯（Naissus）［即今尼斯（Nis）］和雷梅西亚纳（Remesiana），而伊利里亚人名除个别者出现在这个地区外，其大部分姓氏集中在西部地区，即普里什蒂纳—米特洛维察（Pristina‐Mitrovica）和普里兹伦—佩奇（Prizren‐Pec）地区。④ 争论虽多，但对伊利里亚人是该地区最早的居民这一点大体上能够形成共识。⑤

被古代希腊罗马人称为伊利里亚人的土著居民的活动区域南至今阿尔巴尼亚伊庇鲁斯山区，北到今罗马尼亚伊斯特里亚河（Istria），东抵今马其顿西部。阿尔巴尼亚史学家一直认为他们作为伊利里亚人的后裔，当然属于科索沃的原住民，其使用的阿尔巴尼亚语属于印欧语系，无论在词汇词法，还是发音规则方面、都被当代语言学家证明源自古代伊利里亚语。⑥ 那么伊利里亚人是从哪里进入这个地区的呢？目前学界

---

① John Wilkes, *The Illyrians*, Blackwell, Oxford , 1992, p. 27.
② E. Shukriu, *Kosova Historical Review*, Tirana, 3/1994, p. 11.
③ Milutin Garsanin, *Preistorija na tlu SR Srbije*, Vol. II, Belgrade, 1973, p. 523.
④ John Wilkes, *The Illyrians*, p. 86.
⑤ John Boardman, I. E. S. Edwards, N. G. L. Hammond and E. Sollberger ed., *The Cambridge Ancient History* (Vol. III, part I), *the Prehistory of the Balkans and the Middle East and the Aegean World, Tenth to Eighth Centuries B. C.*, Cambridge: Cambridge University Press, 1982, pp. 187 – 207.
⑥ John Wilkes, *The Illyrians*, p. 28.

的意见大体分为"南来说"与"北来说",前者认为伊利里亚人为达尔达尼亚人的后人,后者认为他们来自中欧山地。罗马史家阿庇安在其《罗马史》第十卷"伊利里亚战争"中认为,"这个地区的名字是从波利非马斯的儿子伊利里阿斯而来的"。波利非马斯(Polyphemus)在"荷马史诗"中被描写成称霸海上的怪兽,是个"从不怕提大盾的宙斯,也不怕常乐的神明们"的海神后裔。① 据此,阿庇安认为伊利里阿斯来自西地中海的西西里,统治"那些因他们的名字而命名的克勒特人、伊利里亚人和加拉西亚人的民族"。② 斯特拉波在叙述了欧罗巴的其他地区后,提到"欧罗巴剩下的地方……即亚得里亚海和本都海的所有部落,在亚得里亚海是伊利里亚人部落"。由于这里与中欧西欧的交往频繁,因此该地居民混杂,"加拉泰人,他们也和伊利里亚人、色雷斯人混居住一起"。人们甚至分不清他们的族属,"这个地区一直延伸到雅波德人地区,这个部落既是凯尔特人部落,也是伊利里亚人部落"。③ 伊利里亚人的来源目前还没有定论,根据现代考古学研究,早在公元前2000—前1000年的冰川时期,在包括科索沃在内的巴尔干半岛西部就有他们活动的踪迹,是一支以山地畜牧业为主的族群。阿尔巴尼亚族学者认为,古典时代活跃在伊庇鲁斯地区的达尔达尼亚人是伊利里亚人的先人,到希腊化时代便逐渐占据了巴尔干半岛中部包括科索沃在内的广大地区,其东界与色雷斯人所在地区接壤。④ 这种意见带有明显的民族主义色彩。

那么考古学对此能够提供什么证据呢?根据有限的考古发掘,学者们推测伊利里亚人可能来自中欧东阿尔卑斯山地区,因为他们的历史遗存类似于史前中欧的哈尔施塔特文化(Hallstatt Culture),这个以今奥地利和德国南部地区为中心的史前文化具有广泛的影响。在公元前2000年前后,伊利里亚人沿山麓逐渐进入巴尔干半岛,直到公元前

---

① 荷马说他是海神波塞冬的儿子,住在西西里,后被经过此地的奥德修斯设计弄瞎。参见荷马史诗《奥德赛》,Ⅸ,106-436,王焕生译,人民文学出版社1997年版,第174—187页。

② 阿庇安:《罗马史》(上),商务印书馆1979年版,Ⅹ,Ⅰ,2,第327页。

③ 斯特拉波:《地理学》(上),上海三联书店2014年版,Ⅳ,Ⅵ,10,第434页。

④ Pipa and Repishti, *Studies on Kosovo*, 1984, p. 242.

1000年前后才定居下来,并与那些非印欧语系的当地原住民融合。还有一种意见认为,伊利里亚人源自亚得里亚海东岸德林河与布纳河入海口的斯科德拉(Scodra)即今斯库台地区,从最初的小部落逐渐壮大,受中欧哈尔施塔特文化的影响,发展迅速,以至最终控制了整个海岸地区。① 无论是认为伊利里亚人来自中欧还是认为他们崛起于当地,这个古代民族的势力范围在数百年间不断扩大,占据了巴尔干半岛西部,即今斯洛文尼亚、克罗地亚、阿尔巴尼亚、塞尔维亚(包括科索沃)和波斯尼亚地区。这个地区后来便以他们的名字命名。后来的历史证明,他们扩张的步伐并没有停止,活动的范围不断扩大,例如亚平宁半岛北部的威尼蒂人(Veneti)和亚平宁半岛南部的梅萨皮人(Messapii)以及达乌尼人(Dauni)都属于伊利里亚人的分支。②

值得注意的是,上述考古学推测并没有得到文献证明,涉及该时期的文学资料中没有他们的踪影。在反映公元前11—前9世纪的荷马史诗(《伊利亚特》和《奥德赛》)中,我们找不到伊利里亚人的名字。于是有学者提出,伊利里亚人起源于达尔达尼亚人(Dardanians),他们依据古典成文史料和人、地名研究提出,科索沃考古研究证据大多集中在新石器、铁器和某些古典时代及中古时代的遗址,还不能形成连贯的认识。还有的学者认为,目前发掘的几个具有伊利里亚特征的青铜时代和铁器时代遗址大多表现出鲜明的达尔达尼亚文化特征,后者主要属于公元前8世纪以前的古代文化。③ 据考证,达尔达尼亚人是荷马时代特洛伊城的两个主要家族之一,甚至比特洛伊家族更为古老,只是由于后者实力逐渐超越前者,该城才以特洛伊命名。荷马史诗中提到过达尔达尼亚人,说"达尔达诺斯人(即达尔达尼亚人)由安基塞斯的英勇

---

① Alojz Benac 和 B. Covic 等考古学家都认为伊利里亚人是由青铜时代的当地部落发展而来。Aleksandar Stipcevic, *The Illyrians: History and Culture*, Park Ridge, N.J.: Noyes Press, 1977, p. 18.

② Joseph Roisman, "Classical Macedonia to Perdiccas Ⅲ" and Ian Worthington, "Alexander the Great, Macedonia and Asia", in *A Companion to Ancient Macedonia*, ed. by John Wiley and Sons, Chichester, West Sussex, U.K., 2010, pp. 135, 280.

③ E. Shukriu, *Kosova Historical Review*, Tirana, 3/1994, p. 11; John Boardman ed., *The Cambridge Ancient History*, pp. 207 – 209.

儿子埃涅阿斯率领，一个女神同凡人结合，美神在伊达山谷里给安基塞斯王所生"。还提到，阿基琉斯的部下在城下挑战，嘲笑说："害羞啊，阿开奥斯人，你们卑鄙可耻，只是外表惊人；在神样的阿基琉斯参战时，特洛亚人从不敢出到达尔达诺斯城门外，因为他们害怕他的强有力的长枪。"① 史诗很多地方提到达尔达尼亚人，这说明这个族群很早就活跃在爱琴海及巴尔干半岛地区，他们的足迹一定达到了伊利里亚地区，其文化影响随着人员的往来进入科索沃山地。至于说他们是不是伊利里亚人的祖先，目前没有确凿的证据，我们姑且将这种说法视为一种学术观点。

还有的学者认为，科索沃和梅托希亚地区最早的居民是色雷斯人，他们与伊利里亚人有长期的联系。这种意见在巴尔干半岛学术界也很有影响。众所周知，色雷斯人（Thracians）也是与伊利里亚人、斯基泰人（Scythians）、凯尔特人（Celts）等印欧语系古代民族同时存在的族群，其活动区域西部与伊利里亚人东部部分重合，但最终定居的地区主要在巴尔干半岛中部和东部。其所在地区北面与斯基泰人接触，西面与伊利里亚人和凯尔特人接触，南面则与古希腊人接触。荷马史诗《伊利亚特》多处提及色雷斯人，把他们说成特洛伊战争中特洛伊人抵抗希腊人的盟友。荷马提到色雷斯人塔米里斯歌声动人，惹恼了文艺女神，"她们在忿怒中把他弄瞎了，夺去了他的歌声，使他不会弹琴"，在特洛伊战争中，"赫勒斯滂托斯的激流环绕着的色雷斯人由阿卡马斯和战士佩罗奥斯共同率领。"他还说"色雷斯人的领袖、来自埃诺斯地方的佩罗奥斯"用石头击中了狄奥瑞斯国王，砸断了其韧带和骨头，并用标枪杀死了国王，但他自己也被阿托斯杀死，"他们两人就这样并肩躺在尘埃里，色雷斯人的领袖和披铜甲的埃佩奥斯人的领袖"。② 荷马史诗将色雷斯人作为故事重要的角色描写，表明这个古老族群当时已经是爱琴海北岸实力强大的势力，他们活动的范围也一定向北延伸至伊利里

---

① 荷马史诗《伊利亚特》，Ⅱ，2，818，Ⅴ，789，罗念生、王焕生译，人民文学出版社1997年版，第62、141页。
② 荷马史诗《伊利亚特》，Ⅱ，595，Ⅱ，844，Ⅳ，520—538，第62、63、107—108页。

亚地区。根据公元前7世纪的考古遗址发现和最新的研究表明，此期达尔达尼亚人和色雷斯人都与希腊人进行贸易交往，直到这个世纪末时，还从爱琴海希厄斯岛（Chios）进口货物。这些文献和考古证据都支持我们得出结论，无论达尔达尼亚人还是色雷斯人都在很早的时期进入了伊利里亚地区，与当时生活在这里的伊利里亚人进行人员和物资交流，其文化影响也同时传播到科索沃地区。从多民族多元文化融合的角度看，他们也可以被视为阿尔巴尼亚人的祖先，而包括凯尔特人、斯基泰人在内的其他古代民族对于伊利里亚文化的形成也做出了贡献。①

被称作"西方史学之父"的希罗多德著有《历史》一书，这部反映公元前6—前5世纪爱琴海和小亚细亚历史的书籍经常谈到伊利里亚，作者不时提及伊利里亚人表明公元前6—前5世纪期间，伊利里亚人的前城邦社会以及城市定居区在此前古代社区的基础上持续发展，直到公元前5世纪以后仍然保持发展势头。希罗多德在谈到巴比伦人的选妻习俗时说，"在这些风俗习惯中，在我来判断，下面的一种是最聪明的，听说伊利里亚（中文版原文如此——引者）的埃涅托伊人（后世的威尼斯——译者）也有这样的习惯。"在谈到当地的河流时，他写道："昂格罗斯河从伊利里亚向北流进特利巴里空原野而注入布隆戈斯河。"他还描述了铁美诺斯的后裔出逃的情况，他们"从阿尔哥斯逃跑到伊利里亚；他们又穿过伊利里亚进入上马其顿，最后一直到达列拜亚城"。这几处地名用法显然都是指称地理位置，是当作地理标志使用的。而在后面的记述中，他说到神谕时，称"我知道它原来不是关系到波斯人，而是关系到伊利里亚人和恩凯列司的军队的"。这里，作者多次提到伊利里亚人，可见他们的活动范围已经不再局限于巴尔干半岛西部山区，而是扩大到了爱琴海地区。② 比希罗多德稍晚些的另一位古希腊著名史家修昔底德在其《伯罗奔尼撒战争史》中也提到了伊利里亚人，但都是把他们描写成能征善战的雇佣兵。在描写科西拉人与伊庇

---

① 有的学者根据巴尔干半岛西北沿海地区的考古研究，提出伊利里亚北部居民出现了凯尔特化的趋向。Simon Hornblower and Antony Spawforth, *The Oxford Classical Dictionary*, Oxford University Press, 2003, p. 426.

② 希罗多德：《历史》，王以铸译，商务印书馆1997年版，Ⅰ, 196, Ⅳ, 49, Ⅷ, 137, Ⅸ, 43, 第98、285、616、643页。

丹努人的战争时，他说由于伊庇丹努人拒绝了科西拉人的要求，"于是科西拉人利用四十条船舰的舰队向伊丹努人进攻。他们带着流亡者（他们允诺恢复流亡者的权力）和一支伊利里亚人的军队。"这里的伊利里亚人军队显然是雇佣军身份，这种推测在后面另一章表述得更为明确。在伯拉西达和柏第卡斯第二次联军击败林卡斯人后，"胜利的军队建立了一个纪念碑，于是留在那里两三天，以等待伊利里亚的雇佣兵，他们会来帮助柏第卡斯的……没有伊利里亚人的援助，他也不想继续向前推进而主张撤退……伊利里亚人是一个善战的种族，（交战）双方都害怕他们"。在这场战争中，"伊利里亚人出卖了柏第卡斯"。① 伊利里亚人雇佣兵的本色在作者的笔下显现无疑。可以想象，这个时期包括科索沃地区在内的伊利里亚人已经深深地卷入希腊城邦之间的战争，只不过他们不是交战的主战方，而是以战争为生或者从战争中获取好处的雇佣兵。

公元前4世纪，也就是古希腊历史上所谓"希腊化"时代，伊利里亚、伊利里亚人等概念频繁出现在希腊罗马作家的记载中。他们在巴尔干半岛中部地区建立了一系列小王国，与强大的马其顿王国发生冲突。据称最初的伊利里亚人国王是巴尔迪里斯（Bardyllis）。没有人能够清楚了解在这些小王国中究竟发生了什么，以及他们是如何兴衰败灭的，后人只是根据考古发掘大体知道山丘地带的科索沃定居点逐渐消失了，或者他们的各个部落向南移动，作为好战的山地民族继续参与爱琴海事务，或者在强大的马其顿王国压制下陷入发展的低谷。这一推测可以从考古学家在南方的斯科普里湖（Skopje）盆地和瓦尔达尔河流域的发现得到证明，例如，斯科普里城堡、内雷兹（Nerezi）、瓦尔瓦拉（Varvara）、斯图登齐（Studencan）等遗址都发现了他们的生活踪迹，但这些遗址内都没有证据表明是他们扩张的结果。② 在伊利里亚人各小王国中，希腊化程度最深的是达奥尔森（Daorson）部落，古希腊人称之为达奥尔森人，其首府是今波斯尼亚和黑塞哥维那南部内雷特瓦河

---

① 修昔底德：《伯罗奔尼撒战争史》上册，谢德风译，商务印书馆1997年版，第23、344—345页。

② E. Shukriu, *Kosova Historical Review*, 3/1994, pp. 12 – 13.

(Neretva)下游斯托拉茨(Stolac)附近的奥萨尼奇(Osanici)。根据考古发掘,当时已经出现了城市生活,巨石堆砌的城墙类似于迈锡尼城墙,遗址中还发现了大量带有希腊神话人物装饰的铜甲和印铸希腊铭文的金属货币,学者就此推测这一遗址代表了伊利里亚文化发展的最高水平。[①] 可见,希腊文化在古代伊利里亚人文明发展进程中也发挥了重要作用。此后,随着亚得里亚海东岸达尔马提亚人(Dalmatians)的崛起,包括达奥尔森人所在的伊利里亚地区不断遭到攻击,迫使许多伊利里亚人部落王国寻求罗马人的保护。达尔马提亚人原先也是伊利里亚各部落中的一支,在公元前4—前1世纪期间实力不断壮大,特别是他们占据亚得里亚海沿海地区,通过袭击附近航道上的商船致富,不仅对其北方的伊利里亚其他部落王国构成威胁,而且严重损害了亚平宁半岛与巴尔干半岛南部往来的罗马人和希腊人的商业利益。自公元前2世纪特别是公元前1世纪,达尔马提亚这个名称便开始频繁出现在希腊罗马作家的记载中。[②] 他们作为与希腊和罗马人接触最多的伊利里亚部落,文明化的程度也更高。

罗马人涉足巴尔干半岛是伴随着对希腊的征服,他们干涉伊利里亚和达尔马提亚地区事务的时间可以上溯到公元前3世纪,当时控制亚得里亚海东岸地区的伊利里亚人和后来崛起的达尔马提亚人经常袭击过往的船队,甚至攻击亚平宁半岛东部海岸的城市,他们从这种海盗活动中获利,至少乐于为海盗提供基地。公元前246年,为了有效遏制伊利里亚海盗的活动,罗马人在亚得里亚海西侧建立城堡港口。罗马人以此希望达到的另一个目的是封锁海峡,阻止第一次布匿战争中的对手迦太基人通航。伊利里亚海军认为自身受到威胁,乘罗马在西地中海作战之机攻击要塞,并攻击罗马使者和意大利商人,引发双方冲突。公元前229年,罗马人屡次交涉无果后,派遣200艘船只和2万多军队组成的舰队发动了第一次伊利里亚战争。持续两个年头的战争以罗马人获胜为结束,他们击败伊利里亚女摄政王邱塔,并在达尔马提亚建立了第一个前

---

① John Wilkes, *The Illyrians*, p.177.

② Ibid., p.244.

哨要塞,为此后进入巴尔干半岛取得了立足点。① 公元前218年,富有投机冒险精神的伊利里亚国王德米特里乌斯以为罗马人陷入第二次布匿战争而无暇东顾,带着数百艘舰船的海盗舰队袭击希腊与罗马之间的航路,挑起了第二次伊利里亚战争。次年,罗马人在西地中海战事稳操胜券的情况下,派遣两位执政官统帅庞大的远征军陆海并进直取东部的亚得里亚海。在持续的第二次伊利里亚战争中,罗马军队占领了亚得里亚海东部沿海大部分地区,轻松取胜。德米特里乌斯被迫逃窜至马其顿,由此将罗马大军的兵锋引入第一次马其顿战争。事实上,在对外征服战争中获得甜头的罗马奴隶制国家正在发生深刻的变化,意大利的奴隶制经济因为征服战争而获得重大发展,大庄园、商业、金融经济、城市生活都出现了空前的繁盛现象,"凡此种种都是迅速形成着的罗马奴隶制度和对外政策方面的侵略性的要素和征象"。② 对巴尔干半岛特别是对伊利里亚和达尔马提亚地区的扩张,是罗马征服整个地中海尤其是东地中海的关键步骤。随着该地区逐步沦为罗马的行省,地中海古典文明渗透巴尔干半岛北部地区的步伐加快了。直到公元前168年,伊利里亚人最后一位国王战败被俘,并被押解到罗马以后,该地区被罗马人彻底征服,成为罗马共和国的附属国。罗马共和国向帝国的转型伴随着更大规模的征服战争,"东方问题"成为罗马政客们争相参与的热点。③ 被征服的伊利里亚人从此似乎完全融合在罗马帝国中。恺撒正式吞并了伊利里亚,他强迫"他们缴纳贡税,把人质交给他……他派遣发提尼阿斯

---

① 迈克尔·格兰特:《罗马史》,王乃新等译,上海人民出版社1998年版,第108页。阿庇安认为罗马人征服伊利里亚人是因为"害怕这些人会越过阿尔卑斯山侵入意大利,因此派遣两个执政官领兵去抵抗他们,这两个执政官全军覆灭了"。直到"盖约·马略当选为司令官,并且屡次打败"了他们。阿庇安:《罗马史》(上),商务印书馆1979年版,X, I, 4,第329页。

② 科瓦略夫:《古代罗马史》,王以铸译,上海书店出版社2007年版,第257—258、314—315页。

③ 对于罗马逐步征服巴尔干半岛,一些史家给予正面的评价。例如蒙森就认为是罗马人赋予希腊人以自由,"只有卑鄙不堪或病态感情用事的人,不能洞见罗马人十分诚意地谋希腊的解放;那样存心高尚的计划竟造成这样可怜的结局,其唯一原因是希腊民族道德和政治上的完全解体"。特奥多尔·蒙森:《罗马史》第3卷,李稼年译,商务印书馆2015年版,第217页。

第一章 多民族融合与多元文化碰撞的平台

带着三个军团和一大队骑兵到那里，向他们征收小量的贡税和收取人质"。① 屋大维（Octavian）则通过两度亲自引兵作战，再度"征服了整个伊利里亚地区，不仅是那些叛离罗马的部分，并且那些从前没有被罗马人统治的地区也在内"，还将被征服的伊利里亚地区划分为包括达尔马提亚和潘诺尼亚的行省。② 公元前9年，在镇压伊利里亚地区爆发的起义中，罗马进一步加强了对亚得里亚海东岸沿海地区的控制，③ 并大量征召尚武善战的伊利里亚人进入军队。据说，此后很多罗马名将都来自这个地区。

此后，伊利里亚南方的达尔达尼亚人崛起，作为罗马人在马其顿地区的邻居，频繁制造的麻烦有增无减。达尔达尼亚人活动的区域大体在今克罗地亚卡尔卡河（Krka）到今波斯尼亚和黑塞哥维亚内雷特瓦河（Neretva）之间。早在公元前1000年时他们作为伊利里亚原始部落就活动于此，希腊神话传说中就有关于达尔达尼亚人的描写，前引阿庇安说他们是伊利里亚人的后代。④ 后来在公元前4世纪至伊利里亚战争爆发前期间，他们成为伊利里亚王国的一部分。公元前1世纪上半叶，达尔达尼亚这个名字便见诸罗马人的记载。直到阿庇安（约95—165年）所在的时代，他们"居住在一个广阔的地区内，彼此战争，互相毁灭……他们虽然繁盛到腓力和亚历山大的时代，但是现在已经灭绝"，他们和其他伊利里亚人部落一样，"利用轻快小船在亚得里亚海中和岛屿上从事海盗生涯"。⑤ 于是，罗马军队于公元前70年前后，发动讨伐达尔马提亚人的远征，大军所至，杀人无数。最终，迫使达尔马提亚人

---

① 阿庇安：《罗马史》（上），Ⅹ，Ⅲ，13，第336页。
② 阿庇安：《罗马史》（上），Ⅹ，Ⅲ，13，Ⅳ，16—30，第336、338—348页。
③ 据塔西佗在其《编年史》中记载，奥古斯都皇帝将自己的继子提贝里乌斯派遣到伊里利库姆统领军队，以至于他去世时父子俩都没能见面，"在他到达诺拉时，他看到的是活着的还是已经去世的奥古斯都，这一点已无法确定了。"作者还详细记载了提贝里乌斯在伊里利库姆的统治活动。塔西佗：《编年史》，王以铸等译，商务印书馆1997年版，Ⅰ，5；Ⅰ，46和52；Ⅱ，44和53，第6、39、43、100、107页。
④ 不过他也不十分确定这一点，还说"这些事情让考古学家去谈吧"。这个逝世于距今1848年前的罗马史家的预见直到今天仍然由当代巴尔干考古学家应验着。前引阿庇安《罗马史》（上），Ⅹ，Ⅰ，2，第328页。
⑤ 阿庇安：《罗马史》（上），Ⅹ，Ⅰ，3，第328页。

屈服。当时统领罗马军队并控制马其顿地区的将领是安东尼（Antony，公元前40—前31年），其有关这次胜利的战报令其政治对手屋大维极为惊讶。①

　　罗马帝国统治下的伊利里亚和达尔马提亚地区起义暴动不断，形势持续动荡，罗马军队多次进行镇压。罗马最伟大的历史学家塔西佗（公元55—120年）就此写道："我正要写的这段历史，是充满了灾难的历史……在东方成功了，在西方却遭到了不幸。伊里利库姆（包括潘诺尼亚、达尔马提亚和美西亚诸行省——译者）受到骚扰，高卢诸行省动荡不安，不列颠被征服之后很快地又失掉了。"为了恢复亚得里亚海东岸的秩序，罗马人调集"从日耳曼、不列颠和伊里利库姆调来的许多队伍，这些队伍同样是经尼禄的选拔之后，派到卡司披亚门那里去参加他准备对阿尔巴尼亚人进行的战役的"。虽然尼禄一度调走了几个军团平息其他起义，但罗马人还是恢复了当地的秩序，"伊里利库姆也是宁静的"。显然，这个地区不仅成为罗马政府极其关注的焦点，而且成为罗马政客们角逐权力争取的对象，尼禄死后多位皇帝争夺皇权期间，奥托皇帝因得到这里军队的支持而占了上风，"使奥托有了信心的第一个消息是从伊里利库姆来的；消息说达尔马提亚、潘诺尼亚和美西亚的军团都已向他宣誓效忠"。军队左右政局的情况在罗马愈演愈烈，军阀维斯帕西亚努斯不仅率领自己麾下的军团参与内战，而且"从叙利亚调往美西亚的第三军团也是他可以信赖的；他还能指望伊里利库姆的军团也能追随第三军团的榜样"。最终，维斯帕西亚努斯胜出，元老院"同意把他们通常授予皇帝的全部荣誉和特权授予了维斯帕西亚努斯。他们充满了喜悦和有把握的希望，因为他们认为，首先在高卢和西班牙诸行省爆发、后来又引起日耳曼、伊里利库姆的骚乱、继而又波及埃及、犹太、叙利亚和一切行省和军队的内战已告结束，就好像整个世界的赎罪已经完成了"。②塔西佗的记述向我们提供了包括古代科索沃在内的伊利里亚和达尔马提亚地区相当深入且频繁地卷入罗马政治和军

---

① John Wilkes, *The Illyrians*, p. 210.
② 塔西佗：《历史》，王以铸等译，商务印书馆1997年版，Ⅰ，2，6，9和76，Ⅱ，74，Ⅳ，3，第2、6、9、65、139、244页。

事斗争。

在笔者上面引用的塔西佗《历史》中，还有一个特别值得读者注意的是，他提到了"阿尔巴尼亚人"这个名称。毫无疑问，作为伊利里亚地区古老的民族，阿尔巴尼亚人此时已经成为该地区非常重要的族群了。2世纪的地理学家托勒密（Ptolemy）曾提到一个叫阿尔巴尼亚（Albanian）的部落，还提到这里有一个称为阿尔巴尼堡（Albanopolis）的城市。而同一时期，伊利里亚人的称呼已经悄然消失在罗马人的文献中了，我们可以就此推测，当时被称为阿尔巴尼亚的山地部落就是在这个时期得到迅速发展，逐渐从许多伊利里亚和达尔马提亚地区的部落中脱颖而出的，他们从其主要活动中心区的伊庇鲁斯山区不断向亚得里亚海东岸其他地区扩展影响。其独立发展的特点使他们逐渐取代了其他屈服于罗马军事征服的部落，并成为罗马当局极为关注的民族。阿尔巴尼亚人称呼的使用范围到11世纪时才被广泛引申扩大到其他古代伊利里亚人。只可惜这个时期科索沃地区及其周边地带出现的族群都没有独立的文字，因此也没有留下任何可靠的史料记载，我们的探索还不得不依赖罗马作家。

著名罗马史家波里比阿在其《罗马帝国的崛起》一书中，对罗马人在伊利里亚的征服和经营活动进行专题描述，他写道，"大约在此同时（229年春），罗马人首次入侵伊利里亚以及那部分的欧洲"，因为当地伊利里亚海盗活动猖獗，"不知从多久以前开始，伊利里亚人就已经习惯来这些地方抢劫。这是因为两个地方都有很长的海岸线……伊利里亚人经常都可以在这些地区四处流窜，恣意抢劫，无所忌惮"。罗马用兵后，对当地部落首领提幽塔女王进行了压倒性的打击，迫使"提幽塔派遣使节给罗马人，缔结合约。根据条款，她同意支付罗马人所规定数额的贡赋，放弃除了少数地方外的整个伊利里亚，以及（这个条件对希腊人最为重要）她承诺不会拥有超过两艘船舰，不会航行越过利苏斯，而且不会有武装"。这样，这个"不仅是这一民族或那一民族的敌人，而且是所有人的共同敌人"的伊利里亚人就被罗马人彻底降服了。① 从此以后，罗马人便直接控制了亚得里亚海东岸地区，并以此为基地征服整个巴尔干半岛。

公元后数百年间，罗马帝国以及嗣后的拜占庭帝国，都极力维持其在巴尔干半岛的统治权，尤其是罗马当局一直在这个地区保持其强大的军事力量，并把半岛划分为伊利里亚、达尔马提亚、达尔达尼亚、潘诺尼亚（Pannonia）、达吉亚（Dacia）、莫埃西亚（Moesia）、伊庇鲁斯（Epirus）等行省或类似的行政区。4世纪期间，罗马人建立的达尔达尼亚行省包括科索沃和今马其顿首府斯科普里地区。在新设立的伊庇鲁斯行省中则包括了今马其顿的泰特沃（Tetovo）、戈斯蒂瓦尔（Gostivar）、斯特鲁加（Struga）和奥赫里德（Ohrid）等城镇。今天黑山的阿族人居住区则是普雷瓦利塔纳（Prevalitana）行省的一部分。总体看，罗马人在当地沿袭了达尔达尼亚人原有的制度，因此也保持其社会特征和传统。罗马人占领期间，还曾从今匈牙利地区向今科索沃地区迁徙萨克森（Saxon）矿工。

根据6世纪拜占庭史家约达尼斯的记载，图密善皇帝（公元81—96年在位）曾"动员了他的全部力量赶往伊利里亚。他率领以福斯库斯将军为首的几乎举国精锐军队，在多瑙河上用船只架设浮桥，然后命令他的士兵们像过桥一样穿越多瑙河"，发动攻击。② 3—4世纪，伊利里亚地区遭到匈奴人（Huns）、西哥特人和东哥特人的多次入侵蹂躏，损失惨重。为了充分利用这些蛮族力量，拜占庭帝国（也称为东罗马帝国）当局赋予哥特人臣民身份，允许他们在帝国边界地带定居。君士坦丁大帝在进行武力统一帝国的战争中就雇用了数万哥特人，并组建了"哥特兵团"，据说在325年兴建"新罗马"（后称为君士坦丁堡）的工地上就有他投入的4万人哥特兵团"建筑工"。事实上，伊利里亚地区作为戴克里先皇帝"四帝共治"改革中建立的大区之一，在此后罗马军阀政治军事较量中成为争夺的焦点地区。君士坦丁皇帝为了从其政治盟友李锡尼手中夺取这个大区，以便真正占据战场优势地位，借口

---

① 波里比阿：《罗马帝国的崛起》，翁嘉声译，社会科学文献出版社2013年版，Ⅱ，第1、5、12、200、202、212页。
② 约达尼斯：《哥特史》，罗三洋译注，商务印书馆2012年版，ⅩⅢ，77，第54页。

李锡尼迫害基督教信徒,派遣其子克里斯普斯水陆并进大败李锡尼。不仅君士坦丁的儿子在战场上对其姑父(其姑姑是君士坦丁的妹妹)大打出手,而且君士坦丁皇帝自己也对自己的妹夫毫不留情,生生将后者逼死,彻底占有了伊利里亚及东方地区,完成了"统一大业"。伊利里亚地区在罗马政治角逐中之所以占据重要地位显然与其战略地理位置有关,在连接罗马帝国东、西两部分的中央区,它确实具有无可替代的地位。正所谓夺天下者必占伊利里亚。① 此后相当长一段时间,随着愈演愈烈的民族迁徙浪潮,大批哥特人整个部落进入该地区。395 年,东罗马帝国皇帝塞奥多西一世把罗马帝国东、西部分分别作为遗产交给自己的两个儿子,伊利里亚南部地区归属东罗马帝国和东部教会,而其北部则纳入西罗马帝国和罗马主教控制下的西部教会。根据约达尼斯的记载,活动在多瑙河边界地区的哥特不同部落间由于与东罗马帝国当局亲疏关系不同,其得到的待遇有很大差异。"愤怒的哥特人于是拿起武器,穿越、洗劫并且攻占了几乎整个伊利里亚地区。"在哥特人主力听从东罗马皇帝劝说离开巴尔干地区西进以后,留下的哥特人在"提乌迪米……率领下越过萨乌斯河……向伊利里亚的第一座城市奈苏斯发动了攻击……就这样,他们在伊利里亚占领了很多的地盘。以往,这些区域都是他们无法进入的,而自此以后就容易了"。最终,哥特人在国王提奥多里克率领下全体向西罗马帝国的意大利进军。"虽然皇帝(泽诺,474—491 年在位)为提奥多里克即将离去而感到难过,但为了不让他伤心所以还是同意了这个要求,通过元老院和罗马帝国政府,皇帝赠与他许多礼品,然后送他走了。"② 哥特人虽然离开了伊利里亚地区,但是作为在该地区长期活动的重要古代民族,他们仍然在此留下了诸多文化遗迹,也对这个地区古代多元文化的发展做出了贡献。

如果说诸多古代族群在包括今科索沃在内的伊利里亚地区都留下了各自的痕迹,或者说对该地区多元文化的形成都做出了不同贡献的话,那么对今天科索沃乃至巴尔干半岛影响更为强烈的是 6 世纪以后开始大

---

① 陈志强:《拜占廷帝国史》,商务印书馆 2001 年、2006 年版,第一章。
② 约达尼斯:《哥特史》,罗三洋译注,I L, 271, 285-286, 292,第 163、173、176 页。

规模进入这个地区的斯拉夫人,而这个时期的拜占庭帝国作为罗马帝国的正统继承者已经控制了巴尔干地区很长时间。

斯拉夫人是从哪里来的呢?关于斯拉夫人的起源,学术界长期争论,莫衷一是。但在拜占庭帝国时代,有多位6世纪的作家在其作品中都提到了他们。前引约达尼斯在其《哥特史》中就写到,维尼特人(古斯拉夫人)中"最主要的两个部落叫斯克拉文人(Sclaveni)和安特人(Ante),这在当地不同部落方言里的发音有所不同。斯克拉文人拥有诺维图努姆城……他们自己并不住在城市里,而是生活在沼泽和森林中。和斯克拉文人相反,维尼特人中最勇敢的部落安特人住在本都海(即黑海)的转弯处,从达那斯特河直到达纳伯河,其间人们步行要走上许多天"。① 如果说约达尼斯只是谈到了斯拉夫人早期的活动情况的话,那么他同时代的普罗柯比记载的相关情况特别是他们进入拜占庭帝国的活动就更为详细了。这位拜占庭帝国最伟大的作家写到,在东罗马军队中有许多"匈人、斯克拉文尼人和安塔伊人。这些人就定居在伊斯特河(多瑙河中游)对面不远的地方"。"斯克拉文尼人和安塔伊人这些民族并不是由一个人来统治,而是自古以来便生活在一种民主制度之下,因而凡有关他们福利的一切事情,无论好事坏事都要交给人民来处理。老实说,在所有其他事务上,这两个民族自古以来便有同样的体制和风俗,这也是实情。原来他们只相信一个神、闪电的创造者,只有他才是一切事物的主人,并且他们献给他的牺牲有牛和其他牲畜";在详细介绍了斯拉夫人的信仰、战事、武器、铠甲等事物最初的来源后,普罗柯比记载说,查士丁尼皇帝派使节劝说他们到多瑙河以北的图尔里斯古城定居,皇帝"同意给予他们的正是这一城市及其周边的土地,并明确表明这地方原来就是属于罗马人的;此外他还同意在他们定居的过程中给予他们一切力所能及的帮助,还同意给他们大笔的金钱,条件是他们今后要同他和平相处并且在匈人蹂躏罗马的领土时经常不懈地堵住他们进攻的道路"。② 但是,这些斯拉夫人难以控制,"不久之前,有

---

① 约达尼斯:《哥特史》,罗三洋译注,Ⅴ,33—35,第29—30页。
② 普罗柯比:《战争史》,王以铸、崔妙因译,商务印书馆2010年版,Ⅴ,xxvii,2和Ⅶ,xiv,21—33,第509、685—687页。

一大群蛮族的斯克拉文尼人渡过了伊斯特河、劫掠了附近的土地并且把很多罗马人变为奴隶"。他继续写到,公元531年,查士丁尼皇帝派遣色雷斯军队的统帅"保卫伊斯特河,他的任务是在这一带进行监视,使这一地区的蛮族不再能渡河,因为匈人、安塔伊人和斯克拉文尼人已多次渡河并且给罗马人造成无可弥补的伤害"。但是,"斯克拉文尼人以其全部兵力向他发动了进攻;发生了一场激烈的战斗,许多罗马人战死,其中便有指挥官奇尔布狄乌斯。从此伊斯特河(即多瑙河)就成了蛮族在任何时候都可以随心所欲地自由渡过的一条河",只是由于"安塔伊人和斯克拉文尼人相互仇视起来并展开了一场战争,结果安塔伊人被他们的对手打败"。① 由此看来,斯拉夫人大约于6世纪上半叶迁徙进入巴尔干半岛北部地区,形成了对拜占庭帝国多瑙河前线的压力。

　　查士丁尼皇帝沿用前代皇帝特别是君士坦丁一世的蛮族政策,希望利用他们在边界地区的定居构筑阻遏其他游牧民族入侵的防线。需要注意的是,根据当时的记载,斯拉夫人尚处于原始社会末期的发展阶段。拜占庭人是如何看待这些巴尔干半岛的新居民呢?在拜占庭作家的笔下,这些斯拉夫人非常落后野蛮,"斯克拉文尼人的军队渡过了伊斯特河,在整个伊利里亚地区大肆蹂躏……所有他们遇到的人无分老幼不是杀死就是加以奴役并且掠夺了他们的财产"。当他们逐渐在占领地区定居下来后,便积极卷入巴尔干半岛各民族的政治纷争。根据普罗柯比记载,当查士丁尼皇帝忙于研究宗教问题时,斯拉夫人便积极参与多瑙河中游地区伦巴第人的王权之争,还接收了逃亡的王子,"一个叫伊尔狄盖斯的则跑到斯克拉文尼人那里去了"。同样的事情也发生在匈奴人和哥特人部落中,他们也经常联合斯拉夫人作战,或者将他们所在的地区当作避难之地。就在拜占庭帝国军队忙于应付意大利半岛上匈奴首领托提拉的进攻时,斯拉夫人深入巴尔干半岛内地,"这时斯克拉文尼人又出现了,既有我前面说的、曾进入皇帝领土的那些人,还有不久之后渡过伊斯特河同前面的一批人联合起来的另一批人,他们于是开始肆无忌

---

① 普罗柯比:《战争史》,王以铸、崔妙因译,Ⅶ,xiii,24 和 Ⅶ,xiv,1—7,第682—683页。

惮地蹂躏了罗马的领地。而有些人确实怀疑是托提拉用大量的金钱贿赂了这些蛮族,要他们在那里进攻罗马人,其明确的目的便是使皇帝不能专心致志地对哥特人作战,因为他还要把一部分心思用到这些蛮族身上。然而斯克拉文尼人此举是否为了照顾托提拉,或者他们是不请自来,这一点我就不清楚了"。①

无论如何,在巴尔干半岛定居下来的斯拉夫人开始融入了半岛地区多民族、多元文化的进程。塞尔维亚史家认为正是从6世纪上半叶开始,他们的古代斯拉夫人祖先便进入巴尔干半岛,其中南斯拉夫人入主了科索沃地区。同一时期,无论是科索沃还是马其顿地区,阿尔巴尼亚人的社区非常罕见,因为古代土著人或者阿尔巴尼亚人的祖先在罗马军事征服压力下早就退出了这个地区,零星剩余的少数阿尔巴尼亚人随着斯拉夫人的大举南下而逃亡,都躲避到今阿尔巴尼亚山区去了。科索沃和马其顿地区的阿尔巴尼亚人是后来跟随奥斯曼土耳其军队重新返回这个地区的,并且在奥斯曼当局的保护和扶植下,逐渐壮大重新发展起来的,因此他们被称为土耳其统治的帮凶,是奴役塞尔维亚人的殖民者和残酷无情的迫害者。这样的看法显然带有明显的塞尔维亚民族主义的色彩。事实上,查士丁尼时代前后大批斯拉夫人入主巴尔干半岛只是增加了半岛地区新的族群成分,并不能改变那里多民族融合的历史趋势。当然,在漫长的融合过程中,伴随着和平交往和暴力冲突,而且在某种程度上说武力较量可能占据了主导地位。包括塞尔维亚人在内的斯拉夫人不可能消灭所有原来的居民,更不可能消除长期积累的多元文化。作为巴尔干半岛统治者的拜占庭当局继续沿袭古代罗马帝国的政策,甚至对该地区投注了比古罗马帝国更大的注意力,因为此时的巴尔干半岛已经成为拜占庭帝国的中心区域之一了。

根据现代考古学研究,6—7世纪期间,大批处于分散状态的斯拉夫原始部落跟随来自中亚的游牧民族阿瓦尔人(Avars)跨过多瑙河南下,频繁侵扰河南地区,加速了巴尔干半岛中部地区早期遗存社区的瓦解。他们最初是从辛吉顿努(Singidunum)即今贝尔格莱德(Belgrade)

---

① 普罗柯比:《战争史》,王以铸、崔妙因译,Ⅶ,xxix,1,Ⅶ,xxxv,16,Ⅶ,xiv,1-7,Ⅶ,xxxviii,1-23和Ⅶ,xl,31-33,第,736、761、770—772和780—781页。

地区渡河开始移民，对科索沃地区没有产生什么影响，因为他们的移动方向是更加适宜生存的黑海沿岸、色雷斯平原和富庶繁荣的君士坦丁堡。其中的一小部分沿摩拉瓦河和瓦尔达尔河流域南下到达塞萨洛尼基（Thessaloniki），只有个别群体渗透进西部地区。由于当时拜占庭帝国遭遇了严重的瘟疫袭击，帝国政府亟须补充劳力，解决城乡劳力短缺的问题，大力开展朝廷主导下的移民活动，一些斯拉夫原始部落因此得以逐渐定居在帝国境内，成为皇帝的边民，许多人补充到拜占庭边防军中。对于定居马其顿和色雷斯地区的斯拉夫人，拜占庭帝国政府则长期推行移民政策，以解决帝国人力资源不足的问题。7世纪末年，皇帝查士丁尼二世将80000名斯拉夫人迁入奥普西金军区（Opsikin），762年迁入小亚细亚军区的斯拉夫人就多达21万之众。但是，帝国政府对于胆敢违抗的阿瓦尔人和斯拉夫人则采取了军事剿灭的措施。594年，拜占庭皇帝莫里斯（Maurice）一改查士丁尼时期保守的政策，率兵进击屡犯多瑙河南岸的阿瓦尔人，兵锋直抵河北地区的"蛮族"老巢。当地已经定居的斯拉夫部落也参加了抵抗拜占庭军队的战争，在此期间，比较富庶殷实的斯拉夫人部落建立了较为强大的舰队。600年，斯拉夫舰队第一次进犯爱琴海，623年，其舰队进犯克里特，洗劫爱琴海上岛屿和沿海地区帝国城市和农村，他们甚至和阿瓦尔人及波斯人组成联合舰队围攻君士坦丁堡。586年，分散进入巴尔干半岛南部地区并围攻塞萨洛尼基失败的斯拉夫人占领了普雷瓦利塔纳（Praevalitana）和什库比河（Shkumbi）南岸地区，该地名的斯拉夫语起源就证明了斯拉夫人南下的事实。直到6世纪末，斯拉夫人的入侵极大地削弱了拜占庭帝国在巴尔干半岛的统治，由于斯拉夫部落的进一步南下，当地的部落民开始从开阔的低地平原向更为安全的高地山区躲避。许多矿业社区居民作为殖民者离开这个地区，而留下的居民则变为后来从事农耕的农民。随着罗马帝国的灭亡和拜占庭帝国的衰弱，讲伊利里亚语的族群重新向马特河（Mat）流域和穆泽奎（Muzeqe）平原扩张。这个时期，其南部邻居都称他们为阿尔巴尼人（Albani），其语言为阿尔巴尼亚语（注意他们是有语言没有文字的族群)。①

　　这是一个巴尔干半岛多民族融合的高峰期,拜占庭帝国自觉或不自觉艰难地履行着推进这一历史进程的领导责任。但是7—8世纪的拜占庭朝廷内外交困,国家实力下降促使社会变革,皇帝们寻求维持统治的良策,因此对巴尔干半岛的控制力远不如古罗马时代。这一大的背景也推动了各个斯拉夫原始部落争相建立王朝以求自保,定居在巴尔干北部山区的斯拉夫部落在逐步南下过程中,社会组织很快便过渡成为王国,形成了保加利亚、克罗地亚和塞尔维亚等小国,他们与拜占庭帝国时战时和,构成此后巴尔干地区复杂政治格局的重要因素。保加利亚人大体活动在半岛东部,而克罗地亚人和塞尔维亚人则主要在半岛西部。还有一些外来民族如同划过夜空的流星,只是在半岛历史上留下了记忆,至今还有痕迹。如前面提到的阿瓦尔人,最早见于6世纪中期的拜占庭史料。阿瓦尔人的祖先来自黑海北部平原,后西迁至巴尔干半岛北部,与拜占庭人发生接触。558年,阿瓦尔人遣使拜访君士坦丁堡,与拜占庭皇帝查士丁尼一世订立条约,帝国政府允许阿瓦尔人定居巴尔干半岛北部,阿瓦尔人则有义务帮助拜占庭军队抵抗来自黑海地区其他民族的入侵。尚属游牧族群的阿瓦尔人凶猛彪悍,一度控制巴尔干地区的斯拉夫人,并占领小亚细亚的黑海沿岸地区。后来,由于阿瓦尔人势力的扩张,引发了其与拜占庭帝国之间的冲突。582年,阿瓦尔人首领柏安(Baian)与斯拉夫人结盟,征服了巴尔干半岛北部各个民族,拜占庭皇帝莫里斯曾率领军队抵抗,遭到败绩。626年,阿瓦尔—斯拉夫联军对拜占庭帝国的入侵达到高潮,并在波斯人的帮助下围攻君士坦丁堡。拜占庭皇帝伊拉克略联合克罗地亚人和塞尔维亚人进攻阿瓦尔人。635年,在拜占庭帝国的支持下,阿瓦尔人控制下的保加利亚人获得独立,使阿瓦尔人的势力受到打击,阿瓦尔人国势从此衰落。② 8世纪末,阿瓦尔人被其他新兴民族挤出巴尔干半岛,向西迁徙,在法兰克边境遭到

---

① N. Hammond, "The Relations of Illyrian Albania with the Greeks and Romans", in T. Winnifrith ed. *Perspectives on Illyrian Albanians*, London. St. martin' Press, 1992, p.39.
② 乔治·奥斯特洛格尔斯基:《拜占廷帝国》,陈志强译,青海人民出版社2006年版,第2章。

查理曼大帝的打击。805年，残余的阿瓦尔人被保加利亚王科鲁姆（Krum）征服，此后，阿瓦尔人在历史上逐渐消逝。历史从来都属于胜利者，失败的阿瓦尔人此后便被人们遗忘，但不可否认的是这个民族在巴尔干半岛多民族融合中所做的贡献。同样的例子也发生在后来的哈扎尔人身上。

聚集在巴尔干半岛西北部的斯拉夫人部落发展远远滞后于半岛东部的保加利亚人。例如那里的克罗地亚人虽然早在7世纪便与拜占庭人接触，但直到9世纪才建立了密切的关系。此时，拜占庭传教士君士坦丁（即后来人们所知道的西里尔）兄弟及其弟子们已经在摩拉维亚大公和保加利亚国王的支持下，初步完成了传播基督教信仰和拜占庭文化的历史使命。有证据表明，拜占庭帝国和克罗地亚人（Croatia）的关系始于7世纪。作为巴尔干半岛西北部的斯拉夫人部落，克罗地亚人与其他斯拉夫人部落一起进入巴尔干地区，当时，他们分为定居在潘诺尼亚地区（Pannonia）的白克罗地亚人（White Croatia）和达尔马提亚地区的克罗地亚人，拜占庭人首先接触的是后者，皇帝伊拉克略一世允许他们定居在达尔马提亚地区。9世纪初，法兰克国王查理曼（Charlemagne）东征白克罗地亚，一度将其纳入加洛林帝国的版图，但是，查理曼死后，白克罗地亚人于814年举行起义，后被镇压。达尔马提亚的克罗地亚人则一直保持独立，879年，他们在布兰尼米尔（Branimir）君主领导下争取到教皇的正式承认。910—914年，托密斯拉夫（Tomislav）君主统一了两部分克罗地亚人后，其国家实力迅速壮大。923年，拜占庭皇帝罗曼努斯遣使克罗地亚和塞尔维亚，联合两国与拜占庭帝国结成反保加利亚同盟。① 在战争中，克罗地亚人重创入侵的保加利亚军队。但是，克罗地亚国家很快解除了盟约，寻求教皇的支持，925年，教皇承认克罗地亚为独立王国，其原因至今仍是一个不解之谜。11世纪，威尼斯人开始扩张势力，向克罗地亚地区渗透，迫使国王克莱斯米尔四世（Peter Kresimir Ⅳ）再度转向拜占庭帝国求援。正当两国友好关系顺利发展之际，君士坦丁堡东正教教会和克罗地亚当地教会于1060年和1074年两度发生争执，严重影响了双边关系。国王兹沃尼米尔（Zvon-

---

① 乔治·奥斯特洛格尔斯基：《拜占廷帝国》，第214—215页。

imir，1075—1089/90年在位）公开支持本国教会，两国关系因而恶化。12世纪以后，匈牙利崛起，克罗地亚遂成为其附属国，保持独立与自治，其与拜占庭帝国之间的关系因此中断。尽管如此，克罗地亚人长期控制巴尔干半岛西北角地区，在当地多元文化发展中留下了深刻的古代烙印。

叙述到此，我们还没有论及今天占据巴尔干半岛半壁江山的塞尔维亚人，以及他们是如何成为该地区的重要角色的。塞尔维亚人（Serbs）的起源是学术界长期争论的问题之一，一般认为他们属于早期斯拉夫人的后裔，但是，也有人认为他们的祖先属于高加索人，后在斯拉夫人西迁的过程中，逐渐与斯拉夫人融合。[①] 在斯拉夫民族大举进入巴尔干半岛的迁徙中，他们成为最后定居在半岛西北部的南斯拉夫人。关于塞尔维亚人最早是什么时候进入巴尔干半岛的，史书中并没有明确的记载。学术界大体推测，塞尔维亚人从巴尔干半岛西北方向进入原属罗马帝国的伊利里亚行省，他们从一开始就在拜占庭人的影响下形成了比较稳定的社区，建立了塞尔维亚贵族统治集团，并服从拜占庭帝国政府的管理。事实上，塞尔维亚人最初活动在潘诺尼亚地区以北的山区，他们和其他多支北方原始部落族群，在严寒的逼迫下，南下威胁控制潘诺尼亚地区的阿瓦尔人。当时，巴尔干半岛内陆面临阿瓦尔人南下的威胁，拜占庭人遂采取"以夷制夷"的政策，请求塞尔维亚人和克罗地亚人从背后攻击阿瓦尔人。阿瓦尔人衰落后，塞尔维亚人得到拜占庭皇帝的允许，在当地定居下来。他们定居在克罗地亚人以东，亦即今天塞尔维亚人分布的地区。由于塞尔维亚人是应拜占庭皇帝伊拉克略一世的邀请而来，所以从一开始即接受了基督教的信仰，并成为拜占庭帝国的臣民。当时，受拜占庭皇帝控制的罗马教区主教，按照皇帝的指令，派遣传教士到塞尔维亚人中间传教，使他们皈依了基督教。但是，不久他们又放弃了基督教信仰，恢复了其古代的宗教崇拜。

---

① Sima M. Cirkovic, *The Serbs*, tran. By Vuk Tosic, Blackwill Publishing Ltd. Oxford 2004, pp. 2 – 13; Nevill Forbes, Arnold J. Toynbee, D. Mitrany, D. G. Hogarth, *The Balkans, a history of Bulgaria, Serbia, Greece, Rumania, Turkey*, The Clarendon Press, Oxford, 1915, pp. 56 – 67.

在阿瓦尔人入侵巴尔干地区的混乱时期，塞尔维亚人成为牵制阿瓦尔人以维持巴尔干半岛西北部地区安定的重要因素。这个时期，塞尔维亚人与拜占庭人保持良好关系，特别是皇帝伊拉克略一世（610—641年在位）统治时期，拜占庭人"利用基督教作为约束好战民族和保持其新臣民对帝国忠诚的手段"。① 这种关系维持了相当长时间，尤其在保加利亚人大举向南迁徙和巴尔干半岛大部分地区陷于战争动乱期间，塞尔维亚人所定居的地区反倒成了"世外桃源"。准确地说，塞尔维亚人东部比邻保加利亚人，而保加利亚人的战略目标一直在南部，因此，塞尔维亚与保加利亚接壤的山区保持相对平静。塞尔维亚人虽然已经是拜占庭帝国的臣民，但是，他们的基层社会组织仍然是原始部落，这种居民社区称为"祖番"，分散在今天南斯拉夫西部波夫伦山、马连山、兹拉蒂博尔山、兹拉塔尔山、锡尼亚耶维纳山和戈利亚山之间的德里纳河、利姆河、塔拉河、皮瓦河、瓦兹河和西摩拉瓦河流域。这里的山区虽然山峦重叠，但是水系丰富，对于从半游牧向农耕畜牧生产生活方式转变的塞尔维亚人来说，生存条件非常适宜。后来，随着塞尔维亚人数量的增加，蒙特内格罗山脉和多瑙河之间的狭长山区蕴藏的自然资源就无法满足需求，他们便逐渐向南部和西部扩张。

9 世纪初以前塞尔维亚人早期扩张期间，他们征服了巴尔干半岛西北地区的诸多土著居民，其中包括戴克莱安人（Diocleians）、特布尼奥特人（Terbouniotes）、卡纳利特人（Kanalites）、查赫鲁尼人（Zachluni）、纳伦塔尼人（Narentani）等。这意味着塞尔维亚人向西进入今天的波斯尼亚和黑塞哥维那，大约包括从戈利亚山直到杜布罗夫尼克的达巴尔谷地、波波沃谷地，从德里纳河流域到亚得里亚海沿海山脉之间的广大地区，包括亚霍里纳山、别拉什尼察山、弗拉尼察山、拉杜沙山、迪纳拉山、斯维拉亚山和内韦西涅平原地区。他们甚至占领了亚得里亚海沿海的姆列特岛、列沙茨岛、科尔丘拉岛、赫瓦尔岛、布拉奇岛，控制了这一带的出海口。按照当时拜占庭作家的记载，这一地区此前属于拜占庭人的势力范围，中央政府对当地土著民采取松散的管理方式，给了塞尔维亚人坐大的机会。塞尔维亚人对这个地区原始部落居民的征服

---

① D. Obolensky, *The Byzantine Commonwealth*, p. 60.

使"他们摆脱了罗马人（指拜占庭人）大帝国的控制，成为不服从任何人的自治和独立状态"。① 也正是在此期间，塞尔维亚人在扩张中强化了国家权力，官僚机构得到发展，军事实力不断增强，并逐渐形成了独具特色的文化。

据考古发掘出来的拜占庭封印研究，拜占庭帝国和塞尔维亚人古代国家的官方联系自9世纪中期开始，很可能这个时间是他们从众多斯拉夫人部落脱颖而出成为重要势力的年代。塞尔维亚作为巴尔干半岛北部重要的斯拉夫人国家，于838年在其首领弗拉斯迪米尔（Vlastimir）领导下与保加利亚人发生冲突。850年，弗拉斯迪米尔统治下的塞尔维亚人与保加利亚人发生战争，他们击败了保加利亚人。也许是在与保加利亚人的直接接触中，塞尔维亚人越发感到本地生活的落后和以拜占庭生活方式为代表的南部生活的巨大吸引力，毕竟保加利亚人接受了更多拜占庭影响，并已经接受基督教信仰和拜占庭文化。于是，塞尔维亚君主向皇帝瓦西里一世（Basil Ⅰ）的宫廷派遣特使，要求拜占庭人派传教士，希望重新回到基督教世界中。867—874年，也就是在保加利亚人接受基督教信仰后几年，塞尔维亚人也接受了拜占庭传教士传播的信仰，并以臣属国身份与拜占庭朝廷加强了经济文化联系。

如果我们具体分析当时巴尔干半岛的政治形势，可以看到这一时期正是保加利亚人放弃对罗马教皇的希望、重新接受拜占庭传教士的转折点，那么塞尔维亚人向拜占庭人提出同样的要求，明显带有保持半岛政治平衡的目的。据君士坦丁七世记载，塞尔维亚人"向（瓦西里一世）皇帝派遣许多使节，要求他们也被许可为罗马人仁慈的权力和其大教长的权力所管束……皇帝像宽恕其随意叛逆而心生悔改的回头浪子的慈父一样，接纳和允诺了他们，马上给他们派去教士，同去的还有外交官。当他们全都接受了神圣的洗礼，并回心转意忠实于罗马人后，皇帝就完全恢复对他们国家的权力了，而他明智地决定他们应由他们自己选出的

---

① Constantine Porphrygenitos, *De Administrando Imperio*, trans. by Romily Jenkins, ch. 29, p. 124.

本民族的君主进行统治"。① 有关塞尔维亚人自上而下的基督教化是否象在保加利亚国家那样引发广泛的社会反映，目前没有充分的材料加以证明，但是，就他们与拜占庭帝国的关系而言似乎没有出现大的反复。而且，9世纪后半叶，塞尔维亚人还以"清除反基督教势力"为借口，对活动在亚得里亚海沿海地区的纳伦塔尼人残余势力进行过军事清剿。塞尔维亚人对沿海地区的清剿行动对拜占庭人在亚得里亚海的航线十分有利，因为当时日益兴起的拜占庭—威尼斯海上贸易经常受到纳伦塔尼人海盗的袭击。在此之前，威尼斯人也曾试图通过传教或军事手段征服纳伦塔尼人，但是，由于后者控制沿海山区，令海上能力强于陆上作战的威尼斯人一直无法达到目的。只是由于塞尔维亚人从陆地方面清除了纳伦塔尼人的根据地，并切断了他们进入海洋的道路，最终迫使他们降伏，并成为最后接受基督教信仰的巴尔干半岛居民。②

10世纪期间，巴尔干半岛中部地区成为拜占庭人和已经斯拉夫化的保加利亚沙皇西蒙（Simeon，893—927年在位）和萨姆埃尔（Samuel，976—1014年在位）斗争的舞台，在此期间，保加利亚的西蒙一度征服了塞尔维亚人，但在西蒙死后，塞尔维亚再度成为独立王国。西蒙统治下的保加利亚人与拜占庭人发生过长期战争。在此期间，作为拜占庭人盟友的塞尔维亚人基本上保持中立。由于他们与拜占庭人之间阻隔着保加利亚人国家，因此，他们虽然继续保持与拜占庭人的友好关系，但是一直没有卷入战争。直到917年，拜占庭人无力抵抗保加利亚人的进攻，派遣迪拉修姆军事总督前往达尔马提亚地区，说服塞尔维亚君主彼得（Peter of Serbia）出兵援助时，他们才准备从西面进攻保加利亚人。西蒙培植的塞尔维亚人反对派立即向沙皇通报消息，使保加利亚人提前发动攻势，击败塞尔维亚军队，并于918年将彼得俘虏，押送关入保加利亚人的监狱。此后，塞尔维亚人新任君主扎哈里亚斯（Zacharias）在拜占庭人支持下登基，920年冬季从其留学的君士坦丁堡回到达

---

① Constantine Porphrygenitos, *De Administrando Imperio*, trans. Romily Jenkins, ch. 45, pp. 291 – 292.

② Patricia Fortini Brown, *Venice and Antiquity: the Venetian Sense of the Past*, New Haven and London: Yale University Press, 1996, pp. 12 – 18.

尔马提亚地区。作为罗曼努斯一世（Romanus Ⅰ）任命的塞尔维亚君主，他一回国就受到反拜占庭人势力的反对，被迫流亡。① 而保加利亚人支持下的塞尔维亚傀儡贵族势力迅速发展，促使扎哈里亚斯转向保加利亚人。3年后，西蒙强行任命扎哈里亚斯为塞尔维亚人君主。扎哈里亚斯深厚的拜占庭文化背景使他再次倒向拜占庭人，他断绝了与保加利亚人的联盟，恢复了与拜占庭人的关系，接受拜占庭皇帝为其宗主。西蒙极为恼怒，两度派兵洗劫塞尔维亚人国家，使其城乡遭到严重破坏。扎哈里亚斯在西蒙打击下，逃亡至克罗地亚王国，得到托米斯拉夫（Tomislav）的庇护。② 横行称霸的西蒙当然没有把克罗地亚王国放在眼里，认为胆敢收留扎哈里亚斯的托米斯拉夫是在与保加利亚人作对，于是继续进军，攻击克罗地亚人。而此时的保加利亚人已经势同强弩之末，在潘诺尼亚平原遭到克罗地亚人的沉重打击，从此一蹶不振。次年5月，西蒙因心脏病去世。西蒙之死给巴尔干半岛带来了和平，塞尔维亚人也获得了迅速发展的机会。

保加利亚新沙皇彼得是个文弱随和的人，他在位期间与拜占庭人一直保持良好关系，不仅于927年10月和拜占庭人订立和约，而且与拜占庭皇帝罗曼努斯的孙女马利亚结婚，并成为罗曼努斯的教子。拜占庭人则重新恢复了对塞尔维亚人的控制，将后者作为其臣属国。曾被西蒙扣押在普里斯拉夫的前塞尔维亚君主查斯拉夫（Caslav，？—950年在位），利用西蒙去世之后保加利亚的混乱，在拜占庭间谍的帮助下，越狱成功，返回塞尔维亚。为了感谢拜占庭人的救助，逃回故土后他立即支付给拜占庭人大笔酬劳，并一直保持与拜占庭帝国的友好关系。③ 塞尔维亚人所在地区远离拜占庭帝国政治中心，但是，他们在克罗地亚和保加利亚两国之间一直发挥政治平衡的作用，通过保持与拜占庭人的稳定关系来维持自身利益，获得了成功。特别是在拜占庭人征服保加利

---

① George Christos Soulis, *The Serbs and Byzantium, during the reign of Tsar Stephen Dusan* (1331 – 1355) *and his Successors*, Athens: Ekaoseis Banias, 1995, pp. 123 – 128.

② Harold W. V. Temperley, *History of Serbia*, London: G. Bell and Sons Ltd., 1919, pp. 354 – 358.

③ Sima M. Cirkovic, *The Serbs*, tran. by Vuk Tosic, Oxford: Blackwill Publishing Ltd., 2004, pp. 46 – 52.

亚第一王国后，塞尔维亚人进一步加强了与拜占庭帝国的友好关系。10世纪后半叶，他们成为拜占庭人在巴尔干半岛西部最忠实的盟友和臣属国。拜占庭人也是通过塞尔维亚人实现了对波斯尼亚地区的控制，而这个地区大体相当于德拉瓦河和萨瓦河上游流域。在拜占庭史料中，波斯尼亚被认为是塞尔维亚人辖制的地区。① 10世纪末时，沙木埃尔（Samuel）统治下的保加利亚王国疆域包括黑海和亚得利亚海之间的大部分地区，还包括阿尔巴尼亚人居住的区域。1018年，拜占庭军队在贝里格莱德即贝拉塔（Berat）郊外战役中击溃保加利亚人，而后，在阿尔巴尼亚语居民区重新建立统治。

11世纪时，拜占庭帝国马其顿王朝皇帝瓦西里二世为击败保加利亚沙皇沙木埃尔加强了与塞尔维亚王国的同盟关系。1018年，保加利亚灭亡后，拜占庭北部疆域大为扩展，遂使塞尔维亚成为拜占庭帝国的邻国。作为邻国的塞尔维亚对于拜占庭帝国的强势扩张十分担忧，惧怕自己成为下一个攻击目标。两国之间的紧张关系与日俱增。为加强抵抗拜占庭帝国扩张的阵营，塞尔维亚与波西尼亚（Bosnia）、扎塔（Zeta）等小国结盟。1054年，基督教世界最终分裂为东、西两大教会，其结果之一是，巴尔干半岛处于希腊语东正教影响下，而靠近亚得里亚海的阿尔巴尼亚人则处于希腊斯拉夫人和罗马威尼斯人的双重影响之下。天主教开始通过阿尔巴尼亚北部的草原游牧部落扩大传教范围，拉丁语在此前希腊语主导的文化宗教地区得到恢复。阿尔巴尼亚人地区此时与拜占庭当局保持紧密的联系与合作，因为这个地区是连接亚得里亚海沿岸与君士坦丁堡的枢纽，具有十分重要的经济和战略意义。事实上，进入巴尔干半岛西部地区的斯拉夫人大约到11世纪，已经完成了中古国家的演化和各个分支族群的分化，从众多部落中逐步形成了斯洛文尼亚、克罗地亚和塞尔维亚三个主要的古代族群国家。其中斯洛文尼亚人占据巴尔干西部地区的北部，后两者占据了南部。他们和其他大小不等的斯拉夫部落一样，在定居河流两岸和平原地区的过程中，逐步向农耕生活方式转变。而内陆人烟稀少的山地则始终存在着游牧部落的活动，其中

---

① Constantine Porphrygenitos, *De Administrando Imperio*, trans. by Romily Jenkins, ch. 45, p. 293.

包括古代的原著民瓦拉吉安人（Wallachians）即乌拉赫斯人（Vlachs）、伊利里亚人、色雷斯人和达尔达尼亚人，以及其他人数更少的古代土著居民。斯拉夫入侵将土著居民驱赶到高地山区，而将适宜农耕的平原和河谷地区占为己有。在上古中古极为有限的史料中，这个地区只有沃斯诺（Hvosno）、拉什卡（Raska）、泽塔（Zeta）、杜克加（Duklja）等地名保留下来，而没有任何关于当地居民的生活的信息。在古代史料中，我们并没有找到今天的科索沃（Kosovo）这个名称。也就是在这个世纪期间，今阿尔巴尼亚北部和科索沃地区几乎所有适于农耕的土地都被斯拉夫人占据或者控制了。①

11世纪期间，塞尔维亚人实力进一步增强，在巴尔干半岛事务中发挥着越来越重要的作用。他们在斯库台湖周围直到亚得里亚海滨的科托尔湾之间确立起第一塞尔维亚王国的中心地区，势力范围向南伸展到阿尔巴尼亚北部山区，向东深入蒙特内格罗山区。随着其实力的增强，塞尔维亚王国开始努力摆脱拜占庭人的控制，并与拜占庭帝国发生军事对抗。1042年，在拜占庭史料上被称为戴克莱安人或扎塔人（Zeta）国家的君主斯蒂芬·沃杰斯拉夫（Stephen Vojislav）率领部族再度崛起，经过几番较量，最终摆脱拜占庭人的控制，自立为独立王国。拜占庭朝廷闻讯，立即调兵镇压，由拜占庭帝国设立在半岛西部的迪拉修姆军区军事总督率军围剿，但是被善于山地作战的塞尔维亚人打败。② 从此，塞尔维亚人彻底结束了与拜占庭人的蜜月期，开始了与拜占庭人的长期军事斗争。斯蒂芬·沃杰斯拉夫凭借击溃拜占庭军队的声势，继续扩张，兼并了特布尼奥特人和查赫鲁尼人地区。其子米哈伊尔（Michael，约1052—1081年在位）继承父业，趁着拜占庭改朝换代无暇北顾之机向南扩张。为了名正言顺地进行领土扩张，他利用拜占庭教会与罗马教皇之间的斗争，抓住了两大教会的分裂矛盾，争取到教皇的批准，建立了安提巴里教区，以此取代迪拉修姆教区。后者原属于东正教

---

① R. Gremaux, "Politics of Ethnic Domination in the Land of the Living Past, Kosovo-Kosova", in G. Duijzings, D. Janjic and S. Maliqi eds., *Confrontation or Coexistence*, Peace Research Centre, University of Nijmegen, 1996, p. 16.

② Harold W. V. Temperley, *History of Serbia*, London: G. Bell and Sons Ltd., 1919, p. 360.

教会，在巴尔干西部地区发挥重要的传教作用。新的变动使米哈伊尔强行将教会用语从希腊语改变为拉丁语，并强令周围其他教会服从统一管理。他还仿效克罗地亚国王迪米特里·兹沃尼米尔（Demetrius Zvonimir），于1077年正式接受教皇格里高利七世（Pope Gregory Ⅶ）特使的加冕，承认教皇的宗主权，成为教皇的附属国。① 独立后的塞尔维亚国王称为"克拉尔"（Kral），以斯卡德拉（Skadar）为都城。

米哈伊尔的儿子和继承人君士坦丁·伯丁（Constantine Bodin）还在1072年参加策划了保加利亚人发动反对拜占庭统治的民族大起义，后被起义军推举为保加利亚沙皇，定都普里兹伦。当然，这次起义不仅是民族起义，还带有明显的政治色彩，因为参加起义的不仅有保加利亚人，还有塞尔维亚人、希腊人和阿尔巴尼亚人，他们反抗拜占庭当局的新税收政策。起义被镇压后，君士坦丁·伯丁作为俘虏被关押在拜占庭人的监狱中。1082年，他设法越狱，逃回家乡，并接任塞尔维亚国王。② 他继续保持与罗马教皇的友好关系，采取敌视拜占庭帝国的政策，并扩张领土，将扎塔王国疆域扩大到拉斯卡和波斯尼亚地区。但是，塞尔维亚人的胜利取决于外部无强敌的条件，一方面乘拜占庭朝廷陷于长期的内讧，无能平庸之辈觊觎皇位，轮流坐庄，因此无暇西顾；另一方面乘保加利亚人尚未从瓦西里二世的沉重打击下恢复元气，陷于低迷衰落状态。然而，前一个外部条件很快就消失了，因为拜占庭帝国科穆宁王朝的阿莱克修斯一世（Alexius Ⅰ，1081—1118年在位）夺取皇权后，全面整顿军队，进而清剿巴尔干半岛反叛势力。他首先击溃了入侵巴尔干半岛西部沿海的北欧诺曼人，重新控制了阿尔巴尼亚地区和邻近的伊奥尼亚群岛，恢复拜占庭帝国在这一地区的主权。而后，拜占庭人发动了清剿塞尔维亚独立反叛势力的军事行动。1085年和1090年，阿莱克修斯一世击败并俘获伯丁，促使塞尔维亚王国再度灭亡，他还将被征服地区重新划为拜占庭军区。伯丁建立的王国不久被另一个小

---

① Voin Bozhinov and L. Panayotov, *Macedonia, Documents and Material*, Sofia, 1978, pp. 125 – 129.

② Sima M. Cirkovic, *The Serbs*, pp. 66 – 74.

国拉斯卡的塞尔维亚人君主所控制。①

1102年，多瑙河中游北岸的匈牙利王国强盛起来，南下吞并了已经建立起来的克罗地亚独立国家，大约同时，斯洛文尼亚人接受了东法兰克国王的统治。而在匈牙利和法兰克两大势力的南部，塞尔维亚人再度崛起，他们对此后的巴尔干半岛中部地区影响更大。由于其各个部落定居发展的早期充满了内部不同部落酋长"祖潘"（Zupans）之间的混战争斗，该地区内出现持续不断的动荡，拉斯卡便是12世纪下半叶新兴的塞尔维亚人政权。内乱也加剧了外部势力的渗透干预，拉斯卡与近邻保加利亚人的冲突不断升级。拉斯卡这个名称来源于该地区首府附近的拉斯城堡，其首府诺维帕扎尔是当地塞尔维亚人部落大酋长的驻地。大酋长也称为"大祖番"（Grand Zupans），是各部落联盟的首领。从11世纪末到1180年间，他们一度是拜占庭帝国的藩属臣民。1166年，塞尔维亚人发生王朝更替，旧王朝被一个叫提赫米尔（Tihomir）大王的集团取代，但他旋即又被其兄弟斯蒂芬·聂曼加（Stefan Nemanja）推翻取代，新王朝的统治一直维系到1371年。在12世纪期间，这些塞尔维亚人利用拜占庭人与匈牙利人之间的矛盾，逐渐扩大自己的势力范围，向东抵达尼什城，向南抵达马其顿北部，因而与拜占庭人发生直接接触。这个时期的拉斯卡大祖番多是本地贵族，作为拜占庭帝国的臣属，其政权需要得到拜占庭地方政府的认可。同时，他们还有履行臣属国的义务，在拜占庭人需要的时候，派遣塞尔维亚人军队支援拜占庭军队。1172年，大祖番斯蒂芬·聂曼加发动起义，企图摆脱拜占庭人控制，遭到皇帝曼努埃尔一世（Manuel Ⅰ Comneni，1143—1180年在位）的镇压。② 斯蒂芬·聂曼加失败被俘后，赤足披发，被绳子牵着，押解到君士坦丁堡，拜见皇帝。他被迫左手持剑，跪拜在皇帝面前，并将刀剑奉献上缴给曼努埃尔，以示伏罪臣服。这是拜占庭人举行的盛大凯旋

---

① Paul Stephenson, *Byzantium's Balkan Frontier, a Political Study of the Northern Balkans*, 900–1204, Cambridge University Press 2004, pp. 117–127.

② Paul Magdalino, *The Empire of Manuel Ⅰ Komnenos, 1143–1180*, Cambridge University Press 1993, pp. 67–73.

式的重要组成部分,被当时的拜占庭作家记载下来。① 斯蒂芬·聂曼加认罪后被重新放回塞尔维亚。但是,他不甘心失败,决心报仇雪耻。1180 年,曼努埃尔去世后,他再次效法保加利亚人起事反叛,利用匈牙利人和诺曼人进攻巴尔干半岛期间拜占庭人无暇顾及边远地区的机会,再度宣布独立,并将势力范围扩展到整个达尔马提亚地区。为了防止阻遏拜占庭人的打击,他搅乱巴尔干局势,支持保加利亚人起义,同时结交德意志皇帝腓特烈·巴巴罗萨(Frederick Barbarossa)。当后者于1189 年率领德意志骑士组成的第三次十字军路过塞尔维亚领土时,他在尼什城盛情款待德意志将士,在举杯祝福德意志骑士时,他想的更多的不是异教的穆斯林,而是希望十字军骑士们打击拜占庭人。他和保加利亚人一样,利用这一时机与西方骑士结盟,并煽动德意志骑士与拜占庭人为敌。② 只是由于拜占庭人采取了更为精明的外交手段应付腓特烈,才使德意志国王置塞尔维亚人的亲善于不顾,执意南下为实现其进攻塞尔柱突厥人的总目标而战。③

12 世纪后半期,塞尔维亚人从其最初的发源地拉斯卡周围群山地区向南、向东扩张。拉斯卡即今新帕扎尔(Novi Pazar)地区。塞尔维亚人由此进入科索沃地区,并设法向西南进入阿尔巴尼亚沿海地区。在崛起过程中,他们在沿海地区的什科德(Shkoder)、普里兹伦(Prizren)和德坎(Decan)建立起新的统治中心和宗教中心。1180 年,皇帝曼努埃尔·科穆宁去世时,科索沃仍然在拜占庭人统治下。这里的米特洛维察(Mitrovica)附近的兹维坎(Zvecan)城堡拱卫着巨大的特雷普查(Trepca)矿业中心,该要塞在 12 世纪拜占庭—塞尔维亚战争中发挥着重要作用。12 世纪 80—90 年代,拜占庭帝国陷入皇室内乱,安德罗尼库斯一世(Andronicus Ⅰ)皇帝和皇家贵族之间爆发内战。巴尔干半岛再度陷入混乱。一方面是半岛内多种实力相当的势力之间展开

---

① D. Obolensky, *The Byzantine Commonwealth, eastern Europe 500 – 1453*, London, 1971, p. 221.

② Peter Munz, *Frederick Barbarossa: a Study in Medieval Politics*, Ithaca: Cornell University Press, 1969, pp. 356 – 361; A. A. Vasiliev, *History of the Byzantine Empire*, Wisconsin, 1970, vol. Ⅱ, p. 443.

③ Paul Stephenson, *Byzantium's Balkan Frontier*, pp. 153 – 156.

了激烈的较量，另一方面是岛外势力的介入加剧了博弈的复杂程度。1183年匈牙利发动攻势南下入侵巴尔干半岛，两年后的1185年诺曼人也入侵该地区，1189年第三次十字军开始东侵。塞尔维亚的聂曼加乘机与匈牙利人结盟，并出兵征服了科索沃和梅托希亚地区，包括该地区南端的普里兹伦，其兵锋前部已经渗透进马其顿北部地区，并夺取了斯科普里和瓦尔达尔河上游地区。此前控制当地的杜克加（Dukljan）王朝的领土被完全吞并，扎塔（Zeta）地区也被聂曼加的拉斯卡国家吞并。聂曼加在成功占领该地区并抵达亚得里亚海海岸后，进而占领了达尔马提亚南部，包括科托尔（Kotor）、乌奇尼（Ulcinj）和巴尔（Bar）等城镇。而后，他从扎塔出兵进入阿尔巴尼亚北部地区，夺取了普里兹伦和什科德湖（Shkoder）之间的皮罗特（Pirot）地区。① 这样，塞尔维亚王国就形成了稳定的领土疆域，它北接匈牙利，以西摩拉瓦河北部的低矮山脉为界，向南进入科索沃和梅托希亚和西部沿海地区，包括扎塔、特雷宾杰（Trebinje）、胡姆（Hum），以及达尔马提亚南部地区。这个时期的拜占庭人，不仅不能掌控巴尔干半岛局势，而且在军事上显然处于守势。②

正是在12世纪期间，塞尔维亚与匈牙利、威尼斯和基辅罗斯结成反拜占庭帝国同盟。1190年，拜占庭皇帝依沙克二世（Isaac Ⅱ Angelos，1185—1195年在位）设法将德意志十字军送过海峡后，转而来处理保加利亚人和塞尔维亚人的反叛行为。他首先派遣舰队从黑海沿多瑙河逆流而上，进入多瑙河下游地区，同时，指挥陆军从迈森布里亚进攻保加利亚北部地区。但是，拜占庭陆军再度于巴尔干山脉隘口遭到保加利亚人伏击，损失惨重。而拜占庭军队水路进攻得势，在半岛西部攻击塞尔维亚人的部队获得了重大胜利，聂曼加的塞尔维亚人在摩拉瓦河战役中被击败。为了继续笼络斯蒂芬·聂曼加，拜占庭人恩威并济，与塞尔维亚人订立了有利于后者的和约，不仅承认塞尔维亚人占领拜占庭领土的事实，而且也承认塞尔维亚人国家的独立。两国还建立了联姻关

---

① J. V. A. Fine, *The Late Medieval Balkans*, Ann Arbor: University of Michigan Press, 1994, p. 7.
② Ibid., p. 26.

系，依沙克二世的侄女尤多西亚（Eudoxia）嫁给斯蒂芬·聂曼加的儿子小斯蒂芬。拜占庭皇室还赐予塞尔维亚国王最高级的贵族称号，享有穿戴皇室服装的尊贵地位。① 此时拉什主教区从属于东正教奥赫里德大主教区，后者则隶属于拜占庭君士坦丁堡教会管辖。为了保持政治平衡，斯蒂芬·聂曼加采取双重承认政策，即同时接受罗马教会和希腊教会的传教和洗礼。据记载，他在拉什接受过拉丁教士的洗礼，而后又在奥赫里德接受希腊大主教的洗礼。尽管如此，斯蒂芬·聂曼加出于政治目的的宗教政策不能改变塞尔维亚人接受拜占庭宗教文化传统的趋势。1194年，斯蒂芬·聂曼加最喜欢的小儿子拉斯特科（Rastko）离开故土，私自投奔东正教圣地阿索斯圣山，在希腊修道院瓦托派底修道院出家，成为修道士。② 这件事对斯蒂芬·聂曼加影响极为深刻，自从其幼子出走后，他完全改变了生活方式。1196年，他放弃了王位，安排另一个儿子"大贵族"斯蒂芬（Sebastocrator Stephen）继承王位，而后，其本人也追随小儿子拉斯特科前往阿索斯圣山名为西兰达尔的修道院，住进了这所他在当地修建的塞尔维亚人修道院。他改名为修道士西蒙（Symeon），拉斯特科则改名为萨瓦（Sava）。他们成为中世纪塞尔维亚文学和宗教事业中最重要的人物，该修道院也成为塞尔维亚文化发展的重要中心。③

事实上，塞尔维亚人自7世纪以来已经逐渐融入由拜占庭人主导的巴尔干半岛共同宗教的文化传统中，直到13世纪以前，他们是真正开发巴尔干半岛西北山区的外来民族，也是最自觉纳入拜占庭政治文化体系的"本分"的斯拉夫人。他们主动而稳定地接受从拜占庭人和保加利亚人控制地区传入的强大宗教文化影响，换言之，巴尔干半岛古典的、拜占庭的和斯拉夫的传统到13世纪时已深深扎根于塞尔维亚人社会。自12世纪，天主教也开始通过沿海地区渗透进东北方阿族人居住的内陆地区，但是由于塞尔维亚王权强大，聂曼加王朝强制其臣民信奉

---

① 乔治·奥斯特洛格尔斯基：《拜占廷帝国》，第332—335页。

② Sima M. Cirkovic, *The Serbs*, pp. 78–84.

③ 该修道院至今仍是阿索斯圣山最重要的修道院之一。Andrew Aghioritis, *Holy Mountain, bulwark of Orthodoxy and of the Greek Nation*, Thessaloniki, 1980, pp. 88–96.

东正教，扩建的大批天主教教堂和修道院也皈依了塞尔维亚的东正教。13世纪获得独立的塞尔维亚教会与国王的联系更为密切，并得到国家政策的支持。① 此期的东正教也根据所在国家族群分化为不同的民族教会。拜占庭—斯拉夫宗教文化影响从色雷斯西部平原和马其顿北部地区沿着摩拉瓦河、伊巴尔河传入塞尔维亚地区，逐渐在伊巴尔河流域和科索沃平原形成了中心区，这里也是拉斯卡国家的腹地。1018年保加利亚灭亡后，塞尔维亚成为拜占庭帝国的邻国。如果拜占庭帝国继续保持其强大的实力，塞尔维亚人将会继续保持与这个强大"靠山"的友好关系。但是，历史假设只存在于后人的推测中，拜占庭人未能持续其大帝国的盟主地位，因而也未能继续以强制手段完成巴尔干半岛的"一体化"。实力相当的民族之间最容易爆发冲突。当拜占庭人和保加利亚人衰落之时，塞尔维亚人不断兴起，此消彼长使他们逐渐成为争夺巴尔干半岛霸主的新力量。②

应该说，12世纪以后拜占庭帝国的衰落对巴尔干半岛局势产生了深刻影响，也直接促进了塞尔维亚人的崛起。1204年，第四次十字军夺取君士坦丁堡后，拜占庭人彻底丧失了巴尔干半岛强国地位，同时丧失了巴尔干半岛多族群历史整合的主导权。塞尔维亚则趁势迅速发展成为强大的王国。1217年，斯蒂芬（Stephen）成为塞尔维亚第一位由教皇加冕的国王，两年后，其兄萨瓦（Sava）则由拜占庭大教长加冕称王。拜占庭尼西亚流亡政府承认其独立地位。同时，塞尔维亚在巴尔干半岛复杂的局势中，联合盘踞在伊庇鲁斯地区的拜占庭专制君主，对抗再度兴起的保加利亚人。13世纪期间，原本与拜占庭人保持长期良好关系的塞尔维亚人在半岛局势失控、拜占庭朝廷流亡亚洲期间，曾出现了外交政策摇摆不定的现象。这是可以理解的，因为他们必须在保加利亚人、拜占庭人、拉丁人、匈牙利人等各派力量中寻找靠山和盟友，以维护本国利益。在此期间，塞尔维亚人先后与伊庇鲁斯的拜占庭人、尼西亚的拜占庭人、多瑙河中游地区的匈牙利人、西西里和那不勒斯的安

---

① Mark Krasniqi, "The Role of the Serbian Orthodox Church in Anti - Albanian policies in Kosova", *Kosova Historical Review*, No. 3 (Tirana) 1994, p. 15.

② Paul Stephenson, *Byzantium's Balkan Frontier*, pp. 275 – 285.

茹王朝结盟。他们在文化上充当着基督教拉丁世界和希腊世界的桥梁，正像斯蒂芬·聂曼加既接受罗马教会的洗礼，也接受希腊教会的洗礼，其双重洗礼的含义包括了政治和文化的多种选择倾向。塞尔维亚西部靠近亚得里亚海沿岸地区，特别是杜布罗尼克、迪拉修姆、巴尔等城市，成为他们与意大利拉丁传统文化沟通的重要据点，而塞尔维亚腹地和东部则构成了与巴尔干半岛拜占庭—斯拉夫传统文化联系的核心地带。当拜占庭帝国强盛时期，他们更多依靠拜占庭人的保护，较多地接受巴尔干半岛的拜占庭影响。而当拜占庭人衰落、拉丁帝国控制巴尔干半岛时，他们自然与拉丁人保持更多联系。

1204 年，拜占庭都城君士坦丁堡失陷于第四次十字军，聂曼加王朝乘机占领了富饶而人口相对稠密的科索沃和梅托希亚地区，科索沃遂成为聂曼加国家的文化中心与统治中心。因为此地控制着巴尔干半岛各条主干要道的会合点，它们连接拉斯卡、波斯尼亚、扎塔和什库德等塞尔维亚国家沿海领土，南面与马其顿和波莫拉维里奇（Pomoravljc）等内陆地区联通。但是，1204—1261 年流亡于尼西亚的拜占庭人仍然通过教会对塞尔维亚人发挥影响。这一时期，塞尔维亚教区保持独立自治，并在教会内部实行拜占庭东正教传统制度。塞尔维亚王子萨瓦在传播拜占庭东正教传统方面发挥了关键作用，他去世后，其遗骨于 1237 年被迎接回国，埋葬在米雷塞瓦皇家修道院。[①] 这个修道院后来也是斯拉夫教会传统文化的主要中心之一，他本人被尊崇为圣人，其弟子则在此写出大量诗歌和故事颂扬他的功德，这些文学作品对南斯拉夫文化发展发挥了积极作用，也使塞尔维亚人始终没有脱离东正教的影响。与同一时期的保加利亚人比较，塞尔维亚人在接受拜占庭式的宫廷生活方面要逊色许多。其主要原因在于，其君主和贵族保持流动生活的习惯，常年在各地修道院或城堡间巡游，因而没有仿照拜占庭首都建设类似于君士坦丁堡式的政治中心城市。根据现代考古学的发现，这一时期出现了贵族代表大会的场所，表明其国家权力中还保留诸多部落社会的残余制度。直到 14 世纪，塞尔维亚人国家中央集权才有长足发展，出现了正式的中央政府机构，由国王任命高级官吏和教士，并举行沙皇加冕、法

---

① Paul Stephenson, *Byzantium's Balkan Frontier*, p. 362.

律公布等重大活动的仪式，这些都更加接近拜占庭帝国的政治习惯。①斯蒂芬·杜珊统治时期，中央集权制度发展最为完善，拜占庭皇帝制度成为他效仿的唯一榜样。

12世纪期间，塞尔维亚经济迅速发展的物质基础是通过征服获得了新的土地。其农业发展的土地资源主要来自逃离原地的原著民抛弃的肥沃耕地，它们分散在科索沃伊巴尔河流域、梅托希亚的德林河上游和泰特沃（Tetovo）的瓦尔达尔河上游流域的肥沃盆地。当地蕴藏丰富的金、银、铜、锡矿为矿业的发展提供了丰富的天然资源。经济发展促进了文化生活。塞尔维亚人深受拜占庭政治、宗教、文化传统的影响，但他们在造型艺术领域接受了不少拉丁人的影响。同样，由于这一时期巴尔干半岛局势的剧烈变动和塞尔维亚人所处的特殊地理位置，他们在经济领域与拉丁人的联系也比较密切。13世纪下半叶，来自匈牙利的"萨克森矿工"在开发塞尔维亚地区银矿、铜矿、铅矿活动中发挥了主要作用。正是在这个时期，这些有色金属矿藏开始受到人们的关注，开始被发掘利用，并有力地推动了塞尔维亚手工业经济的发展。在塞尔维亚北部山区和科索沃东部地区，围绕着这些矿藏，兴起了一批城市，它们后来都成为塞尔维亚经济发展的中心地区。而在这些城市中实行的管理制度使拜占庭作家感到陌生，一些学者推测，这些制度显然是来自"萨克森矿工"。②

农业和手工业也在矿业发展的带动下获得进步，进而促进了内外贸易的发展。但是这种贸易大多不是与拜占庭人进行的，因为后者传统的手工业产品，特别是用于社会上层的奢侈品，在这一阶段数量减少且质量下降。尤其是拜占庭人重新控制君士坦丁堡后，已经丧失了其原有的特色民族手工业和东方贸易的优势，意大利各个航海城市共和国已经取代了其东地中海霸主地位。塞尔维亚人的矿业产品大多通过亚得里亚海出口到西欧，这使得沿海的港口城市迅速发展起来。1186—1371年期

---

① Harold W. V. Temperley, *History of Serbia*, pp. 363–366.
② Angeliki E. Laiou, ed., *The Economic History of Byzantium, from the 7th through the 15th Century*, Washington, D. C.: Dumbarton Oaks Library and Collection, 2002, Vol. I, pp. 115–120.

间，科托尔因此成为塞尔维亚国家重要的经济中心，政府在此设立了关税站和专门的官员及机构，每年的收入成为国家重要的财政来源。这一地区的另一个城市杜布罗尼克也因此兴盛，它自拉丁帝国时代直到14世纪中期，一直被威尼斯人控制，因此当地拉丁因素和斯拉夫因素共同发挥作用，使该城成为巴尔干半岛西部地区重要的进口商品集散地。[①] 希腊中西部的拉古沙地区居民也因此成为塞尔维亚国家矿业和对外贸易最主要的骨干力量。这些城市和地区从此在连接巴尔干半岛与西欧世界方面发挥重要作用。商人和手工业者频繁往来于意大利和巴尔干半岛，不仅促进了两地的经济繁荣，也在长期存在的拜占庭—斯拉夫传统中加入了诸多拉丁因素。

　　塞尔维亚国家特殊的地理位置使之成为巴尔干半岛与西欧在经济、政治、宗教和文化上联系最多的巴尔干斯拉夫国家，西欧文化特别是艺术的影响最为突出。不仅如此，拉丁教会在塞尔维亚领土上也建立了多个主教区，它们与13世纪中期形成并发展起来的东正教大主教区同时并存比肩而立。前者在宗教事务中接受罗马教廷的管理，并按照天主教的定制行事，而后者继续忠实于君士坦丁堡为首的东正教大教长，实行希腊教会礼仪。尽管塞尔维亚国家教会大多属于东正教教会，但是在沿海地区还存在3个拉丁教区，即巴尔教区、科托尔教区和特雷比涅教区。巴尔教区与罗马教廷存在直接的隶属关系，管辖若干小教区。科托尔教区则附属于意大利东部海岸的巴里教区，管辖塞尔维亚内陆地区所有拉丁小教区，众多的矿业地区包括在其中。特雷比涅教区服从于塞尔维亚境外的拉古沙大主教区。这些教区分布在今天南斯拉夫黑山共和国沿海地区。这一地区还有许多来自西欧的本笃会修道院。[②] 在塞尔维亚君主的控制下，拉丁教会与希腊教会和平共处，各自运行，相安无事。学者统计证明，当地大部分民众追随希腊教会，小部分归属拉丁教会。奥伯林斯基给出了最权威的统计结果：1168—1371年，塞尔维亚国家

---

① Angeliki E. Laiou, ed., *The Economic History of Byzantium, from the 7th through the 15th Century*, Vol. II, pp. 771 – 806.

② 本笃会是天主教隐修院修会，由意大利人本尼狄克（Benedictus, 480—550年）建立于529年。该隐修院开西欧修道院之先河，影响广泛。其会规严格，强调自身修养，一般有独立经济，以满足基本物质需求，并重视文化活动。

先后有10位君主，其中接受拉丁教士洗礼者1人，接受教皇特使加冕者1人，因娶法国妻子而深受教皇影响者1人，退位后皈依天主教者1人，口头表示接受教皇宗主权但尚未接受拉丁教会洗礼者3人，① 可见罗马教会的影响相当大。

塞尔维亚教会的"双重性"说明两个问题。其一，1054年基督教历史上发生的第一次分裂并非像今天人们所想象的那样，产生了范围广泛的强烈影响，至少在当时，基督教信徒普遍忽视这次分裂的实际意义。塞尔维亚人和保加利亚人，甚至相当多的欧洲人，只是把这个事件当作东、西教会长期争夺基督教世界领导权斗争中的一次较量。因此，这次"分裂"并不影响信仰的归属，而是涉及权力的分割。巴尔干半岛地区大多数民众，包括其君主，在处理这类问题时表现出明显的随意性和投机性。其二，宗教信仰及宗教事务在各个地区的状况完全取决于世俗权力推行的宗教政策。在塞尔维亚国家，由于君主的宗教政策比较灵活，决定了天主教能够与东正教同时存在。而在拜占庭国家，由于朝廷控制能力的降低，即便同为基督教的不同教派也难以共存，甚至发展到水火不容的程度。多种文化的汇合不仅表现在宗教信仰多样性上，也表现在多族群融合方面。早在12世纪，什库比河北部的吉赫格（Gheg）语族和河南部的托斯克（Tosk）语族间的明显区别可能已经形成了。这种区别在1210年时表现出来，当时伊庇鲁斯的米哈伊尔（Michael of Epirus）计划将该流域确定为其北部边界。1219年，随着聂曼加确立的文化和行政统治中心迁移到科索沃地区，塞尔维亚东正教牧首驻地也迁移前往这里的佩奇（Pec），同年便获得了独立教会地位。首任牧首圣萨瓦（Saint Sava）及其后任者在圣使徒（Holy Apostle）教堂周围加修了多个附设小教堂，使之更符合佩奇教区的地位。通过其多种形式的神学作品和礼仪，该修道团体强化了东正教的信仰，特别突出地反映了塞尔维亚民族的精神形态。

---

① 他也认为他们中的很多人接受天主教洗礼和承认教皇宗主权是出于政治上的考虑，即"政治机会主义"，例如斯蒂芬一世是迫于第四次十字军胜利而接受天主教，斯蒂芬·杜珊承认教皇最高权威是为换取对方任命他为反土耳其人的"全基督教世界首领"。D. Obolensky, *The Byzantine Commonwealth*, *eastern Europe 500–1453*, London, 1971, p. 250。

与此同时，罗马天主教从达尔马提亚进入阿尔巴尼亚北部地区，而阿尔巴尼亚南部地区仍然处于东正教管辖范围内。[①] 塞尔维亚人一度与保加利亚人结成反拜占庭人同盟，而后与西西里王国结盟。但是，该同盟被拜占庭皇帝米哈伊尔八世瓦解，塞尔维亚人不得不将其占领的斯科普里等领土归还拜占庭人。此后，塞尔维亚当地发现银矿，发掘和冶炼业的发展促使国家财政迅速好转，在聂曼加的长孙米鲁廷（Stephen Uros Ⅱ Milutin, 1282-1321年在位）国王统治时期，其军队向东南攻占马其顿大部分地区。1321年，国王米鲁廷还在科索沃建造了大量宗教建筑，其中最大的工程是这一年在普里什蒂纳（Pristina）附近建立的格拉卡尼亚（Gracanica）修道院。[②] 科索沃东部的大部分阿尔巴尼亚人逐渐接受东正教，通过婴儿洗礼的方式接受塞尔维亚人的名字，并通过婚礼等各种宗教仪式接受塞尔维亚语。而散居在黑山的库齐（Kuc）、布杰罗帕维里（Bjellopavliq）、帕拉巴德哈（Palabardha）、皮普拉吉（Piprraj）和瓦所维奇（Vasovic）等各个部落也都皈依了东正教。那些拒绝同化的少数阿尔巴尼亚族部落则逐步退入今天阿尔巴尼亚北部的山区。1327—1335年，乌洛什三世（Stefan Ⅲ Uros）在离佩奇很近的地方建造了宏伟壮丽的迪卡尼（Decani）教堂。至今迪卡尼教堂还保存着近万幅珍贵的装饰画，20套圣经组画，因此成为当地拜占庭文化影响区域内收藏圣像画最多的教堂。[③] 中世纪期间，科索沃南部全部土地都变为大修道院的地产。根据这些修道院建造文件记载提供的信息，14世纪前半期，大批民众便从山区陆续迁移到科索沃西部和北部肥沃的山谷平原。1330年，迪卡尼修道院文契就详细列举了其拥有的地产庄园名单。分析表明，几乎所有塞尔维亚国王都在这里建造过一所以上的修道院，而迪卡尼修道院的地产几乎覆盖了今天阿尔巴尼亚北部地区的所有土地，以至于有希腊学者认为，科索沃这个名字的意思是"修道院地产"。正是这些自给自足的修道院为塞尔维亚人提供了其民族统一且

[①] Pipa and Repishti, *Studies on Kosova*, p. 8.
[②] D. Batakovic, *The Kosovo Chronicles*, Belgrade, 1992, pp. 37-38.
[③] A. Kindersley, *The Mountains of Serbia: Travels through Inland Yugoslavia*, Newton Abbot, 1977.

定居科索沃地区的证据，也为后世塞尔维亚人打造了民族文化核心的烙印。

为了在混乱的巴尔干半岛局势中获得更多利益，控制更广大的领土，塞尔维亚人利用拉丁人、保加利亚人衰弱的机会，向东南扩张，进入马其顿平原，直抵爱琴海沿岸。这里原来就是塞尔维亚人和拜占庭人混合居住、权力相互交错、边境变动不定的地区。为了与塞尔维亚人结盟，拜占庭人采取和亲政策，皇帝安德罗尼库斯二世的女儿玛利亚就嫁给塞尔维亚国王米鲁廷·斯蒂芬二世为妻。① 1330 年，米鲁廷之子塞尔维亚国王斯蒂芬三世（Stefan Uros Decanski Ⅲ，1321—1331 年）统治时期，塞尔维亚将军科拉尔曾击溃拜占庭—保加利亚联军，取得决定性胜利，将两国交界地带继续向东南推进，抵达萨尔山脉一线。也是在该世纪初，阿尔巴尼亚正式接受天主教，明确划分出阿尔巴尼族和塞尔维亚族的分界。这一分化产生了其他重要影响，即阿尔巴尼亚族反抗塞尔维亚族的斗争被纳入强大的欧洲天主教反塞尔维亚同盟中。该同盟是教廷于 14 世纪初一手策划的。塞尔维亚与法国安茹（Angevins）王朝及其后来的同盟之间的决裂，毫无疑问对上述联合阵线的形成起了重要的作用。

共同的利益促使欧洲反塞尔维亚强权的势力不断壮大，1319 年和 1331 年，教皇、那不勒斯（Naples）和匈牙利急于联合阿尔巴尼亚和克罗地亚贵族发动两次十字军征伐。② 此时，阿尔巴尼亚人尚未建立自己的独立国家，仍然沿袭其酋长领导下的部落组织，控制着今阿尔巴尼亚的大部分山地。1331 年，塞尔维亚新国王斯蒂芬·杜珊（Stefan Uros Dusan，1331—1355 年）即位，塞军跨越萨尔山脉，进一步将其势力范围扩大到包括德巴尔、维莱斯和什蒂普等城市在内的马其顿北部大部分地区，相当于今天马其顿共和国中部瓦尔达尔河上游、特雷斯卡河流域和雷加尔尼察河流域一线，并在此将斯科普杰发展为新的中心，从而控制了巴尔干半岛半壁河山。斯蒂芬·杜珊建立了拜占庭—塞尔维亚帝

---

① Harold W. V. Temperley, *History of Serbia*, pp. 366 - 370.
② Pellumb Xhufi, "The Albanians in the Serbian Nemjana Kingdom", *Kosova Historical Review*, No. 4, 1994, p. 19.

国,自称"希腊和塞尔维亚人皇帝"。① 这一军事占领意义十分重大,因为它打破了巴尔干半岛力量平衡的局面,改变了半岛东部主宰西部的传统,使塞尔维亚这一半岛西部新兴力量成为控制半岛格局的关键因素。特别是,作为半岛西部国家,塞尔维亚人也从此改变了东西兼顾、两面平衡的外交传统,而以绝大部分精力投入整个巴尔干半岛事务。换言之,他们从此开始特别注重向东南发展,即重视对拜占庭国家的关系。事实上,这次军事占领使塞尔维亚人打开了通往爱琴海和半岛东部地区的道路,并可以借助瓦尔达尔河轻易到达爱琴海北部最重要的港口塞萨洛尼基。正是上述转变使塞尔维亚人将首都南迁至斯科普里,这个具有重要战略意义的古代要塞城市,因此又增加了政治中心和经济中心的重要性。当拜占庭国家逐渐丧失了海上强国地位后,巴尔干半岛东部地区的重要性迅速降低,而塞尔维亚人在斯科普里的发展,使这个半岛"地理上的中心"城市凸显出其政治和经济上的中心地位。它不仅控制了摩拉瓦—瓦尔达尔河传统商道,而且控制了从半岛东部色雷斯、保加利亚平原和丘陵地区通往西部山区和亚得里亚海岸的交通。塞尔维亚人经济上的发展既来自山区的矿业,也来自不同地区之间进行的贸易商业。而物质基础的扩大直接增强了塞尔维亚国家的实力,使之可以建立起名副其实的"希腊和塞尔维亚人帝国"。这个帝国不断扩张的重要结果是将更多的半岛资源纳入塞尔维亚人控制系统中,从而进一步促进巴尔干半岛这个新帝国发展的良性循环。塞尔维亚人在相对短暂的时期内迅速发展,从巴尔干半岛历史长远发展角度看,填补了拜占庭人衰落后半岛"群龙无首"的空白,其形成的半岛政治格局一直保留到近现代。如果历史能够给这个半岛新霸主更多的时间,其掌控下的半岛地区历史整合有可能完成,可惜大自然没有给他们留下完成历史重任的足够时间,百年后半岛局势发生了翻天覆地的变化。

巴尔干半岛政治主角的转换并没有改变其宗教文化传统。就半岛地区宗教文化传统而言,东部强于西部,北部逊于南部。继承了古典希腊罗马文化传统的拜占庭文化和继承原始基督教传统的拜占庭东正教教

---

① George Christos Soulis, *The Serbs and Byzantium, during the Reign of Tsar Stephen Dusan* (1331–1355) *and his Successors*, Athens: Ekaoseis Banias, 1995, pp. 289–303.

会，在中古时期的半岛地区一直是精神文明的主流。在拜占庭宗教文化基础上形成的斯拉夫文化经过数百年的发展，到13世纪已经成为整个斯拉夫世界的文明主体，其主导地位几乎不可动摇。正是在这一大的文化背景下，塞尔维亚人在政治和军事上崛起，其宗教文化的发展仍然继续拜占庭—斯拉夫传统。当时，塞尔维亚人在宗教上已经接受了斯拉夫古代教会传统，它是由拜占庭人、摩拉维亚人、保加利亚人通过多种渠道传入塞尔维亚人社会，并深深植根于社会基层和普通民众之中。在塞尔维亚国家扩张和建立帝国过程中，拜占庭人的政治制度也被全面仿效，国家机构模式被全盘移植。特别是在塞尔维亚贵族和君主的宫廷生活方式上，这种"全盘拜占庭化"表现得最明显。有两份史料能够证明塞尔维亚人在此期间发生的明显变化。1266年，拜占庭皇帝米哈伊尔八世为了与塞尔维亚君主斯蒂芬（Stephen Uros Ⅰ）建立和亲关系，即为拜占庭皇帝的女儿和斯蒂芬之子米鲁廷之间的婚约，派遣使团前往塞尔维亚宫廷。这次外交努力虽然最终失败了，但是他们留下了关于当时塞尔维亚人的报告。其中谈到，王公生活"简朴粗陋"，没有任何值钱的东西，甚至国王的儿媳穿着也是衣衫褴褛，肮脏发臭，并整日忙于纺线编织。而塞尔维亚贵族君主对他们的到来也没有好感，完全看不惯拜占庭人个个衣冠华丽，奢侈铺张，特别是那些伺候女眷的宦官阉人更令他们感到恶心和不解。① 时隔30年后，以拜占庭著名政客塞奥多利·麦托西迪斯（Theodore Metochites）为团长的又一个使团却带回了关于塞尔维亚人的完全不同的报告。他们是作为皇帝安德罗尼库斯二世的特使，专程办理皇帝的女儿玛利亚1299年嫁给塞尔维亚王子米鲁廷·斯蒂芬二世为妻事宜。为了操办这次隆重的婚礼，拜占庭朝廷承认塞尔维亚人对马其顿地区的占领，把它作为"嫁妆"送给塞尔维亚国王。塞奥多利·麦托西迪斯在报告中描写，此时的塞尔维亚人不仅有了宫廷，而且米鲁廷国王身穿像拜占庭人一样华丽的皇袍，上面装饰着珍珠宝石，宫廷里铺满贵重的地毯，到处是金银器皿，国王举行的盛大仪

---

① George Pachymeres, *De Michaele et Andronico Palaeologo*, ed., I. Bekker, Bonnae: Impensis Ed. Weberi 1835, V, I, pp. 350-352.

式之奢侈豪华程度绝不在拜占庭宫廷之下。① 也就是说，仅仅经过一代人时间，塞尔维亚人就完成了保加利亚人经过四代人完成的"文明化"。

同一时期的塞尔维亚人文献也显示出，其国王被宫廷诗人颂扬比喻为拜占庭历史上著名的皇帝，而其大主教则被比喻为东正教的首席教长。这个时期的塞尔维亚作家几乎都接受了拜占庭作家的思维方式和价值取向，连写作风格也表现出强烈的文化优越感。在塞尔维亚国家制度中，大量采用了拜占庭人的司法、官府机构、官职、税收等已有定制，甚至许多官职的称呼也直接采用希腊语的名称，另一些则将希腊语名称翻译为斯拉夫语。1300年以后，塞尔维亚国家的所有制度均沿用拜占庭国家的制度，并按照拜占庭帝国的贵族头衔和等级加封塞尔维亚贵族。拜占庭社会土地制度也逐渐在塞尔维亚国家推行开来。② 曾在拜占庭历史上发挥重要作用的军区制瓦解后，拜占庭小农经济遭受严重破坏，代之而起的是一种类似于西欧农奴制度的土地占有形式。根据学者分析，拜占庭国家在12世纪初以后出现的大土地占有制和"普罗尼亚"农民土地经营方式，于13世纪分别在塞尔维亚国家广泛流行，有关的证据反映在米鲁廷国王于同一世纪末颁布的法令中，这一法令授予斯科普里附近修道院免税权，其中提到了普罗尼亚农民的经营活动。在斯蒂芬·杜珊统治的14世纪上半叶，这种土地占有和经营方式在更大范围广泛实行。行政、教会和军事官僚贵族占有大片土地山林，建立大庄院，土地的占有者对国家负有提供军役义务，但享有免除税收的特权。教会通过捐赠得到的土地不承担任何国家义务。而大土地所有者在其拥有的土地上实行自治管理，最初，他们只能终生占有土地，后来其土地可以世袭传之后人。大土地所有者将土地租赁给普罗尼亚农民，他们控制后者的全部生产活动，收取大部分产品。根据学者研究，塞尔维亚的普罗尼亚农民与拜占庭普罗尼亚农民没有本质区别，只是前者不像后者一样缴纳货币地租，而是提供劳役地租，此外，修道院控制的普罗

---

① K. N. Sathas, *Μεσαιωνική Βιβλιοθήκη*, Venice, 1872, Ⅰ, p. 173.
② Jadran Ferluga, *Byzantium on the Balkans*, Amsterdam: Adlf M. Hakkert Publisher, 1976, pp. 341 – 365.

尼亚农民数量也超过后者。[1]

斯蒂芬·杜珊统治期间，拜占庭国家实力衰落，为塞尔维亚人的军事扩张提供了良机。斯蒂芬·杜珊的目标非常明确，即征服拜占庭人，夺取巴尔干半岛主宰权。面对塞尔维亚国家军事强权的迅速发展，拜占庭人毫无作为，只能向保加利亚人和土耳其人求援，而保加利亚人已经衰落，土耳其人则尚未强大到与塞尔维亚人对抗。客观而言，拜占庭人虽然已经衰落，但是仍然"百足之虫死而不僵"，其实力还没有完全衰弱到难与塞尔维亚人抵抗的地步。只是，拜占庭国家上层贵族特别是皇家贵族们为了各自的利益，展开了长期的内战，而内战各方分别依赖外部强权的军事支持。斯蒂芬·杜珊正是乘此良机，在大约15年的时间里，占领了除塞萨洛尼基之外的整个马其顿地区，以及阿尔巴尼亚、伊庇鲁斯和塞萨利地区，控制范围抵达希腊中部。杜珊凭借连续的军事胜利，将马其顿尽行囊括在塞尔维亚的版图中，这个胜利意义重大，因为该地区对拜占庭国家保持其在巴尔干半岛的主导地位具有决定性作用，丧失了这个地区就意味着彻底丧失了半岛的霸主地位。为了征服桀骜不驯的阿尔巴尼亚人，杜珊于1343年对今阿尔巴尼亚地区发动了大规模的讨伐，在当地贵族的协助下轻易得手。这些被征服地区包括安提瓦（Antivar）即今巴尔（Bar）、普里兹伦、奥赫里德和法罗拉（Vlora）等阿尔巴尼亚语流行区。而后，他乘14世纪中期拜占庭内战无暇西顾之机，在巴尔干半岛大肆扩张，建立了塞尔维亚王国历史上最强盛的统治。1346年，随着杜珊自称沙皇，塞尔维亚教会牧首的驻地也永久性定居在佩奇修道院。此后历任塞尔维亚沙皇都非常青睐佩奇、普里兹伦、米特洛维察（Mitrovica）和普里什蒂纳（Pristina）之间肥沃的平原地区，以及分布在当地的教堂和修道院，最终，整个地区都开始采用塞尔维亚名称梅托希亚。如同前述，这个名字来自希腊语，意思是"教会拥有的地产"，充分反映了强盛时期的塞尔维亚人是如何依靠暴力和信仰，迅速将梅托希亚地区（后来又扩大到整个科索沃）变为塞

---

[1] D. Obolensky, *The Byzantine Commonwealth, Eastern Europe 500 – 1453*, London, 1971, p. 253. 笔者认为，这种区别的主要原因在于塞尔维亚货币经济发展的水平低于拜占廷帝国，而后者的权力也更为集中。

尔维亚民族的精神中心的。①

此后，阿尔巴尼亚人的天主教徒和东正教徒在军事高压下积极皈依塞尔维亚教会，在斯蒂芬·杜珊的法典中可以看到相关的塞尔维亚国家政策规定。该法典就是中古塞尔维亚王国的正式宪法，包括了所谓的"反异端条款"，规定该王国的所有臣民和外族社区成员必须到塞尔维亚族教堂接受洗礼。法典还确定塞尔维亚国王作为塞族教会的保护人和"异端"的铲除者。② 1346年，斯蒂芬·杜珊国王征服阿尔巴尼亚并在斯科普里（Skopje）建立帝国首都，其范围包括杜雷斯（Durres）之外的整个阿尔巴尼亚地区和希腊北方部分地区。同年4月他还将伊庇鲁斯和塞萨利（Thessary）两地也吞并进其帝国，并自我加冕为"塞尔维亚人、希腊人、保加利亚人和阿尔巴尼亚人的皇帝"。驻在佩奇的塞尔维亚牧首也因此自我升格，自称为大教长，宣称塞尔维亚教会独立于君士坦丁堡大教长。如今保存在阿索斯圣山塞尔维亚修道院齐兰达里修道院（Chilandari）的"塞尔维亚贵族书"中，名列着奥斯曼土耳其军队占领前所有居住在科索沃的塞尔维亚人社区重要成员的名字。沙皇杜珊千方百计鼓励商业贸易和手工业，通过引进外邦人和签署外交协议，有效地促进了工商业发展。来自中欧的萨克森人（Saxons）、来自杜伯罗维尼科（Dubrovnik）的拉古萨人（Ragusans）、威尼斯人、希腊人和阿尔巴尼亚人都在其蕴藏丰富的矿山如新布尔多（Novo Brdo）矿中劳作，或者在要塞中当兵巡逻。塞尔维亚国家的实力和疆域达到了空前绝后的鼎盛阶段。

今天，塞尔维亚族学者将这个时期视为该民族最辉煌的历史并不为过，而杜珊被称颂为其民族伟大的英雄也确有根据，他的名字成为塞尔维亚民族精神的象征。自聂曼加王朝统治时期以后，塞尔维亚控制区内的公路得到国家悉心保护，它们将普里兹伦和多瑙河与亚得里亚海连接起来。普里兹伦、科托尔、拉古萨一线，直到威尼斯之间一直保持畅通的交通往来，有力地形成了发展经济的网络。而塞尔维亚商人和普通民

---

① 后世的阿族学者总是误以为这个希腊名称是塞尔维亚名称，甚至在国际谈判中要求取消这个"塞语"称谓，显然其民族主义情绪已经严重影响了严谨的学术精神了。

② Pellumb, Xhufi, *The Albanians in the Serbian Nemanja Kingdom*, p. 18.

众积极维护着通过其领土的商路，以便从贸易网络中获得稳定的收益。普里兹伦在长达两个世纪期间成为沙皇王宫所在地，同时也迅速发展成为塞尔维亚主要的商业贸易中心，当地和外国的大批商人以及来自沿海地区的贸易者常年定居于此，形成了稳定的商贸群体，其中塞尔维亚族名商大贾占据多数，他们中包括负责塞尔维亚全境事务的杜伯罗维尼科领事。

此时，斯蒂芬·杜珊不仅通过军事征服实现其塞尔维亚—拜占庭帝国的计划，而且下令此前一年任命的大主教为自己加冕为"沙皇"，以图获得君权神授的合法性，进而完成其吞并拜占庭领土、取拜占庭皇帝而代之的野心。[①] 在此之前，他于1345年11月曾仿照拜占庭皇帝，向东正教圣地阿索斯山各修道院发布命令，要求他们承认其对教会事务的至高权力，也就是掌控君士坦丁大帝享有的"至尊权"，这一要求被接受了，但是附加了一个条件，即在沙皇的名字前必须按照习惯加上拜占庭皇帝的名字。1347—1352年，杜珊在城郊兴建大天使教堂，这是他作为捐赠人建立的唯一教堂，也是他最终的墓地。该教堂内外装饰极为华丽，布满了大理石板、黄金叶片、白银星辰装饰和马赛克镶嵌画。[②] 崛起后的塞尔维亚沙皇并不满足，进一步大肆扩张，又向东进兵控制了色雷斯部分地区。拜占庭皇帝约翰六世无力抵抗入侵，1348年两度遣使谈判，遭到拒绝，故寻求土耳其的援助。1348年，拜占庭和土耳其两国订立同盟，共同反对塞尔维亚人。根据协议，土耳其派遣万余军队协助拜占庭人作战。1349年，在土耳其军队的帮助下，拜占庭人发动全面反攻，连续击败塞尔维亚军队，夺回维洛伊亚、斯科普里等马其顿重镇。1350年，斯蒂芬被迫向拜占庭军队投降，双方订立和约，拜占庭人收复了色雷斯、马其顿和塞萨利的大部分地区。[③] 这一同盟虽然暂

[①] 这次加冕和沙皇对大主教的任命成为几年后东正教大教长卡里斯图斯（Callistus）开除杜珊和塞尔维亚人大主教教籍的主要依据。Slobodan Curcic, "The Role of Late Byzantine Thessalonike in Church Architecture in the Balkans", *Dumbarton Oaks Papers*, Vol. 57, Symposium on Late Byzantine Thessalonike (2003), pp. 65 – 84.

[②] A. N. Dragnich and S. Todorovich, *The Sage of Kosovo*, Westview Press, Boulder, Co., 1984, pp. 41 – 42.

[③] 乔治·奥斯特洛格尔斯基：《拜占廷帝国》，第438—441页。

时缓解了拜占庭的北方边境危机,但是,却因为使用了大批有组织的土耳其军队而使拜占庭人陷入更大的威胁中。无论拜占庭人或塞尔维亚人都没有预料到,正是这支土耳其雇佣兵势力日后成为他们共同的敌人。奥斯曼土耳其军队也正是在塞尔维亚人和拜占庭人的争夺中逐渐在巴尔干半岛扩张势力,这个强大外部敌对力量通过军事打击,将后者都变为土耳其帝国的附属国。

为了有效地管理新征服地区,斯蒂芬·杜珊在其占领的拜占庭人土地上沿用原有的制度。1345 年,他甚至使用希腊语颁布了一项法令。1349 年,塞尔维亚帝国领土几乎扩大了一倍,为了强化中央集权,解决行政管理问题,他根据各地官员反映的情况,有针对性地颁布了塞尔维亚人法典"扎科尼克"。该法典以拜占庭司法体系为主体,结合塞尔维亚习惯法,在全国推行。法典涉及国家机构的内容,几乎全部照搬拜占庭人的管理制度,不仅沙皇本人的一切与拜占庭皇帝相当,而且拜占庭贵族头衔、官职名号都被引进塞尔维亚行政体系。他还封授其亲属为恺撒、专制君主等称号。拜占庭作家记载到,斯蒂芬·杜珊"宣布自己为罗马人皇帝后,逐渐改变野蛮人的生活方式为罗马人的方式",他让自己的儿子"按照塞尔维亚人的习惯"统治斯科普里以北和瓦尔达尔河流域地区,他自己则控制所有被征服的拜占庭人地区,并完全"按照罗马人(指拜占庭人)的习惯"进行统治。① 当然,此时其子年纪尚小,整个塞尔维亚国家的权力实际上还控制在杜珊手中。他在原拜占庭人土地上继续沿袭拜占庭人的制度,不仅反映其维护当地传统以稳定局势的策略,而且反映出他逐渐推行全盘拜占庭化的倾向,以便为其取代拜占庭皇帝并真正控制巴尔干半岛做好准备。但是,斯蒂芬·杜珊的去世(1355 年)使塞尔维亚人的"伟大理想"再度受挫。② 塞尔维亚国家此后迅速瓦解,各地贵族纷纷独立,形成了众多的小国,杜珊的理想也

---

① Nicephorus Gregoras, *Byzantina Historia*: *Graece et Latine*, Bonnae: Impensis Ed. Weberi 1829 – 1855, xv, I, Vol. ii, p. 747.

② 一些学者分析个中原因时指出,塞尔维亚人强于陆军而弱于水军,这是他们无法取代拜占庭人在巴尔干半岛霸主地位的主要因素,正如他以前的多位斯拉夫铁腕领袖败于此一样。D. Obolensky, *The Byzantine Commonwealth*, *Eastern Europe 500 – 1453*, p. 256.

随之烟消云散。这就为土耳其人在巴尔干半岛的发展提供了机会。①

巴尔干半岛的局势名义上仍然控制在拜占庭人手中，但是，实质上是各个实力相当的古代民族之间的战争。这种混乱局面就为土耳其人发展强大势力创造了有利的外部环境和难得的机会。自1330年起，塞尔维亚的扩张就引发了与保加利亚人和拜占庭人的战争，后两者结为同盟，其联军与塞军血腥厮杀。这年夏季双方在维尔布兹德（或称库斯坦迪尔）爆发决战，狡诈的拜占庭人在关键时刻撤出战斗，致使保加利亚军队覆灭。保加利亚沙皇米哈伊尔·西斯曼在战斗中受了重伤，胜利的塞尔维亚国王则乘势扶植其妹妹安娜及其子为保加利亚沙皇。② 这场战役最终将保加利亚人排挤出巴尔干半岛各国争霸战，同时奠定了塞尔维亚人称雄欧洲东南半岛地区的基础。此后，这个巴尔干半岛的新霸主不仅左右拜占庭宫廷政治，而且夺城占地，挺进色雷斯、爱琴海北部岛屿、塞萨洛尼基和伯罗奔尼撒。1355年杜珊的去世化解了塞尔维亚帝国咄咄逼人的攻势，巴尔干半岛新霸主很快再度易位。作为未来巴尔干半岛新主宰的土耳其人顺利进军整个半岛，不论塞尔维亚人还是拜占庭人都在内耗中实力大损，无法阻止其扩张。土耳其人进入巴尔干半岛后遭遇到的真正强大对手是塞尔维亚人，但处于最强盛时期的塞尔维亚随着杜珊的去世实力大减，从而使土耳其人最终成为巴尔干半岛新的霸主演变为不可抗拒的趋势。

继承斯蒂芬·杜珊沙皇权位的是其子斯蒂芬·乌罗斯五世（Stephan Uros V，1355—1371年在位），后者在斯蒂芬·杜珊去世同年12月即位。但是，与其野心勃勃善弄权谋的父亲相比，乌罗斯五世算得上是个"弱智"，他性格温柔，心地善良，完全没有能力控制朝中老臣和地方贵族。1346年4月他在其父加冕为"塞尔维亚和罗马人沙皇"的同时，被加冕为共治"小王"，并受命"按照塞尔维亚人的习惯"统治斯科普杰以北和瓦尔达河流域地区，而实际权力则控制在其父亲手

---

① Nevill Forbes, Arnold J. Toynbee, D. Mitrany, D. G. Hogarth, *The Balkans*, *a History of Bulgaria*, *Serbia*, *Greece*, *Rumania*, *Turkey*, Oxford: The Clarendon Press, 1915, pp. 89–99.

② John Cantacuzenus, *The History*, trans by Robert H. Trone, Catholic University of America, 1979, I, p. 402.

中。① 其父死后，他被国内蜂拥而起的分裂势力搞得焦头烂额，更无力处理复杂的宫廷斗争，于是任命大权在握的前朝重臣乌卡辛（Vukasin）为共治君主。这一无能之举立即引发各派贵族势力和武装豪强的动乱，各地贵族凭借军事实力在各自控制区域称霸一方，只承认他的名义上的宗主权，导致在原来统一的塞尔维亚王国领土上出现了扎赫鲁米亚、扎塔、塞尔里斯等独立小国。

斯蒂芬五世刚刚即位，他的叔叔西蒙·乌罗斯（Symeon Uros）就发动了政变。西蒙虽然为塞尔维亚人亲王，但是因前辈人与拜占庭人结亲而具有拜占庭皇室血统关系，与拜占庭军事贵族杜卡斯家族和皇族帕列奥列格家族沾亲带故。其特殊身份使得斯蒂芬·杜珊沙皇也对他另眼看待，于1348年曾任命他的这位表兄弟为伊庇鲁斯"专制君主"，并将其征服的伊庇鲁斯地区封授给他。1352年他与拜占庭人在伊庇鲁斯的藩属君主尼基佛鲁斯的妹妹托马伊（Thomais）结婚。当拜占庭人乘斯蒂芬·杜珊沙皇去世之机入侵塞尔维亚人在伊庇鲁斯的领土时，西蒙·乌罗斯被迫将首府从特里卡拉向北迁往卡斯多利亚。1356年，他自诩血统高贵并欺负斯蒂芬五世年少无能，发动军事政变，在部下的拥戴下，自立为"罗马人、塞尔维亚人和阿尔巴尼亚人的沙皇"，领兵进犯塞尔维亚北部，企图夺取首都，推翻斯蒂芬五世，但是遭到其他贵族的一致反对，因为对于这些贵族而言，一个无能的君主比一个强势的军阀更好控制。1357年，塞尔维亚贵族会议一致谴责西蒙的反叛，支持斯蒂芬五世，并联手抵抗西蒙的军事入侵。后者在连续吃了多次败仗后，转而向南扩张，借口继承拜占庭伊庇鲁斯藩属君主尼基佛鲁斯去世（1358年）后的遗产，夺取了整个伊庇鲁斯和塞萨利地区，建立独立国家。其统治一直维持到1369年他去世。

扎赫鲁米亚国家位于亚得里亚海港口城市杜布罗夫尼克和内雷特瓦河流域的广大沿海地区，因其位于迪拉纳山脉和戈利亚山脉之间而得名，在塞尔维亚语中"扎赫鲁米亚"意为两山之间。② 该地区由于其特

---

① Nicephorus Gregoras, *Byzantina Historia*: *Graece et Iatine*, xv, Ⅰ, Vol. ii, p. 747.
② Constantine Porphrygenitos, *De Administrando Imperio*, trans. Romily Jenkins, pp. 33, 12.

殊的族群构成，一直游离在各个巴尔干半岛强国之间，长期以来先后与拜占庭人、克罗地亚人、塞尔维亚人结盟，或被他们统治。斯蒂芬·杜珊沙皇扩张期间，该地区被并入塞尔维亚人国家。杜珊一死，该地区立即宣布独立，脱离斯蒂芬五世的统治。扎塔国家的情况也大体如同扎赫鲁米亚国家。这个地区大体相当于今天的波斯尼亚和黑塞哥维那，其名称来自中心地区流淌的河流。11世纪中期，该地区由地方部落酋长沃伊斯拉夫·迪奥科雷提亚诺斯（Voislav Diokletianos）为领袖，活动范围包括达尔马提亚地区和亚得里亚海沿海岛屿。12世纪期间，扎塔国家在与拉斯卡国家争夺塞尔维亚最高控制权的斗争中发展成为独立公国，后被并入塞尔维亚国家。斯蒂芬·杜珊沙皇扩张期间，该地区作为塞尔维亚人的根据地交给"小王"统治，并根据当地塞族人为主的实际情况采取与拜占庭被征服地区不同的制度。但是，1355年杜珊死后，该地区立即宣布独立，巴尔什奇（Balsici）三兄弟控制当地政权。他们一方面与附近同样宣布独立的扎赫鲁米亚国家结盟，另一方面利用塞尔维亚人忙于对抗土耳其人和匈牙利人的机会，扩大领土范围。1371年，乔治·巴尔什奇（George Balsic）的统治范围从杜布罗夫尼克直到普里兹伦。扎塔国家虽然在后来反抗土耳其征服战争中发挥了作用，但是最终屈服。[①] 塞尔里斯（或译为塞雷）是斯特里蒙河下游重要城市，在拜占庭历史和巴尔干半岛经济史上一直发挥重要作用。449年，该城主教即出席了基督教大公会议。10世纪末和11世纪初，它在拜占庭和保加利亚战争中成为关键地点，战事多有发生。12世纪以后，它再度成为交战各方争夺的战略要地，城市主权几度易手。1345年9月25日，斯蒂芬·杜珊占领该城，并将大本营迁到此地。10年后斯蒂芬·杜珊一死，其遗孀海伦娜在旧部拥立下，宣布独立。这里的军民以希腊人为主，因此希腊语为官方语，并沿用拜占庭旧制，同时，还与拜占庭首都君士坦丁堡和东正教圣地保持密切关系。1371年，拜占庭人重新控制该城。

　　与扎赫鲁米亚、扎塔、塞尔里斯等独立小国大体同时出现的还有塞尔维亚贵族割据势力，其中实力比较强盛的有君士坦丁（Constantine

---

① 扎塔国家即今蒙特内格罗（Montenegro）。

Dragas)。他和其弟约翰控制塞尔维亚东南部的马其顿地区,这里是他们从其父德坚(Dejan)那里继承而来的,而后者在斯蒂芬·杜珊时代即受封为"专制君主",他们的母亲塞奥多拉—尤多西亚(Theodora - Eudokia)是斯蒂芬·杜珊的妹妹。1355 年后,他们兄弟俩实行独立统治,斯蒂芬五世几乎不能干预其辖区内的事务。为了对抗土耳其军事入侵,他们积极发展与拜占庭人和其他巴尔干国家关系。1379 年,其弟去世后,君士坦丁独自统治领地。1386 年,他与特拉比仲德的拜占庭公主、阿莱克修斯三世的妹妹尤多西亚(Eudokia Komnene)结婚,并于 6 年后将其长女海伦娜(Helena)嫁给了拜占庭皇帝曼努埃尔二世。但是,作为巴尔干半岛的弱小势力,他无法抵抗土耳其人的入侵,在马里卡战役失败后,就承认了土耳其人的宗主地位,他死后,其领地被土耳其人吞并。斯蒂芬五世的软弱也为北方强国匈牙利人提供了机会,后者从多瑙河以北地区侵入塞尔维亚北方地区,控制了从贝尔格莱德南下的传统商路。1371 年爆发的马里卡河(Marica)科诺门战役,奥斯曼土耳其人又获得完胜,迫使巴尔干各国纷纷降服,被迫承认苏丹的宗主权,向苏丹缴纳贡金,提供军事服役。[①] 1389 年夏季爆发的科索沃战役,土耳其军队最终扑灭塞尔维亚人和保加利亚人的反抗,确立了其巴尔干半岛的霸权。1396 年 9 月 25 日进行的尼科堡战役标志土耳其军队彻底击败欧洲联军,塞尔维亚人如同巴尔干半岛其他民族一样,沦为奥斯曼土耳其帝国的奴隶。

塞尔维亚人国家的分裂使巴尔干半岛失去了最后一个能与土耳其军队抗衡的力量。1393 年,土耳其人占领保加利亚人首都。而塞尔维亚人也在这一时期的两次战争中失利,1389 年,其领土被土耳其人吞并。作为奥斯曼土耳其人藩属国的塞尔维亚末代君主乔治·布兰科维奇(George Brankovic,1427—1456 年)目睹其国家被土耳其人一点一点地蚕食吞并,他死后三年,塞尔维亚人在多瑙河流域的最后据点斯迈德雷沃被土耳其苏丹穆罕默德二世(Mehmet Ⅱ)攻克,这标志塞尔维亚国家的灭亡。

奥斯曼土耳其帝国的崛起和对巴尔干半岛的征服揭开了半岛历史新

---

① 乔治·奥斯特洛格尔斯基:《拜占廷帝国》,第 451 页。

的一页，也中断了该地区多族群融合与多元文化整合的过程。无论是远古的土著居民还是中古的新移民，都在土耳其当局"以夷制夷"的政策下，分离自保，强化各自族群特殊性的同时，也不断消解了他们共同的利益，并逐渐忘却了漫长历史中古代文明留给他们的共同遗产，自觉或者不自觉地将他们古代祖先已经形成的共同性抛弃掉，从而开始加深彼此间的隔阂。无论伊利里亚人、达尔达尼亚人、达尔马提亚人、色雷斯人、马其顿人、达吉亚人、希腊人，还是拉丁人、拜占庭人、伊庇鲁斯人、阿尔巴尼亚人、塞尔维亚人等，都是巴尔干半岛区域文明的创造者和建设者，他们本应在这个多山的家园共同合作继续完成半岛地区的多族群多文化整合，并逐步形成具有共同利害关系的民族共同体。从世界各地区古代历史看，这样的整合过程不断上演，今天的世界没有哪个国家是由纯而又纯的单一远古民族构成的，也没有任何现代民族不是经历了多族群融合的历史。这样的历史性整合需要时间，要完成这样的整合则需要地利和人和。包括科索沃在内的巴尔干半岛也经历了这样的整合，但是没有完成这一过程。

第二章

奥斯曼帝国统治加剧民族对立

本章摘要：奥斯曼土耳其势力的崛起，首先表现在对巴尔干地区的入侵和征服上，科索沃地区也不能幸免。奥斯曼军事征服的后果是严重的，它没有赋予这个地区发展进步的因素，反而将专制暴政引入该地区，促使这个区域内经济联系并不紧密的地区深层次矛盾浮出水面，暴力统治终止了区域内相对和平的生活惯例，使得不断增加的人口（主动迁徙或者被动迁徙）和对更好生活的追求（开放刺激了人们的欲望）转变为民族国家间的暴力冲突，和平交往被武装冲突所代替。为了奥斯曼帝国统治的需要，土耳其当局特别推行"以夷制夷"的民族政策，推崇利用一派打击另一派的做法，分化瓦解区域内不同民族的和谐关系，制造民族对立，从而达到维护土耳其少数人统治的目的。在多种矛盾中，民族对立及其各种隔离措施都不断加剧着深层次的矛盾。但是，奥斯曼帝国的民族政策终究未能挽救其统治，近代巴尔干半岛演变成反抗民族压迫的战场。

奥斯曼土耳其人是崛起于 14 世纪的一个突厥人部落。土耳其人（或称突厥人、塞尔柱人）自古就是不同民族和文化融合的族群，其祖先由蒙古人和突厥人构成，活动的区域分布在亚洲草原的大部分地带。①"以政治史术语说，552 年突厥可汗布民起义，推翻柔然帝国，标

---

① 关于奥斯曼土耳其人的起源和早期发展问题，很多西方学者认为需要到中文古籍中寻找资料。Nevill Forbes, Arnold J. Toynbee, D. Mitrany, D. G. Hogarth, *The Balkans*, pp. 320, 322 – 328.

志着突厥人登上了政治舞台,在这之前突厥人是柔然帝国的一个组成部分。"① 最早与巴尔干地区发生联系的突厥人是558年来自中亚地区的使节,他们访问了拜占庭帝国首都君士坦丁堡,据文献记载,他们自称国土辽阔,活动的范围从蒙古直到里海西岸。② 他们访问拜占庭人的原因是,突厥人内部各部落发生了冲突,其中一个被称为"阿瓦尔"(Avars)的部落遭到中亚地区更为强大的突厥部落的攻击,被迫从草原地带向西迁徙进入高加索山区。在西进途中,他们首先与高加索北部的阿兰人(Alans)发生冲突,被迫继续迁徙到俄罗斯南部草原,成为当地的游牧民族。由于缺乏必要的文献和考古文物史料,人们至今对他们迁徙的原因知之甚少,目前已经得出的结论也大多为推测。最初一批突厥人作为拜占庭帝国的盟友在西进过程中,先后征服了斯克拉文尼人、安特人、库特里格斯人和乌提格尔人,561年,进入多瑙河下游多布罗加地区。在对付波斯人垄断丝绸贸易的共同利益推动下,拜占庭人和西亚突厥人部落达成了军事联盟协议,当时的拜占庭作家梅南德(Menander)对此记载,"突厥人国家就是这样成为了罗马人的朋友"。③ 根据学者的研究表明,访问拜占庭人的突厥人是活动在今天哈萨克斯坦东南部巴尔喀什湖南部沙漠地带的突厥人,他们可能控制着丝绸之路的北路东段。7世纪进入巴尔干半岛北部地区的哈扎尔人(Khazars)也属于古代突厥人。他们在695—711年控制该地区的北部,迫使拜占庭人为继续维持对南部城市的控制权进行了一系列复杂的外交活动,其影响直接关系到巴尔干半岛北部前线的战争发展进程和半岛东部海域以及君士坦丁堡的安全。④ 9世纪以后东来的潘臣涅格人(Pechenegs)也是突厥人的一个部落,他们曾长期活动在突厥汗国的西部地区,很早便与

---

① D. 西诺:《突厥帝国》,《中亚文明史》,中国对外翻译出版公司、联合国教科文组织,2003年,第276页。
② 相关细节可参考《中亚文明史》第三章,第二节。
③ Menander, *Excerpta de legationibus*, ed. C. de Boor, Berlin 1903,Ⅰ, p.452.
④ 哈扎尔人(Khazars)或被翻译为卡扎尔人,《哈扎尔词典》原文为 *Le Dictionnaire Khazar*。参见米洛拉德·帕维奇《哈扎尔辞典》,南山等译,上海译文出版社1998年版。

地中海民族有过接触。① 此后，还有多支突厥人西进来到巴尔干半岛。但是真正对拜占庭帝国造成致命威胁的是奥斯曼土耳其人。

奥斯曼土耳其人与其很多前辈同胞一样从中亚迁徙到小亚细亚地区。在西迁过程中，土耳其人逐步接受了伊斯兰教，并在阿拉伯人的影响下摆脱了原本信仰的佛教和其他宗教，按照伊斯兰教政教合一的原则建立了最初的中央集权国家，但还仍然保留突厥人传统的生活方式。也是在迁徙过程中，他们不断与沿途接触到的其他居民，如拜占庭人、犹太人和亚美尼亚人融合，逐步形成了有特点的独立族群。他们将伊斯兰教圣战的精神与其原有的好战传统结合起来，并"在这种宗教精神的鼓舞下，突厥人通过武力征服了小亚细亚"。② 公元11世纪中期，他们所属的乌古斯和土库曼人各部落大举向西迁徙，逐步定居在日益衰落的拜占庭帝国控制下的小亚细亚地区。据说，这次大迁徙的总人数达到200万。"阿拉伯人在亚洲的残余势力被塞尔柱突厥人急风暴雨般横扫而光，而此前拜占庭人征服的辉煌战绩相比之下黯然失色。他们征服了波斯领土，席卷整个美索不达米亚地区，夺取了哈里发首都巴格达……很快，塞尔柱突厥人就占据了上自拜占庭帝国边界下至埃及法提玛哈里发国家边界的整个近东地区。而后，他们将注意力转向拜占庭帝国……帝国内政的虚弱和其防务体系的崩溃，意味着通往拜占庭帝国重要腹地省区的道路洞开。"③

1068年，拜占庭皇帝罗曼努斯四世·迪奥格尼斯（1068—1071年在位）发动反击塞尔柱突厥人的军事行动，为此他千方百计组成了一支潘臣涅格人、乌寨斯人、诺曼人和法兰克人的外族雇佣兵军队。他在1068年和1069年的两次战役中，取得了最初的胜利，但是此后遭到失败。1071年8月19日，双方在凡湖附近的亚美尼亚重镇曼兹克特展开决战，占有绝对数量优势的拜占庭军队由于成分复杂、纪律松弛，被阿

---

① M. Edith Durham, *Some Tribal Laws, Origins, and Customs of the Balkans*, London: Allen and Unwin, 1928, pp. 100 – 140; Antal Bartha, *Hungarian Society in the Ninth and Tenth Centuries*, trans by K. Balazs, Budapest: Akademiai Kiado, 1975, pp. 123 – 133.
② 黄维民：《奥斯曼帝国》，三秦出版社2000年版，第11页。
③ 乔治·奥斯特洛格尔斯基：《拜占廷帝国》，第287页。

尔普·阿斯兰麾下的突厥军队全歼，皇帝本人被俘。[①] 罗曼努斯四世作为战俘，与突厥人谈判，设法达成和约，获得释放，其交换条件是必须支付年贡和150万第纳尔的赎金，并释放突厥战俘，为突厥军队提供军援。这次战役的结果彻底改变了小亚细亚的政治格局，使塞尔柱突厥人稳定地立足该地区，并以此为根据地逐步发展成为拜占庭帝国的掘墓人。

早在13世纪中期古代突厥民族西迁的第二次高潮中，奥斯曼土耳其人就从许多部落中脱颖而出，以其400帐亲族为核心建立奥斯曼国家，直到13世纪末开始使用土耳其语接受伊斯兰教信仰。其部落首领埃尔图鲁尔以罗姆苏丹国封授的卡拉加达牧场为基地，逐步侵占兼并了拜占庭帝国的小亚细亚领地，并以耶尼谢希尔为首都。当时拜占庭皇帝正忙于应付西欧封建主的威胁，无暇东顾，他们认为这个部落首领与当时骚扰边境的许多突厥首领"加齐"没有什么不同。14世纪上半叶，奥斯曼的儿子奥尔罕（Orhan，1324—1360年在位）即位后，发兵攻占了布鲁萨（Brusa），并在此建都，开始组建正规的步、骑兵，还按照拜占庭国家的行政组织制度建立各级中央机构，设立迪万，任命维齐，派遣法官，铸造钱币，其最高首脑首次自称"苏丹"。当时的奥斯曼国家已经有步兵骑兵40000人，总兵力远远超过拜占庭军队。直到这时，昏庸无能的拜占庭皇帝仍然没有意识到近在咫尺的威胁，他们以为这些蛮族根本没有能力建立国家，其兵力只不过是些拜占庭人可以花钱雇佣的雇佣兵。1351年，忙于内战的约翰六世就花重金暗中雇佣20000名奥斯曼土耳其军队进入巴尔干半岛，打败了帮助约翰五世的塞尔维亚人。有统计证明，1331—1355年，拜占庭人多次割让土地，以换取土耳其人出兵援助，或者获得暂时和平。1383—1387年，土耳其军队利用拜占庭帝国外交失误夺取其第二大城市塞萨洛尼基。此后，土耳其人的每一步扩张几乎都是有合法的理由和外交上的借口，直到他们完成对整个拜占庭帝国陆海领地的征服占领，包围和封锁了君士坦丁堡。

---

① Alfred Friendly, *The Dreadful Day: the Battle of Manzikert*, 1071, London: Hutchinson, and Charlottesville: The University Press of Virginia 1981, pp. 114–123; A. A. Vasiliev, *History of the Byzantine Empire*, Wisconsin, 1952, Ⅰ, p. 356.

总体看，随着 13 世纪小亚细亚原罗姆苏丹国的衰落，奥斯曼土耳其人迅速崛起，至 14 世纪前半期，奥斯曼土耳其国家基本完成了对小亚细亚最重要的核心地区的征服，而后便致力于对巴尔干半岛的渗透与征服。奥斯曼土耳其人之所以迅猛崛起，主要原因有两个。其一，新兴的奥斯曼土耳其国家接受了伊斯兰教统治方式，重视军队建设，建立政教合一的军事封建专制制度。高度的中央集权和彻底的全民军事化使这个新兴的国家生机勃勃，具有强大的生命力。新兴的土耳其国家将每个将士的征战业绩与其个人家业紧密联系起来，因而获得了巨大的征服战争的动力。其二，奥斯曼土耳其人生逢其时，拥有良好的外部发展环境。当时，西亚地区特别是小亚细亚地区没有强大的敌对势力，罗姆苏丹国已经瓦解，阿拔斯王朝也灭亡了，拜占庭帝国早已贫弱无力，内外交困，无暇东顾。如果认真考察土耳其人征服巴尔干半岛的历史，人们可以找到多种原因，如半岛各国抵抗力量缺乏统一指挥、各种矛盾冲突错综复杂，等等。其中，最重要的是作为巴尔干半岛传统秩序主要维护者的拜占庭人缺乏远见，统治阶层平庸无能，一错再错，终酿大祸。由于拜占庭末代王朝治理无方，军事实力大为下降，其外交政策屡犯错误，国家的外交活动没有成为强化内部改革的补充，也没有为加强国力提供外部条件，而只是他们苟延残喘的权宜之计。在该王朝统治的近 200 年期间，统治者或者无意或者不能推行任何富国强兵的措施，甚至连在尼西亚流亡期间实行的军事和土地改革也被废止了。[①] 从米哈伊尔八世到君士坦丁十一世的末代王朝历代君主仅仅利用外交活动应急自救，从而错过了帝国复兴的时机，堵塞了从内部解决边防问题的可能性。该王朝一度推行的亲土耳其人政策使新兴的土耳其人顺利发展，其外交政策之养虺成蛇、养虎贻患的错误非常明显。

早在 13 世纪时，拜占庭人完全有能力清除侵入小亚细亚地区的突厥人，但他们或是未能预见其潜在的威胁，或是忙于内战，而任其发展。尤为严重的是拜占庭朝野贵族在内战中将凶猛彪悍的土耳其人作为内战和对斯拉夫人作战的雇佣兵，极大地促进了土耳其军事力量的发展壮大。正是由于该王朝的支持和保护，奥斯曼土耳其势力没有被扼杀在

---

① M. Angold, *The Byzantine Government in Exile*, Oxford, 1975, chp. 3 – 6.

发展的初期阶段,他们崛起过程中未遭遇巴尔干半岛各小国相互牵制、难以发展的环境。拜占庭末代王朝的亲土政策更为土耳其人提供了充足的理由和借口,使后者大肆扩张,在不到一个世纪的时间里便完成了对小亚细亚和巴尔干半岛地区的征服。拜占庭人对土耳其军事淫威的屈服也使奥斯曼土耳其帝国的征服扩张活动被合法化。在土耳其人发展期间,拜占庭人一味乞求西欧人的援助,他们对西欧各国君主的游说和对教皇的劝说工作几乎没有产生任何实际的成果,但是却付出了大量的时间和精力,约翰五世、曼努尔二世和约翰八世先后访问西欧国家,短则数月,长则数年。[1] 正是在这个关键的时期,土耳其人发展成为奥斯曼土耳其帝国。拜占庭国家的衰落导致巴尔干半岛传统政治秩序的崩坏,半岛陷入混乱局面。作为半岛传统秩序的维护者,拜占庭国家丧失了控制能力,自身也卷入无休止的争权夺利的角逐。而在拜占庭人之后一度兴起的塞尔维亚人也未能充分掌控巴尔干半岛霸主地位,致使巴尔干半岛各国之间的斗争愈演愈烈,其间更交织着各国内部权贵阶层争权夺利的斗争,局面极为复杂。

奥斯曼国家迅速发展的良好外在条件只是一个方面,更为重要的是其内部发展机制。[2] 这个国家在一个世纪内,便从拜占庭帝国边境小国发展成主宰东地中海世界的大帝国,其成功的原因无疑在于其自身的社会结构适合发展。笔者认为,奥斯曼国家重视发展武装力量,强化军队建设是其在众多小国中异军突起快速崛起的重要因素,尤其在博斯普鲁斯海峡附近这个军事冲突长期化地区更是如此。奥斯曼土耳其人从一开始就确立了严格的军事制度,其中,加尼沙里禁卫军团在奥斯曼军队中占有特殊地位,这支军队是常备职业军士,主要由被征服地区的战俘奴隶构成,他们自青少年时代即投入军营训练,进行强制性伊斯兰教洗脑教育,而后成为终生职业军人,执行严格的军规法纪,集体生活,终生从军,不得从事其他职业。正是由于他们专事军事训练,终生以作战为乐,因此尚武好战,杀人取乐,能够经受最严苛的战争环境,绝对服从

---

[1] D. M. Nicol, *The Last Centuries of Byzantium 1261 – 1453*, London, 1972, p. 309.

[2] Barbara Jelavich, *History of the Balkans: the 18th and the 19th Century*, Cambridge University Press, 1983, pp. 40 – 42.

苏丹指挥，且精于作战打仗，战斗力极强。奥斯曼国家正是靠这支精锐部队，每每在战场决战的关键时刻，取得最终胜利。他们的人数虽然不多，但是受到苏丹高度重视，配备最精良的铠甲武器，享受军中最优厚的待遇，因此成为奥斯曼土耳其军队的中坚。相比而言，这一地区发展最为成熟的拜占庭军队不使用奴隶作战，职业军人数量有限。特别是在末代王朝时期，拜占庭官僚贵族主政，他们或是将军队视为篡夺皇权的危险而加以解散，或者认为军队是财政包袱而极力压制，甚至凿沉军舰，自减兵力，以致在最终的君士坦丁堡防卫战中，皇帝能够调遣的部队只有数千人。

除了加尼沙里军团外，奥斯曼军队的大多数兵力来自屯田士兵，也就是由领主"西帕希"组成的非正规骑兵。这种骑兵大体与拜占庭帝国实施的军区制下农兵类似，他们的身份与奥斯曼国家土地制度有密切关系。奥斯曼国家绝大多数土地属于国有，通常分官田（哈斯）、功田（泽美特）和军田（梯马尔）三类。官田是根据文臣武将的等级封授给王室成员和文武百官的禄田，年收入大体在10万阿克切银币以上。功田是颁授给建立了军功的军队将士的土地，以服军役为条件，年收入大体在2万—10万阿克切银币。低于2万阿克切银币的军田则是军役土地，这些士兵相当于拜占庭帝国的农兵，依据各自的骑兵等级领受大小不等的田地，平时经营生产生活，战时率兵出征打仗。按照规定他们要带领一定数量的骑兵参战，据称每2000—3000阿克切银币的收入需提供一名骑兵，这样每户参战士兵在10人左右。所有骑兵的武器装备粮草辎重都由领受军役土地的领主提供，这样既解决了国家为战争支付的大笔军费，也满足了源源不断的兵源需求。我们不知道，奥斯曼军队的屯田制度是否来源于拜占庭军区制，或者受到后者的影响，但是这种适合中央集权制国家的社会军事化制度确实对奥斯曼国家的稳定发展起了至关重要的作用。当拜占庭人放弃军区制时，当末代王朝将尼西亚朝廷成功再造的军区制抛弃不用时，奥斯曼人却大张旗鼓正式将这种相似的制度纳入其国家管理体制，这不能不归之于前者的无能和后者的英明。从这个意义上看，中古东地中海世界中，凡能有效运行兵役土地制度的国家最终都能够兴起。

实力大增的奥斯曼人在完成了对小亚细亚地区的征服后，开始从东南方向侵入欧洲，巴尔干半岛是其必经之地，成为首要的攻击目标。1354 年，奥斯曼土耳其人从东南方向沿马里查河（Maritsa）流域稳步进军，入侵巴尔干半岛，开始对半岛进行军事征服，从而加剧了巴尔干半岛内部争端。这个新兴的国家不仅加速了拜占庭帝国的衰落，逐步取代了拜占庭帝国掌控半岛局势的地位，而且促使自 14 世纪后期开始的半岛各民族长期分裂，揭开了东南欧历史新的一页。事实上，这个时期土耳其人在巴尔干半岛征服战中遭遇到的真正强大对手是塞尔维亚人。斯蒂芬·杜珊统治时期的塞尔维亚国家是这个民族历史上最强盛的时期，但随着 1355 年斯蒂芬·杜珊去世，塞尔维亚人统一巴尔干半岛的"伟大理想"在接近实现的最后关头受挫。① 此后，塞尔维亚国家迅速瓦解，各地贵族纷纷独立，形成了众多的小国。这就为土耳其人在巴尔干半岛的发展提供了机会。同年，杜珊之子斯蒂芬·乌罗斯五世即位，无力处理复杂的宫廷斗争，任凭各地贵族凭借军事实力称霸一方，在原来统一的塞尔维亚王国领土上出现了扎赫鲁米亚、扎塔、塞尔里斯等独立小国。② 在与土耳其人艰苦的斗争中，各个独立割据势力无力抵抗，只有扎塔国家在反抗土耳其征服战争中发挥了作用，但是最终屈服。同一时期的拜占庭人忙于内战，实力大衰，而保加利亚人则彻底衰败，他们的实际控制范围逐渐被土耳其人蚕食。

事实上，杜珊于 1355 年去世前，并未能建立起真正完善的皇帝专制中央集权制的帝国，他给其后人留下的是一个正在形成中的帝国，其仿效拜占庭帝国的各种制度还远未达到成熟的程度。其王国内各地分为省区，分别由掌握各省大权的省长控制，他们还按照部落社会的传统行事，只服从像他这样的铁腕人物。因此他一死，内乱顿起。各地大贵族如杜卡杰金（Dukagjin）、巴尔沙（Balsha）、托佩亚（Thopia）和卡斯特拉提（Kastrati）等家族立即拥兵割据。如此一来，完全依赖于杜珊的塞尔维亚王国虽然一度强盛，但其内部既不统一也无凝聚力，很难接续拜占庭帝国掌控巴尔干局势，也无法胜任半岛整合统一的历史重任。该地区各个族群势力分散，特别是在奥斯曼土耳其人这个由单一权威统

---

① D. Obolensky, *The Byzantine Commonwealth*, *Eastern Europe 500 – 1453*, p. 256.
② Nicephorus Gregoras, *Byzantina Historia*：*Graece et Latine*, xv, I, Vol. ii, p. 747.

辖的统一的敌对势力进攻时，包括塞尔维亚各小国家迅即土崩瓦解。原先被杜珊吞并的其他民族纷纷独立。14世纪60年代期间，塞萨利、伊庇鲁斯和阿尔巴尼亚先后彻底脱离了塞尔维亚人控制，强化各自的实力，分别走上了近代民族国家独立发展的道路。各地斯拉夫人和阿尔巴尼亚人自治领主之间更上演了争权夺利的内战，这使得奥斯曼土耳其人几乎未遇抵抗便轻而易举进入半岛内陆。1370年时的巴尔干半岛已非杜珊统治下的面貌。

1371年9月26日奥斯曼土耳其军队在茨尔诺曼（Crnomen）附近的马里卡（Marica）战役中大败塞尔维亚军队。各怀异志的塞尔维亚贵族难以统一行动，根本无法组成足够强大的统一阵线，致使土耳其军队取得了空前胜利。这场战役不仅预兆了奥斯曼土耳其人对塞尔维亚领土的大规模入侵，而且对于土耳其人打开巴尔干半岛大门并削弱塞尔维亚人的抵抗具有更重要的意义，甚至超过了此后于1389年爆发的科索沃战役。塞尔维亚联军由于准备不足惨遭覆灭，其各派势力联盟迅速瓦解，剩余的军队或地方军阀也被逐一消灭。即便在抵抗奥斯曼土耳其军队的紧要关头，贵族们还在为争夺中央政权衰落后留下的权力空缺地区而厮杀。马里卡战役促使塞尔维亚国家的其余部分进一步分裂，国家几近衰亡，中央军队彻底丧失了主力部队，贵族们也不再参与实力相差悬殊的战斗，他们相继承认了土耳其人的宗主地位，接受了其领地被土耳其人吞并的现实。1371年后，普里兹伦极大地衰落了，当地人口为躲避战乱而大量流失，该城迅速缩小为城镇，一度繁荣的矿业也很快萧条，从东欧重要矿山名录中被删除。个别矿山如新布尔多矿虽然还在继续运营，甚至其规模和重要性还有所增加，但是它已经具有明显的殖民剥削性质了，这些矿业中心与沿海地区之间的联系也不再经过普里兹伦，而是直接从海路运往土耳其。①

巴尔干半岛各国君主钩心斗角，军事上缺乏统一指挥，他们凭借各自大体相当的实力拼死较量，这也反映出他们大多没有认清局势之严重，因此随波逐流，采取既无远见又无智谋、随心所欲的政策。无论拜占庭帝国还是半岛其他君主们都在忙于各自国家的内部战争和相互间的

---

① Fine, *The Late Medieval Balkans*, p. 383.

利益纠纷,几乎没有人能准确认识奥斯曼土耳其人威胁的紧迫性和严重性。1380年奥斯曼军队夺取马其顿尚未惊醒巴尔干君主们,1386年奥斯曼土耳其军队进一步入侵塞尔维亚中部的交通枢纽城市尼斯(Nis),迫使塞族塞尔维亚人签署和约,后者不仅被要求赔款,而且要为奥斯曼军队提供1000名雇佣军。直到此时,巴尔干各国君主似乎大梦初醒,认识到奥斯曼土耳其人的巨大威胁已经迫在眉睫,认识到他们需要团结一致共同抗敌,但是为时已晚。波斯尼亚国王特维尔特科(Tvrtko)为此主动派遣军队支援塞尔维亚人,黑山人则联合阿尔巴尼亚和塞尔维亚部队在弗拉特克·乌克维奇(Vlatko Vukovic)指挥下突袭奥斯曼土耳其军队,并在比雷察(Bileca)击败土军,取得小胜。这次规模有限的胜利却具有重大的政治意义,鼓舞了巴尔干半岛人民反抗土耳其侵略的斗志,也促使当地君主清醒,积极推动半岛抵抗运动逐步走向高涨。①

  1389年,塞尔维亚小国君主拉扎尔乘土耳其统帅离开巴尔干之机,指挥联军在科索沃平原展开对奥斯曼土耳其军队的决战。当时在位的奥斯曼军队统帅穆拉德一世(Murad Ⅰ,1362—1389年在位)恰好暂时离开欧洲回国,闻讯立即从小亚细亚返回巴尔干半岛,调动大军镇压。科索沃战役是塞尔维亚人最后一次全体一致抵抗奥斯曼土耳其军事征服的军事行动,也是半岛地区唯一有能力阻挡土耳其人进军的君主国家所采取的拼死抗争,因此具有决定巴尔干半岛命运和未来的意义。战役始于1389年6月28日圣维杜斯节(Vitus),② 在位于普里斯蒂纳(Pristina)郊外的科索沃平原(Kosovo Polje,塞语意为"黑鸟之地")上展开。战事爆发的直接原因是,土耳其人大军进抵科索沃北部地区,要求塞尔维亚君主拉扎尔·赫瑞贝尔简诺维奇(Lazar Hrebeljanovic)接受土耳其苏丹的宗主权,并支付贡赋,遭到拒绝。拉扎尔在国破家亡之际拒绝土军的无理要求,声称不惧怕大兵压境。谈判无果后,双方约定进行军事决战。拉扎尔君主请求控制塞尔维亚大部的妻弟布兰克维奇

---

① Barbara Jelavich, *History of the Balkans*, pp. 183, 193 - 195.
② 也有人认为战役开始的时间是6月15日。有关这次战役的真实性至今还存在争议,但更多的争论在于对这次战役的描述和结果分析。有关此次战役的细节多来自民间史诗描述。前引Fine的专著多有描述。

(Vuk Brankovic) 和波斯尼亚国王特维尔特科援助。此时布兰克维奇控制梅托希亚平原，实力强大，而特维尔特科为比雷察胜利所鼓舞，他们都派遣大军支援。除了塞尔维亚人联军外，参战的还有匈牙利、保加利亚和阿尔巴尼亚贵族军队，他们也希望通过共同作战击溃土耳其人的军事征服。为了提振士气，拉扎尔君主高举基督教信仰的旗帜，在战役展开前，他发表演讲宣称，"先前的王国是短命的，而我们的王国有上帝保佑，永存于世"，以此聚拢联军各路人马军心。

塞尔维亚联军的总指挥就是此前在比雷察小胜土军的弗拉特克·乌克维奇。构成联军主力的三支军队分别由各自的指挥官率领，因为当时他们没有统一的塞尔维亚王国，也都不是苏丹的附属国，各国军队只听从各自将领指挥。[①] 由于当时双方实力相差悬殊，塞尔维亚联军大营中士气低落。特别是在联军军官中出现了个别主张投降的将领，其中不仅有塞尔维亚人，也有保加利亚人，他们一度向苏丹献媚。对阵双方在科索沃平原上开始布阵时，胜负的天平就开始倾向于军纪严正装备精良的奥斯曼军队，而抵抗联军则缺乏统一指挥，没有统一军服，衣冠不整，阵型散乱。这个时期的阿尔巴尼亚军队与塞尔维亚军队合作比其他民族更协调，因为这两个民族当时已经结为紧密的反土联盟，他们除了在许多地区共同生活不断加深融合外，还在长期并存发展中形成了诸多共同利益，相互之间存在大量经济和政治纽带，正在构成比较牢固的共同利益群体，特别是在土耳其军事征服压力下，这两大族群的关系被拉近了。在科索沃战役中，阿尔巴尼亚人也发挥了重要的作用。就在战役开始之际，有传言说布兰克维奇接收了土耳其人的大笔金钱，与苏丹有私下交易，答应在即将到来的战斗中撤出自己的部队。关于这个传闻，我们只在塞尔维亚民间文学中找到了描写，其中将他描述成叛徒的形象，而在奥斯曼土耳其史料中却没有相关具体记载。合理的推测是，土军奸细传播谣言，以便瓦解塞尔维亚联军，也可能是战后人们追究布兰克维奇麾下的塞尔维亚人率先败退撤出阵地的行为。

科索沃战役一开始，穆拉德苏丹便挥军集中攻击实力最强的布兰克维奇所部，首先成功地打乱了塞尔维亚阵地，导致塞尔维亚部队动摇后

---

① Fine, *The Late Medieval Balkans*, p.9.

撤，进而引发联军阵线大乱，整个基督教军队顽强拼杀，在当日下午陷入全面混乱，作战无序，指挥不当，所有将士各自为战，他们只是为求生而拼死厮杀，战斗异常惨烈。次日，一位名叫米罗斯·奥布里奇（Milos Oblic）或科比里奇（Kobilic）的塞尔维亚贵族青年将领独自前往土耳其中军大营，谎称向苏丹投诚，有密报上呈，进入主帅军营后刺杀了穆拉德苏丹。① 战役中拉扎尔君主也作战阵亡。战场上尸横遍野，大约有3万名军士倒在战场上。② 最终，奥斯曼土耳其军队凭借实力优势坚守住了阵地，而残存的塞尔维亚军队和波斯尼亚军队被迫后撤。土耳其军队没有乘胜追击，也迅即撤出战场，因为继任苏丹巴耶扎德（Bayezid，1389—1402年在位）不想在此消耗更多兵力，他急于后撤以保证有生部队的安全。根据后人分析，苏丹当时已经没有足够的力量继续进击。另外更重要的是，他在是否进行此次决战这个问题上也与其兄穆拉德意见不同，他的最大目标是夺取拜占庭帝国首都君士坦丁堡。由于交战双方都主动撤出战场，因此人们通常认为科索沃战役的结果是双方战成平手。然而从长远观察，土耳其人取得了胜利。虽然穆拉德苏丹被刺身亡，军队受损严重，但是土耳其军队并没有遭到致命打击，他们在亚洲尚存大量主力军队，可以在未来重返巴尔干半岛，发动新的进攻。反观塞尔维亚人，几乎调动了军队的全部力量投入科索沃战役，并在交战中消耗殆尽。虽然他们没有输掉战役，但是却输掉了整个战争，在此后数年的抵抗中，他们已经没有后续兵力，也无法继续抵抗土耳其军队的持续进击。可以说，他们大伤元气以全力搏杀的结果并没有伤及土耳其军队的元气，此次科索沃战役中的失利是他们此后再也无力抵抗奥斯曼军事征服并保卫塞尔维亚的主要原因。③ 还由于这一战，土耳其人将塞尔维亚人视为最大的对手，此后的苏丹都决意要为穆拉德报仇。

此后巴尔干半岛抵抗运动的主力逐渐转换为阿尔巴尼亚人，因为塞尔维亚人的生力军都消耗在科索沃战场上，他们几乎难以再度构成对土

---

① 耶拉维奇对此次战役中的米罗斯进行过细致描写。Barbara Jelavich, *History of the Balkans*, pp. 238-243.
② 这一历史事实的描述见 Fine, *The Late Medieval Balkans*, p. 410。
③ Fine, *The Late Medieval Balkans*, pp. 410-411.

耳其人的威胁。1390年和1392年，阵亡的拉扎尔君主的继承人和布兰克维奇分别代表科索沃和梅托希亚向苏丹投降，接受其宗主地位，承认他们各自的国家成为奥斯曼土耳其帝国的臣属国。为了分化当地贵族，奥斯曼土耳其人将布兰克维奇的领土赏赐给更忠实于苏丹的附庸斯蒂芬·拉扎尔维奇（Stefan Lazarevic，即拉扎尔君主的儿子），进而在拉扎尔君主的后人中挑起争端。软弱平庸的斯蒂芬难以平息争端，故任命其侄子德久拉德·布兰克维奇（Djurad Brankovic）为附庸国的继承人。1393年，奥斯曼人乘拜占庭、保加利亚和塞尔维亚内乱之机，扩大了对巴尔干半岛内陆的征服活动，夺取保加利亚首都托尔诺沃（Turnovo），不久占领了保加利亚全境。

奥斯曼帝国新行政体系按照奥斯曼军事采邑（或称提马尔timar）制度划分被征服土地，并完全由奥斯曼封建地主及其军官控制。1432年，奥斯曼当局对被征服地区进行土地登记，阿尔巴尼亚地区一共被划分为335个提马尔（或采邑），每一个采邑通常由两三个村庄组成。而后，土耳其苏丹将这些村庄分配给奥斯曼帝国行政领导人、军官或宗教机构的领袖。迪布拉（Dibra）及其周边就成为一个独立的行政区（县）山加克，而人们所知的科索沃地区，包括在斯科普里山加克中。塞尔维亚国家南向扩张曾导致塞尔维亚人向南部科索沃和阿尔巴尼亚地区的迁徙运动，而奥斯曼人的统治则逆转了这种移民进程，将居民转而向北迁徙。奥斯曼统治全盛时期，今南斯拉夫全境土地被划分为20个"县"行政区。随着奥斯曼人的涌入，普里兹伦和普里什蒂纳成为从达尔马提亚沿海到马其顿和君士坦丁堡之间传统商路最重要的集散地。① 就是在奥斯曼当局按照其统治体系重建巴尔干半岛时，伊庇鲁斯山区的阿尔巴尼亚人成为他们的心腹大患，其抵抗运动长期持续，土耳其人难以扑灭。

阿尔巴尼亚人在抵抗土耳其军事征服战争中发挥了重要作用，使得这个巴尔干半岛古代族群闻名于世，并在民族崛起的道路上迅速发展。1388年，土耳其军队第一次入侵阿尔巴尼亚地区，随即建立了军事统治权。当时，派驻阿尔巴尼亚科鲁亚城的军事长官是斯坎德培

---

① 奥斯曼帝国征服巴尔干半岛后，将被征服地区划分为Sanjaks行政区（县）。

(Skanderbeg），此人为阿尔巴尼亚贵族出身，因不甘心接受民族屈辱的现实，于1443年发动民族起义。正像拜占庭人精心培养的西蒙后来成为保加利亚人反对拜占庭帝国的杰出领袖一样，斯坎德培曾在土耳其苏丹穆拉德二世宫廷军事学校接受长期培养，并以优异成绩学成回国。他利用土耳其人企图将其培养成为苏丹忠诚战将的打算，不仅努力学习培养了高超的军事指挥才能，而且暗中培植了本民族的反抗力量。1442年底，奥斯曼土耳其军队遭到匈牙利人的沉重打击，斯坎德培趁机带领数百骑兵于次年发动反土耳其统治的人民起义。[1] 凭借其优秀的军事指挥才能和组织才能，斯坎德培迅速集中了阿尔巴尼亚民族反抗力量，充分发挥其山地作战的优势，夺取了许多被土耳其人占领的城市和乡村，起义军势力不断壮大。1444年3月，他亲自主持召开了全阿尔巴尼亚大公会议，建立反土耳其联盟。此后25年间，阿尔巴尼亚人民在斯坎德培的领导下，发挥山地作战的特长，多次击败土耳其军队的征讨。特别是他深入民众、充分调动人民的抵抗能力，广泛开展山地游击战，使侵入阿尔巴尼亚的土耳其军队落入人民战争的陷阱，处处被动挨打，曾击溃苏丹穆拉德二世亲自率领的10万讨伐大军。斯坎德培的胜利打破了奥斯曼土耳其军队战无不胜的神话，不仅保卫了阿尔巴尼亚领土，而且鼓舞了巴尔干半岛人民抵抗土耳其征服的信心。1453年，奥斯曼军队在新苏丹穆罕默德二世指挥下攻占君士坦丁堡，并于1461年杀害了拜占庭皇室最后的男性继承人，使拜占庭帝国寿终正寝，彻底灭亡。可以说，正当奥斯曼土耳其帝国在巴尔干半岛以摧枯拉朽之势完成其征服事业之际，正当整个半岛各个民族臣服于土耳其军事淫威之时，阿尔巴尼亚人民挺身而出担当起抵抗外族入侵的主力，树立了弱小民族战胜强大民族的榜样，从而赢得了世界范围的尊敬。1468年，斯坎德培去世，阿尔巴尼亚人民反抗土耳其征服的事业由杜加勒继续到15世纪末，直到16世纪初，土耳其人才最终完成了对该地区的征服。[2]

---

[1] George P. Scriven, "The Awakening of Albania", *Geographical Review*, Vol. 8, No. 2 (Aug., 1919), pp. 73–83.

[2] L. Carl Brown ed., *Imperial Legacy: the Ottoman Imprint on the Balkans and the Middle East*, N.Y.: Columbian University Press, 1996, pp. 23–45.

14 世纪后半叶巴尔干半岛人民抵抗土耳其军事征服战争中，多瑙河下游地区的罗马尼亚人也发挥了积极作用。由于这个时期的拜占庭人完全丧失了抵抗能力，包括塞尔维亚人和保加利亚人在内的巴尔干半岛大部分古代民族国家先后屈服于土耳其人的军事淫威，因此，作为现代罗马尼亚民族组成部分的摩尔多瓦人依托多瑙河以北的匈牙利人，积极发动抵抗入侵者的战争。1396 年，作为匈牙利王国的邻国瓦拉几亚的君主老米尔西亚参加了匈牙利国王西吉蒙特（Sigismund）领导的反土战争。特兰西瓦尼亚山区天才将领约翰·洪亚迪（John Hunyadi）与国王西吉蒙特一起，在战争的初期给土耳其人以沉重打击，他们领导基督教国家联军在塞尔维亚地区重创土军。① 同年，西吉蒙特在多瑙河流域的尼科堡被土耳其军队击溃。1444 年，约翰·洪亚迪的军队也遭败绩。1462 年，穆罕默德二世在全面清除了拜占庭人抵抗力量后，亲自率军侵入瓦拉几亚，征服了多瑙河流域。但是，其北扩的步伐遭到摩尔多瓦人的顽强阻挡，摩尔多瓦君主伟大的斯蒂芬（Stephen the Great，？—1504 年在位）领导当地军民继续保持独立达半个世纪之久，直到 1504 年他去世以后，摩尔多瓦才成为奥斯曼土耳其帝国的藩属国。

奥斯曼帝国在被征服的巴尔干半岛推行一系列新制度，力图尽快建立土耳其人统治下的新秩序。为了加快进军速度，减少军事征服的阻力，奥斯曼帝国当局在被征服地区采取了灵活的"以夷制夷"政策。可以说，合理宽容的宗教政策也是奥斯曼人顺利扩张的保障。奥斯曼人没有陷入伊斯兰教的宗教狂热中不能自拔，他们对征服地区的其他宗教信仰并不一味采用高压政策，而是大力推行宽容政策，吸收各种信仰的教徒参加国家建设事业。因此，在奥斯曼国家不仅有基督教信徒担任高官，也有基督徒将士在军队中服役。而同一时期的拜占庭人则陷入宗教派别的对立中，内争不断，他们虽同为基督徒，但却在宗教争论中势同水火，整个社会为宗教见解的分歧而分裂。1454 年，苏丹穆罕默德二世在征服拜占庭帝国首都之后第二年便有针对性地建立起第一个"米莱特"公社（millet），即以宗教信仰而不是依据民族身份为基础的社

---

① Joseph Held, *Hunyadi: Legend and Reality*, New York: Columbia University Press, 1985, pp. 34 – 56.

会文化基层单位。该米莱特成员属于东正教信仰，他们主要是那些不愿意改宗皈依伊斯兰教的东正教徒。苏丹希望以此进行尝试，通过新的管理制度应对奥斯曼帝国日益增加的民族宗教群体问题。他还授予这个"公社"永久性权利和自由，其原有的古老权利和自由也不被取缔，公社成员根据各自的意愿不必放弃原有信仰，其活动也不受到额外限制。这种宗教宽容政策事实上是他作为外来"异教"统治者在新征服的基督教世界被迫采取的措施，以此分化瓦解被征服民族的斗志。此后，苏丹又先后建立了亚美尼亚人和犹太人的"米莱特"公社，并允许阿尔巴尼亚北部罗马天主教居民建立拉丁人"米莱特"。值得注意的是"米莱特"公社还被允许享有哈布斯堡（Habsburg）皇帝的保护权，1615年7月4日，哈布斯堡王朝皇帝马蒂亚斯（Matthias）和苏丹阿赫迈德一世（Ahmet I）出席了在维也纳举行的有关协议的签署仪式。这样，非穆斯林居民就被纳入穆斯林国家管理组织体系内，他们还能够保持各自的文化和宗教自由。自穆罕默德二世以后的苏丹都沿袭了这一制度。显然，奥斯曼帝国采取这一政策的主要原因是针对巴尔干半岛社会的多民族特征，企图以此调解缓和不同信仰之间的冲突，降低被征服地区的社会对立。苏丹确定由"米莱特"而不是由教会负责社区安定秩序，也考虑到保持不同民族语言和身份认同的可能性。这样的措施对于建立军事征服后巴尔干半岛秩序具有明显的好处，一是缓解了不同民族不同信仰之间的对立，特别是针对土耳其统治者的抵抗情绪。在东正教"米莱特"中塞尔维亚人能够继续保持自己的语言、宗教信仰和民族习俗，其他民族居民也可以在这样的"公社"中生活，相互并不排斥。二是使基层社会组织被严格控制在统治当局掌控中，防止基督教教会在奥斯曼帝国体制外另行一套，换言之，这一制度是以国家统治机构取代教会机构。在奥斯曼帝国统治当局看来，巴尔干半岛地区的基层社区的基本因素不体现在多民族性上而体现在多宗教性上，因此要牢牢控制住宗教性"公社"组织。[1]

---

[1] 有关米莱特制度的综合叙述参见 Kemal Karpat, "Millets and Nationality: The Roots of the Incongruity of Nation and State in the post-Pttoman Era", in B. Braude and B. Lewis ed., *Christians and Jews in Ottoman Empire*, Vol.1, New York, 1982。

奥斯曼帝国在巴尔干半岛征服战争中还推行了一系列非常有效的政治经济、宗教文化措施，不仅极大地减少了被征服人民的反抗，降低了征服事业的成本，而且暂时缓和了当地各族民众之间的对立，有利于当局分化瓦解反抗势力，建立巴尔干半岛新秩序。根据现存记载，15 世纪期间，阿尔巴尼亚人多为基督教徒，他们与塞尔维亚人相当和谐地生活在一起。两个民族一起顶礼膜拜同一个圣人，在同样的教堂中崇拜他们共同的上帝，也一同尊敬具有共同价值的历史。甚至到今天，许多年长的阿尔巴尼亚人仍然能够回忆起他们的祖辈从不在礼拜二开始任何活动，因为这一天是塞尔维亚人兵败科索沃战役的忌日。① 同样，奥斯曼帝国当局也允许阿尔巴尼亚人使用其古代法律《古代法》（Kanun of Leke），对阿族民众做出适当让步。这部法律由阿尔巴尼亚人带入科索沃地区，阿尔巴尼亚北部和科索沃的阿尔巴尼亚人都认为，这些法规具有超越任何其他法律的效力。但是在中古塞尔维亚时代，无论基督教教会还是塞尔维亚国家都反对阿尔巴尼亚人继续使用这些古代法规。奥斯曼帝国统治当局在靠近杜卡杰金（Dukagjin）的地区，特别是在平原地区，设法确立其稳固的统治后，千方百计争取阿族人的支持，故对这部阿尔巴尼亚古代法采取开放态度。同时得到"优待"的另一部法律是《沙利阿特法》。据法律学者研究，这部法律的编者什特杰凡（Shtjefen）是基督教方济各修会（Franciscan）教士，他以阿尔巴尼亚古老法规为基础，编辑出大众方便使用的法典，既供学者研究也为人们日常生活使用。该法典保存了古代阿尔巴尼亚习惯法的基本条目，在中古时期阿尔巴尼亚人定居区广泛使用。② 另一种说法是认为该法规由雷科·杜卡杰尼（Leke Dukagjini, 1410—1481 年）编纂，他是阿尔巴尼亚民族英雄斯坎德培的同代人和亲密战友。但是这种说法与事实不符，因为阿尔巴尼亚习惯法早在这个英雄形象生前就流行了几个世纪，他死后该法律继续存在。根据内容看，这部法规也受到古代伊利里亚法律的

---

① A. N. Dragnich, "Serbian Culture in Kosovo in Past and Present Times", *Serbian Studies*, Vol. 4, No. 4, 1988, p. 75.

② Kanun 法规是流行习俗成文法，而习俗因时因地多有变化。有关法规的细节研究见 Shtjefen Gjecov, *Kanuni I Leke Dukaginit*, transl. Leonard Fox, California: Charles Schlacks, Jr, 1994。

影响。推测认为伊利里亚人作为古代阿尔巴尼亚人的直接先祖,在罗马统治时期一直坚持其法律的权威,而伊利里亚的罗马总督更认为该地方法律与罗马法的原则并不矛盾,因此允许当地继续使用其地方法律。戴克里先皇帝(Diocletian,284—305 年在位)之后,伊利里亚成为罗马行省,被迫屈服并罗马化,但古老的法律仍然保留在普通民众的记忆中,肯定也在此后几代人中口口相传。在巴尔干半岛被征服地区,该法规并非唯一被允许使用的古代习惯法典,在其他地区如克鲁杰(Kruje)、迪巴尔(Diber)和马特河(Mat)流域,以及古老的卡斯特利奥斯(Kastriots)山区,至今还继续流行使用着斯坎德培(Skanderbeg)法规,而其他阿尔巴尼亚中心地区和南部地区也各有自己独立的法典。[①]

奥斯曼帝国当局对被征服地区施行分而治之的政策,在对塞尔维亚人和保加利亚人残酷镇压的同时,对一直难以彻底征服的山地居民采取怀柔方针。他们一方面对阿尔巴尼亚人让步,施行怀柔政策,另一方面严厉打压塞尔维亚人。1455 年,塞尔维亚的德久拉德(Djurad)与奥斯曼当局发生新的冲突,并最终遭到镇压,痛失整个科索沃地区。奥斯曼军队全面占领科索沃,重点控制了矿藏丰富的新布尔多矿区。[②] 被征服的塞尔维亚人无法接受这样的事实,他们从掌控科索沃的民族迅速跌落到惨遭土耳其人奴役的民族,巨大的反差酝酿着深刻的仇恨,异族异教的外来统治者的压迫并不能真正驯服塞尔维亚人,反而激起他们深层的反抗。正是在这个时期,东正教修道士作家满怀着塞尔维亚民族使命感和民族挫败感,以及对未来光明前途的期望,写作了大量充满宗教情绪和悲伤情调的文学作品。其中,拉扎尔王朝可歌可泣的事迹第一次得到英雄般的歌颂,科索沃战败的事件被写进了文学作品,教士们按照他们自己的理解进行重新创作,完成了大量带有悲壮伤感的宗教颂歌和布道词。他们将拉扎尔国王塑造成上帝的使者和民族英雄,对他歌功颂德,并宣称塞尔维亚人是上帝的选民,像新约里的"新以色列人"和

---

① 参见 Kanun of Leke Dukagjinit, p. xvi, 转引自 D. Batakovic, *The Kosovo Chronicles*, p. 54。

② Dusan Batakovic, *The Kosovo Chronicles*, Belgrade, 1992, p. 40.

"巴比伦之囚"的希伯来人,必将在上帝的指引下从奴隶变为自由人。①这样的说教非常符合当时塞尔维亚人的实际状况,饱受民族压迫的塞族人民需要这样的历史记忆,以凝聚人心、渡过难关,最终实现民族复兴。拉扎尔之死被说成是善良战胜邪恶,他成为信仰的殉道者和塞尔维亚受难历史新开端的象征。中世纪作家为了迎合当时塞族人的需要,将科索沃战役失败解释成为塞尔维亚民族道义上的胜利和未来的精神核心。有关的塞尔维亚史诗也应运而生,种种传说进一步发展了这些思

---

① T. A. Emmert, "The Kosovo Legacy", *Serbian Studies*, Vol. 5, No. 2, 1989, p. 5. 根据这些史诗的描写,拉扎尔在战役爆发的前夜梦到自己有一个选择前途的机会,他选择了天堂而放弃了人世的王国。这一选择符合当时普通基督教徒的思想倾向。这个梦也预示了他在即将到来的战役中将英雄般的战死,而后升上天堂。由于史诗必须符合新约的模式,在描写中必须找到一个叛主者犹大(Judas Iscariot)式人物,要把他刻画成次日背叛恩主的叛徒,而高尚的恩主也预先揭示了即将发生的事情。这样,受到布兰克维奇指斥的米罗斯·奥布里奇就被当成与土耳其人秘密接触的叛徒。当拉扎尔当面揭穿这个米罗斯时,后者极力否认,称"明天我将用自己的行动证明我是忠于主人的"。为了证明其忠诚,6月28日凌晨,米罗斯溜出军营,谎称是塞尔维亚人叛逃者,要面见苏丹,骗过了土耳其大营的近卫军。晋见苏丹时,他突然从战袍下拔出短刀,猛刺苏丹并重伤苏丹。人们并不了解大战开始前夜塞尔维亚军营中是否发生了指斥叛徒的事情,但是,确实知道一个称为米罗斯·奥布里奇或科比里奇(Kobilic)的塞族青年溜出军营并刺杀了苏丹,这是个确凿无误的历史事实。Fine, *The Late Medieval Balkans*, p. 410。一些倾向阿族的研究者认为,这些史诗也影响着17世纪达尔马提亚的历史家,他们在其写作这次重大战役时带有宣传动机和宗教偏见。倾向于阿族的历史学家们质疑这些作品的可靠性和合理性,认为作品中的正面人物不仅都是塞族一边的游击队员和反对土耳其的基督教徒,而且还是塞尔维亚各大家族中的杰出人物,他们相互吹捧,争相树立为自己的先辈英雄。因此,他们的作品对这次战役的描写多有矛盾。Fine, *The Late Medieval Balkans*, p. 409. 这些研究者还认为,东正教教士美化了聂曼加王朝的传统形象,删除了所有不利于树立该王朝正面光辉形象的负面内容,以突出其曾经掌控过的美好国家的形象。在这样有意识编造历史的集体"记忆"中,塞尔维亚人将中古塞尔维亚国家的衰落视为其历史的中心事件,并在科索沃战役中寻找其原因。这就使这个史诗成为所有塞尔维亚史诗中最长最华丽和最重要的史诗。Emmert, "The Kosovo Legacy", p. 7. 事实上,塞尔维亚人感到最为痛心的时期不是战役本身的损失,而是此后成为奥斯曼帝国附属国的悲惨境遇。这些史诗将传说神化,最终使其树立的形象变成崇拜和礼仪的中心对象,并以制度作为保证。到了19世纪,这些人为制造出来的传说便成为塞尔维亚民族复兴的核心内容。这些研究者甚至认为,史诗的描述早就远离了历史真相,但通过传唱成为后代塞尔维亚人的历史。甚至到500年后的19世纪,一些英国旅行者在当地听到了有关这次战役的传说,他们说"多瑙河到亚得里亚海之间地区的任何一位塞族人都十分熟悉史诗中提到的名字,就像熟悉他自己的兄弟一样"。G. M. Mackenzie and A. P. Irby, *Travels in the Slavonic Provinces of Turkey-in-Europe*, Vol. 1, London, 1877, p. 186.

想，使之强化为塞尔维亚人的民族意识的核心部分。①

这个时期科索沃居民主要成分为塞族人，他们在被征服之初的一个世纪里构成了当地的主要人口。统治巴尔干半岛的土耳其人于1455年再次进行的土地登记证明了这一点。当时为此任命了一批被称为"书记员"（defter）的土地登记官，根据他们登记的文件记载，塞尔维亚的布兰克维奇（Brankovic）君主领地大部分分布在今科索沃地区，加上临近的"山加克"和塞尔维亚人领地的一小部分。文献记载表明，斯拉夫人（即塞族）人口占当地居民的绝大多数。② 今天的阿尔巴尼亚历史书强调阿尔巴尼亚人早在奥斯曼军事征服前就已经占据科索沃人口多数的意见是没有根据的，他们甚至认为，"奥斯曼军队征服科索沃以后一个时期的文件，即1455年以后的文件，特别是土地登记文件，提供了许多史实，表明这个地区（科索沃）是由阿尔巴尼亚人居住的。塞尔维亚人统治该地期间他们只是作为殖民者或统治阶层，只占人口的少数。虽然他们在人数上并无优势，但在政治和社会上占统治地位"。③ 这样的结论显然带有明显的民族主义历史色彩。历史研究中的民族主义会严重影响客观结论的得出，这一点在此表现非常突出。

科索沃战役后相当长一段时间，奥斯曼土耳其当局加强了军事高压管制，不仅直接吞并了一些富庶地区，将成熟的农耕土地分配给土耳其贵族，而且强迫此后保持相对独立的塞尔维亚君主和部落接受土耳其人宗主权。1455年，土耳其人又占领了塞尔维亚大教长驻地佩奇，同时强制占领的新布尔多矿区每年上缴12万杜卡斯（Ducats）金币。④ 1459年，当塞尔维亚领土全部落入奥斯曼人之手后，塞尔维亚各地牧首都被要求归属于奥赫里德希腊大主教管辖。塞尔维亚的许多教会建筑遭到洗

---

① Emmert, "The Kosovo Legacy", p. 5.
② Hamid Hadzibegic, Adem Handzic and Esref Kovacevic [comp], *Oblans Brankovica: Opsirni Katastarski Popis iz 1455 Godine*, Sarjevo, 1972. 转引自 D. Batakovic, *The Kosovo Chronicles*, p. 50。
③ Selami Pulaha, "The Scientific Truth about the Autochthony of the Albanians in Kosovo", *New Albania* [Tirana], No. 4, 1982, p. 20. 这个意见与当时的事实不符。
④ Fine, *The Late Medieval Balkans*, p. 569.

劫，有些教堂则被直接改建为清真寺，其中就包括普里兹伦的利杰维什卡（Ljeviska）圣母教堂。不少大修道院被抢劫一空，沙皇杜珊的宏伟教堂圣大天使教堂被夷为平地，其中绚丽多彩的大理石被拆下来当作装饰材料来装饰土耳其的贵族豪宅，或者用作装饰该城中心建造的巨大的圣帕夏（Sinan Pasha）清真寺。直到500多年后的今天，这个教堂的废墟和玻璃覆盖的石料仍然散落各处。这个废弃教堂的废墟位于小溪旁，小溪又流入比斯特里察河（Bistrica），这里成为阿族青少年玩耍的场地。迪卡尼修道院（Decani）和大卡尼察（Gracanica）修道院逃过此劫，幸免于被毁，只是因为其房屋地产深藏于大山谷地中。残酷的经济剥削和残暴的民族压迫以及对塞尔维亚宗教文化的摧残，不仅加剧了塞尔维亚人的民族仇恨，而且奥斯曼帝国分类统治区别对待阿族和塞族两大民族的政策确实达到了分而治之的效果，促使两大民族的民众对立，不断加深和积累他们之间的怨恨。

15世纪期间，土耳其统治当局鼓励阿尔巴尼亚人向北迁徙。期限在1481年前后，塞尔维亚人被迫向北迁徙，并建立了多个定居点，其中科索沃原来的斯拉夫人大部分迁入今天的匈牙利和特兰西瓦尼亚（Transylvania）地区。奥斯曼人直接控制下的科索沃矿业持续发展，导致新布尔多、亚涅瓦（Janjeva，或称亚涅沃Janjevo）、特雷佩察（Trepca）和普里斯蒂纳等城镇的快速兴起，矿业对劳动力的需求也促使人口相应地集聚到这些城市。尽管奥斯曼帝国殖民者也有计划地被派往科索沃，但是他们的人数毕竟比较少，而且大多定居在大城市普里兹伦及其周围地区。在奥斯曼当局的鼓励下，到15世纪中期，阿尔巴尼亚人开始将畜群从山地草原向山下的科索沃平原放牧，并逐渐建立了阿尔巴尼亚人农业定居点。阿尔巴尼亚人移民大部分是从更为贫瘠的周围山区向比较富庶的低地平原和河谷地区迁移。当原本生活在农耕地区的塞尔维亚人向城镇集中时，来自山地的阿尔巴尼亚人开始逐步占据了他们遗弃的村庄。任何曾在今阿尔巴尼亚北部和马其顿西部山区旅行的人都不难看出当地的贫瘠，都能够亲身感受到生活环境的恶劣，想象山地居民生活的艰辛，因为那里可以用作农田的土地非常少，连维持极少人口的生计都难以做到。

奥斯曼帝国设在巴尔干半岛的最高统治机构被当地人称为"衙门"

(Porte)，其大规模的半岛内移民计划有利于他们以军事高压维持的秩序和矿业为主的经济发展，正是在其移民计划支持下，阿尔巴尼亚人逐步流动到原先塞尔维亚人世代生存的地区。1489年前后，新近迁移到科索沃的阿尔巴尼亚人移民定居点迅速增加，大体可以分为两类：其一为草原定居点，其二为城镇定居点。前者的主要居民为农民，后者则多为工矿业雇佣工人。1489年奥斯曼当局的"衙门"与威尼斯之间签署协议，威尼斯共和国承认阿尔巴尼亚全境接受奥斯曼帝国宗主权。根据地方统计数据，大部分阿尔巴尼亚人曾因为躲避奥斯曼军队的入侵和战事危险，拉家带口成千上万大批躲避到人迹罕至的山区，少部分移民到巴尔干半岛最南部的希腊，逐渐定居在塞萨利地区、阿提卡（Attica）半岛和伯罗奔尼撒半岛，还有相当多的移民逃到了意大利。科索沃当地的阿尔巴尼亚人还比较少。但是土耳其人的鼓励政策促使阿族人回流，数量迅速增加。到16世纪初期，由于奥斯曼帝国"衙门"推行的移民计划，科索沃地区的阿族人移民数量才稳定增加。[①] 学者们认为，直到1455年前后，这个地区的阿尔巴尼亚人口数量还非常少。这一点还可以从当地至今保留下来的古代姓氏大多为塞尔维亚名称得到证明，例如在普里斯蒂纳附近的斯普图拉（Siptula）村庄，只有几个家族使用佩特科（Petko）、阿尔巴尼安（Albanian）、米哈里（Mihal）等阿族姓氏，他们很可能是数百年前阿尔巴尼亚人的后裔。当时的文献也显示，使用阿族名称表明其民族身份的居民在这个地区还比较稀少。[②] 正是由于当地塞族人占据多数，到了16世纪，奥斯曼帝国进一步实施宗教宽容政策，以便更加缓和统治与被统治民族之间的矛盾。1557年，土耳其人恢复了塞尔维亚东正教教区，牧首驻地设在位于梅托希亚的佩奇城。这个被土耳其人强制取消了一个半世纪的东正教教区，事实上一直秘密存在，如今得到恢复，无疑是对当地塞尔维亚民众巨大的

---

① 关于科索沃和阿尔巴尼亚北部中世纪定居点的论述可以参见 R. Mihaljcic, *Selista*, Belgrade: Zbornik Filozofskog Fakultera, 1967; B. Hrabska, *The Registration Book of the Shkoder Sandjak of 1485*, Belgrade: Poljopriverdna proizvodnja Kosovo I susednih krajeva sredinom XV veka 1974, 转引自 D. Batakovic, *The Kosovo Chronicles*, p. 50。

② Ivo Banac, *The National Question in Yugoslavia*, Cornell University Press, 1984, pp. 294–295.

精神鼓舞。

奥斯曼帝国统治下的阿尔巴尼亚人居住区当时也不平静，尽管"衙门"推行分类分化的统治策略，阿族人得到当局更多的"关照"，但是多种方式的反抗仍然不能彻底消除。一个多世纪以来，在阿族人古老的雷科·杜卡杰尼（Leke Dukagjini）法规流行的地区也同样不断爆发反抗奥斯曼军事统治的斗争。当地阿尔巴尼亚人的政治变革恰巧与社会深层变革相吻合，中古阿尔巴尼亚贵族阶级最终消失，新出现的部族"菲斯"（fis）制度逐步形成。① 原来阿族古老法规流行区多由世袭的贵族控制，他们一直坚守该法律。当这部据说来自斯坎德培的古老法规在这一地区流行时，其使用范围可能更为广大，受其影响的地区可能更广泛。根据研究，包括莱兹赫（Lezhe）山区、杜卡杰金（Dukagjin）、什科德（Shkoder）、科索沃的德亚科维察（Djakovica），甚至在塞尔维亚、黑山和马其顿部分地区的阿族人中也使用这个法典。但是，随着奥斯曼帝国统治不断稳固加强，在穆斯林占人口多数的地区，这部阿尔巴尼亚人的古老法规就逐步失去效力，奥斯曼土耳其人以习惯法逐渐取代了更古老的阿族人法规。然而，该法规在包括科索沃所有北方农村的地区都受到尊崇。②

在奥斯曼帝国统治巴尔干半岛的第一个世纪期间，塞族人在土耳其人分化政策统治下，除了深受歧视、感到备受压抑外，并没有感受到重大的社会变革，他们数代人处于民族压迫和奴役环境中的最底层。直到1557年情况有所改变，这一年佩奇教区得到恢复。土耳其当局巴尔干半岛"衙门"的新任大维齐尔（Grand Vizier）穆罕默德·索科罗维奇帕夏（又译索科卢 Mehmed-Pasha Sokolovic）为缓和民族矛盾，同意当地塞族人重新恢复独立教区，据说索科罗维奇具有塞尔维亚人血缘。重新建立的东正教佩奇教会对于被统治的塞尔维亚人复兴东正教信仰，特别是科索沃塞族人的精神是巨大的鼓舞。当地塞族人上层人物因此更

---

① *Kanun of Leke Dukagjinit*, p. xvi. 转引自 D. Batakovic, *The Kosovo Chronicles*, p. 54。

② 正如叙利亚·普波维奇（Syria Pupovci）在其1972年重印《法规》的重要前言中所说："实际上，保存习惯法是阿族人在奥斯曼统治下维系其民族性的最重要的因素之一。" *Kanuni I Leke Dukagjinit*, Pristina: Rilindja, 1972, p. ixxx, quoted in ibid., p. xvii, 转引自 D. Batakovic, *The Kosovo Chronicles*, p. 55。

加重视东正教信仰的复兴,公开支持东正教活动,从而使科索沃再度成为塞尔维亚民族的精神家园。① 也因为如此,在奥斯曼军事征服后的第一个世纪里,科索沃地区及其独立教会逐渐成为塞族的精神核心地区。事实上,正是由于此前奥斯曼帝国推行的宗教分化政策,特别是阿尔巴尼亚人放弃基督教信仰,改宗伊斯兰教信仰,使宗教信仰成为塞族和阿族两大民族间最重要的外在区分标志。宗教上的分野也反映了社会现实生活状况,因为接受了伊斯兰教的阿尔巴尼亚人因此获得了诸多现实利益,社会地位明显高于当地的塞族人,而科索沃的许多阿族人逐渐形成了一定的宗教偏见,认为伊斯兰教是自由人的宗教,而基督教特别是东正教则是奴隶的宗教。同样是处于奥斯曼统治下的被压迫民族,塞尔维亚人因为英勇抵抗到最后惨败,并且坚持东正教信仰而被土耳其人打入社会最底层,阿尔巴尼亚人则因为顽强抵抗最终屈服,但迅即接收伊斯兰教而受到统治民族的"青睐"。在此背景下,被奥斯曼帝国统治者残酷打压的塞族人不甘心接受民族屈辱的现实,他们世代相传不断接受着民间传统的民族英雄主义道德意识教育,塞尔维亚民族昔日的辉煌和现实生活的苦难交织而形成的悲壮挽歌在塞族民众中流传。与此同时,东正教修道士和教士们也通过教义宣讲不断扩大着这种影响,民间传说与东正教牧首社区采取的传统东正教民族政策相一致,逐渐在口传编年史和民间文学史诗中形成了强烈的民族意识。其中不可避免地掺杂了极端民族主义成分和激烈的反抗意识。塞族民间文学进一步将这种意识变为民众的共识,在逐渐成熟起来的多种艺术形式和民俗习惯中,塞族人找到了共同的身份认同,他们将此看作对现实苦难的精神守护和心理避难所。用鲁特琴(Lute)这种独弦琴伴唱的史诗,传唱着很多光辉的民族英雄和英勇无畏的塞尔维亚君主,其悲壮的牺牲精神恰好与耶稣基督的献身救赎相吻合,使他们逐渐演变为反抗征服和镇压的精神榜样,象征

---

① 索科罗维奇还下令修造了维舍格莱德(Visegrad)地方跨越德林河的大桥,后来受到塞族贵族伊沃·安德里奇(Ivo Andric)的高度称赞。

着从奥斯曼帝国统治下得到解放的理想未来。① 从这里我们可以看到人民群众创造历史的又一个范例。

与备受压迫的塞族人形成强烈民族意识同时发生的，是阿族人在当地的定居和稳定发展。直到16世纪末，来自阿尔巴尼亚北部山区的游牧居民开始下山进入科索沃平原，他们逐渐在各个小定居点安居下来，其中大部分是从动荡不安的杜卡杰金地区逃难来的，一方面是为躲避血腥的战乱和匪盗，另一方面是为寻找水草繁茂之地放牧畜群。古代阿尔巴尼亚族群长期生活在山区，以血亲家庭为单位，如今逐步定居，稳定地生活在科索沃平原，这自然导致科索沃人口在民族构成方面的剧烈变动。他们在山区艰苦条件下形成的高生育率在新的环境中也自然造成了人口数量的迅速增加。山区艰苦生活中形成的各种"野蛮"习惯也令人产生了其崇尚暴力尚武好战的印象，不仅塞族人，就是土耳其族人也将阿族人视为好战打劫的乌合之众，认为他们给科索沃地区带来混乱。② 阿族人原来大多信奉从意大利传来的天主教，1610年时科索沃的天主教徒人口是穆斯林的10倍，其主要人口构成是阿族人。科索沃的几个罗马天主教中心包括戈吉兰（Gjilan）、佩奇、德亚科维察（Djakovica）和普里兹伦都聚集着许多天主教徒，他们大多是中古时代从拉古萨迁徙来的移民后裔。在阿族人从山区迁徙期间，他们不断遭到来自阿尔巴尼亚山地入侵者的抢劫。当时天主教教会的报告对科索沃主要城镇的宗教分布情况提供了有用的信息。例如在普里斯蒂纳，只有20户天主教家庭。1623年，科索沃西南地区讲道的天主教教士马兹雷库（Pietro Mazrreku）提交的报告也提到这一情况，反映当时天主教居民和穆斯林居民只占人口少数的情况。该报告称，当时除了许多移居来的

---

① 关于科索沃战役的民间诗歌、聂曼加王朝末代君主的悲剧命运、拉扎尔国王及其骑士米罗斯的英雄主义，特别是击溃土耳其人拯救塞族人的马里卡战役中马尔卡（Marka）的米尔加维察维奇（Mrnjavcevic）国王等素材，都成为活力四射无所畏惧的英雄传奇故事的主题，成为重要的道德信条的形象，这些艺术形象随着时间逐渐成为塞尔维亚民族文化生活的共同追求和生活态度，在奥斯曼帝国统治最初百余年间，它们也逐渐成为塞族人的精神传统的一部分。Batakovic, *The Kosovo Chronicles*, p. 46.

② 用当时塞族历史作家的话说，他们"就是来自阿尔巴尼亚高地的好战部落"。D. Batakovic, *The Kosovo Chronides*, Belgrade 1992, p. 44.

土耳其人拥有军事采邑"提马尔"外，还有许多塞族人也生活在那个地区，后者占据当地人口的多数。

  奥斯曼帝国的迅速崛起和在欧洲地区的扩张终于引起欧洲各国君主的惊慌，最为紧张的便是奥地利哈布斯堡王朝。两大帝国最初的博弈就是围绕巴尔干半岛西北地区的实际控制权展开的。1615 年 7 月 4 日，哈布斯堡王朝皇帝马蒂亚斯（Matthias，1611—1619 年在位）和苏丹阿赫迈德一世（Ahmet Ⅰ，1603—1617 年在位）签署的协议规定，不仅允许阿尔巴尼亚北部罗马天主教居民继续保持其信仰，而且许可他们建立拉丁"米莱特"社区，并享有哈布斯堡皇帝的保护权。为了改变当地的人口构成，奥斯曼当局支持大批土耳其人前往巴尔干半岛殖民，直接加深了当地民族成分复杂化的程度。奥斯曼军事征服对巴尔干半岛原有居民分布和半岛内人口迁徙运动产生了重大影响，自 1623 年后，土耳其殖民运动迫使当地居民或向南或向北迁徙，为从东部迁入新来的土耳其人腾空土地。奥斯曼军队在科索沃的进军伴随着土耳其-塔塔尔部落的大举迁入，他们大多定居在城镇及其周围郊区。此后，吉普赛人（Gypsies）和切尔克斯人（Circassians）也尾随土耳其人一起定居巴尔干各地，在奥斯曼当局支持下，这些新居民在巴尔干建立起许多新殖民区。当时，在普里兹伦这样的城镇中逐渐形成了多民族共同生活的时尚，多样的居民成分加剧了巴尔干中部地区民族的复杂性，这种情况在科索沃地区非常突出，一直保持到第二次世界大战结束后的 20 世纪 50 年代为止，即土族人大批离开。根据 1638 年人口清查登记文献，普里兹伦的家庭户数是这样分布的：天主教徒 22 户、东正教徒 34 户、穆斯林 3000 户。同样在 1638 年，德亚科维察有 20 户信奉天主教、20 户信奉东正教、320 户信奉伊斯兰教。这些报告反映出近两个世纪期间的两大变动：一是信仰伊斯兰教的土族人激增；二是大批阿族民众改变信仰。非常可能的情况是，阿族人数也同时猛增，而新定居者中多为信仰天主教的阿族人，他们不久后接受了伊斯兰教。这样的推测也可以从教士马兹雷库（Mazrreku）于 1623—1624 年的报告中得到证实：有 10 户天主教家庭从阿尔巴尼亚搬来普拉特，有 10 户离开了普拉特，后者是前往普罗库普列（Prokuplje）定居的塞族。1638 年，又有信仰天主教的 6 户 20 口人从普拉特移居到普里兹伦。有 15 户阿族家庭约 120 人从杜卡杰金迁来，定居在普里兹伦附近的苏瓦雷卡（Suha Reka）。同年，教士巴尔德黑（Bardhi）也提到有2户总共36名天主教徒从杜卡杰金迁到多布鲁什（Dobrush）村庄。而克拉托沃（Kratovo）的所有天主教徒都是从迪巴尔（Debar）来的阿族移民。① 从这些报告细节看，迁徙而来的阿族家庭通常人口较多，大约经过了短短的15年时间，人口的民族比例就发生了重要变化。

马兹雷库1623年的报告曾记载到，新布尔多和特雷普查（Trepca）地下富产金银矿，声称早在30年前这个地方就是巴尔干半岛重要的黄金白银出产地，因此吸引了大批信仰天主教的阿族从阿尔巴尼亚、波斯尼亚和其他地方来。这个说法只注意到了一个事实，他忽略了奥斯曼帝国当局人口迁移政策和宗教政策的影响。大规模采矿活动和"衙门"当局推行的宗教分化政策直接导致当地天主教的衰落。到1633年时，特雷普查的天主教徒就少得可怜了，他们的捐赠甚至连一个教士都养活不起。究其原因，主要是因为矿工中的阿族天主教信徒大批皈依了伊斯兰教。② 那么，为什么这个时期大批阿族民众皈依伊斯兰教呢？主要原因是土耳其统治当局改变了原有的宗教宽容政策，奥斯曼帝国政府在具有重要战略意义的西部边疆（指欧洲部分）地区大幅度提高了基督教徒的人头税。在奥斯曼帝国驻扎巴尔干半岛的"衙门"地方长官看来，天主教是其真正的敌人，他们受到哈布斯堡王朝和意大利人的支持，成为阻遏土军向西部扩张的势力。而提高该地区基督教徒人头税的措施显然是精心设计的结果，这样做将从经济上直接促使所有阿族天主教徒皈依伊斯兰教。奥斯曼帝国官员还认为，刚刚迁徙来的阿族民众非常贫穷刁蛮，很难与之和平相处，应该用伊斯兰教加以改造。可以得出结论，奥斯曼土耳其人的新宗教政策直接导致科索沃居民信仰比例的重大改变。

17世纪中叶，奥斯曼帝国征服的步伐缓慢下来，它在东、西两面

---

① A. Pipa and S. Repishti, *Studies on Kosovo*, New York: Columbian University Press 1984, p. 30.

② A. Pipa, *Studies on Kosovo*, p. 26; "Policies in Kosova," *Kosova Historical Review*, [Tirana], No. 3, 1994, p. 16.

都遇到了麻烦。哈布斯堡王朝为首的欧洲不仅成为土耳其大军西进的陆上障碍，而且腓力二世领导的天主教联合舰队在地中海上也骚扰着奥斯曼海军。在东线，奥斯曼帝国则遭遇到正在鼎盛时期的伊朗萨菲王朝（1501—1763年）的挑战。也许，奥斯曼帝国扩张的能力即将达到极限。1645年，奥斯曼军队与威尼斯之间爆发战争，西方列强以罗马教廷为首，打着天主教的名义，组织军事联盟，发起反奥斯曼帝国攻势。就是在这个大背景下，阿尔巴尼亚的天主教徒在基督教高级教士的鼓动下支持威尼斯人，于1649年爆发了反对奥斯曼帝国统治的人民起义。为应对这一情况，奥斯曼帝国"衙门"当局强化了征服阿尔巴尼亚人的措施，加大了宗教迫害政策，迫使更多阿族人皈依伊斯兰教，甚至相当多已经皈依了东正教教会的人也被迫对奥斯曼统治当局宣誓保持忠诚。亲威尼斯人起义遭到奥斯曼军队的镇压，奥斯曼帝国当局进一步加强了对天主教徒的迫害，从而加速出现了天主教徒改变信仰叛离天主教的高潮。同时，"衙门"当局推行的迫害政策也迫使基督教传教士离开了阿尔巴尼亚，致使阿族人更加缺乏宗教的组织，反抗力量被分散。[①]

也正是在此期间，许多信仰天主教的阿族家庭从人口稠密的迪巴尔等地迁移到科索沃地区，他们虽然在新定居区很快接受了塞尔维亚语和土耳其语言，以便满足日常生活的需要，但是他们显然并没有完全塞尔维亚化，而是逐渐伊斯兰化了。奥斯曼帝国"衙门"当局适时推出的宗教政策，阻止了阿族新移民融入当地的塞族人社会。来自普里兹伦的传教士格里高利·马萨雷奇（Gregory Massarechi）1651年的报告，记述了当地宗教皈依的情况。当时，塞族和阿族民众都遭受着强大的宗教迫害和政治迫害，都同样处于"衙门"当局高压政策的痛苦生活环境中。他们为逃避特殊的宗教财税负担和对基督徒的军事讨伐，纷纷皈依伊斯兰教。只有操持家务且不外出工作的妇女们坚持基督教信仰。该报告还说，在白德林河左岸的苏瓦雷卡（Suha Reka）村，曾有过150户基督教徒，而此时只剩下了36个妇女坚持基督教信仰，所有外出工作

[①] S. Skendi, *Religion in Albania during Ottoman Rule*, Balkan Cultural Studies, Boulder, Co., 1980, p. 155.

的男子都公开皈依信仰了伊斯兰教。① 事实上，这个时期在巴尔干半岛各地都有大量的秘密基督教徒，他们表面上生活在穆斯林和信仰伊斯兰教的居民区周围，但是却继续私下施行基督教礼仪，他们公开表现为狂热反对基督教但暗中坚持基督教信仰，他们在工作岗位上是穆斯林，但回到家里是虔诚的基督徒。在科索沃，这种秘密基督教徒被称为"杂色人"（Laramane），他们大多集中在普里兹伦的帕沙里克（Pashalik）等矿区城镇，而其家族则主要生活在佩奇和科索沃平原地区。显然，这些秘密的天主教徒为生活所迫不自愿地皈依伊斯兰教，而他们的其他家庭成员仍保持着基督教礼仪和各项习俗。直到18世纪初奥斯曼当局被迫推行宗教宽容政策时，这种接受多种宗教仪式的情况一直在民间秘密存在。毋庸讳言，阿族民众长期坚持的这种笃信基督教的传统后来还是被逐步瓦解，两面的宗教信仰最终还是让位于伊斯兰教，因此科索沃阿族人的宗教信仰表现得飘忽不定，现实的物质生活需求最终还是压倒了精神生活的传统，正像他们自己说的那样：哪里有刀剑，哪里就有新宗教。②

奥斯曼帝国与奥地利哈布斯堡王朝间的较量很快便转变为公开的战争。1683年9月12日，奥斯曼军队在围困维也纳两个月后，与哈布斯堡军队展开决战，最终土军兵败维也纳城下，波兰国王约翰三世领导的波兰-奥地利-德意志联军获胜，大维齐尔卡拉·穆斯塔法帕夏战败。这次围城战役开始于7月14日，土军投入13.8万人参战，其中5万将士为一线参战部队。决战日当天，欧洲神圣同盟7万援军及时赶到，城内外夹击打败了奥斯曼军队，这标志着奥斯曼帝国扩张战争的结束。此后16年间，哈布斯堡王朝先后从奥斯曼帝国夺取了匈牙利南部、特兰西瓦尼亚等地，直到1699年双方缔结《卡尔洛维蒋条约》（Karlowitz）。奥斯曼帝国被迫割地赔款。1684年，乘胜出击的威尼斯军队也取得胜利，奥斯曼海军在巴尔干半岛西北部遭到威尼斯军队重创。驻佩奇的奥

---

① H. Baerlin, *A Difficult Frontier*, London: Leonard Parsons, 1922, p. 19.

② 1994年，一位阿尔巴尼亚学者写道："阿尔巴尼亚人从来就没有任何宗教的笃信者。他们的信仰只是保存在极为传统的道德中，而不是表现在宗教教条中。" M. Krasjiqi, "The Role of the Serbian Orthodox Church in Anti-Albanian Policies in Kosova", *Kosova Histrical Review* [Tirana], No. 3, 1994, p. 16.

斯曼帝国"衙门"总督"帕夏"为解决兵员和劳力不足的问题，将大批天主教居民从阿尔巴尼亚北部山区驱赶到塞尔维亚平原，并强制其中大部分人皈依伊斯兰教。奥斯曼帝国与哈布斯堡王朝、威尼斯、波兰和俄罗斯等欧洲国家在多条战线上开始进行公开较量，战争的大环境促使科索沃地区局势紧张，统治当局的迫害进一步加强。

奥斯曼帝国和奥匈帝国间的战争将科索沃地区卷入战乱，长期受到奥斯曼统治压迫的塞族人将奥匈帝国视为解放者。随着战局的变动，1690年出现了史称"大移民"运动的迁徙浪潮。这一年，奥匈帝国军队经过塞尔维亚和科索沃，南下进军到斯科普里，在那里遭到以逸待劳的奥斯曼军队阻击，最终被击溃后撤。大批信奉基督教的民众担心遭到"衙门"政府的报复，害怕新一轮可怕的迫害降临头上，于是四处逃亡，难民潮导致社会进一步动乱。17世纪后半期和18世纪初两大帝国间的战局发展迫使科索沃大部分塞族居民离开祖居地，因为大部分塞族民众无力对抗奥斯曼土耳其人，他们宁可选择北上接受奥匈帝国皇帝利奥波德一世（Leopold Ⅰ）的保护，背井离乡前往哈布斯堡王朝领土上提供的难民营。这一年，有约37000户塞族家庭在东正教牧首阿森尼乌斯·科尔诺耶维奇三世（Arsenius Crnojevic Ⅲ）的率领下从科索沃出发，流亡到匈牙利。他们得到哈布斯堡君主的保证，塞族人将获得特殊的政治和宗教地位。其他流亡塞族民众则定居在塞尔米亚（Syrmia）、斯拉沃尼亚（Slavonia）、巴纳特河（Banat）和巴卡（Backa）地区。这次难民潮造成了塞尔维亚宗教文化政治中心向北的大迁移，他们最终到达今贝尔格莱德一带。一些阿族天主教民众也为躲避战乱而随塞族移民从克莱门蒂（Klementi）北迁，定居在沃伊维蒂纳（Vojvdina）西边、哈尔特科维奇（Hrtkovci）和尼金奇（Nikinci）地区的萨瓦河支流斯雷姆（Srem）流域。在流亡中，他们逐渐融入克罗地亚人社会中，如今只是保存着他们祖先阿族血缘背景的记忆。①

对于此前所向无敌的奥斯曼帝国来说，它于1699年与哈布斯堡、威尼斯、波兰、俄罗斯的代表团在卡尔洛维奇签署的协议是屈辱性的，

---

① Duijzings, "The Martyrs of Stubla: Religion and the Politics of Identity in Kosovo", unpublished Ph. D. thesis, University of Nijmegen, 1961, p. 20.

根据这个协议，巴尔干半岛西北部靠近奥地利的地区名义上归属奥斯曼帝国，但是实际上承认维也纳对其内部事务的干预权，特别是支持奥斯曼帝国境内天主教会的权利，而天主教会则成为保护阿尔巴尼亚北部和科索沃地区阿族天主教徒语言和文化遗产的捍卫者。奥斯曼帝国当然不甘心接受这样的约定，因此必然加大了对这个地区基督徒的迫害，严加管制，各项举措比此前更加严酷。在此之前，强制阿族和塞族人伊斯兰教化的需求还不太迫切，因为大部分平原低地都被新迁徙来的奥斯曼帝国军事定居者所控制。但是此后，情势大变，奥斯曼帝国西部边疆局势紧张，因此"衙门"当局对基督徒的严厉措施迫使越来越多的阿族天主教徒皈依伊斯兰教，特别是在管控更为严格的城镇更是如此。当时，也还有部分塞族人暂时公开皈依了伊斯兰教，以此规避强加给基督教徒的重税。

为了加强对巴尔干半岛西北边疆地区的统治，奥斯曼帝国对该地区的行政管理也进行了调整，于17世纪后半期将科索沃和梅托希亚两地合并，先后并入武契特尔恩（Vucitrn）、普里兹伦和杜卡丁（Dukadin）三个郡，并组建了新的行政机构。不久以后，散加克斯（Sanjaks）也改名为帕沙里克（Pashaliks），隶属于名为维拉耶特（Vilayets）的"郡"。17世纪后半期，有报告提供了科索沃的情况，称当地阿族人在奥斯曼帝国高压下加速皈依伊斯兰教，并因而获得了当局授予的特权，使得他们拥有比其他基督教居民更高的社会地位，这就成为当地塞族和阿族居民开始分道扬镳的第一步。报告描述了科索沃的传教士和其他教职人士在冬季多雪的恶劣环境中，为躲避几乎每年夏季都暴发的瘟疫传染病而不停游走各地的情况。说他们必须装备充足，趁夜色旅行，以避免遭匪徒打劫。反映出当地实际生活环境的恶劣。这个时期，受到"衙门"当局优待的阿族人家庭比塞族人更为富足，因为他们能够从其服兵役的家庭成员那里获得生活物资补充。阿族从军者如果有幸从遥远的军旅生涯活着回家，那么他们一定能够带回来许多珍奇异物和值钱的东西，因为他们作为奥斯曼军队的一员，享受传统的战争习俗，即分享和占有在战争中抢夺或缴获的战利品。很多阿族人在奥斯曼帝国军中服役后，常常在回家时带来诸如金银镏饰的武器和高头大马的阿拉伯良驹，这对阿族人是不小的诱惑。据说人们至今还能在科索沃看到这种良种马拉车犁地。

战败的奥斯曼帝国开始衰落,并很快成为欧洲列强攻击蚕食的对象,尤其当欧洲军事技术迅速发展超越了土军时,这个曾经无往而不胜的军事帝国接二连三遭到失败。当年在攻陷拜占庭帝国首都君士坦丁堡战役中发挥关键作用的巨型火炮在哈布斯堡王朝棱堡面前无计可施,欧洲战场流行的新式火枪总能在战场上决胜奥斯曼土耳其军队加尼沙里兵团的弯刀,新式战略战术推动的新军事革命将陈旧的奥斯曼军事机器压得粉碎。悄然崛起的俄罗斯也乘机挑起俄土战争,希望从衰落的帝国分食一块肥肉。沙皇俄国罗曼诺夫王朝早在1676—1681年便出兵攻击奥斯曼帝国,争夺第聂伯河左岸地区,企图打开南下黑海的出海口。长达5年的战争最终迫使奥斯曼帝国于1681年签订和约,承认沙俄的占领。几年后,第二次俄土战争爆发,俄罗斯希望利用哈布斯堡王朝与奥斯曼帝国开战之机,进一步向黑海挺进。1686—1700年,俄罗斯首先于1686年加入反奥斯曼同盟,对土宣战,而后于1695年和1696年两度进攻亚速海,彼得一世亲自坐阵指挥,但被奥斯曼帝国及其属国克里米亚汗国击败。然而,沙皇彼得为实现其打通南下出海口的总战略目标坚定不移,他利用奥地利军队于1697年打败土军于蒂萨河的泽特战役之机,再度发动攻势攻占了顿河河口,进抵黑海。1699年《卡尔洛维茨和约》使奥地利夺取了奥斯曼帝国在多瑙河流域的许多地区,俄国则乘机于1700年与奥斯曼帝国订立《伊斯坦布尔和约》,因此获得了亚速海要塞,在黑海建立了第一个出海口。土耳其人承认俄罗斯在亚速海的统治权,允许其建造塔甘罗格港口,但是俄罗斯人并不满足。1710—1713年爆发了第三次俄土战争,起因是土耳其收复顿河河口地区,并于1711年将彼得一世围困在普鲁特河,迫使其放弃亚速海,拆毁军事要塞,根据《普鲁特和约》,土耳其重新占领亚速海。但土耳其人不敢恋战,于1711年仓促结束对俄战争,因为当时奥斯曼人面临各条战线的军事压力。不甘失败的俄军挑起第四次俄土战争,1735—1739年,俄军多次占领亚速海,但都因军事补给线过长,对前线缺乏供给而撤退,直到1739年9月18日双方签署尼什和约。俄罗斯人对于未能实现其总战略目标耿耿于怀,遂挑起第五次俄土战争,1768—1774年战争的最终结果是土耳其战败,被迫签署《库楚克开纳吉和约》,被迫割让黑海东北大片国土，包括克里米亚，从此亚速海被俄国控制。

就在俄罗斯从衰落的奥斯曼帝国瓜分利益的同时，一直与奥斯曼帝国进行海上较量的威尼斯也于1715年迫使奥斯曼人续订屈辱性和约。1716年，衰落的奥斯曼帝国被迫与奥匈帝国开战，进一步战败割地。正是在这样的国际背景下，奥斯曼帝国迁怒于境内的基督教徒，1736年结束对奥地利战争后，土耳其当局再度严酷强制塞族居民皈依伊斯兰教，并在大迫害中掀起种族屠杀高潮，迫使塞族人在教区大牧首阿森尼乌斯四世萨卡本塔（Arsenius Ⅳ Sakabenta）率领下开始了第二次大逃亡，再度掀起移民潮，数百户塞族人家庭从亚涅沃（Janjevo）、普里斯蒂纳、新布尔多卡和卡帕奥尼克（Kapaonik）周围的采矿定居点逃离。同时，因为皈依了伊斯兰教而受到奥斯曼帝国当局保护的阿族人在"衙门"的支持下迁徙到塞族人离开的地方，这些因为塞族人逃离而腾空的地区成为阿族人的新驻地，塞族人留下的住宅房舍也悉数归属阿族人。奥斯曼当局在这些统治"空白区"恢复管理。阿族移民则在意大利、希腊和达尔马提亚沿海地区建立诸如阿尔巴纳斯（Arbanas）村庄这样的新社区。① 事实上，阿族民众和塞族人一样面临艰难的选择，他们或者皈依伊斯兰教，或者找寻能够提供保护的强大主人，当然如果选择后者，他们就必须接受在新地区的受庇护地位，这样就能够迁移到奥斯曼统治权力之外的北方地区，开始新生活，那里将会比奥斯曼帝国统治更为宽容自由。这个时期，科索沃人口由于瘟疫和流行病而大幅度减少，同时伴随着大规模移民，导致成千上万的村庄荒芜，大量土地重归荒凉的自然状态。塞族移民引发的人口混乱还造成更多来自穷乡僻壤的阿尔巴尼亚北部山地的阿族移民下山，进入空旷而肥沃富庶却为战乱蹂躏的土地定居。

第五次俄土战争前夕的1766年，俄土关系再度紧张，奥斯曼帝国统治当局加大了对巴尔干半岛东正教的迫害，并于同一年撤销了佩奇主教区，科索沃的塞族人再度被置于伊斯坦布尔（君士坦丁堡）的希腊

---

① 根据调查，这些村庄是来自什科德湖西部的布里斯科（Brisk）和舍斯坦（Shestan）两地的阿族人于1726年建立的。R. Elsie, *The History of Albanian Literature*, Vol. Ⅱ, New York, 1995, p. 65.

裔大教长管辖下。战争前加剧的宗教迫害促使当地民众加快转向伊斯兰教，皈依宗教的人数迅速增多，速度不断加快，因为被视作敌对势力的东正教徒更难生存。当地东正教教会组织的萎缩和教会专职人员的缺失也使佩奇的东正教教会丧失了此前宣传塞族历史传统和民族英雄主义的机会，很多塞族人认为他们的民族意识和理念在这个阶段都处于严重的危机状态。18世纪初，当塞族民众逃往相对安全的奥匈帝国控制下的匈牙利时，数以百计的科索沃村庄变得空无一人，佩奇教区大牧首被裁撤以后，当地也没有留下高级教职留守人员。而此后的塞族大逃亡（史称"大移民"）造成的人口混乱，进一步开启了阿族人重新入主科索沃的道路，他们从山区下到适于农耕的肥沃平原地带，并得到奥斯曼土耳其人的鼓励和资助。阿族新居民定居在科索沃丘陵地带，以及新帕扎尔（Novi Pazar）、尼斯（Nis）和佩奇，这些地区的居民点有的历史长达600多年，长期为塞族人居住。就连佩奇这个塞族人东正教中心此时也和德亚科维察（Djakovica）一样，迅速变成了阿族人占人口多数的城市。自18世纪初以后，阿族人进入马其顿的人数也大为增加，而且许多留在科索沃的斯拉夫居民在此以后也逐渐皈依了伊斯兰教。①

在如此剧烈的移民大潮中，各族民众的家业地产也随之迅猛转换各自的主人，引发不同民族特别是塞族和阿族两大民族居民间的怨恨，加剧了民众私人间的仇恨，客观上提升了奥斯曼帝国推行宗教与民族分化政策的实际效果。18世纪期间，科索沃剩余的阿族天主教民众也为躲避宗教迫害环境而向南迁徙，进入阿尔巴尼亚南部的贝拉特（Berat）和法罗拉（Vlora）地区。这些移民就像当时很多塞族移民一样，认为自己离开家乡只是权宜之计，大批移民举家迁徙也只是暂时的，不久后他们还要返回自己离弃的故乡，他们坚信作为基督徒的保护者，哈布斯堡王朝军队将在不久的将来打败奥斯曼土耳其人。如此一来，剧烈的战乱就形成了加速将两个曾经和睦相处或至少并肩生存了900年的民族分离开的力量。

---

① 有关科索沃塞族民众伊斯兰教化过程的叙述见 Atanasije Urosevic, "Gornja Morava I Izmornik", in *Srpski etnografski zbomik*, Naselje, Vol. 28, Belgrade, 1935. 转引自 D. Batakovic, *The Kosovo Chronicles*, p. 78。

实际上，宗教区别引发的摩擦只是在18—19世纪"米莱特"基层社区丧失了其原有的功能以后才发生的，特别是在大国角逐巴尔干半岛时期凸显出来的。根据学者们的分析，由于当时国际局势的深刻变革，促使当地社会也发生了变化，新的城市商业精英和世俗知识分子日益崛起。这两个社会群体的政治重要性不断提高，他们与持有基督教信仰的商人一起，在非穆斯林中逐渐成为社会上层，他们要求对奥斯曼帝国统治初期制定的"米莱特"制度进行改革，改变以宗教划分社区的传统，提出将社区群体基层单位的关系纽带从单纯的宗教联系转变为语言相通的民族关系。这是对"米莱特"制度的根本性变革，因为这样做的结果，是通过对语言和民族身份的认同，强化不同民族间的区别，从而开启了世俗主义和民族主义的道路。换言之，宗教信仰可以根据现实需要做出调整，如同信奉基督教的阿族人接受伊斯兰教一样，而民族身份和自幼形成的母语却是无法改变的。这就使不同民族间的隔阂在每个居民身上具有了与生俱来的性质，隔阂日益加深，成为民族仇恨的土壤。17—18世纪期间，由于战乱和生存环境的持续恶化，进入并定居在科索沃的阿族人分布广泛，他们占据了空置的塞族人房舍，耕种遗弃的荒田，其原有的大家庭的习俗进一步发展为大家族制度。由于他们离开故乡后丧失了原来在阿尔巴尼亚北方人口稠密的大家族提供的保护，因此在新驻地为了自保而结合成大家族。他们通过采取新的大社区（zadruga）制度（又称大家族合作制）重新结合成新的家族，其规模通常多达50名成员，这在当时的南斯拉夫人中也比较常见。大家族能够比家庭提供更为安全的生活保证，但是也强化了动乱生活中传承着的民族对立的情绪和思想。

沙皇俄国与奥斯曼帝国于1774年在卡耶纳尔察（Kaynarca）签署结束第五次俄土战争协议后，土耳其人迫于俄罗斯的压力善待东正教徒，科索沃的东正教基督徒的境况也开始有所好转。俄罗斯效仿哈布斯堡王朝保护巴尔干半岛天主教徒的做法，宣称要保护苏丹治下的东正教臣民，借助宗教问题进一步干涉奥斯曼帝国内政。流亡在匈牙利境内的一小部分塞尔维亚知识分子为此受到鼓舞，他们极为活跃，能量超群，善于宣传鼓动，影响极大，其爱国作品和为塞尔维亚语言文学而进行的奋斗，通过东正教教会广泛传播给了逃亡各地的和深受土耳其人迫害的塞尔维亚人。这个时期的东正教一方面维持着与奥斯曼帝国当局的合作，在继续充当奥斯曼帝国统治的精神工具的同时，另一方面其各地各级教会组织仍在继续维护着塞尔维亚人的传统，保存着苦难深重的民族生命力。正是在这个时期，塞尔维亚知识分子们重新点燃了塞族人早已存在的民族烈火，唤醒了外族统治重压下沉睡的民族意识。[①] 17—18世纪以后持续不断的俄土战争，以及奥斯曼帝国军队在战场上的失败，给受压迫的塞尔维亚人带来了希望，民族主义因此获得迅猛的发展。而奥斯曼帝国不断强化压迫基督教的迫害政策只能使弱小民族中爆发的民族主义强烈反弹，甚至出现极端狭隘的民族主义思潮。为了压制日益兴起的民族反抗浪潮，奥斯曼土耳其人将巴尔干半岛的东正教基督徒视为俄罗斯人的帮凶，因此进一步采取强制措施迫使他们皈依伊斯兰教，双方的较量将科索沃地区的民族对立推向了民族仇恨。在奥匈帝国和沙皇俄国支持下的塞尔维亚人将统治民族土耳其人看作最大的仇敌，将随同土耳其人迁徙来的阿尔巴尼亚人以及鞑靼人和其他民族当成土耳其人的帮凶。

　　正是在这种对抗的气氛中，多民族世代和谐共存的传统完全被丢弃了，仅存的邻里之间的温情荡然无存。也是在奥斯曼帝国的支持下，巴尔干半岛的穆斯林势力特别是贵族集团于19世纪期间日益壮大。然而，当奥斯曼帝国中央政府为强化西北边疆地区统治而开始进一步削弱阿尔巴尼亚中部和科索沃本地贵族和帕夏的权力时，这些贵族也被强迫迁移到小亚细亚，其城堡要塞被平毁。可见，土耳其统治者并不真正信任阿族人，他们在巴尔干半岛地区对阿族推行的优惠政策不过是"以夷制夷"的计策而已。可惜的是，过于严酷的半岛局势和战乱使得身处艰难环境的塞族和阿族知识界看不清民族关系演变的实质，更没有对半岛多民族融合和多元文化汇合长远发展的洞察力，而是陷入越来越激烈的民族对抗，加剧了两大民族的相互厌恶，积累着相互间的仇恨。误解、误会、误判和敌对行动在岁月中最终形成民族宿怨和解不开的死结，而

[①] 这个时期，塞族民间史诗的持续变化对于这种民族意识的发展也发挥了重要作用，并给这种意识注入了向奥斯曼人复仇的思想，注入了塞尔维亚历史的理想化记忆。M. B. Petrovic, *A History of Modern Serbia*, 1804–1918, New York, 1976, pp. 23–30.

动乱又严重破坏了科索沃地区的开发和建设，极端恶劣的生活环境也成为民族仇恨的物质条件。

整个 19 世纪，持续不断的战乱和动荡使得当地居民持续外逃，科索沃人口持续减少，由于缺乏维护和经营管理，大修道院及其地产加速荒芜直至完全败落到自然状态，这种情况在整个地区蔓延，有限的农牧业资源因此更难以得到开发利用。普通农民的生活极端贫困，他们已经被沉重的赋税压垮，境况悲惨，生活的痛苦难以忍受。逃亡只是有能力家庭的选择，留下来的居民只能听天由命，任凭苦难的折磨。在这个世纪，科索沃各地道路完全没有安全可言，大小城镇和乡村都被无法无天的匪帮所控制。据说当时穿越这个地区的旅行必须有全副武装的强大卫队保护才能进行，但这样的花费过于昂贵，因此这里成为人迹罕至的冒险之地。虽然该地区的穆斯林和基督徒都异口同声要求奥斯曼帝国当局整顿秩序，为居民提供安全保护，但是奥斯曼帝国设在当地的"衙门"根本没有能力清剿盗匪，他们征讨这些目无法纪匪帮的远征完全没有效果，在大张旗鼓地做了一番表面文章后，私下里官匪勾结共同祸害百姓的情况愈演愈烈，科索沃因此长期陷入没有法制的无政府状态。[①] 大规模移民引起的人口数量降低产生了直接的负面影响，税户减少已经严重

---

① 科索沃成为巴尔干半岛最著名的"匪窝"（haiduks），到处都是逃避法律、债务的人和冒险家，还有那些逃避血腥战乱的流亡者。这些匪帮强盗是当地生命财产普遍存在安全威胁的结果，奥斯曼土耳其人外族统治引起的社会动乱是混乱的关键，而这里的地理条件和经济环境也有利于匪徒的存在，普遍缺乏法制则适合于土匪强盗的活动。特别值得注意的是，这些无法无天的匪帮也为所有处于地主和国家以及残暴内战压力踩躏的民众和个人提供了庇护，这种保护可以在不同匪徒间轻而易举地随时变换。土匪们大多结成秘密关系的匪群，通常得到当地民众的充分合作。天气好的时候，他们就露营在林间山地，但通常匪帮是季节性的，到了冬季他们就回家重新过上正常的乡村生活。在奥斯曼帝国权力控制边缘地区，由于长期战乱，生存条件恶劣，当局试图采取某些措施打击违法行为的行动常常遭到破坏，而匪帮的长期目标之一就是抢劫那些奥斯曼帝国当局的税收人，因为他们通常总是携带收缴的大笔金钱。绝大多数情况下，基督教和穆斯林匪帮只袭击税收官。当奥斯曼帝国中央制度逐渐瓦解时，匪徒们的行动就引起当局和大部分居民之间的激烈冲突，包括基督教徒和穆斯林在内的民众在得不到政府有效保护的情况下，大多各自选择特定匪徒群体给予保护。有的土耳其学者认为，奥斯曼帝国在巴尔干半岛采取清剿和控制匪帮的征讨行动，代价过高，成为最终导致奥斯曼帝国国库空虚的原因之一。关于巴尔干半岛匪帮的作用问题见 J. Koliopoulos, *Brigands with A. Cause*, Oxford: Clarendon Press, 1987。

影响了税收岁入,"衙门"政府因此不得不下令放松对基督教徒的控制。

各地区执行奥斯曼帝国中央政府基督教政策的情况不尽相同。19世纪初,有些地区强制基督徒皈依伊斯兰教的政策进一步升级,范围不断扩大。1815年,天主教大主教马特奥·科拉斯尼奇(Matteo Krasniqi)提交给罗马宣传机构(Propaganda Fide)的报告描述,当时佩奇教区鲁格维村(Rugove)居民是如何被强制皈依伊斯兰教的。该地有3户人家设法抵制伊斯兰教化政策,其户主表面接受了伊斯兰教,但是全家仍旧参加该城举行的基督教弥撒,他们被告发后于1817年11月13日被公审并被处决。① 当时的科索沃东部地区因此成为团结紧密的塞族人定居点,是反抗伊斯兰教化的最后堡垒。第一代被迫伊斯兰教化的塞族人继续秘密保持其民族语言和传统习俗,但是后来几代人,也就是那些生活在阿族人环境中的年轻人逐渐开始接受阿族服饰,脱离其狭隘的家庭环境,并在公共生活中使用阿尔巴尼亚语言。到19世纪初,普里兹伦附近的格拉(Gora)地方,原来信奉东正教的塞族人村庄全体皈依了伊斯兰教。可见,改信伊斯兰教的不只是阿族人,塞族人中也有相当一部分接受了伊斯兰教,故此以宗教信仰划分族群是不可取的。

哪里有压迫哪里就有反抗,长期惨遭奥斯曼土耳其人统治压迫的塞尔维亚人借助巴尔干半岛局势动荡之机,于1804—1815年发动起义。起义者在"黑乔治"卡拉德久德耶(Karadjordje,意为黑乔治)领导下于"帕夏领地"贝尔格莱德起事。在这个处于帕夏(Pasha)或贵族"贝爷"(Bey)权力直接控制的领地上,还有一部分不满意陈旧军事制度的军队精锐禁卫军团"加尼沙里"(Janissary)将士参加起义。② 当时,相当多土耳其进步知识分子目睹奥斯曼帝国的持续衰落和帝国被欧洲列强肢解,提出社会改革的要求。奥斯曼帝国上层对此意见分歧,当时担任苏丹的塞利姆三世(Selim Ⅲ,1789—1807年在位)力主实施变法,推行社会军事改革。这就触及了贵族集团的利益,旧军队核心力量

---

① Pipa and Repishti, *Studies on Kosovo*, p. 33.
② 塞利姆三世后来被暴乱的禁卫军推翻、囚禁并最终杀害。有关塞族革命的全面叙述见 M. B. Petrovic, *A History of Modern Serbia, 1804-1918*, New York, 1976。

的"加尼沙里"军团担心丧失其特权地位,因此反对苏丹的改革计划,因为该计划力图按照欧洲标准建立新军,并连带进行新的财政制度改革。他们与处于被压迫地位的塞尔维亚人找到了反对苏丹的共同目标,但是其参加起义的目的各不相同。这个时期,塞族知识分子大多属于民间诗人或民间艺人,他们缺乏系统的文化知识,对当时深刻的经济、政治和社会问题了解不多,也缺乏深入的思考,因此他们本身提不出起义的纲领,难以唤起整个知识界或政界进行民族复兴的运动。① 他们与土耳其保守军事贵族的合作也只是相互利用的权宜之计。这种情况直到贝尔格莱德起义时才发生了一些改变,因为起义领导者们需要思考本民族的未来。1815 年起义结束后,贝尔格莱德获得了高度自治,这个多瑙河畔的重镇成为奥斯曼帝国北方边境的危险之地,帝国"衙门"重心被迫南移。科索沃地区也因此获得了特别重要的政治地位,尤其是对阿尔巴尼亚地区的世袭帕夏来说,这里成为保证帝国在半岛统治权的屏障,帕夏特别担心起义的星星之火将会蔓延到其他塞族居住区,点燃起整个巴尔干半岛民族起义的燎原大火。这种担心不是没有道理,因为半岛各被压迫民族都在奥斯曼帝国日益衰败的统治中看到了民族独立的希望。为此,"衙门"当局鼓励各地穆斯林帕夏加强镇压各自辖区领土内塞族人可能出现的起义苗头。1831 年,帝国中央政府设置了"自治区"(Vellayets) 以解决各地帕夏的自治问题。同年,正式设立了由帕夏直接控制的科索沃郡,从此科索沃名称才见诸正式文献。现有的奥斯曼帝国官方文献证据表明,近年来阿尔巴尼亚史家极力强调科索沃行政名称来自古代的历史是没有根据的。②

贝尔格莱德起义迫使奥斯曼帝国承认了在帝国统治下的自治原则,这推动了塞尔维亚政治独立运动的兴起。1833 年,塞尔维亚人日益增长的政治独立要求转变为实际行动,他们在大公米罗斯(Prince Milos, 1830—1839 年)第一次执政期间,大胆向公爵提出土地要求,表示希

---

① 关于塞尔维亚民间史诗的有趣描述见 H. Rootham, *Kossova Heric Songs of the Serbs*, Oxford, 1920。

② Mark Krasniqi, *Contemporary Socio-Geographical Changes in Kosovo and Metohija*, Pristina, 1963, p. 4.

望在那里定居并过上相对安定的生活。但是，这种要求在奥斯曼帝国统治下是完全不切实际的，而当时所有安定的生活也都只是一种奢望。为了避免矛盾激化，米罗斯千方百计缓和其同胞们激愤高昂的情绪。他通过与普里兹伦的马哈茂德帕夏·洛图罗维奇（Mahmoud Pasha Rotulovic）家族和佩奇的马哈穆德·贝格维奇（Mahmud Begovic）家族来缓和矛盾，因为他与这两个地方贵族家族均有联姻关系。他还试图通过赏赐捐赠礼物给穷困潦倒的修道士来改善与普通塞族民众的关系，并允许基层教士到各地化缘来维系各个塞族人修道院，努力拉近上层与下层塞族居民的关系，以恢复振奋由于科索沃东正教人数下降引起的颓废心理和萎靡精神。据说就是这个米罗斯君主于1836年修复了塞族古代王宫维索克·迪卡尼（Visoki Decani）宫殿。①

与此同时，奥斯曼帝国也加强了对地方帕夏的控制，特别是已经成为重点地区的科索沃各个帕夏。1835—1836年，奥斯曼军队在镇压了不驯服的波斯尼亚贵族后，最终控制了出现独立倾向的科索沃各个帕夏，包括占据普里兹伦的洛图罗维奇帕夏（Mahmoud Pasha Rotulovic）、佩奇的阿尔斯兰帕夏（Arslan Pasha）和掌控德亚科维察（Djakovica）的塞伊福丁帕夏（Seifudin Pasha），以及控制普里斯蒂纳的德伊尼奇（Djinic）家族继承者们。这就迫使佩奇、迪巴尔和德亚科维察的君主们在战争中站在了德伊尼奇家族一边。奥斯曼帝国统治巴尔干半岛最初推行的提马尔制度废弃后，其领地统治管理权就完全委托给了各地的军事指挥官，他们采取措施强化地方"中央集权"亦即实行地方性的集权措施，同时也强化了对税收的控制。什科德（Shkoder）、普里兹伦和佩奇各地的县府（sandjaks）都被置于鲁梅利（Rumelian）郡的"郡主"（vilayet）管辖下，而鲁梅利郡首府设在莫纳斯蒂尔（Monastir）。②

奥斯曼帝国统治阶层并非铁板一块。1839年7月2日，马哈茂德二世（Mahmoud II）的儿子、苏丹权力继承人阿巴杜尔·麦吉德一世（Abdul Mejid I，1839—1861年）即位，他秉承其父亲的意愿，致力于通过改革缓解奥斯曼帝国内部的民族矛盾，力图将非穆斯林和非土耳

---

① Batakovic, *The Kosovo Chronicles*, p. 92.
② Batakovic, *The Kosovo Chronicles*, pp. 82 – 83.

其人融合进奥斯曼帝国社会,以增强衰落中的帝国实力,跟上欧洲强国发展的步伐。同年,他颁布了著名的《古尔哈内自由宪法》("Gulhane Hatti - sherif"),该法后来就成为奥斯曼帝国臣民必须遵守的"自由宪章",从而开启了土耳其国家现代化的进程。根据这个法令,奥斯曼帝国境内的基督教徒享有与穆斯林同等的地位。该法令预示奥斯曼帝国将实施正规的义务兵役制,加强中央集权化政府,进行财政重组,并推行司法教育的欧洲化。① 这些现代化改革类似于东亚地区出现的"明治维新"和"戊戌变法",属于"开明苏丹"推行的强国政策,但是却遭到帝国西部地区的阿尔巴尼亚人特别是奥斯曼军队保守势力的强烈反对。因为改革将使他们的既得利益彻底丧失,使塞尔维亚人重新返回科索沃故乡,进而将使占据塞族人产业的阿族人归还土地,至少刚刚稳定下来的局面又要被新的变动所破坏。可以想见,处于巴尔干半岛社会最底层的塞尔维亚人热烈拥护这一改革。②

19 世纪 30 年代中期,获得平等权利的塞族人在贝尔格莱德等北方地区建立起他们自己的第一批学校和教堂。这鼓舞了南方科索沃地区的塞族人,他们也集资开办自己的学校,维修其早已破败的修道院和教堂。第一批塞族世俗学校就是在这个时期出现在科索沃的。麦吉德一世的改革实际上主要是迫于形势压力,当奥斯曼帝国统治衰落之际,其国内动乱变得更加普遍,改革的重要动机是为调解帝国内持续升温的动乱。这个时期,临近欧洲的奥斯曼帝国经济发展越来越快,尤其集中在那些非土族臣民控制的商业领域。如同其他中古帝国一样,奥斯曼人历来讨厌和排斥商业,这有些类似于我国古代社会"士农工商"商人地位最低的情况,尤其是在大部分城镇里,土耳其人坚持其传统的手工业制造而忽视商业。麦吉德一世的改革促使整个科索沃地区的城市商业贸易和手工业制造业迅速复兴。许多原本生活在农村的居民被吸引进城镇,他们接受各种手工业技艺培训,或者进入商业领域开展贸易活动。城市化发展的进程从此缓慢启动起来。巴尔干半岛各地"土耳其式"

---

① Batakovic, *The Kosovo Chronicles*, p. 83.

② Ferdinand Sghevill, *A History of the Balkans: from the Earliest Times to the Present Day*, New York: Dorset Press, 1991, pp. 420 - 429.

的城镇开始接受更大规模的斯拉夫工匠和商家,基督教商业区逐步繁荣起来,而奥斯曼贵族却因不屑于新式生活坚持传统生活而逐渐丧失了发展机遇,并因其财富物质基础日见萎缩而穷困潦倒衰落下去,诸如斯科普里、普里莱普(Prilep)、普里兹伦、奥赫里德、比托拉(Bitola)和塞萨洛尼基这样的城市正吸引大批富有活力积极进取的基督徒、犹太人和亚美尼亚人,新因素改变着城市住区。①

奥斯曼帝国苏丹推行的现代化改革遭遇到空前猛烈的反对,虽然1839年自由宪法改革旨在复兴帝国,但是却受到军队和贵族保守势力的掣肘,统治系统一时陷入混乱,进而促使军事实力出现更大衰落。大部分穆斯林都敏锐地感受到其原有的特殊宗教权力即将丧失,他们也不认同改革是在挽救帝国。巴尔干半岛的"衙门"政府对其行省官员和各个地方的穆斯林越来越丧失控制能力。其中令当局没有预料到的是,阿族人的反抗特别强烈,他们于1844年在斯科普里、普里斯蒂纳和泰特沃等地爆发骚乱,企图维持其既得利益,只是由于当局的残暴镇压才得以平息。许多反对苏丹麦吉德改革的阿族人于1846年开始重新皈依天主教,并充分利用基督教权利平等制度获得各项好处。他们公开抵制服兵役,希望也能像免除兵役的塞族人一样,得到更多经商致富的机会。阿族人重新皈依基督教也受到欧洲列强的支持,后者日益强烈地干涉巴尔干半岛事务,这也促使阿族人特别羡慕在列强保护下的塞族人。但这种重新皈依基督教的潮流又遭到科索沃和君士坦丁堡的奥斯曼帝国保守势力的强烈反对。1846年,在当地奥斯曼当局长官帕夏的鼓动下,阿族人中有24户160人遭到驱逐,当局指控他们的理由就是叛教,谴责他们是秘密天主教徒或者称为"杂色人"(laramans)。当局将他们从科索沃的雷特尼察(Letnica)帕夏辖区驱逐到阿纳多利亚。驱逐的表面理由是,他们公开攻击穆斯林,特别是胆敢公开其先前的秘密天主教徒身份。这些惩罚措施旨在警告其他穆斯林或假穆斯林不得公开信奉天

---

① 在新开放的社区,餐饮业和银行业逐渐从经济上排斥奥斯曼土耳其人,因为他们正在失去其原有的资产,他们在资本主义发展获利繁荣的城市中丧失了原有的特权。他们牢骚满腹怨天尤人,享受抽土耳其大烟枪和喝土耳其咖啡的闲暇,眼见基督教徒们忙来忙去而无动于衷。Dragnic and Todorovich, *The Saga of Kosovo*, p.78.

主教信仰，同时也希望以此安抚阻碍改革进程的保守派，但是这些迫害行动却进一步激发了集体性的叛教事件。①

尽管统治当局推行多种政治和宗教法令，但在实际生活中，普通的民众还是按照实际需要选择接受何种信仰。虽然大多数阿族人接受伊斯兰教，但也并不意味着塞族民众无一例外地拒绝成为穆斯林。19世纪中期的报告显示，许多塞族人的第三代人甚至第二代和阿族穆斯林姑娘通婚，尽管这些基督徒家庭普遍认为皈依异教信仰是一种罪恶，但容忍他们只是被逼迫的暂时性犯罪。在偏远"险恶的山区"格罗·波尔多（Golo Brdo），仍有30个村庄和民居点居住着塞族穷人，他们都是被伊斯兰教化的塞族人。这些塞族山民平日讲塞尔维亚语，只有个别例外，极少数人会讲其他语言。他们皈依伊斯兰教的主要原因不是宗教破坏，而是由于基督教教士撤出山区，当地东正教的活动减少甚至被迫取消。当时这些地区的基督教教士们主动撤离这些偏远地区，有些村庄甚至从来没有见过教士，更没有人来主持宗教礼仪，以至于很多孩子们从小就没有接受过受洗，愤怒的民众因此转向了伊斯兰教。最终，这些伊斯兰教化的塞族人与阿族人通婚，进入阿族家族，进而被阿族社区同化。据很多有关塞族山民的记述，阿族人也在私下里保存着东正教礼仪，因为他们认为自己的祖先也在东正教礼仪中保留了本族的遗产。② 可见普通民众对当局的宗教政策有着非常不同的解读。

如果说奥斯曼土耳其帝国的军事统治开启了科索沃地区各民族对立的历史的话，那么奥斯曼帝国的迅速瓦解就给了各民族争取独立的机会，在反抗土耳其人统治和摆脱奥斯曼帝国控制的浪潮中，各民族力争在革命和民族解放斗争中取得更大的利益，各民族的意识因此空前觉醒，民族利益的共同性超越了地区利益的共同性。在奥斯曼帝国为维护统治而采取的分化政策制约下，区域内各民族间隔阂逐步转化为怨恨，各民族间矛盾进一步深化。每个被奴役受压迫民族都希望在奥斯曼帝国

---

① G. Duijzings, "The Martyrs of Stubla: Religion and the Politics of Identity in Kosovo", unpublished Ph. D. thesis, University of Nijmegen, p. 1.

② 有关细节见 D. T. Batakovic, ed., *Savremenici o Kosovu I Metohiji, 1852–1912*, Belgrade, 1988, 转引自 D. Batakovic, *The Kosovo Chronicles*, p. 88。

统治体系瓦解之际，为本民族争取更多的实际利益，其中对最高统治权的攫取就成为政客们博弈的焦点。民族对立逐步演化为民族冲突。而奥斯曼帝国政府也刻意充分利用科索沃不同民族间的矛盾，延缓着帝国的最后统治。

第三章

列强角逐中的科索沃

本章摘要：欧洲和国际政治格局的变动，特别是巴尔干地区外来势力中各个列强都希望在奥斯曼帝国瓦解中获得各自最大的利益，都希望在这盘最后的丰盛午餐中分得最大的一杯羹。他们的争夺和勾结使科索沃地区本已严重对立的民族关系更为紧张，地区深层次矛盾进一步激化。在没有外力作用的情况下，科索沃内在矛盾尚未解决。这些深刻的矛盾在外部势力的参与下特别是欧洲列强的直接干预下变得更加复杂多变，致使民族冲突的烈度进一步加大。各民族之间的宿怨不断积累，演化为民族仇恨，包括经济、政治、社会、文化、宗教等各种因素交错发挥着作用，越来越加强着民族自身利益和认同，弱化着地区内共同利益的生成，致使科索沃地区矛盾在深度和广度及质量几个方面加速积累，而民族结怨一旦形成便难以化解，成为此后的祸根。

近代欧洲列强对欧洲霸权的争夺导致欧洲国际关系的巨大变动，而沙皇俄国南下地中海的计划加剧了巴尔干半岛的紧张局势。1853年俄罗斯出兵多瑙河拉开了持续数年的克里米亚战争，俄罗斯借口保护奥斯曼帝国境内的东正教信徒，并要求在圣地耶路撒冷设立俄国保护区，遭到拒绝。事实上，沙俄觊觎衰落中的奥斯曼帝国利益早就大白于天下，在此前多次俄土战争中，俄罗斯已经控制了亚速海，迫使奥斯曼帝国承认其在黑海的利益。但是，这并没有满足沙俄的胃口，它希望控制整个黑海进而挺进地中海。这就与英、法、奥地利等其他欧洲强权的利益发生了冲突。因此当奥斯曼帝国于同年10月对俄罗斯宣战后，不到半年时间，英、法两国也对俄宣战，不久奥地利和普鲁士也参与其中。正是在欧洲多国强大压力下，俄罗斯不得不从占领的多瑙河地区撤军。英、法、奥地利和意大利强权于萨丁尼亚不仅签署了反对俄罗斯的同盟，而且派遣联军进攻克里米亚，最终迫使战败的俄罗斯退出亚速海，并在1856年《巴黎条约》中承诺确保奥斯曼帝国领土完整，不在黑海驻军。

欧洲列强联手阻止俄罗斯抢占奥斯曼帝国利益确实改变了欧洲的政治格局，正是在克里米亚战争的背景下，奥斯曼帝国再度提高了反东正教、反斯拉夫人的调门，其迫害东正教徒的政策也达到新的高潮。在科索沃，"衙门"对塞族人的高压政策得到阿族人的积极主动支持，他们还在佩奇和迪卡尼地区大肆招募阿族雇佣兵。阿族人和其他穆斯林一起积极参军，充当土耳其军队的雇佣兵，以获得高额军饷和良好的酬劳。由于塞族人和基督徒坚持其宗教信仰，自愿遵守不持有武器的规定，因此他们毫无抵抗手段。迪卡尼和佩奇教区的修道士们被迫转而寻求塞尔维亚政府的保护。由于"衙门"的高压政策，这个时期再度出现斯拉夫人为规避进一步的迫害而皈依伊斯兰教的高潮，许多人在战争动乱时期选择了移民。有些地区，整个村子集体逃亡到塞尔维亚和黑山地区（Montenegro）。塞尔维亚政府除了接收难民外没有更好的解决办法，他们还设法争取科索沃有势力的阿族人理解和支持其民族独立事业。这个时期，我们除了断断续续的修道士和教士的报告外，关于科索沃塞族人的政治地位及其实际生存状况都知之甚少。可以想象，他们当时几乎完全没有反抗的能力，任凭当局和穆斯林对他们为所欲为。在城市里，虽然还有几个奥斯曼帝国官员维持秩序，但其中大部分官员主要是阿族人。事实上，下层的穆斯林农民并不比基督教徒的情况好多少。那些与奥斯曼帝国当局密切合作的基督教商人、地主和高级教士等社会上层，其实际生存状况也许还不错。无论基督徒还是与他们生活在同一个地区的穆斯林都一样受到帝国当局的压榨，只是程度不同而已。

尽管奥斯曼帝国当局强制包括基督教和穆斯林农夫在内的所有居民担负沉重的税收和兵役负担，但土耳其统治者对塞族人更加严酷，因为他们认为塞族人先是投靠奥匈帝国后来依靠俄罗斯人，始终是其继续在科索沃城镇维持统治的主要威胁，特别是当很多城镇遭到俄军无情蹂躏，或者是遭到波兰人和匈牙利人大肆破坏时，这些当地的塞族人和黑山人都是俄国人的密探，暗中协助他们的东正教兄弟。当局通过多种渠道广泛宣传这种思想，扩大这种官方意识形态，以至于当地土族、阿族、鞑靼人、保族等非塞族居民都将后者视为敌人，视之为异类，强烈的怀疑心理在数代人中形成定式，监督防范成为日常生活的公开原则，塞族人一生都处于被自己的邻居排斥的环境，这自然加剧了他们内部的团结自保气氛。狭隘民族主义和极端民族主义倾向就是在这样异常恶劣的背景下产生出来的。

欧洲列强为了进一步瓜分这个衰老帝国，寻找借口要求它加大改革力度，而图强自救的土耳其进步势力也以此为行动准则。正是在欧洲列强的强大压力下，奥斯曼当局于1856年公布了新的改革法（Hatt–i–Humayun），标志着土耳其现代化改革的第二阶段，该法案的主要特征在于强调所有公民的一律平等。[①] 当局通过采用某些欧洲标准的社会组织模式，加强法律和宪政的世俗化，希望能够跟上欧洲强国发展的步伐，保持和强化奥斯曼帝国的统治，同时也减少欧洲列强干涉帝国内政的借口。然而实行基督徒享受所有公民一律平等的新改革法令却鼓励和激发起席卷巴尔干半岛的民族主义风潮，这大概是改革立法产生的最重要的影响。1856年，斯科普里、普里斯蒂纳和泰特沃等地的穆斯林与基督徒纷纷行动起来，他们从各自的角度解读该法，但一致认识到新法令将带来的新变化。塞族人从中看到了改变其悲惨处境的新希望，其他民族的居民则认为如果服从新军事法案和新税收法令，其利益和特权将受到损害，他们对塞族人的社会优势地位也将丧失，因此形成了对立的阵营。

奥斯曼帝国中央政府于1865年批准了"衙门"当局颁布的行政管理组织法，以稳固和强化其在巴尔干半岛西部边境衰落的地位。"衙门"政府根据新颁布的行政管理组织法令计划在莫纳斯蒂尔（Monastir）、亚尼纳（Janina）、什科德和科索沃阿族人定居区建立实体性的穆斯林社区管理单位，其目的就是希望这些管理单位能够在意识形态、政

---

① 哈全安：《中东史，610～2000年》（上册），天津人民出版社2010年版，第373—375页。

治和社会上保持与帝国中央政府基本利益的一致性。同时希望借此确保该地区提供稳定的兵源，以维护危险日益增加的边境地区的安定。当时，在阿族人定居地区也有大量其他民族的居民。我们很难得到19世纪科索沃准确的人口统计数字，而现有的"衙门"统治当局的年度人口普查通常水分很大，因为当地家庭成员的真正数字实际上大都被隐瞒了，以便规避某些税收。特别是穆斯林家长们拒绝将其妻子女儿的名字登录在人口花名册上。奥斯曼帝国政府在1866年将阿族定居区划分为3个"县"（vilayets），即什科德县、莫纳斯蒂尔县和亚尼纳县，1878年又加上了第四个科索沃县。每个区都有自己的总督和警备队。当局认为在可预见的未来，阿尔巴尼亚人要结成任何民族联盟就不太可能了。"衙门"官方的如意算盘增加了该地区民族矛盾的复杂性，因为阿族人在巴尔干半岛占据了如此重要的地位，其他民族则受到歧视，他们没有被列入此次行政改革的方案。"衙门"政府没有就此做进一步明确的行政划分，止步于有限的表面文章，仍维系着模糊的"阿尔巴尼亚"的地理概念。

欧洲强权干涉奥斯曼帝国内政在塞族人中产生了广泛的影响，塞族知识界立即行动起来，力图借助巴尔干半岛外部势力的压力，摆脱奥斯曼帝国的奴役，尽快改变塞族人悲惨的命运。1866年，他们公开决定举行纪念科索沃战役560周年的隆重活动，并将每年的6月28日定为科索沃战役纪念日。当时，歌颂科索沃战役的十音节史诗早已经通过吟唱诗人传颂，变成易于为普通民众和聆听者记忆的歌谣，几代塞族民众已经将它当作保持民族身份认同的标志。塞族人民族意识的核心也因此在祭奠科索沃战役神话及其礼仪中具象化了。史诗优美的语言韵律、悲壮的英雄精神、深沉的命运哀叹和激昂的奋斗气概，使科索沃战役的失败被神化为整个民族的失败，战役中塞族英雄无畏牺牲的壮举变为苦难民族得救的启示。有关科索沃战役的诗篇具有双重作用，它不仅为民族意识提供了历史的合理解释，也包含对于未来美好前途的激进设想，从奴隶到受伤的英雄直至民族解放，其中蕴含的精神力量足以使每个塞族听众潸然泪下热血沸腾。① 第二次世界大战期间，海拔 25 米高、面积约 25 英亩大小的科索沃"颇杰"（polje）平原被当地人种植了大麻，每年夏季都盛开出血红色的罂粟花，这被比喻为阵亡的基督教英雄的鲜血和永恒的亡灵。

这个时期的欧洲公众舆论也倾向于处境悲惨的塞族人。在普遍反对奥斯曼帝国的思潮中，欧洲其他国家公众认为科索沃的塞族基督徒文明更为开化，而信奉伊斯兰教的阿族人则野蛮、落后、懒散。② 英国女旅行家伊尔比（Irby）和马肯兹耶（Mackenzie）还于 1867 年适时地出版了她们的旅行札记，迎合欧洲人普遍认为科索沃贫苦落后且无法治的看法。③ 她们似乎非常客观中立地将科索沃塞族人的悲惨状况与塞尔维亚国家中塞族人的相对富足进行了对比。作者声称在自由的塞尔维亚生活的塞族人之所以常常返回科索沃，是因为他们的家庭在那里还拥有一块土地或小店铺，他们的根仍然保留在奥斯曼帝国控制下的科索沃。而独立的塞尔维亚人认为科索沃塞族人懒惰的原因是他们与穆斯林比邻生活的时间太长了。在这本札记中，她们提出科索沃落后的最主要原因在于，塞尔维亚政府不鼓励塞族人返回科索沃，从而将科索沃完全丢给了懒散的穆斯林。疏于管理的奥斯曼帝国边疆省区治安状况确实恶劣，官方材料也为她们的观点提供了佐证。官方材料证明当时科索沃各城市的总督或是奥斯曼帝国派遣的官员，或是在土军中服役的阿族人，他们自私自利，全然不顾帝国利益，放任甚至勾结匪徒。例如，1870 年代在

---

① 当时 4.2% 的塞族人能够读写，农村地区仅 1.6% 的塞族人能读会写，因此史诗的宣传作用巨大。沙皇诅咒所有不为科索沃而战的人的咒语成为历代塞族人的警句。D. Kostovicova, *Parallel Words: The Response of Kosovo Albanians to Loss of Autonomy in Serbia, 1986–1996*, Keele European Research Centre, 1997, p. 7.

② 英国女旅行伊比（Irby）和马肯兹耶（Mackenzie）出版了她们在巴尔干半岛多年的旅行札记，对其巴尔干半岛的旅行进行描述，她们的观点代表了欧洲人对奥斯曼帝国未来命运的兴趣和普遍看法。她们在书中明显倾向于"清洁、辛苦工作、忠实的基督教民众"，同时抨击"懒惰、散漫、懈怠且冥顽不化的穆斯林"，后者包括科索沃的阿族人。G. M. Mackenzie and A. P. Irby, *Travels in the Slavonic Provinces of Turkey-in-Europe*, Vol. 1, London, 1877, p. 217. 该书的观点代表了当时欧洲流行的文明观对野蛮人的看法。

③ 当时的记者亨利·贝莱恩（Henry Baerlein）就这样说："像阿尔巴尼亚人这样的原始民族就崇尚暴力好战，超过了其他民族。" H. Baerlin, *A Difficult Frontier*, London: Leonard Parsons, 1922, p. 35.

普里斯蒂纳的帕夏穆迪尔（Mudir）就是个阿族人，他得到一些地方匪帮（Cavasses）的拥戴支持，后者常常通过抢劫民众为这些官吏提供稳定的收入，而官府则为匪帮提供保护伞，这种官匪勾结官匪一家的现象在奥斯曼帝国巴尔干边疆区非常普遍。当时基督教社区的领袖通常是德高望重的长者，土耳其人称他们为"长老"（kodgia bashi），这些基督教领袖们虽然在塞族人社区具有广泛的社会影响，但除了在行政上收税和主持司法审理方面提供帮助外，几乎没有什么政治权力。

阿族民众接受伊斯兰教并甘当奥斯曼帝国顺民的努力是付出了高昂代价的，因为在帝国中央政府摄于国际压力缓和了对塞族人的压制的同时，却授权"衙门"当局加强地方治理，促使当局将阿族人视为可以任意施虐的臣民，进而引发了阿族的反抗。1867年夏，阿族青年刺杀了佩奇地方总督，起因是正在当地强制征收苏丹税收的总督与阿族人发生冲突。阿族人普遍认为自己的境遇此时比塞族人更糟糕。这显然是奥斯曼帝国为防止阿族人民族主义高涨，采取了比对待塞族人更为严格的政策导致的。"衙门"政府坚持在阿族人中实行宗教划分，对其他民族则显得更为宽容。官方严厉禁止阿族人开办自己的学校和讲本民族的语言。当局深知阿族人中的基督教徒和穆斯林关系更为紧密，如果他们使用其民族语言就会酿成强烈的民族情感，激发其民族意识，进而将产生更多问题。[①] 奥斯曼帝国以夷制夷分化瓦解的民族政策此时具体落实在对阿族人的严厉管控上。但是这一政策却将阿族人推向了塞族人。在所谓"东方问题"出现以前，尽管塞族人和阿族人并不像阿族人内部不同群体间关系那么密切，但是这两大民族的民众却有着诸多社会相似性，他们由于长期生活在相同的自然环境中，在许多社会生活礼仪和传统习俗方面非常接近，特别是在共同反对奥斯曼帝国统治当局方面有着共同语言。据家族学者研究认为，他们中许多人甚至还由于通婚而具有血缘关系。在科索沃、黑山的散德加克（Sandjak），普通民众通常使用阿尔巴尼亚语和塞尔维亚语两种语言进行交流，日常生活中他们也与自己的异族邻居分享共同的文化传统，例如在古老边防史诗中，同样高度颂扬阿族人、波斯尼亚人或塞族人的英雄。塞族和阿族民众之间的误解

---

① S. Skendi, *The Albanian National Awakening*, Princeton University Press, 1967, p.133.

是从奥斯曼帝国推行的分化政策和巴尔干半岛兴起民族独立或自治运动以后迅速加深的,当塞尔维亚政府设法唤醒科索沃塞族人的民族意识时,其民族觉醒的进程必定激发起阿族民众中的民族意识。

在19世纪风起云涌的民族独立运动中,普里兹伦市再度变为该地区最重要的活动中心。它位于广阔的山谷边缘地带,紧靠沙尔山山区,有一半城区在斜坡山崖的北麓,山上覆盖着广袤的卡尔亚亚(Kaljaja)森林,向北眺望,不远处的白德林河静静流淌。穿城而过的湍急河流终年不冻,两岸有许多码头与当地富有的土耳其人豪宅大院相通,其间楼阁连接。城里的商业和手工业十分兴隆,在塞尔维亚、黑山、科索沃各地和马其顿的市集上,该城的手工制品享有声誉,其皮革匠、金匠、裁缝更是技术超群,他们的货物即便高价出售也不乏买主。这个城市由于位于什科德和塞萨洛尼基之间的传统商贸道路交会处,因此聚集了多民族居民,其中既有主要居民塞族人、阿族人、土耳其人,也有犹太人、吉普赛人和被称为切尔克斯人的居民。① 由于该城的阿族人大多作为职业军人服役,或与土耳其人家庭通婚,更有钱的阿族人家还送子弟们去伊斯坦布尔(基督徒称为君士坦丁堡)接受教育,因此普里兹伦的阿族人比佩奇和德亚科维察周边地区的阿族人更文雅,他们对中央政府和基督教邻居们也更客气。因为奥斯曼当局一直以普里兹伦为首府,所以土耳其语在普里兹伦使用得更广泛,而佩奇和德亚科维察两城居民大多不会讲土耳其语。当地信仰基督教和伊斯兰教的阿族人在家里讲阿尔巴

---

① 他们自称为阿迪格人(Adige),最初发源于高加索西北接近特雷科河(Terek)发源地,在13世纪被格鲁吉亚人(Georgians)皈依为基督教徒,后来16—17世纪又被鞑靼人(Tartars)皈依伊斯兰教。他们最初经过瓦尔纳河进入巴尔干半岛,定居在德拉马(Drama)、色里斯(Seres)平原和马其顿沿爱琴海地区。如同阿族人一样,他们不是农夫,靠放牧放养畜群而生。19世纪下半期,他们随着俄土战争的进行,逐步定居在巴尔干半岛西部地区敏感的边境地带,主要在武契特尔恩和普里斯蒂纳等边防城市周围活动。当奥斯曼人于1913年从巴尔干半岛撤出时,切尔克斯人与土族人一同撤走,只有一小部分留在科索沃,主要在多恩伊 斯帕科瓦奇(Donji Spacovac)区,许多城乡至今保留他们曾使用的名称,例如切尔克斯赫武(Cherkess Chou)、提科维斯(Tikves)、新色罗(Novo Selo)等,有关它们的更多信息见G. Elezovic, *Glava o Postanku I Poreklu Naroda Arnautskog*, Belgrade, 1936, pp. 256 – 263;另见T. Dordevic, *Cerkezi u nasoj zemlji*, *Glasnik Skopskog Naucnog Drstva*, Belgrade, 1928, pp. 143 – 153,转引自Batakovic, *The Kosovo Chronicles*, p. 88。

尼亚语言，但是在公开场合和他们自己的学校里禁止使用阿族语言，该法规甚至在1856年颁布的改革法令中仍然没有解禁，该法只是空洞地允诺公平对待帝国所有民众。正是由于"衙门"政府和君士坦丁堡（伊斯坦布尔）大教长的坚持，才使得奥斯曼帝国当局维持着以宗教信仰标准对阿族人进行划分。① 这与当时正在出现的新型塞族私人学堂形成了鲜明的对照。普里兹伦、普里斯蒂纳和佩奇等地的商人和手工业者行会积极募捐、帮助筹资建设这些学堂，并鼓励训练有素的教师前往偏远地区的学校，改善那里的教育状况。科索沃南部塞族经济中心城市普里兹伦遂成为最古老的新兴塞族教会学校社区，其中最早建立的学校出现于1836年，致力于培养教会人员。②

塞族神学院于1871年在普里兹伦正式建立，这是由于塞尔维亚政府不能对奥斯曼帝国治下的塞族人提供任何公开的政治援助，因此通过派遣教师和鼓励优秀学生前往塞尔维亚继续其学业来系统援助当地各个教堂和学校。该学院培养教师和教士积极服务于奥斯曼帝国治下的所有塞族人社区，因此很快成为民族事务活动的中心。③ 该学院的建立最初具有多重目的，一是为抵制君士坦丁堡（伊斯坦布尔）东正教大教长，因为后者一直推行其使科索沃塞族民众希腊化的计划，力图以此构筑已经获得民族独立的希腊传统文化的安全屏障；二是为抵制保加利亚总督（Exarchate），后者计划于1870年在格尼拉内（Gnjilane）地区建立支持保加利亚民族独立运动的据点。显然，在如火如荼的巴尔干半岛民族独立斗争中，各个弱小民族都力图取得有利地位。塞尔维亚政府直到1889年才在普里斯蒂纳建立第一个塞尔维亚领事馆，而这个塞族神学院在此之前一直是科索沃塞族政治生活的唯一中心。大量的塞族图书、杂志和报纸源源不断地从北方的贝尔格莱德运输传递过来，其目的就是

---

① Skendi, *The Albanian National Awakening*, p. 18.
② 大批科索沃学生能够得到培训成为专职教师，他们受到普里兹伦塞族大富豪西马·安德列耶维奇·伊古曼诺夫（Sima Andrejevic Igumanov, 1804－1882年）奖学金的资助。Batakovic, *The Kosovo Chronicles*, p. 98.
③ 该学校避开当局，也与贝尔格莱德政府建立了定期联系，并获得政治活动的指示。Batakovic, *The Kosovo Chronicles*, p. 55.

凝聚塞族民心和唤起民族意识。① 普里兹伦塞族神学院很快就成为所有塞族民众的精神生活中心和民族事务的工作据点。但是更为重要的是，该学院与贝尔格莱德政府间首次建立了联系，这就使得塞尔维亚政府能够对科索沃塞族人的活动发挥直接影响。自 1871 年建立直到 1912 年塞尔维亚重新占领科索沃，该学院一直传递和执行塞尔维亚政府发出的指令。一开始，其活动属于塞尔维亚教育宗教事务部管辖，后来归属外交部管辖。② 这样，该神学院就负有加强民族意识的宣传使命，防止塞族人皈依其他宗教，并继续推进民族文化启蒙工作。塞尔维亚政府尽管在吸引教师员工去艰难环境中教书方面存在困难，但是普里兹伦来去自由，以四海为家的活跃氛围还是能为科索沃各个塞族学校找到老师。然而，科索沃生活的艰难和教师未来的前途包括日常生活的难题还是造成女教师前来工作的实际障碍，因此在大部分塞族学校中担任教师的多是修士和修女。当时塞尔维亚政府的基本外交目标就是将奥斯曼帝国势力完全驱逐出这个国家，特别是他们计划彻底终止土耳其人在几个重要城市和战略要地的军事占领。③ 19 世纪 60 年代，塞尔维亚政府外长伊利亚·加拉珊宁（Ilija Garasanin）就决定，出资争取几位阿尔巴尼亚北部地区领袖，特别是天主教居民中领导人的支持，因为他担心俄国人和奥地利人当时可能与"衙门"政府达成出卖其利益的秘密协定。而后，贝尔格莱德外交援助和塞族富豪的金钱就涌入米尔迪特（Mirdite）各大家族，塞尔维亚政府希望能够争取他们脱离意大利和奥地利的影响。④ 然而，其争取科索沃地区阿族人的外交措施于 1868 年被迫中断，

---

① 但是从一开始，由于奥斯曼当局怀疑该神学院是塞族人活动中心，因此它与贝尔格莱德之间的联系是通过俄罗斯驻普里兹伦领事馆进行的，该领事馆保证了双方通信的安全。Batakovic, *The Kosovo Chronicles*, pp. 98 – 100。

② 其全部开销都由塞族政府支付，但是资助基金仍然是通过西马·伊古曼诺夫（Sima Igumanov）捐赠和教会捐赠来支持。Batakovic, *The Kosovo Chronicles*, p. 99.

③ 为了达到这个目标，还计划吞并塞族周围的土地，包括科索沃在内。为此，塞族统治者米哈伊洛·奥布雷诺维奇（Mihael Obrenovic）君主希望与其他巴尔干半岛基督教民族达成联盟建立反奥斯曼联合阵线。Charles and Barbara Jelavich, *The Establishment of the Balkan National States*, *1804 – 1920*, Seattle: University of Washington Press, 1977, p. 64.

④ 据悉，每年至少有 5 批阿族人大家族的领袖成为贝尔格莱德加拉珊宁的客人。Dragnic and Todorovic, *The Sage of Kosovo*, p. 82。

此时塞尔维亚大公米哈伊洛·奥布雷诺维奇（Mihailo Ⅲ Obrenovic）被刺杀。①

在欧洲列强角逐的较量中，宗教信仰并非结盟的唯一标准，民族也不是结盟的根据，对于巴尔干半岛弱小民族而言，他们是否能够得到外部势力的支持，完全看是否符合大国的利益需求。正是在这激烈博弈的时期，从米特洛维察到塞萨洛尼基的铁路于1873年正式开通，这无异于在各国争夺食物的餐桌上增加了一道美味，各大国的争夺更加激烈，关系更加复杂。早在30多年前解决埃及问题的"东方大危机"中，科索沃问题已变成国际关系中的重要话题了，② 如今对于这块肥肉，各国都希望在奥斯曼帝国生死存亡的最后时刻能够使自己的利益最大化，不仅奥地利、俄罗斯想控制它，而且英、法、德都希望阻止俄罗斯南下，连刚刚独立的塞尔维亚也急切地想要夺取这个战略要地，这就使得这个遥远的欧洲东南边缘地区受到欧洲列强的关注。奥斯曼帝国出于维持自身权益的立场也加强了统治管理，当1875年波斯尼亚和黑塞格维纳相继爆发多起基督徒反对奥斯曼统治的起义时，为防止俄罗斯人插手，"衙门"当局在奥匈帝国压力下加快推进改革计划。

新苏丹阿卜杜拉·哈米德（Abdul Hamid）于1876年登基，标志着奥斯曼帝国内外危机达到了顶点。为了强化专制统治，他终止了前代苏丹采取的现代化改革措施，取消改革法令（Tanzimat），开始实行更为专制的独裁统治。他试图通过强化苏丹专制重新树立奥斯曼国家权威，再造奥斯曼帝国捍卫伊斯兰教价值和土耳其民族利益的合法性。因此，他比其19世纪的其他前任更青睐支持穆斯林，企图重新推行穆斯林民众以前专门享有的特权社区的观念。但是，此时土族社区正在受到

---

① 米哈伊洛·奥布雷诺维奇三世大公于1868年6月10日在其位于贝尔格莱德郊外别墅附近的科苏特亚克花园散步时遭到刺杀，凶案至今未破，终成历史之谜。Cella Hawkesworth, *Voices in the Shadows: Women and Verbal Art in Sarbia and Bosnia*, Google Books, 2000, 2010, pp. 35 – 36.

② 所谓"东方危机"（Oriental Crisis）是指1840年欧洲列强干涉埃及苏丹与奥斯曼苏丹之间的战争，为防止奥斯曼帝国突然倒台打乱东地中海格局，英、奥匈、普鲁士和俄罗斯一方最终与法、埃及为另一方签署了承认埃及独立的伦敦协议。Efrim Karsh, Inari Karsh, *Empires of the Sand: The Struggle for Mastery in the Middle East, 1789 – 1923*, Harvard University Press, 2001, p. 38.

巴尔干半岛基督徒骚乱和新兴斯拉夫人国家民族复兴主义的威胁,特别是在科索沃,新苏丹的专制措施就意味着鼓动阿族民众对抗各地正在兴起的斯拉夫东正教教会。① 这就为沙皇强权提供了入侵的借口,他公开自诩为东正教捍卫者,要保护东正教信徒。1877年4月俄国对土耳其宣战,同时从高加索和巴尔干半岛两个方向发动进攻,次年初逼近奥斯曼帝国首都伊斯坦布尔,迫使土耳其屈服,接受屈辱的《圣什提法诺条约》。该条约不仅承认巴尔干半岛各民族国家独立,而且强制赔偿大笔战争赔款。

就在1877—1878年的俄土战争爆发期间,塞尔维亚和黑山公国乘"衙门"政府内忧外患无力反抗之机,入侵科索沃。这立即引发当地塞族人联合黑山人与阿族人发生严重冲突。成千上万的科索沃塞族人涌入塞尔维亚领土加入塞族军队,而留在科索沃的大部分塞族人和黑山人则设法逃避奥斯曼军队的征召新兵活动,他们通过贿赂招兵军官的方式,制造各种借口逃避兵役。塞尔维亚军队几乎没有遭遇什么抵抗就大举进军到科索沃南部,在占领科索沃之前首先占领了尼斯、莱斯科瓦茨(Lescovac)、维兰切(Vranje)和普罗库普列(Prokuplje)等地。在此期间,数以千计的阿族人被强制驱赶出尼斯附近的托普利切(Toplice)地区,大军所至,暴行遍地,该地许多清真寺遭到平毁,阿族人身财产蒙受巨大损失。而大批随军南下的塞族人以奥斯曼军队中流窜出来的"流氓部队"(bashibazouks)② 为先锋向南挺进科索沃南部时,开始大肆报复那些留下来的阿族居民。塞尔维亚军队在科索沃地区的行动导致阿族人的难民潮,大约有3万名阿族人被驱除出塞尔维亚军队征服地区。随着奥斯曼军队撤退的是数以千计曾经作为难民迁入科索沃的阿族人。如同阿族人在奥斯曼军队进攻时大肆残害塞族人一样,此时塞族人随塞尔维亚军队南下时也无情杀戮阿族人,他们长期受压的扭曲心理在对阿族人的迫害中宣泄出来,而他们将这看作解放与复仇的使命。

---

① M. Dogo, "National Truths and Disinformation in Albanian–Kosovar Historiography", in Duijzings, Janic and Maliqi, ed., *Kosovo – Kosva*, p. 45.

② 又称"巴什巴朱卡",这种部队属于奥斯曼正规军中的非正规部队,他们在编但没有军饷,也不穿正规军服,常常充当前锋突击队,依靠战争掠夺为生,历史上以其无法纪和残暴著称。

多变的战局激化了民族间仇恨，促使民族矛盾白热化。由拉多米尔·普特尼科（Major Radomir Putnik）将军指挥的塞族人自愿军团于1878年1月末占领了格尼拉内（Gnjilane），塞族军队前锋抵达了普里斯蒂纳附近的格拉卡尼亚（Gracanica）修道院。塞族将士在这里为庆祝塞族军队和米兰（Milan）君主的胜利举行了盛大仪式，还举行了纪念1389年科索沃战争英雄的庄严祭奠，为500年前的英雄亡灵招魂。但是他们当时并不了解俄罗斯人与"衙门"当局已经签订了停战和约，而签署和约的重要条件是塞族军队从科索沃撤退。① 1878年3月，俄国人击败"衙门"军队后立即强迫奥斯曼帝国当局匆忙签订《圣什提法诺条约》。该和约旨在限制奥匈帝国在巴尔干半岛的影响，保证那些希望解放所有斯拉夫人的泛斯拉夫主义者的安全，并强化俄国人在该地区的地位。根据这份两国于1878年3月3日签署的和平条约（Peace Accord）的条款，被解放的大片领土将划归正在大肆扩张的保加利亚，其西边远达科尔察（Korca）。塞尔维亚国家独立地位在条约中再次得到承认，他们因此获得了完全脱离"衙门"当局的独立国家地位，故此塞尔维亚人将这一事件称为"第二次解放"。该条约使塞尔维亚边界扩展到包括米特洛维察（Mitrovica）和普里斯蒂纳在内的大部分科索沃地区，同时科索沃其他部分仍由奥斯曼帝国控制。黑山则获得了阿族居民占多数的佩奇、乌奇尼（Ulqin）、霍提（Hoti）、普拉瓦（Plava）、古察（Guci）和波德戈里察（Podgorica）等地。

塞尔维亚军队的占领和沙俄强加给奥斯曼帝国的条约严重侵害了科索沃阿族人的利益，塞族人的反攻倒算也令巴尔干半岛其他地区的阿族人愤怒抗议。各地阿族人对《圣什提法诺条约》将阿族祖居地合并给斯拉夫人国家感到愤怒，他们立即组成科索沃、什科德和莫纳斯蒂尔各维拉耶特"郡"地方保卫委员会，并于1878年6月10日召开阿族民族主义活动家们和所有阿族领导人紧急大会。这一天，超过300名代表从各地赶到普里兹伦，其中大部分来自科索沃和马其顿西部地区，也有来自阿尔巴尼亚南部的代表。会上建立了普里兹伦同盟。由于参加此次会议的大多为阿族中极端保守派穆斯林地主，因此他们希望维持"衙门"

---

① Batakovic, *The Kosovo Chronicles*, p. 108.

政府对其领地的权力，以防其领地被其他巴尔干邻国分割。而"衙门"政府则希望他们继续发挥强大影响，以保护衰落中的当局的利益。因此"衙门"官方从一开始就大力支持联盟活动，反对《圣什提法诺条约》强加给奥斯曼政府的协议。苏丹哈米德（Hamid）还打算利用该联盟去推行泛伊斯兰意识形态，以对抗帝国各地的反对派民族主义思潮。正是在风雨飘摇的背景下，普里兹伦联盟发挥了重要作用，他们在划定"衙门"政府残留在巴尔干半岛的领土和塞尔维亚及黑山斯拉夫人之间的军事边界线方面据理力争。在阿族人看来，普里兹伦同盟的基本目标就是组织起政治和军事抵抗力量，防止列强肢解阿族定居区领土。他们还请求苏丹统一亚尼纳、莫纳斯蒂尔、什科德和科索沃四郡的行政区划，组成一个新的政治和行政单位。尽管当时还很难界定清各个阿族领土的范围，但是该联盟还是统一了认识，坚定维护阿族领土完整的主张，并决定各地代表组成各自的地方委员会。

事实上，这些弱小民族此时已经无法决定自己的命运了，只有大国的干预才能改变既成事实。1878年6月召开了柏林会议，会上，奥斯曼帝国即将被肢解的事实引起欧洲列强的警觉，英、法、奥匈、德、意等国都担心，根据《圣什提法诺条约》，扩大了的保加利亚将要成为俄国的扩张范围。他们认为无论哪个强国控制伊斯坦布尔及博斯普鲁斯海峡这个战略要地，都将最终控制奥斯曼帝国苏丹的基督教臣民。这将影响列强在中欧和地中海力量的平衡，甚至涉及欧洲列强在亚洲的实力较量。因此，为了找到解决"东方问题"可以接受的方案，列强强迫俄国服从柏林会议签署的新协议。刚刚统一了德国的铁血宰相俾斯麦（Bismarck）在国际舞台上玩弄手腕也技高一筹。为了降低俄国对巴尔干半岛的影响，柏林会议大幅度缩小了保加利亚的西部边界线。新的"压缩版"保加利亚只包括多瑙河到巴尔干山脉之间的领土，并被确定为奥斯曼帝国苏丹宗主权管辖下的自治公国。保加利亚南部则组成奥斯曼帝国治下的新省区"东鲁梅利"（Eastern Rumelia），它不属于自治省。柏林会议在一定程度上遏制了俄国在巴尔干半岛的野心，迫使沙俄此后将其注意力转向东方，因为在争夺远东利益中俄国与新兴的强国日本发生冲突。这样，巴尔干所有阿族定居地都重新归属"衙门"政府控制。塞尔维亚对阿族土地的要求被彻底粉碎，其控制普里斯蒂纳地区的要求也遭到拒绝，被迫恢复其在战前占领的地区，向北撤退。在欧洲列强的压力下，塞尔维亚也很不甘心地和"衙门"政府签署协议，允诺塞军从科索沃撤出。在长达一个月的柏林会议期间，科索沃塞族向大会派出请愿团，要求这个地区能够与塞尔维亚合并，而阿族代表则在欧洲各个首都游说，他们呼吁科索沃应该与其他阿族定居地区合并。"衙门"政府则继续支持普里兹伦阿族联盟发挥对列强的影响力，通过他们促使列强认识到整个"东方问题"的实质是俄国的扩张，以及独立的巴尔干国家进一步扩张产生的严重后果和危险，其目标在于请求列强保护衰落的奥斯曼帝国。会上，各国代表首次就科索沃问题发生激烈争论。①

普里兹伦同盟成为奥斯曼帝国境内阿族人反对日益严重的巴尔干国家分割阿族定居地企图的第一个联合阵线，也是他们对抗周边各国扩张政策的第一个组织，因此成为阿族民族主义运动的协调机构，其目标是要求在奥斯曼帝国框架内实现行政和文化自治。然而，奥斯曼国家在欧洲列强面前的失败促使阿族同盟领导人提高其要求，从有限自治升级为完全自治。不久，该同盟决定不服从奥斯曼帝国"衙门"的权力，拒绝提供阿族军队，不参加士兵招募，进而开始发动内部骚乱，并武装起来，以武力自卫取代帝国的政治保护。大部分阿族人不希望看到奥斯曼帝国的瓦解，也没有寻求建立独立国家。他们认为在帝国内部实现自治似乎是最好的选择，能够保证其地方利益和阿族民众的安全。此时，甚至阿尔巴尼亚北部许多保守派民族主义者也开始关心自治问题了。这些阿尔巴尼亚北方贵族早就享有一定的地方自治，因此他们比南方阿族人

---

① 学术争论也就此展开，阿族学者提出其伊利里亚人后裔观点，旨在强调他们与后者自青铜时代就存在的族源联系，但其涉及的范围不仅包括现代阿尔巴尼亚，而且包括前南斯拉夫境内的阿族人区域、马其顿西部和黑山东南部地区。阿族学者还认为达尔达尼亚人就是这个广阔地区的古代居民，也可以称为伊利里亚人。塞族学者反驳说达尔达尼亚人是伊利里亚人和色雷斯人的混血。哈德利（A. Hadri）代表阿族学者的意见，而加拉珊宁（M. Garasanin）则代表塞族意见，他们于1976年发表文章争论不休。John Wilkes, *The Illyrians*, Blackwell, Oxford 1992, p. 11.

更怨恨"衙门"政府的中央集权政策。① 1878年上半年,大约有1.6万名阿族军队将士集结起来,准备对抗奥斯曼帝国军队。"衙门"军队第一次试图攻击同盟军队就引发了1878年8月的阿族民众大起义,其间,"衙门"政府最著名的外交家之一穆罕默德·阿里·帕夏(Mehmed Ali Pasha)刚刚从柏林返回,准备向民众解释柏林会议的决定,但是他在德亚科维察便遭到刺杀。活动主办方普里兹伦同盟地方委员会主席阿卜杜拉·德雷尼·帕夏(Abdullah Pasha Dreni)也同时被害,阿族人的震惊和愤怒可想而知。

阿族同盟在1878年柏林会议前通过的普里兹伦"请愿书"原作为"1878年会议附属文件"提交会议,呼吁建立独立的阿尔巴尼亚国家,其领土包括什科德、亚尼纳、比托拉(Bitola)和科索沃四郡。而此时的科索沃郡包括佩奇、达科维察(Dakovica)、普里兹伦、米特洛维察、普里斯蒂纳、格尼拉内(Gnjilane)、新帕扎尔(NoviPazar)、斯杰尼察(Sjenica)、普雷舍沃(Presevo)和库马诺沃(Kumanovo),这个文件涉及了科索沃,但没有涉及它的历史,因此其要求侵犯了塞尔维亚的利益,自然遭到俄罗斯的反对。该请愿书因此没有在会上讨论。1879年全年,科索沃南部地区反对奥斯曼帝国的示威游行接连不断。同年夏季在黑山和科索沃阿族定居的北部地区,有位英国青年爱德华·奈特(Edward Knight)恰好进行探险旅游,他后来发表的游记也表明,"衙门"政府在包括科索沃的阿尔巴尼亚北部地区完全丧失了立足之地。② 奥斯曼帝国的民族压制政策首先激化了与塞族人的矛盾,而其对欧洲列强的让步又激怒了阿族民众,其在当地的统治力正在消解。

19世纪最后30年是欧洲列强博弈异常激烈的时期,帝国主义各强

---

① 关于联盟成立的更多细节见 M. Vickers, *The Albanians: A Modern History*, London, 1995; S. Skendi, *The Albanian National Awakening*, Princeton University Press, 1967, pp. 89 – 95. 在领土危险不太严重的阿尔巴尼亚南部地区,联盟获得的支持很少。

② "这里的政府非常衰弱,人们对它既无敬畏感又无尊敬之心,只有嘲讽。阿尔巴尼亚则处于绝对的无政府状态,当局的宪兵队正在罢工,士兵拒绝向其长官敬礼,因为他们已好几个月没有领到军饷了,而当地人公开举行煽动性集会,或者躲在戒备森严的城市各清真寺里讨清闲,城里反对'衙门'政府的骚乱肆无忌惮,公开煽动。没有任何地方像这里一样,'衙门'政府的腐败衰落状况和完全无助如此明显。" E. Knight, *Albania: A Narrative of Recent Travel*, London, 1880, p. 117.

国争夺欧洲权益的斗争逐渐进入白热化状态。自19世纪80年代起，欧洲各国便开始调整各自的联盟格局，力图在新的较量中重新恢复力量平衡。法国于1881年占领突尼斯一事促使意大利于1882年加入德国和奥匈帝国签订的"三国同盟"（Triple Alliance），该联盟的主要目的就是为对抗俄国和法国进一步的扩张，特别是阻止沙俄在巴尔干半岛的扩张。1887年，三国同盟重新签署，同时附加有奥地利和意大利之间的单独协议，以此保证双方维持其各自在巴尔干半岛的现状（status quo），他们都认为这是该地区维系和平的基础。然而，这并不能消除意大利和奥匈帝国间的不信任和相互猜忌，双方都希望得到战略地位极为重要的阿尔巴尼亚的控制权。奥匈帝国计划在奥斯曼帝国崩溃后，将阿尔巴尼亚纳入其控制下，并在那里实行奥匈帝国保护下的自治，以防止它落入其他大国的势力范围。而心存疑虑的意大利对奥匈帝国的野心持反对态度，意大利虽然不打算让阿尔巴尼亚落入俄罗斯和塞尔维亚控制下，但也不希望看到阿尔巴尼亚落入奥匈帝国的控制。意大利希望维持其在阿尔巴尼亚的传统利益，并保证其在亚得里亚海沿海的势力范围，以此弥补其在世界其他殖民地争取权益遭到的失败。[①] 为了对抗"三国同盟"，英、法、俄三国于1907年结成"三国协约"（Triple Enterte），第一次世界大战的基本框架由此搭建起来。三国协约的目的之一就是防止奥斯曼帝国瓦解后巴尔干半岛权益被奥匈帝国独吞。巴尔干半岛弱小民族的命运就这样控制在欧洲列强手上。

为了在帝国主义争霸斗争中拥有更多的砝码，沙俄开始分化同盟国势力，在巴尔干半岛争取阿尔巴尼亚人。塞尔维亚外交部长伊利亚·加拉珊宁（Ilija Garasanin）曾于19世纪60年代奉行的拉拢阿族领导人的政策在10年后重新恢复，俄国驻伊斯坦布尔使节伊格纳提耶夫（Igna-

---

[①] 到了该世纪末，阿族文学开始在亚平宁半岛的意大利阿族人即所谓阿尔巴雷什人（Arbaresh）中传播，他们曾于1794年在卡拉布里亚（Calabria）建立阿尔巴尼亚语言学校；他们通过其杂志《阿尔巴尼亚旗帜》（Flamuri Arberit），在欧洲和意大利积极努力宣扬阿尔巴尼亚民族运动的目标。但是，意大利阿族人却远离奥斯曼帝国的政治现实，他们的想法不切实际，他们认为只要引进阿尔巴尼亚语言作为5个阿族人集中的郡的官方语，那么久而久之人们就能够界定出阿族人的领土，这样也可以排除非阿尔巴尼亚的因素，这个想法十分幼稚。Skendi, *The Albanian National Awakening*, p. 249.

tiev）积极奉行这一政策，他甚至以自己的政治前途为抵押争取阿族人加入斯拉夫人的事业。黑山国君主尼古拉·彼得罗维奇·恩杰格斯（Nikola Petrovic Njegos）为了同样的目的在19世纪80年代，开始拉拢信奉天主教的米尔迪特（Mirdite）家族，劝说该家族的大人物比布·多达（Bib Doda）支持斯拉夫人的事业，希望他"在需要时"率领阿族人加入黑山人反抗奥斯曼帝国统治者的战争。就这样，塞尔维亚政府、贝尔格莱德使团和大量半官方机构纷纷行动起来，千方百计设法争取阿族人支持他们反对"衙门"政府的共同斗争。[1] 他们特别希望来自阿尔巴尼亚北部地区的同情与支持，鼓动这里的基督徒直接加入反对奥斯曼土耳其人和伊斯兰信徒的斗争，至少要促使他们不与基督教塞尔维亚政府对立。[2]

　　普里兹伦同盟所持的反基督教宗旨使许多非穆斯林阿族人感到焦虑，他们对于是否加入这个同盟十分犹豫，但是大部分天主教阿族人最终还是决定加入同盟，因为后来的形势越来越明朗，衰弱无能的"衙门"政权无力保护他们，他们确信被信奉东正教的塞尔维亚国家吞并，并将遭受塞尔维亚人可怕的报复。这种情绪被英国外交人员所掌握。就在19世纪80年代，科比·格林（Kirby Green）担任英国驻北阿尔巴尼亚地区总领事，他曾参与接待爱德华·奈特及其随行团。他推说闲暇无事陪伴随行团活动，事实上一直密切监视当地的政治动态，还对普里兹伦同盟表面团结统一下隐藏的宗教派别十分清楚。他明确告知英国旅行团，普里兹伦是整个巴尔干半岛最危险的地方，劝他们不要冒险旅行。[3] 在两个对立民族借助外部势力相互较量时，伊斯兰"圣战者"（Mujahidin）公开鼓励类似于民族清洗的迫害政策。由于科索沃的形势

---

　　[1]　但是这一厢情愿的希望并没有发生。Dragnich and Todorovich, *The Saga of Kosovo*, p. 89。

　　[2]　其主要原因是这里的阿族人就是以前曾认同了各自天主教或穆斯林身份的阿族人，就像19世纪许多外国旅行者注意到的那样。见 Vickers, *The Albanians*, p. 15。

　　[3]　当他听说那两位英国人要去普里兹伦时，便坦诚地告诫他们说："让我告诉你们，那里是阿族同盟的总部，它是这个国家最激进的穆斯林组织。这些人现在正千方百计煽动宗教狂热，憎恨基督教徒。对于基督教徒来说，可能除了麦加外，普里兹伦就是所有穆斯林国家中最危险的地方了。" Knight, *Albania*, p. 115.

越来越糟糕,更多的斯拉夫家庭决定移居到北方的塞尔维亚,他们离开的地方即科索沃西南部地区随即被阿族天主教徒占据了。这些新移民被称为"凡达斯人"(Fandas),因为他们来源的地方位于凡迪特河(Fandit)上游流域。后人估计约有数千人的家庭相继离开祖居地,迁徙定居在佩奇、德亚科维察和普里兹伦地区。他们移居科索沃的原因是其原来所在的地区几乎没有可耕地,极度的贫困促使他们大规模迁徙。这些新移民当时尚未皈依伊斯兰教,对于新定居区的穆斯林而言造成了极大的心理压力,后者普遍怀着恐惧的心理看待这些新来的移民,担心随之而来的宗教迫害。①

科索沃阿族民族主义运动起步比塞族晚,但是发展的进程快,反应更为猛烈,在奥斯曼帝国衰落的大背景中,获得的成果更为明显。1875年波斯尼亚起义的直接后果之一,就是普里兹伦阿族同盟军队数量激增。其主要原因是逃离波斯尼亚的大批战争难民涌入科索沃,同时还有大量来自奥斯曼军队的叛逃者,这使得阿族同盟军事力量急速增强。阿族同盟领袖们因此自信满满,准备扩大自治纲领,以武力落实其计划,他们一边抵抗奥匈帝国军队从北向南的进军,一边抵抗希腊军队从南向北的进军,同时两线作战捍卫其在奥斯曼帝国框架内的权益。阿族同盟领导人此时还有一种深刻的担忧,他们担心黑山人扩展其边界并进入阿族领土普里兹伦和什科德。同盟领袖们在"衙门"当局背信弃义地将阿族人定居区放弃给黑山国时就感到了巨大的威胁。因此,他们要自己指挥阿族同盟军,采取独立统一的军事行动,完成统一阿族人定居地区的历史使命。他们确信"衙门"政府显然已经不能完成这个任务了,即便它有这个能力也可能随时出卖阿族人的利益。1881年1月4日,科索沃阿族人开始发动武装抵抗运动,苏莱曼·沃科什(Sulejman Vokshi)指挥刚刚组建的阿族普里兹伦军团首先占领了斯科普里,再由此向北进军米特洛维察和新帕扎尔的部分地区。当月底,阿族同盟军队就

---

① 根据英国第一次世界大战军事情报报告,这些新移民被其穆斯林邻居称为凡达斯人(Fandas),"穆斯林非常害怕他们,因为他们举止鲁莽,残酷无情地报复曾受到的侮辱。" *The Tribes of Northern Albania*: *A Handbook of Serbia*, *Montenegro*, *Albania*, Admiralty War Staff Intelligence Division [No. I. D. 1096], June 1916, p. 399.

控制了普里斯蒂纳。阿族同盟最终将奥斯曼帝国势力完全赶出整个科索沃，并宣布建立自己的地方政府。阿尔巴尼亚人民素有独立自由的传统，在奥斯曼土耳其大军征服巴尔干半岛时代，就曾以其战胜入侵者并长期独立著称于世，令土耳其人闻风丧胆不得不善待这些不驯服的民众。在奥斯曼帝国瓦解民族利益面临损害的时刻，他们又勇敢地打响了武装反抗的第一枪，并宣布独立。无论后来的结果如何，1881年阿族人武装起义都具有重要意义。

正当阿族同盟军准备南下今阿尔巴尼亚地区时，情况发生了重大变化，奥斯曼帝国调整了对阿族的政策。原来阿族同盟设定的占领整个科索沃的目标违反了帝国的现实利益，他们确定的科索沃地理范围与土耳其人的定义不同。19世纪末20世纪初，科索沃政区的地理范围确实不同于今天的科索沃，除了包括科索沃和梅托希亚两地外，还包括萨尔山脉（Mt Sar）、普里兹伦和新帕扎尔，其南部边界直到今马其顿北部的维莱什（Veles），以及布雷加尔尼察河（Bregalnica）流域的东马其顿地区。阿族同盟军依照这个定义开展军事行动必然触及多方面的利益，特别是在地理界定尚不清晰的情况下更是如此。无论在阿族内部还是外部都没有就此进行过明确的讨论，因此正当他们跃跃欲试准备从科索沃南下进军时，阿族同盟委员会成员在伊斯坦布尔于1881年3月23日突然遭到奥斯曼帝国当局逮捕，并被流放到罗德岛（Rhodes）。那么奥斯曼当局突然转变态度的原因何在呢？原来是三国同盟和三国协约同时进行了干预。当时，日益高涨的阿族民族主义运动不仅直接危及奥斯曼帝国的统治，也为敏感的巴尔干半岛争霸较量增添了外国因素。正是在外部压力下，奥斯曼苏丹得到警告要尽可能快地镇压阿族同盟活动。此前，"衙门"当局一直在与独立的希腊国家谈判伊庇鲁斯（Epirus）未来前途问题，双方的谈判拖延了近两年，最终于1881年达成了关于塞萨利地区的协议。可以推测，这项谈判的结束也是国际压力的结果，[1] 奥斯曼帝国当局因此能够腾

---

[1] 希腊和"衙门"政府关于伊庇鲁斯未来前途问题的谈判最终达成协议，但问题没有彻底解决，根据协议，希腊人将获得塞萨利和伊庇鲁斯的阿尔塔（Arta）部分，亚尼纳（Janina）仍留待以后解决。

出手来解决境内的反叛活动，其中最主要的是阿族同盟军事扩张。一个月后，奥斯曼大军万余人在德尔维什·特鲁古特·帕夏（Dervish Trugut Pasha）指挥下进军科索沃，这位中央集权的鼓吹者彻底摧毁了阿族同盟军，占领了阿族运动中心普里兹伦。阿族同盟总部被迫仓促转移到德亚科维察，这里的武装抵抗也只坚持了几天，毕竟临时组建的军队无法与奥斯曼帝国正规军抗衡。阿族同盟的南方分支也同样遭到了无情镇压，军事法庭在数周内就审判了同盟领袖们，其中大部分被流放到遥远的阿纳托利亚（Anatolia）地区。阿族同盟主要领导者阿卜杜拉·弗拉舍里（Abdul Frasheri）逃脱后不久，很快便在 4 月底被捕，并被紧急审批处死判决，后来减刑为终身监禁，直到 1885 年大赦时被苏丹释放。他于 1894 年去世。此后，阿族民族主义运动倡导者都遭到定期抓捕，所有与阿族同盟有联系的地方组织都被解散。对内专制暴虐，对外软弱无能，这是包括衰败时期的奥斯曼帝国在内所有腐朽国家的典型表现。事实上，当时特鲁古特帕夏（Turgut Pasha）治下的"衙门"政府十分腐败，征税腐败和奢侈生活都引发公众的不满，特别是奥斯曼帝国取消以前阿族人享有的自由更使当局遭到仇视，这些都导致民众中的不满情绪和普里兹伦及其周围地区民众情绪低落，怨声载道。但是，阿族民族主义运动遭到持续镇压并未平息事态，"衙门"政府不断强化专制集权进一步引发阿族同盟领袖们呼吁民众激烈反抗其统治，他们拒绝接受官员的管理，拒绝派遣征募的士兵。尽管"衙门"政府暂时有效地镇压摧毁了阿族同盟高层组织，但是却难以摧毁反叛的民族精神和已经唤起的民族意识。在此后几十年里，这些民族主义因素不断聚集，民族解放的理想在阿族知识分子中继续发挥强大的影响，持续发酵。

阿族民族主义思潮最初只不过是要进行其民族自我保护，而不是扰乱现有秩序，然而，普里兹伦同盟建立后爆发的一系列武装反叛就不仅是出于民族宗教利益的关切，更是阿族人民直接反抗税收维护自身经济利益引发的。他们拒绝交纳征收旧税和强征新税，因为这些税收大部分都直接送入国库，而很少用于地方建设和民生所需。特别令阿族人愤怒的是，他们缴纳的赋税不仅不比基督徒少甚至还要更多。他们甘愿当帝国的顺民却得不到应有的待遇，原有的特权丧失殆尽，因此没有理由再支持奥斯曼帝国统治。1884年9月底，普里兹伦地区再度爆发阿族人起义，反对"衙门"当局强制进行民众及其财产调查编目造册，他们敏感地意识到当局将要提高新税赋的额度。"衙门"当局因此面对普里兹伦城内广泛的暴力活动，它企图通过释放政治犯来安抚阿族人，但是这样做的结果是导致各主要城市的形势变得极度危险。总的来看，19世纪期间，无论奥斯曼帝国还是奥匈帝国都在持续地衰落，他们在内政外交上的退让并未换来安定，而是激起更大的动荡。1848—1849年、1866—1867年遍及东欧和西亚北非地区的民族起义和革命浪潮证明了土耳其苏丹和哈布斯堡王朝统治者们统治的腐朽无能。此时，奥斯曼帝国自1699年便开始从帝国边疆各地逐步撤退的进程，也就是帝国瓦解的进程在19世纪期间达到了顶点，尽管其统治者极力通过现代化和内部改革来重新恢复以前的实力，但中古晚期帝国的灭亡之势已经不可阻挡。

巴尔干半岛民族解放运动形成的各个民族国家都具有强烈的民族主义情结，新国家的出现意味着半岛传统政治格局的改变，地区国际关系进入剧烈的调整期。1882年，以贝尔格莱德为首府的塞尔维亚在俄罗斯的协助下获得了完全独立，正式建立王国，其国土包括今塞尔维亚中部地区，后在1910年两次巴尔干战争中向南扩张，兼并了科索沃、马其顿等地。同年，科索沃首府设在斯科普里（当时名为Uskub），其相邻地区包括什科德、莫纳斯蒂尔即比托尔利（Bitolj）、亚尼纳。同时，其周围的黑山、塞尔维亚和保加利亚都建立了独立国家。1885年，贝尔格莱德当局与伊斯坦布尔大教长之间就塞族人被任命为普里兹伦大主教区主教问题进行谈判，遭到当时管辖拉什卡－普里兹伦（Raska–Prizren）教区的希腊大主教断然反对，教区当局极力阻止塞尔维亚在奥斯曼人统治下的塞族人中进行民族事务活动，该主教区当时包括整个科索沃地区。这次谈判及其周折揭示出，巴尔干半岛各民族在争取民族独立和建设国家的努力中，必将发生相互竞争、较量乃至武力相见的斗争，地区内部的多样性必然导致巴尔干半岛国际关系的不稳定性，其最终表现就是区域政治的爆炸性，这种趋势将长期存在。

尽管塞尔维亚与奥斯曼帝国间的谈判没有取得实质性进展，但塞尔维亚政府从来没有停止选派年轻人进入该地教会,贝尔格莱德当局着手进行人才训练以便使他们将来能胜任在奥斯曼帝国从事的宗教工作。奥匈帝国在阿尔巴尼亚北部和科索沃地区的影响则通过天主教传教团和维也纳驻普里兹伦、斯科普里和什科德的领事逐渐增强。1885年为争夺马其顿而爆发的塞—保战争严重损害了两国关系,也削弱了新生的塞尔维亚国家实力,致使塞尔维亚在巴尔干半岛的地位不断下降。更严重的是战争使马其顿成为新的"火药桶",此后这里就成为保加利亚所有外交活动的兴趣点,因为保加利亚一直打算吞并这个地区。① 由于奥斯曼帝国的持续衰落,俄国和奥匈帝国为首的两大欧洲列强阵营更加关注这里,都力图扩大各自在巴尔干半岛的实力范围。1885年,保加利亚凭借1876年柏林会议决议,成功地吞并"东鲁梅利"地区,这是俄罗斯人曾利用《圣什提法诺条约》极力阻止的事情。保加利亚对马其顿地区的染指也使科索沃连带陷入大混乱,"衙门"政府的瓦解无法阻止阿族难民大批涌入塞尔维亚边界,迫使后者不断增兵加强边防部队。尽管塞尔维亚政府越来越频繁地要求"衙门"政府采取措施阻止阿族难民北上,组织阿族武装袭击,但是边界地区形势还在恶化。南方的佩奇主教区情况也在恶化,很多塞族修道院被迫向阿族武装分子缴纳习惯保护费,以避免猖獗的强盗匪徒袭击抢劫。

塞尔维亚对科索沃的控制遭到阿族人的反抗。1888年,科索沃首府南迁至斯科普里时,塞尔维亚驻普里兹伦领事馆就成为这个最高权力极度衰落地区的一个稳定的外交前哨站,随时监督当地的动向。1889年,塞尔维亚领事馆最终在普里斯蒂纳建立起来,这使得塞尔维亚政府能够近距离地监视科索沃发生的一切。然而,其第一任塞尔维亚领事卢卡·马林科维奇(Luka Marinkovic)于1890年6月在普里斯蒂纳大街上遭到刺杀,显然阿族人对这位塞尔维亚领事非常反感。在塞尔维亚和俄罗斯外交压力下,"衙门"政府只得将来自普罗库普列(Prokuplje)的一个穆斯林"狂热分子"(muhadjirs)抓起来,当作杀手草草审判监

---

① S. E. Palmar and R. R. King, *Yugoslav Communism and the Macedonian Question*, Hamden, Connecticut: Shoestring Press, 1971, p. 7.

禁，处死了结，其幕后策划这起刺杀的真凶从未露面，此后也没有深究。① 塞尔维亚驻普里斯蒂纳副领事米兰·拉基奇（Milan Rakic）对此无能为力，他曾经非常无奈地对当地塞族人领袖说，解决这种无法无天情况的适当办法就是塞族人继续向阿族人提供保护费以维护塞族人修道院和村庄的安全。塞尔维亚外交部就此要求奥斯曼帝国"衙门"当局解散阿族武装，并强化该地区奥斯曼人警备部队，同时建立塞族人和阿族人混合警备军。他们还积极争取通过俄国外交官调停此事，要求尽快结束科索沃的无政府状态。这当然符合俄国及其协约国的利益，因此俄国人立即要求"衙门"当局保证公共安全，保护当地基督徒。塞尔维亚的外交努力成果甚微，他们除了提交了描述科索沃形势细节的成文报告外，唯一取得的外交成果就是1896年获准成功选举了一位塞族人担任拉什卡—普里兹伦教区大主教。②

在奥斯曼土耳其人占领科索沃的漫长岁月里，该地区一直发展缓慢，形成了基本停滞的局面。19世纪最后几十年，科索沃状况更为糟糕。"衙门"政府放弃了这个边疆的建设，既不建立学校也不修筑道路，只是盖了些临时兵营和税收关卡，没有几年都成了危房，整个地区与奥斯曼人占领以前几乎没有变化。这个时期，随着涌入的大批"凡达斯人"阿族移民的到来，科索沃突然又增加了几千户阿族家庭，基本建设不足的问题立即凸显出来。他们拉家携口赶着牛车穿越阿尔巴尼亚北部的迪纳拉阿尔卑斯（Dinaric Alps）山脉，永久定居在佩奇和普里兹伦之间的城乡，抢占并耕种小块肥沃平原上的农田。新的阿族村庄也在科索沃郡（Vilayet）北部边界一线陆续展开。这次移民潮进入科索沃的基本动因和过去一样，还是由于他们原来的祖居地极度缺乏草场和可耕地。根据当时英国情报机构的报告，这块属于贝里沙（Berisha）家族控制的狭小地区"进来大批移民，特别是在德亚科维察西北方向，移民占据了许多村庄。这些移民常常主动接受伊斯兰教"。③ 信奉天主教的沙拉（Shala）家族则占据着阿尔巴尼亚北

---

① Batakovic, *The Kosovo Chronicles*, pp. 128–129.
② Ibid., p. 58.
③ *The Tribes of Northern Albania*, p. 397.

部阿尔卑斯山脉的泰西（Thethi）山区，这个家族原本规模相当大，但是由于耕地不足，迫使许多家庭迁徙下山到科索沃去了，他们大部分到佩奇及其周围地区，那里有数百户沙尔亚人（Shalyan）家庭。在迪卡尼（Decani）附近的一个叫伊什尼奇（Isnich）的村庄里，居民几乎都是由这些人构成的。[1]

经过此次移民潮，阿族人到这个时期逐渐占了科索沃人口的多数。[2] 普里兹伦当时约有4.6万名居民，它持续发展成为巴尔干半岛最重要且最大的阿族城市。由于该城金属匠人的手艺闻名遐迩，使得它成为武器制造和买卖的主要中心。该城塞族人的集市（mahala）开办在巨大要塞下陡峭的斜坡上，集市上所有民众并未注意到民众之间的种族划分，土耳其语成为每天日常生活交往的民族语言。大部分阿族家庭仍保持在家中讲土耳其语的习惯，而这一点被看成该城民族融合的标志。当时土耳其语非常有用，类似于语言中的通用语，同时在普里兹伦流行着多种其他语言，只有土耳其语最常用。随着1873年从米特洛维察到塞萨洛尼基铁路的开通，半岛商业贸易的优势开始转向科索沃。由于犹太商人从塞萨洛尼基贩运来大量欧洲各地的便宜商品，因此导致科索沃普里兹伦的手工制造业在廉价商品的竞争下开始衰落，不仅其数量在减少，而且工艺质量在下降。除了当地所产的精致银质手工装饰品外，再没有什么著名的本地特产了。[3] 人们每天穿着的服装也能反映出这个城市持续流动性的特点，比如土耳其人的坎肩和灯笼裤、阿族人的头顶白帽和彩色腰带、高大的黑山人穿着的灰色夹克和小圆帽、散加克斯人带

---

[1] *The Tribes of Northern Albania*, p.411.

[2] 1880年7月27日，外交秘书罗德（Lord Granville）派驻东鲁梅利区使团的代表呈交给他的一封紧急信函写道："在我上封于5月26日寄发的信函中，我表达了这样的观点，包括迪尔、贾科维察、佩奇、科索沃、普里兹伦和普里什蒂纳在内的普里兹伦郡以前的全部村庄，与位于其东边和南边的斯拉夫人国家非常不同，这里的穆罕默德信徒和阿尔巴尼亚人占据多数，他们特征明显。" J. Swire, *Albania: The Rise of a Kingdom*, London, 1929, reprinted New York, 1971, p.53.

[3] 1887年一位在科索沃旅游的外国参观者注意到基督徒此时是如何主导着这个城市的商业贸易活动的："普里兹伦这里有众多斯拉夫人和希腊教会的成员。该城的商业几乎完全掌握在基督徒手中。罗马天主教拥有数量可观的商铺，但是更大部分属于希腊人。" Brown, *A Winter in Albania*, p.236.

着的多彩海岛头巾、塞族农家妇女的炫丽长袜，以及形式各异的长裙（opanki）和精细秀边儿的短裙、夹克，耀眼的金属头饰和塞族男子穿着的褐色、黑色手织装饰的裤子也随处可见，这种腿部紧而臀部肥大的服装很难分辨出属于哪个民族。① 总之，一切都体现出当地家庭手工业满足日常需求的特点，具有自给自足的原生态风格。

然而，除了这些相对富裕生活良好的斯拉夫城市居民外，科索沃大部分塞族人和黑山人仍旧生活在农村地区，他们几乎没有舒适生活可言。他们属于社会下层，地位低下。据说，阿族邻居甚至不允许他们的住宅比穆斯林邻居的房屋更豪华，更不许其窗前的视野更开阔。一位叫威廉·弗斯特（William Forsyth）的旅行家于1885年在科索沃旅行时就注意到："仍旧居住在农村的那几个基督徒还过着悲惨的生活，他们被课以重税，而农村的条件十分恶劣，致使所有居民绝望。毫不奇怪，他们怀着渴望的眼神祈望着他们生活在自由塞尔维亚公国的那些同胞们。但是据说，那里的政府不鼓励从旧塞尔维亚（即科索沃）移民，因为这将导致把该地区完全放弃给阿族人。那么自由塞尔维亚人称为爱国主义的情感难道就是在某种程度上纵容他们不幸的基督教同胞遭受苦难吗？"② 苏丹阿卜杜拉·哈米德二世（Abdul Hamid Ⅱ）强制推行泛伊斯兰政策，促使穆斯林神学学生团体被定期派遣去科索沃村庄活动，特别是在斋月期间，活动更为频繁。塞族商人和手工业者大多住在城里，他们比其生活在农村的同胞处境更危险，不仅担惊受怕，而且利润很低，即便如此他们也愿意躲在自己社区的集市里。1887年，澳大利亚人布朗打算从普里兹伦去德亚科维察旅行，当地警察总监阿赫迈德·哈米德（Ahmet Hamdi Bey）强烈反对，建议他放弃旅行计划，理由就是治安混乱。③

---

① 有人记述说，"普里兹伦大街小巷活跃着这些衣着色彩斑斓的野蛮人群"。F. Jones, *With Serbian into Exile*, London, 1916, p. 296.

② William Forsyth, *The Slavonic Province South of the Danube*, London, 1876, p. 71.

③ 作者记载道："这位贵族极力劝阻我，但是我去意已决。最终他真心地乞求道'我没有权力禁止你去，也没有权力要求你同意我，但是如果你放弃这次旅行就将是极大的善意。在当前这个极为危险的时候到那里去，将面临极为严重的危险，如果发生了什么，那么我就要受到谴责。'" H. A. Brown, *A Winter in Albania*, London, 1888, p. 251.

为了对反抗欧洲列强加紧瓜分科索沃地区的活动,多位阿尔巴尼亚北部知名人士决定恢复其政治宣传和组织活动。1889年1月,超过400名代表从科索沃各地聚集到佩奇召开阿族会议,在这里,普里兹伦同盟重新恢复,更名为"佩加联盟"(League of Peja)。佩加是佩奇的阿尔巴尼亚语形式。该同盟首任主席是该地区的大地主哈吉·穆拉·泽卡(Haxki Mulla Zeka)。[①]"佩加联盟"与普里兹伦同盟一样在科索沃阿族地区设立代表处,其基本特征是穆斯林宗教性而非阿族民族性,因此该组织对当时科索沃阿族人和马其顿基督徒的改革要求不太关注。同时,联盟中温和派和极端派之间的斗争也在暗流涌动,温和派只要求文化改革,而激进派则要求政治改革,即实现真正的政治自治。科索沃北方部族仍然痴迷于强化基本的民族意识。这样,此次会议经过协调达成的主要目标就是保护伊斯兰教。民族主义理想仍然要同部族特权思想进行斗争,但是信仰基督教的阿族人却因为极度怀疑和厌恶奥斯曼统治而紧密团结起来。虽然占人口多数的科索沃穆斯林政治上保守,认为自己在宗教上与奥斯曼土耳其人信仰一致,但是"衙门"当局却不信任他们,仍然对所有阿族人持深刻的怀疑态度,并下令所有奥斯曼帝国官员严密监视阿族人的动向,随时准备严厉镇压任何新兴组织的煽动活动。

尽管当局宣称讲授阿尔巴尼阿亚语言是违法行为,但科索沃普里兹伦第一所阿语学校于1889年5月1日正式开办。这是在普遍的混乱中,阿族人文化方面的发展。奥斯曼帝国政府早就对阿族政治文化自治要求保持警觉,因此将这些活动视为普里兹伦同盟精神的复活。到1908年时,奥斯曼帝国内外大约有30种阿语报纸杂志正式发行,还有些阿语学校也开学招生。在教育方面,阻止伊斯兰教学生入学对大多数阿族人没有好处,因为当时奥斯曼帝国内所有的宗教社区都有各自的学校,唯有阿族人还没有建立自己的学校。他们在当地学校里接受土语教育。为了得到当局批准,阿族人建立的学校必须是没有阿族命名和信仰特征的。例如1885年建立的科索沃第一所阿语学校既招收基督教阿族人也招收穆斯林阿族儿童,而1891年建立的第一所阿语女子学校就明确以

---

① 1902年初,泽卡被杀害,凶手名叫亚当·扎伊姆(Adem Zaim),据审凶手是该家族的反对派。

此名称，这就使这所为女孩建立的阿语学校受到"衙门"当局的怀疑。"衙门"政府决定减少阿族教育经费，迫使阿族穆斯林学生离开了这所学校。东正教希腊教会也配合当局对阿族学校进行打压，东正教教士还威胁阿族父母们把他们的孩子从学校带走，否则将被开除教籍。1902年以后，"衙门"当局颁布新法律，规定拥有阿语书籍或使用阿语写信都是违法行为，将受到惩罚。这样，所有的阿语学校都被关闭。阿族人被迫组成秘密社团进行对抗，他们秘密讲授阿语。早在普里兹伦同盟建立以前几年，有几位散居在诸如布加勒斯特和伊斯坦布尔等大城市的阿族知识分子，就曾集会讨论阿语的正确拼写问题，阿族语言学校建立后，用文字准确拼写阿语的问题就被提上了日程。当时即出现了不同观点，一些人倾向于依据阿拉伯手稿经书，而其他人主张使用希腊语，还有人青睐拉丁字母拼写。这个时期，以拉丁语、希腊语和阿拉伯字母为基础的多种不同阿语拼写法都在使用，这进一步加剧了派别的分化。①总之，20世纪初的阿族人独立运动不断加强。

就在阿族民族主义运动陷入低潮时，塞族人的处境却得到改善。1893年，第一所塞族书店在普里斯蒂纳开张营业。由于塞族人分散在东正教社区"米莱特"中，他们也不被看作独立的民族群体，因此独立后的保加利亚人就设法促使所有塞族学校都逐步变成保加利亚学校。然而，根据1896年公布的奥斯曼帝国法律，科索沃和其他奥斯曼统治地区的塞族人都可以开办自己的学校，因此也间接地承认了他们的民族性。希腊大主教麦勒提耶（Meletije）死后，塞族人彼得洛维奇（Archsyncellus Dionisije Petrovic，1896—1900年）被封授为拉斯卡-普里兹伦主教区大主教，这是塞尔维亚和黑山政府共同努力的结果，也是俄罗

---

① 这激怒了一位来自什科德的天主教徒和拉丁拼写法的倡导者瓦萨·帕夏·埃芬迪（Vasa Pasha Effendi），他在诗歌中写道："阿尔巴尼亚人呐！你们正在扼杀你们的兄弟们，他们分为上百个派别。有人说我是基督徒，另有人说我是土耳其人，还有些说我是拉丁人，我是希腊人或斯拉夫人什么的。但是你们就是你们所有人的兄弟。教士们和布道者们使你们混乱。团结在一种信仰中吧，阿尔巴尼亚人的信仰就是阿尔巴尼亚主义。" Vasa Effendi, *La Verite sur l' Albanie et les Albanais*, *Etude Historique et Critique*, Paris, 1879, p.98。

斯驻伊斯坦布尔外交支持的结果。① 根据塞尔维亚政府的指令，新任大主教对教会和教育机构进行了广泛的重新改组，开办了新学校，更换了教职员工，建立了新的教会学校社区，并统一民族事务的活动。② 塞尔维亚和保加利亚这些新独立的民族国家都希望在奥斯曼帝国解体过程中使自己的利益最大化，他们争相扩大各自在当地民众中的影响，反映出塞尔维亚和保加利亚在该地区的激烈争夺。在此背景下，塞族的这些宣传中心在科索沃和马其顿迅速发展。

世纪之交，奥斯曼帝国加速解体。1897年2月，希腊与奥斯曼帝国为争夺克里特岛爆发战争，在欧洲列强的干预下，希腊通过30天的战事迫使奥斯曼帝国承认克里特岛高度自治。这次战争产生了广泛的多米诺效应，奥斯曼帝国陷入更严重的崩溃危机。到1898年，科索沃阿族民众在末日帝国的压迫下处境更为艰难，他们深受质疑，举步为艰。大部分阿族人处于监视管制之下，"衙门"政府认为他们的骚乱和秘密活动都是由奥匈帝国情报机构煽动起来的，断定他们制造地区混乱是为维也纳武力干预和军事占领该地区制造借口。英国人类学家埃迪什·杜尔翰（Edith Durham）在科索沃西南部地区考察后，注意到当地阿族人非常仇恨塞族人。③ 他还注意到塞族人如何设法保持其在普里兹伦地区的学校，"这所学校建筑良好，近来进行扩建和修缮，能够容纳上百个学生。许多学生甚至是从黑山来的。我参观过它，在穆斯林阿族城镇中建设这么大且花费巨大的塞族神学学校，并引进教师和学生，这事似乎

---

① 塞族人成功当选拉斯卡-普里兹伦教区塞族大主教一事遭到希腊大主教们的反对，这毫不奇怪，因为希腊人自1830年就一直不断反对塞族人教会独立。这多少说明，在反抗帝国压迫的斗争中，被压迫民族并非相互支援，教会也不能超脱。Batakovic, *The Kosovo Chronicles*, p. 58。

② Batakovic, *The Kosovo Chronicles*, p. 132。

③ 他总结性地描述了塞族人地位卑微，作用微不足道，而阿尔巴尼亚则决定清除科索沃土地上残存的斯拉夫因素，"阿族人几乎只讲阿语，而分散的塞族人通常讲两种语言，当用塞语演讲时，通常首先用阿语回答问题。这种情况的存在说明，很可能是当时的塞族因素几乎完全被吸收或镇压掉了。阿族人心中深深地根植着这样的看法，认为在过去几个世纪里，塞族人曾经征服过他们，控制过他们，所以应该将塞族人清除掉，永远不要再回来。阿族人所做的一切就是他们曾经遭受到的"。Edith Durham, *High Albania*, London, 1909, repr. 1985, p. 294。

真的是白花钱而毫无意义，因为现在自由塞尔维亚领土上正是急需发展经费的时候，我感到悲伤。"① 巴尔干战争期间担任《真理报》（Pravda）战地记者的利奥·特洛斯基（Leon Trotsky）写道，"各个阿族人村庄情况好多了，比塞族人村庄富裕多了。即使是富裕的塞族人也不可能在阿族人的村庄里盖起豪宅。如果一个塞族人拥有两层的房屋，那么他就不敢进行油漆，以便使它显得不比阿族人的房子更好看"。② 显然，战乱环境使得科索沃两大民族之间的仇恨在加深，邻里之间也不存在温情了。半岛局势的任何变动都会加重社会下层普遍民众的痛苦，他们误以为痛苦是对立民族一方造成的，特别是处于高压下的底层民众唯有在更弱小的民族身上才能找到发泄的机会。

19世纪末20世纪初，欧洲列强加紧了对奥斯曼帝国巴尔干半岛遗产的瓜分，他们借口"衙门"政府在马其顿地区进行的政治改革不够快而加大压力，导致巴尔干半岛紧张气氛陡然增加。当时人们所知道的马其顿地区北部和东部以萨尔山脉（Sar）与罗多彼（Rhodope）山脉为界，南部以爱琴海和品都斯（Pindus）山脉为界，西部以奥赫里德湖和普雷斯帕（Prespa）为界。其密集的人口成分复杂，民族构成包括巴尔干半岛上所有族群，如保加利亚人、土耳其人、塞族、阿族、吉普赛人、乌拉赫斯人（Vlachs）、犹太人、希腊人和马其顿斯拉夫人。马其顿还有巴尔干半岛最重要的战略据点——塞萨洛尼基。正是因为马其顿极为重要的战略地位，巴尔干国家都想染指并控制它。保加利亚、希腊和塞尔维亚都意识到，无论谁控制了这个地区谁将成为半岛最强大的国家。为此，这三个新独立的巴尔干国家都主张马其顿是他们各自历史的发源地，强调这个地区一直是他们历史上曾经建立的强大帝国的基本部分。1885年，塞尔维亚为此与保加利亚爆发战争，严重损害了两个新兴国家之间的关系。此后马其顿一直是半岛地区的"火药桶"。其中保加利亚将它看作民族复兴的核心点，跃跃欲试急于吞并这个地区。③

塞尔维亚国家在巴尔干半岛争霸斗争的最初阶段接连失利，其影响

---

① Edith Durham, *High Albania*, London, 1909, repr. 1985, p. 23.
② L. Trotsky, *The Balkan Wars, 1912–1913*, New York 1980, p. 123.
③ S. E. Palmar and R. R. King, *Yugoslav Communism and the Macedonian Question*, p. 7.

力也在逐渐减低,主要原因是作为塞尔维亚重要支持者的俄罗斯此时也受制于其他欧洲列强。根据柏林决议,俄国外交官可以对科索沃塞族提供保护,但不能占领它,因为根据柏林会议决议第23项条款,俄国作为奥斯曼帝国东正教民众的传统保护者有权保护科索沃基督徒。然而,俄国在柏林会议后不断衰落的影响力对处于奥斯曼帝国统治下的巴尔干半岛各地塞族人均产生了不利影响,促使塞尔维亚转而投靠奥匈帝国。由于驻普里斯蒂纳副领事米兰·拉基奇(Milan Rakic)和国王亚历山大·奥布雷诺维奇(Alexander Obrenovic,1876—1903年在位)奉行亲奥匈政策,塞尔维亚王国也丧失了俄国人的支持。与此同时,处于"衙门"政府统治下的塞族人也感到万分沮丧,不再指靠塞尔维亚王国。[1] 1889年6月纪念科索沃战役500周年对当地塞族人来说是个重要的活动,但是亲奥匈帝国的塞尔维亚政府决定低调对待这一纪念日,因此有关纪念活动的安排一拖再拖,塞尔维亚统一科索沃的计划也被搁置了。正因为如此,科索沃塞族人决定不受塞尔维亚政府的影响继续组织活动。随着纪念日的临近,奥匈帝国控制下的南斯拉夫人地区的紧张气氛急剧增加。为防止局势动荡,衰落中的奥匈帝国也加强了管控,下令自1889年4月以后,除了持有大护照者,禁止其他人在帝国境内旅行,任何塞族人都无法得到这类特殊护照去巴尔干半岛南方或东方旅行。奥匈帝国警察开始严密监视所有通往塞尔维亚和科索沃的道路,严禁任何打算在纪念日之前去那里旅行的塞族人通行。[2] 然而,此次纪念活动进行得比所有人预期的更为成功。这次纪念活动不顾多方势力进行的阻遏,俨然成为解放所有南斯拉夫人摆脱外族统治斗争的民族团结的象征。对于所有仍然渴望自由的人来说,科索沃史诗成为希望的光辉。在维也纳,南斯拉夫青年聚集在他们自己的俱乐部里,深情缅怀科索沃的英雄们。这次纪念活动加强了斯拉夫民族和东正教徒的团结。俄国亲斯拉夫人报纸将科索沃称为"塞尔维亚的特洛伊",呼吁所有俄罗斯人支

---

[1] Batakovic, *The Kosovo Chronicles*, p. 58.
[2] T. A. Emmert, "The Kosovo Legacy", *Serbian Studies*, Vol. 5, No. 2, 1989, p. 12.

持塞族人民。①

科索沃各民族对立情绪进一步激化，当塞族人大张旗鼓活动时，阿族人也在明目张胆地积聚对抗力量。1901年5月，阿族匪徒抢劫和烧毁了新帕扎尔、斯杰尼察（Sjenica）和普里斯蒂纳部分城区。而在20世纪之初的奥斯曼帝国"衙门"当局更加无能，其镇压政策和高压管控措施也不奏效，使得阿族自治运动获得了新的发展机会。由于阿族民众此时已经认清了"衙门"政府的真面目，了解到土耳其人无意授予他们所要求的阿族管理自治权，因此各地阿族领袖不约而同地决定自己掌握阿族人的命运。思想解放了的阿族人具有比塞族人更强烈的攻击欲望，他们对孤立的斯拉夫人定居点和奥斯曼警备部队同时发动袭击，虽然零散却破坏严重。塞族民众因此损失惨重。尽管两族民众特别是邻里之间尚存温情，但是当平日和善的阿族青年占领科拉欣（Kolasin）时，还是无情地屠杀了许多塞族平民。② 在崇尚极端民族主义行为的环境里，杀戮非我族类才能得到族人的认同，也才能在社区中得到赞扬，对塞族邻里的同情和怜悯都将被看作懦弱和背叛，人人争相显示其对民族的忠诚，从而驱使成千上万普通人成为杀人"恶魔"，这也解释了科索沃两大民族普通民众何以顺利地转变为种族屠杀打手的现象。塞尔维亚政府为了阻止杀戮斯拉夫人，立即邀请许多阿族显赫人物从佩奇和德亚科维察到贝尔格莱德访问，其中就包括佩奇阿族人领袖穆罕默德·扎伊姆（Mehmed Zaim）。他们在塞尔维亚首都受到热情款待，并得到大笔金钱和武器作为礼物，同时塞尔维亚政府向他们承诺，如果他们帮助结束科索沃发生的暴行，那么在阿族人反抗"衙门"政府的斗争中将获得塞族人的支持。两个被压迫民族终于达成了相互支持的意愿，但混乱的环境使得这种意愿没有实现的可能，因为当地处于失控状态。

为保护斯拉夫人免受暴力袭击，俄国政府宣布于1902年底在米特洛维察设立领事馆，其真正的意图是更近距离地监视奥匈帝国对阿族天

---

① 在圣彼得堡的圣伊萨克（St Isaac）大教堂，为此举行了安魂弥撒，雅典的各个教堂也飘扬起黑色的旗帜。T. A. Emmert, "The Kosovo Legacy", *Serbian Studies*, Vol. 5, No. 2, 1989, p. 16.

② Skendi, *The Albanian National Awakening*, p. 201.

主教民众的影响。欧洲列强警觉地观察到当时奥斯曼帝国当局加速倒台的动向，立即推动"衙门"政府按照他们设计的方案推出一系列新的改革，试图以此改善处于危难困境中的基督教民众特别是塞族人，缓解随时可能触发的爆炸性局势。"衙门"当局言听计从，最终接受了建议，组建了由基督徒组成的宪兵队，但仍然不允许其成员携带枪支。这些"文职"宪兵每天在警察局里无所事事，聊天消磨时光，或者谈论着嘲讽阿族穆斯林的话题。科索沃阿族人更怀疑他们的民族偏见，担心他们在执行公务中公报私仇，更担心介入的外国势力偏袒斯拉夫人。1902年生效的新法律规定拥有阿语书籍或使用阿语写信都是违法行为，将受到惩罚，这无异于火上浇油。尤其是在包括阿族人地区的马其顿，当地阿族人激烈反对奥匈帝国和俄国人推行的马其顿改革计划，他们特别不能容忍在其阿族人自己的领土上出现基督教斯拉夫人宪兵警察。1903年3月，阿族人再度发动叛乱，占领了武契特尔恩（Vucitrn）和米特洛维察，并攻击奥斯曼帝国警备部队，矛头直指基督徒宪兵，"衙门"政府不得不多次派遣使团安抚他们。当局的软弱刺激势力，3月31日，新任俄国驻米特洛维察领事格里高利·什特彻尔宾（Grigorie Stepanovic Shtcherbin）被狂热的阿族青年刺杀。在塞族人看来，他的死是他们民族的悲剧，因为他们将他视为保护人和俄罗斯大国的代表，能够代表欧洲列强干预科索沃动荡的局势，终止阿族愈演愈烈的无政府状态和暴力活动。塞族民众抬棺游行，数千民众聚集起游行队伍，科索沃各地教堂也隆重举行葬礼宗教纪念仪式，可怕的复仇能量在聚集。① 当局派来强制执行改革计划的军队目标有限，他们根本不愿意参与到民族纠纷中，也对持续存在的混乱局势不加干涉。如果说穆斯林阿族人把当地更弱小的塞族人当作东正教基督徒加以攻击的话，那是因为他们怨恨政府的立场在这次改革中从支持穆斯林转向了支持基督徒，而尚在帝国治下的基督教塞族人背后则有塞尔维亚国家和俄罗斯的支持。列强的博弈促使局势趋向危险的爆炸点。② 此时，奥斯曼帝国没有能力阻止混乱局面迅速蔓延，普里斯蒂纳、新帕扎尔全境、散德加克和什科德北部地

---

① Batakovic, *The Kosovo Chronicles*, p. 153.
② Skendi, *The Albanian National Awakening*, p. 295.

区都陷入暴力冲突。但是，这些武装冲突带有自发的种族仇杀性质，既无组织也无计划，散乱而凶残，明显是愤怒情绪的宣泄。①

塞尔维亚政府和科索沃塞族人立即做出了回应。为了应对恶化的生存环境，大约25000名马其顿斯拉夫人于1903年8月2日发动起义，宣布成立"马其顿内部革命组织"（Internal Macedonian Revolutionary Organisation, IMRO），该组织的主要目的是夺取莫纳斯蒂尔即比托拉（Bitola）郡，进而从奥斯曼帝国统治下解放整个马其顿。由于巴尔干半岛中心地区陷于混乱，"衙门"政府立即派遣大部分由阿族人组成的"巴什巴祖卡"流氓部队前往镇压。但其真实任务不是平息此起彼伏的起义，而是挑起更加激烈的民族对抗。这些阿族人"流氓部队"十分积极地完成任务，以极其残酷的方式执行命令。1903年，由于奉行亲奥匈帝国政策的塞尔维亚国王亚历山大·奥布雷诺维奇（Alexander Obrenovic）遭到暗杀，卡拉德久德耶维奇（Karadjordjevic）王朝宣布退位，向塞尔维亚政府呈交王冠，从而宣告塞尔维亚国家独立于奥匈帝国新时代的开始。王族另一位成员卡拉德久德耶维奇·普尔塔尔（Karadjordjevic Prtar）上台后立即调整了塞尔维亚政府的外交政策，采取亲俄姿态，并重新启动对奥斯曼帝国治下塞族人的支持活动，并大肆进行激进的民族主义宣传。这立即导致塞尔维亚就改革问题与维也纳和"衙门"政府发生正面冲突。作为回应，奥匈帝国也加强了其在阿族人中的宣传，后者则通过煽动不断的骚乱起义作为响应。巴尔干半岛中部的紧张局势进一步升级，武装叛乱和暴力冲突成为马其顿地区日常生活中最常见最明显的特点。而保加利亚、希腊和塞尔维亚几国政府都进入临战状态，军队随时准备开拔介入，它们都希望在混乱中为各自民族国家争夺更大的领土，从瓦解的奥斯曼帝国夺取更大利益。各国教会也和外交机构一样加紧活动，向这块土地上的居民灌输极端民族主义的思想和口号。马其顿地区的形势进一步恶化。为了对抗塞族人的军事组织，1906年初阿族人在莫纳斯蒂尔仓促建立了解放阿尔巴尼亚委员会（Lib-

---

① 阿族人在索菲亚的报纸《德利塔》（Drita）准确而简练地描述了真实的形势，"格亚科瓦（Gjakova）在战斗和消亡，佩贾（Peja）则被人忽视了。鲁梅（Lume）的房屋在燃烧，但其他地方却没有听到它的任何消息。"Skendi, *The Albanian National Awakening*, p. 213.

eration Albania Committee，LAC），其主旨是为支离破碎分散进行的阿族政治运动注入某些方向性的思想。德亚科维察地方的一位当地阿族人大首领巴伊拉姆·库里（Bajram Curri，1862—1925年）于1906年初领导建立了该委员会的地方分支。委员会还在另外一些阿族人定居区建立多个地方分支。不久后，阿族人又组建了他们自己的游击队武装力量，称为"切达"（cheta）。奥斯曼帝国此时大限已到，灭亡在即。苏丹阿卜杜拉·哈米德（Abdul Hamid）因此陷于精神颓废状态，心理上彻底绝望。帝国各地与末代苏丹一样，精神萎靡、人心涣散，改革不仅无效而且频繁引发事端，帝国朝野笼罩着绝望的阴影，科索沃进一步陷入混乱。

欧洲列强争夺巴尔干半岛权益的较量越来越激烈，塞尔维亚王国和奥斯曼帝国治下的塞族人都不过是他们利用的棋子和讨价还价的筹码。俄罗斯的实力当时还难以与以奥匈帝国为首的集团相比，因此巴尔干半岛塞族人常常成为大国交易的牺牲品，在俄罗斯与奥匈帝国的斗争中成为后者不时打击的对象。1905年，塞尔维亚与保加利亚签署商贸协定，双方都希望能够由此获得利益，促进各自经济贸易的发展，但是却被奥匈帝国否决，理所当然地拒绝批准并搁置起来。塞尔维亚方面认为，在奥匈帝国发动的反对塞尔维亚的经济战争中，塞萨洛尼基是他们打赢战争的唯一出海通道和对外港口，维持这条经济通道的畅通对于塞尔维亚意义重大，甚至比设法收回在争议地区祖传文化圣地和政治权益更重要。奥匈帝国也非常清楚这一点，认为塞尔维亚经济发展将改变巴尔干半岛实力平衡，于是百般阻挠加以破坏。在1906年爆发的"彘猪战争"（Pig War）中，奥匈帝国对塞尔维亚的经济战达到了顶点。当时，奥匈帝国为设法迫使塞尔维亚放弃刚刚签订的保—塞关税同盟协议，关闭了边检口岸所有生活用品的出口，力图将这个巴尔干内陆国家困死。其中影响最大的进口货物是家猪，这对稳定塞尔维亚商品经济是重大打击。1908年，奥匈帝国进一步对塞尔维亚施压，在政治压力效果不大的情况下，加大了经济封锁，使塞尔维亚陷入危险的境地。这样，塞尔维亚推行的外交政策遭遇空前巨大的阻力，其两大目标都无法实现，一是推动俄罗斯对抗奥匈帝国，并明晰两强在巴尔干半岛的势力范围，进而使塞尔维亚处于沙皇保护下；二是阻止马其顿自治，防止后者自治可能导致的保加利亚进占或控制马其顿。

即将灭亡的奥斯曼帝国此时也出现了新的变革力量，在救亡图强的进步呼声中，青年土耳其党于1906年正式成立，并在塞萨洛尼基建立总部，其正式名称为团结与进步委员会（Committee of Union and Progress，CUP）。这是19世纪末奥斯曼帝国内出现的崭新的政治力量，其起源可以追溯到19世纪60年代，也就是当时反对苏丹阿卜杜拉·哈米德统治的青年土耳其党文学运动。1889年伊斯坦布尔军医学院4名学生发起建立秘密组织，5年后各地秘密小组成立统一协会，1906年该党总部的建立具有决定意义。可以说，青年土耳其党是早期改革的结果，也是按照西方模式办学培养新式人才的结果。其成员多半是进步青年，他们有知识和理想，寻求国家振兴，要求重组和改革旧帝国。土耳其民族认同的新观念就是在这个青年土耳其党人中形成的，他们在《古兰经》中重新发现了建立国家新政府的理论依据，在讨论伊斯兰教文献的同时，强调将新文学运动奠基在法国开明君主模式上，创造出变革和进步的环境。这样，他们就从思想上找到了最终将土耳其民族国家与奥斯曼帝国区别开来的理论基础。不久后，许多临近城镇也建立起分支机构，青年土耳其党委员会的阿族成员大多就是普里兹伦同盟全国委员会的成员。他们致力于重回1876年宪法，希望在该宪法赋予帝国各民族享有其共同权利的同时，保持各自文化多样性的区别。该运动迅速在军队中扩大影响，直到发展成为普遍自发的起义，也就是发动推翻苏丹的军事政变，从而给青年土耳其党带来军事权力。

面临动荡的巴尔干局势，欧洲列强决定于1908年6月恢复马其顿改革计划。马其顿因此立即成为巴尔干半岛热点地区，民族主义者和社会革命家云集于此，欧洲列强疯狂博弈，冒险家和形形色色的政客主宰着一切，局势可谓剑拔弩张。青年土耳其党人认为恢复马其顿改革计划是对帝国新的威胁，因为改革将导致该地自治，进而帝国最终将丧失对它的控制。特别是这里还涉及包括阿尔巴尼亚领土的地区，对于该党为数不少的阿族积极分子是无法接受的。青年土耳其党人于是在同年7月3日发动起义，革命迅速席卷各地土耳其军队，当月底，起义军占领塞萨洛尼基，宣布恢复1876年宪法，迫使苏丹阿卜杜拉·哈米德二世重开国会。这次起义直接威胁奥匈帝国和意大利在阿尔巴尼亚扩大势力范围的计划。奥匈帝国特别担忧的是，在俄国保护下的塞尔维亚将借机合并波斯尼亚和黑塞格维纳，进而建立大塞尔维亚国家。维也纳把控制波斯尼亚和黑塞格维纳视为保护其达尔马提亚沿海地区权益和遏制塞尔维亚扩张的中心任务，更重要的是借此限制俄国在巴尔干半岛势力范围的扩张。1908年10月5日，奥匈帝国迫不及待地抢先宣布吞并波斯尼亚和黑塞格维纳。

列强加快瓜分巴尔干的步伐也促使阿族民族主义活动加快推进。[①] 1908年11月14日，全体阿族人定居区和海外阿族人全体会议在莫纳斯蒂尔召开，确定了阿尔巴尼亚语言的书写方式。青年土耳其党的革命主要得到了阿族人的协助特别是来自科索沃下层阿族人的支持，为此青年土耳其党允诺将免除阿族人沉重的税负，并赋予他们完全的宪法权利，恢复他们传统的特权。青年土耳其党人还向他们保证阿族人可以拥有自己的武器，可以开办使用阿族语言的学校，同时不同民族都将获得地方自治。一旦结束帝国专制统治的宪法得到通过，就将选举新的议会。整个帝国充满了推进改革的普遍期望，新宪法在整个科索沃和帝国各地受到欢迎，得到广泛的同情。同一时期在阿族定居区内宣布总休战，此后一年阿族私人或部落间确实没有发生冲突。[②] 青年土耳其党的承诺受到塞族和阿族、基督教和穆斯林的欢迎，被视为实现民族自治和建立自由政治组织的机会。对阿族人来说，该宪法的颁布标志着自由平等新时代的到来。武装组织"切达"游击队也从山区下山，众多政治犯从流放地重归故里，使用多种拼音文字书写阿语的阿族报纸纷纷出现。但是，科索沃塞族人总的来看对新政权信心不足，认为它不过是奥斯曼帝国的继承者，而且可能只是短命的继承人。

事实上，阿族人对苏丹阿卜杜拉·哈米德的统治并无反感，因为他对阿族人像宽容的父亲一样，直到东方危机出现以前，他们称他为慈父国王（baba mbret），他尊重他们的法律和习俗，允许他们携带武器并

---

① Barbara Jelavich, *History of the Balkans: the 20th Century*, Cambridge University Press 1983, pp. 84 – 88.

② J. Swire, *Albania – The Rise of a Kingdom*, London, 1929, repr. New York, 1971, p. 83.

缴纳低额税负。他甚至还赏赐荣誉、职位和头衔给阿族人的酋长们。①因此，当许多阿族人站在苏丹一边时，打算接受青年土耳其党人的计划仍然需要时间，尤其是他们打算更换新苏丹的计划遭到抵制，大批科索沃穆斯林民众不想放弃苏丹的心情因此可以理解。② 但是要说服极端保守的科索沃上层人物却不是件容易的事情，因为他们认为新宪法是用来反对宗教法的工具。就此，青年土耳其党不得不做进一步公开答复：宪法并不反对《古兰经》，伊斯兰教赋予议会的权力就是限制苏丹的权力。由于青年土耳其党并未赢得科索沃上层的支持，因此也不必承诺满足他们的要求，其中包括保证尊重古老的税收特权，允许阿族人持有武器，许可开办阿族人学校。③ 青年土耳其党新议会中包括 24 名阿族代表，其中大部分是拥有强大地方支持的头面人物，例如伊斯马伊尔·科马尔（Ismail Kemal）、哈桑·普里斯蒂纳（Hasan Pristina）、埃萨德·托普塔尼帕夏（Essad Pasha Toptani）等人。这些代表致力于政府的分权计划，而不是推翻奥斯曼帝国。议会召开期间，最终形成了两种阿语书写方式，即以拉丁文字拼写和以阿拉伯文字拼写（伊斯坦布尔形式）的阿尔巴尼亚语。多数有文化的代表认为拉丁字母是联合统一基督徒和穆斯林不同信仰、统一吉赫格语（Gheg）和托斯克语（Tosk）不同方言的工具，能使民众更好地认识他们拥有的共同文化遗产。青年土耳其党的阿族代表自然支持伊斯坦布尔形式，最终还是接受了两种方案。这虽然不是理想的解决方案，但至少能出版南北两方都可以相互读懂的报纸。

青年土耳其党中的阿族积极分子认为奥斯曼帝国的"开明苏丹"统治不应受到敌视，仁慈的老苏丹也许比更换的新苏丹更好，他们在奥斯曼帝国内的高度民族自治比民族独立更好，因此应该更加注意的是完善民族文字和教育。1908 年 9 月举行的埃尔巴桑（Elbasan）会议专门讨论科索沃阿族人的教育与文化问题。阿尔巴尼亚北方特别是科索沃郡的代表几乎没有参与这场争论，他们很难理解其生活在南方那些更为自

---

① Skendi, *The Albanian National Awakening*, p. 392.
② Ibid., p. 341.
③ Ibid., p. 343.

由地区的同胞们所进行的文化努力,因为他们还生活在苦难中。他们更乐意接受《古兰经》,不喜欢在学校里接受阿语教育,因为他们认为只有土耳其语是唯一的国家官方语言,即使他们大多数人并不完全掌握土耳其语,他们也坚信这种语言适于伊斯兰教信仰。总体来看,什科德和科索沃的穆斯林更忠于奥斯曼帝国和笃信伊斯兰教,而这种与旧秩序的紧密联系一再阻碍当地阿族运动的发展。他们被大部分观察者认为是所有阿族宗教群体中最落后和最愚昧的部分,因为他们公开抵制同年9月召开的埃尔巴桑会议。这次会议的35名代表都来自阿尔巴尼亚中部和北部,正式签署了《莫纳斯蒂尔决定》,即使用拉丁字母而非阿拉伯字母书写阿语。与会者还认为拉丁字母比阿拉伯字母和希腊字母更适于学习也更容易掌握。从语言学角度看,拉丁语可能更接近阿语的发音,这大概是他们做出这一决定的学术原因。总之,阿族人急于通过一切机会确立其民族独立特征,极力使自己清除土耳其文化的烙印,努力使自己拉近与西方的联系。① 到1908年时,帝国内外大约有30种阿语报纸杂志正式发行。

青年土耳其党人代表的是奥斯曼帝国内温和改良派,必然遭到保守势力的反对。1908年9月颁布的选举法规定候选人必须证明自己是奥斯曼人并掌握土耳其语,意在排斥阿族人涉足政坛。显然,改革后的主要内部矛盾在于调和帝国新、旧势力之间的冲突,即西欧式的自由平等博爱与穆斯林及基督教农民传统之间、宪政统治与伊斯坦布尔"良好的旧统治"之间、青年土耳其党人与保守派土耳其人之间、军界将领们的支持者与哈里发的信徒之间、知识分子与旧式贵族之间的冲突。② 青年土耳其党人在稳固其权力的最初数月间,拒绝履行其对阿族人和帝国其他臣属民族的诺言,因为青年土耳其党内一股强大的泛奥斯曼主义情绪逐渐流行并占了上风。他们认为帝国所有的臣民都是不可分割的整体,因此新政权应该落实帝国统一计划,即对帝国内各独立民族强制推行统一的土耳其化。阿族党员公开宣传非土耳其民族理想越来越困难,

---

① Swire, *Albania*, p. 63.
② Loed Courtney of Penwith ed., *Nationalism and War in the Near East*, Oxford: Carnegie Endowment for International Peace, 1915, p. 120.

他们在新成立的斯拉夫或阿族文化俱乐部及协会中讨论任何政治事务也越来越困难。青年土耳其党领袖们呈现出越来越明显的泛奥斯曼主义的意识形态，强调行政管理的中央集权化，引进正规军服役制度。阿族党员反对税收新政策，他们认为青年土耳其党并没有理解阿族的特殊权利，因此阿族党员与土族党人渐行渐远，他们的蜜月期就此结束。起初，青年土耳其党履行了诺言，他们不仅于1908年末颁布了选举法而且开展选举活动。但是，他们很快就与阿族人产生裂痕，因为新选举法排除了大部分科索沃民众包括穆斯林和基督教精英人物。而阿族党员继续大力鼓吹的帝国分权化和各民族地区自治，是与青年土耳其党人推行的一系列旨在强化中央集权的措施相悖的。由于青年土耳其党人完全反对在帝国内强化民族主义，并认为只有加强所有臣民的土耳其化才能保持帝国的完整强大，因此两派冲突不可避免。

新宪法颁布后，出现了一个相对和平的时期，科索沃塞族和阿族人都认为其命运得到了极大改善。但是这种情况并未持久。建立宪政帝国一度被认为是在平等基础上解决东方问题的最佳方案，其帝制传统将由新的代议制机构加以规范。但不久后，奥斯曼宪政改革被证明只是一场土耳其民族复兴的尝试，其目的在于挽救衰亡中的帝国，而不是推进民族和解，因此，改革必然加剧民族关系紧张，并导致巴尔干半岛暴力冲突进一步加剧。1908年奥匈帝国驻普里兹伦领事普罗哈斯卡（Prohaska）报告指出，当地民众对南方阿族那些讲托斯克语的人进行的民族主义宣传毫无兴趣。当地民众深受古老家族及其领袖的影响，他们对民族问题十分冷淡。他还报告说，民族主义活动只在青年学生中零星存在。在一些地区如普里兹伦，民族主义思想受到公众谴责，因为这里有强大的奥斯曼传统势力，在这里伊斯兰教信仰远比阿族民族主义情感重要得多。[①] 因此，南方托斯克语区宣传家的任务异常艰巨，不仅要设法说服科索沃上层人物参与民族主义活动，而且要他们服从全局利益，把民族问题摆在第一位。宪政统治初期，科索沃阿族上层人物在对其同胞访问后，对形势非常绝望，他批评道："在科索沃，即使是那些自称为

[①] Kiraly Belsk and D. Djordjevic, ed., *East Central European Society and the Balkan Wars*, New York, 1986, p. 166.

阿族人的民众也被狂热盲从所蒙蔽,既不知道什么是阿尔巴尼亚国家,也不了解什么是阿尔巴尼亚语,什么是阿尔巴尼亚民族。只有在格亚科瓦(Gjakova)特别是在斯科普里,人们才能找到真正的阿族民族运动。"① 他进而强调,"阻碍阿族民族运动发展的因素显然有两方面,一方面是民众中的宗教区别和南北之间的文化差异,另一方面是青年土耳其党极力加深现存的民族差异,他们利用这些差异达到其自己的目的。"② 这样的评价一针见血,指出了奥斯曼土耳其人挑动巴尔干半岛民族对立冲突的实质。无论是奥斯曼苏丹还是新兴改革派都不可能为科索沃被统治民族着想。

1908年底的科索沃陷入阴谋诡计和战前紧张的动荡之中,普里兹伦集聚着来自各国领事馆的间谍,他们向各自政府及时报告各种外交活动的情况:奥匈帝国吞并波斯尼亚和黑塞哥维纳引发了严重的外交危机,俄国强硬地认为如果巴尔干半岛现状不能维持,那么俄国就必须拥有波斯尼亚和黑塞哥维那两地和新帕扎尔省的散德加克地区,以此保持塞尔维亚和黑山的统一。俄罗斯公开组织巴尔干国家反对奥匈帝国,并支持建立独立的阿尔巴尼亚国家。俄国的意图就是要削弱奥匈帝国在巴尔干半岛的势力,而那些远离该地区并没有提出权利要求的列强也担忧奥匈帝国的进一步扩张将打破地区平衡,因为它将势力范围大幅度扩张,甚至囊括重要的塞萨洛尼基港。塞尔维亚为了保持政治独立和经济独立,迫切需要通往亚得利亚海的出口,奥匈帝国吞并波斯尼亚和黑塞哥维那无疑是对它的最大打击,因此遭到坚决反对。此时,气息奄奄的奥斯曼帝国不再是欧洲多数列强的主要瓜分目标,奥匈帝国成了新的焦点。长期驻留此地的埃迪什·杜尔翰(Edith Durham)观察到,"每个国家都想在土耳其的欧洲领土瓦解之际捞到一块土地,它们都在这里保留了领事馆。俄国代表斯拉夫人的利益,要求得到古代塞尔维亚的领土,激烈的奥地利人留在这里提出其国家的'前进!奥地利'计划,意大利则一直安插了一个人看看他该做点什么。"③

---

① Skendi, *The Albanian National Awakening*, p. 391.
② Ibid., p. 404.
③ E. Durham, *High Albania*, Edward Arnold, London, 1909, repr. 1985, p. 27.

奥斯曼帝国内忧外患，所有矛盾都在激化。奥匈帝国从奥斯曼帝国手中夺取波斯尼亚和黑塞哥维那以及保加利亚的事件，是对青年土耳其党人严重的打击，促使他们加快夺权计划，以图及时挽救帝国。但是，保守势力的核心力量禁卫军团于1909年4月13日凌晨发动了反革命政变，要求驱逐议长，取缔青年土耳其党。他们一度推翻了青年土耳其党政府，重新恢复前苏丹专制统治。然而，他们在首都之外几乎找不到任何支持者。当月底，禁卫军团的反叛便被青年土耳其党的"行动军"部队镇压下去。紧接着，他们废黜了苏丹阿卜杜拉·哈米德，另立其年轻的弟弟穆罕默德五世（Mahmoud V，1909—1918年在位）作为傀儡苏丹。青年土耳其党人开始显露其真正本质，他们对宪法的虚伪解释和允诺被事实揭示得越来越清晰了，原先的承诺大多成为一纸空文，因此不满情绪迅速蔓延。新政权在稳固了自己的统治后，决定强化统一的土耳其化政策，以此挽救垂死的帝国。这就最终促使普遍觉醒的民族意识迅速演化为公开的武装起义，特别是在科索沃地区，暴力冲突已经成为燎原大火。最初，青年土耳其党人没有料到他们会与阿拉伯人、阿尔巴尼亚人或马其顿人同时开战，没能预见帝国境内各民族的和独立势力会联合起来反对他们。当战争的危险来临时，他们只能仓促迎战，被迫进行多面作战，他们提出的帝国各民族团结联合起来的思想是在"奥斯曼化"旗号下推行的，无形中又使土耳其人与其他被统治民族对立起来。他们原计划对各民族武装力量进行广泛收编重组，同时在帝国内实行统一的教育制度，在面向所有民族的高级学校里，将土耳其语当作主要官方语言，并对所有民族实行统一强制兵役制，大幅度提高税收以支付所有改革的开销。这个计划即便是在强盛国家里都难以推行，更何况是在风雨飘摇的奥斯曼帝国。1909年夏，由米特洛维察的科索沃穆斯林酋长伊萨·波雷提尼（Isa Boletini，1864—1916年）领导的阿族人发动起义，公开反对青年土耳其党统治，起义迅速遍及各地。[①] 起义者打出的公开借口就是该党要废黜他们原来在苏丹阿卜杜拉·哈米德时期就享有的那些特权。阿族人尤其反对进行人口普查登记，他们认为这是

---

① 关于伊萨·波雷提尼（Isa Boletini）的生平特别是他在组织科索沃起义行动中的作用见 Fatmir Musaj, *Isa Boletini*, Tirana 1987, 转引自 D. Batakovic, *The Kosovo Chronicles*, p. 168。

强制兵役制和征缴新税收的前奏。科索沃上层人物最初支持青年土耳其党革命,但是此时他们也被迫参加反抗新政权以捍卫其权益和特权的起义。

青年土耳其党当局眼看科索沃阿族人反抗风潮愈演愈烈,在充分认识到阿族人寻求自治独立的真实目的后,决定严厉镇压起义。1909年8—9月,德加维德·帕夏(Djavid Pasha)被任命为米特洛维察地区部队司令官,指挥大军前往镇压起义者。他的第一个行动就是在科索沃北部地区发动进攻,主要目标就是抓捕伊萨·波雷提尼这个可怕的阿族领袖。但是,伊萨在科索沃地区阿族人中拥有至高无上的权威,土耳其人很难完成任务。整个8月和9月间,激烈的战斗持续不断,德加维德加大攻击力度,伊萨、哈什(Hashi)的巴伊拉姆·库里(Bajram Curri)、利久马(Ljuma)的伊斯拉姆·西帕黑(Islam Sipahi)和其他阿族领袖先后遭到围捕。最终,德加维德所部正规军赢得了战斗,杀开了进入利久马地区的血路,并解除了部落家族的武装。事实上,后者不仅缺乏军训而且通常只有一些陈旧的武器,因此被迫缴械。到了1909年9月底,胜利后的德加维德便得意扬扬地进入米特洛维察,大张旗鼓地庆祝帝国军队平息阿族起义的胜利。但是,事情才刚刚开始,远未结束。尽管奥斯曼土耳其人夷平了伊萨·波雷提尼的家乡波雷丁(Boletin),但是酋长本人却逃脱了。这次起义失败的主要原因是阿族部族武装的军事素养远比土耳其职业军人差。他们通常背靠贫瘠或有高地的战场,喜欢凭借高山之险占据山头作战,显然是因为担心被包围剿灭所致,这就很容易成为土耳其人围攻的目标。另外,他们多为散兵游勇,不会利用掩体,故在交战中轻易被正规军击溃。① 5个月后,奥斯曼军队重新控制了科索沃,许多起义者逃到黑山避难。大量难民随着他们涌入黑山,也给黑山政府提供了对"衙门"政府开战的借口。当时的形势对黑山国王有利,因为大批进入其国境的阿族人已经非常虚弱,无力继续与土耳其人进行战斗,这样在即将开始的对"衙门"政府的战斗中,得到援助的阿族人就非常愿意与黑山人合作。在某种程度上,塞尔维亚和黑山政府愿意帮助阿族起义者,乐于接纳阿族难民,给他们提供武器,利用他们

---

① Swire, *Albania*, pp. 92 – 95.

攻击土耳其军队，加速奥斯曼帝国的灭亡，同时，也能抵消奥匈帝国对阿族领袖的影响。

不甘心失败的科索沃阿族民众将巨大的怨恨转化为新的起义。他们决定于1910年4月发动另一次武装暴动，以反抗德加维德的军事镇压。这年4月，阿族民众拒绝向伊斯坦布尔缴纳新税，即对进口货物的苛刻税赋。起义从普里斯蒂纳开始，迅速扩展到乌罗舍瓦茨（Urosevac）地区。民众在这里组织了多次大规模示威游行，反对政府言而无信和强制剥夺他们的特权。"衙门"当局立即向科索沃派遣20000军队进行镇压，军中许多将士是好战尚武的库尔德人（Kurdish）山民，由舍弗科特·图尔古特（Shefket Turgut）将军率领。他们残酷地镇压了起义，彻底解除阿族民众的武装。库尔德部队施行非我族类格杀勿论，镇压极为残酷，有的地方整座村庄被焚烧，阿族领袖被当众鞭笞和杀戮。但是，残酷镇压只是促使混乱局势持续恶化。[1] 阿族人此时终于尝到了土耳其人"以夷制夷"政策的苦头，他们过去这样对待塞族人，现在也受到库尔德人的同样对待。由于阿族反抗运动大部分是分散进行的，由各地领袖们分别控制，尚未采取统一行动，因此没有出现普遍承认的阿族权力来协调和指导民族反抗运动。各个部落按照他们各自的判断独立行动，捍卫着他们各自的特殊利益，因此很容易被土耳其军队各个击破。[2] 青年土耳其党此时开始在科索沃和阿尔巴尼亚北部推行军事恐怖统治，比"衙门"政府有过之而无不及。奥斯曼当局担心科索沃发生的暴动起义将在其他地区重复发生，因此将注意力转向阿尔巴尼亚中部地区。在这里，民众被强制解除武装，还临时建立军事法庭，重判数百名因民族起义活动被捕的阿族人。镇压行动引起俄国的担忧，他们严厉警告奥斯曼政府不要扩大对黑山斯拉夫人国家的敌意。

这个时期的塞族人相对平静，因为随着巴尔干战争前半岛战争阴云密布，大部分塞族人北上逃难或投奔塞尔维亚和黑山独立国家了，仍然生活在科索沃的少数塞族人极端贫困，无力迁徙逃亡，他们绝望地尝试继续苟延残喘。人们将他们视为塞族人在这个省区残存的居民。当时，

---

[1] *Foreign Office Handbook*, No.17, London, 1920, pp.44 – 45.

[2] Swire, *Albania*, p.96.

除了几个小群体留守外,大部分人移居到塞尔维亚和黑山边境城市,其中佩奇、米特洛维察和贝拉利亚(Beraria)的移民比较集中。英国人埃迪什·杜尔翰在《科索沃游记》中记载了普里兹伦塞族人悲惨的状况,他忿忿不平地写道:"拉扎尔沙皇那白色城堡只是过去黑夜中的一场梦。白天围绕在我们周围的都是阿族民众,持枪等待着捍卫那块在很久以前就属于他们的土地……我感到普里兹伦及其周边地区是那样遥远,想到那里就感到塞族人事业正在丧失、死去和随风而逝,就像英格兰丧失了察莱斯(Calais),英国失去诺曼底。我真的不知道我诅咒《柏林协约》要多久,它并没有给这个民族(塞族)带来真正属于塞尔维亚的土地:即波斯尼亚和黑塞格维纳,他们只有在那里才能聚集其分散的力量并得到发展,《柏林协约》只是迫使他们处于奥地利的控制下而已。"① 根据粗略统计,1911 年阿族暴力活动引发的骚乱导致大约 15 万人逃离科索沃,其中大约 10 万人是塞族人,正好相当于科索沃全部塞族人口的 1/3。

巴尔干半岛形势的极度恶化和奥斯曼帝国的垂死挣扎,将阿族人也打入了地狱,迫使塞族和阿族两大受压迫民族利害趋同,逐渐走到一起。1911 年 9 月,意大利为拯救受到镇压的阿族人,正式对"衙门"政府宣战,他们出兵企图夺取的黎波里塔尼亚〔Tripolitania,即今利比亚(Libya)〕,由于该城大多不设防,奥斯曼军队被轻易击败。② 此后,奥斯曼帝国的灭亡开始了。其他巴尔干半岛国家从"衙门"当局的衰落中看到了机会,他们要利用这个有利局势实现其长久渴望的扩张目标,在瓜分奥斯曼遗产的盛宴上分得一杯羹。"衙门"当局迫于压力,十分绝望,亟须得到阿族支持,遂开始与阿族人再度谈判。但是,得到塞尔维亚支持的阿族武装力量"切达"游击队于 1911 年秋季展开攻势,由基督徒和穆斯林构成的军队在阿尔巴尼亚各地开展攻击行动。塞尔维亚和黑山政府提前得到情报,担心土耳其人与阿族人结成联盟,为

---

① E. Durham, *High Albania*, Edward Arnold, London, 1909, repr. Virago Press, 1985, p. 275.

② Ferdinand Sghevill, *A History of the Balkans: From the Earliest times to the Present Day*, pp. 467 – 480.

阻止阿族人和"衙门"当局实现可能的和解，最终产生出自治的阿尔巴尼亚，故而积极支持阿族游击队提前起事。新建立的塞尔维亚秘密组织"联盟或死亡"（Ujedinjenje ili Smrt）被人们通常称为"黑手"的特务机构，一直在为伊萨·波雷提尼这样的阿族领袖提供武器和金钱，煽动他们继续造帝国的反。而波雷提尼一度犹豫不决是否与塞尔维亚政府合作达成某些交易，因为他怀疑塞尔维亚当局的诚意，他不能确定他们所说的解放欧洲被土耳其人奴役的民族中是否包括阿族。但是，黑手组织领导人迪米特里耶维奇·阿皮什（Dimitrijevic Apis）最终成功消除了他的疑虑，使他相信只有塞族和阿族的团结才能取得他们共同的利益，解放奥斯曼帝国治下的阿族和塞族。他还劝说波雷提尼满足于"衙门"当局作出的让步绝非明智之举，因为土耳其人靠不住。①

塞尔维亚政府的行动目标是设法使阿族人保持中立，最好能争取他们站到塞族人一边。在巴尔干战争前夕，塞尔维亚官员充分认识到，争取伊萨·波雷提尼和伊德里兹·色菲利（Idriz Seferi）以及其他阿族领袖的重要性和可能性，因为这些领袖曾在最近阿族起义中与塞尔维亚保持友好关系，而他们是科索沃地方实力派领导人中最有能力的。这些分布在巴尔干半岛各地的阿族人如果在即将到来的战争中保持中立，并在此后根据形势的需要采取有利于塞尔维亚军队的行动，将对塞尔维亚军队十分重要。换言之，随着塞尔维亚的胜利，阿族人最好能保持中立或者支持塞尔维亚。因此，塞尔维亚及时发布多份重要宣言和声明，都宣称阿尔巴尼亚人将受到保护，称他们是塞族的朋友，而他们的行动也将得到符合其贡献的待遇。② 为了确保自身安全，波雷提尼在自己的卫队中增加了几个塞族人。入夜，两个塞族卫士在门外把守，两个塞族卫士在第二道门警戒，屋里则有十名阿族穆斯林卫士。③ "衙门"当局了解

---

① Swire, *Albania*, p. 128.

② D. Mikic, "The Albanians and Serbia during the Balkan Wars", in B. K. Kiraly and D. Djordjevic ed., *East Central European Society and the Balkan Wars*, New York, 1987, p. 171.

③ 这样，塞族少数派一度与起义领袖们保持相对良好的关系，起义领袖们在其士兵中保持严格的纪律，伊德里兹·色菲利（Idriz Seferi）就枪毙了几个因为抢劫塞族人住家的部下。Swire, *Albania*, p. 129.

到塞尔维亚与科索沃阿族人之间达成了初步联盟后，再度设法争取科索沃阿族上层人物，允诺对阿族文化活动提供财政支持。但是，青年土耳其党的镇压措施和违背其先前承诺的行为已经伤透了合作者的心，这使民族主义分子和分离主义分子获得好处，他们在大多数阿族人中获得了更大的支持。此时，对于大多数人来说情况十分明显，民族主义者的革命已经遍及四分五裂的帝国，"衙门"当局只能艰难维系着局面，严密控制着随时可能起义的臣民。苏丹阿卜杜拉·哈米德心力憔悴，意识到再也无力支撑大局，于是引退到废都托普卡皮宫（Topkapi）的高墙里，苟且偷生，终老天年。

这个时期塞尔维亚当局大力支持科索沃阿族人的原因还在于，当地塞族人长期受压难以组织起有威胁的起义，而长期成为奥斯曼帝国军队兵源的阿族人却可以利用。正是在塞尔维亚政府的支持下，1912年1月阿族人再度起义（1912—1913年）。起初，塞尔维亚政府认为阿族人并不是个民族，而是几个相互疏远的部落，他们共同分享的既不是相同的语言、社会习俗，也不是宗教信仰。① 这种看法有一定的偏见，也不能反映阿族人的现实情况。此次阿族人起义具有重要的象征性，它显然是阿族人断绝与奥斯曼帝国的合作关系，建立与塞尔维亚当局同盟关系的转折点。就在第一次巴尔干战争前夕，塞尔维亚政府加强了争取科索沃阿族人和更南部阿族天主教米尔迪特（Mirdite）部落的工作，应该说是及时且正确的。而青年土耳其党则决策失误，他们在仓促建设统一国家中，没有处理好日益增长的阿族人民族情绪，相反一味地要求阿族人合作，但却因自身的傲慢和反映迟钝，无法满足阿族人的诉求，进而不断激起阿族人起义。此后土耳其人忽而让步忽而镇压，最终促使阿族人叛离奥斯曼帝国。在塞尔维亚政府对科索沃阿族起义积极和更有力的支持下，1912年1月爆发了哈桑·普里斯蒂纳（Hasan Pristina，1873—1933年）领导的起义。他来自武契特尔恩（Vucitrn）地方强大

---

① 当时驻普里斯蒂纳的塞尔维亚领事米兰·米洛耶维奇一再重复波佐维奇的话："把阿族运动只是看作不断发展的巴尔干危机背景下不太重要的现象，这是个重大的失误。"他认为阿族人已逐渐开始形成他们作为独立民族的日益清晰的概念，他强调这一点必须加以认真对待。Mikic, "The Albanians and Serbia", p. 168。

的西斯科维奇（Siskovic）家族。这次起义是自普里兹伦同盟成立后，阿族人最有组织且最为成功的反抗奥斯曼当局的武装反抗活动。[①] 当普里兹伦、佩奇、普里斯蒂纳等城市相继爆发骚乱时，阿族士兵大量成批地从奥斯曼军队倒戈参加起义军。进入8月，伊萨·波雷提尼领导的3万名起义军占领了斯科普里，敲响了伊斯坦布尔的警钟。"衙门"当局拼命安抚阿族人也已经无济于事。大约一个月后，科索沃的全部、阿尔巴尼亚中部和南部都落入起义军之手。随着阿族起义军的胜利，奥斯曼当局陷于瘫痪，伊斯坦布尔政府被迫罢免了穆科塔尔帕夏（Mouktar Pasha）及其追随者，理由是他们反对土耳其青年党（团结与进步委员会）的激进土耳其化政策。局势迅速恶化，多数奥斯曼警备部队发生兵变。奥斯曼帝国新政权急忙放松口风，允诺推动进一步改革并自由选举，以此安抚阿族人。但是后者绝不放弃起义，因为很多阿族人还保持着惨痛的记忆，对随意食言的土耳其人彻底失望，故坚决拒绝停止起义的要求。同时，他们也拒绝了塞尔维亚政府签署合并协议的提议。

塞尔维亚政府逐渐失去对阿族武装的控制也是有其内在原因的。1912年，塞尔维亚政府总理尼古拉·帕西奇（Nichola Pasic）向阿族起义军提议，合作双方"签署最终导致科索沃地区塞族人和阿族人联合"的协议，遭到阿族人的拒绝。该协议规定，将在塞尔维亚国家体制内保证阿族人宗教自由；将在学校、法庭、社区和地区行政管理中允许使用阿语；将允许独立的阿族议会通过有关阿族人的宗教、教育和司法事务的法律。[②] 阿族人拒绝合作也是可以理解的，因为他们仍然担心，如果巴尔干国家取得了胜利，那么这些地区强权又将类似于占领自己土地的奥斯曼帝国。为此，阿族人选择了拖延谈判，迟迟不予答复，在此期间阿族人迅速组建起自己的正规军队。这样，他们一边与贝尔格莱德谈判并接受塞尔维亚政府的财政援助，一边同意"衙门"当局久拖不决难以出台的提议，该提议授予非土耳其民众享有使用其各自语言并选举各

[①] 关于哈桑生平的权威描述见 T. Abdyli, *Hasan Pristina, ne Levizjen Kombetare e Demokratike Shqiptare 1908–1933*, Pristina, 1990, 转引自 D. Batakovic, *The Kosovo Chronicles*, p. 154。

[②] Mikic, "The Albanians and Serbia", p. 170.

自管理者的权利。这样，科索沃阿族起义在 1912 – 1913 年间就铺平了巴尔干联盟战胜"衙门"当局的胜利道路。1912 年夏，在科索沃工作的一位塞尔维亚外交代表格里高利杰·波佐维奇（Grigorije Bozovic）注意到，"我们也应该看到阿族运动乃至塞族运动的负面影响，那就是阿族人处于成为一个国家的边缘，他们希望在科索沃解决他们的问题，他们既不是征服者但也不是被征服者。"① 与此同时，阿族学者伊斯马伊尔·科马尔（Ismail Kemal）也认为，只有利用列强间的争斗，阿族人定居区才能保留下来，这位前奥斯曼政府中的著名阿族官员公开说，奥匈帝国是阿尔巴尼亚唯一的潜在的保护者。只是奥匈帝国与他的看法不一致，奥匈帝国劝告阿族人最好维持现状，因为只有保留在奥斯曼帝国内他们的安全才能得到保证。奥匈帝国还担心，由于科索沃地区是抵制塞尔维亚政府扩张的缓冲器，因此，科索沃土耳其人上层的衰落势必加强泛斯拉夫主义。

奥斯曼帝国灭亡的最后时刻到来了，巴尔干半岛民族解放运动进入高潮，各个独立的民族国家认识到实现其民族利益最大化的最佳时机已经降临，机不可失，时不再来。② 自 1912 年 3 月，在俄罗斯积极斡旋下，这些国家结成联盟，同意在他们之间分割奥斯曼帝国的欧洲领土。塞尔维亚和保加利亚于 3 月 13 日签署了《塞保同盟条约》，互相保证各自国家的独立和领土完整，并约定双方任何一方遭到他国侵犯，另一方都将全力予以支持。《条约》还约定，任何大国企图吞并巴尔干领土时，双方都将全力投入抵抗。矛头指向奥匈帝国。保加利亚和希腊也于 5 月 29 日缔结了《希保防御同盟条约》，规定如果土耳其攻击任何一方或破坏它们根据《条约》所享有的权利时，双方以全力相互支援。黑山、塞尔维亚和保加利亚则于 9 月达成对土耳其作战的协约。这样到 10 月，巴尔干半岛所有小国就结成了"巴尔干同盟"。当时，塞尔维亚意图进一步向西、北方向扩张领土，吞并波斯尼亚和黑塞哥维那的行动

---

① 他还写道："我们落入了他们和青年土耳其党人之间，双方都向我们发泄怒气。但是一个积极的动向是，阿族人正在逐渐开始使他们自己摆脱对土耳其人的迷信盲从；穆斯林团结及其神话正在动摇，他们非常清楚，他们与土耳其人是敌人，最重要的是他们以同情的口吻讲到塞尔维亚，认为它才是友善的国家。" D. Batakovic, *The Kosovo Chronicles*, p. 164.

② Barbara Jelavich, *History of the Balkans: the 20th Century*, pp. 199 – 210.

昭示了其扩张野心，但受到奥匈帝国的阻止，使其进入亚得里亚海的努力遭受重大挫折。因此，塞尔维亚此时将注意力集中到马其顿问题上。可见，巴尔干各民族国家变动不定的政治动机就是在恶化的形势中火中取栗。在俄国的支持和煽动下，保、希、塞、黑多国间结成多个联盟，最终形成了他们之间的共同联盟。同盟的主要目标就是将奥斯曼土耳其人的势力赶出欧洲。在这个同盟的背后隐藏着更大的真实动机，那就是塞尔维亚联合俄罗斯反对奥匈帝国吞并波斯尼亚和黑塞哥维那，它们要通过建立巴尔干半岛同盟遏制奥匈帝国。

另外，阿尔巴尼亚前途问题也是同盟各国焦虑的问题。早在1878年柏林会议时，阿尔巴尼亚就成为奥匈帝国和意大利合作争夺的关键地区，当时这两强联手阻止了俄罗斯的扩张。自1911年，意大利就将其外交工作的重心转移到了亚得里亚海，意大利人认为法罗拉港口外的萨塞诺岛（Saseno）就是控制"亚得里亚海（出口的奥托朗托海峡）的直布罗陀海峡"，阿尔巴尼亚在这个区域具有特殊的重要性，意大利人志在必得。这也成为激发各国建立巴尔干联盟的一个重要因素，它们都担心阿族独立运动的兴起将导致出现一个自治的阿尔巴尼亚，当"衙门"当局被击败，这个新国家就很难再被巴尔干联盟国家所瓜分，因此它们不约而同地希望让它继续保留为奥斯曼帝国的省区。后世阿尔巴尼亚史学家严厉抨击哈桑·普里斯蒂纳，因为他接受并签署了与"衙门"当局的协议，他们把这个协议称为终止起义的文件，认为他过早地投降，没有给阿族民族解放运动留下足够的空间。这一批评缺乏历史感，因为哈桑有充分理由保存其实力，在新建立的巴尔干同盟造成的威胁面前，阿族人要求重新组织并建立独立武装以应对阿族定居区的新危险。哈桑的力量还不够强大，因为并不是所有阿族人都拿起了武器，有些还满足于组织看家护院的小武装群体，而分散的小武装只能发动一些不重要的袭击。

总之，缺乏内在统一性的巴尔干半岛一旦成为欧洲列强的争夺对象，其内在矛盾一定趋向于激化。科索沃地区原有的矛盾尚难解决，又加上外部势力的参与，因此地区形势变得更加复杂多变。而奥斯曼帝国的瓦解使得这个最后的地跨亚非欧三洲的帝国成为巴尔干半岛"火药桶"的制作者，因为就是这个帝国的衰亡给了各民族自我解放的机会，同时也给了极端民族主义和狭隘民族主义发展的空间，各民族在自保图强的竞争中，相互间冲突的烈度进一步加大，各民族在"衙门"当局的挑动下宿怨迅速增加，很快就强化为相互间的民族仇恨。这个"火药桶"终于在奥斯曼帝国轰然倒塌的同时爆炸了。

第四章

巴尔干战争时期的科索沃

本章摘要: 巴尔干战争是整个半岛地区矛盾激化的大爆发,而科索沃的动荡则是半岛矛盾的缩影。首先,科索沃塞族和阿族的公开武装冲突并不能增加区域内有限的资源总量,夺取这些资源(公共权力资源、人力资源、自然资源、外来援助)加剧了两大主要民族的矛盾。其次,外来的巴尔干半岛强大势力力图控制科索沃这个具有战略意义的地区,但又无力解决其贫困问题。再者,欧洲列强的涉足使得科索沃问题更加复杂化,因为欧洲国际政治的原则强调各国利益最大化,而不考虑该地区各民族的实际利益,无论塞族还是阿族的民族利益只不过是列强利用的借口和旗号。巴尔干战争对科索沃而言,只是在民族仇恨的垃圾堆上增添了新的垃圾。奥斯曼土耳其人的地位被欧洲列强所取代,地区矛盾更为复杂。两场巴尔干战争最终撕裂了巴尔干半岛,1913年注定是巴尔干半岛的炼狱之年。

1912年10月8日,黑山国打响了巴尔干战争的第一枪,巴尔干同盟国军队随即相继投入战争。整个战争期间,同盟国动员了95万兵力,其中70余万投入战场,火炮总数1511门,海军战列舰4艘,巡洋舰3艘,驱逐舰8艘。土耳其方面总兵力85万,投入巴尔干各战场40万,火炮总数1126门,战列舰3艘,巡洋舰2艘,驱逐舰8艘。同盟国军队不仅占据数量优势,而且在武器装备、军事技术和训练水平诸多方面更胜一筹。特别是同盟国将士身负民族解放的使命,士气高涨,而土耳其军队士气低落。10月22日,黑山和塞尔维亚军队突然袭击色雷斯和阿尔巴尼亚地区的土耳其军队，向"衙门"政府公开宣战，并顺利占领了梅托希亚平原。与此同时，保加利亚军队进攻伊斯坦布尔方向的土耳其军队，希腊则向西进攻伊庇鲁斯，向东封锁达达尼尔海峡。土耳其军队一时无法招架各条战线的攻击，全线溃败。事实上，黑山军队率先开战是为了避免欧洲列强干预，也为了打"衙门"当局一个措手不及。当时，科索沃阿族领袖力图摆脱塞尔维亚控制，他们从塞尔维亚党组织中分离出来希望加入黑山党组织，这一动向引起塞尔维亚的警觉。他们担心阿族人争取自治的要求会得到"衙门"政府的支持批准，使斯拉夫人孤立奥斯曼土耳其人的努力化为泡影。于是，同盟国决定立即采取行动，抢在阿族酋长与"衙门"当局和解之前，调动其所有资源正式开战，从而阻断土耳其人的退路。黑山开战后，塞、保、希立即跟进，相继对奥斯曼帝国宣战。黑山军队进一步挺进佩奇和德亚科维察。

第一次巴尔干战争期间，塞尔维亚军队解放了科索沃和普里兹伦地区，同时，黑山军队解放了梅托希亚地区，其前锋部队抵达白德林河（佩奇和贾科维察）流域。战争爆发后，土耳其军队之所以节节败退，主要原因是奥斯曼帝国西部地区防守相对薄弱，此时奥斯曼军队主力大多部署在小亚细亚和叙利亚沿海。阿族人原本希望在战争中保持中立和不结盟，但是奥斯曼军队的崩溃比预想的迅速得多，巴尔干同盟军队迅速占领了阿族定居区，这种希望就化为泡影。为了保护其眼前受损的利益，科索沃阿族人立即协同奥斯曼帝国军队向巴尔干同盟军开火，从而将本民族推向其他民族对立的位置上。开战后，成千上万塞族青年志愿者踊跃参军，他们急于为史诗中科索沃战役前辈英雄复仇，战争开启了他们实现投身民族复兴崇高理想的道路，这个理想是其前辈父兄灌输给他们的。科索沃在经历了500多年后最终将获得解放，为实现这一目标他们不惜牺牲自己的生命，战争点燃了他们的想象和激情，塞尔维亚军

第四章 巴尔干战争时期的科索沃

队难以阻遏,所向披靡。① 在奥匈帝国使节的煽动下,阿族人准备在塞军进军科索沃时进行抵抗,但是在巴伊拉姆·库里(Bajram Curri)、伊萨·波雷提尼和里扎·贝伊(Riza Bey)等人领导下的阿族军队只进行了几次小的袭击后,便撤退进入阿尔巴尼亚北部山区了。塞族军队怀着深刻的民族情结,士气高涨,最终于10月22日攻入普里斯蒂纳。② 大量塞族民众聚集街头,他们向塞族第三军团将士们欢呼,向亲自参加在格拉卡尼亚修道院举行的科索沃解放群众大会仪式的英雄们致敬。随后,塞尔维亚军队向阿族民众宣布要保持平静,上缴武器。许多阿族人不愿缴械,纷纷逃亡。因为他们听说塞族人在征服地区实施了可怕而令人震惊的暴行,许多作家和记者在前往亚得里亚海时记载了这些暴行。③ 塞尔维亚历史家为此争辩,为这些暴行辩护,认为是阿族人卑鄙的反抗手段激怒了他们,并说:"在宣战前两天就已经开始的边境冲突

---

① 一位青年士兵在被告之其部队将进军科索沃时回忆道:"一提科索沃这个名字就能激起无法形容的激情。这个名字指出了500年的黑暗历史。它保存着我们整个悲惨历史的记忆:拉扎尔君主和整个塞族人民的悲剧。当我们还在摇篮中时,我们每个人就形成了自己的科索沃印象。我母亲哼唱着科索沃的歌曲哄我入睡,我的老师在我们学校里从没有停止过讲述拉扎尔和米罗斯的故事。我的天呐,我们还等什么!快去解放科索沃。当我们到达科索沃的波里杰(Polje),军营尚在整理安排时,我们的司令就说:'弟兄们,我的孩子,我的儿子们!我们现在站立的这块土地就是我们光荣的墓地。我们向牺牲的祖先们鞠躬致敬,祈求上帝拯救他们的灵魂。'他的声音颤抖,泪水夺眶而出,沿着他的脸颊和灰白的胡须直落到地上。由于一种内心的痛苦和激动,他浑身颤抖。拉扎尔、米罗斯和所有科索沃的殉难者的精神照耀着我们。我们备感强大和自豪,因为我们是整个民族实现几个世纪古老梦想的一代人:我们要用刀剑夺回被刀剑夺走的自由。" T. A. Emmert, "The Kosovo Legacy", *Serbian Studies*, Vol. 5, No. 2, 1989, p. 20.

② 关于巴尔干战争期间科索沃形势的细节描述见 J. Tomic, *Rat u Albaniji I na Kosovu, 1912 – 1913*, Novi Sad, 1913. 转引自 D. Batakovic, *The Kosovo Chronicles*, p. 174.

③ 利奥·特洛斯基(Leon Trotsky)了解到一个塞族军官的描述:"实际上,我们一进入科索沃就开始发生悲惨的事情。整个阿族人村庄被焚烧成烈焰的火柱,其父兄祖辈积攒的房屋和财产都随大火而逝,在通向斯科普里的整条道路上惨剧一再发生。在那里,塞族士兵踹破土耳其人和阿族人的房门,干着在所有地方都干的同样的事情:抢劫和屠杀。我们到达斯科普里的前两天,当地民众一醒来就看到一堆堆阿族人的尸体,没有头颅。在大批塞族士兵中,你可以看到许多塞族农民,他们借口探望其儿子兄弟而从塞尔维亚各地前来。他们跨越科索沃平原,大肆抢劫,从维兰切(Vranje)周边地区拥来的塞族民众成群结队冲进阿族人村庄,抢夺任何他们看到的东西。农村妇女甚至还带走了阿族人房屋的门窗。" L. Trotsky, *The Balkan Wars*, *1912 – 1913*, New York, 1980, p. 267.

中，阿族人采取欺骗手段举起了白旗，而后突然开枪，这导致塞军的重大伤亡，也激起了后来的报复行为。"① 但同一个报告还谈到，在塞军经过科索沃部分地区时，阿族民众发挥着和平和建设性的作用，"1912年起义期间与普里斯蒂纳塞尔维亚领事馆关系密切的一个阿族地方领袖萨迪科·拉马（Sadik Rama）对阿族人在塞军进军德雷尼察（Drenica）和普罗库普列时保持和平行为贡献很大。定居在150个村庄的阿族民众出于对他的信任没有放一枪，大约400支来复枪被集中到迪维奇（Devic）修道院，其间没有使用任何武力强制行为"。② 事实上，阿族民众为其领袖们支持"衙门"政府反对贝尔格莱德付出了昂贵的代价。当胜利的塞尔维亚国王彼得（Peter）不久后访问迪卡尼（Decani）教堂时，他点燃了那盏只为科索沃战争复仇的巨大蜡烛。塞族人都沉浸在光复"古老的塞尔维亚"这耀眼的光辉之中，他们几乎没有注意到当地几乎没有塞族人居住了，当时占据人口多数的是阿族人。③

巴尔干战争急剧改变了科索沃地区民族力量的格局，原本处于社会最底层的塞族人在同胞军事征服的帮助下立即占据社会主导地位，而与土耳其人长期合作的阿族人随着奥斯曼帝国的解体突然变成社会公敌和排斥的对象，剧烈变动的后果只能是继续撕裂着遍体鳞伤的巴尔干半岛，科索沃各民族民众深陷种族仇杀的旋涡。1912年巴尔干战争中，随着奥斯曼军队在库马诺沃（Kumanovo）的失败，科索沃阿族人开始在乌罗舍瓦茨和普里兹伦两地展开顽强抵抗，但是由巴伊拉姆·库里和里扎·贝伊领导的激烈抵抗只是在德亚科维察城附近的南部山区进行。这些分散的阿族武装力量"切达"最终被迫退入阿尔巴尼亚群山，像他们的祖辈在抵抗奥斯曼帝国征服时代所做的一样退守山林。还有些阿族人则选择放弃武力反抗，甘心使自己重新融入普通平民的生活，阿族人的抵抗最终消解为有组织的地下政治力量。直到普里斯蒂纳陷落为止，阿族人一直都在激烈地抵抗塞尔维亚军队。他们的民族领袖对于奥

---

① Mikic, "The Albanians and Serbia", p. 171.
② Mikic, "The Albanians and Serbia", p. 172.
③ I. Banac, *The National Question in Yugoslavia*, N. Y.: Cornell University Press, Ithaca 1984, p. 292.

斯曼军队的突然瓦解和科索沃地区突然沦陷于塞尔维亚军队毫无准备，同时也因为通信渠道遭到破坏，以及此前阿族人缺乏任何中央集权，其影响力受到严重削弱。在拉布河（Lab）流域、普里斯蒂纳、普里兹伦地区，塞尔维亚当局迅速建立起行政统治和管理机构，同时黑山国则吞并了佩奇和贾科维察。奥匈帝国当局急忙警告塞尔维亚不要将军事行动扩大到普里兹伦以外地区。此时的塞尔维亚也感到了奥匈帝国的威胁，它担心独立或自治的阿尔巴尼亚国家将被维也纳利用作为反对塞尔维亚的工具。从战略目标上看，塞尔维亚的基本方向是打通进入亚得里亚海的通道，获得自己控制下的出海港口，它并不反对建立自治的阿尔巴尼亚国家，但新国家不能阻碍本国实现战略目标。只要这个国家的领导人与塞尔维亚友善的话，他们并不在乎事情如何发展，结果塞尔维亚军事当局调整了策略，力争所有反对"衙门"政府派别的支持。因此贝尔格莱德恢复了与埃萨德·托普塔尼·帕夏（Essad Toptani Pasha）和米尔迪特（Mirdite）等阿族领袖们的谈判。

然而，塞尔维亚的战略目标并未实现，奥匈帝国极力阻止，后者认为这将损害其在巴尔干半岛的利益。1912年，为了获得出海口，塞尔维亚和黑山国夺取了阿尔巴尼亚的什科德。而后，塞尔维亚军队继续进军沿海地区，直指杜雷斯（Durres，又译都拉斯）港口城市，其最终夺取出海口的目标即将实现。但是，当巴尔干同盟军队深入阿尔巴尼亚土地时，法罗拉地方当局的立场变得越来越琢磨不定。为此，奥匈帝国警告挺进阿尔巴尼亚沿海地区的塞尔维亚人，禁止任何其他势力对亚得里亚海港的占领。虽然到1912年，欧洲列强极不情愿地被迫承认：由于奥斯曼帝国的衰败瓦解，巴尔干半岛的现有格局再也无法保持了，但是奥匈帝国不能接受自身利益的丧失。奥地利当局立即出面阻止事态的发展，它逐渐认识到其领土南部边界的危机可能将继续扩大，它原本希望在奥斯曼帝国解体中占领科索沃，像它曾经吞并波斯尼亚和黑塞哥维那一样，进而遏止塞尔维亚和黑山两国联合并吞科索沃。更重要的是，哈布斯堡帝国担心希腊和塞尔维亚以什库比河为界瓜分阿尔巴尼亚。奥匈帝国外交部长贝希托尔德（Berchtold）立即公开宣布帝国的政策，即在任何情况下，都不允许塞尔维亚人扩张到亚得里亚海。这个政策反映出奥匈帝国的担忧，即塞尔维亚的港口就是俄国的港口；或者像弗兰茨·

斐迪南（Archduke Franz Ferdinand）大公所担忧的，这个港口变成意大利的港口。奥匈帝国还担心塞尔维亚王室的声望如果太大，将对南斯拉夫人产生连锁反应式的危险影响；奥匈帝国还希望限制塞尔维亚的经济独立，希望迫使它通过奥匈帝国控制的港口向外海沟通，加强塞尔维亚人对奥匈帝国的依赖性。

奥匈帝国不仅口头宣示其外交政策，而且立即投入实际行动，即大力推动阿尔巴尼亚民族独立。1912年11月28日，巴尔干半岛阿族会议在此背景下召开。奥匈帝国认识到，建立独立的阿尔巴尼亚计划必须抢在巴尔干同盟军胜利占领巴尔干半岛大片土地以前实现，因此它要迅速采取行动。奥匈帝国还认为，哈布斯堡王朝在该地区的利益只能通过独立的阿尔巴尼亚来保证，这个国家将阻止塞尔维亚向都拉斯和伊奥尼亚群岛之间沿海地区进行领土扩张。这样，在维也纳外交使团支持下，来自阿尔巴尼亚各地的83个基督教和穆斯林代表在法罗拉（Vlora）召开大会。会上，所有代表都充分认识到形势的严重性，在奥匈帝国代表的煽动下，阿族民族英雄斯坎德培曾经高举的黑色双头鹰标志被当作共同行动的标志，会议正式宣布建立独立的阿尔巴尼亚国家。科索沃最重要的阿族人物都没有与会，伊萨·波雷提尼和巴伊拉姆·库里此时仍在与塞黑军队战斗，而哈桑·普里斯蒂纳、伊德里兹·色菲利（Idriz Seferi）和其他12名阿族领袖被羁押在贝尔格莱德卡雷梅格丹（Kalemegdan）监狱。巴尔干半岛的历史变动证明，失去理智的人群会在错误的道路上越走越快，疯狂奔向灾难的结局，而他们身在其中乐此不疲。最初，科索沃阿族人的奋斗目标并不是建立一个独立的民族国家，但是奥斯曼军队遭受的一系列灾难性失败迫使他们为自身的生存而调整原定的目标，特别是青年土耳其党推行高压政策加速了阿尔巴尼亚民族解放运动的发展，这一运动在半个世纪便逐渐成熟，完成了塞尔维亚人经历500年才完成的历史任务。巴尔干"火药桶"因此又增加了新的爆炸性因素。

欧洲列强的正面冲突才刚刚拉开序幕。1912年12月底，为应对巴尔干半岛紧张局势仓促召开的"伦敦大使会议"上，"三国协约"阻止奥匈帝国对巴尔干半岛的干预。会议由英国外交秘书爱德华·格雷（Sir Edward Grey）主持，主要讨论三大问题：阿尔巴尼亚的国际地

第四章 巴尔干战争时期的科索沃

位、新国家的组成、确定国际社会接受的边界线。虽然阿尔巴尼亚代表强调一个民族紧密团结的阿尔巴尼亚应该包括佩奇、德亚科维察、普里兹伦、米特洛维察、普里斯蒂纳、斯科普里和莫纳斯蒂尔，但是各大国外长没有认真听取他的意见。尽管塞尔维亚外长尼古拉·帕西奇（Nikola Pasic）坚持认为塞尔维亚永远不会放弃迪巴尔城和德亚科维察城之间地区，但是在俄国外交部长萨佐诺夫（Sazonov）劝说下，塞尔维亚军队还是从亚得里亚海沿岸撤军了。① 奥地利外长激烈地要求将什科德划归新国家，因为它将成为该国的经济核心。俄罗斯则一再坚持科索沃的阿族小城德亚科维察必须归属塞尔维亚。背后支持奥匈帝国的德国为了不背负破坏会议的指责，劝说奥地利做出了一系列让步，而英法也说服俄国最终同意将什科德划归阿尔巴尼亚，奥地利也同意德亚科维察归属于塞尔维亚。② 俄罗斯和奥匈帝国的外交使节都具有两国的风格，粗暴而强硬，多亏了其他国家从中斡旋，会议才没有失败。此时俄国公众极度反感奥匈帝国，他们一致支持巴尔干半岛信仰东正教的斯拉夫人。而日耳曼民族优越论充斥头脑的奥地利和德国完全不把斯拉夫人放在眼里。双方剑拔弩张，欧洲和平命悬一线，德亚科维察这个阿族人集市小城一度牵动着欧洲的命运达几个星期之久，争论直到最后一刻才结束。而这个小城对于塞尔维亚来说，其实际利益并不明显。③ 奥匈帝国真正害怕的是塞尔维亚这个俄国人的马前卒取代阿尔巴尼亚所代表的"衙门"残余势力，它确信在奥斯曼帝国"衙门"当局治下的那个独立而稳定的阿尔巴尼亚将能够对抗巴尔干半岛的塞尔维亚。这里能再清楚不过地看出，小国只不过是列强博弈的棋子。

1913年4月签署的《伦敦和约》是欧洲列强较量交易的结果，也

---

① 萨佐诺夫警告塞尔维亚，"看看外边，不要坚持索要都拉斯了，因为你们将因此丧失贝尔格莱德，维也纳已经失去它的目标了。"无论俄国还是它的协约国强国都不允许塞尔维亚引发欧洲战争。Dragnich and Todorovic, *The Saga of Kosovo*, pp. 103 – 104。

② J. E. Kontos, *Red Cross, Black Eagle: a biography of the Albanian – American School*, N. Y. 1981, p. 5。

③ 一位访问者描述，"它是一个位于欧洲各国最落后地区的极为原始，不，还谈不上原始的城镇，但塞尔维亚人却坚持它是古代塞尔维亚统一而重要的部分"。R. Crampton, *The Hollow Detnte – Anglo – German Relations in the Balkans, 1911 – 1914*, London, 1979, p. 87。

标志着第一次巴尔干战争的结束。战争的结果是奥斯曼帝国丧失了其在巴尔干半岛绝大部分的领土，而巴尔干半岛各民族国家最终摆脱了奥斯曼帝国的统治，该地区近现代历史揭开了新的篇章。[①] 但是，围绕巴尔干半岛的大国博弈并没有结束，《伦敦和约》遗留下的种种问题为此后埋下了战争的祸根。具体到科索沃地区，两大民族的问题没有解决。1913年1月，由于伦敦大使会议将阿族居民集聚的地区划分给了巴尔干同盟各国，而没有考虑该地区实际的民族构成，因此给当地遗留了严重的民族问题。"衙门"当局按照奥地利人的计划，开始紧急行动，设法在科索沃阿族人中组织反对塞尔维亚政府的暴动。他们从伊斯坦布尔秘密派遣大批土耳其人和阿尔巴尼亚人前往普里兹伦，准备武装阿族人并积极推进普遍暴动的计划，但这样的计划姗姗来迟。1913年3月，贝尔格莱德为了对抗这些活动，阻止日益高涨的反塞活动，再度加大收买有影响的阿族上层人物的力度，并大力倡导鼓励亲塞分子。然而，许多塞尔维亚历史学家所说的"财政援助"只不过是给予部分亲塞上层领袖的，而且多是以贿赂的方式进行的。毫无疑问，这类金钱资助只是安抚了该地区那些被收买的阿族上层而已，而塞军在科索沃的暴行激起了更广泛的反塞抵抗活动。阿族积极分子冒着"违法"杀头的危险将武器仓库隐藏在村庄中，或者带入树林，他们集体逃避税收，因为严苛的税收甚至连饲养山羊和家鸡都不放过，残暴的异族统治只能激起阿族人更为强烈的仇恨。同年3月，塞尔维亚战争部实施了另一个安抚阿族人的行动，从北贝尔格莱德监狱中释放了几位著名的阿族领袖，其中包括哈桑·普里斯蒂纳。

　　欧洲列强的较量愈演愈烈，而巴尔干半岛新格局尚未确定，各国争夺奥斯曼帝国遗产的战争随即爆发。第一次巴尔干战争进行了7个月后，欧洲列强终于1913年5月底迫使巴尔干国家暂时放下武器，接受了《伦敦和约》。按照《和约》，"衙门"政府将放弃其拥有的爱琴海上埃诺斯岛（Enos）和黑海上梅迪亚岛（Media）一线以西的欧洲领土，塞萨洛尼基和克里特岛归属希腊。这样，奥斯曼帝国的欧洲领土就

[①] Ebru Boyar, *Ottomans, Turks and the Balkans: Empire lost, Relations Altered*, London, New York: Tauris Academic Studies, 2007, pp. 72–80.

缩小到伊斯坦布尔及其在东色雷斯的郊区。保加利亚占有巴尔干半岛东部大部分领土，但它不满足取得的战果，而是计划占领马其顿，遂私下与希腊就色雷斯、塞萨洛尼基和马其顿南部达成领土解决协议。保加利亚将塞尔维亚视为其合并马其顿其他地区的主要障碍。两国在尚未明确划分的马其顿地区，利益冲突相互对立。事实上，一旦奥斯曼帝国解体，巴尔干同盟就注定分裂。根据《和约》，塞尔维亚应从奥斯曼帝国领土中划分占有沙尔山脉以北地区，包括科索沃，而保加利亚则获得了斯特鲁马河（Struma）与罗多彼山脉以东的所有地区。马其顿剩下的西部地区面积更大，成为多方争夺的焦点。虽然同年5月30日巴尔干同盟各国与"衙门"政府签订了和约，塞尔维亚军队也开始撤退到该国边境地区的战略要点，但是争夺该地区的斗争刚刚开始。尽管此时的巴尔干半岛需要一个新的集体力量遏制奥匈帝国，但各国之间的较量立即压倒了一致对抗奥匈帝国的方针。奥斯曼帝国的大部分巴尔干领土被同盟各国瓜分殆尽，巴尔干同盟因此也没有存在的必要了。塞尔维亚和希腊对于阿尔巴尼亚的独立备感失落，他们原本希望在两国之间瓜分这个地区。因此，和约签署后他们寻求在剩余的马其顿地区获得补偿，这就导致了他们与保加利亚发生冲突。

保加利亚早就预见到与塞尔维亚的冲突不可避免，因此公然违反国际惯例，于1913年6月30日凌晨未进行正式宣战，就突然向塞尔维亚和希腊驻马其顿的军队发动进攻，因为它确信自己能够赢得一次速战速决的军事胜利。第二次巴尔干战争因此爆发。这是保加利亚政府所犯的一次灾难性错误，因为罗马尼亚、黑山和奥斯曼帝国军队立即投入反击保加利亚人的战事，并迫使后者很快缴械投降，交出了他们在第一次巴尔干战争中获得的全部战果。以保加利亚为一方，以塞尔维亚、希腊、罗马尼亚、黑山和土耳其为另一方的第二次巴尔干战争对巴尔干各国都是损害。那么，保加利亚何以胆敢独自发动军事攻势挑起战端呢？原来，德国、奥匈同盟眼见难以阻止塞尔维亚崛起，便暗中唆使保加利亚贸然采取军事行动，而后又听任后者战败屈辱割地。第二次巴尔干战争仅持续了40余天，保加利亚各集团军全面失利，全线后撤，而交战的其他各国进军顺利，迫使保加利亚于8月29日宣布投降。1913年8月10日，各方签署了《布加勒斯特和约》，暂时解决了关于阿尔巴尼亚和马其顿领土划分的争议。根据该和约,塞尔维亚获得马其顿的大部分地区,其面积几乎扩大了一倍;希腊则将其边界向北扩展到塞萨洛尼基以北50公里,向东扩展到卡瓦拉(Kavalla)半岛以东,还占有了包括亚尼纳(Janina)的伊庇鲁斯地区;亚得里亚堡(Adrianople)和东色雷斯的大部分领土仍归奥斯曼人控制;罗马尼亚得到了多瑙河出海口多布罗加(Dobrudja)南部地区,只有保加利亚丧失了其在第一次巴尔干战争中占领的地区。[1] 战争的另外一个结果是,罗马尼亚从此退出德、奥同盟,转向协约国,而保加利亚则投靠了同盟国。奥匈帝国曾希望意大利和德国采取行动遏制塞尔维亚势力扩张,但是它们拒绝了奥地利的要求,这一切都为第一次世界大战的爆发埋下了隐患。

《伦敦和约》签署后,列强按照条约同意建立独立的阿尔巴尼亚,并迫使塞尔维亚从什科德撤军。该和约所确定的塞尔维亚、黑山和阿尔巴尼亚边界后于1927年在佛罗伦萨签署的文件中最终得到确认。1913年9月15日,塞尔维亚政府下令其军队撤退到白德林河对岸。第二次巴尔干战争极为严重地损害了先前巴尔干同盟国之间的关系,形势变得比以前更具爆炸性。奥斯曼帝国和保加利亚渴望复仇,这使得他们很容易与奥匈帝国和德国结盟。塞尔维亚撤兵后,其对阿尔巴尼亚北部地区的主张变得更加遥遥无望。然而,塞尔维亚在接下来的几个月里设法说服已经敲定阿尔巴尼亚—塞尔维亚边界细节的国际使团,允许它建筑一条通往亚得里亚海的铁路。只是它的这些努力都被1914年第一次世界大战的爆发所中断,它们之间的边界线因此一直维持着伦敦外长会议,该会议确定了它的走向。[2] 然而,第二次巴尔干战争的结果却留下了诸多仍待解决的问题:马其顿仍然是巴尔干各国持续混乱的导火索;新建立的阿尔巴尼亚国家未能包括阿族人占多数的科索沃地区;塞尔维亚仍然与亚得里亚海阻山相望。巴尔干战争结束了,围绕阿尔巴尼亚国家最终边界问题的争论刚刚展开。1913年春伦敦外长会议上最终确定了关

---

[1] C. B. Jelavich, *The Establishment of the Balkan National State, 1804 – 1920*, Washington, D. C., 1977, p. 221.

[2] D. Mikic, "The Albanians and Serbia during the Balkan Wars" in B. K. Kiraly and D. Djordjevic ed, *East Central European Society and the Balkan Wars*, New York, 1987, pp. 190 – 191.

于这个国家的地位，阿尔巴尼亚保持中立，先处于奥斯曼帝国宗主权管辖下，而后经过几年过渡，再获得完全的独立。然而，不久情况就变得明朗了，"衙门"政府将最终丧失马其顿全部地区，因此马其顿领土将与阿尔巴尼亚合并。人们因此认为必须允许阿尔巴尼亚获得君主立宪王朝下的完全独立，由列强加以保护。这样，1913年5月30日的《伦敦和约》就等于正式承认了独立的阿尔巴尼亚，只是新国家的最终边界问题还无法解决，还要再拖延一些时日。欧洲列强此时发现自己面临着调解胜利了的塞尔维亚、希腊、黑山与阿尔巴尼亚之间关系的难题，它们相互对立的主张事实上是无法调解的。[①] 阿尔巴尼亚边界问题尤其复杂，因为巴尔干同盟军队仍然占领着有争议的地区。于是外长会议任命了一个阿尔巴尼亚北部边界使团去调查该地区的状况，提出阿尔巴尼亚、塞尔维亚、黑山三国边界的建议。同时，会议还任命了一个阿尔巴尼亚南部边界使团，负责谈判划定阿尔巴尼亚与希腊的边界。

  1913年12月，各国代表又在佛罗伦萨召开会议，讨论阿尔巴尼亚问题，阿尔巴尼亚临时政府派出的代表团，辩称为划定新边界组成的边界使团是沿着当时阿尔巴尼亚—黑山之间已经存在的边界进行勘测，直到其最东部的界标，这样阿尔巴尼亚就应该包括佩奇、米特洛维察、普里斯蒂纳、斯科普里和莫纳斯蒂尔及其内陆。这条边界线而后伸延到普雷斯帕湖南岸，由此边界线几乎呈90°角径直转向南，将卡斯托利亚（Kastoria）和斯莫利卡斯山（Smoliks）东部留给希腊，该边界线到达迈特佐沃（Metzovo）东边一点的希腊边界为止。该边界线而后沿着现存希腊边界直接延长到科孚岛所在的阿尔塔湾（Gulf of Arta）。[②] 这个方案是由奥匈帝国的代表提出的，非常符合阿尔巴尼亚的要求，但是欧洲列强担心会遭到俄罗斯的反对，故未予采纳。当时的俄国人坚定支持塞尔维亚和希腊的要求，因此最终采取了奥地利方案和巴尔干同盟方案的综合意见。奥地利很不情愿地签订了议定书。同年12月列强同意签署《佛罗伦萨议定书》（*Protocol of Florence*）。根据这份协议，塞尔维亚从阿尔巴尼亚撤军，放弃了包括佩奇、普里兹伦、德亚科维察和迪巴

---

① *Foreign Office Handbook*, No. 17, London: HM Stationary Office, 1920, p. 50.

② Ibid., p. 97.

尔等城市在内的地区。希腊获得了察梅利亚（Chameria）即伊庇鲁斯南部大片土地。《佛罗伦萨议定书》确定的阿尔巴尼亚国家边界既没有满足阿族人的要求，也未能满足巴尔干其他国家的要求。塞尔维亚被剥夺了阿尔巴尼亚港口，黑山丢失了什科德，希腊则被迫放弃其占领的阿尔巴尼亚南部地区，包括科尔察（Korca）、戈吉罗卡斯特（Gjirokaster）、萨兰达（Saranda），阿尔巴尼亚则缩小到其中央地区，只是加上了什科德及其周边地区。根据议定书，将有超过当地阿族居民一半的民众要迁离到新国家边界以外。英国人认为，这个阿尔巴尼亚边界并非公正合理，但是认为维持欧洲和平必须要超越民族主义的考虑，公平或类似公平地划定阿尔巴尼亚边界是不可能的。爱德华·格雷爵士（Sir Edward Grey）在1913年8月12日对众议院所做的演讲中就承认了这一点。他公开说，这个边界协议的基本目标就是使列强都感到基本满意，任何真正了解阿尔巴尼亚的人都会对此提出批评，也能够从阿尔巴尼亚的立场提出异议。① 科索沃上层人物的激愤和恼怒溢于言表，率领阿族代表团出席会议的伊萨·波雷提尼离会时放下狠话，他说："等春天来的时候，我们一定用塞族人的尸骨给科索沃平原施肥，因为我们阿族人遭难太多而被人遗忘了。"② 由于阿尔巴尼亚这个小国被挤压在巴尔干同盟军前进的过程中，因此新国家的未来命运只能任由他人决定，处于更不稳定的状态。另一个观察者也写到，这个新国家的前途令人堪忧，因为这个年幼的羔羊被饥饿的狼群包围着，保护他们的大人物距离遥远，且仁慈爱意模糊不清。③

巴尔干战争并没有完全解决该地区深层次的矛盾，更没有平息各国争夺领土的争端，新的地区政治格局也还需要重新确定。但是，巴尔干战争确实成为欧洲新式武器的试验场，火炮的射程和射速均有提高，机枪的使用更为普及，先进武器的数量增加，飞机除了进行空中侦察外，还用以实施轰炸，装甲车和无线电等军事技术装备也都投入战场。军事

---

① 一个观察者已经预感到恶兆，"在巴尔干半岛的心脏仍然保留着溃疡，它侵蚀毒害着欧洲的机体，使公正协商让位给不可避免发生的血腥暴力"。Swire, *Albania*, p. 162.

② Margaret Fitzherbert, *The Man who was Greenmantle: A Biography of Aubrey Herbert*, Oxford University Press, 1985, p. 114.

③ F. Scheville, *A History of the Balkans*, 1922, repr. Dorset Press, 1991, p. 512.

technology 的发展促使陆军更加频繁地使用散兵线战斗队形，阵地战中还广泛使用为隐蔽目的而挖掘的壕沟，由于飞机的参战，部队还必须注意免遭空袭。大量军队在前线数百公里地段上展开，从而就突出了指挥机构的作用。而防御强度的增加，又使机动作战更加困难。这些军事战术上的新变化常常主宰着战场上的胜负，奥斯曼帝国军队的落后也体现在军事技术和战略战术方面。欧洲列强充分利用巴尔干战场进行的战争实验，对以后的战争模式变化产生了重大影响。

巴尔干战争的结果之一，是科索沃从阿尔巴尼亚预设的国家领土中划分出去，这在大多数科索沃阿族人中产生了震撼和焦虑情绪。除了明显的心理影响外，新边界对所有阿尔巴尼亚北方居民都产生了严重的负面影响，因为新边界完全没有顾及生活在边界另一侧的阿族居民。塞尔维亚政府根据各国达成的协议，严格禁止阿族人跨越新边界，因此就剥夺了大部分农村居民进入传统农贸市场的机会。从什科德出发，经德亚科维察再到普里兹伦的古代商路原本可以畅通无阻，但是现在却意味着必须经过塞尔维亚领土。德亚科维察过去是德林河支流尼卡耶（Nikaj）流域、迈尔杜里（Merturi）、加什（Gashi）、克拉什尼奇（Krashnich）、特罗波贾（Tropoja）和普卡（Puka）等地部落民的主要商业集散地，但是现在却禁止他们进入，如果他们试图冒险跨越边界，轻则遭到鞭打，重则被射杀。他们只能花4天的路程到什科德去赶集，好像这是他们唯一的选择了。① 科索沃东部地区，则有更多阿族人家被切断了前往德林河支流卢尔贾河（Lurja）流域集市城镇的道路，这里是扎利·米尔塞特河（Zali Milthit）的发源地，穿过马鞍地区进入马拉河（Mala，即 Lurja Mala）流域，这条大河向下流入德林河。这里的阿族集市城镇迪巴尔现在也被划归马其顿。1914年8月初，阿尔巴尼亚—科索沃边界发生多起小规模摩擦。为了抵制欧洲列强对阿尔巴尼亚边界的安排，阿尔巴尼亚北部部族发动起义，以武力抗议将他们排斥出塞尔维亚传统市场中心区。阿族人不断违法跨越边界还另有原因，因为当塞尔维亚按照列强的命令从阿尔巴尼亚撤军时，还顺手牵羊抢走了属于阿族人的牲畜，使得阿族人必须过界寻找其畜群。而阿尔巴尼亚北部地区持续的混

---

① J. Swire, *The Rise of a Kingdom*, London, 1929, repr. NY, 1971, p.153.

乱正好符合塞尔维亚的利益，因为这样一来，新国家就无法形成完整统一的领土。阿族难以统一的关键是，许多阿族领袖对于应该采取什么策略来捍卫科索沃阿族定居区存在深刻意见分歧。巴伊拉姆·库里、里扎·贝伊、伊萨·波雷提尼等地方领袖分别前往阿尔巴尼亚北部家族寻求建议和支持，但是，强大的米尔迪特（Mirdite）地区天主教阿族人并不配合，他们劝说科索沃领袖们不要煽动反塞尔维亚起义。该地区阿族领导人戈乔·马尔卡·戈乔尼（Gjon Marka Gjoni）有自己的打算，他要建立一个塞尔维亚支持的米尔迪特独立共和国。

巴尔干半岛上空笼罩着战争的阴云。第一次世界大战前夕，塞尔维亚和奥匈帝国都加强了对阿族领袖的收买工作。奥匈帝国代表以金钱加武器对阿族人进行贿赂，他们造访阿尔巴尼亚寻求可能的支持者。由于阿尔巴尼亚领袖伊斯马伊尔·科马尔（Ismail Kemal）领导的新政府积极致力于改变伦敦外长会议确定的阿尔巴尼亚边界，因此塞尔维亚政府迟迟不愿意与法罗拉当局达成任何协议。相反，塞尔维亚政府拉拢那些急于成为阿尔巴尼亚中心区独立统治者的阿族人，其中最突出的是埃萨德·托普塔尼帕夏（Essad Pasha Toptani）。塞尔维亚认为此人最有可能成为帮助他们实现其在阿尔巴尼亚北部目标的人。这个埃萨德于1863年生在地拉那（Tirana）一个拥大量财产的穆斯林权贵家庭，其贪婪渴望权力的机会主义者名声在阿尔巴尼亚家喻户晓，甚至在其盟友塞尔维亚也臭名昭著。[①] 塞尔维亚外交界极力帮助埃萨德建立一个由他领导的阿族国家，但是没有成功。因此，贝尔格莱德又设法煽动米尔迪特地区的骚乱。塞尔维亚四处煽风点火的主要目标直指奥匈帝国，而后者正虎视眈眈地寻找出兵打击塞尔维亚的借口，这样的机会很快就出现了，这就是著名的萨拉热窝事件。

---

① 伊斯马伊尔·科马尔（1844—1919年）被认为是阿尔巴尼亚杰出的领导人，现代阿尔巴尼亚国家的奠基者。埃萨德·托普塔尼（Essad Pasha Toptani，1863—1920年）于1912年曾支持青年土耳其党运动，是奥斯曼议会中都拉斯阿族人的代表。他还是什科德司令官侯赛因·里扎·帕夏（Hussein Riza Pasha）的代表，1912年奥斯曼军队围困期间，他在其设计的一次埋伏中杀害了侯赛因，因此当上了什科德军队司令，为了保全其职位，他与黑山签订了协议。

第五章

世界大战中的科索沃

本章摘要：第一次世界大战如同巴尔干战争一样，在科索沃这个贫瘠而矛盾集中的地区增加了更多的仇恨，各方在战争中都有不同程度的收获，唯独科索沃人是损失的一方。战争的影响非常广泛、持久，需要深入分析，梳理清晰。被压抑的和被扶植的势力都在不同民族中找到了立足点，民族旗号成为地区武装冲突的掩饰物。科索沃成为阿族和塞族较量的战场。战争前、战争后及战争期间，民族迫害成为科索沃民族关系的常态，这个时期已经没有任何力量能够改变这种战时的丑恶行径了。第二次世界大战的爆发再度将科索沃抛入苦难的深渊，欧洲法西斯势力侵入穷苦的科索沃，而科索沃区域内矛盾在外力推动下总是走向极端暴力的结局。塞族人在第二次世界大战期间发挥了重要的作用，但他们没有能力缓解各种矛盾，资源贫乏、民族仇恨、发展缓慢、大国干涉，这些都不是他们能够独立克服的，阿族在阿尔巴尼亚的支持下把恢复地区主导权作为目标，这就必然与极力维持科索沃塞族少数人政治优势地位的力量发生冲突。

1914年6月28日是科索沃战争纪念日，哈布斯堡王朝王位继承人奥地利大公弗兰茨·斐迪南（Franz Ferdinand）及其妻子索菲亚在访问波斯尼亚首府萨拉热窝（Sarajevo）时遭到刺杀，第一次世界大战由此爆发。事实上，早在萨拉热窝事件发生前，巴尔干半岛局势就非常危险。奥匈帝国于6年前吞并波斯尼亚和黑塞哥维那曾引起当地斯拉夫人的极端愤怒，仇视奥地利人的阴谋活动一直在暗中策划，塞族热血青年——17岁的加费格里·普林西普与同伴谋划了刺杀奥匈帝国王储斐迪南大公的计划。但是，自信满满的斐迪南自以为他会在波斯尼亚受到欢迎，还特意将妻子带在身边一同享受皇室荣誉。普林西普的计划进行得十分顺利，当斐迪南夫妇的马车经过拉丁大桥时，被等候在此的普林西普连发数枪击中他们的脖颈和腹部，斐迪南夫妻二人当场毙命。

　　如果说刺杀活动非常突然的话，那么整个事情进展并不突然。此前，巴尔干战争已经开启了波斯尼亚和黑塞哥维那极端动乱的时期，两地及其毗邻的塞尔维亚和黑山地区在奥地利控制下几乎变成了匪徒横行的天下，大国的间谍们在此煽动民众骚乱，苦大仇深的斯拉夫人寻机闹事，阿族人结伙滋事，社会上充满了凶残斗狠的戾气，土匪强盗肆意发动攻击，而怒气冲天的农夫随意发泄着不满，塞族民族主义分子则策划于密室，等待时机。除此之外还有所谓"第三主义"理想，即奥匈帝国将南斯拉夫地区看作奥匈帝国政府治下的第三个部分，当时奥地利皇帝弗朗茨·约瑟夫一世（Franz Josef Ⅰ，1867—1916年在位）就是其代表，他自豪地认为统一帝国控制下的地区不仅包括奥地利本身，还包括匈牙利王国和巴尔干。这样的概念阻碍了独立后的塞尔维亚进一步实行领土扩张计划。塞尔维亚人长期受到奴役压迫，刚刚独立获得发展的机会就遭到奥地利人的扼杀，愤怒的情绪急剧蔓延，这个危险的形势为点燃欧洲战争制造了火花。如果说只是塞尔维亚和阿尔巴尼亚地区问题多多，而没有欧洲列强的虎视眈眈，那么世界战争还难以打起来。事实上，欧洲列强各帝国主义国家因为争夺欧洲霸权和瓜分世界殖民地分赃不均早就闹得不可开交。德国为抗衡英法早在30多年前便与奥匈帝国缔结了秘密联盟，而后不久又与其宿敌法国的冤家意大利结盟。而英、法、俄也随后于1904年订立"诚挚协议"，几年后正式形成"协约国"。在争夺全球殖民利益的较量中，新老殖民主义者矛盾重重，双方剑拔弩张，争相扩充军备。世界大战开始前，德国常备军由42万扩充到87万，法国扩充到80万，俄罗斯则扩充到230万，几乎增加了3倍，连大洋彼岸的美国也从3万余人扩充到16万，战前的准备已经完成。1914年6月28日的萨拉热窝事件成为第一次世界大战的导火索，奥匈帝国很快便对塞尔维亚宣战，进而导致第一次世界大战爆发。[①] 萨拉热窝事件被军国主义势力充分利用。奥匈帝国对塞尔维亚政府提出了无法实现的要求，包括镇压所有反对奥匈帝国分子及其活动和控制塞尔维亚国家的措施。对于奥匈帝国的最后通牒，俄罗斯做出了强硬的反应，而德国则对俄国和法国提出最后通牒。

世界大战的爆发造成巴尔干半岛更大的动荡。自两次巴尔干战争以来，阿尔巴尼亚边界方案并未实际落实，伦敦外长会议的使团尚在调研其实际走向，这种理论上的边界还没有实际生效，却引发严重的争执。大战的爆发终止了由伦敦会议建立的南、北两个边界使团的活动，它们原来的任务就是确定陆地实际分界线和树立界标。实际上，伦敦和约谈到这个边界时用语非常模糊，是基于政治而非民族和地理考虑。由于两个使团之间的通信非常落后，使得1914年战争爆发的消息在4天后才到达北方使团，这意味着以前的所有努力都化为乌有。[②] 战争的爆发使所有条约作废，给了巴尔干半岛各国乱中取利改变边界夺取领土的机会，战争也极大地阻碍了塞尔维亚企图在科索沃建立和巩固其统治的计划。奥匈帝国向塞尔维亚宣战的消息在整个阿尔巴尼亚地区却受到支持和欢迎，特别是在其北部，民众长期渴望奥匈帝国支持他们反对塞尔维亚、黑山的领土野心。而塞尔维亚人继续把阿尔巴尼亚国家视为一个早产儿，认为它剥夺了原本属于他们的领土。同时，他们也看不起阿族人，因为后者的穆斯林信仰总是将其与奥斯曼帝国联系在一起。科索沃地区在战争初期陷入阿族和塞族民众之间的凶狠厮杀，双方都残酷无情，暴力血腥，屠杀的标准就是非我族类格杀勿论，相互间大肆杀戮，烧杀抢掠，恣意妄为，残暴的游击战争持续不断，有组织的塞尔维亚军队占据上风，致使大量阿族难民从科索沃涌入阿尔巴尼亚。

---

① 第一次世界大战是人类历史上首次最大规模的现代战争，以德国、奥匈帝国、奥斯曼帝国和保加利亚组成的同盟国与以英国、法国、俄罗斯组成的协约国进行了4年多（1914年7月至1918年11月）的战争，双方参战总兵力6500万，伤亡近3000万，最终同盟国战败。

② 两个使团都未能完成各自的调查和树立界标工作，因为没有精确的地图或任何现存财产所有者的行政注册材料。Colonel F. L. Giles, *Boundary Work in the Balkans*, Royal Geographical Society, London, 1930, p. 303。

战争中的巴尔干半岛彻底成为大国阴谋交易的市场。萨拉热窝事件后，迫不及待开战的德国立即催促奥匈帝国对塞尔维亚宣战，并保证提供武器和兵员。奥匈帝国有了德国的坚定支持便不再担心塞尔维亚背后的俄罗斯，故而向塞尔维亚开战。俄罗斯为声援塞尔维亚立即宣布全国总动员，引起德国不满，要求俄罗斯停止总动员，在遭到拒绝后对俄宣战，从而揭开了大国绞杀的序幕。德国对比利时的进攻立即引起英国对德宣战。紧接着，奥匈帝国对俄宣战。为了促使奥斯曼帝国参战，德国为之提供1亿法郎贷款。于是奥斯曼军队在高加索对俄军发动攻击。为了瓦解同盟国，根据1915年4月26日签署的《伦敦密约》（Pact），英、法协约国一方承认阿族定居区解体，同意在希腊和意大利之间瓜分阿尔巴尼亚，这就促使意大利抛弃同盟国而投靠协约国。此后，保加利亚配合同盟国进攻塞尔维亚。战争始终伴随着阴谋，大国随时以牺牲小国来完成交易。《伦敦密约》完全不顾阿尔巴尼亚的利益，只为独立的阿尔巴尼亚国家保留下中部一小块地方，该《密约》于1917年被俄国布尔什维克公之于众。根据该《密约》条款，意大利获准拥有萨赞岛（Sazan，即萨塞诺岛Saseno）、法罗拉港口和阿尔巴尼亚中部地区的委任托管权。另外，《密约》还同意意大利接管特伦蒂诺（Trentino）、伊斯特利亚（Istria）和达尔马提亚，作为一揽子交换，希腊将占有阿尔巴尼亚南部地区，塞尔维亚和黑山将分割阿尔巴尼亚北部地区。希腊和塞尔维亚还将在奥赫里德西部设立两国共同边界，实际上是瓜分了科索沃阿族定居地。阿尔巴尼亚中部将建立的自治区也不是独立国家，而是意大利托管下的地区，隶属于其外交事务。①

从当时欧洲各国军事发展角度看，德军准备最充分，技术最先进，而奥斯曼帝国军力最差。全面开战后，各国都围绕自己的战略目标作战，因此最先卷入战争的塞尔维亚根本得不到协约国的援助，俄国仓促参战自顾不暇。到了10月初，尽管塞尔维亚成功地击溃奥匈军队的三次进攻，塞军据守的军事据点已难继续坚持。塞尔维亚最高指挥官鉴于通向塞萨洛尼基的交通完全被保军切断，下令从阿尔巴尼亚撤出全部军队。面临奥斯曼帝国和保加利亚的两面夹击，塞尔维亚军队没有取胜的

---

① C. B. Jelavich, *The Establishment of the Balkan National States*, p. 318.

希望，只能进行史诗般悲剧的撤退。他们穿过科索沃山区，跨越阿尔巴尼亚北方白雪覆盖的山口，向深山逃窜。国王彼得一世病体缠身，只能躺在担架上随军撤退，同时大批塞族民众为躲避奥匈军队的血腥屠杀也随军逃难。德军从拉什卡河迅速进军，保军则在普里斯蒂纳和普里兹伦之间地区切断塞军归途。① 1915 年 10 月，成千上万塞族难民目睹了保军的暴行，也听说了比利时遭到德军攻击的命运。他们眼见塞军经过其家乡撤退，预感到大难将至，便随军撤退，尽可能带上生活物品，装上大车或马背，尽快逃离家园。10 月，塞军通过科索沃和阿尔巴尼亚北部阿尔卑斯山脉进入都拉斯，随军的美国作家福蒂埃·琼斯（Fortier Jones）当时自愿在塞尔维亚的美国救援组织工作，他刚到达就赶上塞军撤退。② 他为目睹的情况所震动，描述了塞军通过科索沃平原的悲惨状况和痛苦经历：他们几天里没有任何食物，艰难行走在风雪交加的寒冬，汗水湿透的衣衫在风雪中冻得硬梆梆的。奥地利人在第一次航空轰炸中就对云集在一起的难民进行了残忍的轰炸。③ 估计有大约 10 万塞族人在经过科索沃和阿尔巴尼亚的撤退中丧生，而且大部分没有被掩埋，被白雪和泥浆覆盖着，直到来年春天人们才发现了他们的白骨遍野。塞军撤退后，科索沃被奥匈帝国占领。后分为两个区：梅托希亚归属黑山军政府，而科索沃的一小部分连同米特洛维察和武契特尔恩成为塞尔维亚军政府的领土。科索沃的更大部分包括普里斯蒂纳、普里兹伦、格尼拉内、乌罗舍瓦茨、奥拉霍瓦茨（Orahovac）都划归保加利亚的马其顿军事特区。

第一次世界大战使得巴尔干半岛不同民族都卷入你死我活的斗争

---

① R. A. Reiss, *Austria – Hungary – Report*, Simpkin, Maeshall, Kent and Co., London, 1916.

② 他写道："从米特洛维察到普里什蒂纳只有不到 25 公里，但是我肯定，人类历史上以前从未有过如此情景，痛苦万分、英雄气概和爱国主义都集中在这么狭小的空间。" Fortier Jones, *With Serbia into Exile*, London, 1916, p. 206.

③ "既没有烤火取暖的木材也没有喂牲畜的草料……只有白茫茫的变幻雪景，雪地中成千上万的人和牲畜缓慢地行进着，我们每个人都痛苦万分，极为绝望。沿途到处散布着频死的动物，其中许多尚未冻僵，或完全因为饥饿而倒下去，做着临死前的挣扎。暮色将至时，我看到许多士兵和战俘几乎是本能驱动着从马和驴身上撕下生肉吃着，如果不是享受也至少是带着一丝满足。" Fortier Jones, *With Serbia into Exile*, London, 1916, pp. 230 – 231.

中。阿尔巴尼亚人因为一度得到奥斯曼帝国的保护和奥匈帝国的煽动，因此在战争中受到协约国军队特别是斯拉夫人军队的迫害，这迫使大批阿族人在米特洛维察自愿加入奥匈帝国军队，他们被编成小股部队，直接接受奥匈帝国军官指挥。作为一种回报，奥匈帝国在控制了科索沃后，统治当局便允许阿族人开办300多所阿尔巴尼亚语言学校，以此努力消除塞族学校在这个地区的长期影响。在科索沃保加利亚占领区，由于保加利亚当局对非保加利亚人残暴无情的种族清洗政策，连阿族人也被迫逃离。为了彻底消除塞族文化的影响，奥斯曼军队和保加利亚军队对塞族人的东正教教堂进行了大规模的破坏，特别是当奥匈军队进驻后，几乎所有教堂都遭到系统的摧毁，一些教堂里壁画中人物的眼睛也被抠掉。其实，战争中的暴行多种多样，无论交战的哪一方都不会恪守道德规范，疯狂的士兵普遍缺乏组织纪律，尤其在信仰天主教的奥匈帝国、信仰伊斯兰教的奥斯曼帝国和阿尔巴尼亚军队占领区，对非我宗教和非我教派的教堂的破坏也难以避免。有些人为此进行辩护，认为阿族人遵照古老的传统法规不会做亵渎神灵的事情，但其依据的理由很牵强。①

由于欧洲列强的参战，第一次世界大战的主战场很快转移出巴尔干半岛，这里成为辅助性交战地区，当地发生的最大规模战役也远不及1914年的列日战役、坦南堡战役、马恩河战役，1915年至1917年间多次交锋的伊松佐河战役，1915年的加里波利战役、意大利战役，1916年的凡尔登战役、索姆河战役，1917年的卡波雷托战役、巴勒斯坦战役，1918年的皮亚韦河战役、维托里奥·维内托战役。但是，巴尔干半岛的战事带有明显的种族仇杀特点，尤其对平民的残暴无情在整个世界战争中都非常罕见。当战争尚有几个月时间才结束时，美国认可了500多年前科索沃战争的历史地位，承认了其纪念日为纪念塞尔维亚和

---

① 他们认为，塞尔维亚历史学家将这些亵渎神灵的行为归罪于阿族人是错怪了对象，因为根据阿族习惯法，任何阿族人无论是穆斯林还是基督徒都不允许亵渎神灵，这种行为使阿族人感到恐惧，因为他们有严格的《雷科·杜卡杰尼古代法典》（*Kanun of Lek Dukagjini*）约束，任何人如果不能尊敬教堂的话，都将受到可怕的惩罚。他们认为破坏壁画是奥斯曼军队和保军士兵的丑行，当后者在袭击格拉卡尼亚修道院时就肆意毁坏了壁画。C. 名字 and B. Jelavich, *The Establishment of the Balkan National States*, p. 318。

所有其他受压迫民族的特殊纪念日，这对于参战的塞族人具有特殊意义。此后，科索沃受到西方民众的关注，成为美国各地无数讲道、课堂和演讲的话题。① 在英国和法国，塞尔维亚及其民众的悲惨处境也成为公众热议的焦点。② 1916 年英国进行全国范围的捐款活动以纪念科索沃战役纪念日。伦敦开张的一家书店还专门出售塞尔维亚文学作品，出版社还加印了数万册书，大量的信息通过包括电影在内的各种媒体广泛散播。标志着"英雄的塞尔维亚"的卡通广告片在全国各地上演。在某些歌剧院甚至上演了塞尔维亚民族圣歌。③ 塞尔维亚因此处于非常有利的国际舆论环境，可以借此主张自己的权利。1917 年 7 月，新建立的南斯拉夫国家在科孚（Corfu）岛宣布成立。协约国各国对塞尔维亚一面倒式的支持，对塞族人过去与现在遭受的苦难表示同情，这完全是受第一次世界大战的影响。协约国所从事的宣传造势也是为了从舆论上压倒同盟国，从而获得心理和道德上的优势。这里，人们可以清楚地看到，在现代国际政治中很难实现真正的公平和正义，小国和弱小民族的命运不仅掌控在大国手中，而且是非曲直也由大国判定。遗憾的是，这种大国把玩国际游戏规则的情况百年后并没有根本改变，大国在巴尔干半岛的黑暗勾当再度上演，只不过它们好恶的对象颠倒过来了。

德、奥同盟国为防止两面作战，千方百计促使俄罗斯退出战争。1917 年"十月革命"改变了欧洲战场的形势。但是，1918 年秋的局势再度开始扭转，明显不利于正在瓦解的奥匈帝国，奥、保同盟国军队逐步从巴尔干半岛战区撤退。塞尔维亚军队（komitadji）与法国军队一起于 10 月重新进占科索沃，经过激烈战斗，夺取重要城市，建立起军事管制。阿族人的处境越来越尴尬，为了自保，在 11 月 11 日交战双方达

---

① 在纽约市施洗者圣约翰大教堂举行的专门仪式上，雷夫·霍华德·罗宾斯（Rev Howard C Robbins）将塞尔维亚人比喻为以色列人，声称塞尔维亚的"声音已经压抑忍耐得比以色列还长，它发出的希望一直被掩埋了 5 个世纪"。TA Emmert, "The Kosovo Legacy", *Serbian Studies*, Vol. 5, No. 2, 1989, p. 22。

② 本书作者的英国祖父母一直在其伦敦住宅的厨房壁炉台上，在一个小瓶子里插着塞尔维亚的旗帜，直到他们于 20 世纪 70 年代去世为止。Miranda Vickers, *Between Serb and Albanian: A History of Kosovo*, Hurst & Company, London, 1998。

③ T. A. Emmert, "The Kosovo Legacy", *Serbian Studies*, Vol. 5, No. 2, 1989, p. 21。

成停火协议后不久,他们在什科德秘密建立非法的科索沃民族保卫委员会(Komiteti l Mbrojte Kombetare e Kosoves),后来人们简称它为"科索沃委员会"(KK)。这个地下组织早在1915年5月就以松散的形式存在过,其基本目标是武装对抗伦敦外长会议关于阿尔巴尼亚边界的决定,并发誓解放科索沃,合并统一所有阿族人定居区。其进一步的目标是组织对塞尔维亚的袭击,在边境地区走私武器准备发动武装起义。该组织得到意大利政府的资助,由普里斯蒂纳的霍查·卡德里乌(Hoxha Kadriu)领导,主要由科索沃政治流放犯构成。其中两位最突出的成员是哈桑·普里斯蒂纳和巴伊拉姆·库里。另一位著名阿族人领袖伊萨·波雷提尼及其家族则流窜到黑山首都波德戈里察(Podgorica),与国王尼古拉斯(Nicholas)谈判破裂后,阿族人和黑山人之间爆发了战斗,伊萨·波雷提尼及其全家和3个朋友遇害。阿族人的大逃亡显然与胜利的塞尔维亚军队和塞族人对阿族居民进行的可怕报复有直接关系。他们首先洗劫了协约国帮凶地区梅托希亚南部(佩奇附近),杀害了没有逃走的妇女儿童,烧毁138间民宅。另外有700个阿族人在罗扎耶(Rozaj,即散德加克河流域)被害,有800人在德亚科维察被杀害。1919年2月中旬,鲁格沃·乔治(Rugovo Gorge)的15个村庄被炮火摧毁,这里是梅托希亚地区和黑山之间的主要干道。还是在2月,塞尔维亚人以同样的方法镇压了普拉瓦(Plava)和古辛耶(Gusinje)地区的阿族起义,导致大批阿族人逃亡,就像他们的达尔达尼亚人祖先一样,逃进普罗科雷蒂耶山脉的深山老林中,许多人再从那里南逃到什科德。[①] 冤冤相报的种族仇杀此后不断上演,酿成了持续百余年的现代世界人间惨剧。

第一次世界大战后,根据民族自决原则,正式独立的塞尔维亚、克罗地亚、斯洛文尼亚和阿尔巴尼亚的边界一时难以划定,各国提出的领土要求也都因缺乏历史根据而被搁置。塞尔维亚与阿尔巴尼亚的领土争端开始激化。法国地理学和地缘政治学家雅各布·安科(Jacques An-

---

① Hoover Institution Archives, C. W. Furlong Collection, Box 3: Outcand no. 454. The Committee for the National Defence of Kosovo: Letter to David Lloyd George [没有日期,估计是晚冬或1919年初春] Banac, *The National Question in Yugoslavia*, p. 298.

cel）在其名著《巴尔干半岛民族与国家》和《地缘政治学》中就此寻找争议边界的历史依据，他认为其中关键的争夺地点是普里兹伦地区。① 其实，巴尔干半岛新国家间边界问题并无历史依据，每个民族都有各自的根据，而他们相互间是冲突的。科索沃地区塞族和阿族间的领土争端具有典型意义。争端的第一个阶段大体在1918—1928年，恰好是所谓阿族"非法运动"时期，而第二个阶段则在第二次世界大战前的1929—1941年。根据一些报告，战争暴行直到第一次世界大战后的1919年仍然在科索沃地区发生，其中提到塞尔维亚军人在佩奇和德亚科维察继续袭击阿族人。这个地区尽管在1913年即划归黑山，但是当地阿族人从未被征服，斯拉夫人的占领也只是名义上的。国际社会对于这里发生的暴行一直没有进行调查。阿族人为了报复，进行武装反抗，反对塞尔维亚的游击战争在科索沃和黑山两地上演。② 英国记者亨利·贝莱恩（Henry Baerlein）曾担任贝尔格莱德政府在巴黎和会上的顾问，他为当时塞族暴力行为辩护说："什科德地区的阿族人在1919年12月和1920年1月间曾犯下了一系列屠杀暴行。这些袭击活动持续的时间相当长久，以至于南斯拉夫政府决定必须派军占领这个防卫前哨，以便制止这些长久的暴行。"③ 塞尔维亚当局继续坚持其立场，对一切骚乱视为旨在推翻新国家的叛变行为，使用宪兵严厉镇压一切反对中央政府统治的对立派别，这个政策导致大批阿族人涌入独立的阿尔巴尼亚，致使这个虚弱而贫困的阿族人政府异常困难，经济困窘急剧增加。同时，

---

① Michel Roux, *Les Albanais en Yougoslavie*, Paris 1992, pp. 177 – 182. Jacques Ancel, *Peuples et nations des Balcans*, 1926, *Geographie des frontiers*, 1938，转引自 D. Batakovic, *The Kosovo Chronicles*, p. 182。

② Swire, *Albania*, p. 290. 在一封致《新政治家》编辑的信中，肯宁顿（Cunnington）先生描写了他于1919年1月在什科德的经历，当时塞族和黑山人正在洗劫古辛耶（Gusinje）："幸存的阿族人从古辛耶逃亡，并报告了发生的一切。病人被活活烧死在床上，妇女遭到奸污，而后按照塞族的娱乐习惯，被灌醉跳舞，灌上汽油，放火烧死；小孩被集中起来，用枪刺刀挑起来抛入篝火。一个英国军官正式进行调查，一周后被塞—黑军队捕住，严刑拷打。最后，我们在贝尔格莱德的部长强迫塞族政府道歉，真是可耻。这个军官报告说，古辛耶、普拉瓦和贾科维察等城市都被摧毁，大部分阿族居民都遭到屠杀。" *The Sattesman*, 22 January, 1921。

③ H. Baerlin, *A Difficult Frontier*, London, 1922, p. 32.

科索沃委员会迪巴尔地方分支主席哈桑·普里斯蒂纳致信英国外交部，抗议塞族人的暴力。① 这个时期塞族人对阿族人的迫害绝不亚于奥斯曼帝国时期阿族人对塞族人的迫害，只是现代国际政治中大国不仅主导国际关系基本原则，而且决定世界舆论的导向，近代以前的种族迫害现象只是历史学家研究的学术课题。

1919年1月18日举行的巴黎和会持续了5个月，确定了战胜国对战败国及其殖民地的宰割，帝国主义列强重新瓜分势力范围和实际利益，《凡尔赛和约》则把几个旧王朝帝国分划为所谓的民族国家，但是事实上，它们还包括了许多少数民族区域。奥匈帝国、奥斯曼土耳其帝国、保加利亚王国等战败国面临着随之而来的内战时期。这种被战败国称作"输入的和平"长期困扰着它们，因而都担心受到战胜国的报复，故明里暗里极力否定和约的各项协议。1917年7月在科孚岛宣布成立的南斯拉夫国家此时正式确定为"具有三个名称一个民族的国家"，包括塞尔维亚王国、克罗地亚和斯洛文尼亚。其民族构成大体上可以确定为斯拉夫人，这个国家包括的许多其他非斯拉夫民众被刻意忽略了，他们各自的民族性、民族语言和宗教信仰也都不被关注。这个宪政王朝建立在多民族群体社会之上，其1200万人口中有40万阿族人。根据1921年对以阿语为母语的人口进行的普查，在科索沃总人口436929人中，280440人为阿族人，占总人口的64.1%，其中72.6%穆斯林，仅有26%为东正教徒和1.4%的天主教徒。② 然而，这些人口统计数字的准确性还有待考证，它只能说明当时阿族人已经占科索沃人口的多数。这个新王国将仿照战前塞尔维亚政府的组织模式重新建设，即在贝尔格莱德统治下，通过塞尔维亚政府行政体系的各级组织来实施。塞族人将自己视为南斯拉夫人的解放者，因此他们随意决定此后南斯拉夫各民族关

---

① 他报告："塞军对科索沃和迪巴尔地区阿族平民民众施行了恐怖行为。"PRO, FO, 371/5725-96398, 7 February, 1921。他描述了1918年塞族人"重占科索沃"后的事件："1920年8月28—30日，在利久马的迪巴尔地区，7800座阿族人住宅被付之一炬，杀死了250人，12月初，科索沃地区武契特尔恩有250户被大火摧毁，杀死120人。"PRO, FO, 371/5725-96398, 7 February 1921.

② *Popis Stanovnistva u Krajlevni Srba, Hrvata I Slovenaca*, Sarajevo, 1924, 转引自 D. Batakovic, *The Kosovo Chronicles*, p. 187。

系，其政策合法化了。英国和法国对南斯拉夫—意大利边界问题长期争论，久拖不决，最终达成一致意见，同意意大利控制伊斯特利亚（Istria）、里耶卡（Rijeka）和扎达尔（Zadar），并拥有对阿尔巴尼亚中部地区的委任托管权。而南斯拉夫则被允许占领阿尔巴尼亚北部大部分地区，包括科索沃和德林河流域。希腊则得到了阿尔巴尼亚南部地区。阿尔巴尼亚边界其他问题保持不变。

1919年在贝尔格莱德召开的南斯拉夫共产党及其国际联盟的统一大会（共有432名代表参加）上，塞尔维亚政府"宣称要建立共和政府形式，及地方、区域、自治区自治的单一国家。会议认为这样组织的国家应尽力消除因为历史环境造成的斯洛文尼亚人、克罗地亚人和塞尔维亚人之间的区别"。大会并未考虑科索沃和梅托希亚两地的实际情况，这两个地区当时被称为伏依伏丁那（Vojmodina）。在国际舆论的同情中，塞尔维亚人处于非常有利的位置，他们提出在经历了可怕的战时灾难和损害后，他们需要科索沃来重建其文化认同，补偿其民族在战时遭受的苦难，他们成功地做到了这一点。塞尔维亚在宣布王国独立后，认为本国是单一民族国家，深感在经历了战争期间的牺牲后有权领导这个国家。但是，这个国家中的阿族人却在调整适应新形势中遭遇极大的困难，他们感到自己正是由那些"昔日的劣等阶级"统治着。巴尔干半岛战争不断，一直持续着交战状态达8年之久，在此期间，塞族和阿族间的新仇旧恨不断加深。恐惧、愤怒和被出卖的情绪在战后科索沃的阿族村庄里弥漫。塞尔维亚、克罗地亚、斯洛文尼亚王国建立后，阿尔巴尼亚博爱与文化协会立即被取缔，同时关闭的还有所有阿族人学校。然而，南斯拉夫除了斯拉夫民族主义者外还是其他派别，他们主张各民族平等。1919年建立的南斯拉夫共产党（简称CPY），在内战期间特别是在1921年颁布保卫国家法通过后，被迫进入地下秘密活动状态，该党的民族主张便是以马克思主义关于民族自决权的思想和各民族政治权利平等的概念为基础的。

阿尔巴尼亚主动于1920年请求中立的国际委员会勘测确定其与马其顿西部和与新建立的塞尔维亚、克罗地亚和斯洛文尼亚王国的边界线，理由是两国间发生了边境摩擦。为此目的而任命的委员会由英、法、意大利军事代表组成（还有日本，但是他们放弃了权利）。技术性工作由来自南斯拉夫和阿尔巴尼亚的勘测人员具体实施,后者则委托意大利人代理,阿尔巴尼亚人没有亲自参与。① 边界界标沿着边界地带在适当地方间隔树立。希腊与阿尔巴尼亚的陆上边界于1923年12月完成确定。冬季过后,北方边界勘测小组的工作在1924年5月重新恢复,南斯拉夫与阿尔巴尼亚的边界于同年夏季完成。有关的解决争端外交小组直到两年以后才协调各方缔结了有关协议。1925年夏,南斯拉夫和阿尔巴尼亚边界线勘测的技术工作全部完成,该委员会一直存在到1926年8月。

为1920年6月制定南斯拉夫宪法而举行的议会选举,最终结果是:塞尔维亚民主党94席、塞尔维亚激进党89席、共产党58席、克罗地亚农民党50席、斯洛文尼亚和克罗地亚教士党27席、波斯尼亚穆斯林24席、社会民主党10席。这样,新政府就由塞尔维亚民主党组成,而克罗地亚农民党决定不参加议会,共产党则被完全排斥在外。② 因此,新宪法反映的是塞尔维亚中央集权派的愿望,而受到克罗地亚、斯洛文尼亚和共产党的大多数人抵制。大部分权力由国王领导下的中央政府负责,像战前的塞尔维亚一样。国家权力集中在贝尔格莱德,大部分被控制在塞尔维亚的政治精英手中。这个国家力图形成一种南斯拉夫团结一致的情感,全国被划分为9个省。当局通过省区行政分界来弱化或者摧毁传统的地区传统,但是,它们事实上是根据党派选举利益划分的,这样,塞族人就在6省中占多数,克罗地亚人占两省的多数,斯洛文尼亚在1省中占多数,穆斯林和阿族人在1省中占多数。为了加强开发南部地区,1920年9月24日还颁布了"南斯拉夫南部地区殖民法"。

根据1921年南斯拉夫人口普查结果,科索沃地区阿族人比例极高。但是,由于欧洲东南部事务明显地打上了欧洲列强的政治烙印,因此,巴尔干半岛事务中的阿族人及其未来发展问题被上层完全忽视了。南斯拉夫、意大利和希腊强有力的宣传也影响了最终结果的形成,只有阿族

---

① Giles, *Boundary Work in the Balkans*, p. 304.

② 南斯拉夫共产党建立于1919年,由1914年就存在的各个社会民主党派合并而成。正如在其他欧洲国家,左派于1919年分离单独组成南共,作为共产国际的分支机构。1920年大选中,南共获得了12.3%的选票,有13.8%的代表当选。

人对其新建立国家未来前途的考虑很少受到关注。人们长期忽视他们的原因在于：一是塞尔维亚人在大战中的角色有利地影响了协约国列强支持其对科索沃的主张。大战期间，塞尔维亚损失了 1/5 的人口，协约国列强深信，塞尔维亚应该因为其新近的英雄主义和牺牲而得到褒奖。1918 年 6 月，当战争距离结束尚有几个月时，美国承认科索沃战役纪念日为纪念塞尔维亚和所有其他受压迫民族在大战中作战的特殊纪念节日。这就使科索沃的话题成为美欧各地无数宣传、课堂和演讲的话题。二是阿族人长期得到奥斯曼帝国保护，以及西方媒体大量否定伊斯兰教信仰的宣传，也降低了人们对阿族民众的关注度。

  战后边界的未定状态增加了边境紧张局势。1921 年 2 月，南斯拉夫与阿尔巴尼亚边界摩擦持续发生，一些欧洲报纸披露了塞尔维亚军队越过 1913 年划定的边界的消息。前英国军队上校奥贝里·赫伯特（Aubrey Herbert）作为阿族人雇佣兵，这样描述 1921 年的形势，"在北部地区有超过 120 个村庄已经被南斯拉夫军队摧毁；从这些村庄逃难的难民处于完全贫困的境地，阿尔巴尼亚政府依赖其有限资源正在进行救助。不幸的民众正忍受着极度的悲惨，即将遭到饥饿的威胁"。[①] 1921 年 7 月，科索沃上层人物向国际联盟递交请愿书，请求与阿尔巴尼亚合并。[②] 协约国列强组成的国联专门委员会对此反应冷淡，在答复来自双方边界争端的文件中说，双方在"划界地带"都实施了不太重要的暴力行为，原因在于地图错误和标示误解而不在冲突双方，无论南斯拉夫还是阿尔巴尼亚政府双方似乎都急于避免此类暴力的发生。进而，委员会提出将任命一个南斯拉夫—阿尔巴尼亚联合军事委员会来处理这个地带发生的任何事件。这样，阿族和塞族之间公开的战争而非摩擦就悄然迫近了。

  南斯拉夫于 1921 年 3 月初正式承认阿尔巴尼亚政府，并任命了一位处理地拉那事务的部长。南斯拉夫新政府试图稳固其在科索沃的统

---

 ① *New Statesman*, 5 February, 1921.
 ② 这份 72 页的文件描述了塞族人实施的暴行，详细列举了受害者的名字和地址。它声称自 1918 年以后，在科索沃各地有 12371 人遭到杀害，有 22000 遭到监禁。Swire, *Albania*, p. 291.

治,但是却发现自己极不受欢迎,特别在解除阿族民众武装时遭遇极大的困难。阿族人的抵抗日益高涨,此时又得到意大利当局的暗中援助,遂发展成为所谓的"非法秘密"(Kachak)运动。① 该运动面临的主要困难是努力应对新的政治形势,力图说服国际社会同意将科索沃合并到阿尔巴尼亚。该运动领袖协调者是科索沃委员会,它在各城市建立许多分支机构。战后5年间,在所有阿族定居区周围都出现了某些积极活跃的活动迹象,从黑山的图兹(Tuzi)到马其顿西部的迪巴尔运动渐成气候。该运动主要由来自科索沃的阿族移民构成,被塞族人视为非法组织,但被阿族人视为解放者。事实上,该运动确实具有这两方面的性质。非法之处在于,它盘踞山林,对当局发动游击队武装袭击,不仅恐怖袭击地方官员,而且裹挟偷盗居民的大量牲畜。许多非法武装团伙类似于正规军,但分别独立行动,袭击和抢劫遥远而穷困的边界地区,逃避税收和军役。

为了缓和民族矛盾,南斯拉夫政府于1921年特赦了除杀人犯外的所有犯人,但这只是产生了有限的实际效果,违法者在冬季投降但到春季又重返山林,采取传统的"非法"(hajduk)行为方式。事实上,该运动的领袖们确实也是传统的"非法"强盗,或者是民间"黑帮"老大。例如其最强大且最著名的领袖是阿泽姆·贝伊塔(Azem Bejta,1889—1924年),他是科索沃中部地区德雷尼察人,在20世纪20年代初一直坚持反抗斗争。阿泽姆·贝伊塔及其妻子朔特(Shote)是该运动强有力的领导人,在1918年末就指挥着大约2000名战士,拥有大约10万支持者。朔特还一直冒用男性名字奎里姆(Qerim)和服装来掩饰自己的性别,以便不冒犯其民族的特殊习俗。② 贝伊塔遵照巴伊拉姆·库里和哈桑·普里斯蒂纳的建议,呼吁当地阿族人不缴纳税收,拒绝服

---

① 这个名字来自土耳其语 Kachmak,意为排出或秘密、不合法。有关"非法秘密"运动的详细描述见 L. Rushti, *Levizja Kacake Ne Kosove* [1918–1928], Pristina, 1981 and Hajredin Hoxha, "Proces nacionalne afirmacije albanske narodnosti u jugoslaviji", *Casopis za kritiko zuanosti*, Ljubljana, 51, 52/1982, 转引自 D. Batakovic, *The Kosovo Chronicles*, p. 188.

② Banac, *The National Question in Yugoslavia*, p. 303.

兵役，只要他们的权益受到侵犯，就一直抵抗到底。① 贝伊塔的抵抗虽然依旧受到阿族民众欢迎，受到政府的镇压，但更受到阿赫迈德·佐古（Ahmed Zogu）和阿族保守派戒律的自我约束。这个时期，意大利成为南斯拉夫在阿尔巴尼亚的主要对手。

阿赫迈德·佐古是阿尔巴尼亚内政部部长，这位著名的非法者运动反对者致力于新政府的政权稳定，于1922年开始解除北部高地和争议边界中立地带的阿族部落武装，特别加强控制尤尼克（Junik）这个非法运动活跃地区，这里是阿泽姆·贝伊塔的基地。1922年3月，巴伊拉姆·库里、哈桑·普里斯蒂纳和另一位非法运动的领袖埃雷兹·尤素福（Elez Jusufi）企图推翻地拉那政府，但是遭到了失败。次年1月阿赫迈德·佐古升任阿尔巴尼亚总理后不久，库里和哈桑·普里斯蒂纳以及其他500名来自科索沃的非法运动成员再度试图推翻他，但还是遭到失败。在两次武装叛乱之间，阿赫迈德·佐古与贝尔格莱德达成了秘密协议，保证首先处理库里和哈桑的非法运动。巴伊拉姆·库里警惕察觉到佐古派授意阿维尼·卢斯特米（Avni Rustemi）进行刺杀行动，后者也是当年杀害埃萨德·托普塔尼·帕夏的刺客。于是，巴伊拉姆·库里、哈桑·普里斯蒂纳策划了第三次阴谋活动，这也成为1924年6月叛乱的一部分。这次叛乱使民族主义者和凡·诺里（Fan Noli）政府上台执掌政权。佐古则于12月24日在贝尔格莱德支持下重新夺回并执掌政权。阿泽姆·贝伊塔（Azem Bejta）及其1000名主要的非法运动成员立即被出卖给南斯拉夫宪兵，从而结束了该地区的混乱状态，这标志着两个政权的合作。贝伊塔于1924年7月15日被杀害。佐古还迅速镇压了科索沃委员会，杀害了兹亚·迪伯拉（Zia Dibra），声称自己是在后者"企图逃跑时"将其射杀，他又指使其宪兵杀害了巴伊拉姆·库里，流放了其他科索沃阿族领袖。9年以后的1933年，阿族代表在希腊被杀害。② 佐古自以为暴力镇压奏效，于1928年自封为阿尔巴尼亚

---

① 根据塞族资料，其影响巨大："犯法者如雨后春笋一般。任何人无论何时接到法庭或政府的传票，他一定会立即列入这些违法者名单；他受到判决也一定与此有关。" Banac, *The National Question in Yugoslavia*, p. 302。

② Banac, *The National Question in Yugoslavia*, p. 305.

国王，而后千方百计尽力维系其统治权力。同时，他完全放弃了科索沃阿族人，任其遭受塞族人压迫的痛苦，从而断绝了所有科索沃上层的希望。他们还满怀希望从地拉那得到援助，甚至争取与阿尔巴尼亚合并，这种情况在此后地拉那历任政府中一再被重复。

消除了阿族动乱因素后，塞尔维亚、克罗地亚、斯洛文尼亚联合王国于1922年将33个行政区重组为7个地区，当时并没有把科索沃和梅托希亚两地看作一个整体。1923年南斯拉夫共产党（当时称为南斯拉夫独立工人党）决议指出，该党的职责就是为争取独立而公开的领导权，领导各族人民共同斗争。这个决议和南斯拉夫共产党内的其他讨论引发了关于民族问题的争论，这一分歧深刻影响了未来共产党组织的发展。早在19世纪末20世纪初，塞尔维亚人和南斯拉夫人都将塞族和阿族友好关系置于其奋斗目标内，即通过建立巴尔干联邦来解决民族问题。共产党人的计划受到两方面谴责，同时受到共产国际的质疑。共产国际在其1924年举行的第五次大会上通过决议，称南斯拉夫国家是"世界帝国主义的产物"，应该被分解。从此以后，南共的民族政策就以列宁主义的"霸权民族的反革命民族主义和被压迫民族的进步民族主义"理论为基础。根据这一理论，南共中央认为，必须反对"大塞尔维亚民族主义"，共产党人应该为此目标而与一切反对大塞尔维亚民族主义的运动合作。①

为加强教会工作，首任南斯拉夫牧首于1924年被任命为佩奇教区的主教。由于阿族人普遍支持"非法运动"，因此新建立的南斯拉夫王国将他们视为反叛因素，断定他们会利用任何机会进行反叛。同时，在距离佩奇这座繁荣城市1英里远的梅托希亚，反叛活动再度席卷独立的阿族集聚区中心城市，而佩奇的教堂非常集中，故成为该教区牧首的驻地。佩奇主教自从被奥斯曼帝国罢免并被取消其教区后，一直没有受到

---

① 在1928年第四次大会上，南斯拉夫共产党接受了共产国际的立场，即南斯拉夫应该解体，因为它是"世界帝国主义为反对苏联的目的在巴尔干半岛建立"的国家。P. Simic, *The Kosovo and Metohija Prolem and Regional Security in the Balkans*, Institute of Internaional Politics and Economics, Belgrade, 1996, p. 8. 这个立场在1936年进行了调整，当时社会主义阵营因南斯拉夫自卫防务问题而调整为"民族阵线"政策。然而，南斯拉夫共产党最初的立场为此必须调整支持阿尔巴尼亚民族运动，这一点没有改变，直到第二次世界大战。

关注，此时却享受到某种荣耀。在贝尔格莱德的支持下，周边地区的基督教居民都很看重它。同时，南斯拉夫当局加强了对"非法运动"的镇压，囚禁了许多大家族领袖，他们的家族成员众多，最多的达到50人。他们被扣押在集中营，以迫使其参加"非法运动"的亲属投降。当局认为这种方法可能是抓住该运动成员的唯一成效突出的办法，因为这些小规模高度流动的"非法"运动群体享有广大民众的支持，他们与警察和军队战斗后，能够轻而易举地隐退到山林中。然而，民众也为掩护游击队而付出了沉重的代价。根据目击者记载，武契特尔恩地方的杜伯尼察（Dubnica）村于1924年2月10日，被卢基茨（Lukic）长官和彼得罗维奇（Petrovic）司令包围后，下令放火烧掉，全村所有居民都被烧死。① 1924年以后，"非法"运动开始萎缩，特别是阿泽姆·贝伊塔被捕后，贝尔格莱德当局颁布了更为自由的法令，普遍大赦，包括罪行更为严重的犯人也得到释放。这项大赦令配合当局改善与阿尔巴尼亚的关系，都有助于挤压"非法"运动的活动空间。该运动尽管受到无情镇压，但还是推进了科索沃阿族人民族意识的觉醒和发展。它以小规模的抵抗形式长期存在，直到20世纪20年代末期。此后，科索沃的阿族和土族民众逐渐放弃武装抵抗，渐渐适应新国家的生活环境，他们也接受了不再享有奥斯曼帝国时代特权的现实，大部分居民只是希望得到以前异教的基督徒曾享有的公民平等权利。

  同一时期，南斯拉夫国内关于民族认同的争论成为国家政策中的一个重要难题。尽管某些知识分子和政治领袖在1914年前曾抱有单一民族的希望，但是单一民族的南斯拉夫并不存在。当时该国的民族构成非常复杂：包括大约43%塞尔维亚人、23%克罗地亚人、8%斯洛文尼亚人、6%波斯尼亚人、5%马其顿斯拉夫人、3%阿尔巴尼亚人，以及12%其他少数民族，如德国人、匈牙利人、乌拉赫斯人（Vlachs，罗马尼亚人）、土耳其人、犹太人、吉普赛人。这些民族并不为大肆宣传的

---

① 而后发生的事情是，宪兵队追踪抓到反抗领袖穆罕默德·科尼克（Mehmet Konio），但是游击队员们袭击了宪兵队并截走了他们的领袖。当局做出的反应是屠杀了他的全部亲属，烧毁村庄。大火中，有25人死亡，其中几乎全部是妇女和年仅10岁的儿童以及50岁以上的男人。PRO, FO, WO 204/9463, 196888。

说教所动，因为他们不认为自己是一个民族。① 还要注意的是，在内战期间，黑山人、马其顿人和阿族人的地位问题并非国内政治的首要问题。黑山人被看作类似于塞族人，马其顿人可以被看作"南部塞族人"。但是敏感的阿族人问题难以解决，在外交关系和内政方面影响巨大。② 起初，官方宣布的阿族少数民族政策，是通过强化塞族语言教育实现对他们的同化，因此不允许阿族人使用其阿语进行公务活动，或从事其他任何文化活动，所有学校都采用塞尔维亚—克罗地亚语。但是这项政策后来被迫放弃了，特别是在推行同化政策不力时，这反倒可能培养出潜在的反对派精英。从20世纪20年代中期以后，贝尔格莱德开始削减对阿族的公共教育经费，只允许他们接受穆斯林伊玛目和天主教教士布道问答式教育。当局认为，这些穆斯林中小学（民众称为土耳其学校）恶劣的教育水平能够保持阿族人的愚昧无知。这个算盘又打错了。尽管科索沃阿族人只占国立学校高中生总数的2%，但是他们却成功地将土耳其学校转变为地下民族教育和反对派活动的重要中心，而这些学校的教育秘密使用《古兰经》教材和阿拉伯语或土耳其语。

1928年在德累斯顿召开的南共第四次代表大会（有26个代表团和共产国际的多名代表参加），对这一动议给出了解释。会议决定呼吁内部联盟："夺取大塞尔维亚资产阶级的权力，捣毁帝国主义的产物南斯拉夫国家"，该党将"为独立的克罗地亚而战，为创建独立的黑山而战，为独立统一的马其顿而战，为独立的斯洛文尼亚而战"。"呼吁工人阶级支持阿尔巴尼亚人民为争取独立统一的阿尔巴尼亚而斗争。"③这是南工建党之初的目标。作为共产国际的一个支部，没有掌握政权的南斯拉夫共产党坚持民族平等原则，争取一切反对王国政府的力量结成统一战线。但是，对于科索沃地区的阿族人问题，最初的纲领中并没有提及，这也为后来的政策摇摆不定埋下了伏笔。

独立的南斯拉夫日益集权化，亚历山大国王于1929年1月6日废

---

① B. Jelavich, *History of the Balkans*, Vol. 2, Cambridge University Press, 1983, p. 151.
② Ibid., pp. 153–154.
③ *History of the League of Communists of Yugoslavia*, Beograd, 1985, pp. 105–107.

除了1921年宪法，解散议会，实行独裁统治。塞尔维亚、克罗地亚、斯洛文尼亚王国这个名称正式改为南斯拉夫王国，并将早先存在的33个地区划为9省（banovina），每省再细划为几个政区。例如瓦尔达尔省包括格拉卡尼亚（Gracanica）、格尼拉内（Gnjilane）、新波多林利（Nerodimlje）、萨尔-普拉尼亚（Sar Planina）、波德格拉（Podgora）、格拉（Gora）、波多林利（Podrimlj）即奥拉霍瓦茨（Orahovac）、贾科维察（Djakovica）等8个地区，首府在斯科普里。佩奇、伊斯托科（Istok）和米特洛维察地区属于扎塔省，该省首府在采蒂涅（Cetinje），而拉布（Lab）、武契特尔恩（Vucitrn）和德林诺维察（Drenovica）地区属于摩拉瓦省，首府在尼斯。这样，科索沃就被分别划归3个省。这次行政与土地政区规划一直保持到1941年。① 南斯拉夫政府如同当年奥斯曼土耳其帝国一样，担心在"非法"运动中兴起的思潮将催生出单一的阿族居民占多数的地区。普里兹伦市过去既重要又显赫，此时却因为靠近阿尔巴尼亚边界而变得冷清异常，发展极为落后。王国独裁政权对待阿族民族主义活动相当严厉，这样的例子可以从圣方济各修会教士什特杰凡·戈耶科夫（Shtjefen Gjecov）的遭遇中看到，他在战后被任命为普里兹伦附近的兹穆（Zym）教区教士。由于他坚持向当地人教授阿语及其文化，南斯拉夫政府强制关闭了几所战时保留下的阿族学校，而他则被当局视为狂热的民族主义分子，作为敌人受到迫害。② 根据一个调查，1928年初，科索沃有938户阿族家庭，其中552户定居在普里斯蒂纳地区，可见该地阿族比较集中。

南斯拉夫王国组建省区来分散科索沃和梅托希亚的阿族人，分别将他们划归扎特斯卡（Zetska）、瓦尔达尔斯卡（Vardarska）和摩拉瓦斯卡（Moravska）3省。但倔强的阿族民众一直反抗分散化措施，自1918年开始的武装斗争一直持续到1941年，伴随着塞尔维亚殖民政策而起

---

① "Relationship Between Yugoslavia and Albania", *Review of International Affairs*, Belgrade, 1984, p. 19.

② 1929年1月其处境非常危险，特别是当地方警察威胁和虐待他数月后，他被调动到普里兹伦地区。当他到达这个城市时，当局官员否认了调令。他立即跟几个同伴返回兹穆，但在途中遭到伏击被杀。他被杀的那天是1929年10月14日。*Kanuni I Leke Dukagjinit*, trans. L. Fox, Charles Schlacks, C. A., 1989, p. xviii。

伏不定。这一殖民计划背后存在多种考虑,包括战略的、安全的和国防的因素,是南斯拉夫政府优先考虑的问题。南斯拉夫还认为,阿尔巴尼亚是个被剥夺了土地的早产儿,而意大利则打算将阿尔巴尼亚变成其缓冲国。从军事战略的观点看,这种认识是正确的,因此南斯拉夫有必要保卫境内阿族人定居区的安全。特别是因为此地占有最重要的战略位置,巴尔干河从这里注入亚得里亚海、爱琴海和黑海,谁占有这个战略要地谁就控制了从摩拉瓦河到瓦尔达尔河这条巴尔干半岛主要交通线,因而就决定了半岛的未来。为此必须优先完成控制该地区这一紧迫任务,必须将这个地区从敌对势力控制下解放出来。经历长期战争夺取的这个地区必须让可靠的塞族移民定居,以保证科索沃的安全。1922—1929 年和 1933—1938 年两次移民高潮中,约有 10877 户塞族人被迁移到 120672 公顷土地上。为此建设了 330 个定居点和村庄,12689 间房屋,46 所学校和 32 座教堂。[①]

根据 1920 年 9 月 24 日颁布的《南斯拉夫南部地区殖民法》和 1931 年 6 月 11 日颁布的《南部移民法》,塞族移民每户将获得高达 50 公顷的土地,并享有自由通行权前往定居点,免费使用火车等基本工具,免费使用国家或公共森林和草原资源,3 年内免税,还为他们提供免费房屋。科索沃农业改革如同南斯拉夫其他地区一样,意味着原来属于私人、教会机构和国家的大地产被分解和重新分配。在强制推行土地改革的相当长时间里,用于重新分配而被没收的土地远远多于被实际分配的土地。没收的地产固然很多,但科索沃大量未耕种的国家、公共和无主待耕土地更多,在奥斯曼帝国统治最后几年间由于该地区动乱局势造成的普遍混乱致使耕地大量荒芜。[②] 行政当局借口阿族人不能提供其土地所有者的文件,轻而易举地从他们手中征收土地。在农业改革借口

[①] 有关研究见 M. Verli, *Refoma Agrare Kolonizuese ne Kosove, 1918 – 1941*, Illyria, Bonn/Tirana, 1991; M. Roux, *Les Albanais en Yougoslavie*, Editions de la Maison des Science de l' Homme, Paris, 1992; and M. Ivsic, *Les Problemes Agraires en Yougoslavie*, Rousseau, Paris, 1926。

[②] M. Dogo, "Kosovo – Kosova: National Truths and Disinformation in Albanian – Kosovar Histriography", in Duijzings, Janjic and Maliqi ed., *Kosovo – Kosova*, p. 38.

下,"弃耕"土地或被描述的"弃耕"土地都可以被自由分配给塞族人和黑山人移民,其中甚至包括那些阿族人暂时外出等待庄稼成熟的农田。草地、森林和阿族农民使用的公共土地都被剥夺,理由是他们"拥有过多的超出其所需"的部分。这对于只有几英亩土地的阿族小农打击尤其严重,因为他们的牲畜依赖于开放的草场和公共土地来喂养,他们的家庭需要砍伐林地上的林木作为燃料。相反,新来的斯拉夫移民则获得了大块的林地和使用国家草场和林地的权利。一些阿族所有者似乎获得了相同面积的土地作为补偿,但是他们得到的一般都是些质量低下的土地。虽然他们反对当局土地改革的决定,但是他们从来不可能重新得到其原来的土地,因为法律优先保证塞族殖民者,反对任何后续司法决定的占有权利。而且,大多数阿族人不能提供拥有土地的正当证明,因此就丧失了土地所有权和占有权的主张。[①] 1931年人口普查的结果表明,科索沃人口总数为552064人,其中347213人为阿族,占总数的62.8%。[②] 可见,占南斯拉夫人口两成多的阿族人大部分集中定居在科索沃。

事实上,按照传统社会常见的情况,古代土地所有权一般是居民公认的而不需要文书。在南斯拉夫推行移民政策的最初阶段,有很多自愿迁徙的移民,但是,其中一些移民在获得了梅托希亚地区的土地后不久,就设法将其地产卖给阿族人,而后搬迁到更为富饶和危险更少的伏依伏丁那地区。定居在梅托希亚地区的斯拉夫人则大部分是黑山的牧民,他们对农业知之甚少,但是却能够比塞族人更好地与当地阿族人合作,因为习惯于山地生活的他们在许多方面有共同的习俗和生活习惯。另外,很多黑山人还主动学习阿族语言以方便交流。最成功的移民是那些彻底定居在科索沃肥沃平原土地上的人,这里气候适宜,水系充沛。唯一的缺点是树林较少,个别地区阵风强烈,常常会

[①] Banac, *The National Question in Yugoslavia*, p. 300.
[②] *Popis Stanovnistva u Krajlevni Yugoslaviji*, Sarajevo, 1934, 转引自 D. Batakovic, *The Kosovo Chronicles*, p. 190.

把刚刚播下的种子吹跑。① 推行这一移民政策的重要后果是改变了科索沃各城市的民族构成。首席土地专员德尤尔德杰·科尔斯德耶（Djordje Krstic）就此写道："在取得的多项成果中，各城市获得了发展是一项突出的成就。乌罗舍瓦茨不再是像以前一样的阿族城市了，大部分黑塞哥维纳人已经定居于此，他们不久将成为占多数的居民。普里斯蒂纳也同样正在变成现代城市，也取得了极大进展。过去在佩奇几乎很难看到我们民族的人，今天它挤满了我们的移民，他们似乎给整个城市带来新生，也将很快彻底改变整个城市的特征。"殖民计划在马其顿收效甚微，那里各个城市的民族成分几乎没有改变，因为当地斯拉夫移民人数很少。但是，阻碍移民计划获得成功的重要障碍是当地阿族民众的抵抗，他们认为这些新定居者是强盗和外族人。当地的塞族人也反对新移民，因为他们已经与阿族人关系融洽，在日常生活中讲阿语，并习惯了与阿族邻居的合作，还接受了阿族习俗。他们并不喜欢他们地区的斯拉夫人新移民，因为后者具有外族人的心理，只能强化其所在地方的塞族情结。② 阿族人使用"本地塞族人"来称呼那些早在1912年前就住在科索沃的塞族家庭，他们一直和其阿族邻居和睦相处。

---

① 在推行殖民计划的第一阶段末期，负责科索沃殖民计划的首席土地专员德尤尔德杰·科尔斯德耶还写道："在科索沃北部的拉布地区，移民彻底地改变了整个地区的民族成分，1913年这里还没有一个塞族居民呢。" D. Krstic, *The Colonization of Southern Serbia*, Sarajevo 1928。他还记述："我们来自全国不同地区，最好的居民已经定居在科索沃了，他们在此组成了同族而又混合的殖民区。这些移民都是真正的农民，他们到这里来就是为了工作，准备面对任何困难。他们在短时间里就取得了很好的成绩。他们大多建造了房屋，有些是修缮的旧房屋。他们精于耕种土地，有些还随身带着农业工具。作为经济发展的一个范例，我愿意援引来自皮瓦（Piva）的某位加维利罗·塔帕切维奇（Gavrilo Tapachevic）的话，当我问他过得怎么样时，他回答说：'你看我过得怎么样，我祖父尤加·彼尤夫·特普切维奇（Joja Pejov Tepchevic）拥有1000公斤小麦时就感到自豪，而我在今年坏年景中［1927年］将收获一整车皮小麦'。" Hamid Kokalari, *Kosova, Djepi I Shqiptarizmit*, Tirana, 1944, p.33, 转引自 D. Batakovic, *The Kosovo Chronicles*, p.192.

② 新定居者也是他们的对手，因为新移民使用新工具和新方法，他们得到政府当局的支持，占据和拥有从阿族移民那里夺取的最好的土地，而当地的斯拉夫人自己还想继续保留好土地。Hamid Kokalari, *Kosova, Djepi I Shqiptarizmit*, Tirana, 1944, p.35. 转引自 D. Batakovic, *The Kosovo Chronicles*, p.194。

塞尔维亚当局于20世纪20年代后期推行塞族人殖民计划的同时，也鼓励阿族人进行移民。这是因为南斯拉夫西南边境地区形势日益不稳，政府开始强制阿族人移民，或者把他们大批放逐到土耳其去。但是，许多阿族人坚决拒绝前往土耳其或阿尔巴尼亚，而宁愿待在自家的山区，他们在山林地区加入残余的"非法运动"匪帮，定期下山到平原低地对交通商路进行小规模袭击。塞族人想要在被阿族敌对势力包围的戈吉兰尼（Gjilani）荒郊野外进行移民定居是完全不可能的，因为德雷尼察移民定居点环境十分危险，这里根本没有任何的国家行政机构。直到1924年著名的"非法运动"领袖阿泽姆·贝伊塔被害以后，这个地区形势才略微好转，当局便开始真正推进塞族移民建设工作。也正是在20世纪20年代后期塞族移民期间，普里斯蒂纳附近建起了米罗舍沃（Milosevo）、奥比利奇（Obilic）、代维特·尤格维奇（Devet Jugovici）和拉扎雷沃（Lazarevo）等村庄，这些名字都是以科索沃战争的塞族英雄命名的。20世纪30年代中期，南斯拉夫经过与土耳其的谈判，土方同意从南斯拉夫接收20万阿族移民，而贾科维察和萨尔—普拉尼亚（Sar Planina）两地的阿族人占有土地的数量就被限制在每户成员平均0.16公顷，除非业主能够拿出文件证明其他土地也属于他。①

对于科索沃矿物资源，南斯拉夫于1930年以后开始大规模开采，希望充分利用这里的矿藏资源发展经济。内战期间，科索沃经济发展长期停滞。而参与经济活动的人口中大约87%为农业人口，其中既包括阿族人也包括斯拉夫人。由于当地农业产品原始粗糙，产值极低，且生产率低下，无法应对大量非农村人口的快速增加。科索沃尽管矿藏丰富，但是缺乏技术和资金，其采矿业发展十分缓慢。当地最大的知名矿藏包括特雷佩察（Trepca）矿山，但都掌握在伦敦选择信托有限公司（Selection Trust Ltd., London）手中，其他的矿业也都被英国、法国和德国资本所垄断。第二次世界大战前在科索沃投资矿产的资金大多来自

---

① 正如一位官员报告所说："这个面积低于生存的最低限。但是这正是我们想要的，那就是说，不让他们阿族人生存，因此迫使他们移民。" M. Pirraku, "Kulturno-prosvetni pokret Albanaca u Jugoslaviji (1919-1941)", *Jugoslovenski Istorijski Casopis*, Nos. 1-4, 1978, pp. 357-358, cited in Banac, *The National Question in Yuglslavia*, p. 297.

国外，占总量的72.8%，外国人成为矿业的主人。① 20世纪30年代以后，南斯拉夫政府开始发展采矿业。当时该地只有2座砖窑、3座小电站、5个锯木厂、10个面粉磨坊。尽管工业发展缓慢，以农为主的科索沃如同巴尔干半岛其他地区一样仍能自给自足，满足贫困居民的基本需求。其波浪起伏般的平原几乎全都种植着小麦和玉米，农村大都是由坚固的住房构成，内有水井庭院，围以高大的防御墙。每周定期举行绚丽多彩的集市，来自附近村庄的农民身着各色传统服装，出售五颜六色的手织衣物和地毯、奶酪、蜂蜜、蔬菜和牲畜。当地的教堂和修道院因塞族基督徒减少而少有人问津，被人遗忘。1925年访问该地的雷纳·尤维特奇茨（Lena Yovitcic）为当地教堂的凄凉而悲伤，她在废墟中发现了格拉卡尼亚修道院的教堂。废弃的修道院长期无人光顾，完全无法与古代的辉煌相媲美。②

南斯拉夫共产党在民族问题上的言行值得关注。从20世纪30年代初起，来自贝尔格莱德大学的共产党员学生开始在佩奇及其周围地区开展活动，拥有4名成员的佩奇共产党第一次会议于1935年8月在米特洛维察举行，事实上，当地共产党人的活动早从20世纪30年代初就开始了。根据南斯拉夫共产党的历史文献，黑山、伯卡（Boka）、散德加克、科索沃－梅托希亚各地于1932年召开了省区党代表大会。1934年国王亚历山大被刺杀后，南斯拉夫重新恢复了有限的政治自由。这个时期，共产国际与南斯拉夫的关系发生变化，南斯拉夫共产党的民族政策也相应地发生了变化。莫斯科不再反对欧洲维持现状的主张，斯大林开始强调集体安全和民众联合阵线的策略，以应对纳粹党人掌握政权的现实。共产党人此时强调南斯拉夫各民族团结，民族自决权的主张因此受到批评，要求民族地区分离独立的鼓吹者再度被斥责为民族主义者。③同一时期，南共在贾科维察、乌罗舍瓦茨、普里兹伦和普里什蒂纳都建立了党的组织。④ 南斯拉夫共产党在共产国际持续不断的强大压力下，

---

① Pipa, and Repishti, *Studies on Kosova*, p. 126.

② 她的父亲是塞族人，母亲是苏格兰人，她描述了科索沃同样凄凉的环境。Pipa, and Repishti, *Studies on Kosova*, p. 248.

③ B. Magas, *The Destruction of Yugoslavia*, London, 1993, p. 27.

④ *Relationship Between Yugoslavia and Albania*, Belgrade, 1984, p. 22.

接受了各民族享有民族自决权的路线，其中涉及所有不同民族。1928年德累斯顿流亡的共产党第四次代表大会上对这一路线作了非常细致的阐述。因此在1929—1934年亚历山大国王独裁统治时期，南共的所有政治权利都被剥夺，几乎被宪兵恐怖彻底摧毁。

但是共产党在此地开展秘密活动。20世纪30年代科索沃第一家矿藏产业公司开业后，南斯拉夫共产党便设法在新矿工中，特别是特雷佩察的矿工中发展积极分子。这个矿山是科索沃唯一具有真正产业无产阶级的地方，而其他矿山大多喜欢雇用季节性临时工。不久，南共就控制了商人工会，并成功组织了1936年5月的罢工。特雷佩察（Trepca）矿工的罢工持续了20天。南共中央委员会在同年取消了黑山党组织后，决定建立科索沃地区领导机构。1937年中旬，南共科索沃－梅托希亚地方会议召开。该地区党组织成立大会于7月在佩奇正式举行，21名代表参加会议，其中有两位是阿族党员拉米兹·萨迪库（Ramiz Sadiku）和拉米兹·德耶马（Ramiz Djema）。黑山代表米拉丁·波波维奇（Miladin Popovic）后来在阿尔巴尼亚共产党发展中发挥了重要作用。[①] 1937年3月7日，塞族学者瓦萨·库布利罗维奇（Vasa Cubrilovic）提交给贝尔格莱德议会的备忘录中，指责德雷尼察和梅托希亚地区当局的殖民计划遭到了失败，该计划安置了北方来的黑山移民而没有安置更勤奋的斯拉夫人。[②]

此后，贾科维察、普里兹伦和普里什蒂纳等地也都在1938年相继建立了地方党组织，使科索沃的南共党员人数上升到239人，其中55%为农民，30%是工人，还有12%的知识分子。当时的党员主要是

---

① Pipa, and Repishti, *Studies on Kosova*, pp. 119, 153 – 154.

② 他也承认在科索沃还要再安置一些黑山人以防止不断发生的动荡："最近黑山成为一个严重的问题。这片贫瘠的土地难以容纳自1920—1931年增加的16%的人口。黑山人移民的增加加剧了贫困，最近还引发了日益增多的社会政治运动，对我国中央权力极为有害，对未来的法律秩序也是极大的威胁。给这些移民提供玉米和养老金不符合我们的利益。唯一的解决方法是把他们迁移到富庶的科索沃和梅托希亚地区，因为他们在心理素质和气质习惯上与那里的阿族人更为接近。首先要做的是立即给移民们拥有定居地方财产的所有权，因为我们移民政策失败的主要原因是这些移民对其居住之地没有土地安全感，因为他们从来就没有及时得到过所有权。" Vasa Cubrilovic, "The Expulsion of the Albanians", *Kosova Historical Review*, No. 4, Tirana, 1994, p. 37.

由黑山移民构成。他们中只有很少几个阿族人,在239名南共党员中只有23名是阿族人。其中的重要原因是南共在阿族人中发展党员十分谨慎、阿族民众对长期压迫他们的塞族进行反抗、地区经济发展落后、缺乏重要的劳工阶级、知识分子数量少等,其中最重要的是阿族人对塞族和黑山人的严重不信任。阿族人还受到其头面人物的强大影响,这些头面人物中最突出的是米特洛维察的德扎菲尔·德瓦(Dzafer Deva)和普里什蒂纳的伊利亚斯·阿古什(Ilijas Agush),他们都是当局忠实的支持者。① 阿族人对政治活动普遍态度冷漠缺乏兴趣。1938年7月,地方党组织开始秘密招收游击队员,为即将到来的武装斗争做好组织准备,因此指示各地党组织在移民中进行说服工作,劝他们注意民族关系,不要从阿族农民手中接收土地。同时,贝尔格莱德大学的学生还在科索沃各地散发小册子,抗议当局将阿族人从科索沃强制驱逐到土耳其,并没收他们的土地。② 然而,1938年7月,南斯拉夫还是与土耳其签署了交换移民的协议,土耳其也同意接收从科索沃和马其顿来的20万阿族、土族和穆斯林。当时土耳其恰好在人烟稀少的阿纳托利亚地区和库尔德人居住的边境贫瘠地带殖民。但是日益紧张的国际局势使得该协议并未得到真正执行,特别是他们缺乏安置移民的必要经费。

总之,在两次世界大战之间,民族迫害成为科索沃民族关系的常态,当时已经没有任何力量能够改变种族仇杀冤冤相报的恶性循环局面了。不久以后爆发的第二次世界大战更是将欧洲法西斯统治引入穷苦的科索沃,恶劣的国际环境导致巴尔干半岛特别是科索沃区域内矛盾进一步走向极端邪恶的冲突。塞族人在战后秩序的重建中占据优势地位,但各种矛盾并没有得到丝毫的缓解,资源依然贫乏,民族仇恨更加强烈,发展陷入停滞,外部大国势力的干涉尤其频繁。阿族在阿尔巴尼亚的支持下把恢复地区主导权作为目标,而塞族在南斯拉夫塞尔维亚政府支持下维持着少数人的政治优势地位。

1939年9月1日,德国法西斯军队入侵波兰,英国对德宣战,揭开了第二次世界大战的序幕。事实上,第一次世界大战留下了许多难以

---

① *Relationship Between Yugoslavia and Albania*, p. 28.
② Ibid., p. 25.

解决的问题，英、法、美等帝国主义国家瓜分了全球的老殖民地，德、奥匈、奥斯曼等老大帝国被分割，俄罗斯建立的苏维埃政权也结束了沙皇的统治，作为战胜国一方的比利时、意大利、希腊、罗马尼亚、塞尔维亚等国也都获得了土地赔偿，并在新占领区设立行政区划，进行有效管理。战败国特别是德国并不甘心接受这样的结果，因为它不仅没能通过战争获得新的殖民地，反而丧失了德国本土约13%的领土和全部海外殖民地。战后爆发的世界经济危机给了法西斯势力崛起的机会，新的战争威胁再度笼罩欧洲上空。为此，欧洲列强重新结成了以英、法、波等为首的同盟国和以德、意、日为首的轴心国。双方展开激烈的军备竞赛和政治、经济等多方面的较量，剑拔弩张，世界大战已不可避免。德国法西斯入侵波兰引发英国、法国于两天后对德宣战。自此，第二次世界大战持续到1945年9月2日，东西方法西斯势力战败投降。这次大战超过了第一次世界大战，人员和财产损失空前严重。作为欧洲热点地区的巴尔干半岛也深深卷入战争，希腊、南斯拉夫、土耳其等国先后加入同盟国一方，而罗马尼亚、匈牙利、保加利亚、克罗地亚、斯洛文尼亚等国则加入轴心国一方。

战争期间，科索沃地区的民族关系完全跟随战争各方的战争需要而变动。南斯拉夫共产党借助战前开展工作的优势，继续推行民族和解，争取更多民众投入反法西斯战争。共产国际和南斯拉夫共产党组织倡导的各民族平等原则也有利于组织游击战争，意识形态的共同性超越了民族间的对立。正是在南共组织下，特雷普查矿山工人于1939—1940年不断发生罢工，他们要求更好的工作条件和更高的工资收入。1939年南共举行的第五次全国代表大会是第二次世界大战前的最后一次会议，决定从成立于1937年的黑山地方委员会派遣科索沃地方委员会，以此向阿族民众做出亲善姿态。这一行动也暗示南共承认科索沃自治，承认阿族民众在南斯拉夫的独立和特殊地位。南共还认为，这一行动不仅有利于组织阿族干部，而且有助于阿尔巴尼亚党组织自身的发展。这一切都是南共中央积极响应共产国际号召的结果。[①] 1940年，科索沃和梅托

---

① 在1941年11月阿尔巴尼亚共产党建立前，南共已经尽力靠拢共产国际。Magas, *The Destruction of Yugoslavia*, p. 28.

希亚两地共产党组织做出合并的重要决定。8月在扎布利亚克（Zabljak）召开黑山、伯卡（Boka）、散德加克、科索沃、梅托希亚等8省区党组织会议。但会议文件上还是没有提到科索沃和梅托希亚问题，只是在会议文件注释中特别注明"波波维奇（M. Popovic）和乌科米罗维奇（B. Vukmirovic）两位同志有一次向铁托提到该党组织的地位问题"，铁托答应在南共全体会议上加以解决，他还在提交的相关文件上批示"梅托希亚党组织应直属南共中央。"在扎格勒布举行的1940年10月的全国会议上（108名代表参加），铁托在涉及组织问题时谈到，"梅托希亚要求直接隶属南共中央"的想法值得关注，并就此建议，"梅托希亚和科索沃成为与中央保持独立联系的单一地区委员会，会议没有疑义地接受了这个建议"。①

这个时期，科索沃阿族人仍然实行社会基层组织的家长制，阿族人一般都生活在家族社区（zabruga）内，一个家族社区大约有50—90名成员，家族族长地位最高。② 在家族社区的复杂关系网中，辈分等级明确，他们还根据不同年龄确定各自不同的社会地位。大哥比小弟更有权威，更早进入家族社区的媳妇比晚些来的拥有更多权利。任何男子都比妇女地位高，婚姻则由长辈安排，所有的财物都是家族的共同财产。唯一能属于私人的财产包括衣服、被褥和媳妇出嫁时的嫁妆。家族成员在家庭以外获得的任何东西都应自觉上交族长，即最年长且辈分最高的男子。阿族的家族社区除了具有其他原始家族的特点外，还有以下特征：一是信仰伊斯兰教，这有助于保持伊斯兰教规，保护女儿和非夫妻关系的妇女；二是安排斋戒节日（Ramadan）等礼仪，主持儿子们的割礼和儿女们的婚事。所有妇女都活动在她们的住房和厨房隔离区中，她们只做女工家务和接待女宾。直到20世纪90年代，许多阿族村庄仍保持着这些生活习俗。科索沃阿族的家族社区比其他地方影响更大，原因是家族集中居住，该地房屋建筑高大，楼房称为库拉斯（Kulas），包括大的

---

① *Fifth Countrywide Conference of the CPY*, Beograd, 1980, pp. 320–327, 548, 580.
② 凡涉及家族所有成员利益的大事都要举行家族会议，成年男子们聚集在议事大厅里召开小型的议会，由家族酋长主持。开会时，男子们共同用餐，平等分食烤好的面包和食物，大酒杯在餐桌周围轮流把盏，妇女和儿童另外就餐。R. Narmullaku, *Albania and the Albanians*, Hurst, London, 1975, p. 147.

客厅，族长和长老们坐在开放的壁炉旁，其他男子围坐周围，各自位置上下有序。库拉斯附近有夫妻住房，住宅有小窗户和射击孔，因为他们随时准备抵抗外部抢劫袭击。①

　　1941年世界大战的战火燃烧到巴尔干半岛本土以前，科索沃地区形势仍然处于南斯拉夫政府控制下。南斯拉夫继续根据国际协议执行其殖民移民计划，强制推行阿族移民政策。事实上，这个殖民计划暗含着包括战略、安全和国家防卫的诸多考虑，这些都是战前最重要且最紧急的问题。推行强制阿族移民的地区大多集中在靠近阿尔巴尼亚国家的边境地区，而力主把阿族人迁出南斯拉夫的是塞族学者瓦萨·库布利罗维奇（1898—1990年），他是伊利亚·加拉珊宁（Ilija Garasanin，1812—1874年）的忠实拥护者，后者的这一主张是于1846年提出的关于民众"单一净化"（Nacertanje）的思想。库布利罗维奇主张统一塞族和东正教占多数的地区，包括波斯尼亚、黑塞哥维纳、黑山、科索沃和马其顿部分地区。他严厉批评早期殖民移民计划中采用的方法，因为它未能实现预设中的民族单一化，也未能在南斯拉夫和阿尔巴尼亚边境地区促成任何安定局面，几乎没有任何新变化。正是因为出于战略原因和担心国内动荡，他建议加快殖民移民计划，强调"我们不能只是使用逐步殖民的手段排挤掉阿族人，我们也从未成功地对阿族人进行过任何民族同化融合。相反，由于他们自己立足于阿尔巴尼亚，其民族意识的觉醒正在加强，如果我们不能在适当的时候移居民众到他们中去，那么在未来的20—30年我们就要应对可怕的民族统一主义，这个迹象已经显现了，这将使我们南部的领土都处于危险之中"。② 这个判断是准确的，为后来的事实所证明。他在批评了早期移民政策失败之后，提出加快驱逐阿族人的建议："如果我们承认通过我们殖民移民能逐渐取代阿族人的工作是无效的话，那么我们只能采取以下办法，就是对他们大规模的重新安置。在这种情况下，我们必须考虑阿尔巴尼亚和土耳其因素。阿尔巴

---

①　库拉斯有些类似城堡，常备20支枪，成年男子随时准备作战。V. St. Erlich, "The Last Big Zadrugas in the Kosovo Region", in R. F. Byrnes ed., *Communal Families in the Balkans: The Zadruga*, Notre Dame University Press, 1976, pp. 246–247。

②　*Kosova Historical Review*, No. 4, Tirana, 1994, p. 40.

尼亚人烟稀少、许多沼泽未排干、河流谷地未开垦，他们应该允许成千上万的阿族人从我国迁移出去。土耳其也有大片无人居住且没有开垦的小亚细亚和库尔德斯坦（Kurdistan）领土，现代土耳其有着几乎无限的内部殖民的可能性。"① 这个建议是否正确姑且不论，重要的是它涉及的两个国家是否会同意这种做法，这关系到移民工作的成败。

学者的建议具有说服力，驱逐阿族人的计划在有效进行着，有些人去了阿尔巴尼亚，有些去了阿拉伯国家，但是大多数通过斯科普里－塞萨洛尼基铁路去了伊斯坦布尔，他们从那里或乘船或坐火车前往土耳其中、东部荒原。南斯拉夫正统史家认为，数以千计的阿族人在内战期间从南斯拉夫移民是"自愿的"，因为他们对新国家心怀不满，感到在穆斯林环境中更舒适，有回家的感觉。这种猜测不一定符合真相。阿族人当然对其在新南斯拉夫国家中的地位不满，但是他们绝没有从其富庶的农庄和熟悉的村庄举家而走的愿望，移民到土耳其东部那些陌生、贫穷和杳无人烟的地区，他们都是以阿族难民身份流亡的。土耳其当局主要把阿族人迁居到该国内陆，特别是东部的埃亚尔巴基尔（Aiyarbakir）、艾拉兹格（Elazig）和尤兹加特（Yozgat）等城市周围，这些地方远比阿族人在南斯拉夫富庶的农田区条件差。然而，相当多被驱逐者设法从一开始就安排其家庭到更舒适的地方去，例如布鲁萨（Bursa）、伊斯坦布尔、特基尔达格（Tekirdag）、伊兹米尔（Izmir）、科卡埃利（Kocaeli）和艾斯基舍尔（Eskisehir）等地，他们在这些地方建立起繁荣的阿族社区。此次移民的真正原因在于，南斯拉夫新、旧国家都希望与土耳其建立实质上的政治、经济联系，这也说明了这些移民迁往土耳其而不去阿尔巴尼亚的原因。② 从科索沃和其他南斯拉夫地区移民出的阿族人大多定居在阿尔巴尼亚西部的沼泽地带，包括菲艾尔（Fier）、卡瓦耶

---

① 他还写到当时欧洲极度动荡的形势，在谈到国际社会存在的难题后他注意到："今天的世界熟悉了比这更糟糕的事情，以至于因为过于关注现实的难题而没有理由去想这方面的事了。当德国可以驱逐数万犹太人，俄国可以在国内将数百万人从一地迁到另一地，几万阿族人的移动将不会导致世界战争的爆发。意大利不是毫无疑问不可能开战，但是它现在完全忙于阿比西尼亚（Abyssinia）事务和对奥地利的问题，不敢独立开战，因此不会走得太远。" *Kosova Historical Review*, No. 4, Tirana, 1994, p. 41.

② Dogo, *Kosovo-Kosova*, p. 37.

(Kavaje)、贝拉特 (Berat)、埃尔巴桑 (Elbasan)、都拉斯和科鲁耶 (Kruje) 等地，但是无论从阿尔巴尼亚还是南斯拉夫方面，我们都找不到关于这些移民的准确资料，相对而言土耳其的材料是完整的。来自南斯拉夫和阿尔巴尼亚的材料主要是外交记录、边界地区的政治和宗教札记、出版物、人口分析报告，据此推测从南斯拉夫移居出来的阿族人在20万－30万。① 南斯拉夫的材料记载，1927—1939年，有19279名阿族人移居土耳其，有4322名移居阿尔巴尼亚。但这个数字并不太多，与出于经济原因每年移居到美国和其他中转国的30000名塞族人、克族人和斯洛文尼亚人相比，高下之分就特别明显了。然而，阿尔巴尼亚驻斯科普里总领事1937年2月告诉英国外交官，他认为土耳其和南斯拉夫之间的谈判进展甚微，因为土耳其当局正忙于解决从多布鲁德加迁移的穆斯林问题，他们不愿意在未来3年再接收来自南斯拉夫的10万名穆斯林。他还表示，科索沃的所有土耳其居民都已经回到了土耳其。② 显然，阿族移民计划并不如预料的那样好，其失败的原因很多，但最重要的在于缺乏组织策划和经费支持。库布利罗维奇在回忆录中呼吁移民计划的全部事务都应置于军队总参谋部控制下，它将直接贯彻国家移民委员会的指示。③ 第二次世界大战前夕，土耳其议会决定不再批准履行1938年7月与南斯拉夫谈判达成的协议，理由有三：1939年斯托亚迪诺维奇 (Stojadinovic) 政府倒台、资金缺乏、大战临近。原定对土耳其移民的计划不得不终止。同时，扎格勒布大学的一位左翼教授注意到，南斯拉夫的阿族人因为其过去历史上的政治污点而被认为是反民族和不可靠的因素，作为烟草生产者，他们还遭受到国家垄断政策、农业改革措施和官僚敌视的压力。然而，他们的社会地位虽然比以前下降，但是对个体家庭生活几乎没有太多影响。科索沃民众还没有沦为社会最下层，他们只是存在犯罪、酗酒、卖淫和铺张浪费等常见的社会问题，因

---

① Z. Shtylla, *Kosova Historical Review*, No. 3, Tirana, 1994, p. 20.

② PRO, FO, 371/21112, 3921, 23 February 1937.

③ 他警告说，如果不采纳他的建议，很快就要爆发骚乱："全欧洲都处于动荡不安之中，我们永远也不知道明天将发生什么。阿族民族主义在我们的领土上发展。如果任由局势发展，那么最近的将来随时可能爆发世界冲突或社会革命时，我们南部各地都将出现大麻烦。" Z. Shtylla, *Kosova Historical Review*, No. 3, Tirana, 1994, p. 42.

为整体而言其生活被传统的家长制尊严和敬老爱幼的习俗制约着。①

第二次世界大战的战火终于蔓延到巴尔干半岛了。在欧洲军事集团和反轴心国抵抗运动支持下，1941年3月27日建立起南斯拉夫国王彼得二世（Peter Ⅱ）领导下的新政府。1941年4月6日，轴心国开始入侵南斯拉夫，对贝尔格莱德进行报复性轰炸，摧毁了南斯拉夫首都，造成上万人死亡。4月17日实现有限停火，南斯拉夫无条件投降，成为法西斯占领下的第十二个国家。希特勒决定出兵南斯拉夫，就是为了支持奥地利法西斯军队南下巴尔干半岛的计划。南斯拉夫新政府被迫流亡，先在伦敦后在开罗暂避一时。② 此后，南斯拉夫被德国的盟国所瓜分。同年5月，科索沃各部分，包括迪巴尔、泰特沃、戈斯蒂瓦尔（Gostivar）和斯特鲁加等城市大约11789平方公里和约82万人口被并入意大利占领的阿尔巴尼亚，格尼拉内、卡查尼克（Kacanik）和维丁（Vitin）等东部地区则合并入保加利亚，后者在此地建立独立的行政、军事和警察机构。在被占领区，无论塞族还是阿族居民都沦落为法西斯暴政下的奴隶。

在法西斯轴心国支持下，塞尔维亚于1941年8月29日建立起米安·内迪奇（Mian Nedic）通敌政府，此后该地区由所谓的"民族拯救政府"管理。③ 由于科索沃和米特洛维察具有重要的战略意义，该地区便直接由德国控制，而且当地的特雷佩察矿山和拉布河、武契特尔恩及迪泽沃即新帕扎尔等重要地区，都合并进新成立的科索沃管辖区。德军在此安置了1000人兵力的阿族宪兵，另有1000人注册为自愿武装人员，由地方官指挥。在意大利支持的乌什塔沙（Ustasha）运动领导下建立了独立的克罗地亚国家，作为轴心国的附属国。这样，南斯拉夫王国就被法西斯灭亡。1941—1945年，德、意建立"大阿尔巴尼亚"国家，法西斯军队直接统治该地，但未设立相应的省区。值得注意的是，德国将科索沃－梅托希亚及其周围地区并入其占领下的塞尔维亚东、北

---

① Erlich, "The Last Big Zadrugas in the Kosovo Region", in R. F. Byrnes ed., *Communal Families in the Balkans: The Zadruga*, Notre Dame University Press, 1976, p. 249.

② D. Rusinow, *The Yugoslav Experiment*, Hurst, London, 1977, p. 1.

③ 米安·内迪奇担任总理的通敌政府一直存在到1944年10月，德国败退后，他逃亡到奥地利，后被美军俘虏，引渡给南斯拉夫共产党政府，被审判后处决，死于1946年2月4日。

部地区。意大利人在科索沃巩固其地位的同时，设立属于意大利军队指挥的阿尔巴尼亚军区。其中一些军官是由科索沃上层和军警"察姆"（Cham）担任。战前的阿族科索沃委员此时结束流亡恢复了活动，与占领军合作，发挥了重要作用，他们将自己视为阿族人的解放者和统一阿尔巴尼亚国家的创造者。先来的意大利人和后来的德国人大力资助他们，阿族人似乎实现了统一的理想，其长期追求的目标似乎也轻而易举地达到了。同时，阿语第一次成为地方管理和学校的官方语言，阿族旗帜在意大利控制区科索沃上空飘扬。阿族人为了自身的生存再度站错了队，成为法西斯的帮凶。

当地塞族和黑山族少数民族则处境凄凉，他们被意大利、德国以及许多阿族人视为内奸。数千名斯拉夫人遭到逮捕，被驱逐到集中营充当劳力，还有数千人被杀。他们定居的房屋被推倒，被迫再度离开科索沃。值得注意的是，只有斯拉夫人定居者遭到了迫害。最初，塞族人社区还保留着传统的村社组织，称作拉亚（raja），一般阿族人大多把它们看作传统的邻里关系组织。根据塞族史料，这一时期阿族对塞族的攻击导致大约10000户塞族和黑山族家庭被迫从科索沃迁移。有十几座东正教教堂被摧毁和遭到抢劫。一些人被强迫在普里什蒂纳—米特洛维察的集中营中充当苦力，有些塞族人和黑山人在特雷佩察的矿山做苦工，还有的被送往阿尔巴尼亚各地建筑工地做劳工。南斯拉夫各地出现了多种通敌卖国组织。在科索沃，战前的穆斯林党员科斯赫米耶特（Xhemijet）建立了新的阿尔巴尼亚政治组织：阿族人民族联合阵线（National Alliance of Albanians），宣布了民族统一党纲领。当时信仰伊斯兰教的阿族人大多集中在伊庇鲁斯西南部，他们组建的科索沃游击队则在阿尔巴尼亚与希腊游击队作战。塞族地方武装被称为"塔拉波什"（Tarabosh）则留在科索沃继续战斗，这些塞族人参加了前南斯拉夫王国官员紧急组织的抵抗"游击队"（Chetniks），由科罗内尔·德拉扎·米哈伊洛维奇（Colonel Draza Mihailovic）指挥。他们效忠于国王彼得及其流亡政府，为复辟传统的政治和社会制度而战。另外，东正教教会千方百计促使塞族人结为统一民族力量，他们同情米哈伊洛维奇，资助他成为塞尔维亚和科索沃地区反苏反共的代表。①

1940年底1941年初,南斯拉夫共产党加强了在科索沃阿族人中的工作,影响力不断扩大,当时他们与其阿尔巴尼亚的一些共产党小组进行过初步接触。第二次世界大战期间,南共游击队由党的总书记约瑟夫·布罗兹·铁托(Joseph Broz Tito,1892—1980年)领导,既反抗轴心国军队,也反对国王派游击队。科索沃国王派游击队大约有1500人,组成两支部队,活动在科索沃边界的山区里。② 1940年南共第五次大会调整了行动纲领,修改了"通过革命推翻帝国主义和大塞尔维亚法西斯统治,建立科索沃农民共和国"的主张。③ 第二次世界大战期间,深刻的民族矛盾仍未缓解,因此南共在科索沃阿族人招募游击队员的工作遭到失败。科索沃阿族上层人物躲避南共工作人员,认为他们是泛斯拉夫组织,忽视阿族人的民族诉求。为求团结,南共允诺未来将给予他们所要求的东西,即在各民族平等自由的南斯拉夫联邦中得到一块领土。科索沃的反法西斯游击战争力量大多是由塞尔维亚人和黑山人构成的,个别阿族人只是同情和帮助游击队。大多数阿族人因为法西斯政权偏袒的民族政策而支持通敌政权,与反抗法西斯的塞族游击队作战。可见南共在阿族人中缺乏社会基础,而大部分塞族人又同情米哈伊洛维奇的国王派游击队,所以南共游击队势单力薄,只能在远离该地的其他地区活动。另外,意大利法西斯当局支持阿族民众,不仅提供武器和资金,归还其土地,而且还采取民族分化政策,清除塞族定居者,奴役塞族人,因此阿族人也担心南斯拉夫旧王国的复辟。对塞族人的剥削也在某种程度上为占领军提供了经济来源,保证了阿族人的经济安全。意大利占领军推行大规模的移民计划,其中涉及72000名阿族人,他们从阿尔巴尼亚迁徙到科索沃。可以这样说,今天科索沃的民族构成比例失调

---

① 关于"游击队"的精彩而完整的描述见 J. Tomasevic, *The Chetniks: War and Revolution in Yugoslavia, 1941-1945*, Stanford: Hoover Institution, 1975.

② 南共于1928年第四次大会便公开宣布支持"被压迫和散居的阿族人民为独立统一的阿尔巴尼亚进行广泛斗争"。Dusan Lukas, *Radnici pokert u Jugoslaviji I nacionalno pitanje 1918-1941*, Belgrade, 1971, p.274, 转引自 D. Batakovic, *The Kosovo Chronicles*, p.198.

③ Dusan Lukas, *Radnici Pokert u Jugoslaviji I Nacionalno Pitanje 1918-1941*, Belgrade, 1971, p.367.

与第二次世界大战意大利移民政策有直接关系。

科索沃的南斯拉夫共产党组织此时面临困难形势,因为他们与南共中央领导层的联系还非常少,甚至还没有建立经常性的组织沟通。尽管他们也多次试图通过派遣信使去黑山与南共中央进行联系,但是成效甚微。科索沃南共党组织在1941年4—5月间十分弱小,战争爆发前夕建立组织时的约300名老党员几乎有一半离开了科索沃。阿尔巴尼亚共产党组织在1941年6月重新恢复了与科索沃共产党组织的联系,此前他们曾于1939年8月进行了临时性接触,双方的会晤在佩奇举行,确定阿尔巴尼亚共产党和南共地方委员会之间的联合行动。同年6月27日,南共中央正式成立以铁托为首的游击队司令部,铁托任总司令。由于当时阿尔巴尼亚尚未建立统一的共产党组织,所以铁托就在共产国际指示下派遣两位代表米拉丁·波波维奇(Miladin Popovic)和杜珊·穆格萨(Dusan Mugosa)前往指导,目的是起草新建的阿尔巴尼亚党纲领和第一份决议。尽管南斯拉夫同志们发现阿尔巴尼亚共产党领导层内存在意识形态混乱问题和严重的内在矛盾,他们最终还是成功地统一了他们的思想,调和了他们中间存在的分歧,并设法使各自支持的派别统一起来。1941年7月初到12月,南共中央为阿尔巴尼亚共产党的建立做了很多工作,南共使节的秘密任务是控制阿尔巴尼亚的政治发展走向。这样,统一的阿尔巴尼亚共产党(CPA)便于1941年11月8日正式建立起来,恩维尔·霍查(Enver Hoxha)被任命为党的总书记。霍查于1908年出生在戈吉罗卡斯特(Gjirokaster),是阿尔巴尼亚共产党科尔察(Korca)支部建立者之一。也许铁托并没有想到日后阿尔巴尼亚共产党会给他提出难题,否则他是否支持阿尔巴尼亚共产党正式建立还有疑问。

如果说反抗法西斯是南共的主要政治目标的话,那么如何控制阿尔巴尼亚同志就是他们长期潜在的任务,这意味着要适度保持阿共内部不同思潮和派别的存在,通过强化对无产阶级斗争目标和共产党的忠诚来逐渐消磨掉或者至少缓解阿族人民族统一的渴望。南共最成功的工作是在组织方面,他们宣称党的第一条组织纪律和每个党员的首要原则就是保持对党的忠诚。根据阿共党史,1941年中期,活跃在阿尔巴尼亚的党员未超过150人。1941年8月,杜珊·穆格萨和法迪尔·霍查及其阿尔巴尼亚各地代表在地拉那举行会谈,主要集中在阿尔巴尼亚共产党和其科索沃同志之间的联合与合作等迫切问题上。① 1939年意大利入侵阿尔巴尼亚后,霍查组织起抵抗都拉斯意大利人的自愿者武装。他曾在地拉那共产党总部工作过一段时间,后来建立起阿尔巴尼亚北方组织。根据什科德共产党领导的指示,他与南共科索沃和梅托希亚地方委员会建立了联系。1941年4月南斯拉夫被占领后,他前往科索沃投身于建立武装抵抗组织。战后,霍查担任过科索沃多种领导职务,声望甚高。② 1969年他成为南共联盟主席团政治局成员,属于铁托党的核心。后来他被任命为科索沃的南斯拉夫塞尔维亚联邦共和国主席,这个机构在后铁托时代服务于共和国主席团。由于战争初期科索沃极端困难的条件,游击队抵抗组织反抗占领军的活动最初主要是进行敌后地下活动,而不是开展正规作战。③ 为了实现捣毁敌军开采矿山的目标,迫使特雷佩察矿山停止营运,矿工组织于7月末捣毁了从兹维坎(Zvecan)到斯塔利-特尔格(Stari-Trg)之间用来运送矿石的运输车,尔后撤退到卡帕奥尼克山区(Kapaonik)。这些矿工和林业工人组成了卡帕奥尼克(Kapaonik)游击队,主要活动在科索沃外围地区,由效忠塞尔维亚人的斯塔夫(Staff)将军指挥。

为了克服科索沃地下抵抗组织招募游击队员的困难,南共地方组织实行特殊政策,努力争取阿族青年人的支持。为此,南共主要从阿尔巴尼亚派遣青年党员进入科索沃。这些青年人大部分表面受雇于当局敌伪行政机构,但在闲暇时间秘密从阿尔巴尼亚中学生中招募学生,组织他们为共产主义理想奋斗,特别是在佩奇、贾科维察和普里兹伦等城市。游击队注意到阿族普通民众担心胜利后南斯拉夫恢复塞族人统治,因此

---

① 法迪尔·霍查(Fadil Hoxha)于1916年3月15日生在贾科维察,他中学以前一直生活在科索沃,由于早年参与革命活动受到追捕,被迫离开什科德高中,但是继续在埃尔巴桑(Elbasan)师范学院接受教育,不久他就成为什科德的共产党领导人。Marmullaku, *Albania and the Albanians*, pp. 139 – 140.

② Marmullaku, *Albania and the Albanians*, p. 141.

③ 自1941年该地区不同地域开始武装抵抗。南共地方委员会认为,科索沃的环境尚不具备大规模武装行动的能力,而应该开始进行小规模的破坏活动。这类小规模的敌后破坏活动包括切断电话线和电力线,从法西斯机构中夺取武器、打字机和其他办公物资,捣毁工具等。*Relationship between Yugoslavia and Albania*, Belgrade 1984, p. 109。

南斯拉夫领导的反法西斯运动力量被严重削弱。为消除他们的顾虑，南共向所有巴尔干半岛阿族人宣传说，只有参加南共反法西斯武装斗争，才是解放科索沃和实现民族统一的唯一途径。当时的科索沃包含阿尔巴尼亚到马其顿西部地区。阿共成立后，共产党人在这些地区的阿族人中迅速扩大影响，力量也迅速得到加强，同时加大了科索沃民族解放运动（NLM）与南共中央的联系。自 1941 年 7 月以后，由于铁托游击队转战南斯拉夫各地，双方的联系大为减少。① 1941 年秋，各路阿族游击队开始统一抵抗占领军，其中一些领袖人物的名字逐渐为外部世界所知。其中最有名的是穆哈林姆·巴伊拉科塔利（Muharem Bajraktari），他曾在国王佐格宪兵部队当兵，1936 年被开除，尔后在南斯拉夫和法国两地游走，意大利入侵后一度返回阿尔巴尼亚。他曾在地拉那军队任职，但任职不久后便退役，返回其在利久马（Ljuma）地区的村庄，组织了游击队，最初只发动小规模袭击，后来进行大规模正规军事活动。②

1942 年 5 月，抵抗组织刺杀新任阿尔巴尼亚法西斯政府总理穆斯塔法·科鲁亚（Mustapha Kruja）的行动失败，该政府是意大利当局在地拉那建立的傀儡国家。此后，法西斯当局颁布对阿族人新的禁令，包括迫害科索沃阿族上层，警察被授权可以在大街上撤掉妇女的面纱进行检查，以镇压伪装的游击队员。很明显，阿族游击队与德拉扎·米哈伊洛维奇开始合作抵抗占领军行动。意大利人试图联合其阿尔巴尼亚和科索沃的同盟，因此散布穆斯林阿族人在塞尔维亚南部遭到滥杀。③ 英国情报机构的报告称，游击队员传言说穆哈林姆·巴伊拉科塔利（Muharrem Bajraktari）也与米哈伊洛维奇关系密切，因为他曾说，米哈伊洛维奇一度派使节给他，建议他们联合反对游击队，但是谈判因科索沃问题而破裂。报告还称，尽管巴伊拉科塔利有极度膨胀的野心，但是其影响力和重要性不可低估。他受过良好的教育，比起他的同胞智商高得多。但最重要的是，他毫无疑问指挥着整个利久马地区极为忠诚的部队，这

---

① 根据战时地方委员会成员普雷德拉伊·阿伊提奇（Predrag Ajtic）记述，科索沃民族解放运动对遍及南斯拉夫各地的起义"反应冷淡"。*Relationship between Yugoslavia and Albania*, Belgrade, 1984, p. 48.

② PRO, FO, 371/37144, XC196634, 27 September, 1943.

③ *Sunday Times*, 7 June, 1942.

数千名战士都是最好的阿尔巴尼亚斗士,并控制着什科德—普里兹伦这条重要公路,扼守其最具有战略重要性的部分。① 作为勇敢的战士,科罗内尔·德拉扎·米哈伊洛维奇非常了解科索沃的军事战略价值:作为同盟国可能进军巴尔干半岛的要地,如果这里不是由塞族人而是由保加利亚和阿族人控制的话,那么将造成极为严重的交通障碍。因此,他于1942年初就在该地区设立了3支部队,即梅托希亚支队、科索沃支队和伊巴尔河流域支队。米哈伊洛维奇始终对国王和塞族人保持忠诚,但战斗未结束前,就被解除了职务。他确信同盟国将获得胜利,但是同时,他希望保全塞族人的实力,因此主张通过小规模战斗来反抗占领军,直到盟军登陆。在其等待期间,他打算清理共产党人。这一点最终导致信任危机和复杂的合作计划,其中涉及英美、德、意各国和反共的阿族人。1942年春季,游击队仍进行小规模袭击破坏。数百塞族和黑山人因为参加民族解放运动(NLM)遭到逮捕,被送往集中营或进入劳改营。他们许多人被德国法西斯押往阿尔巴尼亚西北的库科斯(Kukes)铬矿充当苦力,其他人逃亡进山隐藏起来。由于科索沃困难的环境,加入游击队特遣队的战士们被迫在科索沃地区外作战。

在共产国际指示下,阿共中央和南共中央地区委员会于1942年3月4日发布联合声明,呼吁科索沃阿族人接受解放斗争的目标,劝说该地阿族人不要支持轴心国军队,而要加入游击队反抗占领军的斗争。到1942年中期,许多阿族人的确开始质疑法西斯占领军的长远意图,特别是在通敌傀儡政府内迪奇(Nedic)军队进入科索沃后,反抗倾向更明显。第一支阿族人反法西斯游击队成立于1942年9月,领导人名为泽伊内尔·阿伊迪内(Zejnel Ajdini),他们主要在乌罗舍瓦茨和格尼拉内之间的拉姆亚尼(Ramnjani)村庄活动。这支游击队是由来自普里兹伦和贾科维察等地的28名阿族青年组成,他们的基本任务就是在阿族社区进行宣传工作。科索沃民族解放运动(NLM)成员尽管遭受到多次逮捕,但是该组织逐步壮大,到1942年夏,在该地所有地区都建

---

① PRO, FO, WO204/9536, File193, 3 September, 1944. 根据同一个月英国截获来自伊斯坦布尔的情报,巴伊拉科塔利仍然在与塞尔维亚"游击队"联系。PRO, FO, 371/37144, XC196634, 27 September, 1943.

立了党组织和地下军事组织。到8月，科索沃党组织已经有了48个支部，463名党员，其中12%是阿族人，其他为塞族人和黑山人。南共地区委员会普里什蒂纳支部此时有35个支部，275名成员，到了9月，科索沃游击队就已经建立了旨在真正支持民族解放运动的行动团体，直接为各地组织招募成员。

阿族人游击队领导的"民族解放委员会"（LNC）于1942年9月在阿尔巴尼亚成立后，更为保守的民族主义者鉴于共产党领导下的抵抗运动蓬勃发展，决定建立他们自己的民族阵线（Balli Kombetar，BK），由米德哈特·弗拉舍利（Midhat Frasheri）和阿里·科尔西拉（Ali Kelcyra）领导。这个极端反共的民族主义抵抗运动反对国王佐格回国，因为他在意大利1939年占领时逃亡到阿尔巴尼亚，主张在轴心国设定的1941年边界内建立包括科索沃和阿尔巴尼亚在内的共和国，这不符合他们的理想。作为民族阵线（BK）的领导者，他们优先考虑保护大地主的社会经济秩序和政治利益，以及他们的特权，因此特别注意恢复战前的社会秩序，这显然与战争的大背景相悖。他们还不愿意看到战争造成的破坏，因此要求保护而不是摧毁现存秩序。在民族阵线反共抵抗运动内部，大部分人所持的态度就是"等待与观望"，其政策核心是拒绝战争，保持中立，幻想旧秩序和重新建立民族团结的阿族人国家。

事实上，科索沃和梅托希亚两地直到第二次世界大战也没有建立起独立的行政、军事单位，它们也不拥有地区的独立主权，从未成为独立的省、郡、县（Sanjak、Vilayet、Banovina）或地区机构。1943年春，科索沃斯拉夫民众开始积极加入民族解放运动，虽然发展较缓慢，但正是因为阿族人的参与才推动了科索沃抵抗运动真正取得进展。为了吸引他们参加民族解放运动，南共中央军事指挥特穆波（Tempo）鼓励他们组成特别的阿族部队，允许他们穿戴民族色彩的红黑色军服，并归属科索沃总参指挥。1943年全年，小规模的游击队活动持续扰乱科索沃的经济生活，他们还大量埋设地雷，爆炸了特雷普查矿区，造成生产停顿和破坏。在普里兹伦地区，民族解放运动成员集中破坏从普里兹伦到贾科维察和乌罗舍瓦茨的电话线。当局加大镇压，1943年春夏之际南共大量党员遭到逮捕，多位杰出领导被杀害，其中包括4名地区委员会政治局成员。① 1943年末，南共地方委员会和地区委员会以及科索沃总参被迫转移到贾科维察附近的马雷斯亚（Malesija）。当地民众对他们没有提供什么帮助，使得他们对外联系急剧减少，通信几乎全靠秘密通信。1943年4月，由于敌军战略调整，加大镇压力度，共产党游击队被迫连续不断地在科索沃从一地转移到另一地。为鼓舞士气，南共中央和最高军事指挥斯维托扎尔·武科曼诺维奇·特穆波（Svetozar Vukmanovic-Tempo）亲自抵达科索沃，建立了科索沃总参谋部，负责指挥以后的地区行动。他表现出杰出的领导才能和组织才能，被铁托任命为科索沃民族解放军和游击队总司令。② 他提出的建立巴尔干半岛总参的想法，只是在阿尔巴尼亚得到了积极响应，保加利亚和希腊均反应冷淡，他们认为他太喜欢自我表现，表面文章的色彩浓重。他曾考察科索沃周边及迪巴尔地区的形势，确信要吸引当地阿族人参加民族解放事业的希望非常小，除非由阿尔巴尼亚共产党（CPA）领导的阿族民族解放委员会能在当地发挥作用。如果南共和阿共共同行动，南斯拉夫和阿尔巴尼亚民族解放运动能协调合作，同时能够说服民众相信解放战争的胜利将使他们获得决定自己民族未来命运的权利，那么共产党领导的抵抗运动才有可能在科索沃取得胜利。③ 特穆波清楚地分析其在科索沃的军事和政治处境后，采取了几个措施，稳定和加强了南斯拉夫被占领土上的民族解放运动的活动。他坚持加强游击队以便更有效地骚扰敌人，并强化自己与周边塞尔维亚、阿尔巴尼亚、黑山、马其顿各地同志的联系。但由于占领军对民众的残酷报复，这样的联系很难建立，无法长时间保持畅通。

1943年5月间，科索沃民族解放运动领导层与马其顿、黑山、塞尔维亚南部地区和阿尔巴尼亚各地军事部队进行更紧密的联合行动。特

---

① 1942年12月23日牺牲的埃敏·杜拉库（Emin Duraku），1943年3月27日牺牲的斯坦科·布利奇（Stanko Buric），1943年4月20日牺牲的波罗·乌科米罗维奇（Boro Vumirovic）和拉米兹·萨迪库（Ramiz Sadiku）。*Relationship between Yugoslavia and Albania*, p. 124, *Kosovo Issue - A Historic and Current Problem*, Tirana, 1996, p. 105.

② 关于特穆波使命的细节描述见 S. Vukmanovic-Tempo, *The Struggle for the Balkans*, London, 1990.

③ R. Hibbert, *Albania's National Liberation Struggle*, London, 1991, p. 24.

穆波于1943年间，三度访问恩维尔·霍查和阿尔巴尼亚共产党其他领袖，两位领导人毫无异议地达成了组建巴尔干半岛抵抗运动总参的协议。据特穆波报告，该协议文件是由恩维尔·霍查起草的。该协议文件要求阿尔巴尼亚民族解放委员会派遣两个部队到阿尔巴尼亚北部与法迪尔·霍查领导的科索沃部队联合行动，进而与迪巴尔-基耶沃地区的马其顿部队配合行动。这个行动的目的清楚地显示了发动阿族民众的意图，因为他们憎恨这些地区的塞族人，并因此打算放弃民族解放斗争。该行动还清楚地表明，参加斗争将可以保证科索沃人民能够决定自己的未来。[①] 共同的反法西斯斗争有可能拉近两大对立民族，缓解他们之间的关系。

同盟国列强特别关注阿尔巴尼亚对立各派的团结，不希望看到该地区发生内战。因此，他们不顾南斯拉夫人的强烈抗议，促使阿尔巴尼亚民族解放委员会和巴利·科姆贝塔尔（Balli Kombetar）于1943年8月在阿尔巴尼亚中部的穆科耶（Mukje）会面。双方达成了协议，决定建立拯救阿尔巴尼亚联合委员会。民族主义者和共产党人共同为解放阿尔巴尼亚"民族"而奋斗，这里所说的民族也包括科索沃地区的阿族人。尽管霍查和阿共中央委员会的其他领导人都意识到，与巴利派达成某种协议必然会引发对科索沃未来前途的争端，他们还是签署了协议。南共中央委员会则希望挑起阿族政治家各派之间的分歧和分裂，并设法废除8月达成的穆科耶协议，因为这个协议除了其他内容外，还认可了阿族人自决权，并决定建立统一的阿尔巴尼亚国家。南斯拉夫人极力反对"民族的"阿尔巴尼亚这个词，反对决议将科索沃纳入战后阿尔巴尼亚版图。因此他们派遣特穆波到阿尔巴尼亚，设法将南斯拉夫影响下的阿族共产党人吸收到解放民族委员会（LNC）中。他们批评穆科耶协议，同时放弃了同盟国促成阿尔巴尼亚抵抗运动内部团结的努力。南共还要求，阿共摆脱与民族主义运动巴利·科姆贝塔尔的关系。特穆波警告其阿尔巴尼亚同志，巴利派分子已经采取了与南斯拉夫王党游击队同样的战术，即回避与法西斯占领军的正面战斗，消极等待盟军登陆，坐享胜

---

① R. Hibbert, *Albania's National Liberation Struggle*, London, 1991, p. 25.

利果实。① 阿共和南共都幻想,一旦他们共同战胜了轴心国军队,就能够友善地解决南斯拉夫的阿族人问题,阿共天真地以为科索沃未来的命运将由战后公民投票决定。当时,有证据表明,南共领导层认为科索沃的战后地位问题将是阿、南两党之间分歧的根源。这一看法证明是有远见的。

阿尔巴尼亚民族解放全国大会第二次会议于1943年9月在拉比诺特(Labinot)召开。恩维尔·霍查在会上调整了关于科索沃的某些模糊表述,南共中央也致信阿尔巴尼亚同志,表示在南斯拉夫新国家中将保护阿族少数民族,南斯拉夫将成为各"民族自由之地",② 因此将不会出现对阿族少数民族的民族压迫。南阿两党两度签署了科索沃最终地位文件,第一次是在1928年德累斯顿第四次党的代表大会,第二次在1940年党扎格勒布会议上。但是,在战争期间,随着权威的日益加强,铁托不久便修改了早已同意的科索沃未来地位的承诺,科索沃分离权也不再列入议事日程。他认为只有民族"自决"这个词是可以接受的。穆科耶协议遭到破坏后,民族分裂势力的巴利派分子与共产党之间尚存的相互宽容的脆弱关系也烟消云散了。共产党人拒绝讨论科索沃归还阿尔巴尼亚问题,这使得巴利派分裂势力根本不可能与解放民族委员会开展合作抵抗运动。盟军也不能保证科索沃将成为战后阿尔巴尼亚的一部分,这就降低了他们对阿尔巴尼亚抵抗力量的影响,其内部统一的种种努力也归于失败。

随着第二次世界大战的进行,巴尔干半岛局势发生了变化。法西斯阵营最薄弱的意大利独裁势力首先于1943年9月8日宣布投降,德国军队立即从希腊和马其顿进入阿尔巴尼亚,抢占要地,意大利士兵遂向德国人投降。意大利法西斯政权的瓦解使科索沃落入德国统治,法西斯

---

① 因此,与建立包括巴利·科姆贝塔尔在内的民族解放联合委员会的计划不是个好主意。Dragnic and Todorovic, *The Saga of Kosovo*, pp. 151 – 152。

② 来信解释说:"反对占领军的武装斗争只能清楚地表明,为了取得真正的各民族民主和兄弟情谊,以及人民需要的东西,因此没有必要强调,这类问题不能构成我们和国内反帝的阿尔巴尼亚共同考虑的问题。新的南斯拉夫将成为自由民族的国家,因此这里将没有对阿族少数民族的民族欺压。" V. Dedijer, *Yugoslav – Albanian Relations, 1938 – 1948*, Belgrade, 1984, pp. 126 – 127。

对该地区的控制进一步加强。德国承认阿尔巴尼亚保持"中立",同时给予这里地方领袖们多种让步,以便有助于阻止共产党领导的联合阵线的形成。德国人还设法劝诱许多巴利派(民族主义分离派)分子保持善意"中立",通过其支持科索沃并入阿尔巴尼亚的要求来争取相当多讲吉赫格语的阿族人拥护。这样,形势变得对民族解放运动非常不利,他们的活动极为困难,被迫日夜转移以防被捕,并秘密从事与民众接触的工作,向他们解释形势的新变化。德国法西斯则反复宣传,说全体阿族人的真正敌人是东正教的南斯拉夫、希腊和俄罗斯。南斯拉夫游击队不断夺取战败的意大利人抛弃的大量武器,在他们的山林根据地继续出击,进行破坏活动。支持意大利法西斯的阿族大家族首领如菲拉德·德拉格(Ferad Drage)及其儿子阿里此时都发挥不了什么作用。新政府最重要的成员是米德哈特·弗拉舍利(Mehdi Frasheri),同时著名的民族统一党右翼代表雷科赫普·米特洛维察(Rexhep Mitrovica)成为政府总理。德扎菲尔·德瓦(Dzafer Deva)担任内政部部长,他后来成为米特洛维察地区长官,无疑是科索沃最有权势的人物。他公开宣称自己是德国人的朋友,但同时与英国政界和情报界关系密切。此时,几乎所有阿族人都认为,德国人将被击败,因此认为解放民族委员会是他们的主要敌人。[①] 1943年9月,名为拉米兹·萨迪库(Ramiz Sadiku)的科索沃军队在基耶沃附近的伊兹沃尔(Izvor)村庄正式组建,由150名从地拉那附近德国集中营逃出来的科索沃人组成。10月,波罗·乌科米罗维奇(Boro Vukmirovic)指挥的游击队也宣布成立,他们是由从地拉那和都拉斯地区波尔托·罗马诺(Porto Romano)集中营逃亡出来的囚犯组成的。1943年底,由科索沃游击队组成的正规的民族解放军(NLA)武装在科索沃之外地区宣布成立。科索沃的地区武装一时间乱象纷呈,政治主张千差万别。

为了加强对该地区反法西斯游击队的统一指挥,南共制定了新的方针。1943年11月29日南斯拉夫反法西斯人民委员会(AVNOJ)在加

---

① 德扎菲尔·德瓦加强了巴利·科姆贝塔尔(Balli Kombetar)的所有活动,建立了内部军事组织,其中就有声名狼藉的"科索沃军团",派出阿族军事和政治宣传员。*Relationship between Yugoslavia and Albania*, pp. 233–234.

伊切（Jajce）举行的会议中，通过了建立南联盟的决定，该文件第三段提到了塞尔维亚、克罗地亚、斯洛文尼亚、波斯尼亚、黑塞哥维纳、黑山、伯卡、散德加克等地区，并强调马其顿地区组织的权力，这些地区后来就成为南斯拉夫的各个行政地区，但是文件没有涉及科索沃和梅托希亚的名字。南斯拉夫共产党执政期间，有关科索沃的文件、历史、甚至编注都相当混乱，在其文件史料中，找不到首次将科索沃当作正式政治实体单位的文件，要确定如此称呼该地区的准确时间也相当困难。例如，1943年南斯拉夫反法西斯人民委员会文件指出："建立南斯拉夫的决定，是以联邦原则为基础"，"建立中和未来建立的南斯拉夫以联邦原则为基础，塞尔维亚、克罗地亚、斯洛文尼亚、马其顿、黑山、波斯尼亚、黑塞哥维纳都享有完全平等，即是说塞尔维亚、克罗地亚、斯洛文尼亚、马其顿、黑山、波斯尼亚、黑塞格维纳各族人民享有完全平等的权利"。

科索沃阿族上层在第二次世界大战中又站错了队，这次他们公开拥护德国法西斯占领军。1943年9月16日，由最著名的民族阵线（BK）成员德扎菲尔·德瓦（Dzafer Deva）领导的第二届普里兹伦同盟正式建立，来自阿尔巴尼亚各地的代表与会。为了与德国占领当局合作，它协调了多数阿尔巴尼亚民族运动的活动，并对塞族人进行迫害。此后，科索沃斯拉夫居民的生活变得越来越困难，他们的家园遭到通敌傀儡当局官员（Vulnetara）们公开的蹂躏，这些官员似乎都在例行公事执行任务，但裹挟着民族复仇心理。首先以暴力对付塞族人和黑山人的是拥护法西斯的民族阵线武装组织，他们新建立的所谓警察部队（SS Shanderbeg）动用士兵对塞族平民进行迫害，这种警察由阿族战士和德国军官组成，在城乡各地纠察。新同盟还宣布代表所有生活在阿尔巴尼亚和南斯拉夫的阿族人，其主要任务就是组织阿族民众与阿尔巴尼亚和塞尔维亚共产党领导的民族解放运动战斗。

新普里兹伦同盟的活动显然严重扰乱了共产党武装和科索沃阿尔巴尼亚民族解放运动（NLMKA）的计划。为了打击这个组织的权威，法迪尔·霍查在报纸《解放》（Lirija）著文，宣称这些地区的民族解放委员会将满足"保证我们完全自由独立"的要求。南斯拉夫共产党（YCP）科索沃地方委员会会议也于10月4—6日在沙尔举行紧急会议，决定召开全国大会。1943年10月2日，一直活跃在科索沃游击队中的斯维托扎尔·武科曼诺维奇·特穆波也给南共科索沃和梅托希亚地方委员会发出类似的信件，他写道："至于南斯拉夫和阿尔巴尼亚之间未来边界问题，将由南斯拉夫民族解放运动（NLM）和阿尔巴尼亚民族解放委员会在民族自决权基础上，通过兄弟般的协议和合作加以解决。该边界如何划定将依据南、阿人口变动的情况而定。当前，我们不能就此问题作出任何明确的表态。"[①] 这种实事求是的态度赢得了党内同志的支持。"反法西斯民族解放委员会"（AVNOJ）于1943年11月29日在加伊切（Jajce）召开会议，这次会议奠定了战后南斯拉夫联邦国家的基础。正式建立的南斯拉夫民族解放委员会成为人民的唯一政府，并代表人民剥夺南斯拉夫流亡的国王政府的所有权利。反法西斯民族解放委员会承认南斯拉夫多个加盟共和国的性质，认为保持南斯拉夫身份认同具有极其重要的意义。因此，会议决定组建南斯拉夫联邦国家，各加盟共和国和各个民族都将统一在新南斯拉夫联邦中，它们都作为各加盟国和各民族平等的共同体。对此，德国法西斯宣传机构进行了大量破坏活动，挑拨各民族对立，而阿族人因为与塞族人的民族宿怨就成为德国法西斯势力利用的对象了。可悲的阿族人在重大的历史选择面前又犯了方向性的错误，成为法西斯的帮凶。[②]

[①] F. Rexhepi, *The Struggle of the Albanians of Kosovo and other areas of the Former Yugoslavia for Self–Determination and National Unification During World War II – The Kosovo Issue – A Historic and Current Problem*, Tirana, 1996, p. 105.

[②] 关于科索沃阿族人的态度，英国外交部文件显示："事实还不能清晰表明科索沃阿族民众的态度，但明显的事实是，他们担心重新归属南斯拉夫统治。阿族和科索沃原来的塞族居民特别是已经在此定居了四五百年的家庭之间的关系普遍比较好。但德国人告诉阿族人，他们在这里才是阿族人真正的朋友和解放者，保护阿族人免受塞族人欺辱。如果盟军胜利了，科索沃将肯定归属英国人的盟友南斯拉夫。因此，大部分科索沃阿族人都不愿意与铁托将军合作。他对他们来说完全是另一个塞尔维亚和黑山人威胁的代表象征，他青睐俄国、信奉共产主义，这使得他看起来就是他们所谓的'俄国泛斯拉夫帝国主义'政策工具的象征。共产党在科索沃人中间不受欢迎，他们只是在塞族—黑山人中得到极少的支持，科索沃大部分地方势力集团无疑都是阿族民族统一分子的天下，他们以暴力反抗共产党，在当地所有派别和所有阶级中都有支持者。民族统一分子并没有组成任何党派，而只是个组织，却得到了除共产党外所有派别的支持。" PRO, FO, WO204/9536, 196824, File No. 293, 3 September, 1944.

科索沃和杜卡丁的"民族解放委员会"第一次全国大会于1943年12月31日至1944年1月2日召开,此次会议在阿尔巴尼亚边界高地贾科维察地区布严(Bujan)村庄举行,后转移到阿尔巴尼亚特罗波贾(Tropoje)地区的本亚伊(Bunjaj)山谷举行,参加布严会议的有来自阿尔巴尼亚和科索沃的49名共产党员,其中41人为阿族人,穆斯林1人,7人为塞族人和黑山人。① 会上发生了激烈的争论,阿尔巴尼亚、塞尔维亚共产党人邀请科索沃阿族人加入反法西斯斗争,希望在胜利后能够打开与阿尔巴尼亚合并的道路。会议的目的是争取当地阿族人支持反抗占领者和叛徒的斗争。② 与会的阿族人中有10人为阿尔巴尼亚人民解放军成员。③ 但这次会议决议中也没有涉及科索沃和梅托希亚问题。布严会议甚至在1944年底以前就受到南共中央政治局的批评,这反映出当时南共对科索沃政策的基本特征,即急于争取当地阿族人加入反法西斯运动,同时暂时搁置讨论阿尔巴尼亚合并入南斯拉夫的基本地位,或者战后建立共产党领导下的巴尔干联邦。④ 会议的主要目标是加强现存村、地方、地区民族解放委员会机构,建立新的基层组织,在科索沃民众特别是阿族人中增加政治宣传活动,阻止塞一黑族居民从该地区移民迁徙。这次会议在决议中呼吁科索沃民众团结反抗德国法西斯,文件中的一段文字引起会议和战后的争论:"科索沃和杜卡杰金平原就是一片主要由阿族人居住的地区,直到今天他们始终希望与阿尔巴尼亚合并。因此我们认为,我们的责任就是向阿族人民展示为了实现他们的愿望应该遵循的道路。科索沃和杜卡杰金平原的阿族人民与阿尔巴尼亚合并的唯一道路就是通过与南斯拉夫其他各民族一道反抗占领者及其仆从,因为这是赢得自由的唯一道路,所有民族也包括阿尔巴尼亚人在这个自由下将能够拥有涉及分离问题的自觉权,决定他们自己的命运。"⑤ 这个文件明确宣布接受科索沃与阿尔巴尼亚合并。南共和南斯拉夫军队

---

① 另一种统计是阿族43人、塞族3人、黑山3人。
② *The Truth on Kosova*, Tifana, 1993, pp. 216-221.
③ B. Horvat, *The Kosovo Question*, Zagreb, 1988, pp. 54-55.
④ P. Simick *The Kosovo and Metojia Problem and Regional Security in the Blkans*, Institute of International Politics and Economics, Belgrade, 1996, p. 9.
⑤ Rechepi, *The Struggle of the Albanians of Kosova*, p. 33.

司令部立即做出回应。南共总书记铁托将军及其南斯拉夫军事副官特穆波都致信强烈批评布严会议。①

南斯拉夫史家甚至把这次会议看作重大的政治失误,他们质疑这样一个含混不清、模棱两可的表述是如何被允许写进如此重要的会议最后文件的？造成这种情况的部分原因是,当时出现了对战争的盲目乐观情绪,因此提前将民族问题提上了日程。② 1943年南、阿之间的未来边界问题似乎还不突出,南共便慷慨地许下了诺言,因为阿尔巴尼亚本身有可能作为一个独立的联邦国家合并进南斯拉夫。铁托拒绝布严会议决定是因为他认为他们过早地提出了这个问题,它应该留待战后去解决。他知道,如果阿族的要求被满足,那么游击队将会失去许多塞族追随者。因此,只能同意不修改战前的南斯拉夫边界。③

法西斯德国煽动阿族人迫害塞族人,造成1944年头几个月再度出现了持续的塞、黑人从科索沃迁移出去的浪潮,他们在大迫害下被迫逃难,因为在其定居的村庄几乎丧失了组织自我保卫的可能性。1944年春,通敌当局的"警察部队"斯坎德培军（SS）第二十一军正式建立,其官兵大多是阿族自愿者,编制为两支部队。他们不分青红皂白在科索沃大肆屠杀塞族人和黑山人,这导致约10000户斯拉夫家庭迁走,其中大部分是塞族人,其中一些加入游击队武装,而大部分迁往米特洛维察。共产党游击队在科索沃的组织因为斯拉夫定居者的减少而势力大

---

① Pipa, and Repishti, *Studies on Kosova*, p. 208.

② 法迪尔·霍查当时是南共地方委员会政治局成员和科索沃总参司令员,他在回忆录中说：边界问题被回避了,任何人都不接受分割南斯拉夫的意见,但是面对每个阿族人都可能被招募进入民族解放运动的情况,霍查就要回答这个问题"我的人民将在这个文件中被置于何地？""我将回答,我们将在南共领导下战斗并解放这块土地。再清楚地说,如果社会主义赢得了阿尔巴尼亚还有南斯拉夫,那么科索沃很显然就在阿尔巴尼亚里。这不是我的态度而是地方委员会的态度。" *Relationship between Yugoslavia and Albania*, p. 67。

③ 甚至霍查也同意,"科索沃和南斯拉夫内部其他地区阿族人的未来的问题在战时不要提出……科索沃阿族人将在南斯拉夫框架内进行反法西斯战斗……科索沃问题要在战后由两个兄弟党和阿族人民自己去解决。" E. Hoxha, *With Stalin*, Tirana, 1981, pp. 137 – 138。

减,而这些逃亡的斯拉夫人则被来自阿尔巴尼亚北部更为贫困地区的新移民所取代。这样,米特洛维察游击队招募工作就比较顺利,其人员也开始迅猛增加。①

1944年3月28日的南共全国大会接受了暂缓讨论解决南、阿边界的方案,但不久就受到批评。为了消除此次会议文件所造成的不良影响,南共中央委员会在同日致科索沃和梅托希亚抵抗运动领导人的信中,批准了对第一次地区会议的财政资助。这个文件由铁托最亲密的副官米罗万·德伊拉斯(Milovan Djilas)签署,它认可了"科索沃和梅托希亚民族解放委员会",但是间接批评了布严决议的部分内容。② 科索沃抵抗运动领导人在同日接到南共中央来信后,即修改了民族解放委员会第一次大会决议中关于这些地区与阿尔巴尼亚合并问题的相关部分。③ 布严决议的正确和错误直到今天还在激烈讨论,特别是在海外阿族人中观点更为激进。④ 美籍阿族学者萨米·勒皮什蒂(Sami Repishti)认为布严会议没有犯政治错误,它反映了大多数阿族人的意见,从铁托和南共中央的来信就可以看出,这次会议的文件是亲阿反南的。被法西斯暴力分解的南斯拉夫王国当时并不为国际社会接受,1941年盟军也不认可科索沃与阿尔巴尼亚的合并。盟国赢得战争后,科索沃出现了新的反法西斯政治力量,他们大多是共产党及其拥护者,并得到了盟国的支持,因为战争的胜利使他们获得了代表科索沃民众的权利。而布严会议文件只是反映出科索沃阿族社会的意见,这就是降低了布严决议的历史

---

① 到1944年2月,科索沃共产党员达到大约400人,其中45人为阿族。*Relationship between Yugoslavia and Albania*, Belgrade 1984, p. 128。

② *Collected Documents and Data Related to the National Liberation War of the Peoples of Yugoslavia*, Vol. 19, Beograd, 1969, pp. 420 – 421。

③ Marmullaku, *Albania and the Albanians*, p. 144。

④ 在最近的讨论中,美籍阿族人巴西尔·卡马伊(Vasil Camaj)回应在此课题上多数科索沃上层的观点,认为这次会议没有对错问题,阿共就是在帮助塞共分化阿族人。*Illyria*, 12 – 16 February, 1994, p. 5。

重要性。① 当地的科鲁兹乌（Krueziu）兄弟会极力鼓吹"拖延"式消极抵抗的军事方针，为此他们寻求英国的支持。兄弟会代表在其领袖加尼（Gani）指导下与英国谈判，多少代表了游击队的观点。因此，无论恩维尔·霍查还是铁托都必须明确态度，如果科索沃不存在抵抗运动而出现了由加尼领导的运动，那么共产党人内不同意见派别还不如各让一步，协调各自的观点，求同存异。这样，才能有力阻遏科鲁兹乌兄弟会的计划。② 英国资料表明，民族解放运动了解诸如"民族的阿尔巴尼亚"和"大阿尔巴尼亚"这些词是德国人引诱阿族人的陷阱，他们的一份文件说："我们'解放民族委员会'极力做的是，组织科索沃人民参加武装抵抗，'民族解放委员会'军队现在与南斯拉夫游击队合作，正面抵抗德国占领军，其目标是为南斯拉夫各民族争取自由。这些游击队将带给科索沃在'亚特兰提克宪章'基础上自由选择其道路的权利，这个宪章得到了美、苏和大英的保证。这是科索沃问题能够解决的唯一方法，也是科索沃归还阿尔巴尼亚的唯一道路。"③

第二次世界大战以德国法西斯的彻底失败宣告结束，日本和德国先后签署了无条件投降书。战争也使科索沃复杂的民族矛盾进一步激化，在战争中被法西斯势力利用的阿族人丧失了道义感，而受到迫害并反抗

---

① *Illyria*, 12–16 February, 1994, p.5. 同一时期，英国外交部在1944年8月从科索沃和阿尔巴尼亚秘密获取的文件报告反映，"科索沃未来地位问题成为所有阿族人甚至包括生活在科索沃以外很远的阿族人心中烧灼焦虑的一个问题，这样的人包括很多持不同意见的人，例如恩维尔·霍查、穆斯塔法·各因尼什（Mustapha Gjinishi）、耶姆尔·迪斯尼查（Ymer Disnica）等。他们都同意正确解决科索沃问题对于阿尔巴尼亚的重要性，出路只能是将科索沃归还阿尔巴尼亚。他们哀求我（英国外交官）去争取盟国的一个简单声明，不是让科索沃归还阿尔巴尼亚，而是战后在盟国监督下举行公民投票决定科索沃的未来；作为一种选择，他们要求伦敦的南斯拉夫政府声明，他们支持这样的公民投票……国王佐格在科索沃之所以不受人欢迎，主要就是因为人民认为他是南斯拉夫政府任命的，为了换取南斯拉夫的支持，他们认为他接受了科索沃的南斯拉夫统治。科索沃最突出的政治人物（1944年）是加尼·科里埃兹尤（Gani Kryezyu），他非常亲英国，似乎是最有能力和极聪明的人。他是能够联合强大的共同阵线反对科索沃德国人的人选之一"。PRO, FO, WO204/9536, 196824, File No.293, 3 September, 1944.

② 关于科鲁兹乌兄弟会与英国的交涉见 Hibbert, *Albania's National Liberation Struggle*; Julian Amery, *Sons of the Eagle*, London, 1948.

③ PRO, FO, WO204/9536, 196824, 5 June, 1944, 另见1944年4月9日阿尔巴尼亚出版的文件集。

且取得最终胜利的塞族人占据了正义的制高点。双方的矛盾并没有因为战时两族共产党员的合作而化解，反而因为法西斯这个共同敌人的败亡而浮出水面，成为战后科索沃地区最主要的矛盾。事实上，南斯拉夫共产党在解决这个历史遗留的老大难问题时面临诸多困难，至少在战争刚刚结束的时候，阿族法西斯帮凶势力借助民族问题进行武装抵抗。1944年5月，"南斯拉夫反法西斯青年联盟"（USAOJ）在德尔瓦（Drvar）召开第二次大会，谴责战前南斯拉夫当局在科索沃加剧内部民族紧张关系。1150名代表签署的信件中声明，"旧南斯拉夫政府反人民的统治对我们各民族推行犯罪政策，迫使我们地区的阿族人忍受最残暴的剥削和肉体折磨，在科索沃阿、塞、黑山各族人民中有意煽动民族仇恨。"[①] 1944年夏，南斯拉夫民族解放军开始从散德加克流域向科索沃和塞尔维亚南部进军。大战接近尾声时，科索沃人民目睹形势有利于游击队武装。为了在整个地区联合行动，铁托于1944年9月2日发出指示，改变科索沃和梅托希亚总参的名字为"科索沃和梅托希亚行动指挥部"，由塞尔维亚总参指挥。经过南斯拉夫民族解放军最高司令部和阿尔巴尼亚民族解放军总参协商，阿尔巴尼亚民族解放军派遣两个旅跨越到科索沃与南斯拉夫民族解放军合并。[②] 然而，在普通塞族人和阿族人看来，南斯拉夫和阿尔巴尼亚的民族解放军并不合作，相互为敌。到了1944年底，巴利派民族分裂分子公开与德拉扎·米哈伊洛维奇的国王派"游击队"合作。当布严地区塞族人出现了一丝欢乐的胜利情绪时，在阿族人中便产生出遭到背叛的严重心理。他们的领袖们不能理解为什么他们不能与阿尔巴尼亚合并，当初他们就是为了达到这个目的，才同意加入游击队的。这些响应南共号召参加反法西斯战斗的阿族人相信南共将实现战后阿族对分离问题的自决原则，南共也是这样承诺的。

1944年10月，德军开始撤退，从希腊经过科索沃回国。为解放科索沃而进行的最后战斗于1944年10—11月打响，11月底科索沃全境

[①] *Relationship between Yugoslavia and Albania*, Belgrade, 1984, p.129.

[②] 南斯拉夫官方记载说，这样做是"为了促进阿尔巴尼亚人、塞尔维亚人和黑山人之间的信任，无论在任何情况下，两国的民族解放军之间的合作都将继续，这种合作的开端可以上溯到1942年"。*Relationship between Yugoslavia and Albania*, Belgrade, 1984, p.52.

被多支游击队解放。根据不同通敌卖国机构特别是巴利·科姆贝塔尔（Balli Kombetar）的统计，战后之初，定居居民的总数大约在9000人。其中科索沃阿族上层在战争期间与轴心国合作，因此被认为政治上不可靠，可能对南斯拉夫的稳定和领土完整造成威胁。铁托是克罗地亚人，他充分认识到，只有将科索沃保留在塞尔维亚边界内，才能指望赢得占南斯拉夫人口多数的塞尔维亚人走向共产主义。这样，南共游击队在该地区发动了大规模的军事行动，甚至许多受到怀疑的合作者也受到了处理，目的旨在稳固统治。伴随着大规模军事行动的是数千阿族人、塞族人、黑山人的普遍迁徙，他们匆忙出发前往巴纳特河（Banat）和波斯尼亚—黑塞哥维纳、克罗地亚、斯洛文尼亚等德国人撤退的地区。当局下令收缴武器，集中存放，那些不满意南斯拉夫军队的阿族著名人物遭到逮捕。科索沃阿族上层立即达成发动反游击队起义，得到了巴利派和国王"游击队"残留匪帮的支持。起义的直接原因就是民族仇恨。起义爆发在南斯拉夫民族解放军最高参谋部和塞尔维亚总参下令阿族旅向北进军以后。为了执行命令，包括来自德雷尼察志愿者的第七旅正好驻扎在波杜耶沃。当时，有关德雷尼察地方屠杀阿族平民的报告从波杜耶沃传来，其中一些受害者据说就是第七旅的幸存战士。科索沃行动指挥部向这些德雷尼察的游击队员保证，派遣使节去德雷尼察调查验证屠杀报道的真实性。当使节到达德雷尼察后，发现了大量的证据，大批阿族平民遭到屠杀。[①] 使节向南斯拉夫总参提交了屠杀的证据，双方发生争吵，总参部队向使节团开火。这个事件立即导致起义，此后两个月，德雷尼察地区成为极为混乱的战场。[②] 为了镇压起义，南斯拉夫民族解放军最高指挥部派精锐部队进入科索沃，该地区被宣布为"军事禁区"，当地军事指挥部直接归属于南斯拉夫最高参谋部。此后，那些被强令派遣到南斯拉夫北部的数百阿族青年被遣散，他们当初组成的科索沃旅后

---

① 在克利纳河，居民们向使节展示了大约250具尸体，分为6堆，都是斯肯德拉伊（Skenderaj）村庄即现在的塞尔维察（Serbica）村的，其中许多是被用斧头砍死的。Spasoje Djakovic, *Sukobi na Kosovu*, Narodna Kniga, Belgrade, 1984, p. 36, 转引自 D. Batakovic, *The Kosovo Chronicles*, p. 210。

② 关于1944—1945年阿族人起义的塞尔维亚官方描述见 Spasoje Djakovic, *Sukobi na Kosovu*, Narodna Kniga, Belgrade, 1984, 转引自 D. Batakovic, *The Kosovo Chronicles*, p. 214。

来被分散到南斯拉夫军队中，或者编入"劳动旅"。德雷尼察起义军曾于12月2日进攻乌罗舍瓦茨、格尼拉内和特雷普查矿区。而后两个月，起义者的人数达到近2000人，他们抵抗着30000人的塞族军队。

在1945年春季召开的塞尔维亚共产党第一次全国大会上，民族解放军部队对阿尔巴尼亚人采取的这些暴行遭到了严厉批评。1945年2月，南斯拉夫政府颁布了战争法，建立军事委员会接管科索沃。人们难以计算出在这次起义中被杀的阿尔巴尼亚人的精确数字，但从阿尔巴尼亚民族民主委员会收集的数据表明，有48000名阿族人在第二次世界大战后的6个月内死亡。塞尔维亚和黑山部队进占科索沃，官兵以劳工的身份出现。新的军政府重新开启特雷普查矿山运营，经由科拉尔耶沃－科索沃、波尔耶—斯科普里的铁路也开通了。所有"反革命"武装大部分被镇压，只有大约200人残留在科索沃边缘山区地带。尽管起义的政治目的还不为人所知，但是参加起义的知识分子领袖伊梅尔·贝里沙（Imer Berisha）一直极力鼓吹科索沃和马其顿西部与阿尔巴尼亚合并。① 人们还清楚地记得，第一次世界大战结束后，塞族人和阿族人之间曾发生惨烈的大屠杀，可以推测第二次世界大战后，这种恶劣表演再度上演。② 这样，摆脱了反法西斯战争的科索沃就被新生的南斯拉夫联邦合并，像1918年一样，阿族人被视为新国家的威胁。

为争取阿族人加入共产主义建设事业，南斯拉夫内政部于1945年3月6日一度决定禁止在战争期间逃离科索沃的5万—6万塞族人和黑山人返回其家园，因为这些战前移民被怀疑支持王国政府的"大塞尔维亚国家"计划。同时，就在铁托和斯大林于1948年决裂前这段时间，南斯拉夫边界一直对阿尔巴尼亚新移民开放。这个时期，大约有25000名阿族人通过边境进入科索沃投亲靠友，这个政策大体延续了意大利和德国战时的保护阿族人政策。这种政策明显偏袒阿族人，似乎在纠正战

---

① 官方描述说，法西斯及其帮凶得到惩罚，这次起义是"由民族分裂分子巴利派匪徒和其他亲法西斯武装及一部分脱离南斯拉夫民族解放军的阿族人及其违法者进行反革命暴乱的最后企图"。*Relationship between Yugoslavia and Albania*, p. 53。

② 最可怕的屠杀发生在黑山蒂瓦尔（Tivar），1670名阿族人被驱赶进一个矿道，而后被密封，所有人都窒息而死。民族仇恨与政治动机结合，不断制造丑行。*Relationship between Yugoslavia and Albania*, p. 55。

后对阿族居民不公正的对待,但是同时也产生了对塞族人的不公正对待,塞族人在两次世界大战期间遭受的损失和痛苦无法修复。1945 年 5 月 24 日,南斯拉夫颁布法律,严格施行关于没收任何人在敌伪占领时期获得的利益,严格处理从占领者及其通敌帮凶处没收的财产,其中包括对像阿族这样的与占领者集体合作的通敌民族。这些措施对战败国的德国人、匈牙利人、意大利人非常不利,他们来自伏依伏丁那、斯洛文尼亚、达尔马提亚和伊斯特利亚(Istria),因为他们被视为等同于奸细的"第五纵队",被大批强制迁移出南斯拉夫。① 当 8 月举行反法西斯民族解放委员会第三次会议时,南斯拉夫联邦共和国就完成了正式建立的最后程序,会上塞尔维亚议会主席团通过了塞尔维亚分省管理行政区划法律,同时,伏依伏丁那自治省和科索沃—梅托希亚自治区也最终建立。

这个时期的南斯拉夫显然是巴尔干半岛最强大的国家,拥有 80 万久经沙场的将士,并在主体民族领袖指挥下,建立了稳固的革命政府执政权威,同时在外交方面与莫斯科保持密切的友好关系。② 南共在胜利的鼓舞下,于 1945 年 7 月在普里兹伦举行的科索沃和梅托希亚民族代表大会上,讨论科索沃的未来和在新南斯拉夫国家中的地位。会议同意,该地区成为塞尔维亚联邦宪政承认的一部分。普里兹伦决议(Prizren Resolution)大胆地宣布,科索沃的形势已经安定,阿族人和南斯拉夫其他所有民族一样,既不接受该地区被入侵者肢解,也不接受南斯拉夫被肢解。文件正式承认,这个决议就是科索沃和梅托希亚与塞尔维亚合并,并通过塞尔维亚与南斯拉夫新国家合并之"自由意愿的表达",而决议是代表们在平等的气氛中做出的。③

---

① D. Janjic, *Conflict or Dialogue*, *Serbian - Albanian Relations and Integration of the Balkans*, Subotica, 1994, p. 136.
② Jelavich, *History of the Balkans*, Vol. 2.
③ Pipa, and Repishti, *Studies on Kosova*, p. 209.

第六章

铁托时代的科索沃

本章摘要：铁托时代坚持社会主义方向，主张民族平等与自治，力图恢复科索沃各民族和谐，因此放宽了对该地区的控制，放松了对科索沃多数民族阿族人的监管。此后，为了争取阿族人，铁托以民族自觉自治为原则，在打压大塞尔维亚思潮的同时，大力推行扶植阿族人发展的政策，企图以发展的成果换取科索沃地区对共产党政府的支持。但是，科索沃地区的贫瘠落后和农副产品资源匮乏使之成为吞噬南斯拉夫有限财力的无底洞，民族矛盾虽然暂时被共同富裕的理想所掩盖，但是极端民族主义政客和邻国阿尔巴尼亚不断挑动，无限扩大了这个无底洞，加剧了长期存在的民族矛盾。因此从中长期的角度看，铁托在科索沃的民族政策是失败的，是其理想主义和有限资源能力不相匹配的结果。而放松的民族监管则推升了阿族的民族主义恶性膨胀，刺激了民族激进分子脱离南斯拉夫的野心。政策上的摇摆不定充分反映出，南斯拉夫共产党及其领导人无力解决历史遗留且被外族统治者加强的民族矛盾。只是由于铁托在第二次世界大战中建立的巨大功绩和威望，科索沃地区的民族矛盾才暂时处于歇伏状态。

为使战后国家的行政管理更为合理，南斯拉夫于1945年8月7日建立科索沃和梅托希亚自治区。对此，塞族历史学家中流行的意见认为，在此过程中至少有三大动机：一是解决科索沃阿族地位问题；二是为阿尔巴尼亚合并进南斯拉夫主导的共产主义联邦铺平道路;① 三是确立列宁主义指导下的多民族国家民族关系的原则，在塞尔维亚人和该国其他民族之间保持平衡，这就是所谓的"弱化塞尔维亚强化南斯拉夫政策"。在支持该原则的意见中最常见的理由是，这样的自治区只是保持在塞尔维亚领土而非马其顿和黑山领土内，它们都是阿族少数民族地区，或者在南斯拉夫其他共和国内如克罗地亚和波斯尼亚-黑塞格维纳也是如此，这些地区都有不同民族混合的居民人口。② 铁托最初是计划建立一个巴尔干联邦，其中包括阿尔巴尼亚和保加利亚，科索沃自然就成为阿尔巴尼亚的一部分。这个计划的目的有两个，对于南斯拉夫共产党人来说，它将实现他们统治阿尔巴尼亚的愿望；其次对于铁托来说，它意味着其个人成为巴尔干半岛统治者的理想即将实现。而阿尔巴尼亚共产党领导人恩维尔·霍查却对巴尔干联邦的看法不同，他认为通过相互协商可以最后解决科索沃和阿尔巴尼亚的统一，至于巴尔干联邦不在考虑范围内。③

南斯拉夫于1946年颁布联邦宪法，其中并没有任何文字提到科索沃—梅托希亚作为独立行政单位，只是在塞尔维亚联邦共和国内提到科索沃地区是该共和国的一个地区。该宪法以1936年苏联宪法为基础，强调在任何单一多数民族群体的政治统治下，保护各民族和少数民族的权益。但是在实践上，该宪法有两大缺陷：第一没有授予科索沃人民完全的领土自治权，阿族问题被忽视了；第二伏依伏丁那成为自治省，因而被授予了比科索沃更高的地位，而自治省具有等同于共和国的政府级别。科索沃-梅托希亚只是被划入第二等的自治区，它的地方管理机构不具有任何独立的决策权，它也没有像伏依伏丁那那样的独立立法权和最高法庭。鉴于塞尔维亚共和国宪法宣布共和国的创立是基于人民的意

---

① 铁托在保加利亚领导人乔治·狄米特洛夫（Georgi Dimitrov）支持下，计划建立巴尔干联邦，其中包括保加利亚、阿尔巴尼亚，可能还有希腊，如果共产党领导的游击队在希腊获胜的话。

② P. Simic, *The Kosovo and Metohija Problem and Regional Security in the Balkans*, Institute of International Politics and Economics, Belgrade, 1996, p. 9.

③ D. Batakovic, "The Serbia – Albanian Conflict: An Histoical Perspective", in Duijzings, Janjic and Maliqi ed., *Kosovo – Kosova*, p. 8.

志，科索沃并入塞尔维亚因此获得了批准。这样，科索沃并入南斯拉夫联邦只是作为塞尔维亚共和国的附属地区。当时，南斯拉夫共产党中央的主要任务就是十分谨慎地平衡南斯拉夫各民族的权益，防止和避免少数民族的势力高于塞尔维亚人占主导地位引发的潜在威胁。塞尔维亚民族问题混杂着战后混乱的现实而变得更为复杂，其核心是塞尔维亚共和国包括大量南斯拉夫其他少数民族和阿族。但是如果不损害其他民族的权益，塞尔维亚人本身就不能形成为一个单一的共和国。各民族的权益只是通过其统一团结为联邦国家才能得到保障。这样，在南斯拉夫，伏依伏丁那和科索沃这两个自治区的建立就成为解决塞尔维亚问题的尝试。南共中央不希望激起其最大民族群体塞族的反对，或者冒犯塞尔维亚民族主义而在塞尔维亚共和国为阿族争取那一点诉求。① 如同战前的南斯拉夫，阿族密集的定居区再度被分割在不同的管理单位。靠近阿尔巴尼亚的西南地区合并进黑山共和国，其东南地区成为马其顿共和国的一部分。这两个地区都没有划归科索沃自治区，因为当局也考虑到势力比较大的马其顿斯拉夫民族主义，同时还存在沙尔山脉走势的地理因素，该山脉构成了两个地区交通难以逾越的自然屏障。科索沃具有更低等的宪法地位，这多少有些类似于苏联模式中加盟共和国内的自治共和国，塞尔维亚人在此后几十年照此治理该地区政治生活，因此遭遇到更多问题，其治理进一步恶化。

南斯拉夫联邦 1946 年宪法第 10/46 号（104 条）规定，塞尔维亚

---

① 某些西方学者认为，该新《宪法》第 103 条就此做了让步，即伏依伏丁那和科索沃自治区的权利和范围将由塞尔维亚共和国宪法确定。然而，该宪法在详细描述自治区的精确位置方面没有任何细节，只是说：“塞尔维亚人民共和国在其框架内包括伏依伏丁那自治省和科索沃及梅托希亚自治区。”南共将新宪法视为各民族平等和南斯拉夫统一的工具。该宪法承认的民族有 5 个：塞族、克族、斯洛文尼亚族、黑山族、马其顿族。除了波斯尼亚和黑塞哥维那外，这五个共和国的每个国家都被认为是民族国家，它们都是按照中央的概念来确定的：其边界内占主体的民族大体上与其领土范围一致。而少数民族拥有特殊地位，这里显然并没有注意自决权的使用，甚至在理论上也没考虑。宪法第 13 条只是在一般意义上提供了少数民族的基本权利，据此，少数民族享有其文化发展和自由使用其语言的权利和保护权利。阿尔巴尼亚民族主义也受到压制。该宪法武断地决定了阿族定居区的安排，没有参考这些地区普通民众的意见。Miranda Vickers, *Between Serb and Albanian: A History of Kosovo*, Hurst & Company, London, 1998, p. 201。

共和国内设立科索沃—梅托希亚自治区［简称"科斯梅特"（Kosmet）］和伏依伏丁那自治省，其地位"应由共和国国民议会确认"。1946年宪法造成阿族人深刻的怨恨情绪，他们对民族解放运动一直保持着敌视态度，只是因为他们不能理解新、旧南斯拉夫之间的区别。在战后这个阶段，阿族仍然是新政府"最敌对的因素"，因此当局在处理他们的问题时采取的极端措施与一战后塞族军政府采取的办法几乎没有什么不同。阿族资料统计表明，1944—1946年有36000—47000名阿族人在当局的各种"追踪和捣毁""和解""解除武装""再移民"等计划中成为受害者。① 南共担心阿族爆发新的起义，遂下令科索沃官员镇压巴利·科姆贝塔尔的追随者。② 事实上，按照民族集中居住区来划分民族区域自治行政单位的制度源自苏联，这种按民族地域进行行政区划的方案是独立后苏联应对危急局势时采取的办法，从一个国家长远发展看，不利于形成统一国家，也不利于各民族交流融合，特别是在某些特殊环境中会被极端民族主义政客所利用，因此是错误的。南共中央战后照搬苏联的方案，采取的行政区划制度日后产生了诸多问题，它成为南斯拉夫乃至整个"社会主义阵营"各国解决民族问题的制度性隐患。事实上，合理的方法是采取各民族混合居住的方案，这在世界范围也有许多成功的案例。

南斯拉夫的外交处境很快便发生了变化。1948年，南斯拉夫与苏联交恶，铁托及其政治局和斯大林究竟谁是南斯拉夫的主宰，这个问题是两国交恶的核心。战后初期，南斯拉夫领导层高估了他们自己的实力及其取得革命成果的贡献，特别是铁托得到其他东欧人民民主国家的高度赞扬，声誉不断提高，这惹恼了斯大林。性格强硬的斯大林认为铁托我行我素，在东欧推行南斯拉夫的共产主义革命，脱离共产国际的控

---

① S. Repishti, "Human Rights and the Albanian Nationality in Yugoslavia", in Oskar Gruenwald and Karen Rosenblum - Cale ed., *Human Rights in Yugoslavia*, New York, 1986, p. 238.

② 几位在1944年布严决议上签字的阿族人都为其科索沃和阿尔巴尼亚合并的理想付出了生命。贝里沙（Rifat Berisha）于1948年在德雷尼察山区阵亡，斯赫拉丁·哈纳（Xheladin Hana）于1948年被秘密警察暗杀。

制。① 事实上，南共无意间挑战并贬低了十月革命的权威，贬损了苏联作为社会主义真正策源地和社会主义阵营领袖的历史地位。斯大林特别反对南共开始提高其在巴尔干半岛各共产主义运动特别是希腊共产党中的领导地位，因为1946年希腊起义就得到独立后的南共的大力支持。而真正开启南共和苏共之间裂痕的是铁托和保加利亚领导人乔治·迪米特洛夫（Georgi Dimitrov）关于建立巴尔干联邦的计划。斯大林对于其社会主义阵营中从属国私自行动就已经心存不满，而制订这样的计划事先不与自己商量更引发其极大的愤怒。因此在1948年6月共产国际会议上将南斯拉夫开除出共产国际。当然，铁托与斯大林在南斯拉夫经济发展方面的分歧也是两国相互对立的重要原因，南共独立自主的发展路线与苏联企图通过"国际分工"控制南斯拉夫矿业经济的方针相悖。南共与苏联分裂的重要后果是南斯拉夫的阿族居民面临更大的威胁。恩维尔·霍查预见到斯大林和铁托之间的决裂，决定站在苏联一边，因此阿尔巴尼亚就成为社会主义阵营各国中第一个公开攻击铁托的人。这样，南斯拉夫与共产国际的冲突就终结了科索沃与阿尔巴尼亚合并的美梦，铁托下令阻止阿尔巴尼亚向科索沃移民。尽管如此，科索沃阿族人口比塞族人口增加的速度快两倍，为了扼杀科索沃大量阿族民众中日益增长的民族意识，南斯拉夫政府推行"土耳其化"政策。该政策通过两种途径来落实：一是于1951年开办教授土耳其语言的学校，二是再度鼓励阿族人向土耳其移民。铁托和斯大林关系的破裂促使阿尔巴尼亚转向后者，而官方也立即在科索沃提出了"土耳其少数民族"这个概念，以此淡化阿族的重要性。

共产国际的分裂使贝尔格莱德担心，来自阿尔巴尼亚的反南斯拉夫宣传将煽动起科索沃阿族的民族情绪。为了鼓励阿族人离开，南共采取了直接的强制措施，包括强迫阿族人承认自己是土耳其族。这就造成了一种恐惧和不安的气氛，许多阿族穆斯林注册为土耳其人以逃避迫害，他们很快就被强制送往土耳其。1953年的南斯拉夫－土耳其协议再度签署，重新恢复公开鼓励阿族移民去土耳其的政策。瓦萨·库布利罗维奇教授这位当时塞尔维亚艺术与科学院最具影响的人物曾一度提倡从南

---

① Rusinow, *The Yugosla Experiment*, 1948－1974, p. 25.

斯拉夫驱逐阿族人。在一份题为《新南斯拉夫的少数民族问题》的报告中，他重申其战前的理论，即从战后南斯拉夫驱逐阿族人的极端重要性，因为科索沃具有重要的战略地位，这份报告提供给包括铁托、米罗万·德伊拉斯（Milovan Djilas）和亚历山大·兰科维奇（Alexander Rankovic）等南共最高领导人。① 他认为，南斯拉夫最大的问题就是扫除重要战略地位的少数民族因素。因此，不仅阿族人要被驱逐，而且德国人和匈牙利人也在驱逐范围，"那些在当地日耳曼人帮助下由德意志帝国军人在斯拉夫人土地上施行的可怕暴行有目共睹，那么在此之后斯拉夫人就有权要求清除其领土上的德意志人。我们和奥地利之间的新政治边界必须同时是斯拉夫人和日耳曼人之间的民族边界。甚至到今天，苏联还恢复了战时开始的人口交换政策，他们把波兰人从乌克兰和白俄罗斯迁到新的苏—波边界地区，而将乌克兰和白俄罗斯人迁入苏联。依照这些案例，我们也有权要求我们的盟国用同样驱逐的方法处理我们的少数民族问题。这场战争及其大规模人群移动也造成了接受驱逐的基本心理模式，民众习惯于迁徙。因此我们的少数民族应该了解他们的迁徙行动，如果我们驱逐他们，他们将不会进行自我捍卫的"。② 结果确实如此，50万日耳曼人在战后被从南斯拉夫驱逐出去而没有产生任何国际反响。南斯拉夫继续利用南、阿分裂为借口，逮捕数千名被指控为"斯大林分子"的阿族人，这些人主要是知识分子，他们受到严厉的怀疑，被认为是国家安全的隐患。受到驱逐的不仅有科索沃受迫害的阿族人，还有教会人士。南斯拉夫国家安全局秘密警察（UDB）继续抓捕和拷打塞族东正教修道士和教士，他们的教堂受到搜查，教会的土地在新农业改革中被没收，修道院的产业也被没收。1950年，贾科维察一

---

① "科索沃和梅托希亚一直被认为是巴尔干半岛的战略要点。这些地区位于巴尔干半岛中部，将黑山和塞尔维亚进而马其顿分隔开来。南斯拉夫联邦的这些领土如果没有得到直接的民族边界将永远缺乏相互间的坚固联系。这也是马其顿特别重要的问题。如果瓦尔达尔河及其上游为阿尔巴尼亚所控制，而其下游为希腊控制的话，我们南斯拉夫就只能控制其中游。我们切不可幻想欧洲关系未来和谐发展。这场可怕的战争（第二次世界大战）将不会是最后一场战争。我们仍将处于十字路口，仍将暴露在新的战争的第一次打击面前。" *Kosova Historical Review*, No. 1, Tirana, 1993, p. 39.

② *Kosova Historical Review*, no. 1, Tirana, 1993, p. 40.

座大教堂还被平毁,以便腾出地方来建设游击队纪念碑。历史是不能假设的,但是适当的假设性分析可以为后人提供更清晰的思路,以便从中吸收历史教训。科索沃民族问题的基础在于阿族人口持续快速增长,这个问题的形成既有历史传统也有人为政策的因素。南斯拉夫在第二次世界大战后"清理"民族时曾大批遣送走日耳曼人和土耳其人,那么也应该有机会解决阿族人口问题。不论出于什么考虑,一旦这样的时机丧失了,科索沃的民族问题就会成为"死结"。

此时,民族主义超越了意识形态斗争,共同的信仰没能缓和科索沃两大民族的对立。作为对抗南斯拉夫的措施,阿尔巴尼亚也在1948年以后开始清除亲南斯拉夫分子,大约有5000名亲南阿族人到科索沃寻求避难。直到1948年,将南斯拉夫和阿尔巴尼亚合并起来的想法暂时将科索沃问题搁置起来,没有提上议事日程。但是南共与苏联的关系破裂促使阿尔巴尼亚在莫斯科支持下公开反对南斯拉夫,阿尔巴尼亚报纸开始大规模报道南斯拉夫阿族人遭到的迫害,新闻图片令人惊悚,阿族人民要求推翻铁托的呼声一时间震天响。[1] 1949年10月末,英国驻贝尔格莱德使馆的秘密文件报告了所谓的"南斯拉夫反霍查阿族委员会"的活动,[2] 以及霍查就此发表的一个内部讲话。1949年9月15日他在什科德的讲话中说,铁托"支持操纵了在斯科普里和普里斯蒂纳发生的罪行,阿尔巴尼亚政府非常清楚其目的"。[3] 铁托鼓励几十个小知识分子从阿尔巴尼亚叛逃,吸收他们参加南共游击队武装,而后再派他们回到阿尔巴尼亚捣乱破坏,这些叛徒分子中的一些人后来"反悔"并揭露了"铁托的卑劣目的"。[4]

战后最初几年,科索沃如同巴尔干半岛其他地区一样,经济社会发展缓慢,发展的基础都在战争期间遭到严重破坏,大约70%的地方工业被摧毁,当地可以使用的公路甚至不足一公里,亟须大力修复,经济发展的物质基础和社会环境都要重新建设。新政府制定的重建新南斯拉

---

[1] *Zeri-Ppulit*, Tirana, 25 September, 1949, p. 1.
[2] PRO, FO, 371/78217, 21 October, 1949.
[3] 关于霍查描述他与南斯拉夫当局关系的论述见 E. Hoxha, *The Titoites*, Tirana, 1982.
[4] 还有的反叛分子成功地刺杀了"我们的一些同志,例如伟大的爱国主义者巴尔多科·比巴(Bardok Biba)"。PRO, FO, 371/78217, 21 October, 1949.

夫计划，是在游击队革命基础上而不是在民众欢迎的民族神话基础上设计的。这样，随着南斯拉夫社会主义建设的开展，传统的科索沃神话就逐渐失去了其昔日的光环。① 南共不再用拉扎尔国王的牺牲来发动民众，对科索沃战争的纪念也严格限制在低层次的塞尔维亚东正教教会内，而教会此时也失去了往日的光环。他们编制出新的战争神话和纪念日被官方意识形态宣传家所取代，战争幸存者积极参与第二次世界大战的回忆，特别是那些取自南斯拉夫游击队的解放斗争英雄题材受到欢迎。战后很多年，游击队取得的著名的苏特杰斯卡（Sutjeska）战役胜利被崇拜为类似于古代南斯拉夫的科索沃战役。② 为了抵消科索沃民众激烈的反叛情绪，南斯拉夫当局开办了阿族语言学校，鼓励出版双周的阿语报纸《觉醒》（Rilindja），数千名阿族儿童第一次走进学校。人们认为，以前被政府禁止的阿尔巴尼亚母语教育是民族的胜利和保持阿族民族地方特征的最好途径。③ 1948 年南斯拉夫人口普查证明，750483 名阿族人中有 73% 是文盲。阿族人很少有几个能够读写塞尔维亚古斯拉夫语（希利尔文字），也不懂他们自己的民族文字。新国家陆续开办了阿族儿童学校，1945—1950 年共开办了 157 所，但没有为成年文盲提供学校。为了扫除"落后现象"，南共开展了扫盲的战役。④ 提高文化水平的工作也面临诸多困难，其中最大的问题是极度缺乏能够对阿族居民进行授课的教师，师资力量短缺影响严重，而阿族人中除了极少数以前上过塞族学校，大多数人实际上没进过课堂。当然，南斯拉夫阿族社区很少有人能得到这样的机会。因此，培养第一批阿族学校教师就成为优先开展的工作。至于高等教育就更差了，阿族人中很少有受过高等教育的专家。到 1950 年，只有两位阿族学生在贝尔格莱德哲学和自然

---

① T. Emmert, *Serbian Golgotha: Kosovo* 1389, East European Monographs, No. CCLXXⅦ, New York 1990, p. 140.

② T. A. Emmert, "The Kosovo Legacy", *Serbian Studies*, Vol. 5, No. 2, 1989, p. 28.

③ 这种信念保持了阿族思维的基本特点。S. Repishti, "Human Rights and the Albanian Nationality in Yugoslavia", p. 239.

④ 根据当时官方的指南，这是 "为了将什其普塔尔妇女从偏见中解放出来，首先就是揭去她们脸上遮挡眼睛和面孔的面纱，给她们能够进入学校的平等权利，因而更好地发挥她们作为母亲的作用，使她们有可能成为与人们和公众及社会机构接触的妇女"。L. Stojkovic and M. Martic, *National Minorities in Yugoslavia*, Belgrade, 1952, p. 124.

科学院注册，而师范学校有41名阿族学生注册。政府还设立奖学金制度，鼓励阿族人在高校注册。① 南斯拉夫政府战后还为科索沃阿族民众建立了大量文化和教育协会、剧院、阅览室，表现出重建南斯拉夫阿族文化的真诚意愿。

从地缘政治的角度看，自从与苏联和阿尔巴尼亚关系公开破裂后，南斯拉夫处于腹背受敌的境地，远在北方的莫斯科和近在咫尺的地拉那处处刁难围堵铁托治下的新国家。为了打破困境，南斯拉夫也开展了秘密工作，培植反对地拉那的势力。1949年10月，《波巴》(Borba)报纸报道，有一个70名阿族政治难民构成的反阿组织在南斯拉夫境内活动，他们当时正在建设黑山的莫拉查河大坝，该组织称为"科奇·侯科塞 (Koci Xoxe) 工作旅"。② 其中的一些人因受到迫害，从阿、南边界逃跑进入南斯拉夫后，在黑山和黑塞哥维纳自寻生路找工作，后在南共策划下成立工作旅。阿尔巴尼亚方面还公布过他们从南斯拉夫去阿尔巴尼亚活动的证据。阿尔巴尼亚还于1949年9月《巴什基米》(Bashkimi) 报纸上发表了一篇南斯拉夫难民彼罗·尤万诺维奇 (Pero Jovanovic) 撰写的文章指控南共的阴谋，该报还刊登了科索沃反铁托青年组织主席斯哈菲尔·沃科什 (Xhafer Vokshi) 在青年大会上的讲话。共产国际共产党工人情报局 (Cominform) 机关报发表了当时在科索沃遭到逮捕的4名反铁托工人的详细报道。③ 从这个时期科索沃武装非法抵抗活动普遍存在的情况可以看出，战后大量战争物资尚未收缴，在私人手中贻害无穷，这是局势长期未能摆脱武装对抗的重要原因。

与此同时，南斯拉夫政府也积极提倡和支持文化活动的开展，其中阿族艺术得到了很好的展示。1950年，科索沃有258个文化协会，3150名会员。早在19世纪后半期，伊斯坦布尔和布加勒斯特就有阿族

---

① L. Stojkovic and M. Martic, *National Minorities in Yugoslavia*, Belgrade, 1952, p. 128 – 129.

② 科奇·侯科塞一直是阿尔巴尼亚内政部长，后来在霍查反南斯拉夫运动中，他被"审判"为亲铁托分子，并于1949年5月被处决。

③ PRO, FO, 371/78217, 21 October, 1949.

人办的这类文化和教育协会。① 当时，在普里兹伦的阿吉米（Agimi）协会就有其自己的交响乐团、剧团、合唱团和民间舞蹈团。另一个著名社团梅托·巴伊拉科塔利（Meto Bajraktari）来自普里什蒂纳，1950 年就演出了 64 场。这些文化协会中的戏剧部分具有双重作用，一方面奠定了阿族新戏剧的基础，另一方面扩大了对阿族普通民众的影响。在第一个专业组织出现不久，普里兹伦、佩奇和米特洛维察都出现了阿族人业余剧团，普里什蒂纳的阿族剧院开启了米特洛维察、佩奇和普里兹伦等城市剧院发展的历史，木偶剧团还在塞尔维亚、克罗地亚和阿尔巴尼亚各地巡回演出。② 在奥普提亚（Optia）开幕的南斯拉夫民族舞蹈和歌曲节上，阿族艺术团的表演特别是来自佩奇附近偏远山区的原生态舞蹈受到热烈欢迎，他们具有野性狂放的风格，以及使用土耳其弯刀作为道具的演出，都深深打动了观众。他们还于同年出现在爱丁堡（Edinburgh）艺术节上。这样，科索沃的塞族和阿族文化领域逐渐活跃起来。显然，南、阿边界的民间交往和文化往来更为频繁活跃。在与斯大林决裂后，在新的国际政治压力不断增加和国内意识形态分化的情况下，南斯拉夫国家安全局（State Security Service, UDB, 即 Uprava Drzavne Bezbednosti）的工作量大幅度增加。在科索沃，国家安全局搜捕巴利派民族分裂主义匪帮残余分子，并认为他们与阿族人是可恶的一伙人，因为阿族人当时也被视为意识形态的敌人，怀疑他们藏匿从阿尔巴尼亚潜伏来的间谍特务。1945 年科索沃起义被镇压后，"阿尔巴尼亚民族民主委员会"继续为实现科索沃的解放和与阿尔巴尼亚合并而秘密奋斗。这个非法组织在南斯拉夫阿族定居区建立秘密联络网。20 世纪 50 年代后期，南斯拉夫国家安全局破获了这个组织，其众多成员被判处死刑，或被判处多年严密监禁。

1953 年东欧国际关系发生重大变化，苏联领导人斯大林去世，这对南斯拉夫而言似乎减轻了不小的压力。1953 年颁布新的南斯拉夫联

---

① 关于阿族文化在奥斯曼统治下的发展的详细描述见 Stavro Skendi, *The Albanian National Awekening*, Princeton University Press, 1967。

② 他们在贝尔格莱德的演出受到广泛的欢迎。Stojkovic, and Martic, *National Minorities in Yugoslavia*, Belgrade, 1952, pp. 130 – 131。

邦宪法，对 1946 年联邦宪法做了细微的调整。联邦不再承认自治区宪法是联邦的事务，伏依伏丁那和科索沃自治区的宪法权力此后也被委托给塞尔维亚共和国宪法法院系统管理。同年，南斯拉夫联邦中央政府废除了"民族部"（Chamber of Nationalities），从而使这两个自治区的重要性进一步降低，它们的行政级别下降得比塞尔维亚共和国地区机构还低。事实上，在南斯拉夫内部，其各共和国也没有真正的自治权，中央政府权力集中，不仅南斯拉夫阿族人还有其他少数民族都渴望通过强大的中央集权实现各自的愿望。党员的现状也清楚地反映了这一点，塞族和黑山族党员占 49.7%。为了彻底治乱，更加自信的铁托在科索沃采取强硬手段。1955—1956 年进行大规模收缴遗留战时武器的行动，塞族人和阿族人同样遭到搜查，但通常总是在阿族人而非塞族人家中发现武器。国家安全局随后提升了收缴科索沃阿族民众武器的工作级别。可以说 1956 年是每个阿族人在战后经历的最艰难的时候，这一年"收缴武器"的法律和行动在城乡各地同时施行。① 为了改变阿族人口过快增长的问题，同一时期，当局将大批阿族民众驱逐到土耳其，引发了科索沃第二次大规模移民浪潮。与阿族人离开的同时，塞族人和黑山人在当局鼓励下移民到此定居。他们进入科索沃，在国家政府部门、社会机构、公共服务、医院和文化机构找到职位，这些新移民主要是从塞尔维亚南部、普拉瓦（Plava）、古西亚（Gucia）和波德戈里察（Podgorica）地区来的。当初贝尔格莱德与莫斯科决裂后，科索沃被认为对国家工业生产安全极端重要，因此建设部在此开展主要的工业项目，但是投资主要集中在冶金工业方面，因为这个地区蕴藏丰富的矿藏资源，这使得科索沃成为南斯拉夫其他富庶地区的矿石原料供应地。科索沃富含南斯拉夫一半左右的煤矿资源，还有相当规模的铬、铅、锌和其他矿藏，它还是欧洲最大的褐煤基地。南斯拉夫对当地矿业资源的掠夺性开采进一步破坏了经济发展的平衡，贝尔格莱德对科索沃缺乏整体发展规划，只是把它当作资源产地，致使该地区未能全面发展多样性产业，居民生活水平长期滞后于全国其他地区。

---

① 估计每个阿族家庭都有枪支，警察要求每户必须上缴 1 支枪械。M. Moats, "Yugoslavia Lost", unpubl. Ms., 1996, p. 192。

中央政府对科索沃资源的掠夺和人民生活长期贫穷使得地方与中央关系紧张，地区民族矛盾再度突出显现。1956年5月1日，4名阿族青年在贾科维察市中心公开展示阿族民族旗帜。这是1944年12月以来该地区人民第一次公开展示阿族旗帜，是来自南斯拉夫社会底层阿族人不满情绪的公开表达。此后6个月，阿族民族旗帜在政府大楼和学校主要建筑上空不时出现，或者飘扬在晚间或者穿行在南斯拉夫的火车上。整个夏季，有关案件迅速增加，不断出现因打出阿族旗帜和煽动民族主义活动而遭审讯的记录。国家安全局的秘密警察以镇压阿族叛逆分子为借口，进一步向阿族人施压，强迫他们迁徙。据民间统计，1954—1957年，大约有195000人迁徙到土耳其。同时，国家安全局提升了开展收缴科索沃阿族民众武器的工作级别。1957年，阿族知识分子泽科利亚·雷科哈（Zekeria Rexha）被逮捕并被驱逐到阿尔巴尼亚。9月25日，阿尔巴尼亚政府要求贝尔格莱德引渡几位被阿政府判决为"罪犯"的人，他们自战争以来就逃亡到南斯拉夫，其中包括辛·埃雷兹（Cen Elezi）和丹·卡罗什（Dan Kalloshi），理由是他们"精心组织众所周知的反对阿尔巴尼亚利益的敌对武装"。菲科利·迪内（Fikri Dine）和穆哈林姆·巴伊拉科塔利（Muharem Bajraktari）还被说成是这个"特务组织"的成员。但是，很明显，迪内（Dine）和巴伊拉科塔利（Bajraktari）并不是为南斯拉夫人而是为巴黎的"阿尔巴尼亚委员会"工作的，这个组织由被驱逐的民族阵线和亲国王佐格派合法成员组成。①

科索沃阿族问题和南斯拉夫国内其他少数民族问题一直是南共中央极力试图解决的难题。从根本原因上看，这个难题之所以成为难题，是自奥斯曼帝国时代、经欧洲列强干涉时期、直到两次世界大战阶段造成的，南共面临的这个沉重的历史包袱始终没有形成正确的解决方案，无论是在资源开发和经济发展计划等物质层面，还是在共产主义意识形态宣传和开展文化教育活动等精神层面，乃至于治安管控和人口迁徙等政策层面，都没有也拿不出稳定的解决办法，包括铁托在内的领导层似乎总是处于摇摆之中。南共中央希望在民族平等自治原则下，通过当地经

---

① PRO, FO, 371/78217, 21 October, 1949。地拉那的声明一再重复，毫无新意，也没有举出证据。就此倒是英国有一份情报加以证明。

济文化发展，铲除两大民族的积怨，消除民族对立的根源，但是在实际行动中却没有实现计划，管控忽松忽紧，支持忽冷忽热，当地矿产资源收入并没有用于地方发展，国际局势特别是社会主义阵营形势总是掣肘其政策的施行。正是由于对这个难题的担忧，促使南共于1957年格外关注民族关系理论，以便有助于解决南斯拉夫多民族国家内部矛盾问题。但是，各国共产党难以掌控民族运动、爆发民族冲突和缺乏情报信息确实始终没有解决，是个普遍长期存在的难题。"南斯拉夫意识"就是这个时期提出的，铁托希望用这种夹杂着爱国情感和民族情感的思想化解民族矛盾。埃德瓦尔德·卡德尔伊（Edvard Kardelj）于1957年试图将这项研究转入政策渠道，他在其第二次世界大战前撰写的关于斯洛文尼亚民族问题一书的再版前言中，倡导社会主义思想主导的"南斯拉夫意识"（Jugoslovenstvo），认为这个意识将成为南斯拉夫不同民族感情之上的"民族意识"。[①] 针对地方利益逐渐演变为各个加盟共和国民族利益的趋势，南共中央发起"兄弟情谊和团结统一"的宣传工作，提倡全民树立爱国的南斯拉夫主义。但是这个工作不久即遭遇失败，因为以一个模糊的"南斯拉夫"国家观念是无法取代民族认同的，更由于这个名称本身就有其民族局限性，无法得到其他民族的认同。

随着新国家的建设，地方利益与民族利益逐渐统一，从而引起了各地争夺中央资助的竞争，并掺杂了地方民族主义倾向。1957年以后，南斯拉夫相当大比例的资金从发达地区转向欠发达地区，波斯尼亚、马其顿、黑山和科索沃地区的中央资金投入不断加大。起初，这种资金投放是以国家强制计划分配确定的，但是1965年的"改革"放弃了中央投资基金，取而代之的是"欠发达地区加快发展联邦基金"，这就引起各地的竞争。1958年，科索沃地区塞族和黑山人占总人口的27.4%，但是在地方党员中却占比49.7%。20世纪50年代后半期民族关系再度紧张，起初是因为经济环境引起的，后来开始在南斯拉夫各个共和国中弥漫着争夺中央资金的较量。南共各级组织领导下的各独立权力中心开始对各共和国发生影响，它们各自的经济利益逐渐与当地民众包括非党

---

① Viktor Meier, "Yugoslavia's National Question", *Problems of Communism*, March/April 1983, p. 51.

民众的利益相吻合。例如斯洛文尼亚这个相对发达的共和国就有一大笔资金通过联邦预算转给了相对不发达的联邦其他地区，这在斯洛文尼亚引起了广泛的争议，地方利益受损激起不满。

为了防止借助民族问题要挟中央加大资金投入，塞尔维亚共产党执行委员会于1959年提出了警惕少数民族闹事的问题。此后，凡是以此为借口的地方领导都被罢免，他们被中央官员上纲上线为"民族主义分子"。按照提倡民族和睦的新政策，少数民族本应被当成各加盟共和国之间的"桥梁"而不是像历史上那样成为冲突的根源。科索沃因此被吹捧为南斯拉夫和阿尔巴尼亚之间的"桥梁"。这个政策并没有坚持多久，因为1953年斯大林的去世深刻影响了阿、南关系。1955年，铁托和赫鲁晓夫（Khrushchev）等其他社会主义国家开始修复关系，南斯拉夫与周边各国关系逐步正常化，只有阿尔巴尼亚坚持反对南斯拉夫，与这个趋势背道而驰。贝尔格莱德抓住时机镇压任何科索沃出现的持有异见的分子，阿族人再度遭到被同化和去民族主义化的压力。"阿语被否认与塞语和克罗地亚语具有同等地位。当局禁止展示任何阿族民族标志和旗帜，禁止举行阿族民族节日的庆典。阿尔巴尼亚历史、传统和文学被认为是民族主义分裂的宣传。"[①] 1959年，官方公布了科索沃省区边界地图，中央确定了各省区的行政管辖区域，科索沃自治区向北扩展了一些，进入塞尔维亚的拉什卡、伊巴尔河流域，即伊巴尔河畔的科拉辛（Ibarski Kolasin）、兹维坎（Zvecan）和莱波萨维奇（Leposavic）一线。

传统的历史研究多关注政治决策层的活动，常常忽略普通民众的日常生活，而这方面能够生动地反映民族关系的细微变化。20世纪60年代，科索沃普通民众的生活虽然水平不高，但相对平静。人们在科索沃还能看到早期基督教信仰的痕迹，而阿族信众定期从山区家中前去朝拜塞尔维亚修道院。修道士们穿着白色的无沿帽子和白色的斜纹布料裤子，镶着黑色边饰，身后跟着妇女和儿童，她们也不再戴面纱。信众静静地排队等着进入教堂做祈祷，这样做是出于对圣母的尊崇，教堂里供奉着圣母像，还有那些对修道院捐赠的塞尔维亚君主的像，人们知道这些君主是在与穆斯林作战中遭受失败的。这种时候，阿族人在基督教节

---

① M. Moats, "Yugoslavia Lost", unpubl. Ms., 1996, p. 192.

日期间也拜访其塞族基督教朋友，一起就餐跳舞的情况并不少见，当然宴会上没有酒肉。他们还参加塞族亲朋好友的婚礼和洗礼。① 民族仇恨在日常的交往和平静的生活中逐渐化解。20 世纪 50—60 年代，大部分阿族人生活在穷苦的农村环境中，几乎所有家庭都要走上几英里才能到达最近的集市，他们或者推着满满一独轮车蔬菜和莱蒙果去卖，或者去购买村子里没有的必需品。每年秋天农忙后，科索沃人要北上贝尔格莱德等塞尔维亚北方城市寻找工作，冬季数月过后，他们又沿着道路南下，随身带着轻便木锯、斧子和小三角折叠椅，到林区找伐木工的工作。贫穷和缺乏教育使得科索沃原生态文化发展极为缓慢，但是到了同一时期，新一代年轻阿族作家开始出版阿语书籍，首先在阿尔巴尼亚出版，具有创意的作品在严格的意识形态管控下都默默无闻。在第一批杰出的散文作家中，就有 1935 年出生的阿吉姆·格亚科瓦（Agim Gjakova）和卡普兰·雷苏利（Kapllan Resuli）、1936 年出生的亚当·德马奇（Adem Demaci）、1938 年出生的安顿·帕什库（Anton Pashku）和阿泽姆·什科雷利（Azem Shkreli），以及 1940 年出生的拉马丹·雷科赫皮（Ramadan Rexhepi）。但是这些阿族知识分子在科索沃的生活像在阿尔巴尼亚一样艰难。塞尔维亚当局继续严厉管制所有阿族少数民族教育文化的发展，重点打击具有民族主义倾向的知识分子，他们被视为最大的威胁。这些第一代阿族作家大多不幸夭折，他们本应奠定科索沃民间文学，但因政治问题而早早地搁笔了，而未能为促生新文学文化事业做出应有的贡献。上述提到的 6 位作家中只有两人即安顿·帕什库和阿泽姆·什科雷利幸存下来而未受到伤害。亚当·德马奇于 1958 年被当局投入监狱，卡普兰·雷苏利叛逃到阿尔巴尼亚，不久在那里遭到监禁。德马奇（Demaci）也因为批评当局而被捕，他指责政府将成千上万阿族人当作土耳其人驱逐到土耳其，后来他被称为阿尔巴尼亚的纳尔逊·曼德拉（Nelson Mandela）。②

---

① A. N. Dragnich and S. Todorovich, *The Sage of Kosovo*, Westview Press, Boulder, Co., 1984, p. 51 – 52.

② 1964 年，德马奇因煽动组织科索沃民族解放运动被判处加刑 15 年监禁。1976 年他又被加刑 15 年监禁，他在狱中一直待到 1990 年，成为南斯拉夫最著名的政治犯。见 R. Elsie, *The History of Albanian Literature*, Vol. II, New York, 1995, pp. 623 – 625.

1963年，南斯拉夫再度颁布联邦宪法。该宪法强调立宪原则和法律精神，再次确定现行自治区的基本权利，并首次授予各共和国建立新自治区和取消旧自治区的权力。这样，自治区行政单位就不再是联邦宪法的组成部分，它们的存在成为各加盟共和国内部事务。该宪法没有改变科索沃和伏依伏丁那自治区的地位和基本性质，但是它广受批评之处在于，它从1946年宪法那样明确保证自治区地位的立场后退了。该宪法强调各民族权利并没有改变缩小为阶级的民族权利，而是强调各民族属于其生活其中的国家和社区。1963年宪法使科索沃—梅托希亚的地位从"地方参议会"变为"省区议会"，提升到伏依伏丁那享有的地位了。塞尔维亚最高法庭也在普里什蒂纳建立分院。到此时为止，最高法庭分支机构只建在普里什蒂纳而没有建在科索沃，塞尔维亚最高法庭可以直接在科索沃进行审判。科索沃—梅托希亚此时也获得了派5名代表到联邦民族部工作的资格，此前科索沃只有4名代表，而伏依伏丁那则有6名代表。这种代表名额的增加并不能大幅度提升省区地位，但意味着一点改变。1963年宪法开启了联邦共和国分权的过程，各共和国因此成为联邦的基本组成部分。它不像1946年宪法那样承认自治省区存在的初始权利，而是赋予各社会主义加盟共和国"在具有鲜明民族特征的区域或具有其他明显特征的区域，以这些地区民众表达明确的意愿为基础，建立自治省区的权利"（《宪法》第111条）。这样，自治省区的地位就被加强了。从制定联邦宪法的角度看，这些地区变成了"塞尔维亚共和国内部社会政治社区"（《宪法》第112条）或共和国宪法的"司法管辖区"。① 1957—1961年的"经济发展社会计划"使得科索沃从中受益，因为联邦政府不再按人头而是按照行政区计算收入，社会服务和就业率仍然按照资源分配总量集中计算。1953年，斯洛文尼亚人均社会生产是全国平均数

---

① Pipa and Repishti, *Studies on Kosovo*, 1984, p. 202.

的182%，而科索沃只是52%。① 显然，将在国家框架内淡化民族概念的思路是合理的，但是要完成这一转变的前提是联邦政府要有足够的经济实力和合理投资的掌控能力，后来的事实证明，新国家中央政府缺乏这样的前提。

南斯拉夫于1965年进行财政"改革"，放弃了中央投资基金的设置，取代它的是"欠发达地区加快发展联邦基金"。该基金从各个加盟共和国收取社会生产总值的1.85%用于中央政府资金的再分配，支持欠发达地区。科索沃接受了这个基金的40%部分，它在省区投资中占70%，也占了该地区1971—1975年财政预算的70%。② 联邦政府的政策首先是加快工业化速度，促使南斯拉夫各地出现快速城镇化，但是科索沃和马其顿基础太差，依旧落后，难以实现城镇化。除了农村人口占大多数这个因素外，还有缺乏教育和缺乏城市就业机会等因素。全体阿族人社区仍然集中在这些城镇贫困的郊区，因此占据了郊区的大量土地。在科索沃新城市化地区，阿族人得到土地后只用于消费，建筑住宅，而塞族通常得到国有地产开发利用。科索沃阿族人社区仍然广泛流行着血亲复仇，争斗不断，思想保守的家长们找不到其他保护家庭名誉和家庭成员的办法。1958年，科索沃青年作家亚当·德马奇（Adem Demaci）出版了小说《血腥的阴谋》（*Serpents of Blood*），严厉抨击家族仇杀，作者认为这种无情的社会恶习侵蚀自己的人民，使他们自相残杀积累仇恨，而社会对此无所作为，在阻止恶习方面不做任何事情也是民族的悲哀。全书渗透着对自己民族深切的爱。该书涉嫌攻击政府，难

---

① 一个外国观察者所说的，科索沃已经变成"被塞尔维亚人统治、忽视和剥削的殖民附属国"。D. Rusinow, *Kosovo: The Other Albanians*, American University Field Staff Reports, No. 5, 1980, p. 13. 20世纪60年代中期，一位访问科索沃的英国人认为，当地的情况使他想起"忙碌嘈杂、尘土飞扬、拥挤不堪，人口高度密集"的印度中部地区。他把科索沃描述为："夏季炎热干燥"，特别是在东部，以至于当地特别强调综合灌溉计划。在乡间，赤脚的阿族牧童在路边吹着牧笛。普里什蒂纳仍然到处是牲畜，马匹和大车到处可见。当时的普里兹伦是个只有26000名居民的小镇。狭窄的街道拥挤不堪，晾晒的衣服到处飘扬。市场里，塞族人赶着马车，丈夫和妻子分坐两侧，而阿族人大人孩子坐在一堆儿。B. Aldiss, *Cities and Stones: A Traveller's Yugoslavia*, London, 1966, p. 177.

② M. Baskin, "Crisis in Kosovo", *Problems of Communism*, March/April, 1983, p. 65.

以在家乡出版，他因此公开反对现行政治，最终被关入南斯拉夫监狱。①

南斯拉夫阿族政策的摇摆还与南共内部斗争密切相关。1966 年 9 月塞尔维亚共产党中央委员会第六次全体会议召开，南斯拉夫副主席亚历山大·兰科维奇（Alexander Rankovic）遭到批判解职。兰科维奇此前负责南斯拉夫国家安全事务，一直控制着塞尔维亚中央集权化工作，其领导下的国家安全局即秘密警察从不受最高权力的控制，或者接受其他部门监督。随着阿族人更多参与省区政治生活，安全部门更加不信任他们，认为他们是政治持续不稳定的根源，因此安全局强化了相关工作，其权力更大，并将更多阿族人宣布为南斯拉夫联邦和社会主义的敌人。② 9 月会议上，兰科维奇遭到批判，认为他和他负责的安全局的某些部门采取了违法和歧视方法，特别是在对待阿族人时，显然有违南共政策和南斯拉夫宪法。在 1966 年南共中央委员会于布里奥尼（Brioni）举行的第四次全体会议上，他和他的助手因此被免职，其中真实的原因是他下令窃听铁托及其他领导人的电话。铁托的个人权威受到来自安全部门的威胁，因此亚历山大·兰科维奇及其亲信遭到清洗。布里奥尼全会审查了科索沃的情况，警告南共联盟内部出现的"大塞尔维亚"倾向，而这一倾向将会刺激"大阿尔巴尼亚"分离主义兴起。③ 这次会议严厉谴责安全部门，结束了亚历山大·兰科维奇个人对科索沃的严厉控制，羞辱和贬低了国家安全局的权威，从而给阿族人带来了新的生存环境。亚历山大·兰科维奇的免职对科索沃阿族人争取民族权利来说是个里程碑式的胜利，因为科索沃的警察受到严厉批评，其警察总长由一个阿尔巴尼亚移民官员替代，阿族民族主义的发展因此得到保证。其他非塞族居民对其解职也感到欢欣鼓舞，在匈牙利人、克罗地亚人中都把这

---

① S. Repishti, "Human Rights and the Albanian Nationality in Yugoslavia", in Oskar Gruenwald and Karen Rosenblum‑Cale eds, *Human Rights in Yugoslavia*, New York, 1986, pp. 250 – 251.

② 1948—1960 年，多达 675 名特务从阿尔巴尼亚潜入科索沃，其中 115 人遭到南斯拉夫法庭审判。见 *Borda*, 1 June 1961.

③ 会议强调地方权利的政治原则、共和国或省区党在各联邦内决策机构的权力、各共和国和省区民族意愿，同时强调地方的积极决策权。Baskin, "Crisis in Kosovo", p. 70.

个事件视为本族利益的胜利。然而,这对塞族人是巨大的打击。① 伦敦《泰晤士报》报道了亚历山大·兰科维奇在科索沃阿族人中实行的虐待、拷打和杀害。② 这些报道煽动民众爆发抗议,使自1945年以来地方民众的不满情绪浮出水面。由于亚历山大·兰科维奇权力的腐败特征和反铁托性质广为阿族人所了解,他们开始要求政治改革。亚历山大·兰科维奇解职后阿族人提出的第一个要求就是扩大自治权。③ 尽管铁托支持在科索沃进行某些改革措施,但是他坚决反对给予科索沃共和国地位。他认为,即便给了共和国地位也无法解决科索沃民族问题,民族问题只能通过更充分地加强地方省的权利得到最终解决。然而,科索沃阿族人对于强化当地党、政府和安全部门的权力感到不满。由于安全部门受到清洗,原来正在执行中的土耳其化计划也被冻结,阿族人的教育和文化事业相应得到发展。铁托将党内斗争与国内民族矛盾混杂起来以强化对政敌的打击,无疑破坏了南共民族政策的连贯性。

为了表示对科索沃的重视,铁托于1967年访问科索沃。④ 南共中央调整民族政策后取消警察管控措施,这就加剧了阿族人更强烈的脱离南斯拉夫的倾向。当地政府也被迫支持科索沃阿族人,使他们不仅在民

---

① 在南斯拉夫安全部门没有阿族人或匈牙利人,只有一位来自科索沃-梅托希亚的阿族人在安全部门工作。S. L. Burg, *Conflict and Cohesion in Socialist Yugoslavia*, Princeton University Press, 1983, pp. 66–69。

② *The Times*, 22 September, 1966.

③ 科索沃地方受迫害者雷扎科·萨利亚(Rezak Salja)甚至提出建立具有自决权和独立的南斯拉夫阿族共和国。见 *Borda*, 1 June, 1961。

④ 英国访问者对此进行了描述:"在3月的冷风里,普里什蒂纳挂满了铁托像,突然在各条树立铁托将军画像的大街上聚集了大量妇女,她们热泪满面,亲吻着画像,挤满了画像间的空隙。这时,欢快的人群静下来,人们悄声说:'来的那个人一定就是铁托!''是的,铁托过来了',人们从广播电视上听到细节。科索沃共产党联盟的成员解释说,这是'科索沃的一个历史性时刻',铁托还从来没有来过科索沃。铁托经常巡视6个联邦加盟共和国,真是难以置信,他从来没有来我们这里,这里只有6个小时的火车车程,而他的'蓝色专列'开行的时间还会少很多。旗帜和'铁托万岁,我们共产党亲爱的领袖和化身!'之类的标语挂满了城市的各个街道。铁托访问普里什蒂纳后,南下去梅托希亚,在佩奇,他与鲁格沃(Rugovo)的阿族部落人一同吃饭,盘腿坐在山区露天的地毯上,接受了巴尔干半岛传统的迎客方式,接受'面包、盐和我们的心'。记者拉迪奥·普里什蒂纳(Radio Pristina)写道,同一天塞族极端分子受到监控,因为'里奥尼(Brioni)会议后他们监控的不是阿族人而是塞族人和黑山人'。Moats, "Yugoslavia Lost", pp. 184–188。

族权益而且在阿族文化上更为自觉，从而也打开了阿族民族主义强有力的复兴道路。特别重要的是，这一变动似乎向科索沃阿族人释放了误导性的信号，他们以为一个阿族的新时代到了。1968年是阿族英雄斯坎德培去世500周年纪念，普里什蒂纳大学的一些学生在马克思诞辰百年纪念日同时纪念这位英雄。大量纪念卡片和印有斯坎德培的科尼亚克酒（cognac）从阿尔巴尼亚大量进口。普里什蒂纳在地拉那举办的纪念讨论会不久也在本城举行，普里什蒂纳当地的出版机构《觉醒》报社还发行了简装本阿语小册子。其中有些例如《阿尔巴尼亚字母的历史》或《为净化阿尔巴尼亚语而努力》是在地拉那重印的。同年4月，《觉醒》编辑部又出版了经典的《塞尔维亚与阿尔巴尼亚》，该书作者迪米特里耶·图科维奇（Dimitrije Tucovic）是早期塞尔维亚伟大的社会主义者。该书出版于1914年，距离1912年大起义和奥斯曼军队派兵镇压之后仅2年，后来此书被批评是科索沃和阿尔巴尼亚北部地区的塞尔维亚帝国主义政策的产物。① 后来科索沃与阿尔巴尼亚的广泛联系得到发展，使该地区最终能发挥其沟通塞尔维亚与阿尔巴尼亚之间的"桥梁"作用。这个政策此时做了调整，兰科维奇的解职扫清了恢复南斯拉夫和阿尔巴尼亚谈判的道路。铁托作为克罗地亚裔的共产党领袖，对于历史上的大塞尔维亚主义深有了解，也充满了担忧，在建国之初充分调动了占南斯拉夫人口总数八成以上的塞尔维亚人的同时，他不能不对极端塞族民族主义势力有所警惕。这个时期的政策调整，既是激烈的党内斗争，还包含着遏制塞族民族主义恶性膨胀发展的考虑。此后，铁托多次视察科索沃，强化对大塞尔维亚主义的打击。

1968年苏联入侵捷克斯洛伐克造成社会主义阵营出现了政治危机，这促使南斯拉夫和阿尔巴尼亚两国都感受到了苏联入侵的威胁，从而拉近了两国的关系，他们重新恢复了两国间的友好关系。铁托的政策调整恰逢其时。阿尔巴尼亚一度将南斯拉夫视为抵抗"华沙条约国"领土扩张的缓冲地带，两国恢复国家水平的友好关系后，双方在政治和意识形态方面仍然保持不可调和的对立立场。南、阿友好关系的发展由于科

---

① 图科维奇试图针对当时塞尔维亚极端民族主义的宣传，力图使其塞尔维亚读者了解阿族人是真正的人而不是"长着尾巴的人"。Moats, "Yugoslavia Lost", pp. 209–210。

索沃问题而停滞,如果化解这个争议,两国关系原本应该得到进一步改善。然而,科索沃的情况表明塞族和阿族关系在持续恶化。1968年11月,在党的全国会议上塞尔维亚共产党领导层主要由兰科维奇时代的温和派构成。在此前同年5月的共和国中央委员会上,历史家尤万·马尔严诺维奇(Jovan Marjanovic)和作家多布利查·科斯克(Dobrica Cosic)两位代表大胆批评科索沃和伏依伏丁那阿族人和匈牙利人的示威活动。他们认为,科索沃的阿族"民族主义和分离主义"正在公开发展,而塞族人在该省区警察部队的使用上却遭到系统清除,显然犯了政策错误。他们援引的证据表明,塞族人和黑山人"特别是知识分子"从科索沃迁走的人数大量增加。尽管他们也批评了塞尔维亚民族主义,但矛头直指铁托,因此受到与会其他同志的批评,认为他们是"民族主义的",是反对"民族自治"的。① 他们的批评是正确的,事态很快证明了这一点。该年末,国内民族暴力活动开始零星出现,科索沃紧张局势有增无减,阿族人的骚动是因为被新政策激发起来的期望未能得到充分满足。他们的代表在争取更多的自治权,提出如果不能建立共和国,起码要高度自治。这一要求也没有得到贝尔格莱德的支持,于是他们走上街头。作为不久后席卷科索沃的大规模示威的前奏,大批学生于10月间挥舞阿尔巴尼亚旗帜在普里兹伦、佩奇和苏哈雷科的大街小巷游行示威。11月27日,普里什蒂纳、戈吉兰尼、普雷舍沃和乌罗舍瓦茨等城市也都爆发了暴力示威游行。接着,11月28日是阿尔巴尼亚1912年宣布独立的纪念日,学生们打出了阿尔巴尼亚旗帜,却没有为次日到来的南斯拉夫共和国日喝彩。

铁托希望充分利用阿族民族情绪巩固其政治斗争成果,却意外地刺激了阿族民族主义,几乎到了失控的状态。1968年11月29日,正当铁托与全体游击队领袖们和大批外国记者团在波斯尼亚欢庆1943年11月29日新南斯拉夫诞生25年时,阿族学生举行暴力示威。当宾主们聚集着等待庆祝活动时,来自普里什蒂纳的阿族学生开始游行,学生们聚集在哲学院广场举行示威,而后转变为国际媒体所说的"动乱",10名

---

① Rusinow, *The Yugoslav Experiment*, p. 246.

警察和几个学生严重受伤，1个青年人死亡，① 几部私人汽车被掀翻，玻璃被砸毁，许多店主关门守护店铺。这次事件被外国媒体称为"1968年革命"，并上了许多报纸的头条。当局立即调集军队和坦克，在科索沃的主要城市街道巡逻。示威游行迅速遍及科索沃，并蔓延到临近的马其顿，那里的阿族人号召当地民众起来支持科索沃阿族学生，并联合科索沃、马其顿西部的阿族建立南斯拉夫阿族共和国。1968年12月23日，由于马其顿当局强制从当地阿族裁缝铺摘下阿族旗帜，引发马其顿西部的泰特沃城阿族居住区爆发骚乱。马其顿共产党一直未能给其少数民族适当比例的代表名额，而马其顿地方党对于阿族和土族权利的认可又迟迟未能出台，引起民族主义分子的愤怒。铁托的政策调整也表现在贝尔格莱德公开批评马其顿无视和轻蔑南共民族政策上，该政策强调要在党的领导中任命少数民族同志。持续的批评最终迫使马其顿领导层改变其民族政策，但是新计划尚未落实，北方的游行示威就促发了马其顿骚乱的爆发。南斯拉夫联盟最初是阻止骚乱，但是收效甚微。科索沃阿族人借着学生的游行示威，开出了政治和经济要求的清单，其中包括承认其共和国地位、各族语言平等、悬挂阿族旗帜自由、建立科索沃独立大学和从官方省区名称中取消梅托希亚这个塞语名称。② 科索沃打出阿尔巴尼亚带有黑鹰的红旗，它的故事由此到处传颂，10月时它已经飘扬在整个省区各处，在婚礼的彩车上或马队的前锋手中都可以看到。③

1968年12月联邦宪法修正案第55/68号规定，这些自治省区被赋予执政、代表和司法权，但省议会无权通过法律。该宪法修正案从科索沃—梅托希亚名称中取消了梅托希亚的名称，只剩下了"科索沃"。1966年7月塞族人主导的国家安全局省区分局遭到打压后，地方管束放松了。阿族少数民族政治阶层仍然不满意他们的平等权和人身安全自由，尽管这些权利近一个时期大幅度增加，他们要求与南斯拉夫其他6个联邦共和国享有同等地位，并逐步过渡到建立真正的加盟共和国。

---

① 一些年轻人用塞语写着"打倒科索沃殖民主义"的旗帜，后来改为"我们要共和国"。Moats, "Yugoslavia Lost", p. 222.

② Moats, "Yugoslavia Lost", p. 227.

③ 塞族人撕下旗帜的报道不断出现，因为他们认为这个旗帜是厄运的前兆，预示南斯拉夫阿族人与阿尔巴尼亚的合并。Moats, "Yugoslavia Lost", p. 220.

他们提出，当时几乎接近100万人口的阿族人不仅要在这个共和国中占据人口多数，更要在政治上占主导地位。科索沃的游行示威及其在马其顿西部地区得到的响应再次使民族问题上升为南斯拉夫各种问题中的首要问题了，这是铁托没有想到的。① 早在1964年南共联盟中的斯洛文尼亚和克罗地亚派别就在当年斗争中占得先机，使得塞族干部占多数的中央政府下放权力，各省区成为南斯拉夫联邦内权力斗争的地方舞台。在1968年12月新宪法修正案中，立法权和司法权也进一步转移给了各个省区，各省区只向联邦议会派出代表而已。但铁托在放松其他加盟共和国的同时，加强打压塞尔维亚共和国，促使阿族民族情绪进一步觉醒。不仅纯粹的塞语地理名词梅托希亚被取消了，科索沃成为这个地区唯一的名称，而且在科索沃和伏伊伏丁那自治省的名称中加入了"社会主义"的定语，促使两地基本法律体系和制度也从塞尔维亚共和国分离出来独立施行。此后，自治省区的权利和义务不再"在塞尔维亚共和国权利和义务框架内"来确定。科索沃此后在中央财政分配中也给予优先于南斯拉夫其他地区的地位。这些措施似乎在安抚科索沃人，因为他们要求得到共和国地位的建议很快就遭到共产主义联盟中央委员会的拒绝。然而这个结果对普通人生活质量的改善并无影响。

　　塞尔维亚议会于1969年1月被迫承认了有关科索沃的宪法修正案。该省获得了自己的最高法院、一定程度的独立政治决策权，以及阿语、塞语、克罗地亚语和土耳其语获得了平等地位。作为贝尔格莱德大学分校，独立的普里什蒂纳大学也建立起来。1969年修正案是一次试图扩大省区自治权法律基础的努力。但是阿族人要求修订科索沃社会主义自治省的边界，包括附属在塞尔维亚、马其顿、黑山各社会主义共和国内的所有阿族人定居区，这一敏感的要求于1969年2月4日再度遭到政治局的拒绝。② 按照新宪法修正案，科索沃此时能够通过其自己的地方法律，1969年2月该地区通过了法律。这样，它就正式终止了原来仅仅作为一个没有正式名称的地理实体，而成为联邦内完全成熟的宪法单位。铁托的政策调整激发了阿族人永无止境的要求，这超越了塞族人的

---

① D. Rusinow, *The Yugoslav Experiment*, London: Hurst, 1977, p. 245.
② S. Repishti, "Human Rights and the Albanian Nationality in Yugoslavia", p. 249.

忍耐度，塞族人越来越担忧自己的土地将被迫归还阿族人。斯拉夫人和阿族人之间越来越不信任，终于于1968年以后在该省塞族人和黑山人中发泄出来，塞族人和黑山人开始离弃科索沃，而来自马其顿、黑山、塞尔维亚南部的阿族人，以及来自散德加克地区特别是普里什蒂纳的穆斯林则抢占定居在他们离弃的家园，新的移民潮即将开始。科索沃开办许多新的阿族学校，这里的城市遂发展成为科索沃解放和文化的中心。很难判断铁托是不是愿意看到这样的结果，但有一点是明显的，铁托遏制塞族民族主义的目的达到了。

科索沃党组织1969年的报告称，该省仍然受到"无政府的"阿族民族主义分子和大国"一族统一的"塞尔维亚民族主义分子的困扰。前者总是不满，贬低所有成就，攻击社会主义秩序和领导，以便实现其极端民族主义的愿望。而后者攻击阿族民族主义分子的野心，危害塞族和黑山族的地位和权益。[①] 1969年5月19日，东正教主教致信铁托总统本人，再次强调此前的呼吁，主教会议曾向塞尔维亚行政当局和联邦执行委员会呼吁制止"毁害、焚烧和亵渎科索沃神圣的殿堂"，还详细列举了所有具体案子的清单，但是没有得到回应，于是他们直接致信总统。铁托回信对此深表遗憾，同意报告所说的事件违反宪法，保证尽最大可能阻止类似事件和违法行为，并"保证所有公民的人身安全和财产安全"。[②] "破坏的财产"当然是指东正教教会的财产。最常见的破坏行为是捣毁陵墓和砍伐教会土地上的树木，阿族人常在市场上叫卖这些砍下的树木。修道院拥有的土地上通常包括大片树林，但是，习惯山林生活的阿族年轻人常来偷偷砍伐树木。同时，新政策在民族语言方面变得越来越倾向于支持阿语。主要以阿尔巴尼亚南部方言的托斯克语为标准的阿语也变成一直讲阿尔巴尼亚北方方言吉赫格语的科索沃人的官方正式语言，这就强化了他们与其塞族旧邻居之间的隔阂。[③] 铁托允许地

---

① S. L. Burg, Conflict and Cohesion in Socialist Yugoslavia, p. 71.
② Dragnich and Todorovic, *The Saga of Kosovo*, pp. 167 – 168.
③ 一位住在普里斯蒂纳的黑山老人告诉外国来访者："我习惯理解他们，但是现在越来越困难了。以前他们都讲'当地话'，但现在他们正在讲'阿尔巴尼亚话'。他们把我们熟悉的'当地话'变成了阿尔巴尼亚语了！" R. Gremaux, "Politics of Ethnic Domination in the Land of the Living Past", in Duijzings, Janjic and Maliqi, ed., *Kosovo: Kosva*, p. 19.

拉那和普里什蒂纳之间加强文化合作不仅仅是为了安抚科索沃上层,贝尔格莱德和地拉那都清醒地知道苏联1968年入侵捷克斯洛伐克给他们两国带来的威胁,这导致他们双方自愿修复关系。这种担忧并非空穴来风,因为苏联武装干涉南斯拉夫的可能性显然存在,1974年初捷克的叛逃者揭露过这种计划。因此任何企图在南斯拉夫内部制造混乱的组织都是在帮助苏联,后者一直要实现其开辟亚得里亚海港口的长远目标。地拉那认为南斯拉夫是阿尔巴尼亚反对华约领土扩张野心的缓冲地带,因此也主动示好。

强化科索沃阿族领导权力的政策直接推动了经济开发计划,它是为获得最大可能的矿业资源而展开的,表面上的理由是为加快不发达地区的发展。1969—1972年发生的变化就是为解决南斯拉夫联邦内多民族关系问题,加强南斯拉夫国家作为各共和国各民族平等共同体的信心。中央政府将大笔资金投放到兴建普里什蒂纳市中心图书馆项目上,建筑工地使用巨大的玻璃和大理石。整个南斯拉夫到处流传着"兄弟情谊和团结"的口号,它们出现在很多城市的广告牌上。党的官员在群众集会上反复宣讲和散发这一标语,媒体上则一再出现这些醒目的口号。在这个由24个民族群体构成的国家里,中央政府致力于团结,但又强调他们之间的区别,这确实非常矛盾。贝尔格莱德通过强调科索沃多民族特征来加强更广泛的统一,并积极支持其他少数民族如吉普赛和土族人,小心谨慎地削弱科索沃的阿族化。南共刻意维护波斯尼亚—黑塞哥维纳和塞尔维亚的历史地域,避免克罗地亚从塞尔维亚独立出去。为此,1961年建立起斯拉夫—穆斯林中心,力图使他们逐渐从宗教认同转变为国家身份认同。[①]"国家"和"民族"这两个词的官方区别就在于它们各自对应于不同的共和国和自治省,它们在南斯拉夫宪法体系中具有最高级别的地位。但科索沃阿族上层认为这两个词对民族地位公然否认,是不可接受的。黑山人大多是塞族血统却得到了共和国的地位,

---

① 1968—1971年,克罗地亚也兴起了民族主义运动。该运动部分是由反对"单一民族统一主义"和各种形式的"中央集权主义"情绪化的反应。它强调,联邦框架内各共和国独立,甚至要求恢复"分离权",当时的宪法将最初给予共和国的分离权转给了"国家"。V. Meier, "Yugoslavia's National Question", *Problems of Communism*, March – April, 1983, p. 53.

波黑的穆斯林也在 1961 年因其宗教信仰的差异得到了优待,他们的人口多为斯拉夫人。马其顿直到 1945 年大体上还是一个保加利亚人的地区,它在南联盟中成为共和国是作为塞族人对保加利亚人的回报,只有阿族人的愿望没有得到满足。①

1971 年,克罗地亚爆发经济危机。不仅激发了塞族人与阿族人存在的民族争端,而且加剧了克罗地亚人的不满,他们认为自己受到塞尔维亚当局的垄断性剥削。② 事实上,作为南斯拉夫联盟中比较富有的省区,克罗地亚一直对联邦中央政府把他们征收的资金投入落后地区表示反感。1971 年的危机是改革南斯拉夫民族问题的重要转折点,它标志着南斯拉夫并没有真正落实民族平等原则,其经济繁荣也是虚构出来的,中央政府没有经济实力实现不同民族的经济平等,民族间的恩怨在空洞的标语口号下难以消弭,而铁托企图以社会主义国家取代民族的概念被证明是徒劳无益,遗害无穷。

根据 1961—1971 年的人口数字,科索沃的人口民族构成如下表所示。③

表 6—1　　　　　　　　科索沃人口民族构成表

	1961 年总人口数	所占比例(%)	1971 年总人口数	所占比例(%)
阿族人	646605	67.2	916167	73.7
塞族人	227016	23.6	228261	18.4
黑山人	37588	3.9	31555	2.5
穆斯林	8026	0.8	26357	2.1
吉普赛	3202	0.3	14593	1.2
土耳其	25764	2.7	12244	1.0
克罗地亚	7251	0.8	8276	0.7
马其顿	1142	0.1	1048	0.1
合计	956594	99.4	1238501	99.7

---

① Pipa and Repishti, *Studies on Kosovo*, 1984, pp. 222 – 223. 马其顿和黑山人都拥有他们自己的共和国,这在阿族人看来是对自己的污辱。
② 有关克罗地亚危机见 Rusinow, *The Yugoslav Experiment*, pp. 245 – 280.
③ Yugoslav, *Statisticki Bilten*, No. 727, 1972, p. 11.

从上表可以看出，1971年时，科索沃的土耳其族从10年前第四大族群下降到第六大族群；塞族人口比例稳定下降的同时，阿族人口比例迅速上升。土族在普里兹伦社区还保留着大约5794人，占当地总人口数的5.9%。这些数字还不能反映科索沃阿族人的全面情况，他们当时大多讲3种语言，即阿语、塞语和土语。实际上该省民族隔阂并非像表面上看到的那样严重。① 人们也不难理解科索沃土族少数民族在1971年以前10年期间出现下降的部分原因，他们可能被阿族同化或被阿族社区吸收融合了。很明显，如果南联盟中央希望阿族人数下降，那就应该支持土耳其少数民族通过各种方法迁徙走，而不是通过组织阿族人吸引同化土族人来达到目的。特别重要的是，借助南斯拉夫促进各民族平等政策，大力支持土耳其族少数民族，以此削弱多数民族群体的重要性是极其重要的平衡措施。1961年人口调查中出现信仰穆斯林的人口，以及试图以民族身份认同来统一的吉普赛人，都进一步证明了当局大力鼓励以前"未征税"或"被忽视"民族群体发展的意图。如果在阿族人占多数地区鼓励土耳其族发展，那么阿族人就可能被说服，而将本族看作"社会主义自我管理型社会"中另一个少数民族（Narodnost，这个词专用于少数民族，特指其他少数民族群体），那么科索沃的民族政策就有助于将南斯拉夫阿族人区别于阿尔巴尼亚阿族人。由于这一原因，支持土耳其少数民族的政策就有益于土耳其和南斯拉夫的共同利益。② 除了出现土族人数明显降低外，20世纪70年代前半期，科索沃土语出版和广播活动明显增加，普里什蒂纳大学的土耳其研究院也正式开办。科索沃土族社区因此得到积极的援助，希望以此多少冲淡该省区的阿族特点，达到一种社区多民族统一的效果。

表中还显示，当地人口增加迅速，其中有几个因素在导致科索沃人口急剧增加上非常重要。其一是科索沃公共卫生体系的改善大幅度降低了该地区死亡率，从1950年的1.70%下降到1970年的0.86%。同样

---

① C. N. O. Bartlett, "The Turkish Minority in the Socialist Autonomous Province of Kosovo", *Co-existence*, Vol. 17, p. 194.

② 后来，这个政策为科索沃共产党联盟所接受。Bartlett, "The Turkish Minority", p. 196。

的情况也表现在科索沃新生儿死亡率的降低上，从1960年的14.2%下降到1970年的9.0%。流行病和传染病在战后初期非常普遍，但是到1975年就被根除了。其二是民众生活条件有明显的改善，也是在1975年，科索沃所有的村庄都通上了电。① 另一个导致人口激增的因素是，科索沃塞族妇女具有婚后尽快生子的传统习惯。妻子越早生子，她就越能更早稳定婚姻关系，越提高并保证其在夫家的地位，因为婚后她必须到夫家生活。在儿子出生前，妻子一直受到生理上的考验，如果她在几年内无法生育，那么丈夫就有权与她离婚。同样，儿子出生得越早，并健康成长，将来妻子就能够更早些将家务活交给儿媳妇。除了其他有利因素，阿族人多子多孙的传统比较强大，这种艰苦生存条件下造就的习俗被科索沃阿族人看作与塞族人最不同的地方。科索沃阿族人当时具有欧洲最高的人口自然增长率，1979年高达2.61%，而同期南斯拉夫平均只有0.86%。

科索沃阿族人口的急剧膨胀拖累了地方经济的发展，使当地生活水准明显低于南斯拉夫其他地区。经济发展的任何努力都受到人口增加、工作机会短缺、生产效率低下的制约，当地25岁以下人口比例增长过快持续提高了失业人口的数量。尽管南斯拉夫政府积极采取平衡移民民族构成比例的政策，但是科索沃阿族人还是由于高出生率和大量吸收其他斯拉夫人穆斯林社区的土族人，而快速增长，如托尔贝西（Torbesi）、格兰尼（Gorani）、波斯恩亚奇—穆哈德兹利（Bosnjaci - Muhadziri）、阿尔脑塔西（Arnautasi）地区，其中还涉及罗马人，如马德久皮（Madjupi）地区，以及残存的切尔克斯高加索人（Circassians）。同时，信仰伊斯兰教的其他少数民族也不愿意参与阿族民族主义活动，他们都希望离开科索沃到其他地方寻找安定的生活环境。据说有些土族人逃到贝尔格莱德，处境就像斯拉夫人的穆斯林逃到萨拉热窝一样。这个地区由于塞尔维亚或南斯拉夫中央政府没有处理好阿族人问题，产生了缺乏民族权力的普遍误解，他们的生存变得十分艰难。一位外国访问者说，他经常听到天主教阿族少数民族对自身安全的担忧和恐惧，因为阿族穆斯林公开谈论最终"解决"东正教基督徒的方案，

---

① Marmullaku, *Albania and the Albanians*, p.196.

一些人甚至叫嚣"现在轮到我们复仇了"。① 20世纪70年代末，某些观察家建议，遏制快速增长的阿族人口中潜在的民族分裂倾向的唯一办法就是大规模加快工业化和增加就业，以此使他们更容易融入南斯拉夫社会。因为阿族人口的增加和持续保持其原始农业定居状态，必然使他们不断寻求更多土地。20世纪70年代中期，许多阿族大家族仍然保持传统的孤立经济体自给自足的落后状态，维持着大家族结构，不仅普遍穷困而且没有个人发展的空间。1975年完成的对科索沃家族的研究表明，人们不可能准确掌握阿族家族成员的数量信息。南斯拉夫阿族的情况令人震惊，南斯拉夫全国只有4%的家族人数达到9人，而其中21%的大家族集中在科索沃。② 第二次世界大战刚刚结束后的那些阿族"知识分子"还只是一些仓促训练出来的中小学教师，但到20世纪70年代中期出现的阿族"精英"却是第二代人。这些阿族新精英不同于传统的精英，因为传统精英是由大土地家族组织部落上层成员构成的，他们的财富来自奥斯曼时代任职政府职位的收益。而新精英群体则是一小部分新生的知识分子，他们是由几个著名的学者和教授专家及大量的具有普通教育和一般技能的知识分子构成的，这些平民化的阿族精英在阿族民族前途斗争中发挥了极为重要的作用。特别是，这新一代人几乎是在民族仇恨的环境中长大的，他们思想极端，心理阴暗，在未来民族战争中都是骨干分子。普里什蒂纳大学的开办有助于提高阿族移民的文化水平，也培养了一代极端民族主义的干将。大家族间的联姻加强了阿族地区的团结。与此同时，科索沃塞族居民开始抱怨在地方政治中缺少代表，在法庭上受到阿族完全不公正的待遇，在学校中其子女被迫学习阿语。斯拉夫人从科索沃大逃亡还在继续，阿族地方党员的数量继续增加。只是科索沃地方共产党仍然由塞族上层控制，采取排他性的政策。而一些受地拉那影响的城镇出现了民族主义小组织。显然，

---

① 他们甚至谈论说支持黑山政府在黑山共和国禁止穆斯林像在科索沃一样主导阿族集会表演。R. Gremaux, "Politics of Ethnic Domination in the Land of the Living Past", in Duijzings, Janjic and Maliqi, ed., *Kosovo: Kosva*, p. 20。

② V. St. Erlich, "The Last Big Zadrugas in the Kosovo Region", p. 244.

经济发展并不能解决民族问题，特别是邻国阿尔巴尼亚随时触动这个敏感的地区。

铁托的扶植政策促使科索沃物质生活如同南斯拉夫总体情况一样，得到大幅度改善，现代公路网络的建设在加快，所有边远农村都通上了电，多种教育、卫生和文化机构陆续开办。普里什蒂纳的科学和艺术科学院逐渐扩大其影响范围，收音机和电视中心也进入整个国家最新技术的行列。尽管科索沃取得了这些社会进步，但是该省经济发展依然明显落后于其他地区。根据一位研究者的意见，经济发展不平衡主要是因为过分强调投资基础工业，即基本建设和原材料工业，而相对忽视经济的其他部类特别是民生领域。而且，在此期间的投资似乎没有为科索沃带来好处，因为其大部分原材料利润的获益者是南斯拉夫其他地区。这种情况在科索沃电力领域也是如此，其至至少2/3 的电力输送给了其他共和国，使得该省区按人均使用电力的数量明显少于其他共和国。科索沃无法自筹资金，因此严重依赖外部投资基金，而资金主要来自联邦发展基金。虽然中央显著提高了对科索沃的投资，但是大笔金钱还不足以改变低水平发展的恶性循环。[1] 加之低素质人口的大量增加拖累了经济发展，科索沃逐渐变成吸纳南斯拉夫建设资金的"黑洞"。战后科索沃大量社会经济变动已经促使新的社会结构逐渐形成。阿族家庭越来越多地移民到科索沃各城镇和大都市，其社会结构也相应发生了深刻变化。阿族人到南斯拉夫其他地区寻找工作通常困难重重，因为语言障碍和素质低下，他们普遍受到歧视，人们认为他们技术水平相对低下，专业经验不足，特别是他们在全国各地遭遇深刻的民族偏见。那些真的找到了工作的人通常也多是在达尔马提亚沿海旅游发达地区干些收入低下的力气活。在科索沃，教育开支对国民收入的百分比超过了南斯拉夫全国平均水平的两倍，这笔财政开支大部分由南斯拉夫其他地区承担。因此，许多非阿族南斯拉夫人抱怨为阿族人

---

[1] Pipa and Repishti, *Studies on Kosova*, p. 134.

的高出生率埋单。①

1971年联邦宪法修正案第29/71号规定,宪法第一条"南斯拉夫社会主义联邦共和国"是指"一个自愿联合并各民族平等的国家",附加说明"其社会主义共和国包括伏依伏丁那和科索沃社会主义自治省,它们是塞尔维亚社会主义共和国之合法部分"。同年进一步修改的宪法修正案就使得科索沃的权利和义务与其他各共和国的权利和义务一样了。科索沃领导者们因此受到鼓励,将自己的省看作是享有与其他共和国一样权益的联邦宪法行政实体,科索沃人由此对联邦政府采取更积极的态度。1971年,越发自信的铁托下令彻底镇压各民族民族主义分子的示威游行,强化南斯拉夫"国家"理念。此后数年,阿族人一直自愿接受这种理念,他们也受到铁托更多的关注。正是在这个宪法修正案基础上,南斯拉夫于1974年2月21日公布了30年内的第四部宪法。其第9/74号之独立条款4条专门处理自治省区问题,规定南斯拉夫联邦是"单一和统一的整体,是由社会主义共和国的领土构成的","共和国和自治省区"具有平等的地位,省区可以拥有自己的宪法(206条)。该宪法认可了南斯拉夫反法西斯联盟的决定,即联邦以各主要共和国为基础,各联邦共和国和少数民族平等。该宪法标志着第二共和国时期的开端,它极大地限制了联邦的权力,扩大了共和国和自治省区的权力。这就意味着科索沃从此成为联邦内具有完全宪法地位的实体,在党和国家的机构中拥有平等参与的代表权。科索沃作为南斯拉夫8个联邦实体中的一个,应该在南斯拉夫议会联邦政府中出现,就像南斯拉夫其他共和国一样,有权在各共和国和省区议院权力范围内提出法律和其他法律草案。科索沃代表还应在南斯拉夫联邦法院和宪法法院出现。这次改革确定无疑地将南斯拉夫看作真正的社会主义国家,而不是南部斯拉夫人的国家。许多塞尔维亚党的领导人此后认为这个宪法不仅加深了

---

① 1979年访问科索沃的人记载:"在科索沃的年轻学生中,我在谈话中能感受到某种空虚甚至可能是顺从。就业机会不足的问题和迫近的失业在谈话中一再出现。家庭内极为团结的情况似乎能够多多少弱化这种问题,但没有提供任何选择的机会。急于在联邦德国找到工作就成了最安全的出路。我与之谈话的人认为科索沃的经济扩张基本上就是依赖南斯拉夫其他成员国共和国的过程。他们感到受到排斥,他们没有自豪的责任感和积极的主动性。" Pipa and Repishti, *Studies on Kosova*, p. 114.

塞尔维亚民族的分裂，还削弱了塞尔维亚作为南斯拉夫的一个共和国的地位。自治省区此时具有对影响其事务的所有事情的投票权，这样贝尔格莱德中央政府就丧失了对塞尔维亚共和国事务的完全控制。铁托这位克罗地亚政治家在充分利用占人口多数的塞族人完成其建立和稳固新政权的历史任务后，借助党内斗争沉重地打击并遏制了大塞尔维亚民族主义。但是，其理想主义的民族政策受制于南斯拉夫整体经济发展水平和中央财政能力不足，也受制于战后国际政治的格局，不仅没能真正改善科索沃地区的面貌，反而提高了落后地区的胃口，刺激了民族主义的恶性发展，一方面打开了阿族人的"潘多拉盒子"，另一方面压抑了塞族人的怒火，因此埋下了后来的祸患之根。

　　1974年联邦宪法禁止塞尔维亚共和国违背伏依伏丁那首都新萨德（Novi Sad）和普里什蒂纳议会的意志，干涉这两个自治省区的事务。伏依伏丁那和科索沃的地位不同于其他共和国的地位，在其他共和国中，地区的"国家"地位是不被承认的。《宪法》第4条将这些地区简单地确定为"自治的、社会主义的、自我管理的、民主的社会政治共同体"，在这个共同体中，"各国各民族实现其主权权利"。正是依据这一点，科索沃和伏依伏丁那当局可以在反对塞尔维亚共和国中央集权的斗争中主张自己的权利。① 新宪法使科索沃成为南斯拉夫联邦中的独立因素，不再是塞尔维亚直接监护下的地区。这个省拥有自己的国有银行、最高法庭和在临时执行委员会及临时总统会议监督下的独立政府。在其他包括经济政策、税收、教育和文化领域，塞尔维亚共和国被赋予了通过在全共和国有效施行法律的权力，只是要提前获得省议会的批准。② 1974年宪法激起各方面的不满。对于阿族人来说，以前的自治尚且不能令他们满意，这个宪法把阿族人认定为南斯拉夫民族而不是独立民族，因此他们不能具有共和国而只能自治，这显然不能使他们满意。

---

　　① 人们经常会问，为什么会在1970年初的克罗地亚危机之后，以一种真正"资产阶级"的方式，特别强调并在宪法中确定南斯拉夫的联邦主义？答案只能在铁托当时的思想中找到，他已经为南斯拉夫找到了全新的政治理念。他认为找到了在国家层面上调和解决新问题的可能，通过在宪法中确定的稳定的联邦主义及其法律体系，同时以纪律更严明和中央集权的党来支撑国家和政府。V. Meier, "Yugoslavia's National Question", p. 53.

　　② Pipa and Repishti, *Studies on Kosova*, p. 235.

而"民族权力"也包括极端重要的分离权,在塞尔维亚人看来,这意味着科索沃不仅在南斯拉夫而且在塞尔维亚都被分裂出去,这种不公正又因争取自治权而扩大。以塞族人为多数的伏伊伏丁那是在文化历史认同基础上被给予自治的,而以阿族人占多数的科索沃的自治则是建立在民族原则基础上的。其结果使塞尔维亚共和国内占21%的科索沃塞族人未能处于贝尔格莱德司法权管辖下。塞族人的冤屈由于克罗地亚共和国内塞族人的地位低下而进一步加深了,在克罗地亚,塞族人占人口的14.7%,其权利却没有得到承认。而在塞尔维亚人口中占8.15%的阿族人却获得了自治。[1] 铁托治下的南斯拉夫战后频繁修改宪法,这种国家治理上的不稳定总是不断触及敏感的民族关系的神经,加之以多种利益团体相互斗争,必然导致动乱,铁托的权威和威信能够平息动乱,但是他这个强势人物的去世将造成南斯拉夫彻底解体,今天事态的发展证明了这一点。

新宪法强调平等的权利和义务,其中包括民族语言、文化和历史的自由表达和发展权,据此对科索沃的认可表现在两方面,即大规模的阿语翻译和工作岗位的任职资格要求。前者通常是从塞尔维亚—克罗地亚语翻译为阿语,后者是对雇员们提出学习阿语和塞—克语两种知识的要求,不仅在工作岗位而且在实际生活中都这样要求,哪怕是那些不需要此类知识的地方也提出强制性的要求。这种情况由于科索沃共产党联盟的官方教育和文化主管部门的鼓励而强化,包括普里什蒂纳大学也执行新政策。新政策使得塞族和黑山民族群体被整体置于非常不利的地位上,因为这个群体中只有少数人能够同时讲塞语、克语和阿语。许多塞族和黑山人民族群体成员开始送自己的子女去科索沃以外的学校上学,原因是民族歧视压力越来越大,学校中新要求越来越严格。[2] 1974年宪法导致有利于科索沃阿族人的"甄别标准":讲塞、阿两种语言成为雇用公共职务的条件,此其一;按照人口比例对半分配的原则,把五分之四的工作岗位留给阿族人,当任命公共官职时,严格执行民族配额,此

---

[1] D. Kostovicova, *Parallel Words: The Response of Kosovo Albanians to Loss of Autonomy in Serbia, 1986–1996*, Keele European Research Centre, 1997, pp. 11–12.

[2] RFE, Background Report/242, 16 November, 1982.

其二。这样，科索沃就开始了公共生活的阿族化。① 宪法解释模糊不清难以操作，任何质疑都会阻碍宪法原则的落实。几年后，该宪法的起草人埃德瓦尔德·卡德尔伊（Edvard Kardelj）也承认，连他本人也认为该宪法将给塞尔维亚共和国造成极大的麻烦。② 1974年，普里什蒂纳暴露出更多极端民族主义的证据，例如学生们呼吁黑山、马其顿的阿族区与科索沃合并。次年，20多名学生因为组织"科索沃民族解放运动"（KNLM）遭到监禁，该组织的目的是与阿尔巴尼亚合并。③ 这个时期即1973—1975年，安全部门发现了两个地下民族分离主义组织的证据，它们分别称为"阿族人团结革命运动"（RMUA）和"南斯拉夫阿族人马克思列宁主义共产党"（MLCPAY）。两个组织都从事了当局所谓的"严重违法宣传活动"。科索沃内政部完全了解某些分离主义组织，但是联邦中央政府采取容忍态度，因为贝尔格莱德获得的情报证明，1974年年初从捷克来的叛逃者揭露，苏联曾准备武装干涉南斯拉夫，该计划包括由华沙条约国（Warsaw Pact）进行的反南斯拉夫的钳形包围攻势。

科索沃形势变得更加动荡，但社会生活依旧贫困落后。虽然血亲复仇早在20世纪70年代初的黑山就已经消失，但是在科索沃还极为流行，尽管谋杀行为早就被法律确定为重罪。人们不可能准确估计出究竟还存在多少血亲复仇的案例，因为很多与此有关的案子都被科索沃当局严肃处理或隐瞒起来。1975年时，观察者们估计有2000人躲避在他们自己的家中不敢出门，否则他们只要一露面就会受到死亡威胁。他们

---

① P. Simic, *The Kosovo and Metohija Prolem and Regional Security in the Balkans*, Institute of Internaional Politics and Economics, Belgrade, 1996, p. 10.

② 他被认为是铁托的心腹幕僚，于1979年去世。后来他曾建议塞尔维亚总统伊万·斯塔姆伯利奇（Ivan Stambolic）及其同志们努力工作以修改该宪法，但是铁托于1980年去世停止了所有的相关工作，大量问题也被搁置了。L. Silber and A. Little, *The Death of Yugoslavia*, London, 1995, p. 35。

③ 根据当时南斯拉夫官方观点，"外国观察者认为阿族人是联邦的一个薄弱点，这种观点依据社会主义革命前关于阿族专家的观点，当时'资产阶级的'南斯拉夫是他们的监狱。那时他们要求分裂的力量更为强大。然而，现在多民族的南斯拉夫联邦，人民享有平等权利和文化、政治及经济解放，许多观察者认为，各民族获得了保障其祖国安全和统一的责任。" Marmullaku, *Albania and the Albanians*, p. 151。

"欠下的血债"大多是因为他们本人并未参与的家族旧仇。当年就有20多起谋杀案是因为阿族牧民争夺水源和草场发生的争斗。到了20世纪70年代中期,科索沃传统习俗依旧强大,个人对其家族及其传统十分忠诚,不可动摇。在南斯拉夫各地军队服役的阿族年轻人为此经常受到批评,因为他们在日常生活中继续保持家乡的旧习俗,很少转变自己的习惯,或拒绝放弃阿族的任何习俗。高中和大学中的阿族学生仍然忠实于其民族的传统,这实在令人惊讶,似乎学校教育对他们不起作用。[1]当然,轻视金钱的习俗也令人印象深刻,他们经得起金钱和世俗奢华的诱惑。[2] 当塞族人离开农村老家去城市生活时并没有困难,而阿族人通常要经历至少两三代人才能完成同一过程。在该省斯拉夫人看来,1971年新宪法和南斯拉夫—阿尔巴尼亚关系正常化,刺激了科索沃阿族人的极端民族主义发展,当时外来大量教师、课本无限制交流和其他文化灌输都起了火上浇油的作用。

亚历山大·兰科维奇被解职将近10年以后,此起彼伏的民族主义浪潮还是令当局应接不暇。也许铁托也不明白:为什么他越是让步,民族问题就越多?塞尔维亚国家安全局继续逮捕阿族人,罪名是他们煽动民族主义和民族分离主义。1976年2月,作家亚当·德马奇(Adem Demaci)和其他18名阿族人在普里斯蒂纳受审,他们被指控"组织反对人民和国家"罪,进行"敌对宣传"和"犯有危害南斯拉夫领土统一完整和独立罪"。德马奇还被指控组织"科索沃民族解放运动",该组织的最终目标就是使科索沃与阿尔巴尼亚合并。其他被告也被指控在科索沃、马其顿和普里斯蒂纳大学学生广场及其他地方,捣毁公共财产攻击治安警察,攻击南斯拉夫社会主义共和国领导以及社会主义自治体

---

[1] V. St. Erlich, "The Last Big Zadrugas in the Kosovo Region", in R. F. Byrnes ed., *Communal Families in the Balkans: The Zadruga*, Notre Dame University Press, 1976, pp. 249 – 250.

[2] 许多阿族教师和雇员尽管在远离家乡的城镇工作,但是仍认为自己是其大家族的成员,并将其工资的大部分寄回家,他们则从家里得到日用品。V. St. Erlich, "The Last Big Zadrugas in the Kosovo Region", p. 251。

制。① 然而，科索沃大部分人鄙视恩维尔·霍查对南斯拉夫的屈服态度。这反映在当时科索沃流传的一个说法："请记住，恩维尔·霍查只是国家和党的领导人而不是一个民族的领袖。"大部分科索沃人认为阿尔巴尼亚的生活远比科索沃差得多，他们经常说的另一讽刺笑话是："地拉那的大街小巷如此清洁，因为阿尔巴尼亚人根本没有东西可扔。"

塞尔维亚共产党工作委员会汇集各种反对扩大省区自治的意见，于1977年完成了"蓝皮书"，提交给南共中央。该蓝皮书对铁托的政策提出质疑，寻求重新恢复贝尔格莱德对省区司法、警察（包括国家安全机构）、地区防务和经济政策的控制权。但是铁托的权威不容置疑，而且接受这些建议就意味着科索沃将爆发新一轮骚乱，因此该文件被联邦领导机构秘而不宣地打入冷宫。该书从未公开讨论过，但是它确定无疑存在过，这一事实证明省区自治问题确实对塞尔维亚政治权威构成潜在损害，直到1980年后铁托时代来临为止。② 南共中央可以封锁对待"蓝皮书"，但阿族民族主义浪潮却无法平息。1978年，科索沃几乎所有城市都举行了建城百年庆典活动，阿族人要求获得共和国地位的新动力是由庆祝普里兹伦同盟百年庆典激发起来的。当然阿尔巴尼亚国内也举行了类似的庆典，还允许来自科索沃的参观者到阿尔巴尼亚参加庆典和旅行，但是阿尔巴尼亚当局却不允许阿尔巴尼亚人参观南斯拉夫。不安的形势进一步发展，民族庆典演变为民族主义活动，科索沃出现"非法"散发传单的活动，公然书写标语口号，公开号召与当局进行对抗。在扎格勒布大学，一名学生在冲突中被警察打死，当晚阿族文学和歌曲到处流传。在普里什蒂纳大学和各高中，学生们抵制非阿语课程，驱逐"敌对的"教师，拒绝学习塞尔维亚—克罗地亚语。

毫无疑问，科索沃成为铁托心中的重点，而科索沃阿族也把铁托当成了大救星。1979年10月，铁托总统对科索沃进行第五次访问，这是

---

① 由于他们未被指控犯有使用和鼓吹暴力，所以当他们被判处15年监禁时，特赦国际就把他们归入思想犯人。Amnesty, International, "Yugoslavia, Prisoners of Conscience", 1985, p.6。

② B. Magas, "Yugoslavia: The Spectre of Balkanization", *New Left Review*, 174/1989, p.11. 据说这个蓝皮书仿造1899年"哈格埃"（The Hague）和平会议的蓝皮书，包括关于科索沃阿族人从事的暴力案件，但是奥匈帝国阻止塞尔维亚外交官在国际公众面前提出问题。

他继 1950 年、1967 年、1971 年和 1975 年以后最后一次访问科索沃，在此他受到了英雄般的欢迎。① 也许他在充分利用阿族民族问题战胜政敌后对利用阿族平衡塞族充满信心，也许他确实希望科索沃得到发展，反正他公开保证其他共和国特别是斯洛文尼亚和克罗地亚将向科索沃做更多的投资，以改变科索沃的全部经济结构。自从 1975 年他来访科索沃后，该省领导层就变得疑心重重，他们坦率地告诉铁托，仅做出保证远远不够，我们需要的是行动。他们甚至警告说："社会经济发展的缓慢步伐和自治制度的发展正在对科索沃内部民族关系产生消极影响。"② 铁托同意他们的意见，甚至认为当时的科索沃"正在面临各种民族主义、民族分离主义、敌对教士和其他意识形态敌人的日益猖獗的活动"。③ 铁托允诺将对科索沃进行更多经济援助，特别是在访问期间，随同铁托访问的南斯拉夫总理维塞林·德久兰诺维奇（Veselin Djuranovic）承认自 1975 年以后在科索沃只有 4 所工厂开工。④ 20 世纪 70 年代末，科索沃阿族民族文化繁盛一时，从小学到大学的阿语教学权利得到了保障。根据普里什蒂纳大学的阿族教授哈伊雷丁·霍查（Hajredin Hoxha）博士观察，科索沃阿族人比世界上任何其他少数民族都享有更多权利和特权，他是这样说明这一点的："我访问过 60 多个国家，参加过在世界不同地方举行的关于这类民族问题的最重要的国际会议。我从这些经历中得出了不可辩驳的结论，世界上没有任何一个其他单一的少数民族享有阿族在社会主义的南斯拉夫所享有的权利。"⑤ 经济发展落后与文化发展迅速之不成比例，必然造成新的社会问题，他的这种判断对于科索沃即将爆发的动乱还是准确的。

---

① 他在普里什蒂纳多少有些迟晚地说"科索沃正在成为整个南斯拉夫的焦点"。*Kommunist*, Belgrade, 19 October, 1979。

② *Politika*, 17 October, 1979。

③ 他说他们都抱着相同的目的，就是"在科索沃阿族人中煽动不满，在科索沃多民族居民中制造分裂"。*Kommunist*, 19 October, 1979。

④ RFE, BR/236, 25 October, 1979。

⑤ 他还说："阿族拥有其他民族同样的权利。让我们援引一个例子，阿族拥有自己的大学。在世界上，只有罗马尼亚的匈牙利人，芬兰的瑞典人有他们自己民族的大学；我们还要指出，普里什蒂纳大学是完全自治的，而其他国家的这类大学并不享有充分的自治。" Hajredin Hoxha interview, *Vjesnik*, 9 May, 1981。

铁托在其最后一次访问科索沃期间承认问题的严重性,要求联邦政府"尽全力"进行补救。但他要补救的还不只是经济,也包括严厉管束科索沃的极端民族主义思潮。"1979年11—12月,科索沃有大批阿族少数民族人士被逮捕",此事被国际人权组织"大赦国际"在半年后的1980年6月30日公之于众。① 中央政府的两难抉择在于,不知道如何既保持科索沃统一在南斯拉夫内,同时又保证阿族民众的民族权利。1971年以后寻求解决科索沃问题的务实措施包括给予科索沃事实上的而非真正的共和国地位,但这种"务实措施"并没有扩大塞族人和阿族人之间的对话。这个务实措施可能对阿族民众唯一的有利之处是说服塞族人让步,但这最后的步骤必须做到既实现该省区的共和国地位又不损害科索沃塞族人的权益。② 科索沃领导层面对这个极为困难的任务几乎束手无策,他们还要保证其经济的发展适应阿族人口的增长,至少要为年轻人提供足够的工作机会。③ 而对于科索沃民族比例构成的迅速改变,地方领导人有意加以淡化,因为在这10年间,阿族人口占总人口比例提高了近4个百分点,塞族人口则下降了5个多百分点,此消彼长的结果一定将决定科索沃未来的前途。

科索沃的大批年轻人被鼓励到学校学习以假装提高了年轻人的就业率。尽管联邦基金继续大量涌入,但是工农业产品价格之间的剪刀差使科索沃掉入了贫困的陷阱,因为农业和非工业的产出是科索沃全部生产率提高的决定性因素。假如联邦基金投向更多劳动密集型产业而不投向高附加值产业、资本密集型和高技术产业的话,就能够有助于减少该省区大量的失业,但这与投资趋向高附加值的特性相悖。据报,1971年当地失业率达到18.6%,10年后失业率上升到27.5%。④ 科索沃进一

---

① S. Repishti, "Human Rights and the Albanian Nationality in Yugoslavia", p. 256.

② Pipa and Repishti, *Studies on Kosovo*, p. 237.

③ 根据1981年的人口普查,科索沃人口总数为1584558人(1971年为1238501),其中1227424即77.5%为阿族人(1971年为916167),209795即13.2%为塞族人(1971年为228261),50948即3.7%为穆斯林,26875即1.7%为黑山人,还有48941即3.1%为其他民族。阿族人和塞族人占总人口比例1971年分别为73.7%和18.4%。

④ 相比之下,斯洛文尼亚的失业率在1981年只有2%。D. Rusinow, *Yugoslavia - A Fractured Federalism*, Washington, D. C. : Wilson Center Press, 1988, p. 71。

步落到全国发展平均水平以下,该省区领导人宣称,造成这种绝望状况的原因有"主观的"也有"客观的",更主要强调主观的方面。这就是,普里什蒂纳当局未能努力克服民族主义,其领导多次通过公开批评那些富裕共和国来争取中央投入,结果其他共和国必然不愿意提供更多的投资基金给科索沃,谁愿意花钱买骂声?1977年,科索沃的财政资源只有7.7%来自省内,一年后,这个数字更下降到4.6%,其他超过90%以上来自南斯拉夫联邦和其他外国银行。普里什蒂纳领导者们指责主观因素的另一个例子是,该省共产党地区联盟主席马哈穆德·巴卡里(Mahmut Bakalli)提交的报告,他认为当前复杂形势是该省经济发展低水平的一个结果。[①] 20世纪60年代和70年代那种自治权的极度发展并不能满足科索沃阿族民众的要求,无法保证他们忠于南斯拉夫联邦。联邦政府对于这个富有劳动力和自然资源但缺乏资金地区的发展束手无策,加大资本密集投入计划也有失妥当,因为过渡投资造成了连锁反应:斯洛文尼亚和克罗地亚抱怨他们的大量资金正在注入科索沃,但其经济持续低迷长期拖累整个南斯拉夫。此时,科索沃则抱怨强加给他们的不平等贸易,也就是说这些发达共和国一方面以低廉的价格购买其原材料和能源,另一方面让科索沃出高价购买他们的制造业货物。[②] 1975年,铁托总统访问科索沃期间告诉该省领导人,"科索沃发展的问题是所有人的问题。总的来说,其加速发展基本上就是更为发达的南斯拉夫共和国的长远利益问题"。换言之,南斯拉夫富有地区在其利益中应该和科索沃分享它们的剩余利润。但这样的理想并不能为所有共和国领导所理解。铁托的全面发展以化解民族问题的理想存在重大缺陷,不仅在于联邦政府没有足够的经济实力,还在于实际的投资方向集中在文化教育而非经济发展领域,他开启了科索沃的"吸金黑洞",却没有解决当

---

① 如果这些"困难不能尽快得到制约和减少的话,那就将出现灾难性结果"。*Rilindja*, 23 May, 1979. 特别是"基本上看来,我们必须削减开支,降低面子工程的贸易,减少国内外经常但不必要的旅行,限制不必要使用社会交通工具(指26名官员用公车干私事),因为在科索沃,这个规定不仅是物质上的也是精神和政治上的问题"。RFE, Background Report/128, 7 June, 1979.

② P. Simic, *The Kosovo and Metohija Prolem and Regional Security in the Balkans*, Institute of Internaional Politics and Economics, Belgrade, 1996, p.10.

地经济发展的现实问题，他获得了阿族的掌声，却没有解决他们贫困的问题。

南斯拉夫社会建设在整个 20 世纪 70 年代获得了发展，但是同时各地之间的经济差异进一步加大。1954 年科索沃的人均收入只相当于南斯拉夫平均水平的 48%，1975 年下降到 33%，1980 年更降低到 27%。① 这个时期，科索沃最大的工矿冶金业是特雷普查的采矿—冶炼—化工联合企业，设立在米特洛维察地区，雇佣 21000 名工人。特雷普察工业联合体不像以前只生产原材料，此时越来越多地对原材料进行深加工和生产高端产品。这个计划被看成科索沃经济发展的核心。然而，农业生产仍然维持在很低的水平。造成农业落后的原因在于，可耕地由于大家族人口增长过快，进而被分割成小块，结果出现了大量小块耕地，这就阻碍了使用现代农业机械设备。在散德加克和波斯尼亚及马其顿部分地区，古老的木犁仍然十分流行。农业产量低下，进而资本难以积累，现代化生产资料短缺。面对谷物低产和迅速增加的人口食品需求的问题，科索沃被迫转向其他南斯拉夫地区或国外市场寻求其缺少的粮食。但是进口粮食意味着花费极为紧缺的外国货币，这就加剧了日益恶化的收支不平衡，进一步造成经济不稳定。② 诚然，只在科索沃经济落后中去寻找落后的原因难以找到问题的根源，实际上最重要的是政策性错误，如投资方向失误、投资拖延和消极投资、各类专家的严重缺乏和生产率的萎缩，当地生产效率比同期南斯拉夫平均水平还低三分之一。很多年来，发展的方向一直集中在所谓长线结构的投资上，如主要产业仍是发电和原材料，忽视加工业和手工业。投入的资金也没有得到有效利用，工业生产增长缓慢。劳动生产率持续低下，低端农产品滞销。所有这些问题都造成该省企业少，开工不足，缺乏就业机会，失业率居高不下。1980 年，科索沃失业人口为 67000 人，失业率高达 10.5%，是全国最高的失业率，而失业的压力被转移到大量教育机构。教育本身的爆炸性增加也是巨大

---

① D. Rusinow, *Yugoslavia – A Fractured Federalism*, p. 70.
② 一个到访科索沃的美国人注意到买面包的队伍，看到农村人重新吃起玉米面包，如同他们在以前战后最初的那几年一样。Pipa and Repishti, *Studies on Kosovo*, p. 141.

隐患，年轻人从中学或大学毕业后几乎找不到工作的机会，又由于他们除了阿语外不会其他语言而困难倍增。当然，缺乏就业机会主要还是由于教育没有被调整到适合经济发展的要求。无论在科索沃还是在其他省区，大部分年轻人都趋向学习人文学科，但就业岗位却十分有限。科索沃和南斯拉夫其他地区之间的紧张关系及科索沃内部的民族紧张关系在加剧。报纸上相关的文章连篇累牍，声称贝尔格莱德预期中的经济快速发展并未成为现实。人口猛增抵消了经济发展的任何收益，并加剧了依赖性和非生产性人口的激增，而工薪阶层又要养活人口很多的消费性家庭。在科索沃诸多负面趋势中，其领导人满足现状的思想最严重，他们千方百计思考的是利用科索沃发展落后的地位尽可能争取更多援助，而不是加强自信心、全力组织劳动生产和调动资源。当越来越多的联邦投资钱财进入科索沃时，当局竟然没有就财务进行讨论，对投资进行评估。就科索沃全境范围看，由于民族主义歧视政策排斥其他民族专家，当地阿族中确实没有人掌握任何相关经济知识，滥用资金的事情也没有人提出批评，更没有人讨论限制人口出生率的问题。

20世纪70年代末，情况变得越发严重，自治制度在科索沃已经停滞不前。所谓的社会主义市场经济并未形成，联邦政府大力促进而不是限制科索沃和全国其他地区之间的巨大经济不平等。精心设计的科索沃社会主义伟大成就和民族自治实际上就是一个以"社会主义公有制"原则为旗号的错误计划，是联邦投资基金有进无出的制度，其中包含的工人及其管理委员会掌控工厂只能造成生产混乱。[①] 所谓工人当家做主实际上是用来推卸责任的说词，而地方领导人总是把治理失误和管理无能的责任推给联邦政府，作为要挟加大投资的筹码。1979年，南斯拉夫信息部部长伊斯马伊尔·巴伊拉（Ismail Bajra）就严厉批评中央政府"在南斯拉夫不同民族中开展的文化合作远未取得实际成就，远未

---

① 但是事实上很难确定究竟是谁拥有什么。Silber and Little, *The Death of Yugoslavia*, p. 34。

满足我们各民族和少数民族的需要"。① 巴伊拉间接批评塞族人使用"盲目爱国主义和民族主义"的口号，以此大肆宣传"他们自己单一民族的虚伪口号，在取消所有意识形态差异的国家团结的借口下，误导出民族统一的思想"。当然这段文字也可以解释为他的一种自我批评，实际上代表了科索沃许多阿族人的态度，要知道他是位来自科索沃的阿族人。②

到铁托去世前的20世纪70年代末，塞尔维亚共和国或南斯拉夫联邦政府都很少干预省区领导事务，地方领导开始放宽对阿族民族主义的管控，同时也反对其他共和国批评科索沃省区的发展落后。有利于阿族人的种族甄别的另一种形式是，塞族人和黑山人在当地找到工作的机会只有五分之一。另外，使用阿语发表的内部通信通常也忽视斯拉夫民众的重要吁求，塞族人则感觉似乎重回奥斯曼统治时代他们处于被剥夺的地位，伴随着巨大身心的压力。科索沃塞族人都抱着苦大仇深的心情，感到科索沃将要建立一个阿族人的国家，他们在这个国家里必定成少数民族，将失去塞尔维亚的保护。与此同时，阿族文化空前发展，阿族文学和文化由于得到阿语教育发展和文化活动支持而在科索沃呈现出前所未有的繁荣。这是一个昙花一现的时期，在这短暂的时期，文化取得了巨大的进步。③ 托斯克语书面方言的阿语于1968年被科索沃讲吉赫格口语的人群所接受，而后地拉那立法确定该语言成为标准的阿尔巴尼亚语，两地语言标准划一，这就为阿尔巴尼亚文化进入科索沃铺平了道路。阿语教材连同日益增多的阿语出版物，从阿尔巴尼亚大量进口。阿族知识分子曾遭到兰科维奇时代官员的迫害，此时迫不及待地寻找自己的历史和文化，结果他们在激发阿族人重新发现其民族身份认同方面发挥了至关重要的作用，他们还在普里什蒂纳大学的"阿尔巴尼亚学院"

---

① 他还写道："特别是，文化、我们各少数民族的艺术和科学价值，以及南斯拉夫以外的民族中心尚未得到足够的展示。民族文化自我孤立、文化自我中心主义和霸权主义、国家社会主义、南斯拉夫各民族和少数民族的民族文化缓慢的自治改革，都是一些负面因素，它们将使各个共和国、自治省区和各民族之间进行更大规模和更为持久的合作难以实现。"*Borba*, 28 April, 1979。

② REF, BR/102, 8 May 1979.

③ Elsie, *History of Albanian Literature*, p. 620.

研究历史、文学和传统。① 科索沃阿族人的民族意识不断强化，他们重新肯定了其文化遗产，并发现其祖辈在阿族人摆脱奥斯曼统治获得独立的斗争中曾发挥重要作用。科索沃阿族人还通过进入伊斯兰教学院（Alauddin Medrese），接触到许多阿尔巴尼亚语的宗教出版物，有机会向阿拉伯穆斯林世界神学院输送大批学生。地拉那和普里什蒂纳之间建立起的密切文化纽带成为20世纪70年代阿族民族主义分子异常活跃的背后力量，但是这类文化交流却很难在阿尔巴尼亚和南斯拉夫间建立"桥梁"，铁托的理想是不现实的。科索沃的年轻人就像干燥的海绵，渴望吸收任何有助于说明其古老历史和悠久文化的东西，更需要说明其现实处境的东西。② 同时，科索沃塞族人因丧失了以前拥有的特权而倍感沮丧和愤怒，仇恨在心底聚集。

1971—1981年的10年间，科索沃政府很少受到南斯拉夫联邦政府或塞尔维亚共和国政府的干预。1978年5月，在国家总统会议上，时年62岁的法迪尔·霍查（Fadil Hoxha）取代来自伏依伏丁那的塞族人斯蒂芬·多隆伊斯基（Stevan Doronjski）当选为国家总统会议的副主席，该机构由南斯拉夫9个集体领导成员构成，副主席职务每年5月15日到期轮换。这是铁托主持国务时期第一次由一个阿族人担任如此重要的职务。他还被任命为科索沃共产主义联盟在南斯拉夫共产党政治局里的两位代表之一，相当多科索沃人相信在这一届政治局领导下，南共会真诚地对待他们。事实上，他早就是阿族人在党的最高层的长期代表。③ 铁托此举意在用阿族势力平衡塞族势力，这是他生前刻意推行的政策之必然采取的措施。第二位科索沃代表是科索沃省区委员会主席，

---

① 到1970年代末，95%的科索沃儿童接受基础教育。而在培养医疗卫生人才方面也有进展。1952年，每8527人中才有1名医生，而1978年这个比例上升到2009人中有1名医生。同时，平均寿命在战后初期为45岁，而到1980年就升上到68岁。Pipa and Repishti, *Studies on Kosovo*, p. 133。

② Pipa and Repishti, *Studies on Kosovo*, p. 190。

③ RFE, Background Report/95, 17 May, 1978。法迪尔·霍查战后的生涯分为地方和联邦任职两部分。他担任科索沃总理直到1963年，那年他当选为贝尔格莱德的南斯拉夫联邦政府成员。1967年，他被任命为科索沃国民议会总统，同时成为南斯拉夫共产党政治局成员。1969年3月在贝尔格莱德举行的南共第九届全国大会上，霍查当选为南斯拉夫共产党政治局执行局的成员，1974年成为国家总统会议成员。

42岁的马哈穆德·巴卡里。他们都认为,科索沃急需亟须社会变革。1980年初,阿尔巴尼亚学者注意到科索沃的生活方式仍然被传统的风俗和过时的习惯主导着,迫切需要转型。由于欠账太多,整个战后时期,科索沃的人均投资水平只达到了全国平均水平的50%,这对改善实际生活和创造大量工作岗位并无大的帮助。另外,科索沃的人均收入比全国平均水平低若干倍的原因还在于人口增长过快,其人口的自然增长率比全国平均水平高数倍。总投资量虽然大,但人均数量少。另外,科索沃除了相对低下的工资外,南斯拉夫发达地区在省区主导的时代有权拒绝向这个省区投资。实际的原因也很好理解,富有的投资者非常担忧科索沃工人的无纪律、素质低下和不可靠性。科索沃工程师和技术人员相对短缺在当时也是出了名的,同时当地恶劣的生存环境也同样闻名遐迩。①

学者们认为,旧的生活方式需要的不仅是经济更是社会的改革,而且首先要对陈旧的家族传统进行改革。阿族人家庭中仍然是男性主导一切,"妇女的地位就是被剥夺了基本权利的地位。妇女在农田劳动之后仍然被隔离封闭在家里,她们接受极少的教育,几乎完全屈从于男性的权威。妇女的解放是科索沃人作为一个民族首先和最重要的任务。一个拒绝其半数成员接受完整教育的社会永远不能成为开化的社会"。妇女需要逐渐参与更多公共生活,她们不能完全待在家里,只从事家务活。② 20世纪70年代末,科索沃大部分地区还保留着诸多阻碍社会进步的落后传统习惯:如高出生率、特殊的家庭结构、多种宗教社团的影响,还有传教士的传教。1979年访问该地区的一位外国人发现,当阿族人展示他们引以为自豪的事物时,就会带人去普里兹伦同盟博物馆,他们也去参观塞族文化点,例如佩奇的牧首大教堂和修道院花园(Cloister of Decan),这里好像在展示一个伟大地区的历史遗存,而不

---

① Pipa and Repishti, *Studies on Kosova*, p. 135.
② 哈特穆尔·阿尔伯特(Hartmur Albert)于1979年在佩奇的阿族人家做客,他报道说:"我们吃饭时,家里的家长秩序再度明显表现出来。只有男人(包括14岁的儿子)围拢在"索菲拉"(sofra)矮桌周围。而我们的女主人则只是在伺候我们的饮食和清理餐桌。而后,她静静地等在门口,端着洗手水和毛巾,直到我们要洗手为止。" Pipa and Repishti, *Studies on Kosova*, p. 118.

仅仅是塞族的骄傲。这位访问者的阿族陪同人员自然参与了他与塞族修道士的谈话，未表现出民族情绪或急于反驳的态度，而是想要强调阿族艺术家对建筑和文化成就所做的贡献。① 20世纪70年代末，科索沃的发展水平和全国其他地区的发展水平之间的差距变得更加明显。科索沃人自嘲说，他们这里就是"三无"，即银行里没有钱、图书馆里没有书、新建的大旅馆里没有客人。1979年，科索沃仍然保持着南斯拉夫10岁以上文盲的最高比例，占人口总数的31.5%，而同期全国平均比例为15.1%，斯洛文尼亚只有1.2%。1979年科索沃的人均收入为795美元，而同期南斯拉夫全国平均为2635美元，斯洛文尼亚为5315美元，相差7倍之多。1979年的科索沃每1000名劳动人口中只有107人得到就业机会，而南斯拉夫全国平均达到253人，斯洛文尼亚更达到427人，后者是整个南斯拉夫联邦就业率最高的地区。② 科索沃还出现了大批农民进城务工的情况，普里兹伦等城市的精英们开始抱怨没有限制的农工进城带来了肮脏的习惯和不文明的行为，这使得一度自豪而整洁的城市变成了"猪窝"。许多城里人继续讲土耳其语的一个原因是以此把自己与这些没有教养的新来者区分开来。

铁托去世前，不仅提升了科索沃阿族的地位，而且压制了大塞尔维亚民族主义倾向，并在苏联军事威胁下调整了与阿尔巴尼亚的国家关系。1980年初，阿尔巴尼亚和南斯拉夫两国在贝尔格莱德签订了两国未来5年（1980—1985年）的主要贸易协定，两国关系不断加强，关系日见密切由此可见一斑。1980年4月，双方在普里什蒂纳签订协议，共同建造从阿尔巴尼亚到科索沃的远距离传输线，以便开展大宗电力进口，使南斯拉夫或更远地区的电力短缺得到缓解。沿着南—阿边界旅行的人报告说，多个进行合作的地区出现了频繁的交流活动，交通和旅行环境明显改善，海关区域也大大扩展，同时道路得到加宽、修缮。③

后人也许对铁托的功绩有不同的评价，但他的理想主义民族政策确

---

① Pipa and Repishti, *Studies on Kosova*, p. 111.

② 直到1978年末，占总人口42.9%的人口从事农业，57.1%人口为城市人口；同年，斯洛文尼亚农村人口占13.5%，城市人口占86.5%。Pipa and Repishti, *Studies on Kosova*, pp. 131 – 132。

③ RFE BR/176, 17 July, 1980.

实失败了。他力图借助南斯拉夫联邦整体发展、各民族平等、独立自治的原则解决战后南斯拉夫多民族矛盾问题，企图用社会主义国家的理想取代各联邦共和国主体民族的历史与文化传统，但南斯拉夫国内外的环境都没有为他完成自己的理想提供条件。他始终没有找到平衡不同民族利益的好办法，一旦他提高了科索沃阿族的地位，就必然压制了塞族。当他加大了对科索沃这个落后地区的投入时，不仅落入吸金纳银的无底洞，而且立即破坏了与其他共和国及其民族的利益平衡。他依靠个人的权威压制住塞族民族主义发展，但也刺激了阿族民族主义的恶性膨胀，并埋下了重大冲突的祸根。铁托的去世结束了战后南斯拉夫的权威时代，依靠领袖个人魅力和杰出才能缓解民族矛盾的计划随着他的去世而烟消云散。他开启的有利于科索沃阿族发展的政策并没有解决当地实际经济发展问题，反而造成了科索沃塞族受到压制的新问题，特别是在行政管理体制上留下了巨大的隐患。这些问题在随后的岁月里成为新一代领导人无法解决的难题，促使科索沃民族关系局势进一步恶化，并走向灾难性的结局。

第七章

后铁托时代的科索沃

本章摘要： 铁托逝世为科索沃民族问题的再度爆发提供了契机，铁托的理想主义民族政策和对塞族的打压重启了阿族独立（或与阿尔巴尼亚合并）的政治理想，铁托的去世则开启了阿族独立自治的"潘多拉盒子"。为了争取阿族的独立，政客们在外部势力的支持下，从自治入手，不断加强独立化进程。而米洛舍维奇在塞族极端势力的推动下采取的镇压政策恰好提供了阿族独立的借口，在这两大民族都没有退路的较量中，外部强权势力的介入决定着科索沃地区局势发展的走向。而冷战后"西风压倒东风"的趋势导致支持米洛舍维奇的俄罗斯不断战略退缩，以美国为首的欧美联盟采取咄咄逼人的态势，持续挤压俄罗斯的战略空间。决定科索沃命运的塞尔维亚政府在失去俄罗斯强有力支持的情况下被美欧联手击败，科索沃阿族则在美欧的直接援助下实现了独立。铁托权威时代的结束也意味着其错误的民族政策埋下的危险隐患终于大爆炸。或者从更为长远的角度观察，两次世界大战没有解决的巴尔干半岛各国阿族人问题得到了一个阶段性的解决，却同时埋下了另一次大爆发的祸根。

1980年5月4日，世界各地先后收悉铁托逝世的讣告，这一天是他88岁生日前几日，随他而去的还有其民族解放的信念、民族平等自治的理想、兄弟情谊和团结的追求、南斯拉夫式社会主义道路的梦想。整个国家一时间笼罩在迷惘无措的情绪中，科索沃人感受到的震动最大，因为阿族人感到他们从此失去了保护者。铁托没有选定接班人，他将自己的权力留给了身后的集体领导，这种特殊权力结构是由6个联邦共和国和2个自治省区的代表组成的,而所有官员是依据这8个政治实体平等原则选出的。采取这样的政治领导形式原本是希望防止这个多民族构成的南斯拉夫解体。然而,世界媒体马上就开始注意到后铁托时代南斯拉夫联邦国家政治结构性的危机。铁托是凭借其娴熟的外交技巧化解了苏联的入侵威胁,以其战时树立的权威强制推行的地区自治平息了民族主义的骚乱。此时,他的去世就暴露出这种相互冲突矛盾的制度带来的难题,因此为了克服这些难题就要强化政治技巧,特别是需要社会和政治高度的统一,而这是难以实现的。战前南斯拉夫王国体制下产生的南斯拉夫共产主义只是思想追求,战后建立的南斯拉夫社会主义联邦既不是中央集权化的也不是真正的联邦主义的,而是一种在一国内各民族轮流坐庄和权益平衡的混合制度,只有南共的阶层制继续严格坚持着。铁托在世时这个体制尚可维系,并形成了一种假象,似乎缺乏一个绝对权威领导者的"集体领导"仍可发挥作用,事实上这是不可能长期维系的,因为这个无能为力的"集体"即领导人组织是由联邦、共和国、省区层面上的领导者构成,他们拥有如此高位不是他们有什么实际能力而是因为他们都毫不动摇地忠于铁托。[①] 铁托一死,天下大乱。

科索沃阿族问题是最具爆炸性的难题,铁托没有确立南斯拉夫国家意识,更没有解决民族问题。1981年南斯拉夫人口普查结果表明,因为有大约122万人或占总人口5.42%的人自称为"南斯拉夫人"。这就是铁托推行淡化民族、强化统一的南斯拉夫人政策彻底失败的又一个证明!铁托死后许多人仍这样确定其民族归属,而不强调其原有特定民族身份,这个数字是1971年时自称为"南斯拉夫族"人的4.3倍。毫无疑问,相当多的普通民众担心铁托死后即爆发冲突,希望解决他们因跨民族婚姻产生的问题,想用这个办法解决个人的两难选择。另外,还有属于少数民族的某些组织可能想以"南斯拉夫民族"的认同来保护他们自己。各个地区自称为南斯拉夫人的公民情况不一,科索沃地区此类

---

① D. Janjic, *Conflict or Dialogue, Serbian–Albanian Relations and Integration of the Balkans*, Subotica, 1994, p. 141.

人占总数的0.2%，是全南斯拉夫最低的。① 此时，科索沃阿族人口高达1584588人，占当地总人口的77%，而此前人口普查中阿族人数一直不清楚。② 还有的普查数据证明，同期科索沃的塞族只有18172人，黑山人只有4680人。这个事实具有某些推论的经济意义，因为斯拉夫移民是科索沃总人口中专业人员和特殊技术人员的高比例人群。他们的大量出逃意味着工业、技术、科学和专业领域的专家人数锐减。相反地，从马其顿、黑山和塞尔维亚南部地区迁移进科索沃的阿族大增。普里什蒂纳大学的开办加剧了国内阿族人移民。据估计，1966—1986年大约有46000名阿族人从南斯拉夫各地移民到科索沃。根据普里什蒂纳共产党联盟机关报《觉醒》的分析，移民的主要原因是经济方面的，科索沃普遍的失业被认为是塞族人和黑山人离开的主要原因。其他因素还有住房问题和不理想的教育环境。报告称，许多迁走的人是为了提高其专业化训练，或者根据命令到南斯拉夫其他地方。这样，那些迁移出科索沃的人大多是为逃避当地艰苦生活，以便寻找更好更富足的生活。不仅塞族人如此，1971—1981年总共有44808名阿族人也离开了科索沃，主要是经济原因而非教育原因。③ 当地阿族报纸报道，尽管快速增加的人口需求急增，新学校却并未建设起来。各学校普遍只有每天3小时的教学计划，而且是三四个班轮流上，教师收入极低。根据《觉醒》（1980年5月5日）刊登科索沃副总理的报告，"我们一直在招募那些在其他地方找不到工作的人，一半教师达不到教学标准。在许多学校，书本和有关的教育物资极为有限或者根本不能使用。阿族人特别愤怒的是，投资都用在了非阿族人城市开办学院和大学的分校，而其阿族同胞却缺少足够的资金和空间进行小学和中学教育。图书馆、文化艺术社团

---

① Viktor Meier, "Yugoslavia's National Question", *Problems of Communism*, March/April, 1983, p.55.

② 例如1981年人口普查中男性婴儿不登记，以便避免未来的征兵。斯拉夫人从科索沃向其他地方的移民问题还仍然是个难解的问题，如同阿族人的高出生率一样。统计塞族人和黑山人迁移出科索沃的移民数量也很不充分，1971—1981年科索沃有57000—60000人，而塞族资料来源则声称这个时期其人数超过10万人。RFE, BR/242, 16 November, 1982.

③ Pipa and Repishti, *Studies on Kosovo*, pp.128-129.

几乎因为缺少资金而消亡"。① 当时许多阿族人认为,如果科索沃完全由他们自己管理经济,那么他们就能够减缓失业,改变艰难困境。科索沃经济平等是社会政治稳定的前提,而当地社会经济的恶化将持续加剧紧张局势。只有十分之一的人属于工薪阶层。中央政府"扶贫"基金的相当大比例都投向管理部门,如同出生率一样,其增长的速度大大快于经济和工业增长。科索沃的一个明显的问题也是南斯拉夫其他地区的问题,在于普遍的官僚主义和行政腐败,正如所谓"非生产特权阶级花光了该地区的财政。结果,所有阿族工作人员中只有四分之一是收入丰厚并享有汽车豪宅的公务员"。这些特权阶层遭到许多低收入者和成千上万失业毕业生的仇恨。科索沃因物价飞涨和腐败而再度动乱。

铁托之死也为邻国阿尔巴尼亚提供了机会。1981年1月,阿尔巴尼亚最著名的艺术家、雕刻家奥德赫塞·帕斯卡里(Odhise Paskali,1903—1985年)访问普里什蒂纳,举办了个人作品展。根据阿族作家伊斯马伊尔·科马尔(Ismail Kadare)的记述,科索沃文学正在对阿尔巴尼亚产生更强力的冲击,成千上万科索沃作家的作品在这个国家流传。而且,在法国出版的为外国读者发行的杂志《阿尔巴尼亚文学》(*Les Lettres Albanaises*)以较大的篇幅刊载科索沃作家的作品。因此,尽管科索沃和阿尔巴尼亚双方存在深刻的社会意识形态矛盾,但它们之间的亲善仍凝聚着同族人的和平。20世纪80年代初期,由于南斯拉夫成为阿尔巴尼亚主要的贸易伙伴之一,因此它们之间意识形态的差异就被置于次要地位。铁托之死使南斯拉夫国家处于瓦解的边缘,阿尔巴尼亚领导人因此帮助科索沃确定亲阿的政治方向。在普里什蒂纳大学,年轻的阿族学生欢呼恩维尔·霍查的名字,呼吁科索沃社会主义共和国与阿尔巴尼亚合并。大部分科索沃人对于在阿尔巴尼亚的生活状况毫无了解,也不知道其经济状况糟糕到什么程度。他们带着玫瑰色的眼镜看待阿尔巴尼亚,认为地拉那当局一直在设法降低失业,创造具有秩序和纪律的公平社会,他们还误以为那里仍然保持着科索沃社会的传统特征,而这些都是20世纪80年代南斯拉夫所缺少的。他们确信,如果阿族人而不是塞族人管理其社会的话,事情将会变得更好,就像他们脑海里的

---

① S. Repishti, "Human Rights and the Albanian Nationality in Yugoslavia", p. 254.

阿尔巴尼亚一样。

1981年2月6日波兰南部城市爆发大规模罢工，抗议官员腐败和社会的不公，最终罢免了几个腐败的官员。这次罢工开启了波兰共产党最后十年统治的罢工风潮，也开启了东欧社会主义国家动荡风潮和社会主义阵营的解体过程。人们还不清楚科索沃人究竟在多大程度上受这次罢工的影响，但科索沃也在1981年爆发了严重的阿族人骚乱。铁托对于科索沃人所做的大量让步实际上意义不大，因为它们都是出于政治动机做出的，对于该省区深刻的民族紧张情绪并无舒缓作用，特别是在塞尔维亚人中，他们强烈反对对科索沃阿族人做出新的让步。铁托在弥留之际也许仍然困惑不解，为什么他对科索沃阿族人的让步既得不到阿族也得不到塞族的支持，毕竟少数塞族人统治多数阿族人是不能持久的。也许他还在后悔在世时很少鼓励塞族人和阿族人之间就此进行交流，他也没有设法了解他们各自的要求和愿望，以符合现实的形势。科索沃恶劣的经济问题仍在继续，因为民族紧张局势在强化，科索沃与其他地区的经济繁荣的差距继续加大。南共党内思想敏感的人已经看出了问题。早在1977年初，埃德瓦尔德·卡德尔（Edvard Kardelj）就曾警告说，如果党不能采取缩小经济差异和缓解内部紧张关系的解决政策，那么科索沃就将爆发冲突。① 1981年春季爆发的学生骚乱激发了长期隐藏在社会中的不满，进而导致科索沃全境爆发民众骚乱，此时距离铁托去世仅仅一年。这是1968年以来最严重的骚乱，科索沃民众多年受剥削的屈辱和不满找到了发泄口。

骚乱的直接起因看起来只是件小事。1981年3月11日，一群普里什蒂纳大学的学生抱怨学生宿舍拥挤的环境和大学食堂伙食太差。当时，该大学新招收了30000名全日制新生入学，另招收18000名走读生。但这所大学建筑规划只能容纳当时学生总量的1/3。这样，学生们被迫两个人睡一个铺位。教育体系的大门一直敞开着，学生入学的门槛也很低，部分原因是为减缓失业压力。科索沃当局认为，最好的办法是将年轻人集中在课堂上，而不要让他们在街上闲逛。结果，科索沃学生

---

① P. Ramet, *Nationalism and Federalism in Yugoslavia, 1963 - 1983*, Bloomington: Indiana Univerisyt Press, 1984, p. 165.

比例高达每千人274.7人，为南斯拉夫国内最高的比例，当时南斯拉夫平均数为19.49%，科索沃几乎每三人中就有一人注册在教育机构中。抱怨一直存在，但此时的抱怨就演化为骚乱，煽动者积聚了数百名年轻人，他们当时就在大学周围的大街小巷闲逛。问题是当局缺乏应急预案，也没有把学生的不满当回事。学生们首先遇到紧急调动来的安全警察，遭到驱散。但是，驱散人群只是暂时恢复了治安。3月26日更多学生涌上普里什蒂纳街道。塞族人占多数的行政机构立即成为不满学生的攻击目标，以至于蔓延成为对非阿族人的攻击。塞族人和黑山人遭到殴打，他们的家园和企业被焚烧，商店遭到抢劫。科索沃塞族民众此时受到严重危害。1981年3月15日夜晚，佩奇大教堂侧翼的古老客厅突然着火，包括修道士生活区的大部分建筑连同大量图书和家具被毁，塞族公众舆论立即被这场大火和科索沃警察当局未能逮捕任何肇事者所激怒。然而，根据阿族人的说法，大火只是毁坏了佩奇女修道院，一座没有什么历史价值的新建筑。尽管这所女修道院远离佩奇牧首大教堂，在大火中毫发未损，但是媒体获悉该事件后却大肆炒作说，牧首大教堂本身受到了破坏。阿族"民族分裂分子"遭到纵火的指控，而在法庭调查时，阿族法官霍提（Hoti）宣判，起火原因是电线老化。[①] 尽管损失微小，但联邦政府却令人惊讶地拨付大笔经费用来恢复重建女修道院。这个案子似乎了结了，直到1991年重新审理。此时发生的任何事情都会与民族冲突联系起来，媒体职业性的猎奇心态在推波助澜，一桩小事件被无限放大，学生的不满很快转化为社会骚动。

与此同时，科索沃其他主要城市相继爆发了游行示威，许多标语和旗帜上都打出了"统一阿尔巴尼亚""科索沃共和国"的口号，显然民族主义分子已加入骚乱人群。高度紧张的行政当局认为，要求建立独立共和国是不可接受的，因为它将改变南斯拉夫现行体制，这就威胁到国家领土完整和统一。于是，当局紧急增调武装部队来平息骚乱，坦克也派上了用场，整个科索沃地区实行宵禁，大约30000名军队在科索沃巡逻，这被阿族人看作军事占领。官方报道有11人在冲突中死亡，但阿

[①] 1982年，当这所女修道院重新庄严开启时，塞族人从南斯拉夫各地来到佩奇，以示他们与其科索沃同胞兄弟般的团结。

族人说，真实的死亡数字大约1000人。很明显，一方有意隐瞒数字，另一方刻意夸大数字，数字在此成为外界了解"真相"的唯一标志。后来大赦国际了解到，塞尔维亚共产党联盟中央委员会接获情报说，超过300人在骚乱过程中死亡。不久，工人、农民、多位科索沃共产党联盟阿族成员和阿族军人与警察也加入了学生的游行示威。学校和工厂被迫关闭，科索沃逐渐陷入真正的停顿。联邦内务部秘书斯塔内·多兰西（Stane Dolance）宣布："阿族民族分裂分子现在暴露出他们的真实面目，他们不再谈论共和国而是谈论'恩维尔·霍查万岁'。非常清楚，其真实的目的是推翻南斯拉夫联邦国家，这就是为什么我们称骚乱为反革命的原因。"① 然而，这次骚乱远不是什么革命运动。

　　普里什蒂纳人数众多的学生团体大部分时间是在市中心大道上游行，这为宣泄不满情绪提供了一个很好的场合。而这个人数庞大的学生群体代表了社会政治的动向，处理不好就成为大乱的导火索。与其他大学相比，该大学学生对教育质量亟待提高普遍态度冷漠，却对民族独立特别关心。阿族日报《觉醒》1981年2月21日的报道说，大量学生并不注意去读那些报纸，也不知道它每周三整版报道大学的事情。学生最强烈的不满首先是大学里缺乏舒适的物质环境。在5月18日最大规模游行示威中，数千学生占领宿舍，直到第二天警察使用催泪瓦斯才驱散了他们。当局关闭了大学，下令让所有学生回家。大学董事会也被解散，设立了"管制当局"。然而，回家的学生与城乡年轻人的接触却引发局势恶化。② 骚乱的后果之一就是南斯拉夫公众舆论将科索沃教育系统当作批评的主要靶子，因为许多年轻人参加了暴力行为。普里什蒂纳大学被打上了阿族民族主义温床的称号，许多教授的名字上了《共产党人》（Komunist）杂志的黑名单，该刊要求采取更严厉的措施开除民族主义和机会主义的教师，并提示所有其他尚未采取措施的城市要行动起来反对民族主义和投机分子。③ 南斯拉夫新领导集体担心受到软弱的指责，怕对民族主义分子的要求让步过多担责任，因此采取了强硬高效

---

① *Tanjug*, 29 September, 1981.
② Repishti, "Human Rights and the Albanian Nationality in Yugoslavia", p. 259.
③ RFE, Background Report/163, June 1981.

的政策措施。贝尔格莱德报纸《波巴》就公开质问科索沃当局为什么一直鼓励普里什蒂纳大学发展到如此庞大的难以想象的规模，而其毕业生根本找不到与其学习和追求相符的工作。阿族学生大部分入学学习文学艺术课程，学习伊斯兰艺术或阿尔巴尼亚历史和民间文学，而科索沃经济生产却不能吸收如此大量的文科领域的毕业生。大约只有20%的学生学习科学技术，他们在科技条件恶劣的环境中也找不到工作。这一代学生不仅对自己抱有不断提高的期望，而且还带动了其大家庭中的其他成员。阿族人此时由于文科教育的大爆炸而深受其害，新毕业生狭窄的文化定位确定了他们发展的空间很小，而被南斯拉夫社会其他领域所排斥。坦久格（Tanjug）报告说，南斯拉夫共产党地方联盟一直建议普里什蒂纳大学的招生名额应该削减10%，有些学院应该被挪到科索沃更为边远的地区。除了研究科目方面的不平衡，该大学的仓促建立也多少反映在它几乎放弃录用阿族师资人员的学术标准，他们大部分人不达标，其中最好者也就刚刚合格，将近一半的教授拥有博士学位，但其中一半没有发表过任何研究成果，按照南斯拉夫其他大学的标准他们不算是真正的学者，因为整个学术环境水平低下。

当局镇压骚乱并极力说服公众最初的理由是，骚乱是由叛徒们"阴谋煽动的"，因此遭到地方阿族人的一致谴责。但是，这种虚伪说辞没有说服力，也不能长久保持下去。当局承认暴力镇压规模过大，却引发了对南共在科索沃的整个政策的批评。政府中的强硬派坚持认为只能用武力镇压解决阿族骚乱，他们争辩说，党内自由派主张利用权力下放进行调解的手段很容易被反叛者变成骚乱的工具。① 塞尔维亚和南共领导层也因为没有"及时认清即将发生的事情，未能采取更坚决更及时的措施来应对科索沃的种种事件"而遭到谴责。② 于是他们呼吁科索

---

① 南斯拉夫官方最终指责骚乱就在于"科索沃共产党联盟和其他安全部队的失误，他们未能充分调动足够的力量，开展坚决而公开的意识形态政治斗争，反对大阿尔巴尼亚民族主义和民族分裂主义。很多年的经验并不能成为如此被动的原因"。Relationship Between Yugoslavia and Albania", *Review of International Affairs*, Belgrade, 1984, p. 97。

② "Relationship Between Yugoslavia and Albania", *Review of International Affairs*, Belgrade, 1984, p. 99。

沃省领导与塞尔维亚共和国采取更为公开的合作和协商。① 坦久格报告说:"不可避免的结论就是,科索沃共产党的大部分阿族成员不是支持参与了骚乱就是以某种方式同情日益强烈的民族分裂分子的运动。科索沃党组织及安全机构渗透进了阿族反革命分子和民族分裂分子。"② 这次骚乱使缺乏远见的贝尔格莱德当局大感意外,于是开始寻找替罪羊,故提出两个问题:为什么南斯拉夫广大民众对科索沃发生的事情几乎一无所知?共产党员在事件发生时都干什么去了?这两个问题直接指向了马哈穆德·巴卡里,要求他作为科索沃共产党联盟的领导为此负责:"我们只能从斯塔内·多兰西同志4月第六次出版大会的报告中了解整个事件,这怎么可能发生?"③ 骚乱前3月8日举行的科索沃共产党地方委员会会议记录上并没有留下讨论潜在的危险情绪的记录,会后仅仅3天就发生了骚乱。贝尔格莱德日报《政治学》(Politika)斩钉截铁地指出,科索沃每日机关报就在大规模骚乱前一天还以整版篇幅刊登该省旅游指南广告,这个指南就负有切断贝尔格莱德与普里什蒂纳及地方党之间沟通的罪责。④ 当3月26日以后暴力不断升级时,巴卡里却要求地方委员会讨论警察的过激反应。他辩解说,军队意识到将要发生的骚乱,但他们正在被派往保护电台和电视台的路上,不能调回来参与镇压。骚乱爆发前5天,巴卡里曾宣布,科索沃的电器消费品的缺乏是不能容忍的,必须进行斗争以保护低收入工人、失业者和学生的生活标准。⑤ 巴卡里关于科索沃社会和经济异常情况的解说印证了外国记者对于动乱真实性质的说明:骚乱不是民族主义的而是经济和社会因素造成的,民族问题只是借口。

很多人讨论或追查游行示威背后的推动力量和"黑手"。省区和南

---

① 塞尔维亚中央委员会主席提赫米尔·佛拉斯卡利奇(Tihomir Vlaskalic)博士反复强调普通塞尔维亚人的情绪:"我们已经承认科索沃拥有了在南斯拉夫即塞尔维亚社会主义共和国内的自己的共和国。" *Vjesnik*, Zagreb, 23 March, 1981.
② Tanjug, 23 June, 1981.
③ RFE, BR/114, April 1981.
④ P. Artisien, "Yugoslavia, Albania and the Kosovo Riots", *The World Today*, Vol. 37, No. 11.
⑤ *Rilindja*, 8 March, 1981.

斯拉夫联邦领导们继续谴责国内外"反动派"和"反革命"分子,而国外的黑手特别指政治流亡者。科索沃国务主席斯哈维德·尼马米(Xhavid Nimami)更具体指出,阿巴兹·恩尔曼尼(Abaz Ermeni)领导的巴利派民族分裂分子、雷卡·佐古(Leka Zogu)领导的佐古派分子、埃敏·法兹利乌(Emin Fazliu)领导的所谓"民族极端分子"是骚乱背后的"黑手"。这些流亡组织完全有可能在骚乱中发挥了重要的引导作用,因为"极端"组织对骚乱特别感兴趣。声讨的注意力集中在所谓的"马克思列宁主义"派别上,这个从西方共产党分裂出来的组织确实吸收了阿尔巴尼亚共产党分支,而地拉那也与他们保持密切联系。但是问题在于,为什么普里什蒂纳允许地拉那的煽动活动在科索沃进行呢?难道科索沃领导层错误地估计了阿尔巴尼亚共产党对科索沃的真实意图?或者是普里什蒂纳可能有意夸大骚乱中左翼的"马克思列宁主义"的作用以便能够暗示地拉那插手骚乱?① 在南斯拉夫,人们普遍认为科索沃阿族民族主义分子的民族分裂倾向并不是新近起源的,而是二战期间多种与民族解放军敌对作战的卖国通敌分子和法西斯分子组织的残余势力。南斯拉夫国家安全机构早就发现了多个阿族民族主义和民族分裂分子的组织和团体在科索沃活动。阿族人一直对自20世纪70年代初以来多起准备和试图刺杀南斯拉夫公民的案件负责。从意识形态上看,当局也发现与地拉那有关系的团体一直在从事颠覆活动,其中"南斯拉夫阿尔巴尼亚社会主义共和国运动"(MASR)还在瑞士出版《科索沃之声》(Zeri i Kosoves)。另外的地拉那组织团体也有类似的名称"科索沃马克思列宁主义组织"(GMLK)和"科索沃马克思列宁主义青年"(MLYK)。同时,在标志着科索沃起义和革命14周年的地方理事会会议上,斯哈维德·尼马米讨论了科索沃省区的地位。② 在1981

---

① 雷卡·佐古(Leka Zogu)是一度自立为国王的阿族人阿赫迈德·佐古(Ahmed Zogu)之子。RFE, BR/125, 6 May 1981.

② 他强调这个省区的起源和沿革、地位,再度重复贝尔格莱德官方的意见,如果给予科索沃共和国地位,就将破坏国家的统一,"敌人一再打出的标语'为什么生活在其他三个共和国和科索沃社会主义自治省的阿族人不能合并为一个共和国'是反动分子的口号,其目的是瓦解南斯拉夫的统一,摧毁联邦国家,'统一阿族人'这个口号是与其他类似的口号'统一塞族人'、'统一克族人'等一样破坏性的反动口号"。RFE, BR/125, 6 May, 1981.

年骚乱中被揭发出来的众多阿族地下组织中最重要的是由盖尔瓦拉（Gervalla）兄弟领导的"科索沃民族解放运动"（MNLK）、由卡德利·泽卡（Kadri Zeka）领导的"科索沃马克思列宁主义组织"（GMLK），盖尔瓦拉兄弟和卡德利·泽卡后来在德国遭到神秘刺杀。这些组织中有好几个后来联合在南斯拉夫科索沃阿族社会主义共和国运动中开展活动。尽管这些组织大部分是由知识分子领导的，但是其基本成员多是农民。他们都具有共产党员的称号，至少在名义上如此，但都倾向于阿尔巴尼亚及其党领导人恩维尔·霍查。1985年霍查去世后，他们同情其后任者拉米兹·阿利雅（Ramiz Alia）。其中一些组织可能通过阿尔巴尼亚大使接受援助，这个事实表明他们的定位是支持地拉那当局。①

事情还没有结束。米特洛维察地方法庭于1981年7月21日审判骚乱组织者，包括机械师比斯林·巴伊拉米（Bislim Bajrami）、法律学毕业生伊斯马伊尔·斯马基奇（Ismail Smakiqi）、教师雅库普·雷科赫皮（Jakup Rexhepi），指控他们建立非法组织。根据南斯拉夫报界报道，巴伊拉米在1980年初接触"科索沃民族解放运动"成员，并在迪卡尼社区建立了支部，共有5名成员。后来，他本人承认该支部有3名成员，其中包括他自己和伊斯马伊尔和雅库普。他们接受国外流亡的"科索沃民族解放运动"出版物和章程，每月缴纳会员费，并设法招募其他成员，但都没有成功。根据报道，3名被告被指控犯有"建立非法组织，其目的是摧毁南斯拉夫宪法秩序，破坏南斯拉夫联邦各民族兄弟情谊和统一，鼓动科索沃合并到阿尔巴尼亚"的罪行。② 然而，没有证据表明阿尔巴尼亚卷入了1981年事件，相反，阿尔巴尼亚曾一再强调它希望看到南斯拉夫内部稳定，以避免苏联任何可能的干涉，后者也威胁到阿尔巴尼亚自身的独立。阿尔巴尼亚担心，苏联和南斯拉夫的进一步亲善和睦将使莫斯科支持南斯拉夫吞并阿尔巴尼亚，特别是自从阿尔巴尼亚在20世纪70年代中期与中国逐渐疏远以后，更加孤立。而南斯

---

① J. Jensen, "Human Rights and Abuses in Kosovo in the 1980s and the Response from the West", in duijzings, Janjic, and Maliqi ed., *Kosovo - Kosova*, p. 93.

② 他们被判处6—8年徒刑，罪名是依据联邦刑法典第136条和第114条："旨在敌对行动的组织者"和"危害社会秩序的反革命"。*Yugoslavia - Prisoners of Conscience*, Amnesty International Publication, 1985, p. 38.

拉夫则担心，苏联重新加强对阿尔巴尼亚的影响后将会加大对南斯拉夫阿族人的吸引力，导致亲苏联的阿尔巴尼亚开放其内部政策，进而刺激科索沃人合并到阿尔巴尼亚的欲望。① 此后，阿尔巴尼亚政治上的孤立就表现为坚决反对南斯拉夫阿族人组织任何亲地拉那倾向的活动。20 世纪 70 年代期间，南斯拉夫当局曾鼓励科索沃普通人参观阿尔巴尼亚，以便他们能看到两地真实现状的巨大反差，并把地拉那封闭破旧的清真寺与南斯拉夫那些庞大有时是新建的清真寺加以对比。至于阿尔巴尼亚卷入骚乱的指控也不成立，地拉那对科索沃形势的发展一直感到不安，因为科索沃阿族人坚持其民族的"纯洁性"，这种极端的民族主义正在破坏地拉那当局的政策，因为这不是地拉那关心的话题。他们还担忧，享有更多自由、举行其宗教仪式并能到国外自由旅行的科索沃人，可能会刺激地拉那民众要求获得同样的待遇。

地拉那特别注意南斯拉夫的地缘政治重要性：这个国家是当时与其保持联系的少数国家之一，是其最重要的贸易伙伴，是抵抗苏联入侵的一个缓冲地带国家。② 苏联出兵捷克斯洛伐克在东欧小国中引起的深层恐惧反应确实值得注意。一个美国观察者看到了假如大阿尔巴尼亚真的存在以后将产生的问题，它将像是小鱼池中的大鱼而不是大鱼池中的小鱼。在霍查时代，科索沃被看成阿尔巴尼亚在南斯拉夫的缓冲地带，特别在苏联 1968 年入侵捷克斯洛伐克以后，对苏联入侵长期担忧的不仅有贝尔格莱德，还有地拉那。这导致阿尔巴尼亚不止一次表示，如果南斯拉夫遭到攻击，阿尔巴尼亚将站在南斯拉夫一边。结果，阿尔巴尼亚政府在诸如欧洲委员会人权会议或者直接涉及科索沃内部政策的这类国际论坛上从来没有支持过科索沃阿族人。无论什么时候科索沃非法组织的成员到阿尔巴尼亚寻求政治避难，后者都立即将他们遣返给南斯拉夫当局，科索沃青年积极分子把这看成不可饶恕的违反避难权这一基本人权的行为。毫无疑问，瑞士和联邦德国政府对待科索沃避难者比地拉那更有帮助和慷慨得多，他们对待这些在艰难困苦的岁月中被视为共产主

---

① 1978 年以后，南斯拉夫和阿尔巴尼亚是巴尔干半岛唯一两个没有进入两大超级大国集团的国家。

② Meire,"Yugoslavia's National Question", p. 59.

义叛徒的求助者也好得多。这些西欧国家保护科索沃难民的原因很复杂，但都比地拉那好些。阿尔巴尼亚官员们除了作为外国伙伴邀请的荣誉客人代表团出访外，大部分从来没离开过阿尔巴尼亚，也不了解科索沃阿族积极分子受到多么严重的迫害，不知道该地区自然资源遭到多么严重的掠夺。相对而言，科索沃阿族人也从来没有忘记地拉那出卖他们的行为。南斯拉夫领导们非常勉强地认定地拉那是骚乱的煽动者，但一直没有直接的证据表明其卷入骚乱。由于阿尔巴尼亚极端封闭的孤立地位，贝尔格莱德也很清楚科索沃和南斯拉夫的稳定对阿尔巴尼亚来说也极端重要。因此，南斯拉夫官方最初并没有将指责煽动骚乱的矛头对准这个邻国，而是抨击西方的外部敌人。但是当地拉那首次在其主要报刊《人民之声》(Zeri ii Popullit) 日报上公开谴责南斯拉夫对它的批评后，南斯拉夫就立即将矛头转向地拉那。此时阿尔巴尼亚—科索沃之间的合作陷于停顿，阿尔巴尼亚反对南斯拉夫的宣传不断强化。① 在6月《人民之声》日报上发表的编者按标题是《科索沃事件与苏联—大塞尔维亚的秘密协作》，就将注意力转移到莫斯科，对科索沃骚乱保持欺骗性沉默。它得出结论，莫斯科早就打算将其强大的触角伸向塞尔维亚，不久就会伸向南斯拉夫其他地区，而后伸向整个巴尔干半岛，并通过意大利和希腊伸向北约。② 这类报道明显有悖于地拉那先前的政策，即设法降低科索沃动荡地区边界的重要性。贝尔格莱德立即反击，切断了科索沃与阿尔巴尼亚之间的文化联系，阿语教材遭到禁止，贝尔格莱德着手把"可靠的"塞语教材翻译成阿语。

科索沃事件于1981年7月以后再度直接影响了其他阿族人定居区，特别是马其顿西部地区，因为当地出现了号召阿族人起义的传单后，警察和国土防卫部队立即进入戒备状态。斯科普里当局感觉到对马其顿领土统一和稳定的威胁，因此发起更为强烈频繁的反阿族文化的战役，甚至超过了在科索沃的行动。1981年初，当局首先采取禁止在马其顿悬

---

① 特别是阿尔巴尼亚报道提到南斯拉夫领土统一的敏感话题以后，强调"伦敦和维塞雷斯 (Versailles) 和约确定了南斯拉夫和阿尔巴尼亚边界，它再也不能强制损害阿尔巴尼亚人民了"。《公众日报》(Zeri ii Popullit), 8 April, 1981。

② 文章认为南斯拉夫联邦的衰落将强化保加利亚对马其顿的要求。RFE, BR/199, June 1981。

挂阿尔巴尼亚旗帜的措施，随后就进行了一系列对阿族人的审判、清洗和解雇，致使当地阿族民众的挫折感和愤怒情绪不断积累。当大学和中学在暑假关闭时，当局进行一系列快速审判，大部分审判不超过两个小时，将近 300 名阿族青年被判处最高 15 年的监禁。1981 年 6 月，当局曾宣布 506 名游行示威者按照轻微犯罪法被草率地判处徒刑，这意味着罚款或关押最高 60 天的惩罚。根据 9 月 6 日贝尔格莱德周刊《NIN》上的一份报告，又有 245 人在 8 月 31 日按照联邦法典被判决有罪，监禁 1—15 年；另有 60 人也在 9 月被判决有罪。[①] 这些行动引起克罗地亚和斯洛文尼亚高层领导的意见分歧。克罗地亚教育部长警告说，其塞族同志推行的高压政策只能导致出现一大批被打上叛徒标记的人，也就是造就了一批终生成为其阿族人"民族英雄"的人。在科索沃强制实行紧急状态时期，有超过 1000 名南共联盟的阿族成员被正式开除或被简单剥夺党员登记资格，还有 11 个基层党组织被解散。科索沃上层政治家们也没有逃脱地方政治清洗。采取的第一步措施就是罢免了马哈穆德·巴卡里，他通过与霍查家族的关系保持着与阿尔巴尼亚强大家族的联系，后者则是旧王族的支持者。

科索沃自治省领导层承认此前推行的政策出现失误，承认其消除阿族和塞族民族主义势力发展的努力无效。巴卡里被其前辈维里·迪瓦（Veli Deva）所取代，后者一直批评科索沃大塞尔维亚沙文主义。迪瓦重新回到科索沃党的领导位置表明，贝尔格莱德希望在普里什蒂纳安置一个得到阿族人尊敬且坚决反对地拉那的人，其反对阿尔巴尼亚的情绪可以追溯到他在第二次世界大战中的作用。此时迪瓦的主要任务就是为南斯拉夫联邦留住科索沃。当局在骚乱后两个月就实施了战时法，特种安全部队也被部署在主要城市外围，科索沃到处是联邦内务部派来的便衣警察，入夜他们在大街小巷巡逻。在普里什蒂纳的科尔索（Corso）步行街，当塞族人手挽手漫步在大路一侧时，大街另一侧的阿族人也悄然走过，两群人互相敌视却不对视，紧张的气氛可能随时引发冲突。这个时期，阿族人内部出现了 3 个群体，即主张阿族民族独立的极端分裂分子组织、为执行其政策而奋斗的共产党联盟的支持者、人数最多的

---

① *Yugoslavia – Prisoners of Conscience*, p. 12.

"同情者"民众，他们表面上支持共产党联盟但私下里同情阿族民族主义和民族分裂主义的思想。

塞尔维亚和南斯拉夫各地塞族人的不满情绪日益增长，特别是在克罗地亚、斯洛文尼亚和波斯尼亚表态支持科索沃以后，某些党内反对派公开支持科索沃对抗联邦政府。此前10年间，科索沃斯拉夫民众就发现他们自己处于阿族人日益强化的文化和政治氛围中了。按照一定民族比例雇用工人的政策曾造成了不利于塞族人的民族鉴别方法。1981年秋季，科索沃塞族的一个持异见组织开始组织起来，当时被视为当代塞族精神之父的作家多布利查·科斯克（Dobrica Cosic）私下告诫他们写申述信，提出自己的要求。他并不是唯一的塞族人支持者。还有一些支持力量保持沉默，特别是塞尔维亚政府。这时，一曲地方塞族积极分子的三重唱登场了，三位塞族知识分子米罗斯拉夫·索雷维奇（Miroslav Solevic）、哥斯达·布拉托维奇（Kosta Bulatovic）和伯斯科·布迪米罗维奇（Bosko Budimirovic）发表了公开信。他们的第一封抗议申述信很快就流传开了，上面征集了76个知名人士的签名，不久后，他们更汇集起广泛的公众支持。[1] 1981年11月，南斯拉夫共产主义联盟中央委员会开会讨论科索沃问题。中央政治局书记多布罗斯拉夫·库拉菲奇（Dobroslav Culafic）提交了主题报告，承认"动乱"的主要原因是过去实行了错误的政策，特别是在社会、经济和文化生活的核心政策上犯了错误。[2] 3月骚乱之后，南斯拉夫和阿尔巴尼亚两方面都没有在其官方公告中显示任何妥协。当贝尔格莱德谴责阿尔巴尼亚通过煽动民族分裂主义干涉南斯拉夫内部事务时，地拉那以同样的严厉口吻进行回击。[3] 此后的斗争带有恐吓惩罚的因素，双方都特别强调骚乱对巴尔干半岛和平稳定的威胁。当1981年9月新学年开始时，对阿尔巴尼亚历史、文

---

[1] 他们不断重复的口号："这是我们的土地，如果科索沃和梅托希亚不是塞族人的，那么我们就将没有任何自己的土地了。"Silber and Little, *The Death of Yugoslavia*, London, 1995, p. 33。

[2] 他继续指出，对于南斯拉夫共产党来说，"在"科索沃是南斯拉夫框架内的共和国"与"科索沃是南斯拉夫之外的共和国"之间没有什么不同"。RFE, BR/326, November 1981。

[3] 用政治局成员拉米兹·阿利雅（Ramiz Alia）的话说，贝尔格莱德的行动表现出"野蛮的沙文主义精神"。Albanian Telegraphic Agency, 16 September, 1982。

学、文化和艺术课程实行了严格审查。阿族学生的人数也在不断削减，1980年为阿族学生保留的学习名额在三分之二左右，此后不断下降。另外，当局还强制确认每个新生的思想和政治"可靠性"。尽管地拉那和普里斯蒂纳之间的文化联系猛增，但是其效果十分有限。阿尔巴尼亚方面严谨的政治教条主义和斯大林主义宣传在南斯拉夫方面看来是非常值得怀疑的，而科索沃政治舞台上上演的更大范围的缓和性举措在地拉那当局看来也是同样可疑的。这样，政治障碍再度阻碍了阿族统一文化的发展。[1]

无论南共中央还是塞尔维亚共和国领导都没有充分意识到科索沃民族人数比例变化的深刻含义。换言之，科索沃阿族占人口多数的事实应该成为该自治区所有问题的根源，而南共领导层和塞尔维亚当局必须接受这个事实，其政策必须符合这个新形势，否则只能在错误的道路上越走越远。后来的事实证明了后铁托时代的塞尔维亚人又犯了重大错误。1961-1981年的20年间，科索沃人口变动极为剧烈。阿族人口从1961年占总数的2/3实际上升为5/6，而塞族和黑山人则从人口总数1/4下降到1/6。1971年的人口调查估计科索沃人口中有73.7%为阿族人，到了1981年时这个比例数字上升到77.5%，南斯拉夫人口自然增长率9.6%，科索沃则达到了29.6%。[2] 同一时期塞族人占总人口比例从18.4%下降到13.2%。1982年召开的南斯拉夫共产主义联盟第十二次全国大会也讨论了全国的民族问题，但是似乎没有人清醒地分析民族人口比例的巨大变动及其形成的新形势。铁托去世后，各个共和国地位进一步强化，党在南斯拉夫各级机构中的重要性不断下降，在这次会议上，这种趋势达到了顶点。联盟和共和国的发展都与日益增加的经济困难紧密相关，而党的一纸决议不能克服这些困难。同样非常清楚的是，包括科索沃问题在内的所有难题，都无助于加强南共党内的团结，相反加剧了不同利益群体之间的冲突。[3] 铁托逝世一年后的1981年5月，南斯拉夫似乎被科索沃大大小小的问题所笼罩，铁托

---

[1] Elsie, *History of Albanian Literature*, Vol. II, p. 653.
[2] Yugoslav *Statisticki Bilten*, No. 727, 1972, p. 11.
[3] Meier, "Yugoslavia's National Question", p. 53.

的继承者们从其伟大的领导人那里继承了这些问题"遗产",而他们又顽固地坚持认为他"从无缺点",永不犯错,不敢对其错误的民族政策提出挑战。这个集体领导班子就是由一些无足轻重的政客们组成,他们只关心各自地方单位的狭隘利益。事实上,他们是一群忠实于铁托个人的投机者,他那种不容置疑的权威在其生前还能够成功地防止党内和国内爆发冲突的危险,但在他去世以后就导致权威丧失所带来的大量严重问题,其中最大且最严重的紧迫问题还是恶化的经济形势。

　　如果公平地评价铁托的这些继承人,后人不能谴责他们在铁托死后一年内使形势恶化。过去,他们尽力完成铁托要他们做的事情,在其生前设法调整政策,并结束了其无情的清洗运动,即包括1971年在克罗地亚,1972年在塞尔维亚、斯洛文尼亚和马其顿的清党运动。结果,形成了一个平庸的忠实"领导集体"(nomenklatura),他们既不愿意谴责铁托,也不愿意反思他们自己过去和现在所犯的错误。① 在科索沃骚乱的尾声中,这些反击行动可以被解释成贝尔格莱德高层采取的措施。科索沃骚乱产生的另一个重要结果是,国内外结成了反南斯拉夫阵线,同时,西方媒体采取了更同情科索沃阿族人的态度。在南斯拉夫联邦中,塞族人精心设计并暗中推行的不公平掠夺计划逐渐大白于天下,铁托时代极力推行的南斯拉夫国家观念和意识形态基础开始瓦解。塞族人争辩说,科索沃推行的种族甄别政策走得太远,同时指责科索沃领导层在省区问题上犯了错误,许多塞族人开始反思"过去的错误",极力对铁托进行不点名的批评。他们认为南斯拉夫与阿尔巴尼亚的合作过于狭隘,以至于只剩下科索沃和阿尔巴尼亚的合作了,这反映出铁托希望科索沃成为两国合作的"桥梁"。许多塞族人感到,铁托的继承者们此时正在收获铁托种下的恶果,特别是他对地拉

---

　　① 假如他们要在党内找到什么人加以谴责的话,他们就一定会寻找那些来自莫斯科和地拉那的"外国敌人",而且还要从斯图加特和纽约找到外国敌人。RFE, BR/127, 6 May, 1981.

那的自由态度负面影响深远。① 法迪尔·霍查回应说："大阿尔巴尼亚民族主义如果活跃起来的话，就将唤醒巴尔干半岛上大塞尔维亚、大保加利亚、泛希腊和所有其他民族主义的幽灵。"他进一步提到了苏联干涉的可能性，认为"世界已经认识到在科索沃事件背后存在着敏感的力量，它不希望看到无论在南斯拉夫还是在巴尔干其他国家保持和平"。② 事件发生的时间也恰好在南斯拉夫与苏联就不结盟运动的政策和作用发生新的争执之际。就在几年前，不结盟运动内部关于保持在两大军事集团之间的独立地位问题发生了激烈的争论。南斯拉夫顶住了古巴和越南的压力，保持与苏联的亲善关系。③ 有人认为也许还存在一种可能性，即某些骚乱学生受到所谓"共产国际情报局"派别即亲苏派和塞尔维亚—黑山背景派别的操纵，自1981年危机开始后，科索沃阿族非法组织的名称中开始使用"马克思列宁主义"就是个证据。④

此后不过几年，阿族"敌对活动"的浪潮就席卷了科索沃和马其顿西部以及黑山阿族定居区各地城乡，这些活动包括在政府建筑物上涂鸦，亵渎共产党纪念物和塞族人墓地，秘密散发反政府传单。南斯拉夫人的不安情绪推动了塞族人和黑山人大量迁出科索沃。伴随着科索沃阿族人希望脱离南斯拉夫联邦的愿望日益强烈，科索沃塞族和黑山人预感到大迫害正在临近，危机感也越发严重。当时真实情况如何没有人做过详细调查。1966—1968年的事件曾激发阿族人自信满满，情绪高涨，当时也促使塞族人和黑山人大批移出科索沃。如果说1981年以前迁徙

---

① 在塞尔维亚领导人会见米罗斯·米尼奇（Milos Minic）谈话中说："铁托总是自认为他自己就是外交部长，而恩维尔·霍查则利用了铁托的这个软肋，以至于在科索沃才可能进行公开的煽动活动……我们早就应该揭露这种斯大林主义的阿尔巴尼亚变种政策，我们应该不再使我们的人民对此一无所知。如果我们这样做了，那么就不会误导科索沃的青年人。我们现在必须在事情还没有完全转变为反对阿尔巴尼亚和阿族人的战争之前纠正这一点。" *Vjesnik*，8 May，1981.

② 他总结说，这是一个极力破坏不结盟运动的企图；"打击南斯拉夫是第一步，因为南斯拉夫作为不结盟运动的先锋和最活跃的成员之一"。RFE，BR/122，28 April，1981。

③ 贝尔格莱德的《波巴》（*Borba*）报评价科索沃事件时说："我们的独立和不结盟是我们得以存在的最重要特征。这使我们随时警惕集团威胁，这就是我们为什么不接受任何人关于世界上或我们自己国内事件的政治评价的教训的原因。" *Borba*，26 April，1981。

④ I. Banac, *With Stalin Against Tito*, N.Y.: Cornel University Press, Ithaca, 1988, p. 267.

出科索沃的大批塞族多是到南斯拉夫各地寻求更好生活的知识分子的话，那么后来的移民潮主要是逃亡避乱。据报道，塞族人遭到书信威胁、言语恐吓、焚烧住宅、随意殴打，私下杀害的现象在科索沃也不时出现，塞族修道院及科索沃塞族纪念物被捣毁的案件迟迟难以侦破。许多塞族人为了定居在诸如斯梅德雷沃（Smederevo）、科拉久耶瓦兹（Kragujevac）、尼斯、科拉尔耶沃（Kraljevo）和斯维托扎雷沃（Svetozarevo）及贝尔格莱德等地条件更为优越的地方，千方百计设法离开科索沃。这些塞族人被人嘲讽戏称为"流浪者"（Vrcani），流言说他们是遭到阿族人流放驱逐的人。[①] 1971—1981 年的 10 年间从科索沃移民出去的塞族人大约有 10.2 万人。这些情况只能强化塞族民族主义者的激烈反击和报复。

科索沃塞族技术人员和知识分子的迁出加剧了当地人才不足的问题，进而加快了当地塞尔维亚—克罗地亚文化教育的衰落，使留在科索沃的斯拉夫人更感到在阿族文化环境中日益孤立。民族仇恨不断增强，塞族人和阿族人相互抵制，不去对方的商铺和面包房，从而降低和削减了日常消费，比先前的商业消费水平还低。这种情况在马其顿和黑山也同样发生。塞尔维亚党中央委员会在一份公开信中强烈呼吁停止斯拉夫人从科索沃大量移民。观察者注意到，如果这种移民潮继续发展下去，塞尔维亚民族主义仇恨将在南斯拉夫各地恶性发展，进而造成已经恶化的民族关系增添新的仇恨。这就是为什么塞尔维亚领导人如此激烈地反对民族主义泛起的原因。[②] 科索沃共产党联盟第四次全会于 1982 年 10 月举行，集中解决移民问题。主要发言者阿泽姆·法拉西（Azem Vllasi）指出，在科索沃实现"民族清洗"的"反动梦想"是绝不会成功的，阿族民族主义分子和民族分裂分子的企图也永远不会成功。[③] 根据米罗万·德伊拉斯（Milovan Djilas）的说法，"如果从塞族人记忆和灵魂中抹去科索沃的话，那我们就什么都没有了。如果科索沃战役是不存

[①] M. Baskin, "Crisis in Kosovo", *Problems of Communism*, March/April 1983, p.72.
[②] RFE, BR/142, May 1981.
[③] 他又说，如果任其发展下去，就必将产生"大量的严重后果，不仅对当代人而且对未来几代人都是如此"。*Rilindja*, 27 October, 1982 - RFE, BR/242, 16 Novermber, 1982.

在的话，那么塞族人早就创造出一次战役来作为其遭受苦难和英雄主义的象征"。他将科索沃塞族人的困境看作整个民族发展的先兆："铁托去世后明显开始出现危机，这在党分裂为共和国和自治区党以前就开始了。我认为当前分裂的程度是对共产主义和我们未能保护科索沃塞族人的反应……而目前突然强化民族意识形态的一个原因在于，战后很长一段时间南斯拉夫远比南斯拉夫王国更强调中央集权制。在南斯拉夫王国，宪法制各国能够通过其民族党实现对各自民族感情的自由统治，至少在克罗地亚和斯洛文尼亚是如此。塞尔维亚没有严格的民族党，它真的没有这个需要。"[①]

民族区域化是苏联民族政策在整个"社会主义阵营"各国留下的制度隐患，南斯拉夫的国家认同最终毁在了各共和国的民族认同上了。1981年全国人口普查中，与南斯拉夫民族认同形成鲜明对照的情况在全国各地都有相当明显的表现，民众此时越来越按照其民族身份认同自己，阿族的例子只是这种潮流趋势中最公开的证明。南斯拉夫社会主义联邦此时已经相当清晰地形成了8个民族核心区域，这些地区逐渐与各自的民族国家吻合到一起。对塞族人而言，各共和国的这种与民族群体逐渐认同的趋势只能扩大他们的不安全感。他们拥有居住在其共和国以外之最大民族人口的数量优势，在其共和国内部不仅存在与两个自治省区的分离，而且其中科索沃迅速变成南斯拉夫阿族少数民族的家园，这使他们感到震惊。因此塞族人抵制赋予南斯拉夫各共和国更大的权力。塞尔维亚民族问题始终是南斯拉夫矛盾最突出的问题。由于其居住在塞尔维亚共和国外的民族人数众多，塞族人对削弱南斯拉夫统一感到特别敏感。另外，任何由于民族主义问题导致的塞族迁徙都对南斯拉夫联邦结构构成真正的威胁，故而南斯拉夫联邦仍然坚持塞尔维亚共和国能够保证强大的南斯拉夫联邦这样的想法，但事实上它正在迅速衰弱。具有讽刺意味的是，这次聚焦阿族问题的骚乱也激化了塞尔维亚民族问

[①] Unpublished Interview with Milovan Djilas by G. Cirjanic, Belgrade, February 1989.

题。① 共产主义和共产党是以塞尔维亚民族利益保护者的面貌出现的,但是,在共产主义理想下,南斯拉夫人还是根据塞族历史将阿族人视为反对塞族民族统一的敌人,这种理念和说法始终没有改变。塞族历史的编纂将1981年当作一个时间标志,因为这一年塞族、克族、斯洛文尼亚人的共同国家建立了,这也标志着塞尔维亚人民民族统一团结的进程结束了。正是在此时,塞尔维亚人将其民族意识形态让位于南斯拉夫国家理念。1941—1945年战争期间,塞尔维亚民族运动的发展进程未能持续,而在南共掌控下的50年塞族民族运动更是长期停滞,甚至倒退,这对于保护民族基本利益来说是致命的重大打击。② 从1982年以后,贝尔格莱德极力推行科索沃的政治差异政策,旨在拔除阿族民族主义的老根,严格控制和清除取代地方共产主义联盟组织,但已经晚了。1982年4月举行的科索沃共产主义联盟地方委员会第13次大会上,委员会主席维里·迪瓦(Veli Deva)在报告中,对1981年3月以后党的成就作了凄凉阴暗的描述,其中一个重点是民主生活的"教条主义",军事战斗力极为虚弱,各阶层中机会主义猖獗。③ 塞尔维亚领导层因此开始对科索沃领导层施加强大压力,对那些负有煽动民族主义和民族分裂主义的官员、学者和学生推行极端的清洗措施。

1982年9月,经过漫长的暑假,科索沃各高中开始新学年,当局采取了激烈的行政措施清除省区教育机构中非法活动。普里什蒂纳共产主义者联盟和中学、大学召开特别会议,采取措施指控许多教职员工和学生。1982年9月18日一天就开除了6个教授,他们被指控从事"组织反对我们法律规定的敌对活动",被开除教职,解除职务。19个学生也因同样的原因被开除。被开除的人中还包括科索沃最著名的历史学家阿里·哈德利(Ali Hadri)教授,公述机关指控他"按照阿尔巴尼亚

---

① 与以前事件明显不同的是,正是科索沃塞族人此时产生了身份认同的危机,他们也开始示威反对受到的迫害。意识形态的大幕突然坍塌了,被禁止的政治话题湮没了报纸,开始重新审验当代历史的解释,塞尔维亚发现自己身处荒谬的处境,即通过共产党来拯救其民族利益。D. Batakovic, *The Kosovo Chronicles*, Belgrade, 1992, p. 31.

② D. Batakovic, *The Kosovo Chronicles*, p. 34.

③ 维里·迪瓦指出:"共产主义者联盟早就不再处于政治生活的中心了……与草根阶层的联系持续降低。" M. Baskin, "Crisis in Kosovo", p. 64.

工人党领导层接受的教条式斯大林主义的原则行事，追随反对我国的斯大林和斯大林主义"。阿里教授显然没有明确反对那些宣称阿尔巴尼亚民族主义和民族分裂主义的意识形态，也没有表明坚定的政治立场。为了减少惹事生非的学生数量，大学的入学要求更严格了。但是所有这些都赶不上法迪尔·霍查的宣传，他当时是科索沃地位最高和最受尊敬的人物。① 因此科索沃领导层面临着两难的选择，要反对日益高涨的阿族民族主义但又不惹恼愤怒的阿族青年，因为他们早就认为这些领导人是按照贝尔格莱德命令行动的。

当时人们关心的紧迫问题就是失业问题。科索沃经济发展必须加速才能提高就业率，但是这只能通过西方加大投资来刺激，科索沃能够使用的大量投资只有这一个渠道。或者争取南斯拉夫富裕共和国的投资，使他们心甘情愿地帮助科索沃进行建设，这一点在铁托去世后南斯拉夫全国萧条的经济环境中几乎是不现实的。扩大民族融合的努力在科索沃也遭到彻底失败，在那里，阿族人始终将电视频道定格在地拉那频道上，或把收音机转向地拉那电台方向，沉浸在边界另一侧关于美好生活的宣传中，据说那里的阿族人"自己控制自己的命运"。尽管阿族青年对阿尔巴尼亚人的生活知之甚少，但是他们仍抛弃贝尔格莱德而转向地拉那，为此不惜付出生命。大部分阿族青年对南斯拉夫问题彻底冷漠，从多民族的南斯拉夫联邦的现实生活转向了"理想"中的阿尔巴尼亚，而他们几乎完全不了解这个神秘的国家。阿族人为自己的行为辩护，声称他们感到地位低下，因此采取自卫行动。但是自1974年以后他们的处境并未恶化甚至还有好转，因此他们的辩解苍白无力，他们要对自己的行动负政治上的责任。科索沃阿族人指责其他民族对其困境负责，认为自己总是受剥削压迫，总是自己无法控制的环境的受害者。这在内战期间确实如此，在兰科维奇时代也同样，但他倒台后情况大变，阿族人

---

① 在其访问自己的故乡贾科维察城这个阿族民族主义的传统据点时，他说："我们在扭转被洗脑的年轻人走上南斯拉夫共产主义联盟理想道路和铁托道路方面尚未取得成功。我们必须要特别注意为年轻人提供正确的教育，以解释我们的理想。我们如果不能经常保持与年轻人的联系接触，就不能取得成功，因为他们不仅不听我们的，而且他们甚至称呼我们为叛徒，好像我们只关心我们个人的利益、薪水和其他待遇。" RFE, BR/200, 30 September, 1982。

的抱怨并不真实。自1974年宪法以后，科索沃阿族人在文化上不再受压，那里实际上推行有利于阿族的政策，阿语成为官方语，阿族电台、电视台和报纸不再受限制，并出现了以阿族人为主的政府。甚至用来审判煽动科索沃公众骚乱那些人的法庭，也配备了阿族法官。阿族民众还得到阿语信息服务，普里什蒂纳电台电视中心（RTV）的7个地方电台为1800名阿族编辑、技术人员和其他职员提供了岗位。每天10小时的阿语电视广播，2个电视中心的频道，总共每天34小时的播出。《觉醒》出版社是科索沃议会建立的，有500名雇员，出版超过40种报纸刊物。日报《觉醒》自1945年以后不间断发行。因此可以说，1970年到1980年斯洛博丹·米洛舍维奇（Slobodan Milosevic）崛起前这个时期，科索沃阿族享有自奥斯曼帝国结束统治以后，甚至其整个历史上最好的政治环境和文化自治环境。然而民族主义的欲望是没有止境的。联邦政府不顾科索沃阿族人数超过其他斯拉夫民族的现实而拒绝给予他们共和国地位，这成了阿族人的心病。同时，其他民族得到了共和国地位也刺激着他们敏感的神经，这表明他们一直处于某种程度的二等公民地位。① 这样，自1981年日益激化的塞族人和阿族冲突就逐渐演化为南斯拉夫联邦内部普遍的民族关系冲突。骚乱不仅标志着科索沃多民族共生兼容和平时期的结束，而且开启了南斯拉夫解体的开端。

塞族和黑山人民族主义的极度发展是对阿族民族主义膨胀的强烈反弹。1981年骚乱最明显的后果就是塞族人、马其顿人和黑山人民族主义势力崛起获得了动力。战后中央集权制的联邦国家转而成为被民族情感掌控的国家，而且后铁托时代南共加快推行的分权趋势导致塞族人感到失去了保护，南斯拉夫联邦并不能维护他们的利益。当1983年8月20日亚历山大·兰科维奇去世时，数万名塞族人出席了他的葬礼，悼念这个塞族英雄。葬礼成为塞族民族第一次群众性抗议活动，是对塞族人在科索沃和整个南斯拉夫普遍遭遇压迫进行抗议的聚会。② 而此时普

---

① H. Poulton, "The Kosovo Albanians: Ethnic Confrontation with the Slav state", in H. Poulton and S. Taji‑Farouki ed., *Nuslim Identity and the Balkan State*, London: Hurst, 1997.

② Silber and Little, *The Death of Yugoslavia*, p. 35.

里什蒂纳的许多高层领导仍在徒劳无益地呼吁采取有效的强制政策,制止塞—黑山人从科索沃大批迁徙出去。南斯拉夫共产主义联盟中央委员会主席团成员阿里·苏科利亚(Ali Sukrija)在地方党领导人的一次会议上,以最强硬的言辞和关于移民问题最有说服力的信息阐述观点,还生动地描述了科索沃地区塞族人悲惨的社会政治环境。[1] 该地最高官员们建议采取多种措施改变安全环境,以便阻止塞—黑山人外逃,他们指控的暴行包括强奸、抢劫和捣毁墓地。南斯拉夫联邦主席团成员法迪尔·霍查告诉科索沃聚集的民众说,有充足的证据表明该地区以"或明或暗"的形式压迫塞—黑山人离开科索沃,这就造成了"塞族和阿族人之间互不信任和不宽容的可悲社会氛围"。[2] 科索沃领导人承认这些行为确实存在,但认为那是1981年骚乱的一个后果。[3] 虽然会议上说得天花乱坠,实际上没有采取任何措施,整个1983年间,南斯拉夫人继续从科索沃迁走,其势有增无减,这个过程进一步巩固了阿族人口的多数地位,进而加强了他们对该地区的权利要求。[4] 调查认为,超过85%的移民动机是因民族歧视而不是经济贫困。至于说阿族人的高出生率,许多塞族人偏执地认为,联邦国家的高福利资金和投资金钱都流入了科索沃,因此鼓励阿族人多生多育,发展成为多数。而阿族人认为只有大家族才能保护他们的权利,人数众多才能保护其权益。[5] 另外,阿族人宣称科索沃阿族居民人数的快速增加是其他因素而不是高出生率造

---

[1] 他认为"冷漠和缺乏抱负"标志着科索沃阿族人对该地塞族—黑山人受到威胁所抱的态度,RFE, BR/149, 28 June, 1983。

[2] 他要求推行新的强硬政策,呼吁采取"最严厉的政治、思想和行政措施"。*Rilindja*, 11 June, 1982。

[3] 阿里·苏科利亚(Ali Sukrija)提议举行阿族人克制的会议:"什么民族和什么有荣誉的人能够为塞族姑娘不敢上学和墓地遭到亵渎以及教堂的玻璃被砸碎而感到骄傲?如果阿族家庭的墓地被亵渎破坏和其宗教圣物遭到毁坏,他们会如何感受?"见美国"外国广播情报机构"1981年12月9日,第16页。科索沃的强奸案总是阿族人对阿族人侵犯的,尽管这类犯罪的数量通常在南斯拉夫全境都是最低的。

[4] 关于这个时期斯拉夫人从科索沃迁走的多种因素的讨论参见 M. Blagojevic, "The Other Side of the Truth", in Duijzings, Janjic and Maliqi, ed., *Kosovo – Kosova*, pp. 70 – 81。

[5] 在谈到科索沃阿族人"爆炸式出生率"问题时,一位著名的克罗地亚人回忆说,"甚至生活在科索沃的塞族人"也比伏伏伏丁那的塞族人出生率高三倍。Repishti, *Human Rights in Yugoslavia*, p. 266。

成的，主要是从黑山、塞尔维亚南部和散德加克，特别是马其顿西部地区迁徙到科索沃的阿族人移民造成的，那些地方阿族人的民族意识和文化追求都转变为迁徙的动力了，尤其是那些地方禁止悬挂阿族旗帜。还有人认为，这些阿族移民迁徙进科索沃的主要原因是因为这里的中学和大学教育更优越。在1971年和1981年两次人口普查中，阿族和土族人强迫罗姆人（Roms）或认可自己是阿族人或是土族人，而塞族人还是希望罗姆人继续保持罗姆人即吉普赛人和罗马尼亚人的身份，以便降低科索沃阿族人数比例。① 国际知名罗姆人活动家斯洛博丹·波波斯基（Slobodan Berberski）在其1984年发表的文章中，以当时难以理解的行话，指控"阿族民族主义、沙文主义、反动分子、反自治分子、反革命力量"共同强迫罗姆人改变民族身份，自称为阿族人。② 他提到了某些来自米特洛维察的阿族人，在人口普查期间，公开威胁罗姆人，如果不承认自己是阿族人就将被驱逐出境，穆斯林阿訇们将拒绝为他们举行宗教仪式，如葬礼等。③

直到20世纪80年代中期，塞族人和黑山人从科索沃移出的数量继续增加，这成为南斯拉夫联邦全国政治问题中的最大事件，也是对科索沃省区和塞尔维亚共和国的最大政治压力。塞族人由于陷入心理和思想上的绝望，已经深深地陷入移民问题不能自拔，狭隘极端的民族主义在长期压抑的不满中迅速酝酿。科索沃阿尔巴尼亚化还导致了塞族反抗运动，教会决定公开为塞族人和黑山人遭受的冤屈鸣不平。塞族人组织起科索沃代表团，开始一再上访贝尔格莱德的联邦议会，抗议他们遭受阿族人不断的虐待。证据表明，许多决定离开科索沃的塞族和黑山人都遭受过威胁、施压、暴力和其他严重侵犯其人权的虐待，原因只是因为他

---

① S. Menekshe, "Polozaj Roma u Socijalistickoj samoupravnoj pokrajini Kosovo", *Romano Allav*, No. 1, 1972, 转引自 D. Batakovic, *The Kosovo Chronicles*, p. 245。

② S. Berberski, "Romi i iredenta na Kosovu", *Nase Tem*, Vol. 28, Nos 7–8, 1984, p. 1344, 转引自 D. Batakovic, *The Kosovo Chronicles*, p. 246。

③ S. Pettan, "The Kosovo Conflict Throught the Eyes of Local Rom Musicians", in *Kosvo – Kosova*, p. 151.

们属于塞族人。① 但是这些事件还不能被看作阿族政府正式支持的行动，可能只是一些极端组织和旨在进行"种族清洗"即科索沃纯粹阿族化的个别人的行为。还有证据表明，信奉极端无神论的共产党骨干摧毁了科索沃塞族人东正教教堂，并实施其他形式的反教会活动。同时塞族人保护其科索沃历史遗产的努力持续高涨。移民现象背后反映出的深刻问题是阿族和塞族之间长期对立。正如一位南斯拉夫历史学者说的那样，要想了解南斯拉夫人从科索沃移民的重要意义，就必须首先全面回顾整个南斯拉夫的历史背景和来龙去脉。南斯拉夫的统计表明，当时国内移民的一般趋势集中在几个民族中心，例如，波斯尼亚的塞族人倾向于迁徙到塞尔维亚，波斯尼亚的克罗地亚人倾向于去克罗地亚，而马其顿的阿族人则去科索沃。这种趋势受到各地区经济社会发展不平衡造成压力的影响：例如，摩拉瓦河流域南部整个地区，即靠近科索沃的"塞尔维亚圣地"，是比较贫困的地区，那里的人口密度正在减少，因为年轻人和有技术的人都离开其贫穷的农村家乡到更北部的工业区去找工作。自1978年以后15年间里，离开农村的约450万南斯拉夫农民中，大多是进入城市寻找雇用工作岗位的。②

正当南斯拉夫为科索沃问题闹得焦头烂额之时，邻国阿尔巴尼亚发生了重大事变。1985年4月11日恩维尔·霍查去世，拉米兹·阿利雅（Ramiz Alia）继任。霍查在世时，阿尔巴尼亚一直奉行靠拢共产国际、坚决执行斯大林对南斯拉夫的路线，并作为批判铁托的急先锋，阿、南关系一直紧张。赫鲁晓夫上台后调整了苏联的巴尔干半岛战略，主动与南斯拉夫改善关系，促使阿尔巴尼亚与苏联交恶。苏联出兵捷克斯洛伐克对阿、南都产生过威慑作用，故此这两个巴尔干半岛的死对头也改善了关系，虽然他们仍然同床异梦各有算计。铁托的去世使霍查失去了对手，正当阿尔巴尼亚插手南斯拉夫科索沃问题时，霍查神秘死亡，也使南斯拉夫少了个对手。特别是在此后的若干年内，阿尔巴尼亚国内政局

---

① 关于科索沃非阿族人遭受压力的讨论见 Helsinki Watch and the International Helsinki Federation's Report, *Yugoslavia*: *Crisis in Kosovo*, March 1990, pp. 21 – 25。

② 科索沃这个大片农业区和最穷的地区因此遭受到最严重的损害。Magas, *The Destruction of Yugoslavia*, pp. 63 – 64。

诡异变幻，霍查的势力包括其家人先后遭到迫害。阿、南两国在"东欧巨变"的浪潮中自顾不暇，科索沃问题自然也提不上两国关系的主要日程。

科索沃塞族势力继续发力。1986年1月15日，媒体公开发表了科索沃塞族首次有组织的抗议活动，2000名科索沃波尔耶（Polje）塞族公民大胆反对阿族民族主义和民族分裂主义。一个月后即2月26日，大约100名塞族人群体抵达贝尔格莱德，开始进行活动，秘密拜访和向塞尔维亚及南斯拉夫领导人申述，持续了一整年。① 1986年头几个月，塞族民族主义的调门不断升高。其中最具代表性的典型文件是塞尔维亚科学与艺术科学院的备忘录。该文件以煽动塞族民族主义而著称，被称为SANU备忘录，它正式公开提出所谓"塞尔维亚问题"，即南斯拉夫塞族人的地位问题。这个备忘录是由作家多布利查·科斯克（Dobrica Cosic）领导的多名著名知识分子起草的，成为塞尔维亚政治思想大典。该备忘录辩称，在南斯拉夫联邦制度下，塞族民众一直处于分裂和分离的状态。它警告说，除非采取激烈的行动确保塞族人在该地区占多数，否则将爆发科索沃战争，它号召立即缩小科索沃自治地位，切断它与阿尔巴尼亚的所有联系，强制该地区彻底的去阿族化。通过重新安置塞族和黑山人使该地的民族结构确实得到改变，使之有利于南斯拉夫人。该备忘录确认塞族人在塞尔维亚特别是在科索沃遭遇的不公正冤情，同时也第一次提到了塞族人在其他南斯拉夫联邦共和国中的不利地位。该备忘录的影响极为深远。它证明克罗地亚和波斯尼亚—黑塞哥维纳塞族人确实心存不满，并正在从不满转化为仇恨，它还证明了这种转化是合情合理的。同时更为重要的一点是，它提到这个国家最高权力机构应该与科索沃塞族人结为联盟。② 这样，该备忘录就通过全面反思塞族在南斯拉夫框架内的地位来强化塞族民族主义，并涉及对1874年宪法的谴责。这个备忘录并没有引起塞族民族主义，但它反映出塞族人中流行的思潮，只是这种思潮长期以来遭到铁托主导的民族高压政策的压制，被逐

---

① S. Woodward, *Balkan Tragedy: Chaos and Dissolution after the Cold War*, Washington, D. C., 1995, p. 438.

② Kostovicova, *Parallel Worlds*, pp. 17-18.

步激化。①

　　促使南斯拉夫人移民除了经济因素之外，另一个因素是自身无安全保证。自从 1966 年科索沃当局推行迅速阿族化，阿语一时占据优势地位，伴随着该省区学校、文化、媒体等发生阿族民族文化的转向。所有这些变化由于阿族民众人数的快速增加而进一步加速，同时对于先前享有特权的南斯拉夫少数民族来说这种变化是难以接受的。南斯拉夫和阿尔巴尼亚的政策制定者们显然没能预料到政策的变动必然伴随因变化引发的实际问题。此前一直处于劣势地位的阿族人此时采取更为主动而严格的民族"鉴别"措施，他们也要其他民族群体来经历一番磨难，让别的民族特别是斯拉夫人也感受一下真正的不公正。这样，伴随阿族人自信心不断增强，在南斯拉夫人中间就形成了不安全感。② 由于科索沃塞族人的普遍处境变得更为艰难，第三次科索沃斯拉夫人移民浪潮再度开始，这就是所谓南斯拉夫的科索沃计划，其主要特色是公开提高南斯拉夫人的待遇。这个新政策主要获得了 SANU 备忘录的思想理论和引导，旨在向科索沃移殖塞族人，以便调整平衡其民族人数构成。科索沃各地都安置了南斯拉夫新移民，主要集中在杜卡杰金平原。尽管新来者人数只有 9000—10000 人，但是他们都得到了比在塞尔维亚相同情况下更高的工薪，并集中就职于教育和休闲服务机构。南斯拉夫共产主义联盟仍旧按照马克思列宁主义的观点行事，认为社会主义条件下民族主义的复兴一定是因为经济发展的不平等。因此，大规模的信贷通过经济发展特殊基金投入科索沃，但是如何使用投资仍存在铁托时代同样的问题，科索沃仍然远远滞后于南斯拉夫联邦其他地区。联邦政府力图填补经济不平等鸿沟的政策再度遭受挫折，因为如果投入的资金不能用于科索沃各个方面，那么投入的金钱就很难发挥作用，毕竟发展需要的是综合系统的良好条件。但是全面发展需要的资金又是南联邦政府力所不能及的。科索沃投资极度的不合理可以从毕业生中看出来。每年从普里什蒂纳大学毕业的 10000 余名学生主要都集中在"艺术"科目这些文化

---

① 科学院的这个小册子反映了广泛流传于塞尔维亚的观点。Silber and Little, *The Death of Yugoslavia*, p. 31。

② Magas, *The Destruction of Yugoslavia*, p. 64.

领域，而对科索沃现阶段的贫穷社会不能有所助益。自 1981 年到 1989 年间，失业率从 25% 上升到 57%，超过半数青年人无事可做，这是个危险的指标。推动科索沃政治形势恶化的社会人口运动日益高涨，失业导致阿族家族体制的深刻变化，失业人群造成整个社会的动荡。战后初期，联邦政府的政策是加快工业化进程，造成了南斯拉夫快速的城市化。科索沃大部分村庄当时都被排挤到社会边缘，城乡差距急剧加大，贫穷区域几乎都是在人口过分集中的农村，农民倒退到自给自足的状态。人们尽力生产出他们自己够吃的粮食，只向地方市场卖出一小部分剩余谷物。事实上，他们基本上生活在经济发展计划外。农村过多的人口加上城市教育和工作机会的极度短缺促使阿族大家族移动到城市和城镇的郊区，农民工希望在城镇找些散工补贴家用，在这里他们只能耕作零星的郊区土地，家族的保护作用更为突出，这就是阿族人家族制度不断强化的社会原因。大家族没有像在南斯拉夫其他地区那样融解为小的核心家庭，而是变为城市郊区的小型"大家族"，它们传统的高出生率在新环境中更加快速"繁育"了新的家族。这种情况不仅在阿族而且在塞族中都同样出现。

后铁托时代科索沃地区动荡不安的形势加剧了两大民族对抗的情绪，戾气浓重，人人自危，而政策上的剧烈摇摆更使所有人缺乏安全感，从而趋向本民族群体寻求自我庇护。各个城镇充斥着大量的便衣警察和军事检查站，根据《联邦刑法法典》第 136 条确定的"组织进行敌对行动"罪的犯罪分子大多指向阿族人。尽管 1981 年游行示威主要是阿族学生与安全部队发生的冲突并造成了财产损失，但南斯拉夫当局显然没有区分暴力活动和和平集会的区别，认为任何参与阿族民族主义活动的人都是罪犯。有些阿族人逃脱南斯拉夫警察的追捕到阿尔巴尼亚避难，他们也没有好下场。当了解到阿尔巴尼亚更为艰难的生活实际情况和当局的性质后，他们大多反悔，其中约一半人又被当作南斯拉夫奸细关入阿尔巴尼亚的监狱和劳改营，在那里结束其逃亡生涯。[①] 一些案

[①] 例如布科什（Bukoshi），他曾是自立的科索沃共和国总理的兄弟，由于其政治活动在南斯拉夫被判刑入狱 5 年，逃亡阿尔巴尼亚后又被当作政治间谍被判刑 10 年。J. Jensen, "Human Rights Abuses in Kosovo in the 1980s", p. 94。

子的判决证据异常怪异，证明当时阿尔巴尼亚敏感的神经处于极度紧张的状况。① 尽管这些镇压不断，但是许多阿族组织策划的恐怖活动不断在西欧各地上演，这些组织有红色民族阵线（RNF）、科索沃联盟、南斯拉夫阿族社会主义共和国运动、科索沃共和国人民运动（MASRY）。1981年8月，一名红色民族运动成员在布鲁塞尔杀死了南斯拉夫领事馆官员德耶利奇·斯托严（Djeric Stojan），另一人祖科·雷德佐（Zuko Redzo）受重伤。次年3月，布鲁塞尔两个南斯拉夫人在南斯拉夫俱乐部被阿族人杀害。

南斯拉夫社会主义联邦（SFRY）主席团于1987年2月11日正式颁布宪法修正草案文本，取消科索沃自治省地位。该草案忽视了历史事实，即科索沃自治省地位是不能被排斥在南斯拉夫联邦总体宪法概念之外的。于是，正在讨论的宪法修正问题就打开了强大的右翼集团冒头的道路，他们利用科索沃作为塞尔维亚民族主义有力的象征，使其政治主张合法化。科索沃立即变成一个塞尔维亚知识分子和政治精英集中讨论宪法问题的平台，1987年和1988年，南斯拉夫共产主义联盟（LCY）中央委员会召开的全部会议被迫讨论这些问题。到1987年末，联盟中央决定取消科索沃的地方委员会。1987年4月24日，米洛舍维奇对科索沃做了一次重要的访问，据说这次访问是为了与当地党的领导谈话，但是这次访问成为该地区塞族人活动的转折点，他们认为这次访问就是贝尔格莱德最终关注他们困境的一个信号。② 而米洛舍维奇则注意到并开始利用日益高涨的塞族民族主义情绪。

包括阿族党的领导层在内的其他人认为，米洛舍维奇是要使塞族人安定下来，停止没完没了的抗议和游行示威。直到这时，他对有关科索

---

① 例如1983年11月，来自乌罗舍瓦茨的28岁的什利菲·阿斯兰尼（Sherif Asllani）被图兹拉（Tuzla）地区法庭判刑，根据南斯拉夫官方报纸有关审判的报道，他被指控在其访问其图兹拉的兄弟时，携带恩维尔·霍查所写《铁托主义》（*The Titoites*）一书，以及两盒印有科索沃共和国字样的烟盒。法庭认为他犯有"敌对宣传"罪，判处4年监禁。*Yugoslavia: Prisoners of Conscience*, p.28.

② 米洛舍维奇于1941年8月出生在塞尔维亚的波扎雷瓦茨市，18岁加入南共联盟，毕业于贝尔格莱德大学法律系，1983年当选为南共联盟主席团中央委员，后任贝尔格莱德市委主席，塞共联盟主席，塞尔维亚共和国总统（1989—1997年）和南联盟总统（1997—2000年）。2006年3月11日在海牙监狱中去世。

沃的特殊事务还保持着沉默。他没想到自己会受到英雄般的欢迎。他被大群衣衫褴褛的塞族人簇拥着，人群不断呼喊着他的爱称，发出阵阵的"Slobo! Slobo!"的欢呼，高声喊叫要求对纵容阿族人攻击塞族—黑山人的阿族党的领导们立即采取行动。他显然被喧嚣的欢迎场面震惊了，但是他抓住机会告诉民众，为了他们祖先的利益，他们应该留在科索沃。同时，他呼吁民众，他们应该参加到当时全国涌现出的广泛斗争。经验告诉米洛舍维奇，在科索沃这里，他将有机会利用塞族民众的极端不满来实现自己在全国的计划。① 这并不是他第一次到访科索沃。早在4年前的1983年4月20日，他曾到此会见过当地党的干部们，当时塞族人就请求他关注他们的悲惨境地，请求他专门来访科索沃。在这次访问的4天期间，其助手疯狂活动，组织群众游行示威，其高效率地发动起科索沃的十字军讨伐运动。米洛舍维奇敏锐地认识到科索沃塞族人问题是煽动极端民族主义的一个极好工具，所以一返回贝尔格莱德就立即利用他获得的巨大的群众支持，提议南斯拉夫共产党对科索沃问题进行辩论，一边向其他共和国领导人表明科索沃塞族人的真实处境，并联系到整个联邦的塞族人状况。此后，塞族人和阿族人之间的冲突就不再是打着意识形态的旗号而是当作民族问题处理了。这样，塞尔维亚就滑到不仅与阿族人而且与南斯拉夫其他共和国冲突的边缘。这一年整个夏季，科索沃塞族人成为媒体关注的焦点。②

可能是在米洛舍维奇的努力下，联邦国家主席团于1987年10月25日暂停科索沃自治省的警察、司法权力，取而代之的是联邦警察执法权。③ 一个月后，南共联盟中央第十七届大会举行，塞尔维亚领导人在贝尔格莱德组织了有35万人参加的公共集会。日报《政治学》头版头条的通栏标题宣称，"现在没有任何力量能阻止塞尔维亚的团结统一"。联邦党的第十七次全国大会已经允许米洛舍维奇以维护联邦的统

---

① 有关米洛舍维奇策划并于1987年4月对科索沃的访问的详细描述见 Silbert and Little, *The Death of Yugoslavia*, ch. 1 and 2。

② 电视台摄制组和报刊记者从贝尔格莱德蜂拥南下，报道科索沃斯拉夫人悲惨的可怕生活，塞族民族传统的帽子大为流行，到处都有蓄长发留胡须的人，他们高唱塞族民族歌曲，在塞尔维亚各地举行群众集会。Silbert and Little, *The Death of Yugoslavia*, p. 99。

③ Woodward, *Balkan Tragedy*, p. 88。

一为理由严厉控制科索沃。1987年10月末,联邦防暴警察与军队和武装部队一起在科索沃大街上联合巡逻,警戒着数千塞族人的游行示威。抗议者对该省阿族领导人的可耻言论表示强烈不满,因为这个领导人说,如果有更多塞族妇女从事卖淫的话,那么阿族人强奸塞族妇女的事件就会下降。这种低能无聊的言论是否属实并没有人注意,媒体只关心如何发出轰动效应的报道是尽人皆知的。事实如前所述,科索沃阿族出生不受限制,不仅造成民族比例失调,而且导致25岁以下人口百分比数值急剧升高,因此也极大地增加了失业人口数量,科索沃经济持续恶化就伴随着当地几乎整个人口阿族化趋势,因而加深了当地塞族—黑山民众的不安全感。① 此时,塞尔维亚出现两个区别鲜明的极端派别,一个是伊万·斯塔姆伯利奇(Ivan Stambolic)领导的温和派,另一个是斯洛博丹·米洛舍维奇领导的派别,其民族主义倾向更为极端。尽管他们之间多年来保持着相对紧密的友情,但是此时在对待日益高涨的塞尔维亚民族主义的态度上和在如何处理与科索沃地方党领导进行沟通上,以及党的特征和作用问题上出现差异和裂痕。他们俩此时都认识到,捍卫科索沃塞族人的利益并被视为塞族人捍卫者在各自政治生涯中的极端重要性。1987年4月以后,米洛舍维奇在其讲话中就已经提出保障每个塞尔维亚人具有与其他塞族人及其群体同样的权利,他自认为是塞族人反对外部敌人的保护者。尽管他个人受民众欢迎的声望在提升,但是塞族公众舆论却因为未来政治计划发生争论,相互竞争,连米洛索维奇本人也受到许多公开反对共产主义的民族主义分子的挑战,他们中很多人比他更公开激烈地反对科索沃阿族人,并赢得了塞尔维亚境外塞族人的支持。②

1987年11月8日,南斯拉夫阿族社会主义共和国运动的几个成员在斯特拉斯堡策划了绑架南斯拉夫领事伊梅尔·科罗科奇(Imer Klok-

---

① 正如一位塞族历史家描写当时科索沃问题时所说:"现在就是整个塞族民族生死存亡的问题。它不是阿族人的命运而是塞族人的命运问题。巴尔干半岛塞族的毒害太泛滥了,以至于目前都看不清楚任何事件了。整个民众的历史记忆都被消除了,民族意识的基础正在被瓦解掉。" D. Bogdanovic, *Kniga o Kosovu*, Belgrade, 1985, p. 283, 转引自 D. Batakovic, *The Kosovo Chronicles*, p. 250。

② Woodward, *Balkan Tragedy*, p. 99.

ci）的阴谋，但被德国警方阻止。绑架者希望以此迫使南斯拉夫当局从狱中释放亚当·德马奇。实际上早在1984年5月，就曾有6名阿族人被指控偷运武器、军火和爆炸物进入南斯拉夫。也是在1984年，另一个组织遭到逮捕，被指控于1982年10月到1984年3月在普里什蒂纳制造了9起爆炸。① 复杂的局势还可以从1984年10月10日坦久格报告中看出来，他举例说，1981—1983年有72个"非法组织，约1000名成员"被调查出来。由于这些地区松散的中央集权对各个成员和地方支部缺乏控制，以及南斯拉夫边界比较容易走私军火，因此很难确定某个特定组织究竟是不是具有暴力目的。② 在科索沃本地，许多阿族人遭到逮捕，罪名是走私武器、黄金和钱财，特别是在布严诺瓦兹（Bujanovac）和普雷舍沃地区。有些阿族人也因走私毒品被捕。显然，阿族人接受低价海洛因后到西欧出售赚钱。那些持有南斯拉夫护照的人乘自由旅行的机会，充当与土耳其阿族人的联络者。部分居住在西欧和美国的阿族人在阿尔巴尼亚情报机构控制下或共同勾结，贩卖毒品。通过这些途径获得的金钱又被返回给普里什蒂纳的地下组织，以便用来购买塞族拥有的土地，其他的钱则被寄给生活在土耳其和西欧的阿族分裂分子的追随者。1987年，普里什蒂纳发现的一个非法实验室生产海洛因，直到被发现时已经生产了至少35公斤毒品，其中有4公斤是在生产流程中被查收的，3公斤被销毁，其余的都通过有组织的渠道顺利转运到马德里。这些毒品再从马德里转运到巴勒莫，而后再运往美国。这些活动得到的金钱大部分用于普里什蒂纳的民族分裂分子，主要是购买塞族家庭的财产和走私武器。③ 到1986年，相当多南斯拉夫人雇佣军事保镖，特别是在科索沃地区和边境地区。此时，科索沃问题进一步暴露出南斯拉夫面临的日益增多的发展困难，主要反映在政治活动领域的两个

---

① 还有一个组织被指控发出袭击威胁，如果科索沃不能以和平的方式获得共和国地位就发动武装起义。*Yugoslavia*：*Prisoners of Conscience*，p. 14。

② 实际上，某些组织在某个特定名称下使用暴力而另一些组织以同样名称却既不使用暴力也不宣扬暴力。*Yugoslavia*：*Prisoners of conscience*，p. 37。

③ 布拉卡·贝德泽塔（Blaca Bedzeta）在国际刑警审讯时做出供述，他后来被判刑入狱10年。见国际刑警文件第6号，和马德里行动国际安全报告2314.8632号，1987年12月15日，第2—5页。

方面：一方面是更为表面化的有组织的民众抗议活动，另一方面是联邦和共和国政府之间关于宪法关系展开的斗争，它们都直接加剧了联邦制度的瓦解。① 阿族新一代领导人更年轻更有教养，此时控制了科索沃党组织。科索沃阿族知识分子追溯整个巴尔干半岛的历史，越来越清醒地认为自己就是"民族事业"的担负人，对南斯拉夫阿族民众的进步和命运承担历史责任。他们通过出版报纸和建立政治组织，逐渐成为积极的观察者、科索沃精英阶层和南斯拉夫政治体制的参加者。然而，阿族和塞族继续保持着相互间深刻的怀疑，继续培植着相互敌视的心理，以及对对方文化特征的厌恶情绪。科索沃社会两个民族的民众都从儿童时代就沿袭套用他们老师、上层人士的话，继承着保持民族距离、宗教差异和传统习俗的概念，因此使得几乎所有阿族人一直不接受南斯拉夫联邦这个"共同国家"的概念。

塞族民族主义持续升温，1988年整个夏季塞尔维亚各地大街上游行示威不断，被称为"集会"的活动此伏彼起，要求将伏依伏丁那和科索沃两个省归还给塞尔维亚，由塞尔维亚政府完全控制。这类游行规模每个星期都在扩大。塞族—黑山人挥舞着旗帜，上面写着"抗议阿族人在科索沃的种族屠杀"，他们叫嚣着要发动拯救其科索沃塞族兄弟的十字军。民族关系紧张状态的背后隐藏着普遍的社会不满，这是这个时期南斯拉夫多种严重社会问题集中爆发的反映，其中经济形势异常严重，天文数字般的通货膨胀伤及每个家庭。尽管南斯拉夫建立了地方自治管理，各地还与西方国家建立了直接联系，但是南共仍然控制着整个经济。旨在建立"市场经济"的经济改革并未产生预期的效果，却伴随着负增长率和高达250%的通货膨胀率。② 因此，不失时机地抓住民族问题做文章是政客们都明白的道理。1988年10月，伏依伏丁那党的领导被推翻，米洛舍维奇的亲信取而代之，并颁布了宪法修正案，重新赋予塞尔维亚对科索沃的直接控制。

米洛舍维奇此时成为南斯拉夫政坛上的新星，他经过激烈的党内斗

---

① Woodward, *Balkan Tragedy*, p. 88.
② 一位访问贝尔格莱德的英国人的朋友告诉他："我们所有的金钱现在都用来购买食物。我们像吉普赛人一样挨个商店搜寻食物。" Moats, "Yugoslavia Lost", p. 298.

争最终于1988年末掌握了塞尔维亚共产主义联盟的最高权力。他于1941年生在塞尔维亚,1959年加入共产党,一度热衷于马克思主义意识形态研究,1964年成为律师,后成为国营企业的执行经理,几年后他成为一家重要银行的领导。1984年,他直接进入政治生活,成为以伊万·斯塔姆伯利奇为首的共产党领导成员,并从后者那里学会了一切必要的政治技巧,而后担任中央委员会主席,此时伊万·斯塔姆伯利奇成为总统。他们两人最终就科索沃阿族骚乱导致的塞尔维亚民族主义问题闹翻了脸,米洛舍维奇利用这次事件公开站在科索沃塞族一边。他在与当地塞族人会面时指责地方阿族领导人,并保证帮助塞族人。这次会见是否导致其政治人格的巨大变化还不清楚,但是塞族民族主义成为他的主要政治资本却越来越明确。① 米洛舍维奇的胜利使得整个塞尔维亚党内产生了越来越强烈的不安全感。这位强势领导人代表的那种要求统一的呼声也是许多塞尔维亚党员的心声,他们希望保持对科索沃的政治控制。米洛舍维奇允诺立即强化领导、克服经济困难和恢复社会安定,以此赢得了民众的支持。这是自兰科维奇以后第一位党的领导人公开谈论塞族人的冤情,并呼吁其民族负有重新收回科索沃的伟大历史任务。科索沃塞族地区立时弥漫着急迫实现民族复兴的氛围。米洛舍维奇很容易就与东正教教会结盟,而教会信徒为他提供了非常适合的社会基础,至少在塞族人看是如此。他的肖像很快就出现在报纸、壁画和杂志上。到这时,塞尔维亚民族主义运动发展势头异常强劲,以至于联邦领导人很难对其发挥任何影响了。1988年10月,伏伊伏丁那自治省的党组织也被解散,自治地位同时被取消,并颁布了修改后的宪法,明确塞尔维亚恢复对科索沃的控制。为了完成宪法手续,取消这两个自治省区的地位还必须起草宪法修正案。这要求两个省区首先自己申请,并提前对它们的领导班子进行改组。10月,伏伊伏丁那共产主义联盟主席被罢免,在塞尔维亚的压力下,11月17日,科索沃党的委员会集会讨论省主席阿泽姆·法拉西(Azem Vlassi)的辞职书,继任者亚沙利作为中央领

---

① 塞族记者写道:"那天晚上之后,他突然发生了巨大的心理改变。他突然发现他拥有控制人民的权力。" M. Rezun, *Europe and War in the Balkans*, Connecticut: Praeger, Westport, 1995, pp. 126-127。

导层中的阿族代表因此坐上了共产主义联盟联邦执行委员会主席的头把交椅。①

塞族的活动也加剧了阿族的对抗情绪。1988年11月17日早晨，来自科索沃工业中心地区米特洛维察的斯塔利—特尔格（Stari Trg）矿山的阿族矿工刚刚结束夜班，就从他们工作的地下作业面38℃高温的环境中来到严寒的清晨，那天早上科索沃刚好下了第一场冬雪。他们聚集起来，与白班的工人一起开始向70公里外的普里什蒂纳进发。普里什蒂纳工人和学生加入他们的队伍，后来又有中学生和老年人加入。他们来自科索沃和马其顿西部各地，进行了5天的游行示威，表达阿族民族决心。抗议游行的目的有两个：一是表达他们反对拟议中对塞尔维亚共和国宪法的修订，二是要阻止中央政府强制两个自治省区领导人的退休。②游行队伍高举南斯拉夫和阿尔巴尼亚的旗帜和铁托的画像，既没有呼吁与阿尔巴尼亚合并，也没有提及恩维尔·霍查。③矿工们都是传统的共产党人，他们继续支持党中央，反对分离主义者，只是希望保持1974年宪法。最终，拉赫曼·莫利纳（Rahman Morina）出任科索沃省区地方党书记，以平衡塞尔维亚党中央坚持要求取消阿泽姆·法拉西地方领导职务，后者的理由是中央领导不能兼任地方领导。有几个"阿族男子"还保留在共产主义联盟和联邦议会中，其他的都遭到罢免。不久以后，塞族人也惊讶地发现南斯拉夫共产主义联盟允诺的诺言都靠不住了，他们又重新落入受迫害的境地。科索沃塞族运动被党的新领导人即米洛舍维奇精心地利用了，他推行民粹主义政策来保护官僚机构，却把官僚机器放在重新宣扬的民族理想基础上。南斯拉夫联邦不断发酵

---

① 他在铁托生前几年曾任南斯拉夫社会主义者青年联盟主席。后来长期在联邦中央工作，后返回科索沃担任地方社会主义者联盟的领导。1981年，他出任普里什蒂纳共产党委员会主席。在1981年科索沃骚乱中，他也是第一批被称为"反革命"的人，在1986年大清洗中，他担任党领导，负责青年团工作。两年后，由于在贝尔格莱德报刊上公开叫嚣而被罢免，1988年被卡区沙·亚沙利（Kaqusha Jashari）取代。1989年2月，他被开除出党中央委员会。M. Thompson, *A Paper House*, p. 135。

② Magas, *The Destruction of Yugoslavia*, pp. 172 – 173.

③ 从佩奇来的阿族人告诉英国访问者："至于说想要与阿尔巴尼亚合并的问题，我和我的婶婶去了阿尔巴尼亚10年，因为她希望去看看亲戚。天哪，没有南斯拉夫的阿族人想要住在阿尔巴尼亚。那里什么东西都没有！" Moats, "Yugoslavia Lost", p. 300。

的分裂倾向表明，某些党内高级干部狭隘的一己利益和后铁托时代的民族精英利益集团处于民族紧张局势的巨大压力下，而这些压力是无法通过民主措施克服的。① 阿泽姆·法拉西被迫辞去地方职务是因为他被视为科索沃自治要求的代言人。

1988年宪法修正案第70/88号中多处出现了修订，如"实现塞尔维亚社会主义共和国和自治省区的宪法地位"。它强调实现南斯拉夫联邦的统一观念，即南联邦作为一个国家和独立管理的民主群体的宪法地位，实现自治省区作为塞尔维亚社会主义共和国内自治自管的群体的宪法地位。② 米洛舍维奇对国际形势的误判表现在他公开且强硬地推行塞尔维亚民族主义选择了错误的时机上。1989年是整个东欧的多事之年，东欧剧变标志社会主义阵营的瓦解，这一切都是从1989年6月4日波兰团结工会在大选中以绝对优势获胜而执政的波兰共产党落败开始的，而柏林墙的倒塌冲破了北约和华约的分界线。这场浪潮中对巴尔干半岛影响最深刻的是苏联超级大国地位的衰落，1989年12月立陶宛脱离苏联开启了苏联解体的过程，戈尔巴乔夫的改革则拉开了苏共垮台的序幕。刚刚获得转机的苏、南关系遭到重创。缺乏大国支持的南斯拉夫必将在内部多民族博弈中失败，后来的事实证明了这一点。

在米洛舍维奇主导下，塞尔维亚于1989年3月28日通过了塞尔维亚社会主义共和国宪法修正案第11/89号。同年初，塞尔维亚得到了南斯拉夫联邦的4席投票权，但这仅仅具有名义象征而无任何其他意义。事实上，科索沃所有社区都反对宪法修正案。修正后的宪法违反了与之相伴的所有战后现存秩序。塞尔维亚党中央焦急地等待着科索沃党组织宣布"民主的中央集权"和该地区对宪法修正案的支持。但是，他们还是等不及了，决定提前行动，于是不顾外界议论罢免了阿泽姆·法拉西。该宪法的公布重新确立了塞尔维亚的中央集权化，恢复了塞族人的政治特权地位。自从兰科维奇下台后，塞尔维亚人即逐渐丧失了特权地位，不仅在科索沃而且更重要的是在整个南斯拉夫联邦失去了多数民族

---

① *Kosovo Chronicles*, p. 213.
② *Draft Amendments to the Constitution of the SFRY*, Beograd and Sarajevo, 1988, pp. 151－159.

的政治优势。他们不能理解阿族人为什么如此不信任新宪法修正案，因为它的规定只是使"塞尔维亚得到了大自然赋予它的东西"。按照新宪法，科索沃和伏依伏丁那都不可能从塞尔维亚分离出去。宪法修正案颁布前，两地区都能影响塞尔维亚宪法，而塞尔维亚却无法左右它们的宪法。[①] 这个宪法修正案立即引发争论。根据1974年宪法，塞尔维亚被置于联邦少数派位置，因为它虽然占据民族数量优势，但它只有1票，在联邦决策中处于1:8的劣势（还有其他6个共和国及2个自治省区各有1票）。塞尔维亚作为联邦实体获得其基本的国家地位特征，它深感自己处于非常可笑的地位，因为它的地位下降到联邦内少数民族的地位，但同时又不享有少数民族的权利。米拉斯维奇因此可以用科索沃作为塞族在南斯拉夫联邦中地位下降的一个典型例证说明问题。新宪法使塞族人在联邦各个地区都占据了优势地位，只在科索沃不是如此。面临这样的形势，阿族领导人开始收缩战线，他们的让步是降低科索沃自治地位。1989年新年伊始，政府总理布兰科·米库利奇（Branko Mikulic）辞职，这是战后南斯拉夫首例地方政府在任总理辞职的案例。他被指责在领导科索沃经济中犯了错误，而中央政府也未能找到解决科索沃难题的有效政策。他还被指责利用政治权力使其小家庭致富。他的辞职还因为联邦议会未能采取严厉措施削减年度公共开支。科索沃议会也被迫通过了塞尔维亚宪法修正案，实际上就是投票解散自身这个地方议会。这样，塞尔维亚就可以使新的共和国宪法生效了。

压迫科索沃阿族人这一步骤很快便导致局势失去控制。1989年2月科索沃的生活节奏停顿了，来自米特洛维察地区特雷普查巨大矿业混合中心的1000多名阿族矿工再度走上街头，举行反饥饿罢工。他们要求3位科索沃省官员无条件下台，他们是省区党委书记拉赫曼·莫利纳（Rahman Morina）、普里什蒂纳党委书记胡山梅丁·阿泽米（Husamedin Azemi）和联邦党中央委员会成员阿里·苏科利亚，理由是他们于同月强迫民众服从塞尔维亚党的决定。莫利纳当时也是该省区警察总监，他完全效忠于贝尔格莱德内政部，千方百计确保安全工作。他还是南共联盟中少数几个阿族人之一，是少数几个反对阿族地方分离主义潮流的

---

① *Politika*, Belgrade, 25 February, 1989.

人物，因此深得塞族人的信任。1981年科索沃骚乱后阿泽姆·法拉西执政期间，他先是被任命为科索沃省区内政部部长，而后当选为地方党的领导人。① 米洛舍维奇需要莫利纳和其他可靠的阿族人来贯彻其在科索沃的政策。罢工者认为，这3个领导人表现得过于袒护某些联邦领导和整个塞尔维亚领导层。这些抗议者还被塞族人说成是10万阿族人于1988年11月持续5天的大游行示威的继承人，而那次大游行又是1981年骚乱的继续。抗议者明确提出，游行示威是铁托以后民众自发的，而不是阿族分离分子组织的。他们要求任何涉及科索沃自治地位的宪法修改都应该进行民主讨论，而不能由贝尔格莱德强制推行。② 此时的科索沃党组织已经彻底瘫痪，联盟领导层也被迫接受塞尔维亚宪法修正案，并劝说阿泽姆米、莫利纳和苏科利亚辞职。8天后，抗议者经过秘密活动，转变为塞族人和阿族人之间激烈的暴力对抗。这样，科索沃便彻底陷入混乱，因为所有阿族人都放弃了工作，离开店铺和学校，投身于集会，支持矿工们的要求。作为回应，数万塞族人在贝尔格莱德举行集会，要求恢复科索沃秩序。当时塞族—黑山人正在离开党组织，因为地方支部都停止了活动，而阿族人还保持支部，但也处于瘫痪状态。当米洛舍维奇到科索沃对塞族人讲话时，有一小部分塞族头面人物要求立即逮捕阿泽姆·法拉西。次日，他就找了个适当的理由逮捕了后者，借口他煽动矿工罢工，将其开除出党中央委员会。与他一起被捕的还有各大企业的经理们。这些人的被捕和当局强制实施的恐怖高压措施彻底中断了塞族和阿族人之间的对话。科索沃全省实行宵禁。阿族人自发地走出学校、关闭商店、停止市场贸易，他们表现出令人吃惊的团结和对当局的轻蔑态度。而当局即将宣布因"反革命"暴乱而在科索沃实行紧急状态。特雷普查罢工后来被阿族人说成是民族起义，它将阿族人团结为一个政治整体，因此它与1968年和1981年以学生为主的示威不同。当局在巨大压力下，被迫让步。3个领导人被罢免了，持续8天的阿族矿

---

① 他是贝尔格莱德当局努力控制动荡不定的科索沃的关键性人物，被阿族人蔑视为出卖自己民族与米洛舍维奇反阿族政策结盟的叛徒。J. Pettifer, *The Independent*, 19 October 1990。

② RFE, Special Report/4, 8 March, 1989.

工饥饿罢工结束了,军队的部分调动终止了。

但是,事情还远未结束,科索沃仍处于紧张状态,南斯拉夫国家高层公开分裂,主席团和塞尔维亚领导人为一方,斯洛文尼亚和克罗地亚共和国部分领导人为另一方,他们之间的政治分歧集中在宪法修正案上。1989年宪法修正案主要是为了废黜科索沃自治,从而以中央集权的宪法和司法途径解决科索沃民族问题,即将该省区贬低为南斯拉夫8个联邦实体外的一个低等实体地位。随着解散科索沃执行会议和科索沃议会法律的实施,科索沃丧失了其作为行政实体的存在,进而被剥夺了共和国的权力。重新确定科索沃宪法和法律地位的过程伴随着塞尔维亚国家巨大的政治和司法高压。1989年2月3日,塞尔维亚民族议会通过了这个宪法修正案,从而使塞尔维亚获得了更直接控制自治省区安全、司法、财政和社会发展计划的权力。阿族人立即明确反对这个修正案,认为它是取消1974年宪法赋予他们各项权利的一个步骤,而1974年宪法被他们视为对其民族权利的基本保障。但塞族人则将1989年宪法修正案看作保护科索沃少数民族塞族人的措施,它可以防止"阿族分裂分子的种族屠杀"。塞族人抨击阿族人厚颜无耻和忘恩负义,声称他们接纳阿族人却反被阿族人夺走了家园。3月23日,科索沃议会签署了新的塞尔维亚宪法,贝尔格莱德媒体宣称"塞尔维亚已经重新夺回了科索沃的主权"。同时,阿族青年聚集在科索沃大街小巷,神情痛苦绝望,气氛悲凉。因为南部省区再度被称为科索沃和梅托希亚。塞尔维亚宪法秩序大体上又重新回到1963年联邦宪法的原则,该原则规定科索沃的权利应在塞尔维亚共和国宪法中加以规定。而且,1968年、1971年、1974年宪法中有争议的条款都被废除取消了。①

南斯拉夫联邦宪法的多次修改充分反映出当局在科索沃民族问题上的理论贫乏,也暴露出执政者的应变能力较差。塞尔维亚当局通过剥夺科索沃等省区的宪法权力和减少其立法、行政和司法权力,企图以高压手段解决其南方省区的难题,千方百计把该地区难题当作塞尔维亚法律体系内的立法和执法活动事务,使得自己重新背负起沉重的民族包袱。

---

① D. Janjic, "Socialism, Federalism and Nationalism", *Sociology*, Vol. xxxix, No. 3, 1992, p. 319.

这些活动的政治目标就是阻止科索沃从联邦分裂出去,并帮助塞族人返回科索沃。斯维托扎尔·马科维奇(Svetozar Markovic)领导下的南联邦领导层没有别的选择,只能接受塞尔维亚宪法修正案,因为塞尔维亚人占据联邦人口多数,其领导机构与整个联邦有非常强大的联系。科索沃立即爆发了严重的骚乱,导致28个阿族人死亡,许多人受伤。由于零星的骚乱不断,科索沃宣布进入紧急状态。斯洛文尼亚和克罗地亚党组织领导公开宣布支持阿族抗议者,他们认为这个宪法修正案将不会仅限于科索沃,下一步可能将扩展到他们身上。伏依伏丁那、黑山和马其顿的党组织领导则支持塞尔维亚党中央的一切措施,波斯尼亚党组织明显保持中立。南斯拉夫联邦由此分裂了,这个危险的信号还没有引起米洛舍维奇的充分注意,联邦的两极分化继续发展。几天后,45万斯洛文尼亚人签字提交请愿书,支持其共和国批评联邦当局的立场,认为南联邦为控制科索沃动乱而采取的特殊措施是错误的。这个事件立即引发了南斯拉夫各地的反应。次日,塞尔维亚、伏依伏丁那、斯科普里和铁托格勒(Titograd)各地超过10万人参加抗议联盟,支持联邦当局的特殊措施。显然,高层领导的分歧扩展到整个社会,社会骚乱即将爆发。南斯拉夫领导人立即调动军队镇压科索沃骚乱,这是自1945年以来第四次调动军队平息骚乱。为支持中央,塞尔维亚作家协会于3月1日正式断绝与斯洛文尼亚同行的一切关系。①

  小国内乱必定招致外部势力干涉,欧洲强国开始直接介入科索沃骚乱。科索沃事件在苏联被媒体放大了,这似乎出人意料,他们在其从南斯拉夫发回的报道中表现出强烈的亲塞尔维亚倾向。苏联电视台在塞尔维亚实行宪法修正案后发回的报道评论说,伏依伏丁那的匈牙利人已经接受了修正案,"阿族民族主义分子以战争回应他们"。苏联编辑接着说:"塞尔维亚民族议会不顾阿尔巴尼亚的敌意,在伏依伏丁那、科索沃更高层领导和其民众的大多数人的支持下通过了这个修正案。"莫斯科的态度表明,它对当时改善与阿尔巴尼亚的关系几乎不抱什么希望,

---

① "因为他们背叛了两个民族传统的友谊,站到了塞尔维亚敌人一边。" RFE, SR/4, 8 March 1989。

而塞尔维亚倒可能是其联手的新对象。① 在此期间，南斯拉夫与阿尔巴尼亚之间在国家层面上的关系倒是取得了些许进展，因为此前两国关系曾因为1981年科索沃骚乱突然中止。1988年两国签署了文化和教育协定，1989年1月巴尔干国家外交部副部长在地拉那举行此类政治集会，双方又签署了一系列协议。这次会议是继1988年2月在贝尔格莱德召开的巴尔干外长会议之后举行的，外长会议期间，南斯拉夫报纸评论阿尔巴尼亚外长雷伊斯·马利雷（Reis Malile）的讲话"细心而富有建设性"，并回避了任何争议问题，例如他对科索沃问题巧妙地一带而过，宣称该少数民族应该有助于建设两国之间沟通的桥梁。这样，他就响应了铁托关于少数民族"桥梁建设"的思想。雷伊斯·马利雷还同意接受科索沃阿语日报《觉醒》的访谈，阿尔巴尼亚官员此前从来没有这样做过。在访谈中他说，阿尔巴尼亚欣赏与南斯拉夫发展"高标准的完整性"的关系。他再度强调其主张，少数民族应该发挥桥梁作用，当涉及科索沃专门话题时，他说："我们没有任何要求，也不要求任何东西。"这是对南斯拉夫声称阿尔巴尼亚对南斯拉夫有领土要求的明确回应。② 对阿尔巴尼亚而言，贝尔格莱德会议不仅是个恢复名声的机会，也是在努力修复与其最近的邻国关系，这具有极为重要的意义。此次会议上，双方达成了不涉及两国关系中特殊敏感问题的共识，努力寻求建立合作的总框架。为了妥善处理科索沃越发动荡的局势问题，地拉那当局呼吁重新恢复两国间的文化合作。很奇怪，正当南斯拉夫各少数民族关系比其预料得更糟糕之际，阿尔巴尼亚与南斯拉夫的关系发展却远比其与科索沃人关系好得多。阿尔巴尼亚对科索沃除了给出模棱两可的外交辞令之外没有任何其他评论。决定阿尔巴尼亚外交政策的地拉那领袖们对于科索沃人采取观望的态度，总的态度就是超然事外，表现出政策的不确定性和保守性。

长期以来，南斯拉夫是阿尔巴尼亚的主要贸易伙伴，相互间有日益增长的矿石和电力工业的需求。科索沃地区的贾科维察矿产冶炼业需要阿尔巴尼亚的水电和络合金矿。地拉那领导人对于米洛舍维奇在南共党

---

① RFE，BR/62，April 1989.

② RFE，BR/36，March 1988.

内进行的政策调整似乎毫无准备也无反应,可能是因为阿尔巴尼亚经济也陷于崩溃的边缘,这一点对于当时地拉那领导人更加紧迫。伴随着近几年对南斯拉夫未来意义重大的突发事件,虽然地拉那掌握了其大量严重违反人权事件的证据,但为了保持与贝尔格莱德的和平友好关系,他们没有提出任何异议,阿族的利益被刻意忽视了。但是,科索沃刚刚发生的危机自然对南斯拉夫与阿尔巴尼亚关系产生了进一步的影响,因此也会对此前若干年精心建立起来的巴尔干半岛合作精神产生影响。阿尔巴尼亚的反应敏捷,异乎寻常地广泛。恩维尔·霍查的继承人拉米兹·阿利雅的重要助手佛托·卡米(Foto Cami)发表声明,严厉批评南斯拉夫当局对阿族少数民族采取的政策,警告贝尔格莱德的政策必然会对巴尔干半岛合作产生负面影响。佛托·卡米声明立即掀起阿尔巴尼亚各地支持科索沃矿工的抗议浪潮。南斯拉夫也没有预料到刚刚恢复亲善的阿尔巴尼亚会突然变脸,因此仓促对其宣传攻势进行反击,指责阿尔巴尼亚采取"两面三刀的政策",一边大讲良好的友善邻里关系,一边采取反对南斯拉夫的敌对政策。①

塞尔维亚所以能够迅速煽动起民族主义的原因在于,虽然贝尔格莱德没有任何群体南下去科索沃考察,只是通过阅读塞族悲剧式英雄的历史,通过媒体了解现状,但这类书一直是南斯拉夫最好的畅销书,它们公开描述塞尔维亚在第一次世界大战受德、奥同盟国帮凶克罗地亚人乌什塔沙(Ustashi)和波斯尼亚的穆斯林联合迫害,还在第二次世界大战法西斯统治期间遭受阿族帮凶的压迫。在塞尔维亚历史和神话思想中,6月28日圣维特节或称圣维特日的传统持续发光,② 这个纪念科索沃战役的传说缅怀塞族民族英雄和受难者,特别是在战败后遭受的苦难。这样,这一天在塞尔维亚民族和政治文化中占有特殊的位置。塞族人借此机会纪念科索沃波尔耶战役失败600周年,他们一直坚持认为此次战役是其所有痛苦的根源,他们还纪念此后奥斯曼帝国占领的几个黑

---

① 诚如拉米兹·阿利雅(Ramiz Alia)在1987年党中央政治局会议所说,"历史已经表明,阿尔巴尼亚与南斯拉夫的关系是受其国内形势制约的,他们改善或恶化双边关系完全与其国内形势密切相关。"RFE, BR/41, March 1989。

② "维特节"(Vidovdan)是庆祝古代斯拉夫人的神圣维特(Vitus)的节日,斯拉夫人对他崇拜有加,甚至在他们皈依基督教以后仍然如此。

暗世纪里塞族的苦难。但是今天科索沃波尔耶地区除了是大约 2 万名塞族人聚集区外别无其他，他们被周围大量的占多数的阿族聚集区普里什蒂纳包围着。在整个炎热的夏季，科索沃塞族人再度高举旗帜挥舞标语，把这个纪念活动也当作政治集会的契机，数千张米洛舍维奇的照片和海报被张贴出来，现场却没有铁托的像。可见，米洛舍维奇被他们看作第二次世界大战以来捍卫塞族人利益的第一位塞尔维亚领导人，即便与国内其他地区逐渐疏远了也在所不惜。

塞族人持有这样的看法可以理解。自 1974 年以后，每部宪法修正案都使联邦所有成员感到满意，唯独塞尔维亚不满，因为各共和国在中央分权措施中都得到了好处，只有塞尔维亚需要从贯彻中央集权中获得好处。南斯拉夫联邦正是靠分权原则宣称已经解决了民族问题，在米洛舍维奇之前还没有任何中央领导胆敢挑战这一原则。米洛舍维奇却敢于公开发表激烈的演讲，其煽动性极强的政治演说特点鲜明，思想坚定，措施强硬，强调要通过强化联邦集权解决民族问题。他的讲话使阿族人断绝了让步调和的希望。① 米洛舍维奇也是向其支持者暗示，正是他领导下的塞尔维亚现领导才能使塞族人统一起来。他继续说："这个时刻来到了，当我们站在科索沃原野上，能够公开而明确地说——再也不会了！"这个明确的暗示就是塞族人今天已经取得了重大胜利，当然这还不是最后的胜利。② 许多南斯拉夫塞族人自然极为欣赏米洛舍维奇，认为他利用塞族人在科索沃的民族要求乘南斯拉夫处于困境为塞尔维亚获得了好处。当问及米罗万·德伊拉斯（Milovan Djilas）如何看待米洛舍维奇时，他回答说："其他共和国都把米洛舍维奇看作塞尔维亚的铁托，是塞尔维亚民族利益而不是列宁主义利益鼓舞着他。他们认为他似乎像是塞尔维亚霸权主义者。但是，我本人赞同他重视塞尔维亚与其省区关系的政策。我认为在这个方面他是对的，而群众集会也是积极的事

---

① 他公开批评以前的塞尔维亚领导人，"如果说我们失去了战斗，那么不仅仅是因为土耳其军队过于强大，而且还因为塞尔维亚最高领导层可悲的意见不合。这种不和导致塞尔维亚人民在其整个历史上分裂，包括两次世界大战和社会主义南斯拉夫阶段，塞尔维亚领导人一直分裂不和，热衷于以牺牲人民来调解矛盾。" RFE, SR/9, 20 July, 1989。

② 他总结说："今天，6 个世纪后，我们再度战斗，这不是武装的战斗，尽管这样的事情不可能不发生。" RFE, SR/9, 20 July, 1989。

务。至少一个共产党人应该认识到这样的状况是可笑的，即一个最大的民族还没有享有其他少数民族必须享有的权利这样的情况。"①

恰好在科索沃波尔耶庆典前3天，塞族人有机会表明他们的团结一致，贝尔格莱德举行了世界上最大规模的东正教大教堂圣萨瓦教堂的奠基活动。这个教堂始建于1935年，但是因战争而停止，它的重新开工建设象征塞族人作为深受镇压者的重大胜利，以及东正教教会复兴的标志。它就建在奥斯曼帝国土耳其人焚烧掉的圣萨瓦教堂的废墟上，而这位萨瓦圣人则是塞尔维亚东正教教会的奠基人。这样从一开始，该教堂的建设计划就代表了塞族民族主义的宣泄。战后，该教堂曾多次向铁托领导下的南斯拉夫政府申请恢复重建工程，但都无果而终，随着铁托的逝世，最终于1984年获得批准恢复重建工作。该教堂的设计被塞尔维亚人做了修改。后来米洛舍维奇说过，一位塞尔维亚主教告诉外国记者："至少我们有了一位能够满足塞族民族要求的领导人。现在，我们的文化得以复兴，因为这一代共产主义的塞尔维亚年轻人比其上一代人更加尊重中世纪塞尔维亚的光荣。"② 当塞尔维亚教会号召塞族人不仅为民族而且为失去的科索沃精神而战的时候，激烈对抗的情绪就酝酿形成了。1989年秋季当共和国政府通过中央集权、政治和宣传高压以及警察武力镇压等手段寻求确定对省区的普遍管理统治时，塞族与阿族社区间的裂痕进一步加大。

不久，一系列冲突事件就拉开了序幕，南斯拉夫空军战斗机在科索沃主要城镇上空盘旋，街道上布满了军车，全副武装的塞尔维亚警察部队在各地巡逻。10月30日，对阿泽姆·法拉西的审判开始了，但是旋即又因辩护律师各种借口拒绝开庭而拖延，他们在种种要求中特别强调要更换主审法官和公诉人。11月23日，法院通知重新开庭审理，但是审判再度推迟，因为法官决定为法拉西做的辩护需要更多时间进行准备。最终，审判在极为困难的环境中做出，当局动用多辆坦克保护法

---

① 未发表的切雷格尼奇（G. Cirjgnic）与米罗万·德伊拉斯（Milovan Djilas）的谈话，Belgrade, February 1989.

② The Independent, London, 9 January, 1989, p.5。根据卢布尔雅纳电台的说法，科索沃庆典就是一次"公开的塞族人民族大集结，他们把米洛舍维奇当作传奇人物拉扎尔君主一样加以崇拜"，后者在科索沃战斗中阵亡。

院，还封锁了周围的道路，禁止外国外交官和人权组织进入。显然，这次审判完全出于政治动机，也可以满足塞族人中普遍要求进行报复的愿望。在这种环境中，法拉西很难得到公平的判决，法庭无视科索沃各地出现的动乱，也不顾包括矿工们在内社会各方面的游行。科索沃地区民族关系急剧恶化，进而导致塞尔维亚与南斯拉夫其他共和国关系的恶化。在斯洛文尼亚和克罗地亚，报纸称法拉西审判是"一次司法闹剧"。塞尔维亚报纸坚持说，克罗地亚和斯洛文尼亚并不了解科索沃真正发生的事情，特别是不理解科索沃斯拉夫民众的愿望。塞族人尖锐地批评克罗地亚年轻人穿戴"我爱科索沃"标志的衣裳，嘲讽斯洛文尼亚人是"虚伪的人道主义者"。这种说法意味着，卢布尔雅纳（Ljubljana）对科索沃人发出的喧嚣大部分是虚伪的，因为大部分斯洛文尼亚人比塞族人更蔑视科索沃阿族人，克罗地亚人也是如此。[①] 斯洛文尼亚人中没有一个想要去访问像科索沃这样"落后原始"的地方。他们的态度就像他们对待在卢布尔雅纳工作的阿族人一样，也像他们看不起来自南斯拉夫南部其他欠发达地区的人一样，把他们视为低人一等的"土包子"。当塞尔维亚要求改革南斯拉夫联邦时立即遭到斯洛文尼亚和克罗地亚的反对，这两个共和国公开站在科索沃阿族人一边，而阿族人则把他们看作与塞尔维亚争权夺利的联盟。事实上，这两个共和国担心自己也遭遇科索沃人的命运。当南斯拉夫解体使他们最终脱离南斯拉夫后，他们立即就失去了对科索沃的兴趣。[②] 显然他们是从本族利益而非科索沃阿族人利益出发的。

1990年初，科索沃内乱再起。成千上万普里什蒂纳塞族人于1月底上街和平示威游行，支持科索沃共产党领导人拉赫曼·莫利纳

[①] 1989年夏季，米兰达·维科尔斯（Miranda Vickers）住在达尔马提亚的一户克罗地亚人家，并要求播放其一周前从普里兹伦买的阿尔巴尼亚音乐。当她的主人看到磁带面时，就说："这个音乐不好，和土耳其音乐一样，都是科索沃阿族人和吉普赛人的歌曲，那个肮脏的地方，你为什么要去那儿呢？" Miranda Vickers, *Between Serb and Albanian: A History of Kosovo*, London: Hurst & Company, 1998.

[②] 科索沃当局在新近举行的党代会上，拒绝当时以萨格勒布为中心的新独立国家提出的建议，要求南斯拉夫联邦改变民主制度，将科索沃置于联邦直接管理下，北方各个共和国希望限制米洛舍维奇更大的野心。他像铁托一样强硬，企图通过加强联邦框架来保证塞尔维亚的优势地位。

(Rahman Morina)。他曾拒绝接见新成立的学生组织代表团,因为他们要求在科索沃推行政治改革,释放所有政治犯,结束政治审判。然而,游行队伍很快遭到阿族的对抗,来自工厂的阿族人举行对立游行,示威游行很快演变为暴力破坏。阿族青年袭击火车、公共汽车和小汽车。阿族抗议者随后遭到安全防暴部队同样的暴力镇压,进而导致整个科索沃各地阿族示威者和警察的激烈暴力冲突,共有31人死亡,数百人受伤。对抗议者的暴力镇压相当严酷,以至于街道障碍迅速被清理,大部分联邦军队迅速撤退,留给塞尔维亚共和国接管进行直接政治控制。阿族警官遭到解职,从贝尔格莱德增调的2500名塞族警察进驻科索沃。意图平息阿族人情绪,也为了缓和国际媒体的抨击。① 4月28日,亚当·德马奇在经历了28年严酷的监狱生活之后被释放。这个为更美好的世界而奋斗的阿族人的忠实儿子,此时就成为南斯拉夫300万阿族人的精神领袖。② 这样,自1990年春天开始,阿族人确实一度放弃了暴力,采取消极抵抗,这成为科索沃阿族民族运动阶段性的特点。无论如何,塞尔维亚当局政策上的摇摆和出尔反尔造成了更剧烈的动荡。

塞尔维亚议会于1990年3月22日批准了争取科索沃和平、自由、平等和繁荣的计划,这是这个时期重要的国家文件之一。该计划在其名称中就表明了基本目标,即科索沃所有民族群体和平相处,文件将阿族分裂主义当作主要威胁,宣布:"采取特殊措施保证法律、秩序、和平、自由、平等和塞尔维亚的统一。"它将个人和民族权利表述为三个方面:保证科索沃所有公民的人权;阿族人享有完全的平等,包括繁荣其民族传统、宗教和文化遗产;保障第二次世界大战期间被迫离开科索沃的塞族—黑山人定居科索沃的权益。应该说,这个计划在理论上是完美的,但要实现所有人定居的权益必须有使之成为可能的条件。当时的科索沃无论政治还是必要的财政条件都不能保证这个完美计划的真正落实。阿族人不再承认提出该计划的执法当局和立法者,而且认为该计

---

① 关于科索沃抗议者冲突的报道见 The Guardian, 2 February, 1990.
② 亚当·德马奇(Adem Demaci)于1991年在斯特拉斯堡荣获沙哈罗夫奖(Sakharov Prize),他被释放后,继续强调以消极抵抗的方式和平解决当前政治危机,公开坚持其1958年发表的书籍,他说"不是给那些伸出罪恶之手的人,而是给那些主张和解的人所写"。Elsie, "History of Albanian Literature", Vol. II, p. 625。

划提出的时机不对，恰好是在科索沃两大民族裂痕严重的时候，空谈无法弥合分歧，计划已经根本不能解决问题了。①

正当科索沃形势动荡不安之际，发生了一件非常奇怪和极其神秘的事件：1990年春，数千名阿族中小学生莫名其妙地集体中毒，根据阿族资料，3月和4月各个医药中心观察和分析出超过7000名神经麻醉病例。受害者大部分是中小学生，他们显然都受到了呼吸系统毒素的损害。阿族人声称，神经毒气是通过阿族儿童上课的教室通风系统喷散出来的。孩子们描述他们经历的症状，先是发笑，而后开始感到恶心呕吐，出现头痛、胃疼、眩晕、呼吸困难、咳嗽、心区痛和幻觉。医生们诊断为神经中毒，他们使用点滴输液、服用维他命和止痛药。为了找出事实真相，调查中毒事件，国外势力乘机而入，赫尔辛基国际人权联盟派员调查。他们发现，塞尔维亚医疗官员在警察陪同下几度访问了罗马天主教宾卡（Binca）女修道院医院，这里曾收治了大量具有中毒症状的儿童。有一次，警察强迫护士们把所有具有中毒症状的孩子送走。而后，他们没收了药品，理由是女修道院医院并没有获得官方的许可，不能拥有此类药物，并在离开以前捣毁了部分医院的财物。塞尔维亚当局还拒绝调查所谓的中毒事件。许多医院和诊所遭到武装警察警戒，阻止阿族人带孩子来看病。② 这样的事件很容易使人联想到民族迫害上去，而且当局反应迟缓似乎在隐瞒真相，于是媒体的猜测性报道在危险的形势中播撒了暴力反抗的因素，事态变得难以控制了。

此时，斯洛文尼亚和克罗地亚正在争取独立，他们很可能退出南斯拉夫联邦，这使得科索沃的联邦警察在民众中引起的恐怖情绪急剧增

---

① S. Samardzic, *Kosovo - Metohija - Political Aspects of the Problem*, Institute for European Studies, Belgrade, 1995, p.2.

② 根据当局的说法，这些孩子都患了"群体癔病"。*Autonomy to colonization：Human Rights in Kosovo 1989 - 1993*，赫尔辛基国际人权联盟，1993年11月，第23—24页。1996年10月，在阿族人聚集的泰特沃城又发生了一起类似的群体中毒事件，有数百名阿族学生因为抱怨胃痛和浑身颤抖而吸引了医疗机构的注意力。

加,使得塞族群体更加孤立。① 1990年7月,贝尔格莱德政府通过剥夺科索沃自治权来加强控制,联邦警察从议会大厦驱逐科索沃议会成员以阻止他们开会。7月2日,阿族议员聚集在议会大楼外的台阶上开会,宣布在南斯拉夫联邦内的科索沃共和国主权,以及科索沃脱离塞尔维亚。② 作为回应,塞尔维亚在3天后解散了科索沃政府和议会,塞尔维亚民族议会接管科索沃的行政,执行控制权,并再度恢复了科索沃—梅托希亚的名称。这个决定得到了7月11日召开的南斯拉夫社会主义联邦共和国主席团的支持,这样就意味着最终取消了科索沃自治的合法基础,而这个基础是1974年宪法赋予的。科索沃议会被暂时停止活动。贝尔格莱德此后直接统治科索沃,当局下令军队占领科索沃广播电视台,停止所有阿族语言的广播和媒体活动。此后不久的9月7日,爆发了阿族人总罢工,抗议对阿族人的迫害。被解散的科索沃议会中的代表在马其顿边境附近的卡查尼克(Kacánik)镇举行秘密集会。他们在会议上通过了实行"卡查尼克宪法"的决定。③ 当1990年9月28日塞尔维亚宪法确定它的两个省区降格为塞尔维亚共和国内的地区时,这一仓促进行的制宪活动仍在继续。这两个省区被确定下来的只有领土区域性质,其政治自治也仅包括其地位、普选制的议会选举和执法行政机构(见第108—112条)。少数民族成员被保证享有以下集体权利:官方语言使用各自的母语(见第32条,第3段);实行宗教自由(第41条)。与科索沃密切相关的阿族多数民众并没有通过其选出的代表参与整个宪法的制定工作,因此该宪法规定的在南斯拉夫框架内的科索沃宪法地位

---

① 斯洛文尼亚是南联邦中最富裕的共和国,于1989年9月通过宪法修正案宣布拥有脱离联邦的权利,并于1991年6月25日正式宣布独立;克罗地亚也于1991年6月25日宣布脱离联邦独立,引发内部克、塞两族爆发冲突,进而演变为多年的战争,直到1995年12月岱顿会议才结束了交战。

② C. von Kohl and W. Libal, "Kosovo - The Gordian Knot of the Balkans" in R. Elsie ed., *Kosovo - in the Heart of the Powder Keg*, New York: East European Monographs, 1997, p. 85.

③ 该宪法将科索沃共和国描述为"阿族人和其他民族和少数民族成员的民主国家,他们都是其公民,包括塞族人、黑山人、克罗地亚人、土耳其人、罗马尼亚人和其他生活在科索沃的人民"。关于事态发展的官方描述见 *The Kacanik Resolution, Albanian Democratic Movement in Former Yugoslavia, Documents 1990 - 1993*, Kosova Information Centre, Pristina, 1993.

和阿族社区地位都没有被接受。科索沃新宪法地位的具体内容也缺少对阿族人政治意愿的考虑，他们要求把科索沃变为塞尔维亚当局管辖之外的阿族人自己的国家。① 阿文日报《觉醒》在1990年发行6万—8万份，是最初反映塞尔维亚"紧急状态下新政府"影响的媒体。1989年斯塔利—特尔格矿工罢工之后，许多记者因为报道了游行示威而遭到解雇，结果该报也改为不定期出版。报社雇员们的薪金于1990年7月1日被冻结，而后一个月，《觉醒》日报完全停业关闭，造成220名记者和170名技术人员失业。主编和工人们被强迫驱离他们的办公室，警察则在印刷厂驻守了3天，以确保没有任何印刷物出厂。普里什蒂纳电台电视台以及其他6家使用阿语广播的地方电台遭到关闭。大约1300名阿族员工被解雇，由来自塞尔维亚电台和电视台的雇员顶替。"紧急"临时政府治理下的社会发生了巨大变化，因为对科索沃经济生活采取强制"紧急措施"，并大批解雇阿族人必然迅速导致塞尔维亚控制下的科索沃共产党和工会的垮台。结果，新的独立工会出现了，1990年建立了保护工人的组织"科索沃独立工会联盟"（AITUK），作为总协调机构指挥他们的活动。

科索沃于1990年9月3日再度举行24小时总罢工，呼吁重新录用被开除的阿族工人，这是"科索沃独立工会联盟"公开活动的第一次总罢工。紧接着大规模解雇之后，工会就为遭到解雇的阿族人及其家庭提供财政和心理上的支持，由于他们正处于困境，因此都成为科索沃独立工会联盟的重要骨干力量，工会联盟还建立了团结基金，所有阿族工人都自愿把工资的1%捐出来，阿族公司和企业捐出3%的资产。大部分钱实际上来自外来阿族工人和国外政治避难者。但无论是工会联盟还是其活动家都遭到持续的政治监督，其领导人和积极分子也不断被捕遭到监禁。同时，科索沃的医疗机构都被置于塞尔维亚"紧急状态"临时政府控制下，阿族医护人员被解雇，由塞族人和黑山人取代。几乎所有科索沃文化生活都受到波及。普里什蒂纳省区歌剧院被当局监控，该歌剧院的阿族经理被安全警察从办公室赶走，取而代之的是来自官方日报的一名记者。根据塞族媒体的说法，这是因为该歌剧院图片展览中公

---

① Samardzik, *Kosovo - Metohija*, p. 3.

然打出了"反对违反民主暴力"的标题,以此取代了歌剧院的标志。阿族芭蕾舞剧院也解散了。该地方电影生产企业科索沃电影公司也被置于新的塞族经理管辖下。根据科索沃信息部报告,大量图书杂志和文献被从国立图书馆清除出去,最珍贵的文物被运往贝尔格莱德,其余的则被拉进利普连(Lipjan)造纸厂回炉。同样,其他图书馆中的阿语图书也被清理掉。科索沃大部分博物馆遭到关闭,而在继续开放的博物馆中,有关阿族文化的展品都被撤下。

然而,最大的变化还是发生在教育领域,这些变化将严重影响整个阿族儿童一代,也必然决定科索沃社会的未来。1990年8月,塞尔维亚议会决定在共和国各地包括科索沃推行新的中学教育课程,目的是使塞尔维亚各地教育体系标准化。新课程确实使教育内容发生了重大变化,即大幅度增加了讲授塞尔维亚历史和文化的课时,同时大幅度减少教授阿语、历史、文学的课时。在一年级的音乐课本中,增加了14首斯拉夫歌曲,只保留了2首阿族歌曲;在体育课中,阿族民众特别喜欢的舞蹈被彻底取消。课程改革的同时,涉及名额安排的新入学规定也发生了有利于塞族人的变化。阿族学生如果不能通过塞尔维亚语言和文学考试,就不能进入中学学习,而达到这一要求的人数非常少。1990年12月,全副武装的士兵在科索沃各中学门口巡逻,确定没有阿族孩子和教师进入学校,除非他们同意接受塞尔维亚新课程。① 为了对付这种突然强制性的塞族化风潮,阿族人开始消极抵抗,不参加稍后推行的自我测验程序。在这种高压环境中,阿族人首先解决民族陋习带来的问题,试图在他们社区内部清除传统暴力,这就意味着改变血亲复仇这种被普遍认为是落后和原始的传统。具体的做法就是通过在校学生和阿族学者逐渐改变血亲复仇的传统习俗,改变为通过宰杀牧羊来取代,这个活动通常是在血亲复仇前进行。这个过程持续了两个月,最终化解了大约2000个家庭约20000人之间的血亲复仇,因为一次"杀羊"复仇意

---

① 1990—1991学年开学之前,科索沃的小学教育是在964所小学用塞语、阿语和土语进行的,阿族班级包括304836名学生,塞族班级有42388人,土耳其族学生1890人。中学的高中学校有83所,包括69221名阿族学生、14678名塞族学生和389名土族学生。大学教育包括6所两年制大学预科学校和3所大学,阿族大学生6960人、塞族2322人和土族学生26人。见Samardzic, *Kosovo-Metohija*, p. 4。

味着一个家庭所有男性都最终得到了解脱。在公开仪式上，数百个血亲复仇的家庭相互宽容，发誓不再进行冤冤相报的仇杀。① 这种旧习俗的迅速改变可能与阿族人面临的强大外部压力有关，共同的斗争目标和对塞族人的仇恨很快化解了家族间的怨恨。大约同一时期，科索沃大部分阿族人似乎认识到他们有必要断绝与伊斯兰教遗产的关系，作为他们与西方基督教国家合作的第一步。

• 20世纪最后10年的科索沃局势持续恶化，信仰穆斯林的阿族人公开拒绝集体皈依罗马天主教的计划。② 科索沃民众除了关注社会问题外，此时从政治上要解决新宪法改革带来的问题，以及如何应对新政府在科索沃执政给他们带来的问题。当以前的阿族马克思列宁主义政党和组织从人们的视野中消失，并被阿族民族党派和领导人取代以后，科索沃阿族民族运动就出现了转折点。其中最重要的是，1989年12月23日建立了"科索沃民主联盟"（LDK），由易卜拉欣·鲁戈瓦（Ibrahim Rugova）博士领导。③ 同时，塞尔维亚对科索沃工商业领导岗位的政治清洗加速了许多大企业的倒闭，其中许多企业主要是社会主义计划经济政策下的产物，如同在南斯拉夫各地到处都存在的这类企业一样，它们是非生产性的企业，只是为了提供就业机会而已。科索沃许多国有企业还在继续倒闭。那些继续生产的企业也都处于塞尔维亚当局控制下，其经理由塞族—黑山人取代。同时，也开始出现了一种合法掠夺机器技术设备和财政援助的形式，与此伴随的是在塞尔维亚涌现出许多相关企业

---

① 阿族人继续推进和解行动，当局认为这是阿族人团结的危险证据。Thompson, *A Paper House*, p. 141。

② "他们询问自己和他们的朋友，是否有可能重新返回'我们祖先的信仰'。这是集体精神深刻绝望危机的时代，也是共产主义崩溃后的灾难，更是在科索沃自选阿族领导人领导下获得解放的时刻。" S. Maliqi, "Albanians Between East and West", in Duijzings, Janjic and Maliqi, ed., *Kosovo – Kosova*, p. 119。

③ 易卜拉欣·鲁戈瓦博士于1944年12月2日出生在奥斯托格（Ostog）地区西尔希（Cerce）村庄一个殷实的农场主家里，他是个沉默寡言、香烟不断、长发怪异、不修边幅，看起来就像个农民学者的人。他曾经在南斯拉夫国家作为公敌受到审判。1976年，他完成其普里什蒂纳大学文学学位后成为民族活动家，并获得在法国巴黎学习一年的机会，就是在那里他似乎接受了特殊的服饰，即戴红色圆点的方巾，他一直衣着邋遢，以此象征性地表现其民族的悲惨生活状况。作为温和派民族主义者，在西方扶植下于2002年当选科索沃临时总统，2005年连任总统，2006年1月26日患肺癌去世。

公司。这使得科索沃经济进一步恶化,首当其冲的是科索沃银行的破产,它因此丧失了66000个外币私人储户,财富总值达到约9800万美元,这笔钱简单地被贝尔格莱德国营的"南斯拉夫银行"(Jugobanka)没收,而后者拒绝履行其对客户的义务。塞尔维亚议会而后通过法律,规定依据民族对等比例安排工人,强迫企业每录用一个阿族人必须同时录用一个塞族人。所有阿族工人都被要求签署"忠诚书",宣誓忠于塞尔维亚共和国和塞尔维亚社会主义党。如果他们拒绝签署,就会失去工作。许多人还因此失去了其公有单元住房,被迫成为无家可归的人,也失去了任何社会福利保障。大部分阿族人拒绝签字,因此被解雇。这些遭到解雇的工人大部分还保持着各自大家族的支持,他们还不至于无家可归衣食无着落,这里可以看出原始的阿族家族的社会影响力相当强大。但是,大批失业者也直接造成了许多阿族家庭的生存危机,特别是那些在城镇化过程中离开农村老家的家庭,它们越来越依赖各种阿族民族团结组织。①

后铁托时代的科索沃继续受到南斯拉夫联邦的关注,然而此时的关注已经完全改变了性质。科索沃阿族失去了铁托这位理想主义领导人的保护,从一个享有特权照顾的多数民族突然滑落到接受少数民族塞族统治的"劣等"民族的地位,受到南斯拉夫联邦塞尔维亚民族主义领导人的压制,各种深层次矛盾逐渐激化,迅速浮出水面成为社会政治冲突的主要矛盾。其实,铁托也不过是将科索沃当作打压大塞尔维亚民族主义的试验场,把阿族人当作其平衡南联邦主体民族塞族人的工具和平衡多民族势力的筹码。塞尔维亚民族主义者领导人米洛舍维奇彻底抛弃了理想主义的民族政策,利用强烈反弹的塞族民族主义情绪,企图强制恢复科索沃塞族人的优势地位,导致多种民族主义恶性膨胀,酿成南斯拉夫解体,科索沃进入民族冲突的爆炸点。米洛舍维奇及其代表的塞族势力没有看清全球化造成的大国干涉趋势越来越强烈、形式越来越复杂,没有认清作为其主要后盾的苏联已经丧失了原有的超级霸权,也没有认清科索沃已经从塞族人占多数转变为阿族人占多数的历史和现实,更没

---

① 例如"科索沃独立工会联盟"(UITUK)和地方救济机构如特雷莎母亲会(Mother Teresa)。I. Rexhepi, "The Province of Poverty", *War Report*, May 1996。

有审时度势洞察科索沃民族问题引发的连锁反应,不懂得"丢卒保车""退一步进两步"的政治策略,不愿意接受科索沃共和国的方案和对阿族的怀柔政策,采取强硬的民族压制措施,一意孤行,不断激化矛盾,将形势推向崩溃的边缘。事实上,科索沃的历史包袱过于沉重,其民族问题不仅铁托无法解决,更非米洛舍维奇能够解决。铁托有意无意地放弃了第二次世界大战刚刚结束后解决科索沃民族问题的最佳时机,米洛舍维奇就只能接受其酿制的苦酒。问题在于,塞尔维亚人不甘心接受阿族人占有科索沃这样的现实,还以强硬的政策对铁托"纠错",显然属于不识时务之举。如果说,塞尔维亚民族主义的膨胀导致了科索沃民族形势的恶化,那么科索沃阿族遭受的不公正对待就成为南联邦解体的直接推动力。当民族冲突演化为民族战争时,米洛舍维奇就没有回头路了。

第八章

动荡不安的科索沃

本章摘要：南斯拉夫联邦的解体是南斯拉夫民族历史发展的重要事件，它成为塞尔维亚国家民族矛盾激化的标志，也是科索沃问题走入死胡同的开端。在国际强权支持下的科索沃独立，只是阶段性地解决了阿族人的问题，但是却没有根本化解该地区多民族共存的矛盾问题。科索沃地区仍将是巴尔干强权和欧美列强角逐的战场之一，而世界强权插手该地区事务只能继续恶化半岛形势，科索沃作为苏东解体后世界战略格局持续变动背景下大国战略博弈的边缘地带，不过是当今国际关系中大国较量的筹码。近10年来科索沃局势的发展没有出现新的变化，独立后的科索沃并不能解决地区内深层次的矛盾，资源不足不可能通过西方国家持续的援助解决，经济发展也不可能通过外部投资得到动力，民族矛盾还将在新的背景下爆发演化为战争。而这一切将取决于整个国际局势特别是欧洲局势的变化，俄罗斯的重新崛起对这个地区将发挥决定性作用。科索沃仍将长期成为巴尔干"火药桶"的起火点，动荡还将长期主宰该地区，塞族人和阿族人将继续在无法化解的矛盾中厮杀，他们似乎没有光明的未来。

1991年3月16日，米洛舍维奇发表电视讲话，宣布取消南斯拉夫联邦，第二次世界大战后长期维系着多民族共同体的联邦国家正式解体，斯洛文尼亚、克罗地亚、马其顿均宣布独立，此后不久波斯米亚与黑塞哥维纳也经过公投于1992年独立，塞尔维亚和黑山组建起南斯拉夫联盟共和国。南斯拉夫在铁托时代之后如此迅速地解体令人震惊，似乎这个联邦国家只是为铁托存在的，他去世后，这个社会主义联邦国家也随其而去。米洛舍维奇既没有设法挽救联邦，也没有在最后的演讲中流露出任何的惋惜之情。"冰冻三尺，非一日之寒"，南斯拉夫联邦内多民族共存的事实早就存在，各个民族特别是塞族和阿族两个民族间的积怨和仇恨也不仅仅是在 20 世纪期间形成的。中古晚期的巴尔干半岛已经失去了不同民族融合、国家统一整合的最佳历史机遇，特别是奥斯曼帝国推行的民族分化分治政策强化了民族对立，而民族解放运动强化了不同民族间的区别。两次世界大战前后的半个世纪，民族对立进一步激化，南共和后来的塞尔维亚当局都不可能化解这种深刻的民族矛盾和历史积怨，无论是铁托式的理想主义民族政策还是米洛舍维奇主张的强硬民族政策，都只能在民族仇恨的垃圾堆上增添新的垃圾。事实上，米洛舍维奇放弃南斯拉夫联邦是符合其强硬民族政策的，因为这样做才能实现他一贯主张的"全体塞尔维亚人生活在一个统一国家"里的目标。与其在一个松散的联邦中为各自民族争权夺利，还不如分开独立，各自维护单一民族国家的利益，把民族的利益转变为国家的利益，也许能更好地按照国际关系规则处理问题。但是，米洛舍维奇有两个重要问题无法解决，这成为他此后的心病和软肋：其一，多民族混居地区的界定无法解决，具体到科索沃，阿族和塞族两大民族界定的时空概念都很难确定；其二，多民族历史与文化遗产包括民族宿怨无法划清，科索沃作为包括两大民族在内的多民族历史与文化共存交融的重要舞台很难确定谁的分量更重。这两个基本问题不解决，却急于厘清其他问题，显然只能在错误道路上走进死胡同，越走越深不能自拔。南斯拉夫联邦的解体给了科索沃阿族人明确的信号，他们也可以走独立共和国的道路解决本地问题：从争取自治到摆脱塞尔维亚的转变由此发生了。正是由于多民族混居区的界定这个基本问题没有解决，因此随后便爆发了民族战争，1991—1995 年的克罗地亚战争和 1992—1995 年的波斯尼亚战争就是其必然的结果。也是由于阿族和塞族民族历史与文化遗产无法划清，这第二个基本问题没有解决，因此科索沃战争必然爆发。

同一年，执政的阿尔巴尼亚劳动党更名为共产党，这个在战后一直由霍查控制的党派（1948 年曾更名为阿尔巴尼亚劳动党）在他死后经历了混乱的阶段后，虽然重新恢复了共产党的名称，但是却找不到推进改革的方向，最终失去了政权。这个事件与南斯拉夫联邦的解体，共同将南斯拉夫阿族人和阿尔巴尼亚合并的问题提上日程。事实上，直到斯洛文尼亚和克罗地亚脱离南斯拉夫这个标志南斯拉夫解体的事件发生之时，阿族人仍然坚持在南斯拉夫联邦框架内追求其民族高度自治的目标。当南斯拉夫解体的情况日益明朗后，阿族民众才认识到他们的真实意愿是脱离南斯拉夫联盟并与阿尔巴尼亚合并。然而，随着东欧集团和苏联解体，特别是南斯拉夫迅速瓦解和阿尔巴尼亚发生变革的新进程，许多科索沃阿族人认识到建立新世界秩序的进程已经开始，阿族民族问题应该以新的视野来观察了，彻底了断民族纠葛的时机到来了。地拉那当局此时开始猛烈批评塞尔维亚领导层的科索沃政策，但是这种批评仅仅是因为它担心大批难民涌入阿尔巴尼亚而不是从任何民族利益考虑出发。在南、阿边界发生巡逻部队摩擦事件后，阿尔巴尼亚武装部队开入高度紧张的地区。1991年2月22日，即宣布劳动党执政地位被推翻的第二天，"科索沃民主联盟"代表团即到达地拉那访问了阿尔巴尼亚，这是科索沃派出的第一个正式代表团。此后，"科索沃民主联盟"的代表和其他科索沃著名人士也获准往来访问，直到同年10月末，阿尔巴尼亚官方正式承认科索沃共和国为独立主权国家，这是第一个承认科索沃独立的国家。它希望这个表态能够促使更多国家承认科索沃。"科索沃民主联盟"还在地拉那设立了常设办公室，阿里·阿利乌（Ali Aliu）成为其驻阿尔巴尼亚的首任代表，他曾是普里什蒂纳大学教授，后来被塞族人解职，遂成为阿族民族主义活动家。科索沃人早就报有得到地拉那政治帮助的希望，如今总算得到了回报。[①] 但是科索沃阿族人的期望不止于此，而阿尔巴尼亚能够提供的也仅此而已。

科索沃阿族人为了对抗贝尔格莱德强行确定给他们的社会政治和经济地位，拒绝承认塞尔维亚国家赋予科索沃的立法和司法权，他们建立

[①] 阿利乌在一次谈话中就乐观地说："我们希望地拉那对待科索沃不只是当作外交政策，而且当作民族事务来处理。科索沃已经消失于公众媒体达两年之久，因此我们必须最大限度地努力确保地拉那为基地的阿尔巴尼亚媒体高度关注科索沃问题，就像关注整个民族问题一样。"除了阿尔巴尼亚的医疗和教育援助外，阿利乌还希望地拉那为成千上万逃离南斯拉夫军队的科索沃人提供帮助，"我们希望正在从南斯拉夫军队中逃亡的10万阿族人知道，阿尔巴尼亚能够而且愿意为他们提供庇护。我们不希望看到我们的子弟逃往西欧，我们请求地拉那为他们提供安全保护。" *East European Reporter*, March/April 1992, p.58.

自己的相应机构，即阿族人地下政治机构。塞尔维亚当局无法阻止多种阿族政治组织的活动，当时最重要的组织是科索沃民主联盟，1991年时该组织成员达到约70万人，并在欧洲各个主要城市设立了办公室，特别在苏黎世、斯图加特和布鲁塞尔非常活跃。该组织以民族运动而非党派为其宗旨，很快就在科索沃阿族人中成为人数最多最有影响的组织。其领导者大多是南斯拉夫共产主义联盟的成员，贝尔格莱德当局最初并未将它视为重要的威胁，因为他们都有可靠的相对稳定的共产党人的背景。但是，塞尔维亚与克罗地亚战争爆发后不久，塞尔维亚对"科索沃民主联盟"的这种看法发生了改变。从那一刻起，贝尔格莱德极为警觉地监视着"科索沃民主联盟"是否转向激进的民族主义。作为科索沃阿族温和派的"科索沃民主联盟"一直保持着温和态度，这使塞尔维亚感到安心，因为它总比主张武装暴力的阿族组织要强。不久，号召以武力对抗塞尔维亚的阿族组织与"科索沃民主联盟"发生争执，双方都认为自己才是科索沃利益的唯一代表。在此期间，易卜拉欣·鲁戈瓦开始作为人权活动家出现在国际舞台上。当时阿族人和塞族人相互指责对方试图开辟南斯拉夫"第二战线"。从阿里·阿利乌谈话可以看出，科索沃人希望阿尔巴尼亚当局考虑支持南斯拉夫的阿族人民族斗争问题。即便是科索沃民族主义积极分子们也非常了解阿尔巴尼亚极为可悲的社会经济状况，但他们仍然坚信地拉那会对他们出以援手。① 大部分科索沃人相信，阿尔巴尼亚的贫穷只是暂时现象，随着新兴的阿尔巴尼亚反对派政党"阿尔巴尼亚民主党"（DP）在阿尔巴尼亚第一次多党选举中获胜，大量国际经济援助涌入阿尔巴尼亚，贫穷局面将迅速改变。这个时期，"阿尔巴尼亚民主党"坚定地与科索沃事业联系在一起，宣称一旦该党当权就将推倒"巴尔干之墙"。科索沃流亡团体立即对阿尔巴尼亚立场如此鲜明的宣言做出回报，他们给"阿尔巴尼亚民主党"大量物资援助。而美欧等西方政客乐见巴尔干半岛的

---

① 当了解到地拉那当局对科索沃非常冷淡甚至反感，阿利乌问道，为什么科索沃还在等待阿尔巴尼亚军队解救他们，等待阿尔巴尼亚人为他们提供庇护，他说："情况是在过去的50年里，我们并不完全了解在阿尔巴尼亚发生的事情。20世纪70年代，我曾作为大学的客人到访地拉那。我们中任何人都不了解那里恐怖和专制的程度。当局千方百计不让我们了解真实情况；我们只是看到表面现象。" *East European Reporter*, March/April 1992, p.58.

新动荡，确信在乱局中可以获得更大的战略利益。阿尔巴尼亚此后发生的重大政治变故一直吸引着科索沃移民社团，他们渴望获得更多关注，遂开始增加对"阿尔巴尼亚民主党"的援助。从德国和瑞士购买的汽车、传真机等大量设备被运入地拉那，送给"阿尔巴尼亚民主党"，准备迎接1992年3月的大选。

科索沃局势进一步紧张。1991年春季有报告称，南斯拉夫民族军队（JNA）开始暗中武装科索沃塞族—黑山族民众，他们相互串联，策划暴力攻击。克罗地亚从一开始就反对米洛舍维奇的民族政策，公开支持科索沃阿族人。此时，其阿尔巴尼亚语广播推波助澜，电台在其5月20和21日阿族新闻广播中称，许多城市的塞族人已经配发了自动枪械，并在大街小巷炫耀武器。该广播还进一步宣传说，在佩奇，警察在众目睽睽之下分发了两卡车武器弹药。阿族反对党就此指出，分发武器证明了塞尔维亚政府决定在科索沃建立暴力统治的决定。塞尔维亚中央政府显然对此有所了解，在5月30日召开的南斯拉夫国内政策委员会会议上，讨论了在前南斯拉夫各地报道的科索沃武装公民的问题。在讨论期间，两名来自科索沃的代表勒德泽普·哈米提（Redzep Hamiti）和拉莫·阿利哈伊达利（Ramo Alihajdari）公布了塞尔维亚派往科索沃向塞族—黑山人分发武器弹药的两辆卡车的牌照号码。他们宣称向科索沃塞族—黑山人"大规模配发"武器弹药的事情正在进行中。① 这就推动了科索沃阿族人采取行动团结起来做出他们自己的政治响应。

科索沃、马其顿和黑山的阿族人各政治党派于1991年8月建立联合委员会，由易卜拉欣·鲁戈瓦任主席，协调行动，以便向国际社会表明统一的立场。尽管"卡查尼克宪法"一直设法在南斯拉夫框架内寻求解决科索沃地位问题，但是1992年斯洛文尼亚和克罗地亚脱离南斯拉夫促使阿族领导人迅速改变了态度。因此科索沃阿族人此时自称为"科索沃共和国"，其议会于1991年9月22日通过了"科索沃独立与主权决议案"。这个决定在9月26—30日由议会秘密组织公民投票，在

---

① 与此同时，据说，科索沃警察正在从阿族人手中收缴武器，其中大部分是用于狩猎，并得到许可的。*Yugoslavia*: *Human Rights Abuses in Kosovo 1990-1992*, Helsinki Watch, October 1992, p. 52.

阿族人占多数的情况下，交付给民众就意味着"通过"。投票在农村地区是公开进行的，在城市则在私人家中秘密进行，以便躲避警方的骚扰。科索沃独立理所当然获得了压倒性多数支持。投票在科索沃全体有效选民中占87.01%，他们中占99.87%的票数支持独立，只有164个公民投了反对票，933票弃权。科索沃议会根据公民投票对"卡查尼克宪法"进行了修正，宣布科索沃于1991年10月19日独立。布亚尔·布科什（Bujar Bukoshi）博士被任命为总理。[1] 塞尔维亚当局立即宣称此次公民投票违反违宪，是该省区分离并与阿尔巴尼亚邻国合并的第一步。在贝尔格莱德与扎格勒布之间的冲突白热化之际，大量克罗地亚记者的报道推动了阿族人发动起义，以此减轻南联盟对克罗地亚的军事压力。但是，克罗地亚总统弗兰由·图德伊曼（Franjo Tudjman）此时已经通过谈判接受了米洛舍维奇的提议，驱逐科索沃代表参加关于南斯拉夫未来谈判的计划，从而疏远了阿族人，他还公开宣称科索沃是塞尔维亚内部事务。鲁戈瓦和其他科索沃领导人认为，克罗地亚和斯洛文尼亚在与米洛舍维奇的交易中已经牺牲了科索沃的主权，因此对克罗地亚的计划深表怀疑。[2] 也许我们不能指责克罗地亚和斯洛文尼亚，毕竟在多民族较量的舞台上，各个民族都是从各自的立场出发，维护各自的最大利益。

同时，科索沃教育制度遭到进一步破坏。贝尔格莱德政府宣布，不允许任何阿族学生在普里什蒂纳大学进行1991/1992年及其以后的注册；武装警察将把守所有大学建筑物、宿舍、试验室和图书馆，禁止他们入内。大约7000名塞族—黑山族学生，以及许多希腊学生则继续正常就学，[3] 据说他们都是未能在希腊考入大学的劣等学生。由塞尔维亚

---

[1] D. Kostovicova, *Parallel Worlds*, p. 31. 早在1989年，布科什就对"科索沃民主联盟"有所帮助，在其被任命为总理前，是作为当地党的总书记。他从贝尔格莱德大学医学院毕业后，一直在贝尔格莱德、普里斯蒂纳和德国研究、试验和教授医学。他是普里斯蒂纳大学教员，直到1990年8月因其政治观点而遭到解职。

[2] E. Biberaj, *Kosova: The Balkan Powder Keg*, Research Institute for the Study of Conflict and Terrorism, 1993, p. 10.

[3] 此后不久生效的大学法律在其第10款中特别规定，如果大学或学院教师就有争议的问题达成一致，那么也可以使用塞—克族语言和其他小语种语言进行讲授。*Official Gazette of Serbia*, 54/92, 8 August, 1992.

任命的学校教员多数是塞族人,因此这样带有民族歧视的规定根本不可能落实。阿族人立即做出反应,他们于1991年11月建立了自己的阿族语言大学,虽然起初缺乏基本的条件和有组织的高效教学,但他们有了自己的大学。1991年12月23日,科索沃领导层向欧洲共同体申请对其独立国家地位的承认遭到拒绝,于是他们就将其"平行管理"机构与塞尔维亚任命的机构并行运作。当以鲁戈瓦为主席的"南斯拉夫阿族政党协调委员会"了解到科索沃宣布独立后,立即于1991年10月通过了政治宣言,对"解决南斯拉夫阿族人问题"提出三点意见:①如果南斯拉夫社会主义联邦共和国(SFRY)的内外边界保持不变的话,那么南斯拉夫主权国家的新社区就要求得到具有联邦权利的主权和独立国家的地位。塞尔维亚、马其顿和黑山的阿族人将享有民族国家的地位,而不是其中的少数民族。②如果南斯拉夫只是调整其内部边界而不调整其外部边界的话,就号召建立一个阿族共和国,除了科索沃外,还包括塞尔维亚中部、黑山和马其顿等阿族人居住的其他地区。③如果调整外部边界,阿族人则通过全民公决和普遍宣告,公开与阿尔巴尼亚合并。① 当冬季来临的时候,似乎没有一种选择更接近现实。克罗地亚战争的战斗还在持续,此时又蔓延到了波斯尼亚—黑塞哥维纳。随着南斯拉夫军队从马其顿调往北方,科索沃地区军事部署大部分要重新调整,到了11月,据说所有城镇都驻扎了南军。沿着阿尔巴尼亚边界地区增调了扩充的塞尔维亚预备役部队。此时,科索沃斯拉夫人和阿族人完全隔离开,所有的经济机构、政治机构和社会机构都陷于瘫痪。如果完全停产,那么社会正常生活秩序就难以维持。塞尔维亚1991年预算1/5以上部分难以落实,其中大部分还集中在科索沃自治省区。塞族—黑山工人进入科索沃的人数也大幅减少,因为允诺给他们的工作津贴无法兑现。②

1992年3月,阿尔巴尼亚举行第一次大选。作为当时极为重要的

---

① 该宣言还说将"在巴尔干半岛建立一个具有阿尔巴尼亚民族边界的不可分割的阿尔巴尼亚国家",其范围大体在1878年第一个普里兹伦联盟宣布的边界内。P. Simic, *The Kosovo and Metohija Problem and Regional Security in the Balkans*, Belgrade, 1996, p. 13.

② Thompson, *A Paper House*, p. 129.

移民问题，美国纽约的阿族人对促进"统一阿尔巴尼亚"计划比在阿尔巴尼亚本身还要强劲，估计有35万—40万名阿族裔美国人及其社团领袖们在活动，希望推动科索沃问题的解决。1986年，国会议员约瑟夫·迪奥·瓜尔迪（Joseph Dio Guardi）就发现"美国阿族人联盟"集中了多个极有影响力的美国阿族人团体，为了南斯拉夫阿族人的利益积极活动，特别是在美国国会提出南联盟科索沃的人权问题以后活动更为频繁。[1] 科索沃人相信，阿尔巴尼亚民主政府能够为了科索沃民众的福祉和进步，动用其新的权力和能量。但是这个贝里沙行事风格过于哗众取宠，他像其他欧洲政客一样，认为前南斯拉夫的三个共和国都获得了国际承认，现在也该轮到科索沃了，因此他发表了那个敏感时期的一次煽动性讲话。的确，阿尔巴尼亚民主党在其1990年最初的纲领中包括最终与科索沃实现"民族"统一的目标，而如同大部分阿族人一样，他也认为历史给阿族人提供了统一的机会。他也像讲吉赫格语的阿族人一样与科索沃家族有着千丝万缕的联系，所以更优先考虑阿尔巴尼亚与科索沃的统一问题，这与许多讲托斯克语言的阿族政客不同。

与此同时，随着南斯拉夫内战的展开，科索沃阿族人仍然要履行其12个月的义务兵役，参加南斯拉夫军队作战，并无权逃避征兵，或者放弃公民义务。而阿族士兵在南斯拉夫军队中常常受到其上级军官的怀疑，特别是在1991年南斯拉夫内战爆发后，几乎所有阿族男子都拒绝服兵役。为了逃避征兵，成千上万人逃亡国外，更多的人在科索沃当地隐藏下来，进而导致警察设置检查站搜捕他们。其他人偷越国境到阿尔巴尼亚，直接到地拉那去，而他们的到来最初确实产生了影响。科索沃阿族人只是因为科索沃生存环境艰难和塞族人的迫害而出逃，但到了阿尔巴尼亚他们又为自己在阿尔巴尼亚的生计而焦虑。同时他们还担忧美国的阿族人返乡以后的问题，因为这些美国阿族人很快就成为这个小锅里的大鱼，他们的家族联系极为广泛，能够充分利用其国际联系来发展

---

[1] 这个联盟一直争议不断，可能并没有发挥其建立者最初预想的作用，虽然它在国会山有一支强大的科索沃游说团，该团队在参议员罗伯特·多雷（Robert Dole）领导下发展迅速。民主党领导人萨利·贝里沙（Sali Berisha）博士告诉其支持者，"民主党将不会停止战斗，直到其统一阿尔巴尼亚民族的伟大理想实现之时"。BBC/SWB, EE/1336, B/3, 23 March, 1992.

自己的经济利益。这些人甚至能够利用手中少量的硬通货，开始很快控制经济活动的多个领域，其中最常见的就是汽车进口、毒品交易和枪支买卖。科索沃阿族移民在阿尔巴尼亚转型初期流行的各种黑社会性质活动中确实属于犯罪率高发的人群，对阿尔巴尼亚社会状况持续恶化问题负有责任。

1992年1月国际社会陆续承认克罗地亚和斯洛文尼亚的独立，这使得南斯拉夫联盟的形势急剧恶化，直接导致了波黑冲突的扩大化。塞尔维亚相应地加强了对科索沃的控制。1月底，地拉那召开了支持科索沃阿族人的大型群众集会。此时科索沃人欢欣鼓舞热切期待阿尔巴尼亚的第一次多党选举，这种热潮表现在科索沃民族主义学者雷科赫普·科斯亚（Rexhep Qosja）的发言中，他在参加1992年2月初在地拉那举行的阿尔巴尼亚科学院会议上，对与会的学者和政客们解释其访问阿尔巴尼亚的象征性意义，他称为"朝拜圣地"。① 这个讲话是浪漫而不切实际的典型，许多身在阿尔巴尼亚的科索沃人就是抱着这样的想法。他们认为，此时他们面临着最终解决阿尔巴尼亚民族问题的历史机遇。科索沃阿族人普遍相信，民主党在即将到来的阿尔巴尼亚选举中获胜，这将有助于赢得国际社会的支持以及对其阿族人困境的理解。1992年3月当大选胜利最终实现，萨利·贝里沙（Sali Berisha）当选为阿尔巴尼亚总统时，各地阿族移民一片欢腾，认为这是整个巴尔干半岛阿族人的胜利。紧接着阿尔巴尼亚国家开始实行多党制，阿尔巴尼亚民族获得了精神上的重新统一，尽管只是暂时的。② 在民主党多次集会上，狂热的

---

① 他的讲话激起了阿尔巴尼亚邻国要各地阿族民众统一起来的历史情感："我们［科索沃人］来到我们梦牵思念的理想之地，来到我们阿族人先知圣徒聚集之地，这里有科鲁亚（Kruja）和法罗拉（Vlora），有斯坎德培和纳伊姆·弗拉舍利（Naim Frasheri）的墓地。阿尔巴尼亚的贫困根源深厚，它是对阿尔巴尼亚人民历史伤害的结果。我们的邻国们千方百计不让我们找到解决我们民族问题的办法；塞尔维亚、黑山、希腊，现在还有马其顿正在分裂我们的领土。这样，我们在1878年和1912—1913年同样的敌人们现在还在反对我们。但是，当前无论我们的国际地位还是他们的国际地位都与115年前或者80年前不同了。他们现在都不像过去那样处于有利的政治地位。随着阿尔巴尼亚问题的正确解决，随着阿尔巴尼亚人的统一，欧洲最严重的不公正将得到解决。"Albanian Telegraphic Agency, 9 February, 1992.

② 阿尔巴尼亚官方媒体宣称，"不存在缺少科索沃的阿尔巴尼亚，也不存在缺少阿尔巴尼亚的科索沃。"Albanian Telegraphic Agency, 9 February, 1992.

人群打出了相当有威胁性的标语:"让我们摧毁把阿族人分隔出阿尔巴尼亚人的边界",这是号召民族统一的直接表达,对国际社会产生了极大的震动,波斯尼亚和克罗地亚原本支持阿族人,他们此时也低调地希望保持现状并避免修改现有边界,新的动向迫使他们也调整了策略。科索沃阿族人好像忘却了国际社会的这种想法,此时希望国际社会投入大笔财政援助,进而强化其在国际谈判场合的重要作用,立即提升阿尔巴尼亚的地位。① 这种一厢情愿的狂热没有持续多久。

一旦贝里沙当选总统,并面临阿尔巴尼亚糟糕的经济状况时,其先前的诺言立即就被抛置于脑后了。同样,当阿尔巴尼亚开始参与有关南斯拉夫冲突的艰难谈判时,他也受到外部世界的极大压力,迫使他缓和民族主义的要求,以换取其政府得到财政援助。此后,他一再强调阿尔巴尼亚—南斯拉夫边界不应强行改变。与此同时,科索沃的武装对立局势持续紧张,塞尔维亚建立新军营,组建正规军,并征召编外塞族预备役军队。当局还向塞族—黑山人发放武器,大批阿族青年被强制征召派往南斯拉夫其他交战地区。当地还建立了新的边境检查站,从而将科索沃置于实际上的紧急状态,阿族人因此陷入严重的封闭状态。1992年4月,该省区塞尔维亚"紧急状态措施"部主任武科维奇(Vucovic)在普里什蒂纳格兰特酒店(Pristina Grand Hotel)公开建立招募志愿者的注册中心,为"塞尔维亚民族卫队"和"塞尔维亚激进党"(SRP)领导下的"白鹰"(Beli Orlovi)部队招募人马。他应该对克罗地亚发生的许多暴行负责。准军事部队的狙击手被安置在普里什蒂纳城区各制高点上,例如格兰特酒店、伯租尔宾馆(Bozur Hotel)和类似建筑物的楼顶。除了这些活动外,塞瑟利(Seselj)还被任命为普里什蒂纳大学法学院教授,控制大学。除了"猛虎"外,其他准军事组织在泽利科·拉兹恩亚托维齐(Zeljko Raznjatovic)领导下也在科索沃频繁活动,被

---

① 这种希望在美国得到了响应,1992年6月20日《伊利里亚》(*Illyria*)报这份美国阿族人周刊打出了这样的通栏标题:"科索沃赢得了贝里沙(Berisha)。"鲁戈瓦认为,政治和经济上稳定的阿尔巴尼亚将更有利于科索沃,他在民主党获胜后对"美国之音"的一次访谈中说:"这次胜利对科索沃阿族人十分重要,因为阿尔巴尼亚将以崭新的面貌出现在国际舞台上。它的经济将得到加强,当然就能够有助于整个阿族人的事业。" Albanian Telegraphic Agency, 9 February, 1992.

称为"阿尔坎"(Arkan)部队。拉兹恩亚托维齐后来名列波黑战犯名单，据说他是贝尔格莱德一个著名犯罪组织的领袖，曾遭到西欧国际刑警组织追捕通缉。

1992年3月，科索沃领导人加强努力争取国际承认，他们访问欧洲多国首都。"总理"布科什访问了哥本哈根、维也纳和赫尔辛基，"副总理"尼克·戈耶罗什（Nike Gjeloshi）访问了梵蒂冈。他们只是得到了对科索沃人"和平方法"的赞许，以及"科索沃不会被忘记"一类苍白无力的道义支持，此外什么也没得到。为了进一步团结其自我宣布的"科索沃共和国"，并向国际社会展示他们是正在形成的统一的民族国家，科索沃各个阿族政党组成了议会，1992年5月24日进行总统选举。选举有模有样地开展起来，在阿语报纸和杂志上、在扎格勒布电台的阿语节目中、在整个科索沃私下集会里，各候选人进行着竞选演说。塞尔维亚当局宣布竞选活动非法，尽管许多投票纸张和其他投票物资遭到没收，一些选举官员遭到逮捕，但选举在官方察觉不到的情况下继续进行。① 事实上这种活动更多是做给西方国家看的。来自美国和欧洲的8个监督组织也煞有介事地派员监督了选举。这次选举采取混合选举制：为了争夺130个议会席位，通过直接选举选出100名成员，其他30名议会成员通过比例制选出，实行多数票决制。科索沃民主联盟在选举中赢得了议会多数席位，远远超过最大的反对派组织。席位分布如下："科索沃民主联盟"占有96席，穆斯林斯拉夫代表5席，② 其他党

---

① 以下20个政党参加了1992年5月的选举：科索沃民主联盟（LDK）、科索沃议会党（PPK）、科索沃社会民主党（PSDK）、科索沃农民党（PFK）、科索沃阿族基督教民主党（PSHDK）、科索沃共和党（PRK）、阿族共和党（PRSH）、民族团结党（UNIKOMB）、科索沃自由党（PLK）、阿族人民党（PPSH）、阿族民族民主党（PNDSH）、民族阵线（BK）、阿族民主青年联盟（LRDSH）、阿族民主联盟党（PSHBD）、阿族人民运动（LPSH）、科索沃绿色运动（LGJK）、科索沃绿党（PGJK）、民主行动党（PAD）穆斯林党派、土族人民党。另外还有科索沃共和国人民运动（KPRK），它积极活跃在国外，也在科索沃拥有许多支持者。见 Source：Kosovo Helsinki Committee, 15 April, 1993。

② 科索沃非阿族穆斯林大多生活在佩奇、伊斯托科、普里兹伦和德拉加什。佩奇和伊斯托科的穆斯林当初是从塞尔维亚和黑山的散德加克地区迁徙来的，因此被称为穆哈德伊尔（Muhadjir）。而来自科索沃的穆斯林基本上生活在普里兹伦和德拉加什。1991年科索沃大约有4万穆哈德伊尔和5万当地穆斯林。

派和独立候选人占有其他 29 席。根据科索沃人口比例和议会席位名额分配比例，另有 14 个席位属于塞族—黑山人，这些席位公开保留给那些社区，但他们拒绝参加选举和议会。① 在总统选举中，只有易卜拉欣·鲁戈瓦一个候选人，他代表"科索沃民主联盟"，最终以 99.5% 的票数当选科索沃共和国总统。尽管阿族政治领导层和知识分子越来越多人抱怨科索沃民主联盟垄断了科索沃的政治生活，但是没有人真正对鲁戈瓦构成挑战。

这样，科索沃人的"影子"宪法框架及其组织建设就完成了。他们在其宪法建构进程中真正改变了其民族目标。起初，阿族人是为 1974 年宪法赋予他们的自治地位而战，但是塞尔维亚人对科索沃自治要求的高压政策迫使他们确定了新目标，即在南斯拉夫中建立阿尔巴尼亚共和国。然而，南斯拉夫的解体再度改变了局势，于是他们形成了新的民族目标，即最终出现的"科索沃主权独立国家"。新议会尽管得到了绝大多数阿族民众的支持，但是新议会却从来没有召开过，部分原因是塞尔维亚警察的严重干扰。确实，如果它召开了，那么它就会使自己获得合法性，就会使国际社会陷入尴尬的处境，因为他们不能公开正式承认其地位。阿族立法者们开始举行小组会议，完善其各项法规。可以理解的是，当时他们的注意力还集中在与邻国阿尔巴尼亚民主党的关系上，该党尚未从其赢得选举的喜悦中清醒过来。1992 年 7 月，阿尔巴尼亚政府官员会见了科索沃领导人，讨论社会经济合作事务，他们认为逐步统一的问题仍在策划中，不急于提上日程。阿尔巴尼亚总理亚历山大·梅科西（Alexander Meksi）在首次会见新一届科索沃民主党政府成员时，专门单独会见科索沃民主联盟总统鲁戈瓦。双方的会谈集中在创

---

① 选举结果：科索沃民主联盟 574755 票，占 76.44%，科索沃议会党 36549 票，占 4.86%，科索沃农民党 23682 票，占 3.15%，阿族基督教民主党 23303 票，占 3.10%，独立候选人和无党派 24702 票，占 3.29%。其他参选人获得不足 1.87%，因此无法达到进入议会席位的必要比例，无权进入议会。阿族、土族、穆斯林、罗马人、克罗地亚人和少数塞族和黑山人参加了选举。议会席位分配：科索沃民主联盟 96 席，科索沃议会党 13 席，科索沃农民党 7 席，阿族基督教民主党 7 席，独立候选人和无党派 2 席。根据人口比例原则，穆斯林有 4 个代表，而在直接选举中只有 1 人胜出。在新议会中，有 2 名土族，是作为科索沃民主联盟的成员胜出的。

造机会加强阿尔巴尼亚和科索沃之间全方位合作上，特别是在教育上的合作，阿方同意接收来自科索沃的专家，主要是大学哲学、法学和社会学的讲师进入阿尔巴尼亚大学进修。事实上这些科目在阿尔巴尼亚完全被扭曲、歪曲和政治化了。梅科西不敢公开对科索沃进行财政和军事援助，只能强调其政府毫不犹豫地支持科索沃寻求最终独立的事业。

当时，科索沃阿族人在公共生活和工业生产中遭到大批解雇的影响变得更为明显了。大约75万人失去社会保险，因此在国营机构中失去了免费医疗服务。那些不能享受国营医疗机构服务的人没有别的选择，只能前往"相应"的卫生中心看病。据说，当时有166所这样的机构雇用阿族医务人员，他们都是从先前的位置上被解雇的医务人员，现在没有了固定收入。而私人诊所大多不具备医疗资质，因为它们缺乏必要的医疗设备，有些甚至没有自来水。尽管它们有些设备是由国外私人或国际人权组织的财政支持和提供的，但是远远不能满足需求。如此严重的医疗救治机构短缺和药品不足影响到普通民众，很多医院甚至没有最必要的设备。另外，这些"相应"的卫生中心还面临着随时遭到塞尔维亚当局关闭的危险，他们的雇员也遭到骚扰和排斥。早在1989年阿族人掌控一切以前，科索沃的许多阿族人就未能享有医疗保险服务。根据一位在科索沃工作的美国医生说，阿族人特别希望获得心脏扫描仪之类的大型设备，而不是组织更有实际意义的"赤脚医生"项目，就像我国在"文革"期间成功进行的农村医疗卫生服务那样，乡村医生进入农村，实行简单而有效的基本医疗服务。显然，阿族人认为当时塞族人是通过不给他们提供精密设备的方法压制他们，这种误解相当普遍。

1992年中旬的人口调查表明，科索沃的17万塞族—黑山人只占科索沃总人口的9%。其他民族人口减少与战争形势有关，1992年间科索沃的克罗地亚人几乎都逃回克罗地亚，他们主要担心因克罗地亚战争引发的危险和迫害，以及当地被武装起来的塞族极端分子的威胁。[①] 虽

---

① 大部分科索沃的克罗地亚人都被重新安置在斯洛文尼亚西部被荒废的塞尔维亚人村庄。来自科索沃的一个克罗地亚人小村子雷特尼察（Letnica）的克罗地亚逃亡者的叙述见 Ger Duijzings, "The Exodus of Letnica - Croatian Refugees from Kosovo in Western Slovonia", *Narodna umjetnost*, 32/2, str. 129 – 152, Zagreb, 1995。

然，科索沃仍然是塞尔维亚民族主义者最重要的民族象征，但是斯拉夫人早就输掉了科索沃的人口战争，阿族从人口上正在取得科索沃"净化民族"目标的最终胜利。① 正是由于普里什蒂纳"塞族人科索沃殖民区"日益恶劣的环境，科索沃塞族人加大了对塞尔维亚当局的压力，迫使它们重新开启对科索沃的殖民计划。贝尔格莱德千方百计恢复该地区塞族人的数量，为那些愿意前往该地区的塞族—黑山人提供信贷、房屋和尽可能的工作，但是直到1992年3月，只有不足3000名塞族人得到了援助，官方的许多承诺迟迟不能兑现。这些移民中许多人是来自阿尔巴尼亚的斯拉夫少数民族，因为阿尔巴尼亚的生活条件更加恶劣。直到1992年夏季，科索沃的斯拉夫和阿族人社区仍保持分离状态，他们最终相互断绝了交流，并公开敌对仇视。此时，科索沃民主联盟仍然在科索沃保持工作据点，作为其阿族权利要求的组织机构，通过它们扩大社会基础。贝尔格莱德领导人此时认识到科索沃有可能陷入普遍暴力冲突，他们不能接受塞尔维亚丧失科索沃的现实，也不能承担放弃科索沃的历史罪名，但是民族人口上的劣势已经形成，他们难以靠严厉的武装警察和军队镇压保持对该省区的长期控制。尽管塞族民族自尊心受到伤害，但还是有几个塞族人愿意参与对科索沃的谈判，以减少塞族人的损失，他们提出应对阿族人宣布独立做出让步。② 同时塞族人忙着修改科索沃各个城镇的阿族街道名称，用塞族历史与文化的名称来取代阿族地名。这个时期，阿族人只进行政治上的消极抵抗，因为其军事上软弱无力。鲁戈瓦曾解释说："我们没有像斯洛文尼亚和克罗地亚那样的地方武装。我们所有的武器都被塞尔维亚警察收缴了。我们不清楚塞尔维亚在科索沃的军事存在到底有多么强大，但是我们确实知道他们占有绝

---

① 最新的南斯拉夫阿族人准确数据只有来自1981年的统计，因为他们抵制1991年的人口普查。关于科索沃人口统计的详细研究和社会经济状况的研究见 S. Bogosavljevic, "A Statistical Picture of Serbian – Albanian Relations", in *Conflict or Dialogue: Serbian – Albanian Relations and integration of the Balkans*, Subotica, 1994, pp. 17 – 29。

② 至于维持对科索沃的控制所付出的财政支出是难以准确计算出来的，据估计自1989年，阿族人便忙于通过广泛使用伊利里亚名称来宣布其对科索沃自古就有的占领权，例如在佩奇的饭店叫作达尔马提亚宾馆（Hotel Dardania），其暗含的意思："是我们先到这个地方的。" M. Moats, "Yugoslavia Lost", p. 295。

对优势,我们没有任何东西可用来抵抗坦克和其他塞族人手中的现代化武器。我们没有任何机会能够进行成功的军事抵抗。事实上,塞族人只是在等待攻击阿族人的借口,而后席卷一切。我们认为最好是什么都不做,保住活命,总比遭到屠杀要好。"① 结果,科索沃民主联盟继续成为保持其社会运动而非政治党派的特征,因此也没能发展出完全民主的组织结构。

科索沃的局势变得极度紧张,所有居民都感到随时随地存在的危险和爆发战争的恐惧。然而,当战争在西部几个共和国进行时,科索沃却设法维持了相对和平,主要是因为两个民族的领导人都进入了某种恐惧平衡状态,即塞族和阿族社区都认识到他们间的任何敌对行为都将引发类似波斯尼亚战争的暴行,结果只能导致两大民族的利益都受到损害。这样,尽管他们互不信任,怨恨深刻,但是科索沃塞族和阿族都十分谨慎,不跨越引发冲突的红线。南斯拉夫最严重的民族问题最终没有成为南斯拉夫内战的导火索,但是两个民族社区间的关系一直紧张对立,这种情况在其他国家从没出现过。② 1992年夏,英、美两国政府举办伦敦国际会议,力图制止在波斯尼亚出现的种族清洗暴行,并通过强制推行1992年4月27日新制定的宪法,恢复原来的领土原则,当时只有塞尔维亚和黑山组成的南斯拉夫联盟国家尚未得到国际社会的承认。科索沃阿族代表极为愤怒,虽然他们受邀前往伦敦,但是却被列在观察员等级而不是与会国范围。新组成的科索沃政府精英悉数到场,但却只是被安排在侧厅,他们只能在侧厅里通过电视观察会议进程。那些认为自己遭受了和波斯尼亚穆斯林一样悲惨对待的阿族人感到受了极大的侮辱。在这次国际会议取得的建设性成果中,唯一与科索沃问题有关的是决定在科索沃、伏依伏丁那和散德加克设立人权观察站,并举行有关教育问题的对话。科索沃人感到,这种冷遇可能是塞族封锁他们的行动使国际社会无法重视阿族人的处境。无论贝里沙或鲁戈瓦都确信,在国际舞台上特别是在华盛顿等西方政治中心,科索沃问题都应该是所有日程中最重

---

① I. Rugova, *Impact International*, 10 April – 7 May, 1992, p.10.
② P. Simic, *The Kosovo and Metohija Problem and Regional Security in the Balkans*, Belgrade, 1996, p.3.

要的议题。但是现实情况是，国际社会只在讨论双边问题时才把他们当作附属议题提出来。阿族媒体在报道鲁戈瓦访问西欧各国时过分夸大了其重要性，把对科索沃的承认说成是对其独立国家的承认。事实上，他受到的接待只是那些非政府组织出面操办的活动。尽管鲁戈瓦在这次伦敦会议上确实与新当选的南斯拉夫总理米兰·帕尼奇（Milan Panic）见面会谈了，但是这位有改革思想的总理没有承诺任何事情，会谈没有取得任何具体成果。虽然米兰·帕尼奇公开允诺改善科索沃阿族人的境况并重新开放其学校和医院，但是他同时强硬地表示，"科索沃属于南斯拉夫"。当他承诺恢复科索沃阿族人的人权时，他也要求科索沃事务必须首先包括在南斯拉夫的政治生活中，也就是说他们必须全体参加即将到来的南斯拉夫选举。科索沃民主联盟认识到，米兰·帕尼奇和米洛舍维奇之间没有本质的差别，他们都不准备讨论科索沃自治问题。一些学者注意到了当时紧张的气氛。①

1992年10月，有关开办阿语学校和大学的谈判在贝尔格莱德举行，菲赫米·阿加尼（Fehmi Agani）率领的阿族代表团和伊维奇（Ivic）领导的塞尔维亚教育部在谈判中没有取得任何进展。虽然阿族提出应就所有层次的教育问题进行谈判，这一要求也被贝尔格莱德所接受，但是双方仍未能达成任何协议，因为科索沃问题过于复杂，需要首先解决政治问题。双方都承认，努力采取措施设法无偏见地解决科索沃未来地位是极为困难的，而科索沃地位和阿语教育确实是无法分割紧密联系在一起的。同时，科索沃领导层在持续加剧的紧张气氛中继续其和平抵抗的政策。考虑到大部分阿族民众毫无武装，他们希望避免流血冲突，他们刚刚在波斯尼亚目睹了血腥暴力的代价。塞尔维亚准军事部队遍及科索沃各地，并不断征召士兵，增加兵力，其准军事部队领导人泽利科·拉兹恩亚托维齐（Zeljko Raznjatovic）指挥下的"阿尔坎"特种部队令人恐惧。人们看到过他们在各个城镇到处巡视，而这位"司令"身边有大批保镖。"阿尔坎"部队的战略重点就是震慑阿族人，强化科索沃塞族少数民族担忧阿族起义的恐惧感，以便争取他们支持开展种族

---

① Andre Gerolymatos, *The Balkan Wars*, New York: Stoddart Publishing Co. Ltd., 2002, pp. 236–237.

清洗行动。其关注的重点在科索沃北部的主要工业企业区、特雷普察的铅矿区和北部富含铁矿的格罗格瓦茨平原,如果阿尔巴尼亚和塞尔维亚分割科索沃的话,塞尔维亚将首先控制这些矿区。为了达到这个目的,"阿尔坎"部队的人马就是要让全世界知道他们在这些工业设施附近埋设了武器炸药,隐藏在塞族修道院或其附近的沼泽地里,特别是在德加维奇、格罗格瓦茨附近偏远农村的一所具有历史意义的教堂和修道院建筑物里,在米特洛维察附近的萨莫德雷扎(Samodreza),以及在普里什蒂纳郊外的格拉卡尼亚修道院都有秘密武器库。当时,当地塞族人广泛存在的军事活动都是以狩猎俱乐部为中心,他们与当地政府安全部队的塞族领导人和佩奇修道院附近的准军事部队有密切的合作。斯洛博丹·米洛舍维奇预见到南斯拉夫将遭到国际制裁和封锁,因此提前设法加强其对"阿尔坎"部队的秘密部署。

事实上,这一年的国际形势对南斯拉夫非常不利。"东欧剧变"给南斯拉夫造成极大的冲击,美国和西欧充分利用巴尔干半岛特别是南斯拉夫多民族矛盾积极插手,推动南斯拉夫联邦国家彻底瓦解。南共联盟因此而分裂,各共和国乘机独立建国,紧随克罗地亚、斯洛文尼亚率先宣布独立后,西方国家也公开宣布支持南斯拉夫分裂,德国和欧盟首先承认克罗地亚和斯洛文尼亚的独立,而后马其顿和波黑也宣布独立,也都获得了国际社会的承认,反倒是塞尔维亚和黑山组成的南斯拉夫联盟遭到国际社会的拒绝,因为这个国家还坚持共产党政权,还有多个民族没有分裂出去,西方势力希望彻底搞垮南斯拉夫。处于被孤立的国际环境,对于米洛舍维奇控制下的南联盟是巨大的压力。欧美控制的新闻媒体和国际舆论也一面倒的妖魔化米洛舍维奇,借助波黑战争和克罗地亚战争中的人权问题,制裁南斯拉夫,美欧控制下的联合国安理会于1992年5月30日通过第757号决议,对南联盟实施经济制裁,使得困难重重的南联盟雪上加霜,内部形势恶化,外交举步维艰。可能正是这种外部压力刺激了塞尔维亚民族主义进一步发展,塞尔维亚极端民族主义党派在1992年12月的南斯拉夫选举中取得重大胜利,他们对科索沃阿族民众造成了更严重的心理压力。

虽然米洛舍维奇的塞尔维亚社会党赢得了议会的47席,但塞族极端民族主义分子沃伊斯拉夫·塞瑟利(Vojislav Seselj)领导下的激进党也获得了33席,在选举期间,后者一度要求将阿族人全部驱逐出科索沃,叫嚣如果他们不尊重塞尔维亚在科索沃的政府,那么他们就全部滚蛋,到邻国去建立自己的民主国家。而主要的反对派联合党德波斯(Depos)只取得了22席。正如所预料的那样,科索沃阿族人抵制塞尔维亚的选举,而国际社会呼吁阿族人参与投票,支持米兰·帕尼奇,因为后者至少更为温和,他允诺恢复阿族人权和有关实现科索沃某种形式自治的谈判。这使得许多塞族人不希望米兰·帕尼奇插手科索沃问题,他们认为这个问题是他们塞尔维亚而非南联盟当局的事务。同时,那些主张阿族人参加南斯拉夫最后一次选举的科索沃人被科索沃民主联盟当作叛徒开除了。① 事实上,上百万阿族选票毫无疑问能够使米洛舍维奇落选,但是当时科索沃领导层还不想让他离开。除非塞尔维亚继续表现出更为极端的民族主义行为来,阿族人才能致力于公开驱逐塞尔维亚势力,此时阿族人还不愿意马上行动实现其目标,因为他们的实力还不够。② 虽然当时确实存在其他塞尔维亚政党,诸如乌科·德拉斯科维奇(Vuk Draskovic)领导下的塞尔维亚民族复兴党和沃伊斯拉夫·塞瑟利(Vojislav Seselj)领导下的激进党,并都坚持着更为极端的民族主义观点,他们比米洛舍维奇的共产主义联盟关于科索沃的主张更为恐怖,但阿族人希望事情朝自己的愿望方向发展,他们拒绝参加选举,但是后来又抱怨他们的代表是未经选举的个人和战犯。

正如巴尔干半岛其他地区多次战争的情况一样,各民族国家纷纷为各自利益大打出手。南联邦的解体同样给了各个民族建立独立国家的机会,他们无法控制民族极端分子的行为,被迫再次进入内战状态。1992—1993年期间,波斯尼亚战争尚未表现出丝毫缓和的迹象。科索

---

① 该联盟解释其不参加12月选举的原因是:"塞尔维亚和黑山多次选举的结果已经证明我们的预言,米洛舍维奇和塞瑟利(Seselj)将赢得选举,而阿族人的投票将无法影响最终的结果,因为米洛舍维奇将以同样的方式按照其意愿操纵票数,其统治当局将像印制钞票一样按照需要印制选票。"*Bulletin of the Ministry of Information of the Republic of Kosovo*, No. 67, 29 December, 1992.

② "如果像帕尼奇(Panic)这样的和平贩子恢复了人权的话,那对他们来说可就是场灾难了,因为这将使他们除了担负改变边界的政治责任外什么也得不到。"*New Statesman and Society*, 5 March, 1993, p. 13.

沃这个众所周知因违反人权最严重而成为最危险地区却看起来像个和平的绿洲，与波斯尼亚正在发生的血腥种族屠杀对比鲜明。国际周刊《政治学》1992年9月19—25日的一份报告称，土耳其通过保加利亚和斯科普里向科索沃运送武器。土耳其插足南斯拉夫内战并非报历史之仇，而是为保护战争地区的穆斯林，他们是奥斯曼帝国统治的历史结果。据报道，这些武器大部分是在泰特沃和戈斯蒂瓦尔（Gostivar）等马其顿西部阿族人集中的城市汇集起来，再从那里翻山越岭走私偷运到科索沃。塞族公众也被告知，阿族人正在与克罗地亚人和穆斯林并肩战斗反对塞族人。这种传言确属实际情况，由于波斯尼亚战争使得塞尔维亚军事力量被牵制和削弱，从而为阿族人的胜利扫清道路，特别是许多阿族人参加了克罗地亚军队和穆斯林军队，在战争中积累了作战经验。① 1992年底，阿族人仍然坚持阿族民族国家独立的政治理想，他们坚信单一民族统一国家的最初进程已经开始，阿尔巴尼亚民族已经实现了贝里沙所说的总体的"精神的合并"，真正的合并即将展开。尽管贝里沙被紧迫繁忙的国际问题所困扰，但是他对科索沃的公开支持还是有助于使科索沃问题保持在国际议题范围内，并使国际社会了解统一的阿尔巴尼亚人阵线。但是，当波斯尼亚局势变得更为复杂艰难时，西方对地拉那施加了更大压力，迫使其承认与塞尔维亚和黑山的边界是不可更改的。国际社会催促贝里沙继续施压，抑制住科索沃阿族人日益增长的不满，以便出手帮助阻止战争蔓延到整个巴尔干半岛。贝里沙非常清楚，任何强制改变现有边界线和将科索沃阿族人统一到阿尔巴尼亚的行动都可能引发流血冲突，并使阿尔巴尼亚丧失其急需的国际经济援助。阿族统一问题仍然仅限于阿族民族主义者和学者热议的问题。与鲁戈瓦温和态度形成鲜明反差的是，科索沃著名学者雷科赫普·科斯亚（Rexhep Qosja）的极端民族主义立场，他拒绝鲁戈瓦那些显然受到多数科

---

① 根据一位观察者描述，"阿族人自愿加入克罗地亚军队，并带着他们自己的武器。众所周知的事实是，有许多著名阿族高级军官，他们加入克罗地亚军队，并对克罗地亚打败塞尔维亚军队取得胜利发挥了重要作用。" Behar Zogiani, "Granic's Pro-Serbian Position on Kosovo", *Bujuku*, Tanjug, 27 February, 1996. 科索沃民主联盟公开打出了这样的文章题目"科索沃塞族自愿者在克罗地亚参战"。*Bulletin of the Ministry of Information of the Republic of Kosovo*, No. 77, 5 February, 1993.

索沃人支持的观点，拒绝与任何政治党派合作，公开宣称阿族与塞族正在彻底分离，俨然成为科索沃民众日益增长的不满情绪的代言人。①

正是在此背景下，阿尔巴尼亚开始冷却处理科索沃阿族人问题。贝里沙不再青睐科索沃阿族人的第一个信号出现在1993年初。当年2月科斯亚撰写了一篇挑战性的公开信给贝里沙，指责他"损坏我们科索沃人的历史想象，拒绝我们的理想"，公开了阿尔巴尼亚-科索沃会谈中存在的巨大观点分歧。作为回应，贝里沙在与布伊库（Bujku）谈话中宣布说："大阿尔巴尼亚的理想在严肃的阿尔巴尼亚政治家圈子里是不被考虑的。"这一表态立即引起轩然大波。科斯亚马上回应，指责贝里沙，"拒绝'大阿尔巴尼亚'和'原初阿尔巴尼亚'这些词"就是背叛。② 贝里沙和其他上层人物都认为，科索沃阿族人运动已经取得了"成功"，他们没有必要得寸进尺。在南斯拉夫其他地区民族主义冲突爆发的最初几年里，科索沃阿族领导层已经占有这样的优势，塞尔维亚党在1980年代的清洗工作有助于阿族民族主义分子的崛起，诸如鲁戈瓦就实现了其反对共产党革命的目标。塞尔维亚警察在1988年以后为压制阿族自治和科索沃抵抗运动而从所有官方岗位上开除了阿族政治、

---

① 科斯亚公开宣称要惩罚鲁戈瓦，因为他认为后者坚持和平抵抗而将阿族人引上了灭亡的终点。Bibeaj, *Kosova: The Balkan Powder Keg*, p. 14.

② 他还强调，"也就是说阿尔巴尼亚和科索沃不能被称为大阿尔巴尼亚。然而，总统先生，确实存在着原初的阿尔巴尼亚……自然的阿尔巴尼亚……真正的阿尔巴尼亚。你藐视所有那些为了原初阿尔巴尼亚和科索沃共和国而战，并在塞尔维亚监狱中饱受磨难的阿族历史家、科学家和作家的牺牲。你还说'阿尔巴尼亚并不打算也不愿意要求对边界进行任何改变'。乍看起来，这似乎非常合理并可以理解。阿尔巴尼亚是联合国和安理会成员，它应该遵守国际规则和规定。但是总统先生，你并不是以你自己的名义而是以历史和未来的名义在说话。阿尔巴尼亚从来没有接受过其现存的边界，它一直设法提请国际社会注意，现存的这些边界是不公正的，是将阿尔巴尼亚的领土一分为二的。这些边界是从阿尔巴尼亚人民的心上划过的。你作为总统应该了解你自己人民的历史，了解1912年的历史。我们任何人都没有道德权利以未来几代人的名义说话。"贝里沙对此大为震怒，在发表于《公众日报》（*Zeri-i-Popullit*）等两种报纸上的公开信中，他指责科斯亚是"极端分子"："科索沃问题通过恐怖主义是永远无法得到解决的。科索沃阿族运动已经获得了特别的成功，就是因为其文明而非恐怖主义的方式取得的。"阿尔巴尼亚将不允许通过暴力改变边界，他还说："任何推动暴力的想法都将使巴尔干暴力与侵犯合法化，都将导致巴尔干和阿尔巴尼亚的真正悲剧。"*Illyria*, 3 February, 1993, p. 5.

经济和文化精英,这就在反塞阿族民族主义分子和鲁戈瓦周围打造起异于寻常的群体和组织。然而这个精英分子团体在南斯拉夫落后的条件和环境中难以维系,国际社会对塞尔维亚的口头谴责,以及迟迟无法达成最终目标的不满情绪持续蔓延,都为其彻底独立提供了机会。可见,巴尔干半岛阿族人内部围绕着科索沃问题也存在不同意见,如同在塞族人中存在左、中、右一样,阿族人内部也存在多种主张。在20世纪90年代初这些局势不断紧张的环境中,所有极端民族主义势力,无论是阿族的还是塞族的,都找到了活动的舞台,温和势力的活动几乎都陷入低谷。

国际势力的介入只能促使局势走向极端,而俄罗斯国家实力的衰落也迫使它收缩战略空间,无暇顾及巴尔干半岛的塞尔维亚人,而在美国及其盟友主导下,南联盟陷入越来越深的孤立状态。1993年,准备赋予科索沃阿族人完全独立地位的国际谈判在日内瓦举行,如同早先在伦敦的对话一样,不满情绪与日俱增,鲁戈瓦领导下的科索沃民族运动也开始屈服于阿族极端民族主义,倒向激进军事派,他们主张采取军事手段解决争端。阿族温和派人士被极端民族主义者指斥为叛徒,他们的生命因此受到威胁。① 科索沃民主联盟的非暴力政策此时受到新兴的更为极端组织的挑战,例如佩奇的极端民族主义组织在雷沙特·努尔波亚(Reshat Nurboja)领导下,要求采取更为积极的抵抗行动。这类要求是因为现实情况对阿族人的诉求不利,一方面是大多数科索沃阿族民众遭受的苦难日益加重,另一方面是他们的苦难没有得到国际社会更多关注。他们认为到了采取武装暴力反抗行动的时候了。5月24日,亚当·德马奇(Adem Demaci)开始举行绝食罢工,以抗议当局捣毁阿族报纸和封锁所有阿族媒体。② 这个罢工消息立即被媒体放大,焦急等待此类新闻的西方媒体夸大事实,局势变得更为复杂。当时,美国、

---

① Woodward, *Balkan Tragedy*, p. 35.
② 他宣称,"我将为了公众言论自由而死"。*Bulletin of the Ministry of Information of the Republic of Kosovo*, No. 109, 31 May, 1993. 科索沃民主联盟情况小册子的通栏标题这样写道"亚当·德马奇绝不能死!" *Bulletin of the Ministry of Information of the Republic of Kosovo*, No. 110, 4 June, 1993.

荷兰、瑞士、挪威、德国等国的阿族人都举行饥饿大罢工，这种国际表演的时机选得非常准确，其产生的国际舆论效果成倍增加。米洛舍维奇不仅在内部陷入困境，而且在媒体战上也败下阵来，在国际上失去了民心，华盛顿政客们正对他恨之入骨要拔除这个异类，美欧联盟必置之死地而后快。很明显，在远离科索沃的西方国家舒适的环境中，又有国际势力出钱资助，这个打噱头式的民族团结表演闹剧很快就烟消云散了，也没有什么人真的会追随其科索沃同胞战斗到底。

1993年上半年，有关科索沃教育问题的谈判在日内瓦时断时续，南联盟和塞尔维亚代表都参加了对话，但是最终不了了之。谈判原定集中在教育政策上，但是却逐渐转移到诸如科索沃自治这样的更具实质性的政治问题上来，也许教育问题离不开这个前提性的政治问题的解决。双方同意继续进行对话，逐步深入。首先，计划开展有步骤的措施，毫无偏见地讨论紧急问题，例如各政党的地位。尽管谈判最初的意愿和气氛良好，但是一涉及塞族和阿族学校课程的区别和阿族少数民族地位问题时就陷入僵局，谈判立即破裂。这就破坏了谈判前营造的缓和气氛，原本这个话题和契机是可以有助于改善总的政治环境的，以便使对话能够在最终解决科索沃地位问题上逐渐展开。谈不成就开战，这是所谓的"战争就是政治的最后手段"。越来越多极端民族主义准军事活动加剧了科索沃人持续向国外移民。虽然大部分科索沃移民都寻求西欧国家庇护，但是越来越多科索沃阿族人越过阿尔巴尼亚边界寻求避难，到1993年，大约有25000名科索沃阿族人在阿尔巴尼亚定居。小股科索沃青年人团伙偷越边界，不顾边境地区极度的危险，特别是自南斯拉夫开启克罗地亚战争、波斯尼亚战争、斯洛文尼亚战争等内战后紧张局势日益严重。阿族青年们每天深夜都沿着偏远山区、林木茂密陡峭的山路，躲避着神经紧张的塞尔维亚边界巡逻部队，后者奉命对所有移动物体开枪。当波斯尼亚战争紧张之际，在南联盟军中服役的阿族士兵继续逃亡，逃离南斯拉夫军队阵地，逃往西欧寻求政治避难，他们宣称如果返回科索沃将被重新征召入伍，或被送往波斯尼亚前线送死。① 战前，大约有10万阿族人在贝尔格莱德，到1997年，只剩下不足2万人。有些受到塞尔维亚军队当局迫害的阿族青年向前南斯拉夫马其顿寻求避难，这里的阿族人大多有科索沃的亲属。阿族青年将这种年轻人大批流亡称作"无声的种族清洗"。

当时，马其顿领导人非常忧虑科索沃冲突进一步扩大化。他们也处于危机的边缘，面临着艰难的任务，特别是控制国内民族分化，并极力保持马其顿斯拉夫人和阿族人的和谐稳定。早在1992年秋天，欧洲安全与合作组织峰会（CSCE，简称欧安组织）驻马其顿巡回观察员就注意到，马其顿与塞尔维亚边界地区的塔巴诺维切（Tabanovce）和索波特（Sopot），以及与科索沃边界的布拉切（Blace）就出现了紧张的军事调动，这3处地点都提前搭建了临时难民营接待预料之外的难民。② 该观察团的所有成员都预言，如果科索沃敌对行为扩大的话，将会突然出现大规模的阿族难民潮。他们还认为，除非公众得到实质性的经济援助，这样的难民潮将造成经济瓦解和现政府危机，引发社会动乱。③ 马其顿官员也认为，如果科索沃持续动荡，那么马其顿共和国西北地区就将成为武器走私和军事冲突的舞台。到了1993年冬天，科索沃普遍的生存条件变得更加艰难。所有商店的货架几乎全都空荡无物，民众越来越屈服于各种各样的暴力压迫。当塞尔维亚军事压力持续增强时，科索沃局势处于战争临界状态。普里什蒂纳郊外机场此时成为军事基地，坦克围困着大小城市，很多阿族小学被改用作塞尔维亚军队和警察部队的营房，科索沃各地学校越来越多地被军队征用。整个白天，飞机低空盘旋在城市和村庄上空，每晚都可以听到机枪开火的声音。美国及其盟友

---

① 至1993年，估计有40万阿族人逃离前南斯拉夫，他们大部分分布在：德国120000人、瑞士95000人、瑞典35000人、奥地利23000人、比利时8000人、法国5000人、丹麦5000人、意大利4000人、挪威3500人、英国3000人、荷兰2000人、芬兰600人、卢森堡200人，克罗地亚接收了25000人、斯洛文尼亚接收了15000人，阿尔巴尼亚共和国接收了25000人。还有相当多的人移居美国，除了我们上面提到的原因，他们与早就在此移居的海外移民联合起来。H. Islami, "Kosova's Demographic ethnic Reality and the Targets of Serbian Hegemony", *Kosova Historical/Political Review*, No.1, 1993, p.33.

② CSCE Secretariat Communication No.282, Prague, 16 September, 1992, p.7; CSCE - CPC Vienna, 21 September, 1992.

③ CSCE Secretariat Communication No.282, Prague, 16 September, 1992, p.15.

此时早已做好了应对南斯拉夫内战的军事预案，未来解密的档案将向世人揭示这个时期他们为武装干涉南斯拉夫内战而做的充分准备，大概连试验贫铀弹的计划都制订好了。科索沃在现代大国博弈的赌场上不过是个敏感的筹码。

南斯拉夫的塞尔维亚化计划还在进行，此时几乎影响到大部分社会生活和地方行政管理。企业售卖给贝尔格莱德是私有化进程的手段，以便提前阻止雇用阿族工人，阻止他们成为股东。塞尔维亚还颁布了关于建立私营印刷和出版发行企业的立法，但是在实践中，这对于阿族人来说没有落实的可能。虽然在1992—1993年出现了几份阿族语言的报纸和杂志，但其出版印刷因为缺乏资金基本上中止了。另外，为了得到新印刷品的出版许可证，必须办理相当多行政手续，以至于没有几个人愿意完成申请程序。自从1990年5月以后，科索沃司法越来越明显地处于塞尔维亚控制下。① 由于塞尔维亚接管了医疗系统，阿族民众大部分拒绝到塞尔维亚经营的医院看病，特别是在妇科、儿科和外科方面。阿族妇女不愿意在塞族医生监督下生孩子，因此大约85%的阿族儿童是在没有任何专业医生助产下出生的。由于生活条件和医疗卫生条件低下，母亲和新生儿死亡率升高。当时在科索沃每年有大约55000个儿童出生，常见的脑病、破伤风和易感染疾病数量都在增加。科索沃大部分儿童没有注射过免疫疫苗，因为阿族父母们普遍认为塞尔维亚人的疫苗会引起绝育，疫苗是作为贝尔格莱德降低阿族高生育率计划的一部分。因此，尽管科索沃民主联盟领导层恳求父母们为其孩子打疫苗，但是科索沃的新生儿疾病高发，死亡率仍维持在大约5.5%的高位，并持续上升。同时，科索沃也缺乏必要的教育机构。成千上万的阿族儿童因环境

---

① 到了1993年，超过300名阿族法官、地区律师和其他司法体系中的高级官员遭到解雇，他们的总数是500人，由大约80名塞尔维亚官员接替。塞尔维亚议会还任命了168名科索沃法官，其中只有25名为阿族人，这些阿族人仅16人接受任命，其他人拒绝任命。警察未得到司法许可就进行定期调查，并经常进行审判，以便使其他强制处罚合法化。在许多情况下，未经任何审判而只是根据行政当局基于政治原因做出的决定进行判决。由于许多新法官只是根据其民族身份和对贝尔格莱德的忠诚加以任命，因此科索沃司法审判就难以被认为是独立的：公正审判的概念显然已经遭到破坏。*From Autonomy to Colonisation：Human Rights in Kosova*，p. 56.

恶劣而不能接受正常教育，塞尔维亚当局强化了对其教育系统的控制，阿族人入学率很低。大批学龄儿童在普里什蒂纳大街小巷游荡，或者玩牌或者出售香烟。虽然小学还使用阿语教学，但是所有中学和大学的课堂必须按照贝尔格莱德强制推行的塞族语言课程教学。①

根据1994年的一项调查，科索沃45万阿族学生中大约2/3是在私人家庭、教会建筑、饭馆、杂货店里接受教育的，课本和教材奇缺，塞尔维亚警察在定期突袭"非法"课堂时强制没收了它们。尽管科索沃流亡政府早就建立了民族基金帮助维持阿族学校，但是也只能满足大约总需求的30%。科索沃民主联盟财政当时也非常困难，越来越多的个人拒绝或难以支付3%或5%的税收。结果，教师们只能得到微薄的工资，还是不定期领取。科索沃政府财政也被各项开支掏空了，尽管它宣称已经成功运行其行政管理系统。越来越多阿族年轻人难以适应这种教育体系的瓦解，因为"对应"的学校颁发其各自的学位证书并不合法，塞尔维亚或任何其他地区教育权威机构都不认可。伴随着越来越多阿族儿童得不到小学至大学教育，父母们开始担忧他们失去教育的孩子未来的前途，在其成长的这些关键岁月里缺乏教育对其一生都有负面影响，进而影响科索沃的未来。科索沃阿族民众生活标准自1991年以后持续下降，逐渐扩大到塞尔维亚其他少数民族。根据"特雷萨（Teresa）母亲救济组织"的数据，1992年需要救助的家庭大约是43320个，1993年是45835个。据"特雷萨母亲救济组织"计算，平均每个阿族家庭规模为6.52人，这就意味着，1994年有超过37万人，大约占科索沃阿族总人口20%的人口，完全或部分依赖于人道主义援助。②供水和电力限制造成新困难，特别是在冬季造成生活标准进一步下降。根据瑞士

---

① 贝尔格莱德任命的科索沃教育部长米奥德拉格·杜利西奇（Miodrag Duricic）宣称："问题在于阿尔巴尼亚人根本不承认塞尔维亚或南斯拉夫；课程是为整个塞尔维亚写作的，用的是塞语。阿族人应该接受塞族课程，因为科索沃就是塞尔维亚的行政区。" Author's interview, 5 August, 1994.

② 人们还发现，工作在国外的亲戚提供的财政援助持续减少，其原因有二：一是外来务工者越来越多地关注他们自己的经济处境问题，二是他们发现因为联合国的制裁，通过邮局和银行越来越难寄钱回家。他们担忧，如果他们携带金钱回家，很可能在边境线上遭到警察没收，或者连其护照也被没收。Repatriate the Expellees? Organisation Suisse d'Aide aux Refugies (OSAR), Zurich, 6 February, 1995, p.12.

的一份报告,阿族积聚的城市和农村地区比塞族人聚集的城乡情况更为糟糕。①

住房在科索沃也成为严重的问题。前南斯拉夫大部分公寓是国有建筑,或者是企业盖的。建造房屋的费用主要由企业负担,它们将房屋租给其职工和雇员,或者在市场上自由出售。工人们可以居住在公司所有的公寓里,一直到他们工作结束。或者如果他们愿意,就可以像其私人财产一样把房屋使用权以较低的价格卖给他人。但是,自从强制实施"紧急措施"以后,大部分阿族人遭到解雇,故而被驱逐出原来的公寓。同时,大量的公寓被提供给了塞族人,他们有权从国家手中购买房屋。塞尔维亚当局当时正好面临前所未有的科索沃阿族人财政困境,政府正好需要刺激塞族人购房。1994年最后5个月,当局就从私人手里汇集了大笔金钱,仅仅11月一个月,塞尔维亚财政官员就宣布1415百万第纳尔(Dinars,约合100万德国马克)原属佩奇、伊斯托克、迪卡和克利纳(Kline)4个区域阿族私人企业的资产收归国有。据初步统计,不到半年时间当局就得到了229096德国马克和其他一大笔货币。②贝尔格莱德毫无疑问从政治上镇压科索沃阿族人,但是也在某种程度上刺激了经济发展,这是他们始料未及的。许多阿族人利用20世纪90年代初开始遭到解雇的大批人力大发其财,他们不仅在政治上而且在经济上,充分利用了这些遭到解雇的人发家致富。动乱加剧了公有企业的倒闭和"违法"私人企业的发展,越来越丧失优势的国营工业为私人企业创造了经济发展的空间。那些拥有合同和原始资金的人开始发展他们自己的小私营商业,特别是在贸易、媒体、制造业和食品业,当时大约有数百辆汽车、货车、皮卡和小公共私营企业注册,接管了整个城市和

---

① 例如,塞族人高度集中居住的城市弗舍科索沃从来没有出现过一次停电3小时的情况,同一时期普里斯蒂纳市中心阿族区的电力被切断长达18小时。其他集中居住阿族人的地区,如马利舍瓦(Malisheva)甚至出现过几个星期停电的情况。当户外温度最低达到零下20℃时供热系统供电如此,其结果可想而知。*Repatriate the Expellees?*, Organisation Suisse d'Aide aux Refugies (OSAR), Zurich, 6 February, 1995, p.13.

② *Repatriate the Expellees?*, Organisation Suisse d'Aide aux Refugies (OSAR), Zurich, 6 February, 1995, p.10.关于科索沃这个时期严重的人权弊病的充分分析见 Amnesty Internationa report: *Yugoslavia: Ethnic Albanians – Trial by Truncheon*, February 1994,还可以参考1994年公布的其他报告。

内陆的交通，其数量是私营企业注册开始前的两倍。这种情况也为数千个小集市的发展提供了条件，科索沃形成了比较自由的商业贸易网络，它们都是由私人提供货源和运输。旅游公司也如雨后春笋一般出现了，因为一个家庭自身就能够支付票务业务。咖啡吧、餐馆和其他娱乐场所也迅速兴起。许多阿族行政官员都具有经商的天赋，他们并不因为遭到解雇而感到悲伤，因为原来的工作只能为他们带来每月 100 美元的收入，而从事自由职业后他们能够得到 3 倍于原来工资的收入，获得可观的利润。①

科索沃内部形势逐步走向绝境，而其外部局势的变动越来越剧烈，特别是美国及其盟友主导的国际势力积极干涉其内政，给阿族民族主义势力极端发展注入新动力。为了结束持续了 4 年之久的波黑战争，在美国为首的北约军事集团压力下，南联盟、克罗地亚和波黑三国领导人于 1995 年 11 月 21 日达成"代顿协议"。根据这个协议，波黑由穆克联邦和塞族共和国两个政治实体构成，它们各自拥有自己的政府、议会、军队和警察部队；波黑联邦则由穆斯林、克族、塞族三大民族的代表组成主席团，轮流坐庄执掌政权；联邦设立部长会议和议会。为了监督协议的执行，国际社会向波黑派驻拥有广泛权力的高级代表和以北约为首的驻波黑多国稳定部队。②"代顿协议"给科索沃极端民族主义暴力势力带来了希望，他们清楚地认识到，西方势力需要的不是和缓而是冲突，他们闹得越大外部势力干涉的借口越充足。1996 年，阿族激进分子建立了武装暴力反抗组织"科索沃解放军"（KLA），开始将科索沃民族主义运动引向暴力冲突道路。③阿族建立的武装部队得到了西方势力的支持和资助，特别是通过土耳其走私大批武器弹药进入科索沃。他们充

---

① S. Maliqi, *War Report*, April/May 1993, p. 14; Miranda Vickers, *Between Serb and Albanian: A History of Kosovo*, London: Hurst & Company, 1998.

② 这个协议在解决波黑内战停火问题上发挥了积极的作用，有报告称"代顿协议"后十余年，有 100 多万难民重返家园，战后国家重建也直接带动了国内生产总值增长了两倍以上。但是该协议设立的多民族轮流坐庄的联邦政府机构问题多多，内部矛盾重重，严重影响其国家的持续发展。这种以解决战时冲突为目的的政府架构并不能解决多民族矛盾、加深民族融合。

③ 由于该组织以极端残暴的手段大肆屠杀当地塞族人，被国际社会所排斥，美国国务院宣布其为恐怖主义组织，迫使它后来改头换面，重新活跃在马其顿西部山区。

分发挥了历史上奥斯曼土耳其军队中阿族"流氓部队"的传统优势，对所有塞族人大开杀戒，不仅攻击塞尔维亚军队，而且更多地攻击普通塞族平民，作为民族"报复"的手段。其凶残无情早已突破了"人道"的底线，集体屠杀、公开抢劫、强奸妇女、烧毁民宅、境外暗杀、威吓爆炸等恐怖暴力行为都司空见惯了。有报道称，科索沃阿族穆斯林好战分子屠杀了大批信仰东正教的塞族人，连美国和平研究所的报告也不得不指出这一点。正因为如此，美国政府曾将该组织列入恐怖组织名单。面对阿族人的武装反抗，米洛舍维奇为首的南联盟当局采取武力镇压措施，派遣大批塞尔维亚军队和武装警察进驻科索沃，试图消灭科索沃解放军。当时，波黑战争刚刚停歇，科索沃战端又起，米洛舍维奇难以招架。1997年以后，阿族和塞族之间的武装冲突愈演愈烈，伤亡人数直线上升，导致大规模的难民潮，约30万人流离失所。科索沃危机使美国及其盟友企图通过"代顿协议"控制巴尔干半岛的计划落空，难民潮给欧洲各国造成的巨大压力也促使欧洲列强急于压迫南斯拉夫停火并处理掉米洛舍维奇这个异己政权，西方各国不能容许南联盟的科索沃打乱其构建冷战后新格局的努力，要借此挤压俄罗斯的战略空间。

1998年，米洛舍维奇决定以强硬手段镇压阿族独立运动，引发了10万阿族难民潮。同年年底，以美国为首的北约开始介入科索沃危机，北约与南联盟的矛盾成为主要矛盾。国际强权极力干涉科索沃危机有复杂的背景和深刻的原因。北约是以美国为首的西方国家军事同盟，长期以来作为美国控制下的跨国军事组织，组织协调美国在欧洲的盟友，依靠美国的先进军事技术，形成对华约集团的威慑力量。北约希望通过干涉科索沃危机展示实力，演练多年没有军事实践和作战经历的部队及其指挥系统。据报告分析，美国指挥的多国部队在此前8年的海湾战争中使用的高科技武器仅占实际使用武器的10%，而在科索沃战争和空袭南联盟的战事中，先进武器使用率达到了100%。科索沃问题原本是南联盟的内政，作为主权国家的南联盟有权自行处理，国际社会特别是大国集团本应尊重南联盟，劝和促谈，而不是鼓动武装冲突，更不能指使土耳其等小伙伴输送军火加剧冲突因素，而后公开武力干涉其内政。但是在后冷战时代一霸横行的背景下，国际公理荡然无存，既有的国际关系准则遭到公然破坏，新的国际秩序和格局正在以小国牺牲为代价重新建构。

1999年2月6日,在美国和北大西洋公约组织的压力下,塞尔维亚和科索沃阿族代表在巴黎附近的朗布依埃举行和平谈判,围绕美国特使提出的"希尔方案"进行商谈。该方案规定:尊重南联盟的领土完整,科索沃成为高度自治的共和国,南联盟军队撤出科索沃,科索沃解放军解除武装,按照当地居民人口比例组成新的警察部队,北约向科索沃派遣多国部队维持治安,保障和约的实施。这个貌似中立"合理"的方案事实上肢解了南联盟,不仅承认科索沃阿族人占优势地位的高度自治,而且脱离南联盟的实际控制,而由北约派军进驻。这理所当然遭到南联盟的拒绝。另外,阿族也坚持独立,彻底脱离南联盟,并且不同意解除武装。强权即公理在此发挥了作用。主持谈判的美国特使强硬地表示,该方案的80%内容不得变动,双方必须接受,否则将受到惩罚。谈判陷入僵局后于3月15日复会。阿族代表经过私下工作和秘密交易,于18日签署了协议,至少这个方案对阿族的好处更多一些。而塞尔维亚方面仍然拒绝签字,这就给了西方国家一个进行武装干涉的有利借口。不到一周后的3月19日,北约向南联盟发出最后通牒。而南联盟缺乏应对危机的灵活智慧,以为凭借俄罗斯的干预和联合国宪章的最后保护能够拖延时间。3月24日,美国主导的北大西洋公约组织以人道为理由进行武力干涉,发动了科索沃战争,对塞尔维亚进行了80天左右的狂轰滥炸,从3月24日持续到6月10日,迫使米洛舍维奇最终屈服,签署和约,将科索沃交给国际托管。6月10日,依据和约和联合国安理会第1244号决议,设立"联合国科索沃临时行政当局特派团"(United Nations Interim Administration Mission in Kosovo, UNMIK),监督南斯拉夫军队在两日内撤出科索沃,而后由北约领导的科索沃部队(KFOR)进驻,并由"联合国科索沃临时行政当局特派团"实际控制。[①]

以美国为首的北约部队借助科索沃危机积极介入南联盟内战的原因

[①] 美国为首的北约突然发动空袭的3月24日这一时间节点很值得注意,因为当年1月1日,也就是发动空袭前的3个多月,欧元正式启动并急需良好的运作环境。但是战争的爆发令国际资本大幅度撤出欧洲,欧元从一开始就遭遇了"恶劣天气"。

很多。其中一个重要目的是实验高科技武器，在作战中大量依赖航天武器，规模之大前所未有，动用了50多颗卫星参与军事行动，其中包括美国中央情报局所属的最先进雷达成像军事侦察卫星、空军气象卫星、海洋大气气象观测卫星、数十个航天器等。北约在空袭一开始就发动了460架先进战机参战的第一攻击波，此后陆续投入1200架先进战机进行了32000架次的持续轰炸，其中包括"第四代航天器"美国空军最先进的B-2隐形战略轰炸机、B-1远程战略轰炸机、F-117隐形战斗轰炸机，而南联盟只有170架老式战机。在这个新式武器试验场上，美国的最先进的B-2隐形战略轰炸机首次进入实战。北约多次增调EA-6B电子干扰战机和能够发射"哈姆"反辐射导弹的战机和多种精确制导武器投入战场，对不在同一等量级别的南联盟大打出手。事实上，美国为首的北约就是通过科索沃战争演练其陆、海、空、天、电子一体化的现代战争系统。数百颗贫铀弹的使用也出于同样的目的。北约19国中的13国直接参加了战事，其用意也在显示美国对盟国的领导权和先进军事技术的控制能力。战争最终造成南联盟巨大的人员和财产损失，12条铁路、50余座桥梁、5个民用机场、大量的基础设施和民房被炸毁，80万人无家可归，直接和间接经济损失超过1000亿美元，战争的结果基本达到了北约将领叫器的把南联盟"炸回到石器时代"。这场战争是美国为首的北约集团在冷战后进行的第一次集团军事行动，是在明知现行国际准则难以允许的情况下刻意绕开联合国采取的单方面多国武装暴力，是对尊重主权国家原则的粗暴践踏和对国际准则的公然破坏。其示范效应极为恶劣，由此开始了超级霸权国家及其盟友在全世界肆意妄为的局面，他们刻意随意制定符合其利益的国际游戏规则，以其国内法取代国际法，以其价值观作为使用武力的标准。美国乘苏联解体和俄罗斯实力衰落之机，对一个弱小国家大动干戈，这种完全违背"杀鸡焉用牛刀"基本常识行动背后的意图非常明显，那就是美国不仅挤压俄罗斯的战略空间，威慑企图脱离美国控制独立发展的欧洲盟友和其他伙伴，也在全世界面前宣誓了霸权政治的"合理性"，为以美国为中心的新国际秩序和安全格局的重建定下了基调。美国就是要通过科索沃战争彻底震慑俄罗斯，并沿袭冷战思维模式、完全压倒共产党国家，为其"美国世纪"的优势心态提供物质支撑。同时，作为当今军事科技最为发达的世界最大军火商国家,美国要通过实战来检验其新式武器的效能,为在全球兜售各式武器做好广告宣传。①

这里还有一个问题:在后冷战时代,北约这个冷战时代的军事集团何以出面干涉南联盟内政?要回答这个问题就不得不提及1997年北约马德里首脑会议提出的未来北约新战略构想,亦即北约要根据后冷战时代新形势调整其全球战略。1999年4月23日,北约华盛顿首脑会议在庆祝北约成立半个世纪的同时,明确提出《联盟战略概念》。这个文件确定北约新战略的主要内容包括:北约的主要任务由集体防御转变为捍卫共同价值观,也就是说,北约战略由守转攻,成为美国超级霸权称霸世界的工具;不仅运用军事手段,还运用政治、经济、文化、科技等多种方法保证欧洲安全,这意味着北约的事务从单纯军事干预转向全方位干预,从军事组织转变为政治军事组织,从而更好地为美国全球战略投入服务;北约不仅加快东扩的步伐,而且扩大职能权限,有权对防区外的危机和冲突采取干涉行动,很显然,北约追随美国全球称霸的步伐,乘俄罗斯超级大国衰落的机会,占据世界各地区控制和主导权,在后冷战时代继续完成其冷战时代的战略目标,从而使这个本应该在后冷战时代解散的军事组织获得了新的战略使命;突破北约行动必须经联合国授权的限制,突破北约原本协商一致的内部决策原则,转变为自愿联合为主,也就是承认美国对北约成员国分化利用胁迫利诱的运作机制,为美国充分利用这个后冷战时代的"废物"提供合理依据。依据这样的战略变化,人们就不难理解北约积极干涉科索沃危机的理由了。为了适应美国构建全球霸权(结盟日本、欧洲,控制世界)的单极世界秩序的行动,北约也要找到挤压和遏制俄罗斯并积极卷入世界政治博弈的切入点,南联盟的科索沃危机就成为它的一个抓手。通过干涉科索沃危机,北约演练了与美国的合作机制,动摇了第二次世界大战后建立起来的国

---

① 对于科索沃战争的多种解释都集中在美国及其盟友何以对弱小的南联盟大动干戈这个方面,最近笔者偶然阅读到《超限战》作者之一乔良的一段分析,他认为美国以此打乱欧洲一体化进程,打击欧元这个有可能挑战美元、进而削弱美国金融帝国的金融工具,以维护其世界霸主地位,这是美国急于发动科索沃战争深层次的动因。他依据的数据表明,72天的科索沃战争之后,欧元直线下跌了30%,美国则从中受益,巩固了其金融帝国的霸主地位。这种分析为人们全面理解科索沃战争提供了新的角度。

际秩序规则和以联合国为核心的国际安全体系，以此增加了超级霸权主宰国际事务的能力，在消除米洛舍维奇这个异己力量后，有效压制了俄罗斯的战略空间和影响力。另外，北约干涉科索沃危机就是要在全球多种力量重新组合过程中、局部战争和军事冲突频率提高的背景下，强加给世界一种"科索沃模式"，也就是高举维护人权的旗帜，强化人权高于主权原则，根据美国的意愿将主权国家的内政国际化，肆意干涉别国内政，强行肢解主权国家，最终达到美国及其盟友的战略目标。这种"科索沃模式"在近10年的国际政治中屡试不爽，成为美国和北约最大的"战绩"。还有，通过干涉科索沃危机，北约特别是美国试验了新式武器，包括激光制导炸弹、石墨炸弹、碳纤维炸弹、制导集束炸弹、电磁脉冲炸弹、贫铀弹等在内的武器都派上了用场，这在世界范围掀起了整军备战特别是加快军事技术变革的新浪潮，作为引领军备竞赛时代潮流的美欧凭借其科技领先的优势，加强推销武器和军事技术，极快地创造出新的军火市场，继续提升发达国家的经济竞争力。最后，除了军事科技的成果在科索沃战场上找到了理想的试验场外，北约军事战略战术的变革也需要演练。这场被正确称为"信息时代的第一场战争"确实推动了世界军事战略战术的发展，初步形成了一种全新的立体战争模式，传统的作战时空观念从此发生根本性改变，超远距离作战、精确打击能力、全天候立体作战、机动灵活快节奏攻击等，都使未来的战争模式从中得到重要经验教训。科索沃战争带来的新军事变革不仅体现在技术方面，还体现在军事管理指挥等方面，带动了世界范围的新军事变革。2010年9月俄罗斯总统梅德韦杰夫签署了《关于俄罗斯联邦的军事行政区域划分》的第1144号总统令，宣布自2010年12月1日起，撤销原有的6大军区，组建西部、南部、中央、东部4大军区，分别对应俄罗斯的4大战略方向。同时在新军区基础上，成立联合战略司令部，统一指挥军区辖区内各军兵种、地方强力部门和机构的部队。这标志着传统军区制的瓦解，代之以跨军兵种联合指挥系统，这是近年来世界多场战争特别是科索沃战争给世界军事变革提供的经验教训。在新的世界秩序中，主动搭上美国战车的北约也因此抢占了未来战争制高点的一席。还要指出的是，北约积极干涉科索沃危机还希望尽快结束因此引发的难民潮。①

在美国为首的北约狂轰滥炸压力下，南联盟最终难以继续坚持，经过俄罗斯和芬兰等国的斡旋调停，米洛舍维奇接受了俄罗斯特使、芬兰总统和美国副国务卿共同制定的和平协议，并于 1999 年 6 月 2 日接受了和约。该协定强调通过联合国机制解决问题的必要性，并规定按照联合国宪章精神建立进驻科索沃的多国部队，科索沃未来自治地位的确切性质将由联合国安理会决定，在联合国难民事务高级专员监督下落实难民返回家园的计划。次日，南联盟塞尔维亚共和国议会通过了接受上述协议的决议。6 月 9 日，北约代表和塞尔维亚代表在马其顿签署了关于南联盟军队撤出科索沃的具体安排协议。6 月 10 日，北约正式宣布暂停对南联盟的空袭。同一天，联合国安理会通过了政治解决科索沃问题的决议。根据"联合国科索沃临时行政当局特派团"的规定，"科索沃解放军"也被解除武装，上缴武器弹药，其部分军事人员被编入科索沃保护部队（KPC）。2000 年，科索沃解放军解散后，其残余人员流窜进入马其顿西部山区，在马其顿成立阿尔巴尼亚民族解放军（简称 NKA），并于 2001 年 2 月控制了马其顿阿族聚集区，8 月 13 日达成停火协议"奥赫里德和平框架协议"。在落实和平协议的具体过程中，大国博弈的激烈程度反映在俄罗斯抢占普里什蒂纳斯利季奇机场事件中。俄罗斯一直支持塞尔维亚人，在科索沃战争期间力挺南联盟，为了在未来争夺巴尔干半岛中部地区占得先机，俄罗斯与北约对入驻科索沃的国际维和部队问题争论不休。俄罗斯最终秘密决定先下手为强，时任俄罗斯安全会议秘书的普京下令俄国军官阿列克谢指挥 200 的人精干特种部队抢占机场，抢在英国军队之前从塞尔维亚军人手中接管并控制了具有战略意义的机场，迫使美国和北约承认既成事实。事实上，俄罗斯在南联盟科索沃问题上的表现并不好，这个衰落中的霸权国家给予塞尔维亚人的支持大多是道义和口头上的，而不是真正的经济援助或军事援助，

---

① 根据联合国难民署统计，至 1993 年估计有 40 万阿族人逃离前南斯拉夫，他们分布在德国、瑞士、瑞典、奥地利、阿尔巴尼亚、克罗地亚、斯洛文尼亚、比利时、法国、丹麦、意大利、挪威、英国、荷兰、芬兰、卢森堡、美国。在各国经济不景气的情况下，难民自然成为各国的负担。H. Islami, "Kosova's Demographic ethnic Reality and the Targets of Serbian Hegemony", *Kosova Historical/Political Review*, No. 1, 1993, p. 33.

也许巴尔干半岛中部的这个小国距离莫斯科太远,还不是其最重要的战略地带,因此在自身实力下降的情况下不对南联盟施以援手。但是,巴尔干半岛毕竟具有重要的战略意义,不能完全放手不管,故而才有最后抢占机场的行动。

此后,科索沃脱离南联盟的实际控制,按照发达国家八国集团提出的且经联合国安理会通过的计划,南军撤出科索沃,科索沃解放军解除武装,难民陆续返回家园,50万国际安全部队进驻科索沃保证协议实施。事实上,联合国科索沃临时行政特派团面临着极其复杂艰巨的任务,他们虽然拥有联合国授予的特权,包括所有的立法权、行政权、司法权、治安管理权等,但是它不是国家中央政府机构,要根据任务的内容分属联合国民政、联合国难民事务署专门负责人道主义援助的高级专员、欧安会及其组织、欧盟管理经济重建的机构,如此复杂的多头管理显然是不能持久的。它的真实任务主要集中在落实停火和接收难民上,以减轻欧洲其他国家的压力。为了尽快降低科索沃难民带来的负面影响,临时特派团积极推进难民重返家园的工作,战争前后流亡的85万难民在很短时间内就有84万多返回了家园。但是,物资短缺和严冬的到来对行政当局造成的压力极大,他们要帮助返回家园之后的难民争取国际援助渡过难关。为此,特派团在恢复正常生活、确保长期重建方面取得了积极进展,颁布了一系列法律法规,任命了一批法官和行政官员,颁发银行企业开办的许可证,建立财政中心等。他们还建立了各民族领袖联系对话机制,协商开办学校。包括不同民族在内的行政机构也陆续组成,阿族人按照比例显然占据优势。但是50万国际安全部队和3000名特派团警察还是能够保证争端争论在合理的范围进行,也能维持当地的社会治安。①

---

① 波黑内战结束数年后,出现了多种回顾战争的书籍,其中特别值得关注的是由该地区学者完成的作品,因为其中汇集了许多战争现场的第一手材料。他们对战争的绝望心情和对国际社会干预的期盼愿望是可以理解的。N. Thomsa and K. Mikulan, *The Yugoslav Wars, Bosnia, Kosovo and Macedonia 1992–2001*, Oxford: Osprey Publishing, 2006, p. 22.

科索沃解放军解散后，清理上缴民间武器的工作也顺利进行。① 在特派团安排下，停火后的几个月，约有21万非阿族人离开了科索沃，其中大部分是塞族人，前往塞尔维亚—黑山和其他地方，塞族人在当代暴力打压下再度经历其历史上被压迫的阶段，好在与历史上塞族人悲惨的境况不同的是，他们还有塞尔维亚-黑山这些斯拉夫人集中集聚区可以迁徙。但是，他们真的认可了科索沃这个塞族人心中的圣地被放弃吗？2000年6月底，联合国难民事务高级专员向科索沃临时行政当局转交了相关事务，次年5月，行政当局便组建了一个新的警察和司法管理机构，这个新的"警察和司法"管理机构直接接受联合国领导。此后最为棘手的治安问题是如何保护非阿族居民的安全，因为桀骜不驯尚武好战的阿族人特别是极端民族主义分子仍然没有停止"报复"行动，所有生活在科索沃的塞族、黑山族居民一直受到恫吓、威胁、谋杀、暴力抢劫的攻击，这就迫使特派团部队采取强制性的种族隔离措施，并且任命了国际法官和检察官专门处理暴力犯罪。在巨大的国际军事、政治、经济压力下，塞尔维亚以惨痛的代价最终被迫接受了国家分裂的结果，但是这个苦难的民族是否心服口服，科索沃阿族和塞族间的宿怨是否真的能被化解，其后来的历史给出了否定性的答案。

无论如何，塞尔维亚的暂时战败和国家分裂是确定无疑的了，还要有人为此负责。2000年9月24日，南联盟举行总统和国会选举。塞尔维亚社会党候选人米洛舍维奇得票40.23%，在野党阵营的科斯图尼察得票48.22%。反对派指责米洛舍维奇选举舞弊，并拒绝参加由于没有人在首轮选举中超过半数选票而进行的第二轮投票。最后反对党在贝尔格莱德举行大规模集会，抗议米洛舍维奇选举舞弊。10月6日，反对党控制首都，迫使宪法法院裁定科斯图尼察在大选中获胜，并当选总统，次日科斯图尼察正式宣布就任总统。米洛舍维奇的下台，标志极端塞族民族主义势力的衰败和亲美势力的崛起。为了彻底搞垮米洛舍维奇，美国及其盟友控制下的海牙国际战争罪行法庭将他列为战犯，指控

---

① N. Thomsa and K. Mikulan, *The Yugoslav Wars*, pp. 45-47. 书中对科索沃阿族解放军进行了细致的报道，同书对塞尔维亚军队的报道更为详细，甚至提供了不少所用军服的图画。pp. 32-45。

他在克罗地亚、波斯尼亚及科索沃三场战争中犯下多项罪行。尽管南斯拉夫宪法法院裁定禁止引渡本国公民到国外受审，但是南联盟总理金吉奇还是顶不住美欧的压力，于2001年4月下令警察在其家中逮捕了前总统。而后在6月将米洛舍维奇送交海牙国际法庭，金吉奇政府为此获得了美国政府提供的1亿美元的经济援助。曾作为一国元首的米洛舍维奇被押解到国外受审也开创了恶劣的先例，南联盟企图以此改善国际形象并向美国靠拢并没有达到预期的效果。但无论如何，科索沃阿族人问题终于取得了阶段性的成果，米洛舍维奇在海牙国际法庭受审标志着塞尔维亚人接受了既定的事实，他们以他作为摆脱国际困境的牺牲品，屈辱也罢、可耻也罢，南联盟至少仍然坚持对科索沃拥有主权。科索沃危机暂时告一段落，但是南联盟特别是科索沃地区深刻的民族矛盾并没有得到解决，塞族人虽然在美国及其盟友的军事压力下暂时屈服，但是埋藏在塞族人内心深层的怒火仍在燃烧，在适当的时机仍然会显露出来。2006年3月11日，米洛舍维奇因心肌梗塞病死在海牙国际法庭羁留中心的牢房里（享年64岁），一周后即3月18日，塞尔维亚数万民众聚集在贝尔格莱德市中心，向米洛舍维奇的遗体告别，这表明科索沃危机埋下的祸根正在发芽，必将在不远的将来再度爆发出新的危机。具有讽刺意味的是，据法新社2015年2月3日报道，海牙联合国国际法庭3日裁定，塞尔维亚在内战中并未对克罗地亚犯下种族屠杀罪行，也就是说对米洛舍维奇种族屠杀罪的指控并不成立。①

鉴于科索沃安全形势已经初步恢复，联合国安理会于2001年9月解除了对南斯拉夫施行的武器禁运和制裁。同年11月，科索沃举行了大选，有120名立法委员当选，组成科索沃议会。像人们预料的那样，新议会中阿族人占据了绝大多数席位。2002年3月，他们又选举了科索沃地区的首任总统和总理。鲁戈瓦当选总统，巴伊拉姆·雷克瑟皮当选为总理。值得注意的是，这个新政府在理论上只是个自治地区的政府而不是独立国家的政府，因此，它的各项决定必须经过联合国特派团批

---

① 法官彼得·汤卡（Peter Tomka）表示，"克罗地亚未能举出足够有力的证据来证明塞尔维亚犯下种族屠杀罪行"。由17名法官组成的合议庭认为，塞尔维亚人并非故意"毁灭"特定地区的克罗地亚人，而是"用武力将他们移走"。环球网记者葛鹏2015年2月4日报道。

准才能生效。为了减少科索沃与塞尔维亚和其他邻国的麻烦,特派团明确否决了该政府通过的一项有关边界问题的决定。同样,为了避免引发新的民族冲突,特派团否决了它的一项有关涉及塞族等少数民族权益的决定。在科索沃重建过程中,特派团加紧制定出了比较完善的司法、行政管理制度,逐步将地方管理中不太重要的权责转移给新选举出的临时政府,同时继续控制监管着安全、外交、能源、少数民族保护等重要权力。毫无疑问,特派团很好地履行其职责,以强大的武力和美欧为后盾暂时平息了科索沃民族冲突,但是这个临时国际监管机构没有能力解决当地深层次的矛盾,阿族建立独立国家的要求还没有得到满足,因此特派团在移交行政权力的同时也容忍阿族民族主义势力的暗中活动,科索沃正在走向独立。

2003年2月4日举行的南联盟议会决定放弃南斯拉夫联盟的国号,改变为塞尔维亚和黑山,这标志着南斯拉夫这个国家称谓最终停止使用。事实上,南斯拉夫这个名字早在塞尔维亚人反抗奥斯曼土耳其帝国统治时期就提出了,第一个南斯拉夫王国是在摆脱奥斯曼帝国统治的民族解放运动中形成的。这个名称显示出塞尔维亚人自认为肩负着解放整个南部斯拉夫人的历史重任。第二次世界大战后,铁托领导的南斯拉夫联邦国家仍然具有领导整个巴尔干半岛南部斯拉夫人的实力,他建立巴尔干半岛联邦的野心一直没有泯灭。正是这种历史责任感促使铁托提出"南斯拉夫意识",弱化多民族之间的区别,特别是打压"大塞尔维亚民族主义",力图将塞尔维亚、克罗地亚、斯洛文尼亚、黑山、保加利亚、马其顿等多民族整合在共同的共产主义理想下。这样的历史任务很难完成,没有数百年,数十代人的共同努力的过程是不可想象的,铁托没有完成这个任务。这个任务在错误的时机错误的地点转移到米洛舍维奇身上,其难度更加提高了,因为这位塞尔维亚民族主义领导人放弃铁托的理想主义民族政策后采取的是强硬的"大塞尔维亚民族主义"政策,他坚持使用"南斯拉夫"这个名称意味着他希望能够通过采取不同于铁托的铁腕政策完成整合巴尔干半岛的历史任务,但是他既没有铁托的威权及其精英群体,又没有精明而富于远见的策略和灵活性,因此连南斯拉夫都没有维持住,剧烈的民族冲突最终导致南联邦解体。联邦解体后,米洛舍维奇坚持继续使用南斯拉夫这个名字,甚至放弃了共产党的名称改用社会党后，还固执地坚守南斯拉夫的名字。我们不知道，南斯拉夫联盟最终放弃南斯拉夫这一称谓对米洛舍维奇的内心产生了怎样的冲击，但是35天后他因心脏病死于海牙国际法庭羁押所的床上。是南斯拉夫的消失带走了米洛舍维奇，还是米洛舍维奇带走了南斯拉夫，最终他们都消失在历史的视野中了。2006年6月3日，黑山宣布独立，两天后塞尔维亚也宣布独立，标志着南斯拉夫国家解体过程告一段落。但是，事情并没有结束。

科索沃危机似乎告一段落，但是对于科索沃战争的后续事变，俄罗斯专家提前做出了预测。2007年底，俄罗斯《政治杂志》周刊刊登伊利亚·哈斯科维奇的文章就提出2008年科索沃将在美国推动下宣布独立。文章认为，美国已下决心彻底改变世界政治格局。为了保持和加强霸权，美国需要制造"可控的全球不稳定"，它有意识地画了一条从印度到巴尔干地区的不稳定弧线。美国将在科索沃、巴基斯坦和格鲁吉亚同时挑起乱局，从而启动全球改造机制。作者认为，冷战结束以来的形势表明，世界政治格局需要进行根本改变并按新的规则重新组合。美国已下决心在这方面率先采取坚决步骤。放弃冷战时期两件"神圣祭品"的时候到了，即国界不可侵犯以及与之相关的国际体系的稳定性。联合国一位不愿透露姓名的官员说，美国人将于2008年1月中期宣布承认科索沃独立。这可能是美国启动全球改造机制的日期。美国急于看到科索沃独立后的世界，称一定有许多"有意思和吸引人的东西"出现。而美国同样关注它划定的不稳定弧线的另一端，解决问题的时间也是将近2008年1月中旬——这指的是美国的忠实盟友穆沙拉夫的政权。1月8日，巴基斯坦将举行议会选举，穆沙拉夫的对手获胜的可能性极大。对峙双方无疑都忠于美国，但美国人感兴趣的不是选举结果，而是精英间的内讧，因为它会导致国家永无宁日。华盛顿从巴基斯坦的动荡局势中将获益良多，特别是伊斯兰堡因国内混乱可能会丧失对北部省份的控制。在这种情况下，这些省份与毗邻的阿富汗将连成一个"混乱区"。这片地带再加上陷入无休止纷争中的巴基斯坦，将成为俄罗斯、中国和印度三国的长期紧张策源地。① 这里提到的"可控混乱战略"分

---

① 《新快报讯》2007年12月10日电，责编吴极。

析很有洞察力，点破了美国应对冷战世界战略格局变化的新举措，它将使美国获益无穷。近 8 年以来的事实证明了这一分析的准确性，无论是东欧的颜色革命、北非动乱，还是中东乱局、东海南海紧张，世界各地的局部混乱背后都有美国的黑手，显然"可控混乱战略"对美国非常有利。这一战略使得美国的霸主地位进一步得到巩固，不仅在乱局中彰显美国世界宪兵的形象，而且警示盟友继续依赖美国听从指挥，从而将霸主地位落实到了实处。这一战略还使得美国乘乱取利，在混乱中任意打压异己势力，随心所欲轻松自如地进入以前难以涉足的地区，介入以前难以涉足的领域，掌控一切向有利于美国的方向发展。这一战略更是给美国带来了直接的经济利益，因为混乱局面有利于美国转移国内政治危机和经济危机，通过操控金融、石油等，将其国内危机的恶果转嫁到其他国家，特别是在混乱紧张的气氛中，美国顺理成章地扩大了其在世界军火市场上的份额，这些都有效地缓解了美国的金融危机，直接帮助它走出危机的困境。好处很多，美国当然乐此不疲，至今仍在推行这一战略。

哈斯科维奇的文章预测得比较准确，事件发生的时间只比其预测晚了 1 个月。2008 年 2 月 17 日，科索沃正式宣布独立。此事完全违反 1999 年 6 月达成的和平协议，因为这份协议承诺由联合国安理会决定，科索沃未来自治地位的性质，而联合国安理会并没有对此做出决定。科索沃的独立打破了 1999 年科索沃战争后形成的脆弱的平衡，独立后的科索沃有权脱离联合国和北约的临时托管，也不需要联合国特派团的管理和北约领导的维和部队，巴尔干半岛再度成为美国及其盟友与俄罗斯角逐的舞台。对于科索沃的独立，国际社会毁誉参半，以美国为首的西方国家大部分乐于接受这个事实，虽然科索沃独立明显违反联合国宪章并产生了极大的负面影响。作为受害国的塞尔维亚坚决反对科索沃独立，俄罗斯、中国等也不承认科索沃新国家，因为它是违背现代国际社会公认的"国家主权"原则，未经联合国授权而由美国及其北约盟友粗暴空袭肢解一个国家产生出的民族国家。其严重的国际后果将逐步显现。如果科索沃这个先例一开，那么世界上所有由多民族构成的国家都将陷入被肢解分裂的危险。英国不担心其北爱尔兰问题吗？意大利不担心其科西嘉问题吗？西班牙不担心其巴斯克问题吗？更不必说那些多民族构成的小国了。所谓人权高于主权是美国及其盟友制造出的谬论。古往今来，民族一直是保护具有相同血统和相同文化认同群体的最佳组织形式，而民族国家是维护相同民族最大利益和根本利益的政治实体。不同民族和国家由于各自的自然生存条件不同、历史文化传统不同，他们各自选择了不同的生活方式，别国只能建议却无权干涉其内政，更不能恃强凌弱，强迫他们改变自己的选择。人权是一种认识，其具体表现因不同环境而有所不同，其中最主要的内容是生存权。美国及其盟友自恃武力强大，随意制定"反恐"标准，随意确定"人权"内容，以他们自设的"价值标准"衡量一切，并以此为旗号到处插手，制造事端，加剧紧张局势，干涉别国内政。特别是以美国为首的盟友们在"人权""普世价值"的旗号下，采取双重标准，公开制造谎言欺骗国际舆论，"顺我者昌，逆我者亡"。科索沃模式就成为冷战后超级霸权主义横行世界的一个典型。按照"科索沃模式"这个危险的国际关系先例，那么世界必将大乱。英国的北爱尔兰人、西班牙的巴斯克人、日本的琉球岛人、美国的黑人和印第安人、马其顿的阿族人、克罗地亚的塞族人、波黑的塞族人、土耳其的库尔德人和亚美尼亚人、德国的土耳其人、保加利亚的土耳其人，等等，都可以援引科索沃案例。2014 年在乌克兰发生的克里米亚脱乌入俄事件显然是得到了科索沃事变的启发，而这样的启发还将在世界其他地区上演，如此混乱的世界秩序只有少数政客才喜欢看到。在这个问题上，美国乐见欧洲的分裂。

2008 年 2 月 18 日，大力支持科索沃独立的美国迫不及待地正式承认了科索沃作为独立的主权国家。① 但是，欧洲的反应却不同。在比利时首都布鲁塞尔，电视屏幕在播放欧盟轮值主席国斯洛文尼亚外长鲁佩尔讲话的画面。当日，鲁佩尔在布鲁塞尔举行的新一轮欧盟外长会后表示，欧盟外长们一致认为，何时或是否承认科索沃独立的决定权掌握在各成员国手中，欧盟不会干预，这等于对外宣布欧盟放弃统一外交政策

---

① 原国务卿赖斯在一个讲话中说，美国总统布什已经针对科索沃关于与美国建立外交关系的请求做出了肯定答复，美国将与科索沃建立外交关系。赖斯也重申美国与塞尔维亚的"传统友谊"，承诺将与他们一道保护科索沃境内的塞尔维亚人的人权、安全和文化。美国总统表示，美国对于科索沃国家地位的承认，将依据联合国特使阿赫蒂萨里的计划进行。（中新社华盛顿 2008 年 2 月 18 日电，记者邱江波）

的努力，各成员国随意表态。对科索沃单方面宣布独立，欧洲各国态度截然相反。据西方媒体报道，英国、德国、法国和意大利"承认"科索沃，而西班牙、希腊、罗马尼亚、塞浦路斯和斯洛伐克则先行宣布不考虑"承认"科索沃升格为国家。以表态先后衡量，反对者更为积极。值得注意之处在于，按美联社记者看，科索沃方面选定宣布独立时机，事先与一些欧洲国家和美国有过"仔细协调"。"协调"的结果是科索沃决定在欧盟成员国外交部部长们于18日举行会议前一天宣布独立，以迅速争取外交承认，造成既定事实。科索沃省会城市普里什蒂纳传来消息，当地政府正迫切寻求"承认"。谈及一些欧洲国家支持科索沃独立，塞尔维亚外交部长武克·耶雷米奇早前在英国广播公司一档电视访谈节目中说，这种做法有违"欧洲精神"，即各方应寻求共识，而不应促成分裂。耶雷米奇不幸言中。科索沃单方面宣布独立致使北部局势紧张。在欧洲范围内，这一事件促使各国显现不同立场，表明不同态度。姑且不论当事双方塞尔维亚和科索沃立场对立，欧盟国家态度相左，已是一种外交"分裂"。①

作为美国的忠实盟友，欧盟积极活动对塞尔维亚恩威并济，以加入欧盟为诱饵，促成塞尔维亚对科索沃独立的承认。2012年2月28日，欧盟总务理事会做出决议，建议给予塞尔维亚欧盟候选成员国资格。按照决议，欧盟总务理事会将向3月1日召开的欧盟峰会提交这一建议，由欧盟成员国领导人讨论决定。决议称，总务理事会审查并确认塞尔维亚认真落实与科索沃谈判达成的协议，并表现出进一步继续履行相关承诺的可行性，故建议欧盟给予其候选成员国资格。塞尔维亚于2009年12月提出加入欧盟申请，科索沃问题一直是其入盟之路上的障碍。②

---

① 新华社布鲁塞尔2008年2月18日电（记者唐霁）。综合报道，塞尔维亚18日表示将坚决阻止科索沃成为联合国成员国。当天塞尔维亚还召回了驻美国大使，对美国承认科索沃独立进行抗议。塞尔维亚总理沃伊斯拉夫·科什图尼察称："这是塞尔维亚政府对承认科索沃独立的国家采取的第一步紧急措施。"塞尔维亚外交部长耶雷米奇当天在联合国安理会紧急会议结束后表示，将不会同承认科索沃独立的国家维持正常外交关系。耶雷米奇称塞尔维亚正在召回驻美国、英国、法国和土耳其的大使，以此表示抗议。在当天的联合国安理会紧急会议上，塞尔维亚坚持科索沃单方面独立无效，但未能获得多数支持。（中国新闻网2008年2月19日，编辑吴极）

② 新华社布鲁塞尔2012年2月28日电。

2012年4月5日，美国国务卿希拉里·克林顿与科索沃总理萨奇在华盛顿会晤，希拉里明确表示，美国将会为科索沃继续提供支持，并与欧盟合作解决科索沃和塞尔维亚之间的问题。她还表示，科索沃在欧盟一体化和经济发展上的进展令她"备受鼓舞"，"坚信科索沃的独立和领土完整，坚信科索沃渴望成为国际社会、欧盟及北约组织的一员"。同时，有报道称，由于塞尔维亚不久前宣布5月6日将在科索沃举行选举，导致其与科索沃关系再度紧张。包括美国和多数欧盟国家在内的90个国家已经承认了2008年从塞尔维亚独立出来的科索沃，但塞尔维亚和俄罗斯拒绝承认科索沃主权。[①]

目前科索沃的独立尚未获得国际社会的广泛认同，其内部的民族平衡关系十分脆弱，任何微小的事件都可能引起国际部队高度紧张。2012年4月25日，北约发言人瓦娜·伦杰斯库证实，北约决定向科索沃增派700名士兵，在原有的5000人驻军基础上，应对近期可能出现的紧张局势。伦杰斯库在布鲁塞尔对记者说，北约在评估科索沃近期安全局势后做出了增兵决定，以确保有"足够兵力"应对可能升级的紧张局势。增援的550名德国士兵和150名奥地利士兵将于近日抵达科索沃。伦杰斯库没有具体说明北约增派部队的原因，但外界普遍认为，这与塞尔维亚即将到来的大选有关。伦杰斯库呼吁有关各方在言语和行动上保持克制，以避免引发暴力冲突。据此间媒体报道，塞尔维亚定于5月6日举行议会和总统选举，科索沃境内的塞族人也准备在同一天举行地方选举，外界担心这种局面可能引发科索沃塞族人与当局发生冲突。[②]

国际安全部队的人手有限，管理不可能全面系统，致使独立后的科索沃治安状况恶劣，成为走私、贩毒、武器交易、人口买卖的集散地和匪窝。2012年5月，俄罗斯外交部发布消息，呼吁在科索沃执行任务的国际组织防止把科索沃变成训练武装分子的国际训练场。消息指出，"近来媒体中确实出现了叙利亚反对派代表同所谓的科索沃共和国政府接触的材料，这引起了人们的关注。而且这里指的不仅是组织致力于推翻现行政权的各种分离主义运动'交流经验'，还包括科索沃境内训练

---

① 俄新社华盛顿2012年4月5日电。
② 新华网布鲁塞尔4月25日电。

叙利亚武装分子"。他们"利用同叙利亚地貌相近的科索沃地区，不排除在前'科索沃解放军'的基地成立培训中心的可能"。据土耳其广播电台报道，伊斯兰合作组织秘书长伊赫桑欧鲁访问科索沃。由于伊赫桑欧鲁对承认科索沃独立做出的非凡的努力，而被授予普里兹伦市"荣誉市民"称号。伊赫桑欧鲁强调普里兹伦拥有多民族和多种宗教的结构，他表示这座城市教会人们一同享受真主所给予的财富之幸福。伊赫桑欧鲁在讲话中还介绍了伊斯兰合作组织的57个成员国中的37个已承认科索沃，同时在为其余国家承认科索沃而付出努力。仪式上还提到了在最短时间内科索沃成为联合国和其他组织成员国的共同愿望。土耳其插手科索沃不是历史有缘的情意，而是稳定扩展土耳其常规武器出口市场。科索沃的治安和地理环境确实利于犯罪组织的活动，独立后的科索沃在治理犯罪方面并没有什么好转。欧洲警方于2013年1月30日说，10个国家的警察29日联手行动，逮捕了103名走私人口的"蛇头"，这个犯罪团伙以科索沃为基地，从利比亚、叙利亚和伊拉克等中东战乱地区走私人口，经由土耳其，向欧洲非法输送，对每名偷渡客收取数千欧元的费用。过去1年里，多国警方联手调查侦破相关多起案件，29日"收网"，动用了大约1200名警察同时突袭117个走私据点，逮捕103名嫌疑人，另有20名"蛇头"下落不明，正在通缉。[①] 显然，科索沃正在成为巴尔干半岛乃至欧洲的祸源之地，各种违法组织和反叛势力将充分利用这个窗口，以这里为基地和跳板进入欧洲，可以预见，伊斯兰极端组织不久将由此登陆欧洲。

  塞尔维亚在大国博弈的夹缝中维护自己的领土权益，坚持对科索沃的主权要求。为此，他们尽管与欧盟做着相关的交易，讨价还价，但是也没有忘记向俄罗斯求援。2013年4月10日，俄罗斯总统普京会见塞尔维亚总理达契奇，他说"俄罗斯是塞尔维亚经济最大的投资国。我们有很多大型合作项目。我相信两国总理级会谈将很好地推动双边关系的发展"。此前，总理达契奇会见了梅德韦杰夫，为会见普京铺路。普京还认为"去年我们双边贸易额有所下降，今年与去年相比增长幅度为38%。这是一个不错的指数"。他指出，两国在各个方面一直以来都

---

① 新华社2013年2月1日电。

保持亲密的关系，包括人文领域。普京还请总理达契奇转达对尼克里奇总统的问候，俄罗斯总统邀请他在方便的时候访问莫斯科。塞尔维亚总理达契奇动情地表示，感谢俄罗斯支持塞尔维亚在科索沃问题上的立场，"塞尔维亚理解、明白，也认为，俄罗斯是塞尔维亚人民最好的朋友"。[1] 据"俄罗斯之声"广播电台4月26日消息，塞尔维亚总理伊维察·达契奇25日在同俄紧急情况部部长弗拉基米尔·普奇科夫商讨联合人道主义中心发展进程时表示，"若没有俄罗斯这个最好的朋友的帮助，我们不可能成功、彻底地解决科索沃问题"。俄罗斯总理梅德韦杰夫4月曾表示，俄罗斯将继续支持塞尔维亚在科索沃问题上的立场，塞方应当积极推动这一进程。据悉，4月19日塞尔维亚和科索沃的政府代表团在布鲁塞尔草签了一份关于在科索沃设立塞族自治市的协议，这被认为是在解决科索沃问题上迈出的重大一步。该协议规定在科索沃建立一个统一的塞族社区，其运作须遵守科索沃阿尔巴尼亚法律。但是，塞尔维亚的爱国组织和科索沃塞族人却反对该协议。他们认为塞尔维亚签订该协议是为了避免科索沃向欧盟靠拢，这样的协议应当进行全民公投。对此，达契奇则称，若有人认为协议是失败的，我们愿意进行全民公投。但是，在这种情况下，所有人都有责任执行政府的决议。

2013年4月19日，塞尔维亚和科索沃代表团在欧盟外交与安全事务高级代表阿什顿斡旋下，在布鲁塞尔举行了第十轮政治对话，并最终就协议内容达成一致，塞尔维亚总理达契奇同科索沃当局领导人萨奇草签了该协议。双方将在未来两天就是否接受该协议做出最终决定，并最迟于本月22日书面通报欧盟方面。塞尔维亚总理达契奇在会后表示，根据该协议，科索沃塞族区联合体将有权推选地区警察总监，享有司法权，并在科索沃北部的科索夫斯卡—米特罗维察设立地区法院。塞族联合体在科索夫斯卡—米特罗维察拥有自己的议会、具有政府性质的委员会，并将对教育、文化、空间规划等事务进行充分监督。达契奇还指出，该协议是塞尔维亚迄今得到的最佳方案，保留了塞族区联合体拥有自己的警察并推选其地区总监的内容，删除了关于塞尔维亚不得阻挠科索沃加入国际组织的内容。达契奇强调，就是否接受该协议做出决定不

---

[1] 俄新社新奥加列沃2013年4月10日电。

会很轻松，塞尔维亚国家机构将进行认真评估，权衡利弊。塞内部就此必须团结一致，或一致接受，或一致拒绝。塞尔维亚第一副总理兼国防部部长武契奇表示，协议草案是目前能够为科索沃塞族居民争取到的最佳方案。塞尔维亚并未因此承认科索沃独立，今后任何时候也不会承认。阿什顿表示，对话的成功为谈判双方开辟了融入欧洲的道路，她赞赏塞、科双方在对话中表现出的决心和勇气。她同时指出，塞、科双方草签该协议是融入欧洲的重要步骤。塞、科草签协议后，双方领导人与阿什顿一起会见了北约副秘书长弗什博，北约方面在阿什顿的见证下向塞尔维亚方面承诺，除非在发生自然灾害的情况下，并经北约和科索沃塞族地方联合体同意，科索沃当局安全力量都不得进入科索沃北部地区。北约将为协议的实施提供协助。尽管联合国、欧盟机构纷纷向塞、科双方和阿什顿表示祝贺，并对双方达成协议给予高度评价，但科索沃问题当事人——科索沃塞族居民对实施该协议持否定态度。在塞科双方草签了欧盟提出的协议案最后文本后，科索沃北部4个塞族区议会议员举行联席会议，称将拒绝接受科索沃当局，并将发起征集签名活动，要求就"是将科索沃保留在塞尔维亚共和国内还是接受强加条件换取入盟谈判启动日期"问题在塞尔维亚全国范围内举行全民公决。他们表示，根据协议，塞族警察和司法机构将被纳入科索沃当局法律框架，同塞尔维亚国家机构已无任何关联，这是绝对无法接受的。分析人士认为，此次塞尔维亚与科索沃方面政治对话达成协议，一方面有助于塞尔维亚在入盟进程中稳步向前，获得入盟谈判启动日期；另一方面为科索沃的塞族居民争取到维护自身生存权的权力。这完全符合塞尔维亚议会年初通过的涉及科索沃问题决议草案的内容。至于该协议是否能够顺利实施、是否能够真正解决科索沃问题另当别论，至少目前塞尔维亚已经化解了加入欧盟道路上欧盟理事会为其设置的一道难题。塞尔维亚近年来积极争取加入欧盟，但欧盟要求塞尔维亚在入盟进程中必须解决科索沃问题。如果塞尔维亚和科索沃不能在4月22日前达成协议，塞尔维亚入盟进程可能将无限期推迟。科索沃是塞尔维亚共和国的自治省，1999年科索沃战争结束后由联合国托管。2008年2月，科索沃单方面宣布独立，获得美国和一些欧盟国家承认，但塞尔维亚一直拒绝承认其独立，科索沃北部塞族居民也拒绝承认科索沃当局的合法性。目前，科北部塞族聚居区拥有平行的行政机构、医院和学校，所有经费由塞尔维亚资助。自从科索沃单方面宣布独立以来，当地塞族居民经常受到暴力攻击，民族的不融合成为该地区最大的不稳定因素。塞尔维亚因此在谈判中坚持，由于科索沃当局未能确保北部塞族居民的安全与人权，塞族自治区必须拥有更大的自治权，包括拥有警察与司法权。[①]

  塞尔维亚和科索沃代表团日前在欧盟的斡旋下草签的关系正常化协议在塞尔维亚国内引起了一些争议，有人认为塞尔维亚如果接受了这项协议就等于最终放弃了科索沃，而塞尔维亚议会 26 日将投票决定是否认可和科索沃达成的关系正常化协议。这项协议能否在塞尔维亚议会通过？该协议会对未来巴尔干局势有什么样的影响呢？塞尔维亚议会 4 月 26 日就是否接受与科索沃达成的关系正常化协议进行了讨论，讨论持续了 10 个多小时，最终这项协议在塞尔维亚议会获得 173 票支持顺利通过。根据塞尔维亚媒体报道，塞尔维亚总理达契奇在议会讨论前就表示，不管议员的立场如何，他想强调的是，草签的协议是到目前为止塞尔维亚能够争取到的最好的结果。该协议能够让塞尔维亚继续参与欧洲一体化进程，这对塞尔维亚人民来说至关重要。从当天的形势看，除反对党塞尔维亚民主党和来自科索沃塞族区的党派外，议会各党派议员一致支持塞尔维亚方面与科索沃草签的协议，所以说这项协议在议会的投票表决中通过并无悬念。自从塞尔维亚谈判代表团与科索沃方面草签了欧盟提出的关系正常化协议后，塞尔维亚民主党和一些民间组织就表示反对，他们认为接受这项协议就等于放弃了科索沃，等于耻辱地接受了美国和欧盟的最后通牒。科索沃北部的塞族居民也表示拒绝接受这项协议，并要求就这一问题在塞尔维亚全国举行全民公决。在议会表决当天，还有几百名塞尔维亚民众聚集在议会大楼前，反对议会通过这项协议。而塞尔维亚政府认为，该协议是塞尔维亚迄今得到的最佳方案，保留了塞族区联合体拥有自己的警察，删除了关于塞尔维亚不得阻挠科索沃加入国际组织的内容。科索沃通过这项协议并不能获得独立国家的地位，也不能成为联合国的成员，接受欧盟提出的协议并不代表各国都承认科索沃独立。同时塞尔维亚也没有更好的其他选择。从协议的主体内

[①] "国际在线" 2013 年 4 月 20 日报道，记者赵洪超。

容来看，首先，科索沃塞族居民的生存权得到了一定的保障，因为根据协议的内容，在科索沃北部塞族区可以组建实际上由塞族人为主体的警察部队、推选塞族人担任警察指挥官、在科索沃北部塞族区设立地区法院等。此外，北约将负责担保科索沃未来成立的军队不能进入科索沃北部地区，所以说这项协议在一定程度上维护了巴尔干地区的稳定。但是这种"民族隔离"在现代世界是否是最佳的解决方案，它是否符合当代民族关系政治理论，这类疑问姑且不论，以目前当地实际安全状况看，协议涉及的警察部队管理、地区边界确定、双方冲突的约束机制等问题都没有落实，人们有理由确信，该协议的落实还要引发更大的争议，抑或无法真正落实。其次，由于塞尔维亚与科索沃双方达成了关系正常化协定，这也帮助双方在欧洲一体化进程中各进一步，塞尔维亚可以获得入盟谈判启动日期，而科索沃可以同欧盟开启稳定与联系协议谈判，这对巴尔干地区的经济发展有很大帮助。但从另一方面讲，因为科索沃塞族居民反对这项协议，而塞尔维亚与科索沃当局对协议内容的解读也有不同，这必然导致在协议的执行上有很大难度。所以如果该协议不能顺利实施，那么双方加入欧盟的目标只能是一厢情愿。① 塞尔维亚议会于 2013 年 4 月 26 日投票通过了这份由欧盟主导的协议，同意与科索沃关系正常化。这项协议虽然受到了极端民族主义者以及科索沃萨尔维亚族人的强烈反对，不过，塞尔维亚议会仍以 173 票赞成、24 票反对通过了该协议。欧盟早前曾表示，若科索沃与塞尔维亚希望离欧盟"更进一步"，那么双方必须先修复双边关系。还有报道指出，本项协议虽然给予科索沃北部的塞尔维亚族人一定的自治权，但当地大部分塞族民众还是认为他们被抛弃了，塞尔维亚政府批准该协议等同于默许科索沃的独立，他们不能接受这个结果。② 塞尔维亚东正教大主教爱任纽周一表示，在对待将同科索沃的紧张关系拉回正常的协议时，塞尔维亚政府没有拒绝，意在借此换得申请加入欧盟的初步谈判。"不管是从内心角度还是历史角度来说，此协议造成的印象完全背弃了我们对领土的信念。"大主教说："贝尔格莱德会因此失去其在科索沃的最后地位。"

---

① "国际在线" 2013 年 4 月 27 日报道，记者赵洪超。
② "环球网" 报道法新社 2013 年 4 月 26 日消息，记者赵朔苇。

牧首补充道:"简而言之,加入欧盟的代价就是正式承认科索沃脱离塞尔维亚。"① 上述报道充分表明,当地塞族民众和东正教领袖内心的哀怨之情,将成为未来地区危机的隐患,因为人们不会忘记科索沃塞族遭受的历史苦难,这一幕又重新上演。

有限承认科索沃独立并因此加入欧盟,还是拒绝承认科索沃独立并因此放弃加入欧盟的机会,这对可悲的塞尔维亚人确实是个艰难的选择。在塞尔维亚与科索沃第七轮谈判结束一天后,谈判双方再次齐聚纽约,参加联合国安理会关于科索沃问题的讨论。塞尔维亚总理达契奇在联合国安理会上再次重申,为了保护科索沃北部塞族居民的生存权,塞尔维亚在与科索沃的谈判中可以做出让步,但塞尔维亚永远不会承认科索沃单方面宣布独立。达契奇在讲话中指出,塞尔维亚致力于通过对话来实现塞尔维亚族人和阿尔巴尼亚族人之间的长久和平,但和解一定要谈判双方做出艰难的抉择才能达成。塞尔维亚可以在谈判中做出让步,但不会卑躬屈膝也不接受敲诈勒索,塞方在科索沃问题上的原则立场不变。达契奇还说,在今后的谈判中,塞尔维亚将继续以真诚的开放式的态度同科索沃方面进行磋商,不论是在政治层面上还是技术层面上。回顾上一期联合国关于联合国驻科索沃特派团的工作报告,达契奇指出,从2012年10月到2013年1月底,在科索沃发生了93起由种族原因引起的暴力事件,并导致一人死亡。仅2013年1月的数天里,就有102座东正教墓地被损毁。鉴于科索沃的不稳定形势,达契奇呼吁联合国驻科索沃特派团加强在科索沃的工作力度,发挥联合国在科索沃的关键性作用,因为联合国驻科索沃特派团是在科索沃唯一合法的国际组织,也是科索沃北部塞族居民仍然信得过的国际力量。在法理上,科索沃仍是塞尔维亚共和国的自治省,虽然1999年科索沃战争结束后由联合国托管,但它继续成为塞尔维亚领土的一部分。2008年2月,科索沃单方面宣布独立,获得美国和一些欧盟国家承认,但塞尔维亚一直拒绝承认其独立。自从科索沃单方面宣布独立以来,当地有组织犯罪活动更加猖獗、当局行政机构持续腐败、返乡塞族居民频繁受到暴力攻击。② 2012

---

① "中国网"4月24日讯,据俄罗斯《独立报》网站23日报道,实习编译叶于路。
② "国际在线"纽约2013年3月23日消息,记者赵洪超。

年3月5日，科索沃北部塞族人集中的米特罗维察再次发生爆炸，引起当地居民恐慌和愤怒，因为这已经是从年初算起的第20次爆炸案，但到目前为止尚无一起爆炸案被科索沃警方破案。[①] 事实上，无论是欧盟还是北约抑或联合国维和部队都无法完全控制科索沃地区形势，他们也根本没有能力解决历史上多种强权没有解决的难题，具有反抗传统的阿族山地居民会接受他们的劝说吗？人们将拭目以待。同时，目前采取的民族隔离措施能够持续多长时间，其脆弱的保障机制能够维系多久，确实是国际社会不得不时刻关注的问题。

欧盟国家在科索沃问题上态度不一，凸显出欧盟共同外交和安全机制的无效。正在罗马尼亚访问的法国外长库什内2012年9月4日说，欧盟各成员国在科索沃问题上必须保持一致立场，否则将可能导致欧盟共同外交和安全政策的失败。库什内当天在与罗外长乔罗亚努会谈后发表讲话说，欧盟关于科索沃地位问题的立场既不同于俄罗斯，也有别于美国，欧盟统一立场是解决科索沃问题的唯一出路。乔罗亚努说，欧盟内部要在如此复杂和敏感的问题上达成统一立场需要时间、毅力以及各方的妥协，"只有一个为各方所接受的方案才能最终解决这一地区的紧张局势问题。"他还说，罗在科索沃问题上持不同于其他欧盟国家的立场，但这从未对欧盟的团结构成威胁。罗总统伯塞斯库3日表示，罗支持塞尔维亚的领土完整和国家主权，反对科索沃独立。他强调科索沃独立没有任何法律依据，任何人都不能轻易地逾越国际法准则。塞尔维亚坚持其对科索沃的主权是正当合理的，而占科索沃人口90%以上的阿尔巴尼亚族人则要求完全独立，在历史与现实之间如何找到平衡点是考验欧洲国家智慧的试金石。欧盟主要成员国认为，科索沃独立将部分消除引发地区动荡的因素，符合欧盟的安全利益。但是科索沃独立的"违法性"促使各个多民族小国特别是巴尔干半岛各国不免担心各自的未来。2013年3月，联合国特使阿赫蒂萨里向联合国安理会递交了科索沃在国际监督下实现独立的建议，但遭到俄罗斯和塞尔维亚等国的坚决反对。[②] 2013年5月19日，德国外长韦斯特韦勒在塞尔维亚首都贝

---

① "国际在线"纽约2013年3月6日消息，记者赵洪超。
② 新华网布加勒斯特2013年9月4日电，记者林惠芬。

尔格莱德表示，在塞尔维亚获得欧盟入盟谈判启动日期前，塞尔维亚应该在与科索沃实现关系正常化方面取得进展。目前，积极争取加入欧盟的塞尔维亚不惜牺牲民族长远利益做出让步，但是欧盟列出的一个入盟条件便是塞尔维亚承认科索沃独立或者与科索沃实现关系正常化。塞尔维亚吞下的这个苦果是否真的能够最终换来加入欧盟的承诺？如果它像土耳其一样长期等待最后不能实现其理想，或者它即便进入欧盟而对其他新的附加条件失去了耐心，那时的强烈反弹会出现什么局面，会不会出现"新的米洛舍维奇"，谁都无法预料。

不仅科索沃未来地位的争论留下了极大的隐患，而且科索沃战争破坏现存国际秩序，打乱世界各地战略平衡，其恶劣效应正在显现，"科索沃模式"确实派上了用场。一家总部设在英国伦敦的阿拉伯语媒体于2012年2月25日报道称，美国国防部正在制订一份干预叙利亚局势的计划，计划蓝本并非之前媒体热炒的利比亚模式，而是1998年的科索沃模式。报道援引美国军方的消息称，这份计划的第一步是在叙利亚和土耳其边境建立一个缓冲区，然后通过这个缓冲区为全体叙利亚人民提供人道援助。一开始，提供人道援助由国际红十字会的工作人员来实现，然后才是通过从土耳其进入缓冲区的北约人员。报道称，美国国防部并不指望俄罗斯改变在叙利亚问题上支持现任总统巴沙尔的立场，但是美国还是希望俄罗斯和中国能够支持向叙利亚人民提供人道援助，并且在各方之间，也就是在政府军和反对派之间真正实现停火。对于停火的检查监督，根据这份计划的内容，联合国将派遣特使和观察员到现场评估，并就评估结果向安理会提交报告。建立缓冲区并提供人道援助在当前的局势下需要军事保护，因为只有这样才能保证进入缓冲区的北约人员的安全。因此，这个方案的核心实际上还是通过人道援助方式来引进军事干预，以此让军事干预合法化。至于军事干预的方式，美国方面相当谨慎，因为叙利亚政府军仍有相当强的军事实力，特别是叙利亚空军仍旧较强大。鉴于此，一开始北约方面不会派遣地面部队进入叙利亚，而只是在缓冲区上方的一小块区域进行空中封锁，禁止叙利亚的战机进入该区域。这一点非常类似于科索沃战争初期的干预模式。当时，北约也没有派遣地面部队，而只是派战机执行任务。①

各国从科索沃战争中逐渐了解的真相也正在摧毁传统的社会认识,媒体为满足公众知情权的公正性受到质疑,貌似没有政治立场的现代传媒界以其拙劣的表演无情地摧毁其公信力。有学者对科索沃战争进行研究指出,1999年科索沃战争期间,南联盟曾试图借助国际互联网发出正义之声,但是西方大国运用先进技术手段,直接中止了南联盟的国际互联网服务。西方媒体也与北约部队的行动保持高度的协调一致,它们大肆报道塞族进行"种族清洗""种族灭绝",搞"万人坑""轮奸营"等未经证实的虚假消息,妖魔化塞尔维亚,宣扬北约的行动是"科索沃人民的唯一希望",同时对阿族暴行只字不提,对阿尔巴尼亚解放军滥杀无辜平民闭口不谈。英国《卫报》就发表署名文章指出:"如果说有谁应该接受海牙国际法庭的审判,那就应该是这些记者。"无论在伊拉克战争中西方媒体炮制萨达姆制造"大规模杀伤性武器"的谎言,还是在利比亚空袭中西方媒体宣传卡扎菲拥有"核武器"的谎言,直到叙利亚危机西方媒体再度随意编造谎言而对叙利亚恐怖分子滥用化学武器一致保持沉默,都告诉人们新时代媒体是不可信任的。在2012年俄罗斯大选的有关报道上,西方媒体一窝蜂的报道普京的"不当行为",英国《经济学人》杂志措辞激烈地写到,普京能当选,"不是因为他极度受欢迎,而是因为他擅长竞选舞弊和打压其他候选人"。凭借技术优势和金钱优势,西方媒体总是不约而同地配合发达国家特别是美国及其盟友的行动,比较一致地发动对特定目标的舆论攻击,貌似"公允"地封锁敌方的舆论渠道,制造虚假新闻为美国及其盟友的政治目的服务。一个本应中立地为一切客户提供服务的技术机构和媒体机构也成为霸权主义的工具,这个世界的诚信和公正性正从人们心中消失。2015年2月3日海牙联合国国际法庭最终对米洛舍维奇的无罪裁定从一个角度证明了西方政客及其媒体的无耻和虚伪。

就在笔者即将收笔结束本书的编写时,我们注意到近来发生的一系列事件证明,美、欧盟主导的科索沃"最终解决方案"十分脆弱。2015年4月20日,40多名阿族武装分子越界袭击并占领了马其顿边境

---

① 《新闻晚报》2012年2月26日。

警察局，劫持人质，要求建立"阿尔巴尼亚国"。① 同月，塞尔维亚科索沃事务负责人久里奇在3日举行的北约大会上发言表示，塞尔维亚政府坚决反对科索沃组建武装部队。② 深刻的民族仇恨绝非这个临时方案可以化解的，现实的利益诱惑也很难填满不断高涨的欲望，如果当地人民不能从内部解决问题，或者在国际正义力量而非霸权主义的援助下，找到经济持续发展和民族和解融合之路的话，科索沃问题还会重新爆发成为危机，甚至有可能波及周边所有巴尔干半岛国家，那时，巴尔干"火药桶"将再度引发世界性动荡。③

科索沃的问题并没有解决，巴尔干半岛多民族历史恩怨也没有化解。当本书即将结束的时候，笔者深感科索沃这个巴尔干半岛"火药桶"的起火点还没有消除，霸权和大国对科索沃施加的种种压力只能暂时平息某一次爆炸的冲击波，但不能彻底消除造成冲突的深刻矛盾。古代历史上的巴尔干地区就是一个不同民族共同生活、多元文化相互融合的舞台，不论当地的资源环境如何恶劣，居民们都可以在共同生活中加以克服。直到拜占庭帝国衰亡中断了半岛地区历史整合的过程，奥斯曼土耳其帝国统治分化瓦解了多民族共生的良好环境，造成各民族间对立，无论在宗教方面还是民族方面都增加了民族冲突的新因素。特别是在奥斯曼土耳其帝国统治衰落，各民族国家掀起民族独立解放运动的热潮中，这些民族的特性得到强化，它们之间的区别得到凸显，民族主义者在各民族解放运动中将本民族的利益最大化，进而引发相互间的冲突。近现代欧洲列强和第二次世界大战后美欧等西方国家争夺巴尔干地区利益，插手包括科索沃在内的巴尔干内部事务，导致多场局部战争在

---

① "新华网"2015年4月23日电文《武装枪手劫持马其顿警局欲建"阿尔巴尼亚国"》，作者石中玉。

② 文里奇说，科索沃减少地区国际维和力量，组建阿族部队的做法不利于地区和平稳定，且损害科索沃塞族人利益，甚至将引发对非阿族人的暴力行为。新华社贝尔格莱德2015年4月3日电《塞尔维亚反对科索沃组建部队》，记者王慧娟。

③ 根据中华人民共和国商务部网站文章《欧盟称马其顿和科索沃最低工资为巴尔干地区最低》称，据"独立"网站援引欧盟统计局数据，马其顿和科索沃月均最低工资水平为巴尔干地区最低，而克罗地亚和黑山最高。其中科索沃居民最低工资在130—170欧元，马其顿为131欧元，阿尔巴尼亚149欧元，塞尔维亚174欧元，波黑191欧元，克罗地亚396欧元。（www.mofcom.gov.cn，2015-03-23 22：44）

此不断开打，造成了进一步的地区贫困化，民族仇恨深化，民族仇杀战争不断。目前的解决方式又埋下了危险的隐患，该地区脆弱的相对安定和力量平衡随时有可能被破坏。独立政治实体分化得越来越碎越来越小，冲突的机会也越来越多，局面越来越难以控制。塞尔维亚及其科索沃塞族同胞还不能接受科索沃独立的事实，也一定不甘心接受科索沃这个他们心目中的民族文化发源地的丧失，他们现在对欧盟的让步只不过是为争取发展而采取的权宜之计，这座火山爆发的能力正在集聚，其喷发是必然的，只是迟早的事情。科索沃阿族人的目标尚未最后完成，他们还要统一所有阿族人定居的区域，这就不仅涉及塞尔维亚还涉及马其顿、黑山、波斯尼亚、保加利亚等其他周边国家，这个暂时停歇的爆炸物还十分危险，在合适的时机特别是外部列强势力干涉的情况下，还会爆炸。科索沃的前途还有待观察，巴尔干半岛的未来令人担忧。

在本书即将结束之际，多年前游历那里的情景又浮上心头，美丽的巴尔干半岛，美丽的南斯拉夫、美丽的科索沃，你的人民何时才能摆脱苦难的命运？

科索沃地区图①

---

① 《斯洛文尼亚，克罗地区、波斯尼亚和墨塞哥维那、南斯拉夫、马其顿》，中国地图出版社1993年版。

参考书目

一 史料来源

Albanian Telegraphic Agency, 16 September, 1982.

Albanian Telegraphic Agency, 9 February, 1992.

Amnesty Internationa Report: *Yugoslavia: Ethnic Albanians - Trial by Truncheon*, February 1994, 还可以参考 1994 年公布的其他报告。

Autonomy Tocolonization: Human Rights in Kosovo 1989 - 1993, Helsinki Watch, November 1993. （赫尔辛基国际人权联盟报告）

Yugoslavia: Human Rights in Kosovo 1989 - 1993, 1990 - 1992, Helsinki Watch, October 1992.

Autonomy to Colonisation: Human Rights in Kosova, Helsinki Watch, 5 August, 1994。

BBC/SWB, EE/1336, B/3, 23 March, 1992.

Borda, 1 June, 1961.

Borba, 28 April, 1979.

Borba, 26 April, 1981.

Bulletin of the Ministry of Information of the Republic of Kosovo, no. 67, 29 December, 1992.

Bulletin of the Ministry of Information of the Republic of Kosovo, no. 77, 5 February, 1993.

Bulletin of the Ministry of Information of the Republic of Kosovo, no. 110, 4 June, 1993.

John Cantacuzenus, *The History*, trans by Robert H. Trone, Catholic University of America, 1979.

G. Cirjanic, Unpublished Interview with Milovan Djilas by G. Cirjanic, Belgrade, February, 1989.

Collected Documents and Data Related to the National Liberation War of the Peoples of Yugoslavia, Vol. 19, Beograd, 1969.

CSCE Secretariat Communication No. 282, Prague, 16 September, 1992.

CSCE – CPC Vienna, 21 September, 1992.

Draft Amendments to the Constitution of the SFRY, Beograd and Sarajevo, 1988.

East European Reporter, March/April, 1992.

Fifth Countrywide Conference of the CPY, Beograd, 1980.

Foreign Office Handbook, No. 17, London, 1920.

L. Fox trans., *Kanuni I Leke Dukagjinit*, trans. L. Fox, Canada: Charles Schlacks, C. A., 1989.

Nicephorus Gregoras, *Byzantina historia: graece et latine*, Bonnae: Impensis Ed. Weberi, 1829 – 1855.

The Guardian, 2 February, 1990.

Helsinki Watch and the International Helsinki Federation's Report *Yugoslavia: Crisis in Kosovo*, March, 1990.

Hoover Institution Archives, C. W. Furlong Collection, Box 3: Outcand No. 454. The Committee for the National Defence of Kosovo: Letter to David Lloyd George [没有日期, 估计是晚冬或1919年初春] 转引自 Banac, *The National Question in Yugoslavia*。

Illyria, 3 February, 1993.

Illyria, 12 – 16 February, 1994.

The Independent, London, 9 January, 1989.

The Independent, London, 19 October, 1990.

TheKacanik Resolution, Albanian Democratic Movement in Former Yugoslavia, Documents 1990 – 1993, Kosova Information Centre, Pristina, 1993.

Shtjefen Gjecov, *Kanuni I Leke Dukaginit*, transl. Leonard Fox, California: Charles Schlacks, Jr. 1994. 参见 Kanun of Leke Dukagjinit, p. xvi. Pristina: Rilindja 1972, 转引自 D. Batakovic, The Kosovo Chronicles。

E. Knight, Albania: A Narrative of Recent Travel, London, 1880.

Kommunist, Belgrade, 19 October, 1979.

G. M. Mackenzie and A. P. Irby, Travels in the Slavonic Provinces of Turkey – in – Europe, London, 1877.

S. Maliqi, War Report, April/May, 1993.

New Statesman, 5 February, 1921.

New Statesman and Society, 5 March, 1993.

Juqoslovensko – albanski Odnosi, Yugoslav – Albanian Relations, Belgrade: Review of Internaional Affairs, 1984.

Official Gazette of Serbia, 54/92, 8 August, 1992.

GeorgePachymeres, De Michaele et Andronico Palaeologo, ed. I. Bekker, Bonnae: Impensis Ed. Weberi, 1835.

Politika, Belgrade, 17 October, 1979.

Politika, Belgrade, 25 February, 1989.

ConstantinePorphrygenitos, De Administrando Imperio, trans. Romily Jenkins, Washington D. C., 1967.

PRO, FO, 371/5725 – 96398, 7 February, 1921.

PRO, FO, WO 204/9463, 196888.

PRO, FO, 371/21112, 3921, 23 February, 1937.

PRO, FO, 371/37144, XC196634, 27 September, 1943.

PRO, FO, WO204/9536, 196824, File No. 293, 3 September, 1944.

PRO, FO, WO204/9536, 196824, 5 June 1944, 另见1944年4月9日阿尔巴尼亚出版的文件集。

PRO, FO, 371/78217, 21 October, 1949.

"Relationship Between Yugoslavia and Albania", Review of International Affairs, Belgrade, 1984.

"Relationship between Yugoslavia and Albania", Kosovo Issue – A

Historic and Current Problem, Tirana, 1996.

Repatriate the Expellees?, Organisation Suisse d'Aide aux Refugies (OSAR), Zurich, 6 February, 1995.

I. Rexhepi, "The Province of Poverty", *War Report*, May, 1996.

RFE, Background Report/95, 17 May, 1978.

RFE, Background Report /236, 25 October, 1979.

RFE, Background Report/128, 7 June, 1979.

REF, BR/102, 8 May, 1979.

RFE, BR/114, April, 1981.

RFE, BR/122, 28 April, 1981.

RFE, BR/125, 6 May, 1981

RFE, BR/142, May, 1981.

RFE, Background Report/163, June, 1981.

RFE, BR/199, June, 1981.

RFE, BR/326, November, 1981.

RFE, BR/200, 30 September, 1982.

RFE, Background Report/242, 16 November, 1982.

RFE, BR/149, 28 June, 1983.

RFE, BR/36, March, 1988.

RFE, Special Report/4, 8 March, 1989.

RFE, SR/4, 8 March, 1989.

RFE, BR/62, April, 1989.

RFE, BR/41, March, 1989.

RFE, SR/9, 20 July, 1989.

Rilindja, 23 May, 1979.

Rilindja, 8 March, 1981.

Rilindja, 27 October, 1982.

Rilindja, 11 June, 1982.

I. Rugova, *Impact International*, 10 April – 7 May, 1992.

TheSattesman, 22 January, 1921.

Source: Kosovo Helsinki Committee, 15 April, 1993.

Sunday Times, 7 June, 1942.

Tanjug, 29 September, 1981.

Tanjug, 23 June, 1981.

The Times, 22 September, 1966.

The Tribes of Northern Albania: *A Handbook of Serbia, Montenegro, Albania*, Admiralty War Staff Intelligence Division [No. I. D. 1096], June 1916.

Atanasije Urosevic, "Gornja Morava I Izmornik", in *Srpski etnografski zbomik*, Naselje, Vol. 28, Belgrade, 1935, 转引自 D. Batakovic, *The Kosovo Chronicles*.

Vjesnik, Zagreb, 23 March, 1981.

Vjesnik, Zagreb, 8 May, 1981.

Vjesnik, Zagreb, 9 May, 1981.

(www. mofcom. gov. cn, 2015 - 03 - 23 22：44)

Yugoslavia - Prisoners of Conscience, Amnesty International Publication, 1985.

Yugoslavia: *Human Rights Abuses in Kosovo 1990 - 1992*, Helsinki Watch, October, 1992.

Yugoslav*Statisticki Bilten*, No. 727, 1972.

Zeri - Ppulit, Tirana, 25 September, 1949.

Zeri ii Popullit, 8 April, 1981.

阿庇安：《罗马史》（上），谢德风译，商务印书馆1979年版。

波里比阿：《罗马帝国的崛起》，翁嘉声译，社会科学文献出版社2013年版。

俄新社华盛顿2012年4月5日电。

俄新社新奥加列沃2013年4月10日电。

"国际在线" 2013年4月20日报道（记者赵洪超）。

"国际在线" 2013年4月27日报道（记者赵洪超）。

"国际在线" 纽约2013年3月23日消息（记者赵洪超）。

"国际在线" 纽约2013年3月6日消息（记者赵洪超）。

荷马史诗《奥德赛》，王焕生译，人民文学出版社1997年版。

荷马史诗《伊利亚特》，罗念生、王焕生译，人民文学出版社 1997 年版。

"环球网" 2015 年 2 月 4 日报道。

"环球网" 报道法新社 4 月 26 日消息。

普罗柯比：《战争史》，王以铸、崔妙因译，商务印书馆 2010 年版。

斯特拉波：《地理学》（上），上海三联书店 2014 年版。

塔西佗：《编年史》，王以铸等译，商务印书馆 1997 年版。

希罗多德：《历史》，王以铸译，商务印书馆 1997 年版。

修昔底德：《伯罗奔尼撒战争史》，谢德风译，商务印书馆 1997 年版。

约达尼斯：《哥特史》，罗三洋译注，商务印书馆 2012 年版。

新快报讯 2007 年 12 月 10 日电。

新华社布鲁塞尔 2008 年 2 月 18 日电。

新华社布鲁塞尔 2012 年 2 月 28 日电。

新华社 2013 年 2 月 1 日电。

新华社贝尔格莱德 2015 年 4 月 3 日电《塞尔维亚反对科索沃组建部队》。

新华网布鲁塞尔 4 月 25 日电。

新华网布加勒斯特 9 月 4 日电。

《新华网》2015 年 4 月 23 日电文《武装枪手劫持马其顿警局欲建 "阿尔巴尼亚国"》。

《新闻晚报》2012 年 2 月 26 日电。

中新社华盛顿 2008 年 2 月 18 日电。

中国新闻网 2008 年 2 月 19 日电。

"中国网" 2013 年 4 月 24 日讯，据俄罗斯《独立报》网站 23 日报道。

二 专著和论文

T. Abdyli, *Hasan Pristina, ne Levizjen Kombetare e Demokratike Shqiptare 1908–1933*, Pristina, 1990, 转引自 D. Batakovic, *The Kosovo Chronicles*。

B. Aldiss, *Cities and Stones: A Traveller's Yugoslavia*, London, 1966.

AndrewAghioritis, *Holy Mountain, bulwark of Orthodoxy and of the Greek Nation*, Thessaloniki, 1980.

Julian Amery, *Sons of the Eagle*, London, 1948.

JacquesAncel, *Peuples et nations des Balcans, 1926, Geographie des frontiers*, 1938, 转引自 D. Batakovic, *The Kosovo Chronicles*。

M. Angold, *The Byzantine Government in Exile*, Oxford, 1975.

A. Arnakys, *The Early History of the Ottomans*, Athens, 1947.

Robert J. Art, "Why Western Europe Needs the United States and Nato", *Political Science Quarterly*, 1996, Ⅰ (Ⅲ).

Patrick F. R. Artisien, "A Note on Kosovo and the Future of Yugoslav-Albanian Relations: a Balkan Perspective", *Soviet Studies*, (36), 1984 Ⅱ.

P. Artisien, "Yugoslavia, Albania and the Kosovo Riots", *The World Today*, Vol. 37, No. 11.

H. Baerlin, *A Difficult Frontier*, London: Leonard Parsons, 1922.

IvoBanac, *With Stalin against Tito: Cominformist splits in Yugoslav communism*, N. Y.: Cornell University Press, 1989.

IvoBanac, *The National Question in Yugoslavia: origins, history, politics*, London: Cornell University Press, 1984.

Antal Bartha, *Hungarian Society in the Ninth and Tenth Centuries*, trans by K. Balazs, Budapest: Akademiai Kiado, 1975.

C. N. O. Bartlett, "The Turkish Minority in the Socialist Autonomous Province of Kosovo", *Co-existence*, Vol. 17.

M. Baskin, "Crisis in Kosovo", *Problems of Communism*, March/April, 1983.

D. T. Batakovic, *The Kosovo Chronicles*, Belgrade, 1992.

D. T. Batakovic, ed., *Savremenici o Kosovu I Metohiji, 1852-1912*, Belgrade, 1988, 转引自 D. Batakovic, *The Kosovo Chronicles*。

S. Berberski, "Romi i iredenta na Kosovu", *Nase Tem*, Vol. 28,

Nos 7 - 8, 1984, 转引自 D. Batakovic, *The Kosovo Chronicles*。

E. Biberaj, *Kosova: The Balkan Powder Keg*, Research Institute for the Study of Conflict and Terrorism, 1993.

John Boardman, I. E. S. Edwards, N. G. L. Hammond and E. Sollberger ed., *The Cambridge Ancient History* (Vol. Ⅲ, part Ⅰ), *the prehistory of the Balkans and the Middle East and the Aegean world*, tenth to eighth centuries B. C., Cambridge: Cambridge University Press, 1982.

D. Bogdanovic, *Kniga o Kosovu*, Belgrade, 1985, 转引自 D. Batakovic, *The Kosovo Chronicles*。

S. Bogosavljevic, "A Statistical Picture of Serbian - Albanian Relations" in *Conflict or Dialogue: Serbian - Albanian Relations and integration of the Balkans*, Subotica, 1994.

Dominic Boyer, "Welcome to the New Europe", *American Ethnologist*, (32) 2005 Ⅳ.

Ebru Boyar, *Ottomans, Turks and the Balkans: empire lost, relations altered*, London, New York: Tauris Academic Studies, 2007.

Voin Bozhinov and L. Panayotov, *Macedonia, Documents and Material*, Sofia, 1978.

H. A. Brown, *A Winter in Albania*, London, 1888.

L. Carl Brown ed., *Imperial Legacy: the Ottoman Imprint on the Balkans and the Middle East*, N. Y.: Columbia University Press, 1996.

S. L. Burg, *Conflict and Cohesion in Socialist Yugoslavia*, Princeton University Press, 1983.

PatriciaFortini Brown, *Venice and Antiquity: the Venetian sense of the past*, New Haven and London: Yale University Press, 1996.

Sima M. Cirkovic, *The Serbs*, tran. By Vuk Tosic, Oxford: Blackwill Publishing Ltd., 2004.

Loed Courtney of Penwith ed., *Nationalism and War in the Near East*, Oxford: Carnegie Endowment for International Peace, 1915.

R. Crampton, *The Hollow Detnte - Anglo - German Relations in the Balkans, 1911 - 1914*, London, 1979.

VasaCubrilovic, "The Expulsion of the Albanians", *Kosova Historical Review*, No. 4, Tirana, 1994.

SlobodanCurcic, "The Role of Late Byzantine Thessalonike in Church Architecture in the Balkans", *Dumbarton Oaks Papers*, Vol. 57, Symposium on Late Byzantine Thessalonike, 2003.

V. Dedijer, *Yugoslav – Albanian Relations*, *1938 – 1948*, Belgrade, 1984.

Spasoje Djakovic, *Sukobi na Kosovu*, Narodna Kniga, Belgrade 1984, 转引自 D. Batakovic, *The Kosovo Chronicles*。

Milovan Djilas, *Tito: the story from Inside*, N. Y. : Harcourt Brace Jovanovich, 1980.

M. Dogo, "National Truths and Disinformation in Albanian – Kosovar Historiography" in Duijzings, Janic and Maliqi, ed., *Kosovo – Kosva*.

M. Dogo, "Kosovo – Kosova: National Truths and Disinformation in Albanian – Kosovar Histriography", in Duijzings, Janjic and Maliqi ed., *Kosovo – Kosova*. Nijmegen university Press; 1996.

A. N. Dragnich and S. Todorovich, *The Sage of Kosovo*, Connecticut: Westview Press, Boulder, 1984.

A. N. Dragnich, "Serbian Culture in Kosovo in Past and Present Times", *Serbian Studies*, Vol. 4, No. 4, 1988.

Ger. Duijzings, "The Martyrs of Stubla: Religion and the Politics of Identity in Kosovo", unpublished Ph. D. thesis, University of Nijmegen. 1961.

Ger Duijzings, "The Exodus of Letnica – Croatian Refugees from Kosovo in Western Slovonia", *Narodna umjetnost*, 32/2, str. 129 – 152, Zagreb, 1995.

M. Edith Durham, *Some Tribal Laws, Origins, and Customs of the Balkans*, London: Allen and Unwin, 1928.

M. Edith Durham, *High Albania*, London 1909, repr. 1985.

Vasa Effendi, *La Verite sur l' Albanie et les Albanais, Etude Historique et Critique*, Paris, 1879.

G. Elezovic, *Glava o Postanku I Poreklu Naroda Arnautskog*, Belgrade 1936, 转引自 Batakovic, *The Kosovo Chronicles*。

T. Dordevic, *Cerkezi u nasoj zemlji*, *Glasnik Skopskog Naucnog Drstva*, Belgrade, 1928, 转引自 Batakovic, *The Kosovo Chronicles*。

Robert Elsie, *Early Albania: A Reader of Historical Texts*, 11*th* – 17*th centuries*, Wiesbaden: Harrassowitz, 2003.

R. Elsie, *The History of Albanian Literature*, Vol. Ⅱ, New York, 1995.

T. A. Emmert, "The Kosovo Legacy", *Serbian Studies*, Vol. 5, No. 2, 1989.

T. A. Emmert, *Serbian Golgotha: Kosovo 1389*, East European Monographs, No. CCLⅩⅩⅦ, New York, 1990.

Jadran Ferluga, *Byzantium on the Balkans*, Amsterdam: Adlf M. Hakkert Publisher, 1976.

V. St. Erlich, "The Last Big Zadrugas in the Kosovo Region", in R. F. Byrnes ed., *Communal Families in the Balkans: The Zadruga*, Notre Dame University Press, 1976.

J. V. A. Fine, *The Late Medieval Balkans*, Ann Arbor: University of Michigan Press, 1994.

CarolineFinkel, *Osman's Dream: the Story of the Ottoman Empire, 1300 – 1923*, London: John Murray, 2005.

MargaretFitzherbert, *The Man who was Greenmantle: a Biography of Aubrey Herbert*, Oxford University Press, 1985.

Nevill Forbes, Arnold J. Toynbee, D. Mitrany, D. G. Hogarth, *The Balkans, a History of Bulgaria, Serbia, Greece, Rumania, Turkey*, Oxford: The Clarendon Press, 1915.

William Forsyth, *The Slavonic Province South of the Danube*, London, 1876.

Alfred Friendly, *The Dreadful Day: the Battle of Manzikert, 1071*, London: Hutchinson, and Charlottesville: The University Press of Virginia, 1981.

Milutin Garsanin, *Preistorija na tlu SR Srbije*, Vol. II, Belgrade 1973, 转引自 D. Batakovic, *The Kosovo Chronicles*。

AndreGerolymatos, *The Balkan Wars*, New York: Stoddart Publishing Co. Ltd, 2002.

Colonel F. L. Giles, *Boundary Work in the Balkans*, London: Royal Geographical Society, 1930.

D. V. Grammenos, *Recent Research in the Prehistory of the Balkans*, Thessaloniki: Archaeological Institute of Northern Greece; Athens: Archaeological Receipts Fund, 2003.

R. Gremaux, "Politics of Ethnic Domination in the Land of the Living Past, Kosovo - Kosova", in G. Duijzings, D. Janjic and S. Maliqi ed., *Confrontation or Coexistence*, Peace Research Centre, University of Nijmegen, 1996.

William W. Haddad and W. Ochsenwald ed., *Nationalism in a Non-national State: the dissolution of the Ottoman Empire*, Columbus: Ohio State University Press, 1977.

HamidHadzibegic, Adem Handzic and Esref Kovacevic [comp], *Oblans Brankovica: Opsirni katastarski popis iz 1455 godine*, Sarjevo, 1972, 转引自 D. Batakovic, *The Kosovo Chronicles*。

Derek R. Hall, *Albania and the Albanians*, London: Pinter Reference, 1994.

Andrew Hammond, *The Balkans and the West: constructing the European other, 1945 - 2003*, Vermont: Aldershot, Hants, Burlington, Ashgate, 2004.

N. Hammond, "The Relations of Illyrian Albania with the Greeks and Romans" in T. Winnifrith ed. *Perspectives on Illyrian Albanians*, London, 1992.

Cella Hawkesworth, *Voices in the Shadows: Women and Verbal Art in Sarbia and Bosnia*, Google Books, 2000, 2010.

Joseph Held, *Hunyadi: Legend and Reality*, New York: Columbia University Press, 1985.

R. Hibbert, *Albania's National Liberation Struggle*, London, 1991.

History of the League of Communists of Yugoslavia, Beograd, 1985.

SimonHornblower and Antony Spawforth, *The Oxford Classical Dictionary*, Oxford University Press, 2003.

B. Horvat, *The Kosovo Question*, Zagreb, 1988.

E. Hoxha, *With Stalin*, Tirana, 1981.

E. Hoxha, *The Titoites*, Tirana, 1982.

B. Hrabska, *The Registration Book of the Shkoder Sandjak of* 1485, Belgrade: Poljopriverdna proizvodnja Kosovo I susednih krajeva sredinom XV veka, 1974, 转引自 D. Batakovic, *The Kosovo Chronicles*。

H. Islami, "Kosova's Demographic ethnic Reality and the Targets of Serbian Hegemony", *Kosova Historical/Political Review*, No. 1, 1993.

D. Janjic, *Conflict or Dialogue*, *Serbian – Albanian Relations and Integration of the Balkans*, Subotica, 1994.

D. Janjic, "Socialism, Federalism and Nationalism", *Sociology*, Vol. xxxix, No. 3, 1992.

BarbaraJelavich, *History of the Balkans: the 18th and the 19th Century, the 20th Century*, Cambridge University Press, 1983.

Charles B. Jelavich and Barbara Jelavich, *The Establishment of the Balkan National States, 1804 – 1920*, Washington, D. C.: Seattle University of Washington Press, 1977.

J. Jensen, "Human Rights and Abuses in Kosovo in the 1980s and the Response from the West", in Duijzings, Janjic, and Maliqi ed., *Kosovo – Kosova*. Nijmegen University Press, 1996.

F. Jones, *With Serbian into Exile*, London, 1916.

KemalKarpat, "Millets and Nationality: The Roots of the Incongruity of Nation and State in the post – Pttoman Era", in B. Braude and B. Lewis ed., *Christians and Jews in Ottoman Empire*, Vol. 1, New York, 1982.

Efrim Karsh, Inari Karsh, *Empires of the Sand: the struggle for mastery in the Middle East, 1789 – 1923*, Harvard University

Press, 2001.

A. Kindersley, *The Mountains of Serbia: Travels Through Inland Yugoslavia*, Newton Abbot, 1977.

Kiraly Belsk and D. Djordjevic, ed., *East Central European Society and the Balkan Wars*, New York, 1986.

C. von Kohl and W. Libal, "Kosovo - The Gordian Knot of the Balkans" in R. Elsie ed., *Kosovo - in the Heart of the Powder Keg*, New York: East European Monographs, 1997.

Paulin Kola, *The Myth of Greater Albania*, N.Y.: New York University Press, 2003.

J. Koliopoulos, *Brigands with A. Cause*, Oxford: Clarendon Press, 1987.

Hamid Kokalari, *Kosova, Djepi I Shqiptarizmit*, Tirana, 1944. 转引自 D. Batakovic, *The Kosovo Chronicles*。

J. E. Kontos, *Red Cross, Black Eagle: a Biography of the Albanian - American school*, N.Y., 1981.

D. Kostovicova, *Parallel Words: The Response of Kosovo Albanians to Loss of Autonomy in Serbia, 1986 - 1996*, Keele European Research Centre, 1997.

MarkKrasniqi, "The Role of the Serbian Orthodox Church in Anti - Albanian policies in Kosova", *Kosova Historical Review*, No. 3, (Tirana) 1994.

MarkKrasniqi, *Contemporary Socio - Geographical Changes in Kosovo and Metohija*, Pristina, 1963.

W. W. Kulski, "Soviet Diplomatic Techniques", *The Russian Review*, (19) 1960 Ⅲ.

Angeliki E. Laiou, ed., *The Economic History of Byzantium, from the 7th through the 15th Century*, Washington, D.C.: Dumbarton Oaks Library and Collection, 2002.

Ivo JohnLederer ed., *Western Approaches to Eastern Europe*, N.Y.: Council on Foreign Relations Press, 1992.

A. M. Lidov, *Kosovo: Orthodox heritage and comtemporary catstrophe*, Moskva: Indrik, 2007.

Dusan Lukas, *Radnici pokert u Jugoslaviji I nacionalno pitanje* 1918 - 1941, Belgrade, 1971, 转引自 D. Batakovic, *The Kosovo Chronicles*。

A. L. Macfie, *The End of the Ottoman Empire, 1908 - 1923*, N. Y. : Addison Wesley Longman, 1998.

B. Magas, *The Destruction of Yugoslavia*, London, 1993.

B. Magas , "Yugoslavia: The Spectre of Balkanization", *New Left Review*, 174/1989.

PaulMagdalino, *The Empire of Manuel I Komnenos, 1143 - 1180*, Cambridge University Press, 1993.

S. Maliqi, "Albanians Between East and West", in Duijzings, Janjic and Maliqi, ed. , *Kosovo - Kosova*.

Viktor Meier, "Yugoslavia's National Question", *Problems of Communism*, March/April, 1983.

Menander, *Excerpta de legationibus*, ed. C. de Boor, Berlin, 1903.

S. Menekshe, "Polozaj Roma u Socijalistickoj samoupravnoj pokrajini Kosovo", *Romano Allav*, No. 1, 转引自 D. Batakovic, *The Kosovo Chronicles*。

R. Mihaljcic, *Selista*, Belgrade: Zbornik Filozofskog Fakultera, 1967.

D. Mikic, "The Albanians and Serbia during the Balkan Wars" in B. K. Kiraly and D. Djordjevic ed. , *East Central European Society and the Balkan Wars*, New York, 1987.

M. Moats, "Yugoslavia Lost", unpubl. Ms. , 1996.

PeterMunz, *Frederick Barbarossa: A Study in Medieval Politics*, Ithaca: Cornell University Press, 1969.

Fatmir Musaj, *Isa Boletini*, Tirana 1987, 转引自 D. Batakovic, *The Kosovo Chronicles*。

RNarmullaku, *Albania and the Albanians*, Hurst, London, 1975.

D. M. Nicol, *The Last Centuries of Byzantium 1261 - 1453*, London,

1972.

D. Obolensky, *The Byzantine Commonwealth, Eastern Europe 500 – 1453*, London, 1971.

S. E. Palmar and R. R. King, *Yugoslav Communism and the Macedonian Question*, Connecticut: Hamden, Shoestring Press, 1971.

Edwin Pears, *The Destruction of the Greek Empire and the Story of the Capture of Constantinople by the Turks*, London: Longmans, 1908.

Xhufi Pellumb, "The Albanians in the Serbian Nemjana Kingdom", *Kosova Historical Review*, No. 4, 1994.

M. B. Petrovic, *A History of Modern Serbia, 1804 – 1918*, New York, 1976.

JamesPettifer, *Albania and Kosovo*, London: A&C Black; N. Y.: WW Norton, 2001.

Arshi Pipa and Sami Repishti ed., *Studies on Kosovo*, N. Y.: Columbia University Press, 1984.

Arshi Pipa, *Albanian Literature: social perspectives*, Munchen: R. Trofenik, 1978.

Arshi Pipa, "Policies in Kosova", *Kosova Historical Review*, [Tirana], No. 3, 1994.

M. Pirraku, "Kulturno – prosvetni pokret Albanaca u Jugoslaviji (1919 – 1941)", *Jugoslovenski istorijski casopis*, Nos. 1 – 4, 1978, cited in Banac, *The National Question in Yuglslavia*.

Stefanaq Pollo, *History of Albania: from its origins to the present day*, London: Routledge & Kegan Paul, 1981.

Popisstanovnistva u Krajlevni Srba, Hrvata I Slovenaca, Sarajevo, 1924, 转引自 D. Batakovic, *The Kosovo Chronicles*。

H. Poulton, "The Kosovo Albanians: Ethnic confrontation with the Slav state", in H. Poulton and S. Taji – Farouki ed., *Nuslim Identity and the Balkan State*, London: Hurst, 1997.

Selami Pulaha, "The Scientific Truth about the Autochthony of the Albanians in Kosovo", *New Albania* [Tirana], No. 4, 1982.

Milovan Radovanovic, *Kosovo and Metohija*, Belgade: Center for Protection of Natural and Cultural Heritage of Kosovo, 2005.

P. Ramet, *Nationalism and Federalism in Yugoslavia, 1963 - 1983*, Bloomington: Indiana Univerisyt Press, 1984.

R. A. Reiss, *Austria - Hungary - Report*, London: Simpkin, Maeshall, Kent and Co. , 1916.

S. Repishti, "Human Rights and the Albanian Nationality in Yugoslavia", in Oskar Gruenwald and Karen Rosenblum - Cale ed. , *Human Rights in Yugoslavia*, New York, 1986.

F. Rexhepi, *The Struggle of the Albanians of Kosovo and other areas of the Former Yugoslavia for Self - Determination and National Unification During World War II - The Kosovo Issue - A Historic and Current Problem*, Tirana, 1996.

M. Rezun, *Europe and War in the Balkans*, Connecticut: Praeger, Westport, 1995.

JosephRoisman , " Classical Macedonia to Perdiccas III " and Ian Worthington, "Alexander the Great, Macedonia and Asia", in *A Companion to Ancient Macedonia*, ed. by John Wiley and Sons, Chichester, West Sussex, U. K, 2010.

H. Rootham, *Kossova Heric Songs of the Serbs*, Oxford, 1920.

Joseph S. Roucek, "The Geopolitics of the Adriatic", *American Journal of Economics and Sociology*, (11) 1952 II.

Michel Roux, *Les Albanais en Yougoslavie*, Paris, 1992.

L. Rushti, *Levizja Kacake Ne Kosove* [1918 - 1928], Pristina, 1981 and Hajredin Hoxha, "Proces nacionalne afirmacije albanske narodnosti u jugoslaviji", in *Casopis za kritiko zuanosti*, Ljubljana, 51, 52/1982, 转引自 D. Batakovic, *The Kosovo Chronicles*。

D Rusinow, *The Yugoslav Experiment*, London: Hurst, 1977.

S. Samardzic, *Kosovo - Metohija - Political Aspects of the Problem*, Belgrade: Institute for European Studies, 1995.

K. N. Sathas, Μεσαιωνική Βιβλιοθήκη, Venice, 1872.

F. Scheville, *A History of the Balkans*, *1922*, repr. Dorset Press, 1991.

Stephanie Schwandner – Sievers and Bernd J. Fischer ed., *Albanian Identities: Myth and History*, Bloomingon: Indiana University Press, 2002.

George P. Scriven, "The Awakening of Albania", *Geographical Review*, Vol. 8, No. 2 (Aug. 1919).

FerdinandSghevill, *A History of the Balkans: From the Earliest Times to the Present Day*, New York: Dorset Press, 1991.

Z. Shtylla, *Kosova Historical Review*, No. 3, Tirana, 1994.

E. Shukriu, *Kosova Historical Review*, No. 3, Tirana, 1994.

Silber and Little, *The Death of Yugoslavia*, London, 1995.

P. Simic, *The Kosovo and Metohija Prolem and Regional Security in the Balkans*, Belgrade: Institute of Internaional Politics and Economics, 1996.

Stavro Skendi, *Religion in Albania during Ottoman Rule*, Columbia: Balkan Cultural Studies, Boulder, 1980.

Stavro Skendi, *The Albanian National Awekening*, N. J.: Princeton University Press, 1967.

George ChristosSoulis, *The Serbs and Byzantium, during the Reign of Tsar Stephen Dusan (1331 – 1355) and his Successors*, Athens: Ekaoseis Banias, 1995.

Paul Stephenson, *Byzantium's Balkan Frontier, a Political Study of the northern Balkans, 900 – 1204*, Cambridge University Press, 2004.

Aleksandar Stipcevic, *The Illyrians: History and Culture*, N. J.: Park Ridge, Noyes Press, 1977.

L. Stojkovic and M. Martic, *National Minorities in Yugoslavia*, Belgrade, 1952.

J. Swire, *Albania: The Rise of a Kingdom*, London 1929, reprinted New York, 1971.

N. Thomsa and K. Mikulan, *The Yugoslav Wars, Bosnia, Kosovo and*

Macedonia 1992 - 2001, Oxford: Osprey Publishing, 2006.

J. Tomasevic, *The Chetniks: War and Revolution in Yugoslavia, 1941 - 1945*, Stanford: Hoover Institution, 1975.

J. Tomic, *Rat u Albaniji I na Kosovu, 1912 - 1913*, Novi Sad, 1913, 转引自 D. Batakovic, *The Kosovo Chronicles*。

Arnold J. Toynbee, D. Mitrany, D. G. Hogarth, *The Balkans, a history of Bulgaria, Serbia, Greece, Rumania, Turkey*, Oxford: The Clarendon Press, 1915.

Harold W. V. Temperley, *History of Serbia*, London: G. Bell and Sons Ltd. , 1919.

The Truth on Kosova, Tirana, 1993.

Robert Thomas, *Serbia under Milosevic: Politics in the 1990s*, London: Hurst, 1999.

T. J. Tonkin, "Muhammadanism in the Western Sudan", *Journal of the Royal African Society*, 3 (1904) X.

L. Trotsky, *The Balkan Wars, 1912 - 1913*, New York, 1980.

A. A. Vasiliev, *History of the Byzantine Empire*, Madison: University of Wisconsin Press, 1970.

M. Verli, *Refoma Agrare Kolonizuese ne Kosove, 1918 - 1941*, Illyria, Bonn/Tirana, 1991, 转引自 D. Batakovic, *The Kosovo Chronicles*。

Miranda Vickers, *Between Serb and Albanian: A History of Kosovo*, London: Hurst & Company, 1998.

Miranda Vickers, *The Albanians: a Modern History*, London, N. Y. : I. B. Tauris, 1995.

Miranda Vickers, *Between Serb and Albanian: a history of Kosovo*, London: Hurst & Co. , 1998.

S. Vukmanovic - Tempo, *The Struggle for the Balkans*, London: Merlin Press, 1990.

John Wilkes, *The Illyrians*, Oxford: Blackwell, 1992.

S. Woodward, *Balkan Tragedy: Chaos and Dissolution after the Cold War*, Washington, D. C. , 1995.

BeharZogiani, "Granic's Pro – Serbian Position on Kosovo", *Bujuku*, Tanjug, 27 February, 1996.

乔治·奥斯特洛格尔斯基：《拜占廷帝国》，陈志强译，青海人民出版社 2006 年版。

陈志强：《巴尔干古代史》，中华书局 2007 年版。

陈志强：《欧盟共同外交与安全政策的困境》，《史学集刊》2001 年第 4 期。

陈志强：《拜占廷帝国史》，商务印书馆 2001 年、2006 年版。

迈克尔·格兰特：《罗马史》，王乃新等译，上海人民出版社 1998 年版。

郝时远：《帝国霸权与巴尔干"火药桶"从南斯拉夫的历史解读科索沃的现实》，社会科学文献出版社 1999 年版。

黄维民：《奥斯曼帝国》，三秦出版社 2000 年版。

科瓦略夫：《古代罗马史》，王以铸译，上海书店出版社 2007 年版。

特奥多尔·蒙森：《罗马史》，李稼年译，商务印书馆 2015 年版。

米洛拉德·帕维奇：《哈扎尔辞典》，南山等译，上海译文出版社 1998 年版。

D. 西诺：《突厥帝国》，《中亚文明史》，中国对外翻译出版公司、联合国教科文组织，2003 年。

科索沃主要中外名词对照表

主要中外名词对照表

（所涉姓氏均在本表中单独列出以便于读者查找）

A

Abaz Ermeni 阿巴兹·恩尔曼尼
Abdul Frasheri 阿卜杜拉·弗拉舍里
Abdul Hamid 阿卜杜拉·哈米德
Abdullah Pasha Dreni 阿卜杜拉·德雷尼·帕夏
Adem Demaci 亚当·德马奇
Adige 阿迪格人
Adriatic Sea 亚得里亚海
Aegean Sea 爱琴海
Agim Gjakova 阿吉姆·格亚科瓦
Agimi 阿吉米
Ahmet Ⅰ 阿赫迈德一世
Ahmet Hamdi Bey 阿赫迈德·哈米德
Ahmed Zogu 阿赫迈德·佐古
AITUK "科索沃独立工会联盟"
Aiyarbakir 埃亚尔巴基尔
Alauddin Medrese 伊斯兰神学院
Albania 阿尔巴尼亚
Albanian 阿尔巴尼安
Albanopolis 阿尔巴尼堡
Alexander Meksi 亚历山大·梅科西
Alexander Obrenovic 亚历山大·奥布雷诺维奇
Alexander Rankovic 亚历山大·兰科维奇
Ali Aliu 阿里·阿利乌
Ali Hadri 阿里·哈德利
Ali Kelcyra 阿里·科尔西拉
Ali Sukrija 阿里·苏科利亚
Anatolia 阿纳托利亚
ANDC 阿尔巴尼亚民族民主委员会
Andronicus 安德罗尼库斯
Antony 安东尼
Ante 安特人

Antivar 安提瓦
Anton Pashku 安顿·帕什库
Arbanas 阿尔巴纳斯
Arbaresh 阿尔巴雷什
Arkan 阿尔坎
Armenian 亚美尼亚
Arnautasi 阿尔脑塔西
Arsenius Crnojevic Ⅲ 阿森尼乌斯·科尔诺耶维奇三世
Arsenius Ⅳ Sakabenta 阿森尼乌斯四世萨卡本塔
Arslan Pasha 阿尔斯兰帕夏
Athos 阿索斯
Aubrey Herbert 奥贝里·赫伯特
Avars 阿瓦尔人
Avni Rustemi 阿维尼·卢斯特米
AVNOJ 南斯拉夫反法西斯人民委员会
AVNOJ 反法西斯民族解放委员会
Azem Bejta 阿泽姆·贝伊塔
Azem Shkreli 阿泽姆·什科雷利
Azem Vllasi 阿泽姆·法拉西
Azem Bejta 阿泽姆·贝伊塔
Arsenius Crnojevic Ⅲ 阿森尼乌斯·科尔诺耶维奇三世
Adem Demaci 亚当·德马奇
Abdullah Pasha Dreni 阿卜杜拉·德雷尼帕夏
Abaz Ermeni 阿巴兹·恩尔曼尼
Archduke Franz Ferdinand 弗兰茨·斐迪南大公

Agim Gjakova 阿吉姆·格亚科瓦
Ali Hadri 阿里·哈德利
Abdul Hamid 阿卜杜拉·哈米德
Ahmet Hamdi Bey 阿赫迈德·哈米德
Aubrey Herbert 奥贝里·赫伯特
Ali Kelcyra 阿里·科尔西拉
Alexander Meksi 亚历山大·梅科西
Alexander Obrenovic 亚历山大·奥布雷诺维奇
Anton Pashku 安顿·帕什库
Archsyncellus Dionisije Petrovic 彼得洛维奇
Alexander Rankovic 亚历山大·兰科维奇
Avni Rustemi 阿维尼·卢斯特米
Arsenius Ⅳ Sakabenta 阿森尼乌斯四世·萨卡本塔
Azem Shkreli 阿泽姆·什科雷利
Ali Sukrija 阿里·苏科利亚
Azem Vllasi 阿泽姆·法拉西
Ahmed Zogu 阿赫迈德·佐古

B

Backa 巴卡
Baian 柏安
Bajram Curri 巴伊拉姆·库里
Bislim Bajrami 比斯林·巴伊拉米
Balgarians 保加利亚人
Balli Kombetar 巴利·科姆贝塔尔

Balli Kombetar 民族阵线（简称 BK）
Balsha 巴尔沙
Banat 巴纳特河
Banjska 巴尼斯卡
Bar 巴尔
Bardhi 巴尔德黑
Bardok Biba 巴尔多科·比巴
Bardyllis 巴尔迪里斯
Bashibazouks 流氓部队
Bashkimi《巴什基米》
Batiava Lake 巴提阿瓦湖
Belgrade 贝尔格莱德
Beli Drim 白德林河
Beligrad 贝里格莱德（即贝拉塔 Berat）
Beraria 贝拉利亚
Berat 贝拉特
Berchtold 贝希托尔德
Berisha 贝利沙
Bib Doda 比布·多达
Bileca 比雷察
Binacka Morava 比纳奇卡摩拉瓦河
Binca 宾卡
Bistrica 比斯特里察河
Bitola 比托拉
Bitolj 比托尔利
Bjellopavliq 布杰罗帕维里
Blaca Bedzeta 布拉卡·贝德泽塔
Blace 布拉切

Black Sea 黑海
Boka 伯卡
Boletin 波雷丁
Borba《波巴》
Boro Vukmirovic 波罗·乌科米罗维奇
Bosko Budimirovic 伯斯科·布迪米罗维奇
Bosnia 波斯尼亚
Bosnia – Hercegovina 波斯尼亚-黑塞格维纳
Bosnjaci – Muhadziri 波斯恩亚奇-穆哈德兹利
Branimir 布兰尼米尔
Branko Mikulic 布兰科·米库利奇
Brezovica 布雷佐维察
Bregalnica 布雷加尔尼察河
Brezovica 布雷佐维察
Brioni 布里奥尼
Brisk 布里斯科
Brod 布罗德
Bujan 布严
Bujanovac 布严诺瓦兹
Bujar Bukoshi 布亚尔·布科什
Bukoshi 布科什
Buna 布纳河
Bunjaj 本亚伊
Stanko Buric 斯坦科·布利奇
Bursa 布鲁萨
Byzantine Empire 拜占庭帝国（东罗马帝国）

Bajram Curri 巴伊拉姆·库里
Bib Doda 比布·多达
Balli Kombetar 巴利·科姆贝塔尔
Branko Mikulic 布兰科·米库利奇
Boro Vukmirovic 波罗·乌科米罗维奇

C

Calabria 卡拉布里亚
Caslav 查斯拉夫
Celts 凯尔特人
Cerce 西尔希
Cetinje 采蒂涅
Cham "察姆"
Chamber of Nationalities "民族部"
Chameria 察梅利亚
Charlemagne 查理曼
Cherkess 切尔克斯人
Cherkess Chou 切尔克斯·赫武
Cheta "切达"
Chetniks "游击队"
Circassians 切尔克斯高加索人
G. Cirjgnic 切雷格尼奇
Cognac 科尼亚克
Colonel Draza Mihailovic 科罗内尔·德拉扎·米哈伊洛维奇
Cominform 共产党工人情报局
CPA 阿尔巴尼亚共产党
CPY 南斯拉夫共产党
Corfu 科孚岛
Crnoljeva 科尔诺杰瓦
Crnomen 茨尔诺曼
Croatia 克罗地亚
CSCE 欧洲安全与合作组织峰会
Cunnington 肯宁顿
Colonel Draza Mihailovic 科罗内尔·德拉扎·米哈伊洛维奇

D

Dacia 达吉亚
Daco-Moesian 达吉亚人—莫埃西亚人
Dakovica 贾科维察
Dalmatians 达尔马提亚人
Danube 多瑙河
Daorson 达奥尔森
Dardanians 达尔达尼亚人
Dauni 达乌尼人
Decani 迪卡尼教堂
Decan 迪卡
Depos 德波斯
Deravica 代拉维察峰
Dervish Trugut Pasha 德尔维什·特鲁古特·帕夏
Devet Jugovici 代维特·尤格维奇
Devic 迪维奇修道院
Dezevo 迪泽沃
Diber 迪巴尔
Dimitrije Tucovic 迪米特里耶·图

科维奇
Dimitrijevic Apis 迪米特里耶维奇·阿皮什
Dinars 迪纳尔
Dinaric Alp 迪纳拉阿尔卑斯山
Diocletian 戴克里先
Djakovica 贾科维察
Djavic 德加维奇
Djavid Pasha 德加维德帕夏
Djeric Stojan 德耶利奇·斯托严
Djinic 德伊尼奇
Djordje Krstic 德尤尔德杰·科尔斯德耶
Djurad Brankovic 德久拉德·布兰克维奇
Dobrica Cosic 多布利查·科斯克
Dobroslav Culafic 多布罗斯拉夫·库拉菲奇
Dobrush 多布鲁什
Dobrudja 多布鲁德加
Donji Spacovac 多恩伊·斯帕科瓦奇
D. P. "阿尔巴尼亚民主党"
Dragas 德拉加什
Drama 德拉马
Draza Mihailovic 德拉扎·米哈伊洛维奇
Drenica 德雷尼察
Drenovica 德林诺维察
Dresden 德累斯顿
Drita《德里塔报》
Dubnica 杜伯尼察
Dubrovnik 杜伯罗维尼科
Drvar 德尔瓦
Duklja 杜克加
Dukadin 杜卡丁
Dukagjin 杜卡杰金
Durakovac 久拉克瓦茨
Durres 都拉斯
Dusan Mugosa 杜珊·穆格萨
Dzafer Deva 德扎菲尔·德瓦
Dimitrijevic Apis 迪米特里耶维奇·阿皮什
Djurad Brankovic 德久拉德·布兰克维奇
Dobrica Cosic 多布利查·科斯克
Dobroslav Culafic 多布罗斯拉夫·库拉菲奇
Deneral Jankovic 杨科维奇将军镇
Devet Jugovici 代维特·尤格维奇
Djordje Krstic 德尤尔德杰 科尔斯德耶
Dusan Mugosa 杜珊·穆格萨
Donji Spacovac 多恩伊·斯帕科瓦奇
Djeric Stojan 德耶利奇·斯托严
Dervish Trugut Pasha 德尔维什·特鲁古特 帕夏
Dimitrije Tucovic 迪米特里耶·图科维奇

E

Edith Durham 埃迪什·杜尔翰
Elazig 艾拉兹格
Elbasan 埃尔巴桑
Elez Jusufi 埃雷兹·尤素福
Emin Duraku 埃敏·杜拉库
Emin Fazliu 埃敏·法兹利乌
Enos 埃诺斯岛
Enver Hoxha 恩维尔·霍查
Epirus 伊庇鲁斯
Eskisehir 艾斯基舍尔
Essad Pasha Toptani 埃萨德·托普塔尼
Emin Duraku 埃敏·杜拉库
Edith Durham 埃迪什·杜尔翰
Emin Fazliu 埃敏·法兹利乌
Enver Hoxha 恩维尔·霍查
Elez Jusufi 埃雷兹·尤素福
Edvard Kardelj 埃德瓦尔德·卡德尔伊
Essad Pasha Toptani 埃萨德·托普塔尼帕夏
Essad Pasha Toptani 埃萨德·托普塔尼帕夏

F

Fadil Hoxha 法迪尔·霍查
Fan Noli 凡·诺里
Fandas 凡达斯人
Fandit 凡迪特河
Fehmi Agani 菲赫米·阿加尼
Ferad Drage 菲拉德·德拉格
Fier 菲艾尔
Fikri Dine 菲科利·迪内
Flamuri Arberit 《阿尔巴尼亚旗帜》
Fortier Jones 福蒂埃·琼斯
Foto Cami 佛托·卡米
Franciscan 方济各修会
Franjo Tudjman 弗兰由·图德伊曼
Frankish 法兰克
Fehmi Agani 菲赫米·阿加尼
Foto Cami 佛托·卡米
Fikri Dine 菲科利·迪内
Ferad Drage 菲拉德·德拉格
Fadil Hoxha 法迪尔·霍查
Fortier Jon es 福蒂埃·琼斯
Fan Noli 凡·诺里
Franjo Tudjman 弗兰由·图德伊曼

G

Gani 加尼
Gani Kryezyu 加尼·科里埃兹尤
Gashi 加什
Gavrilo Tapachevic 加维利罗·塔帕切维奇
Gazivoda Lake 加兹沃达湖
Georgi Dimitrov 乔治·狄米特洛夫

Georgians 格鲁吉亚人
Gervalla 盖尔瓦拉
Gheg 吉赫格
Gjilan 戈吉兰
Gjilani 戈吉兰尼
Gjirokaster 戈吉罗卡斯特
Gjon Marka Gjoni 戈乔·马尔卡·戈乔尼
Glogovac 格罗格瓦茨
GMLK "科索沃马克思列宁主义组织"
Gnjilane 格尼拉内
Gora 格拉
Gorani 格兰尼
Gostivar 戈斯蒂瓦尔
Gracanica 格拉卡尼亚
Greece 希腊
Gregory Massarechi 格里高利·马萨雷奇
Grigorie Stepanovic Shtcherbin 格里高利·什特彻尔宾
Grigorije Bozovic 格里高利杰·波佐维奇
Guci 古察
Gucia 古西亚
Gusinje 古辛耶
Gypsies 吉普赛人
Gulf of Arta 阿尔塔湾
Grigorije Bozovic 格里高利杰·波佐维奇
Georgi Dimitrov 乔治·狄米特洛夫

Gani Kryezyu 加尼·科里埃兹尤
Gregory Massarechi 格里高利·马萨雷奇
Grigorie Stepanovic Shtcherbin 格里高利·什特彻尔宾
Gjergj Kastrioti Skanderbeg 斯坎德培
Gavrilo Tapachevic 加维利罗·塔帕切维奇

H

Habsburg 哈布斯堡
Hallstatt Culture 哈尔施塔特文化
Hartmur Albert 哈特穆尔·阿尔伯特
Hasan Pristina 哈桑·普里斯蒂纳
Hashi 哈什
Henry Baerlein 亨利·贝莱恩
Heraklieos I 伊拉克略一世
Hercegovina 黑塞格维纳
Hotel Bozur 伯租尔宾馆
Hoti 霍提
Hajredin Hoxha 哈伊雷丁·霍查
Hoxha Kadriu 霍查·卡德里乌
Haxki Mulla Zeka 哈吉·穆拉·泽卡
Hum 胡姆
Huns 匈奴人
Husamedin Azemi 胡山梅丁·阿泽米
Hussein Riza Pasha 侯赛因·里

扎·帕夏
Hvosno 沃斯诺
Hartmur Albert 哈特穆尔·阿尔伯特
Husamedin Azemi 胡山梅丁·阿泽米
Henry Baerlein 亨利·贝莱恩
Hoxha Kadriu 赫克斯哈·卡德里乌
Hasan Pristina 哈桑·普里斯蒂纳
Hussein Riza Pasha 侯赛因·里扎·帕夏
Haxki Mulla Zeka 哈吉·穆拉·泽卡

I

Ibar 伊巴尔河
Ibrahim Rugova 伊布拉西姆·鲁格瓦
Idriz Seferi 伊德里兹·色菲利
Ignatiev 伊格纳提耶夫
Ilijas Agush 伊利亚斯·阿古什
Ilyrians 伊利里亚人
Imer Berisha 伊梅尔·贝利沙
Imer Klokci 伊梅尔·科罗科奇
Internal Macedonian Revolutionary Organisation (IMRO) "马其顿内部革命组织"
Isa Boletini 伊萨·波雷提尼
Islam Sipahi 伊斯拉姆·西帕黑
Ismail Bajra 伊斯马伊尔·巴伊拉

Ismail Kemal 伊斯马伊尔·科马尔
Ismail Smakiqi 伊斯马伊尔·斯马基奇
Isnich 伊什尼奇
Istanbul 伊斯坦布尔
Istok 伊斯托科
Istria 伊斯特利亚
Ivan Stambolic 伊万·斯塔姆伯利奇
Ivic 伊维奇
Ivo Andric 伊沃·安德里奇
Izmir 伊兹米尔
Izvor 伊兹沃尔
Ilijas Agush 伊利亚斯·阿古什
Ivo Andric 伊沃·安德里奇
Ismail Bajra 伊斯马伊尔·巴伊拉
Isa Boletini 伊萨·波雷提尼
Ismail Kemal 伊斯马伊尔·科马尔
Imer Klokci 伊梅尔·科罗科奇
Ibarski Kolasin 伊巴尔河畔的科拉辛
Ibrahim Rugova 伊布拉西姆·鲁格瓦
Idriz Seferi 伊德里兹·色菲利
Islam Sipahi 伊斯拉姆·西帕黑
Ismail Smakiqi 伊斯马伊尔·斯马基奇
Ivan Stambolic 伊万·斯塔姆伯利奇

J

Jajce 加伊切
Jakup Rexhepi 雅库普·雷科赫皮
Janina 亚尼纳
Janissary 禁卫军团"加尼沙里"
Janjevo 亚涅沃
JNA 南斯拉夫民族军队
Jodjas "布道者"尤德贾斯
Joja Pejov Tepchevic 尤加·彼尤夫·特普切维奇
Jordanis 约达尼斯
Joseph Dio Guardi 约瑟夫·迪奥·瓜尔迪
Jovan Marjanovic 尤万·马尔严诺维奇
Jugobanka "南斯拉夫银行"
Jugoslovenstvo "南斯拉夫意识"
Junik 尤尼克
Justinian 查士丁尼
Joseph Dio Guardi 约瑟夫·迪奥·瓜尔迪
Jovan Marjanovic 尤万·马尔严诺维奇
Jakup Rexhepi 雅库普·雷科赫皮
Joja Pejov Tepchevic 尤加·彼尤夫·特普切维奇

K

Kacanik 卡查尼克
Kacikol 卡契科尔
Kadri Zeka 卡德利·泽卡
Kalemegdan 卡雷梅格丹
Kaljaja 卡尔亚亚
Kanun of Leke 《古代法》
Kapaonik 卡帕奥尼克
Kapllan Resuli 卡普兰·雷苏利
Kaqusha Jashari 卡区沙·亚沙利
Karadjordjevic 卡拉德久德耶维奇
Karlowitz 卡尔洛夫奇
Kastoria 卡斯托利亚
Kastrati 卡斯特拉提
Kastriots 卡斯特利奥斯
Kavaje 卡瓦耶
Khrushchev 赫鲁晓夫
Kijevo 基耶沃
Kirby – Green 科比·格林
KLA "科索沃解放军"
Klementi 克莱门蒂
Klina 克利纳河
KNLM "科索沃民族解放运动"
Kobilic 科比里奇
Kocaeli 科卡埃利
Koci Xoxe 科奇·侯科塞
Kolasin 科拉欣
Komunist 《共产党人》
Kopaonik 科帕奥尼克山
Korca 科尔察
Kosovo 科索沃
Kosovo Polje 科索沃波列
Kosovska Kamenica 科索夫斯卡-卡梅尼察

Kosovska Mitrovica 科索夫斯卡－米特罗维察
Komorane 科莫拉内
Korca 科尔察
Kosta Bulatovic 哥斯达·布拉托维奇
Kotor 科托尔
KPC 科索沃保护部队
Kragujevac 科拉久耶瓦兹
Kraljevo – Kosovo 科拉尔耶沃－科索沃
Krapina 克拉比山脉
Krashnich 克拉什尼奇
Kratovo 克拉托沃
Krueziu 科鲁兹乌
Kruje 科鲁耶
Krum 科鲁姆
Kuciste 库契什泰
Kuc 库齐
Kukes 库科斯
Kulas 库拉斯
Kumanovo 库马诺沃
Kurdish 库尔德人
Kurdistan 库尔德斯坦
Kosta Bulatovic 哥斯达·布拉托维奇
Kaqusha Jashari 卡区沙·亚沙利
Kapllan Resuli 卡普兰·雷苏利
Kirby – Green 科比·格林
Kadri·Zeka 卡德利·泽卡

L

LAC 解放阿尔巴尼亚委员会
Lab 拉布河
Lazar 拉扎尔
Lazarevo 拉扎雷沃
LCY 南斯拉夫共产主义联盟
LDK "科索沃民主联盟"
Leka Zogu 雷卡·佐古
Leke Dukagjini 雷科·杜卡杰尼
Lena Yovitcic 雷纳·尤维特奇茨
Leon Trotsky 利奥·特洛斯基
Leopold I 利奥波德一世
Lepenac 莱佩纳茨河
Leposavic 莱波萨维奇
Lesak 莱沙克
Lescovac 莱斯科瓦茨
Letnica 雷特尼察
Les Lettres Albanaises 《阿尔巴尼亚文学》
Lezhe 莱兹赫
Lipljan 利普连
Ljeviska 利杰维什卡
Ljubljana 卢布尔雅纳
Ljuma 利久马
LNC 解放民族委员会
Luka Marinkovic 卢卡·马林科维奇
Lukic 卢基茨
Lurja 卢尔贾
Luzane 卢扎内

Lurja Mala 马拉河
Leke Dukagjini 雷科·杜卡杰尼
Luka Marinkovic 卢卡·马林科维奇
Leon Trotsky 利奥·特洛斯基
Lena Yovitcic 雷纳·尤维特奇茨
Leka Zogu 雷卡·佐古

M

Macedonia 马其顿
Madjupi 马德久皮
Magyar 匈牙利人
Mahmoud Pasha Rotulovic 马哈茂德帕夏·洛图罗维奇
Mahmud Begovic 马哈穆德·贝格维奇
Mahmut Bakalli 马哈穆德·巴卡里
Malesija 马雷斯亚
Malisheva 马利舍瓦
Manuel Comneni 曼努埃尔·科穆宁
Marica 马里卡
Maritsa 马里查河
MASR "南斯拉夫阿尔巴尼亚社会主义共和国运动"
MASRY 科索沃共和国人民运动
Mat 马特河
Matteo Krasniqi 马特奥·科拉斯尼奇
Matthias 马蒂亚斯

Maurice 莫里斯
Mazrreku 马兹雷库
Mehdi Frasheri 米德哈特·弗拉舍利
Mehmed Ali Pasha 穆罕默德·阿里帕夏
Mehmed Zaim 穆罕默德·扎伊姆
Mehmet Konio 穆罕默德·科尼克
Meletije 麦勒提耶
Merturi 迈尔杜里
Messapii 梅萨皮人
Meto Bajraktari 梅托·巴伊拉科塔利
Metohija 梅托希亚
Metzovo 迈特佐沃
Mihal 米哈里
Mihailo Obrenovic 米哈伊洛·奥布雷诺维奇
Miladin Popovic 米拉丁·波波维奇
Media 梅迪亚岛
Miladin Popovic 米拉丁·波波维奇
Mian Nedic 米安·内迪奇
Midhat Frasheri 米德哈特·弗拉舍利
Milan Milojevic 米兰·米洛耶维奇
Milan Panic 米兰·帕尼奇
Milan Rakic 米兰·拉基奇
Millet 米莱特

Milos Minic 米罗斯·米尼奇
Milos Oblic 米罗斯·奥布里奇
Milosevo 米罗舍沃
Milovan Djilas 米罗万·德伊拉斯
Milutin 米鲁廷
Miodrag Duricic 米奥德拉格·杜利西奇
Mirdite 米尔迪特
Miroslav Solevic 米罗斯拉夫·索雷维奇
Mitrovica 米特洛维察
MLCPAY "南斯拉夫阿尔巴尼亚人马克思列宁主义共产党"
MLYK "科索沃马克思列宁主义青年"
MNLK "科索沃民族解放运动"
Moesia 莫埃西亚
Mokra Planina 莫克拉山
Monastir 莫纳斯蒂尔
Montenegrin 黑山
Moracha 莫拉查河
Morava 摩拉瓦
Moravska 摩拉瓦斯卡
Mouktar Pasha 穆科塔尔帕夏
Mrnjavcevic 米尔加维察维奇
Muhadjir 穆哈德伊尔
Muharem Bajraktari 穆哈林姆·巴伊拉科塔利
Mujahidin "圣战者"
Mukje 穆科耶
Mustapha Gjinishi 穆斯塔法·各因尼什
Mustapha Kruja 穆斯塔法·科鲁亚
Musutiste 穆舒蒂什泰
Muzeqe 穆泽奎
Mehmed Ali Pasha 穆罕默德·阿里 帕夏
Muharem Bajraktari 穆哈林姆·巴伊拉科塔利
Meto Bajraktari 梅托·巴伊拉科塔利
Mahmut Bakalli 马哈穆德·巴卡里
Mahmud Begovic 马哈穆德·贝格维奇
Milovan Djilas 米罗万·德伊拉斯
Miodrag Duricic 米奥德拉格·杜利西奇
Midhat Frasheri 米德哈特·弗拉舍利
M Garasanin 伊利亚·加拉珊宁
Mustapha Gjinishi 穆斯塔法·各因尼什
Mehmet Konio 穆罕默德·科尼克
Matteo Krasniqi 马特奥·科拉斯尼奇
Mustapha Kruja 穆斯塔法·科鲁亚
Mian Nedic 米安·内迪奇
Milos Oblic 米罗斯·奥布里奇
Mihailo Obrenovic 米哈伊洛·奥

布雷诺维奇
Milan Panic 米兰·帕尼奇
Miladin Popovic 米拉丁·波波维奇
Major Radomir Putnik 拉多米尔·普特尼科
Major Radomir Putnik 拉多米尔·普特尼科
Mahmoud Pasha Rotulovic 马哈茂德·洛图罗维奇帕夏
Mt Sar 萨尔山脉
Mehmed–Pasha Sokolovic 穆罕默德—帕夏·索科罗维奇
Miroslav Solevic 米罗斯拉夫·索雷维奇
Mehmed Zaim 穆罕默德·扎伊姆

N

Naim Frasheri 纳伊姆·弗拉舍利
Naissus 奈苏斯（即今尼斯 Nis）
NATO 北约
Nelson Mandela 纳尔逊·曼德拉
Nerezi 内雷兹
Neretva 内雷特瓦河
Nerodimlje 新波多林利
Nichola Pasic 尼古拉·帕西奇
Nikaj 尼卡耶
Nike Gjeloshi 尼克·戈耶罗什
Nikola Petrovic Njegos 尼古拉·彼得罗维奇·恩杰格斯
NIN 周刊
Nis 尼斯

NLA 南斯拉夫民族解放军
NLM 民族解放运动
Novi Pazar 新帕扎尔地区
Novi Sad 新萨德
Novo Brdo 新布尔多
Novo Selo 新色罗
National Alliance of Albanians 阿族民族联合阵线（NAA）
Naim Frasheri 纳伊姆·弗拉舍利
Nike Gjeloshi 尼克·戈耶罗什
Nelson Mandela 纳尔逊·曼德拉
Nichola Pasic 尼古拉·帕西奇
Nikola Petrovic Njegos 尼古拉·彼得罗维奇·恩杰格斯

O

Obilic 奥比利奇
Octavian 吴大维
Odhise Paskali 奥德赫塞·帕斯卡里
Ogoste 奥戈什泰
Ohrid 奥赫里德
Opsikin 奥普西金军区
Optia 奥普提亚
Orahovac 奥拉霍瓦茨
Orlane 奥尔拉内
Osanici 奥萨尼奇
Ostog 奥斯托格
Ostrogoths 东哥特人
Odhise Paskali 奥德赫塞·帕斯卡里

P

Pac 帕奇
Palabardha 帕拉巴德哈
Pancicev Vrh 潘契切夫峰
Pannonia 潘诺尼亚
Paralovo 帕拉洛沃
Pashalik 帕沙里克
Pec 佩奇
Peja 佩加
Pero Jovanovic 彼罗·尤万诺维奇
Peter Kresimir Ⅳ 彼得·克莱斯米尔四世
Petko 佩特科
Pig War "家猪战争"
Piprraj 皮普拉吉
Pirot 皮罗特
Piva 皮瓦
Plava 普拉瓦
Podgor Metohijski 梅托希亚南部
Podgora 波德格拉
Podgorica 波德戈里察
Podgrade 波德格拉杰
Podrimlj 波多林利
Podujevo 波杜耶沃
Polje 波里采
Polje–Skopje 波尔耶–斯科普里
Polyphemus 波利非马斯
Pomoravljc 波莫拉维里奇
Porto Romano 波尔托·罗马诺
Pozaranje 波扎拉涅
Praevalitana 普雷瓦利塔纳
Pravda《真理报》
Predrag Ajtic 普雷德拉伊·阿伊提奇
Presevo 普雷舍沃
Prespa 普雷斯帕
Prevalacko 普雷瓦拉克
Prevalitana 普雷瓦利塔纳
Prilep 普里莱普
Pristina 普里什蒂纳
Pristina Grand Hotel 普里什蒂纳格兰特酒店
Pristina–Mitrovica 普里什蒂纳–米特洛维察
Prizren 普里兹伦
Prizren–Pec 普里兹伦–佩奇地区
Prohaska 普罗哈斯卡
Prokletije 普罗科雷蒂耶
Prokuplje 普罗库普列
Ptolemy 托勒密
Puka 普卡
Pulat 普拉特
Predrag Ajtic 普雷德拉伊·阿伊提奇
Pero Jovanovic 彼罗·尤万诺维奇
Peter Kresimir Ⅳ 彼得·克莱斯米尔
Prince Milos 米罗斯

Q

Qerim 奎里姆

R

Radonic Lake 拉多尼茨湖
Ragusans 拉古萨人
Rahman Morina 拉赫曼·莫利纳
Raja 拉亚
Ramadan Rexhepi 拉马丹·雷科赫皮
Ramiz Alia 拉米兹·阿利雅
Ramiz Djema 拉米兹·德耶马
Ramiz Sadiku 拉米兹·萨迪库
Ramnjani 拉姆亚尼
Ramo Alihajdari 拉莫·阿利哈伊达利
Raska 拉什卡
Redzep Hamiti 勒德泽普·哈米提
Reis Malile 雷伊斯·马利雷
Remesiana 雷梅西亚纳
Reshat Nurboja 雷沙特·努尔波亚
Rexhep Mitrovica 雷科赫普·米特洛维察
Rexhep Qosja 雷科赫普·科斯亚
Rezak Salja 雷扎科·萨利亚
Rhodope 罗多彼山脉
Rijeka 里耶卡
Rilindja《觉醒》
Riza Bey 里扎·贝伊
RMUA "阿尔巴尼亚人团结革命运动"
RNF 红色民族阵线
Rev Howard C Robbins 雷夫·霍华德·罗宾斯
Robert Dole 罗伯特·多雷
Rogozna 罗戈兹纳山
Porto Romano 波尔托·罗马诺
Roms 罗姆人
Roumelian 鲁梅利区
Rozaj 罗扎耶
RTV 电台电视中心
Rudaik 鲁德尼克
Rugovo 鲁格沃
Rumelian 鲁梅利
Rur 茹尔
Ramiz Alia 拉米兹·阿利雅
Ramo Alihajdari 拉莫·阿利哈伊达利
Riza Bey 里扎·贝伊
Ramiz Djema 拉米兹·德耶马
Robert Dole 罗伯特·多雷
Redzep Hamiti 勒德泽普·哈米提
Rev Howard C. Robbins 雷夫·霍华德·罗宾斯
Reis Malile 雷伊斯·马利雷
RexhepMitrovica 雷科赫普-米特洛维察
Rahman Morina 拉赫曼·莫利纳
Reshat Nurboja 雷沙特·努尔波亚
Rexhep Qosja 雷科赫普·科斯亚
Ramiz Sadiku 拉米兹·萨迪库
Rezak Salja 雷扎科·萨利亚

S

Sadik Rama 萨迪科·拉马
Sali Berisha 萨利·贝利沙
Sami Repishti 萨米·勒皮什蒂
Samodreza 萨莫德雷扎
Samuel 萨姆埃尔
Sandjak 散德加克
Sanjaks 散加克斯
SANU 塞尔维亚科学和艺术科学院的备忘录
Sar Planina 萨尔—普拉尼亚
Saranda 萨兰达
Saseno 萨塞诺岛
St Sava 圣萨瓦
Saxon 萨克森
Sazan 萨赞（即萨塞诺岛 Saseno）
Sazonov 萨佐诺夫
Sclaveni 斯克拉文人
Scodra 斯科德拉（即今斯库台地区）
Scythians 斯基泰人
Seifudin Pasha 塞伊福丁·帕夏
Serbia 塞尔维亚
Serbica 塞尔维察
Seres 色里斯
Serpents of Blood《血腥的阴谋》
SFRY 南斯拉夫社会主义联邦
Shala 沙拉
Shalyan 沙尔亚人
Sharr 沙尔
Shefket Turgut 舍弗科特·图尔古特
Sherif Asllani 什利菲·阿斯兰尼
Shestan 舍斯坦
Shiptars "当地话"
Shkoder 什科德
Shkumbi 什库比河
Shqiptar 什其普塔尔
Shtjefen 什特杰凡
Shtjefen Gjecov 什特杰凡·戈耶科夫
Sima Andrejevic Igumanov 西马·安德列耶维奇·伊古曼诺夫
Simeon 西蒙
Sinan Pasha 西南帕厦
Singidunum 辛吉顿努
Siptula 斯普图拉
Siskovic 西斯科维奇
Sitnica 锡特尼察河
Sjenica 斯杰尼察
Skenderaj 肯德拉伊
Skivjane 斯基维亚内
Skopje 斯科普里
Skupi 斯库比（即今斯科普里 Skopje）
Slobodan Berberski 斯洛博丹·波波斯基
Slobodan Milosevic 斯洛博丹·米洛舍维奇
Slovenia 斯洛文尼亚
Smederevo 斯梅德雷沃

Smoliks 斯莫利卡斯山
Socanica 索查尼察，
Sopot 索波特
Srbica 斯尔比察
SRP "塞尔维亚激进党"
SS Shanderbeg 警察部队
Staff 斯塔夫
Stane Dolance 斯塔内·多兰西
Stanko Buric 斯坦科·布利奇
Stari – Trg 斯塔利–特尔格
State Security Service 国家安全局
Stefan Nemanja 斯蒂芬·聂曼加
Stefan Lazarevic 斯蒂芬·拉扎尔维奇
San Stefano 《圣什提法诺条约》
Stefan Uros Ⅲ 乌洛什三世
Stevan Doronjski 斯蒂芬·多隆伊斯基
Stimlje 什蒂姆列
Stolac 斯托拉茨
Stojadinovic 斯托亚迪诺维奇
Strpce 什特尔普采
Struga 斯特鲁加
Struma 斯特鲁马河
Studencan 斯图登齐
Studenica 斯图德尼察河
Suhareke 苏哈雷科
Sutjeska 苏特杰斯卡
Suva Reka 苏瓦雷卡
Svetozar Markovic 斯维托扎尔·马科维奇

Svetozar Vukmanovic – Tempo 斯维托扎尔·武科曼诺维奇·特穆波
Svetozarevo 斯维托扎雷沃
Syria Pupovci 叙利亚·普波维奇
Syrmia 塞尔米亚
Sherif Asllani 什利菲·阿斯兰尼
Slobodan Berberski 斯洛博丹·波波斯基
Sali Berisha 萨利·贝利沙
Stane Dolance 斯塔内·多兰西
Stevan Doronjski 斯蒂芬·多隆伊斯基
Sir Edward Grey 爱德华·格雷
Shtjefen Gjecov 什特杰芬·戈耶科夫
Svetozar Markovic 斯维托扎尔·马科维奇
Slobodan Milosevic 斯洛博丹·米洛舍维奇
Sar Planina 萨尔–普拉尼亚
Syria Pupovci 叙利亚·普波维奇
Sadik Rama 萨迪科·拉马
Sami Repishti 萨米·勒皮什蒂
Svetozar VukmanovicTempo 斯维托扎尔·武科曼诺维奇·特穆波
Stari – Trg 斯塔利—特尔格
Shefket Turgut 舍弗科特·图尔古特
Svetozar Vukmanovic – Tempo 斯维

托扎尔·武科曼诺维奇·特穆波

T

Tacitus 塔西佗
Tabanovce 塔巴诺维切
Tanjug 坦久格
Tarabosh "塔拉波什"
Tartars 鞑靼人
Tekirdag 特基尔达格
Terek 特雷科河
Tetovo 泰特沃
Thessalonika 塞萨洛尼基
Thethi 泰西
Theodoric 提奥多里克
Thopia 托佩亚
Thracians 色雷斯人
Tihomir 提赫米尔
Tikves 提科维斯
Tirana 地拉那
Titograd 铁托格勒
Titus Flavius Domitianus 图密善皇帝
Tomislav 托密斯拉夫
Toplice 托普利切
Torbesi 托尔贝西
Tosk 托斯克语
Totila 托提拉
Trebinje 特雷宾杰
Trentino 特伦蒂诺
Trepca 特雷佩察

Trepca 特雷普查
Triple Alliance 三国同盟
Triple Enterte 三国协约
Tropoja 特罗波贾
Trstenik 特尔斯泰尼克
Turnovo 托尔诺沃
Tuzi 图兹
Tuzla 图兹拉
Tvrtko 特维尔特科
the Balkans 巴尔干半岛
The Hague "哈格埃"
Tihomir Vlaskalic 提赫米尔·佛拉斯卡利奇

U

UDB – Uprava Drzavne Bezbednosti (State Security Service) 南斯拉夫国家安全局
Ujedinjenje ili Smrt "联盟或死亡"
Ulcinj 乌奇尼
UNMIK "联合国科索沃临时行政当局特派团"
Urosevac 乌罗舍瓦茨
USAOJ "南斯拉夫青年反法西斯联盟"
Ustasha 乌什塔沙
Ujedinjenje ili Smrt "联盟或死亡"

V

Vardar 瓦尔达尔河
Vardarska 瓦尔达尔斯卡

Varna 瓦尔纳河
Vasa Cubrilovic 瓦萨·库布利罗维奇
Vasa Pasha Effendi 瓦萨·埃芬迪帕夏
Vasil Camaj 巴西尔·卡马伊
Vasovic 瓦所维奇
Veles 维莱什
Veli Deva 维里·戴瓦
Velika Krusa 大克鲁沙
Veneti 威尼蒂人
Versailles 维塞雷斯
Veselin Djuranovic 维塞林·德久兰诺维奇
Vidovdan 圣维特节
Vienna 维也纳
Vilayets 维拉耶特"郡"
Visegrad 维舍格莱德
Vitin 维丁
Vitina 维蒂纳
Vitus 圣维特
Vlachs 乌拉赫斯
Vlastimir 乌拉斯迪米尔
Vlatko Vukovic 弗拉特克·乌克维奇
Visigoth 西哥特人
Vlora 法罗拉
Vojislav Seselj 沃伊斯拉夫·塞瑟利
Vojmodina 伏依伏丁那
Vranje 维兰切

Vrcani "流浪者"
Vrbnica 弗尔布尼察
Vrela 弗雷拉
Vucitrn 武契特尔恩
Vucovic 武科维奇
Vuk Draskovic 乌科·德拉斯科维奇
Vukasin Mrnjavcevic 乌卡辛
Vasil Camaj 巴西尔·卡马伊
Vasa Cubrilovic 瓦萨·库布利罗维奇
Veli Deva 维里·迪瓦
Veselin Djuranovic 维塞林·德久兰诺维奇
Vuk Draskovic 乌科·德拉斯科维奇
Vasa Pasha Effendi 瓦萨·埃芬迪帕夏
VojislavSeselj 沃伊斯拉夫·塞瑟利

W

White Drin 白德林河
Wallachians 瓦拉吉安人
Warsaw Pact 华沙条约国
White Croatia 白克罗地亚人
William Forsyth 威廉 弗斯特
White Drin 白德林河
William Forsyth 威廉·弗斯特

X

Xhafer Vokshi 斯哈菲尔·沃科什
Xhavid Nimami 斯哈维德·尼马米
Xheladin Hana 斯赫拉丁·哈纳
Xhemijet 科斯赫米耶特
Xheladin Hana 斯赫拉丁·哈纳
Xhavid Nimami 斯哈维德·尼马米
Xhafer Vokshi 斯哈菲尔·沃科什

Y

YCP 南斯拉夫共产党
Ymer Disnica 耶姆尔 迪斯尼查
Young Turks 青年土耳其党（团结与进步委员会 CUP）
Yozgat 尤兹加特
Yugoslavia 南斯拉夫
Ymer Disnica 耶姆尔·迪斯尼查

Z

Zabljak 扎布利亚克
Zacharias 扎哈里亚斯
Zadar 扎达尔
Zagreb 扎格勒布
Zali Milthit 扎利·米尔塞特
Zejnel Ajdini 泽伊内尔·阿伊迪内
Zekeria Rexha 泽科利亚·雷科哈
Zeljko Raznjatovic 泽利科·拉兹恩亚托维齐
Zeno 泽诺
Zeri i Kosoves《科索沃之声》
Zeta 扎塔
Zetska 扎特斯卡
Zia Dibra 兹亚·迪伯拉
Zog 佐格
Zuko Redzo 祖科·雷德佐
Zupans 部落酋长"祖潘"
Zvecan 兹韦钱
Zvecan 兹维坎
Zvonimir 兹沃尼米尔
Zym 兹穆
Zali Milthit 扎利·米尔塞特
Zejnel Ajdini 泽伊内尔·阿伊迪内
Zia Dibra 兹亚·迪伯拉
Zeljko Raznjatovic 泽利科·拉兹恩亚托维齐
Zuko Redzo 祖科·雷德佐
Zekeria Rexha 泽科利亚·雷科哈